011

一个有关爱情与心碎、忠贞
与悲伤、力量与坚韧的故事

Victoria: The Queen

Victoria: The Queen: An Intimate Biography of the Woman Who Ruled an Empire
by Julia Baird

维多利亚女王：
帝国女统治者的秘密传记

An Intimate Biography
of the Woman Who Ruled an Empire

〔澳〕茱莉娅·贝尔德（Julia Baird） 著　陈鑫 译

社会科学文献出版社
SOCIAL SCIENCES ACADEMIC PRESS (CHINA)

茱莉娅·贝尔德（Julia Baird）/ 作者简介

茱莉娅·贝尔德是一名记者、广播员兼作家，居住在澳大利亚悉尼。她是《纽约时报》国际版专栏作家、澳大利亚广播公司电视台《鼓声》（*The Drum*）节目主持人。她的作品曾刊登在《新闻周刊》《纽约时报》《卫报》《华盛顿邮报》等杂志上。她拥有悉尼大学历史学博士学位，在 2005 年成为哈佛大学琼·肖伦斯坦媒体、政治与公共政策研究中心（Joan Shorenstein Center on Media, Politics and Public Policy at Harvard University）研究员。

陈 鑫/ 译者简介

英国杜伦大学国际关系硕士、志奋领学者，现为新华社参考消息报社编辑，译有《下一次大战》《空心社会》《帝国英雄》等。

索·恩　人物档案馆已出版书目

致波比和萨姆

我神奇的孩子们

[维多利亚女王]不属于任何已知类型的君主或者女性，她与英国贵妇没有任何相似点，与富裕的英国中产阶级女性也没有相似点，更不像来自德意志宫廷的典型公主……她的统治时间比另外三位女王加起来都要长。在她的一生中，她从来不可能被与其他任何人弄混，也不会与历史上的任何人弄混。所谓"人民喜爱维多利亚女王"或者"那种女人"的说法不可能用在她身上……在60多年时间里，她仅仅是"女王"，不带任何前缀或者后缀。[1]

——阿瑟·庞森比

我们都在观察女王生病的迹象；但……她性格中最为非凡的钢筋铁骨让她撑到了最后一刻，与任何人都不一样。[2]

——利特尔顿夫人

目　录

人物介绍

维多利亚的家人

爱德华王子（Prince Edward），后来的肯特公爵（Duke of Kent, 1767~1820）。乔治三世国王的第四子，维多利亚女王的父亲。他身体强壮、为人正直，作为一名军官，他严守纪律，但同时又是一个温柔的丈夫和父亲。在经历了一段担任直布罗陀总督和英国陆军元帅的有争议的职业生涯后，爱德华开始致力于为王室生育继承人。在他的父亲乔治三世国王去世仅仅6天后，他就因肺炎而死，此时距离他女儿出生刚刚过去了不到一年，他对自己的这个女儿感到无比自豪。

玛丽·路易斯·维克图瓦（Marie Louisse Victoire），肯特公爵夫人（1786~1861）。维多利亚女王的母亲，同时也是霍恩洛厄－朗根堡公主菲奥多拉的母亲。肯特公爵成功说服忍受丧夫之痛的维克图瓦嫁给他，并且从德意志迁居英格兰。她与维多利亚之间的母女关系有如暴风骤雨般，十分恶劣；两人在维多利亚少女时代就开始疏远，在后者继位为女王后逐渐被公众所知。但她们最终还是和解了，当母亲在1861年去世时，维多利亚伤心至极。

乔治三世（George Ⅲ, 1738~1820），从1760年至1820年担任大不列颠国王（后来的联合王国国王），是维多利亚的祖父。尽管他是英国历史上（仅次于伊丽莎白二世和维多利亚的）在任时间最长的君主，还过着正直的斯巴达式的生活，但乔治三世最出名的还是他反复无常、无法控制的疯狂行为，以及在美国独立战争中失去北美殖民地的过失。他的精神错乱——以及这种病症发生遗传的可能性——困扰了维多利亚好几十年（也给她的批评者提供了口实）。

乔治四世（George Ⅳ，1762~1830）。在乔治三世患病期间出任摄政王，后来乔治·奥古斯塔斯·弗雷德里克王子于1820年1月29日继位为国王。乔治四世是一个骄奢淫逸、大腹便便的男人，十分看不起自己的妻子不伦瑞克的卡罗琳，对她进行了迫害，并且一直与情妇住在一起。他的独生女夏洛特公主在分娩时去世。他与侄女维多利亚的关系有时十分紧张，但他后来送给她一头驴，并且在花园里为她举办了一场《潘趣与朱迪》表演，让她很开心。

威尔士公主夏洛特·奥古斯塔（Princess Charlotte Augusta of Wales，1796~1817）。乔治四世的独生女。她深受喜爱，也被期待会成为一名伟大的女王，但在经历了一次痛苦的分娩后，她不幸离世，这促使她臃肿的中年叔叔们为王位生育合法继承人竞争。她还留下了一个悲痛欲绝的鳏夫，也就是维多利亚那位英俊帅气、野心勃勃、温柔亲切的舅舅利奥波德。

威廉四世（William Ⅳ，1765~1837）。乔治三世的第三子，也是哥哥乔治四世的继任者。他在24岁的年纪从海军退役，并且在40年后加冕为国王。但到这个时候，他已经与情妇生育了10个私生子。他后来迎娶了萨克森－迈宁根公国广受赞誉的阿德莱德公主，但他们生育的孩子全都死于襁褓之中，这意味着在他死后，王位将直接传给他的侄女维多利亚。

恩斯特·奥古斯塔斯（Ernest Augustus，1771~1851）。乔治三世的第五子，因萨利克继承法禁止他的侄女维多利亚继承汉诺威王位，他继位为汉诺威国王。恩斯特是一名极端的保守党人［也被人称作坎伯兰公爵（Duke of Cumberland）］，还是人们恐惧以及八卦的对象，原因是他脸上有巨大的伤疤，还有一些未经证实的谣言声称他曾经与自己的姐妹同床共枕、性骚扰过修女，以及谋杀过一名贴身男仆。

奥古斯塔斯·弗雷德里克王子（Prince Augustus Frederick），后来的萨塞克斯公爵（Duke of Sussex, 1773~1843）。乔治三世的第六子。他曾经两次迎娶没有得到父亲认可的女性，违反了《王室婚姻法》，因而失去了继承权。

阿道弗斯王子（Prince Adolphus），后来的剑桥公爵（Duke of Cambridge, 1774~1850）。乔治三世的第七子。他还是（乔治五世的妻子）玛丽王后的外祖父以及伊丽莎白二世女王的曾曾外祖父。

维多利亚的丈夫和孩子

萨克森－科堡－哥达的阿尔伯特（Albert of Saxe-Coburg-Gotha, 1819~1861）。维多利亚女王的丈夫。他出生于科堡附近的罗泽瑙城堡，比维多利亚小三个月。阿尔伯特的童年一直笼罩在父母婚姻破裂的阴影之下。作为一个博学而自律的人，阿尔伯特渴望成就一番伟业并保持高尚的道德水准，维多利亚也十分崇拜他。尽管天赋昭彰，但他却是一个引起巨大争议的人物：有人称他为"善良的阿尔伯特"，其他人却将他斥为"国王阿尔伯特"——一个外来闯入者。他因为在举办1851年万国工业博览会过程中起到的杰出作用而广受赞誉。孜孜不倦的工作和糟糕的身体状况导致他在1861年12月英年早逝，享年42岁。

维多利亚·阿德莱德·玛丽·露易丝公主（Princess

Victoria Adelaide Mary Louise, 1840~1901）。维多利亚与阿尔伯特的第一个孩子，尽管她早熟又聪明，但在她的弟弟们出生后，她就失去了继承王位的机会。17岁时，她嫁给了未来的普鲁士皇帝腓特烈。她的婚姻很幸福，但她在德意志的生活却很痛苦；她感到被排斥、被误解，而且孤独无依。她的两个儿子不幸夭折，而大儿子威廉变得尤为残忍。薇姬（Vicky）与母亲在长达几十年的时间里保持书信往来，撰写了大量信件，并以这种方式相互倾诉，她们的去世时间也仅仅差了半年。

阿尔伯特·爱德华（Albert Edward），威尔士亲王，后来的爱德华七世（1841~1910）。维多利亚的第二个孩子，王位第一顺位继承人。性格暴烈、喜欢热闹的"伯蒂"（Bertie）从来没有表现出姐姐那样的聪明特质，他的父母也因此对他苛责良多。维多利亚指责他和他不道德的越轨行为导致了父亲的早逝，并且拒绝让他在她还在世时承担任何重要职责。尽管父母对他持保留意见，但伯蒂后来在短暂的统治期间成为一个施政得当、备受喜爱的国王。他的儿子乔治五世后来承继了他的王位。

爱丽丝·莫德·玛丽公主（Princess Alice Maud Mary, 1843~1878）。维多利亚的二女儿和第三个孩子。爱丽丝生性叛逆，与哥哥伯蒂关系亲近，她的温柔在一心一意照顾奄奄一息的父亲和悲痛的母亲时展现得淋漓尽致。她在父亲去世6个月后与路易斯王子举行的婚礼是一场糟糕的婚礼，他们的婚姻也不幸福。尽管住在达姆施塔特，但她却不知疲倦地投身于护理事业，最著名的是她在普法战争期间的表现。在1878年12月14日因白喉去世时，她只有35岁，这时距离她父亲去世刚好过去了17年。她从母亲那里继承了血友病基因，并且遗传给了好几个孩子，包括沙皇尼古拉二世的妻子亚历山德拉，后者最终选择雇佣拉斯普京来治疗她患有血友病的儿子。

阿尔弗雷德·欧内斯特·阿尔伯特王子（Prince Alfred
Ernest Albert, 1844~1900）。维多利亚与阿尔伯特的第二个
儿子，"阿菲"（Affie）后来成为德意志小小行省萨克森–科
堡–哥达的统治者。作为一名能力优秀的海军军官（尽管他长
期身处海上让女王感到沮丧），阿菲在成为科堡公爵后不得不
放弃自己在海军的职业生涯。他是一名尽职尽责的统治者，但
他不幸的婚姻和儿子的自杀让他陷入了酗酒的恶性循环。他于
1900 年 7 月去世，比自己的母亲早了 6 个月。

海伦娜·奥古斯塔·维多利亚公主（Princess Helena
Augusta Victoria, 1846~1923）。维多利亚的三女儿和第五
个孩子。小名"兰辰"（Lenchen）的她嫁给了相貌平平的
石勒苏益格–荷尔施泰因–松德堡–奥古斯腾堡的弗雷德里
克·克里斯蒂安王子，并且与他生育了 4 个孩子。海伦娜十分
崇拜弗洛伦斯·南丁格尔，后来于 1889 年成为英国皇家护士协
会主席。她的住处离母亲不远，但基本上逃离了维多利亚的控
制，在承担维多利亚秘书工作的同时，她还是多个慈善机构的赞
助人。

露易丝·卡罗琳·阿尔伯塔公主（Princess Louise
Caroline Alberta, 1848~1939）。出生于革命之年的露易丝
一直被人认为是个桀骜不驯、反复无常的女孩。她长大后成了
一名天赋异禀的雕刻家，并且举止轻率，尤其与她的导师约瑟
夫·埃德加·贝姆之间保持了一段亲密关系。美丽的露易丝后
来嫁给了洛恩侯爵，但后来证明，他不是一个称职的丈夫。尽
管遭到母亲的反对——维多利亚对于几个女儿的女学究倾向感
到十分惊讶——但露易丝还是对全国妇女高等教育联盟的建立
给予了鼓励，并出任该组织首任主席。她在二战爆发时去世，
享年 91 岁。

xviii

阿瑟·威廉·帕特里克·阿尔伯特王子（Prince Arthur William Patrick Albert，1850~1942）。维多利亚的三儿子和第七个孩子。在 40 年的军旅生涯中，阿瑟出任多支部队的总司令。或许可以说十分明智的是，他接受了母亲为他挑选的新娘，一名普鲁士公主，并且获得了一段幸福的婚姻（至少以王室的标准来看是这样）。在哥哥阿菲去世后，阿瑟成为萨克森－科堡－哥达公国的继承人，但他打算在英国远程统治，这促使德国皇帝决定挑选另一名候选人。就这样，阿瑟差点在第一次世界大战中与自家人骨肉相残。

利奥波德·乔治·邓肯·阿尔伯特王子（Prince Leopold George Duncan Albert，1853~1884）。维多利亚的四儿子和第八个孩子，也是她在氯仿的帮助下生育的第一个孩子。利奥波德是一名有着强烈保守主义政治观点的知识分子，他的人生饱受血友病困扰。他的母亲和医生们对他进行了严密保护，防止他参与正常的活动。尽管如此，他还是在牛津大学求学，作为奥尔巴尼公爵出任上议院议员，并且生育了一个女儿。在 1884 年他的 31 岁生日前夕，利奥波德不幸离世，这时他唯一的儿子尚未出生。

比阿特丽斯·玛丽·维多利亚·费奥多公主（Princess Beatrice Mary Victoria Feodore，1857~1944）。维多利亚的第九个，也就是最年幼的孩子，同时也是最受她喜爱的一个。在阿尔伯特死后，比阿特丽斯成为母亲身边最为固定的伴侣，尽管她在嫁给巴腾堡的亨利王子后曾经短暂地告别过这种经常令人感到窒息的角色。虽然维多利亚持保留意见，但"利科"（Liko）最终被证明一直到 1895 年去世都是一名模范女婿。作为维多利亚遗嘱的执行人，比阿特丽斯花费了许多年来改写和销毁女王的原始日志，并烧毁了她的许多信件，这是一种严重的审查行为。

维多利亚的孙辈

威廉二世（Wilhelm Ⅱ，1859~1941）。德国皇帝，薇姬公主之子，也是维多利亚女王的第一个孙辈。威廉以臀位出生，承受了巨大创伤；他的一只胳膊在出生时被扭伤，他的余生一直都在隐藏并补偿这一缺陷。他憎恨自己的母亲，并且对她十分粗暴。他表面上非常崇拜自己的外祖母，但他对自己国家的勃勃野心让英德两国之间的关系变得极具竞争性和敌对性。加冕为皇帝后，他将向自己的英国表弟乔治五世宣战。

乔治五世（George Ⅴ，1865~1936）。伯蒂的第二子，维多利亚的孙子。乔治五世在 1910 年至 1936 年统治英国，而他的哥哥艾迪在 1892 年意外去世（乔治还娶了哥哥的未婚妻特克的玛丽公主）。

王室成员

露易丝·莱岑女男爵（Baroness Louise Lehzen, 1784~1870）。维多利亚的德意志女家庭教师和后来的宫廷女侍。在维多利亚的整个童年，莱岑都给予了她坚定的支持，训练她保持坚强并在面对批评和欺负她的人时捍卫自己。女王极度依赖莱岑的指导，这让阿尔伯特感到难以忍受。在经历一系列斗争后，阿尔伯特要求女男爵去德意志安静地过退休生活；她收拾好背包，在一个维多利亚仍在熟睡的早上离开了。

约翰·康罗伊爵士（Sir John Conroy, 1786~1854）。最早是肯特公爵的侍从，后来成为其遗孀的顾问。康罗伊想方设法进入了维多利亚家庭的核心圈。康罗伊一心一意想要获得个人权力，并试图强迫维多利亚同意在成为女王后任命他为私人秘书。维多利亚十分鄙视他，始终没有原谅他对她的严厉对

xix

待；她一当上女王就将他赶走了。

弗洛拉·黑斯廷斯小姐（Lady Flora Hastings, 1806~1839）。宫廷女侍，后来成为肯特公爵夫人的侍女。当弗洛拉小姐出现腹部肿胀的症状时，她的宫廷中的对手们开始传出约翰·康罗伊爵士让她怀孕的流言蜚语。维多利亚愿意相信这种最糟糕的情况，在詹姆斯·克拉克爵士的糟糕医术的助推下，维多利亚没有采取任何行动来制止流言蜚语。当弗洛拉小姐在经历了漫长而痛苦的病痛后去世时，年轻的女王在公众面前遭到了嘘声，也遭到媒体的抨击。

詹姆斯·克拉克爵士（Sir James Clark, 1788~1870）。在 1837 年至 1860 年间担任女王的私人医生。他在王室里漫长的职业生涯更多要归功于他的外交手腕，而不是高超的医术。他展露无遗的误诊能力，以及想要取悦女王的愿望，在弗洛拉·黑斯廷斯小姐的案例中将王室拖入了一场巨大丑闻之中。

冯·斯托克马男爵（Baron Von Stockmar, 1787~1863）。他先是学医，后来成为一名政治家，并作为利奥波德舅舅的秘书出任王室的非正式外交官。他是阿尔伯特亲王的亲密顾问以及莱岑女男爵的死对头。

利特尔顿夫人（Lady Lyttleton, 1787~1870）。维多利亚的宫廷女侍之一，后来担任皇家保育院的院长。她是一名王室生活的敏锐观察家，曾经对维多利亚内在的"坚强性格"赞叹不已。

简·丘吉尔夫人（Lady Jane Churchill, 1826~1900）。丘吉尔夫人从 1854 年到 1900 年去世一直担任宫廷女侍，她经常作为女王的传话人出现。如果有人违反了礼仪，例如参加宴会迟到或者在晚宴上笑得太大声，她会向当事人告知女王的不悦。她还负责为女王朗读简·奥斯汀和乔治·艾略特等人的小说。丘吉尔夫人忠诚地侍奉了维多利亚近半个世纪，在女王去世前仅一个月时去世。由于她没有留下任何日记或者回忆录，因此她的谨慎周到是完美无瑕的。

乔治·爱德华·安森（George Edward Anson, 1812~1849）。 xxi
阿尔伯特亲王的私人秘书，也是他最信赖的顾问之一。安森被证明是一个不可或缺的人物，经常担任这对时常闹别扭的王室夫妇的调停人。他突然早逝让阿尔伯特悲痛欲绝。

霍华德·埃尔芬斯通爵士（Sir Howard Elphinstone, 1829~1890）。作为克里米亚战争中的老兵以及维多利亚十字勋章的获得者，埃尔芬斯通于1859年被任命为阿瑟王子的家庭教师，后来又担任利奥波德王子的家庭教师。

查尔斯·菲普斯爵士（Sir Charles Phipps, 1801~1866）。女王的财务主管、威尔士亲王的财务主管。他于1858年被封为骑士，在阿尔伯特临终前作为受他信赖的小圈子成员出现在他的床边。

查尔斯·格雷将军（General Charles Grey, 1804~1870）。一名军官和政客，以及女王在阿尔伯特去世后几年里的私人秘书。他的大部分时间都用来为维多利亚未能出现在公众面前找借口。

亨利·庞森比爵士（Sir Henry Ponsonby, 1825~1895）。女王忠诚、有洞见而且表情冷酷却十分幽默的私人秘书。他担任女王私人秘书长达38年之久，并在1879年荣获骑士身份。

阿瑟·比格爵士（Sir Arthur Bigge, 1849~1931）。他于1895年成为女王的私人秘书，并在同一年获封骑士。在维多利亚去世后，比格又先后为爱德华七世和乔治五世服务，并于1911年成为上议院议员。

约翰·布朗（John Brown, 1826~1883）。苏格兰高地人，被雇来担任阿尔伯特在巴尔默勒尔的室外男仆。在维多利亚因丈夫去世而悲痛不已之时，他被传召到英格兰来帮助她。她很快就对他形成了依赖，并发展出一段非同寻常的关系，这一关系将成为人们长期非议的主题。维多利亚的孩子们都很讨厌他，称他为"女王的种马"。当维多利亚的遗体下葬时，布朗母亲的婚戒被戴在了她的手上。在维多利亚死后，爱德华七世烧掉了任何有可能败坏她名声的信件。

阿卜杜勒·卡里姆（Abdul Karim, 1862 或 1863~1909）。女王的印度秘书、"孟希"（munshi），或者说书记员。卡里姆在王室里迅速从一名仆人崛起为备受信赖的顾问，这在王室中引起了巨大的反感，尤其是在女王的子女之中，但维多利亚对他的虚伪和欺骗却视而不见。在女王去世后，爱德华七世国王下令烧毁了孟希的文件，因此对于他的真实影响力，我们只能进行猜测。

詹姆斯·里德爵士（Sir James Reid, 1849~1923）。女王最喜爱的私人医生。他在1883年约翰·布朗病危期间诊治过他，并且接生了比阿特丽斯公主的四个孩子。里德的谨慎、医术和可靠使他成为女王身边不可或缺的人物。女王还将自己对葬礼的最后请求托付给里德。她在他的怀中死去。

其他王室成员

费奥多拉（Feodora, 1807~1872），霍恩洛厄－朗根堡公主。深受维多利亚女王喜爱的同母异父姐姐费奥多拉是肯特公爵夫人与第一任丈夫所生的女儿。当维多利亚仅8岁时，迷人的费奥多拉成婚并迁居德意志。这对同母异父的姐妹坚持通信几十年；当费奥多拉在1872年去世时，维多利亚悲痛不已。

利奥波德一世（Leopold I，1790~1865），比利时国王。备受维多利亚尊敬的舅舅，也是夏洛特公主的鳏夫。利奥波德从阿尔伯特和维多利亚儿时起就一心一意想要撮合他们，对维多利亚而言，他就像父亲一般；他提出了源源不断的建议，并且悉心关怀她的教育、健康、心理发育以及婚姻。

利奥波德二世（Leoplod Ⅱ，1835~1909），比利时国王 xxiii 利奥波德一世的儿子。他在刚果的统治充满了无情和残暴的剥削以及大屠杀。

路易·菲利普（Louis Philippe，1773~1850），法国国王。路易·菲利普在1848年革命后被迫退位，流亡大不列颠，并且居住在萨里郡的克莱尔蒙特。他的女儿露易丝-玛丽公主是维多利亚的舅舅利奥波德的第二任妻子。

维多利亚的同时代人

托马斯·卡莱尔（Thomas Carlyle，1795~1881）。作为一名脾气暴躁但举世闻名的苏格兰作家兼历史学家，卡莱尔为维多利亚一生中发生的诸多大事件提供了第一手的记录。

查尔斯·狄更斯（Charles Dickens，1812~1870）。狄更斯对于君主制没有什么敬畏之心；他认为自己比女王名气更大，因此一直试图避开她。维多利亚却非常崇拜他，并且津津有味地阅读他对伦敦下层社会的描写。两人一直到1870年才第一次见面，这时距离他去世仅有不到3个月时间。她将他描述为"非常和蔼可亲，有着令人愉悦的声音和举止"。

弗洛伦斯·南丁格尔（Florence Nightingale，1820~1910）。一位杰出的护士，为军队中的医疗体系带来了一场革命，尤其著名的是她在克里米亚战争中的表现。她启发了一代又一代的女性，包括女王和她的几个女儿，爱丽丝、薇姬和海伦娜。尽管自己身体状况欠佳，但南丁格尔一直在倡议对医院和卫生管理体系进行结构和文化上的变革。她于1907年成为首位获颁大英帝国勋章的女性。

阿尔弗雷德·丁尼生勋爵（Alfred, Lord Tennyson, 1809~
1892）。这位杰出的桂冠诗人就住在怀特岛上女王的别墅附近。

xxiv 在女王为丈夫去世而哀悼期间，他成为女王的密友，他的诗给
她带来了巨大的安慰。他于1883年获封爵位。

首相们

墨尔本勋爵（Lord Melbourne, 1779~1848）。年轻女王
的第一个也是最受她信赖的首相。在经历了混乱而痛苦的个
人生活后，墨尔本与这位18岁的年轻女王之间形成了相互依
赖的关系。当他的政府最终下台时，维多利亚感到心烦意乱。
多年以后，她将为自己曾经对这位首相产生的强烈情感感到
难堪。

罗伯特·皮尔爵士（Sir Robert Peel, 1788~1850）。墨
尔本勋爵政府下台后上任的首相。最初，维多利亚因为他把墨
尔本赶下台而讨厌他，还对他在社交场合的缄默感到愤怒。但
在看到他优秀的能力，以及愿意为捍卫自己的信仰而不顾个人
损失地斗争之后，她对他的敬意油然而生。尽管皮尔是一名保
守的保守党人，却锐意改革，并成功废除了不受欢迎、支持保
护主义的《谷物法》，这也让他成为受到自己所在党派憎恨的
人物。阿尔伯特将他当成一个父亲一般的人物。

拉塞尔勋爵（Lord Russell, 1792~1878）。一名自由派
改革家，两次出任首相。他是1832年改革法案的设计者，有
人曾认为，这份改革法案标志着君主直接权力衰落的开始。他
最大的失败是未能在19世纪40年代末的爱尔兰饥荒期间为爱
尔兰人提供帮助，这恶化了未来几十年爱尔兰与英格兰的关系。

巴麦尊勋爵（Lord Palmerston, 1784~1865）。曾任外交
大臣和首相。巴麦尊最初很受维多利亚和阿尔伯特的欢迎，但

后来他们多次因他的自由派干预主义外交政策，以及在他们看来凡事不与他们商量的羞辱性做法而与他发生冲突。维多利亚曾反复要求将他解职。

德比勋爵（Lord Derby, 1799~1869）。德比曾三次出任
首相，尽管每次都是少数派政府，十分短命。后来他出任保守党领袖长达创纪录的 22 年。或许他最大的成就是在 1867 年确保第二改革法案在议会获得通过，从而让选民规模扩大了一倍，并且给予了大量中产阶级投票权。

本杰明·迪斯雷利（Benjamin Disraeli, 1804~1881）。第一代比肯斯菲尔德伯爵、派头十足的小说家、保守派政客，并且两次出任首相。尽管他信仰英国国教，但他却是首位——也是唯一的——犹太裔英国首相。迪斯雷利充满敬意的奉承、灵巧的语言天赋以及颇具趣味性的奇闻逸事深得维多利亚的喜爱。作为一名熟练的外交家，迪斯雷利还奉行进攻性外交政策，并且在议会中推动具有进步性的立法日程。

威廉·格莱斯顿爵士（Sir William Gladstone, 1809~1898）。自由党领袖，四次出任首相，格莱斯顿以"英国政治的元老"之名而著称。他信仰虔诚，会回到自己的乡间别墅连续数月只做一件事——砍树，并且对拯救"风尘女子"有着奇特的热衷。尽管格莱斯顿对治理国家态度严肃，但他却始终未能赢得维多利亚女王的敬意。她曾下大力气试图阻止他成为首相。

罗斯贝里伯爵（Earl of Rosebery, 1847~1929）。不情不愿地在维多利亚的强迫下代替格莱斯顿出任自由党的首相。他的首相任期仅仅持续了一年左右。

索尔兹伯里勋爵（Lord Salisbury, 1830~1903）。维多利亚的最后一个首相。索尔兹伯里当了三届首相，并且与维多利亚一起坚决反对爱尔兰自治及其主要支持者格莱斯顿。维多利亚后来十分喜欢他文雅又充满敬意的处事方式。作为一名热忱

的帝国主义者，索尔兹伯里主张"光荣孤立"政策，避免与
其他大国结盟。

其他人物

阿方西娜 – 泰雷兹 – 贝尔纳迪娜 – 朱莉·德蒙热内·德圣 –
洛朗夫人（Madem Alphonsine-Thérèse-Bernabdine-Julie
De Mont-Genêt De Saint-Laurent, 1760~1830）。通常被
称作"朱莉"，她是肯特公爵在迎娶维多利亚母亲之前的 30
年里的情人。

丹麦的亚历山德拉公主（Alexandra of Denmark），威尔
士亲王夫人，后来的英国亚历山德拉王后（1844~1925）。作
为伯蒂的妻子，"阿利克斯"（Alix）既优雅又善良，还十分宽
容。尽管阿利克斯的丹麦血统曾经带来不便——主要是因为错
综复杂的石勒苏益格 – 荷尔施泰因问题，但维多利亚还是经常
说，她喜欢这位儿媳胜过自己的女儿们。英国民众也很爱戴阿
利克斯——与此同时，她丈夫狂欢作乐的性子却引得民众纷纷
侧目。

约瑟夫·帕克斯顿爵士（Sir Joseph Paxton, 1803~1864）。
一名景观园艺师和建筑师，为 1851 年万国工业博览会设计了水
晶宫。

约瑟夫·埃德加·贝姆爵士（Sir Joseph Edgar Boehm,
1834~1890）。一名杰出的维也纳雕刻家，女王曾委托他制作
了 40 多座王室雕像。贝姆与露易丝公主的关系十分亲密，后
者曾经师从他学习雕刻艺术。当贝姆在工作室里突然去世时，
露易丝公主也在场；有人猜测，他是在剧烈的性活动后筋疲力
尽而亡，贝姆相关档案被摧毁更是进一步加重了这种猜测。

查尔斯·戈登将军（General Charles Gordon, 1833~1885）。

一名性格古怪的军事英雄，颇受维多利亚女王的崇拜。1883年，戈登在苏丹发生政变后受命前往撤离当地的英国和埃及军队。相反，戈登却掘壕固守，并开始遭遇围攻。格莱斯顿不愿派遣增援部队的态度激怒了维多利亚，也引起了公众的反感。 xxvii
后来戈登的被害被归咎于格莱斯顿的犹豫不决。正因如此，女王始终没有原谅格莱斯顿。

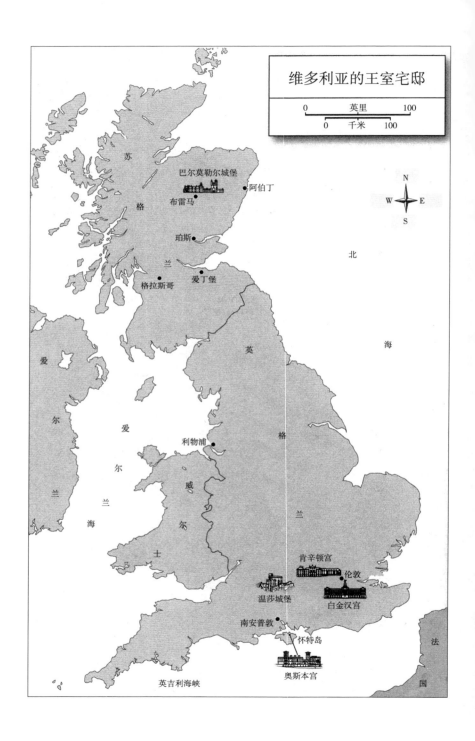

维多利亚的王室宅邸

苏格兰

巴尔莫勒尔城堡
布雷马 ● ● 阿伯丁
珀斯 ●
兰
格拉斯哥 ● ● 爱丁堡

英格兰

北海

爱尔兰

爱尔兰海

威尔士

利物浦 ●

肯辛顿宫
伦敦
温莎城堡 白金汉宫

南安普敦 ●
怀特岛
奥斯本宫

英吉利海峡

法国

0　　英里　　100
0　　千米　　100

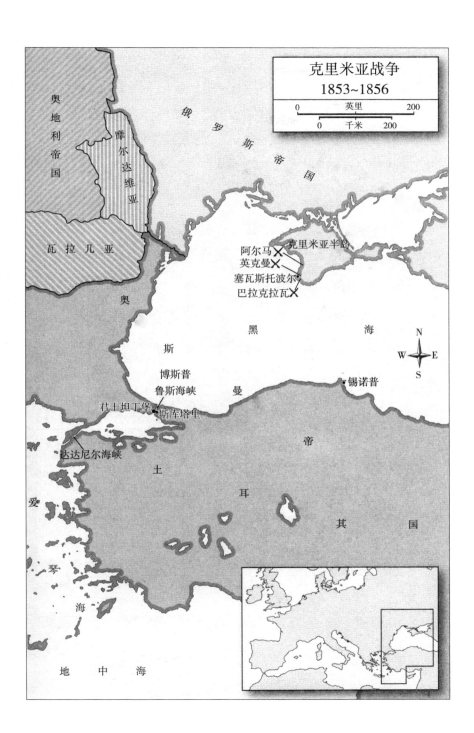

克里米亚战争
1853~1856

奥地利帝国

摩尔达维亚

瓦拉几亚

俄罗斯帝国

奥

克里米亚半岛

阿尔马
英克曼
塞瓦斯托波尔
巴拉克拉瓦

黑　　　海

斯

博斯普
鲁斯海峡

锡诺普

曼

君士坦丁堡
斯库塔里

达达尼尔海峡

土

耳

其

国

帝

爱

琴

海

地　中　海

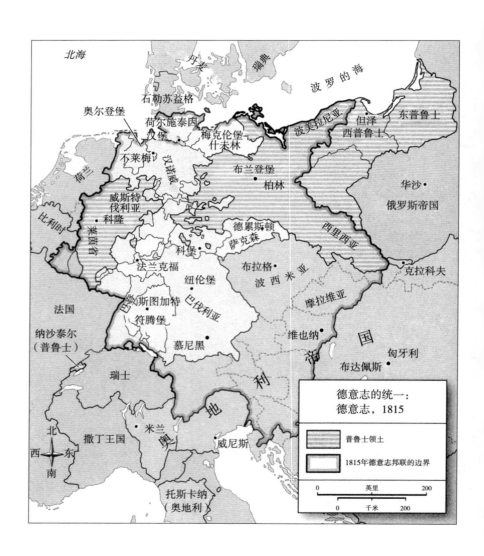

北海

丹麦

瑞典

波罗的海

石勒苏益格

奥尔登堡

荷尔施泰因

汉堡

梅克伦堡－
什末林

波美拉尼亚

但泽

东普鲁士

西普鲁士

不莱梅

汉诺威

荷兰

威斯特
伐利亚

科隆

布兰登堡

柏林

华沙

俄罗斯帝国

比利时

莱茵省

德累斯顿

西里西亚

科堡

萨克森

克拉科夫

法兰克福

纽伦堡

布拉格

波西米亚

法国

斯图加特

巴伐利亚

摩拉维亚

纳沙泰尔
（普鲁士）

符腾堡

慕尼黑

维也纳

布达佩斯

匈牙利

瑞士

奥

地

利

帝

国

北

西 东

南

撒丁王国

米兰

威尼斯

托斯卡纳
奥地利

德意志的统一：
德意志，1815

普鲁士领土

1815年德意志邦联的边界

0   英里   200

0   千米   200

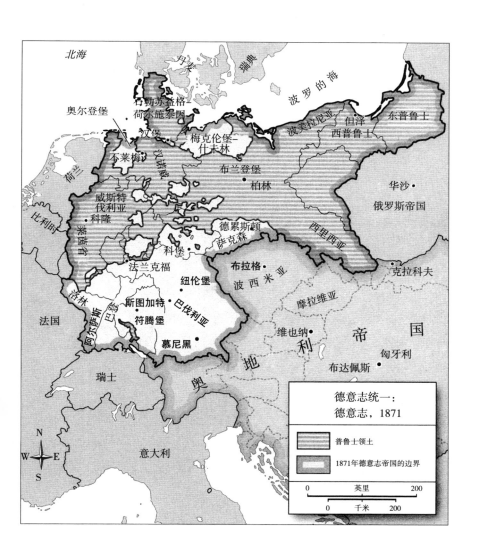

北海

丹麦

瑞典

波罗的海

奥尔登堡

石勒苏益格－
荷尔施泰因

汉堡

梅克伦堡－
什末林

波美拉尼亚

但泽
西普鲁士

东普鲁士

不莱梅

汉诺威

布兰登堡

柏林

华沙 •

俄罗斯帝国

威斯特
伐利亚

科隆

莱茵省

比利时

荷兰

德累斯顿

萨克森

西里西亚

克拉科夫 •

科堡

法兰克福

布拉格 •

波西米亚

摩拉维亚

纽伦堡 •

斯图加特 •

• 巴伐利亚

符腾堡

洛林

阿尔萨斯

巴登

法国

• 慕尼黑

奥

地

利

帝

国

维也纳 •

匈牙利 •

瑞士

布达佩斯 •

意大利

N

W — E

S

德意志统一：
德意志，1871

普鲁士领土

1871年德意志帝国的边界

0   英里   200

0   千米   200

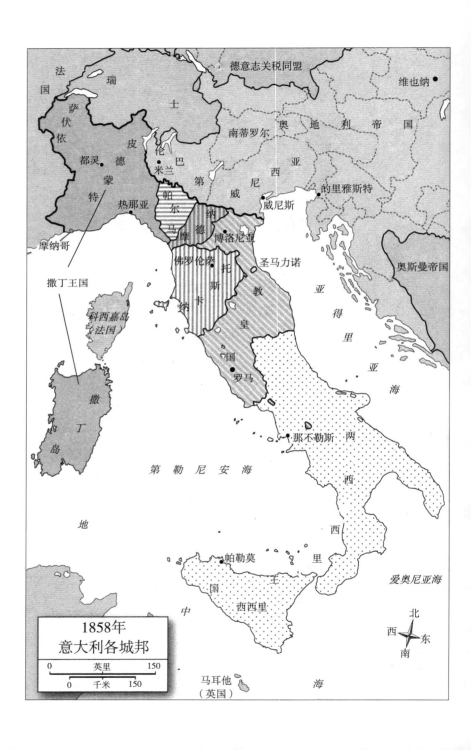

法国

瑞士

德意志关税同盟

维也纳

萨伏依

皮德蒙特

伦巴第

米兰

巴

帕尔马

南蒂罗尔

奥地利帝国

威尼西亚

威尼斯

的里雅斯特

都灵

热那亚

摩纳哥

撒丁王国

科西嘉岛
(法国)

摩德纳

博洛尼亚

圣马力诺

佛罗伦萨

托斯卡纳

教皇国

罗马

奥斯曼帝国

亚得里亚海

撒丁岛

那不勒斯

两

西

西里

第勒尼安海

帕勒莫

王国

西西里

地

中

马耳他
(英国)

爱奥尼亚海

海

| 1858年 |
| 意大利各城邦 |

0 —— 英里 —— 150

0 —— 千米 —— 150

北
西 东
南

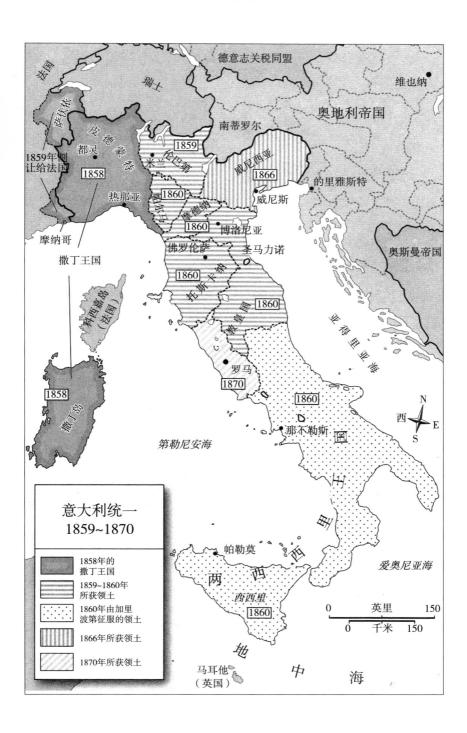

德意志关税同盟

法国

瑞士

维也纳

奥地利帝国

萨伏依

都灵

南蒂罗尔

1859

1859年割
让给法国

1858

艾德蒙特

米兰

伦巴第

威尼西亚

1866

的里雅斯特

热那亚

1860

威尼斯

摩纳哥

撒丁王国

摩德纳

1860

博洛尼亚

圣马力诺

奥斯曼帝国

佛罗伦萨

科西嘉岛
（法国）

1860

托斯卡纳

教皇国

1860

亚得里亚海

1858

撒丁岛

罗马

1870

1860

第勒尼安海

那不勒斯

西

N

东

西

E

南

S

两

西

帕勒莫

西

里

爱奥尼亚海

0   英里   150

意大利统一
1859~1870

1858年的
撒丁王国

1859~1860年
所获领土

1860年由加里
波第征服的领土

1866年所获领土

1870年所获领土

西西里

1860

王

国

0   千米   150

马耳他
（英国）

中

海

地

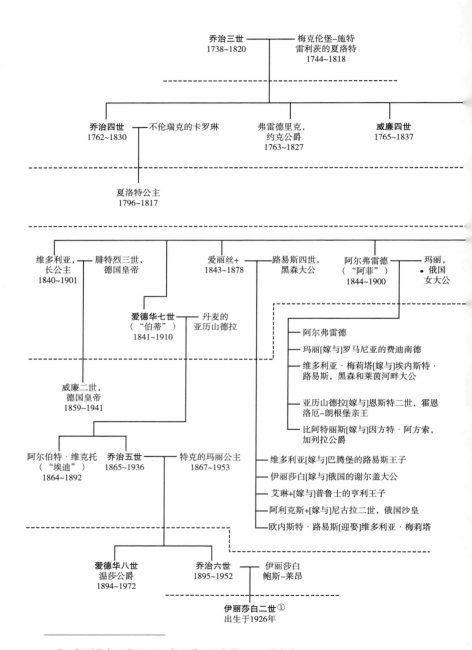

乔治三世
1738~1820 ── 梅克伦堡–施特
雷利茨的夏洛特
1744~1818

乔治四世
1762~1830 ── 不伦瑞克的卡罗琳

弗雷德里克,
约克公爵
1763~1827

威廉四世
1765~1837

夏洛特公主
1796~1817

维多利亚,
长公主
1840~1901 ── 腓特烈三世,
德国皇帝

爱丽丝+
1843~1878 ── 路易斯四世,
黑森大公

阿尔弗雷德
("阿菲")
1844~1900 ── 玛丽,
● 俄国
女大公

爱德华七世
("伯蒂")
1841~1910 ── 丹麦的
亚历山德拉

阿尔弗雷德

玛丽[嫁与]罗马尼亚的费迪南德

维多利亚·梅莉塔[嫁与]埃内斯特·
路易斯,黑森和莱茵河畔大公

亚历山德拉[嫁与]恩斯特二世,霍恩
洛厄–朗根堡亲王

比阿特丽斯[嫁与]因方特·阿方索,
加列拉公爵

威廉二世,
德国皇帝
1859~1941

阿尔伯特·维克托
("埃迪")
1864~1892

乔治五世
1865~1936 ── 特克的玛丽公主
1867~1953

维多利亚[嫁与]巴腾堡的路易斯王子

伊丽莎白[嫁与]俄国的谢尔盖大公

艾琳+[嫁与]普鲁士的亨利王子

阿利克斯+[嫁与]尼古拉二世,俄国沙皇

欧内斯特·路易斯[迎娶]维多利亚·梅莉塔

爱德华八世
温莎公爵
1894~1972

乔治六世
1895~1952 ── 伊丽莎白
鲍斯–莱昂

伊丽莎白二世①
出生于1926年

──────────

① 伊丽莎白二世于 2022 年 9 月 8 日去世。——编者注

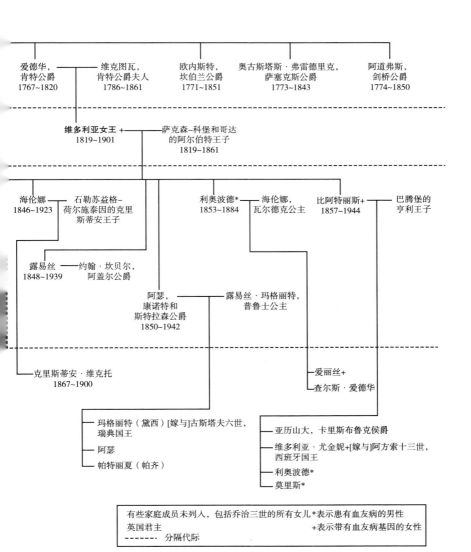

爱德华，
肯特公爵
1767~1820

维克图瓦，
肯特公爵夫人
1786~1861

欧内斯特，
坎伯兰公爵
1771~1851

奥古斯塔斯·弗雷德里克，
萨塞克斯公爵
1773~1843

阿道弗斯，
剑桥公爵
1774~1850

维多利亚女王＋
1819~1901

萨克森–科堡和哥达
的阿尔伯特王子
1819~1861

海伦娜
1846~1923

石勒苏益格–
荷尔施泰因的克里
斯蒂安王子

利奥波德*
1853~1884

海伦娜，
瓦尔德克公主

比阿特丽斯＋
1857~1944

巴腾堡的
亨利王子

露易丝
1848~1939

约翰·坎贝尔，
阿盖尔公爵

阿瑟，
康诺特和
斯特拉森公爵
1850~1942

露易丝·玛格丽特，
普鲁士公主

克里斯蒂安·维克托
1867~1900

爱丽丝＋

查尔斯·爱德华

玛格丽特（黛西）[嫁与]古斯塔夫六世，
瑞典国王

阿瑟

帕特丽夏（帕齐）

亚历山大，卡里斯布鲁克侯爵

维多利亚·尤金妮＋[嫁与]阿方索十三世，
西班牙国王

利奥波德*

莫里斯*

有些家庭成员未列入，包括乔治三世的所有女儿　*表示患有血友病的男性
英国君主　　　　　　　　　　　　　　　　　　　+表示带有血友病基因的女性
------ 分隔代际

序　言

> 我觉得女王是一位值得为之生、为之死的女性。
>
> ——埃米莉·丁尼生（Emily Tennyson）[1]

> 如此一名刁妇。[2]
>
> ——阿彻·克莱夫牧师（Rev. Archer Clive）

她已经准备就绪。

不过当维多利亚初次坐在王座上时，她的双脚甚至都够不着地面。在威斯敏斯特教堂高耸的拱顶下，她只是一个不起眼的小点，在众人好奇的注视下如坐针毡，竭力控制着不去晃荡她的双腿。成千上万的人在日出前蜂拥至伦敦街头，希望能够占领有利位置，一瞥年仅 18 岁、身高不足 5 英尺的不列颠新女王。以前的国王要么肆意挥霍，要么风流薄情，要么嗜吸鸦片，要么疯疯癫癫；如今，整个国家都在为"体现了完美女性气质的美丽白玫瑰"[3]而着迷，他们的这位新君主，这位娇小少女正不安地坐在一间装饰着金色窗帘和异国地毯的巨大教堂内，承受着钻石满身的贵族人士的注视。

沉重的王冠让维多利亚的脑袋隐隐作痛，她的双手也在微微颤动——镶嵌着红宝石的加冕戒指被戴到了错误的手指上；后来用冰块才取下来，过程痛苦万分。她的周围站着几位较为年长的男性顾问，全都垂垂老矣。她的首相因吸食鸦片和饮用白兰地而恍恍惚惚，之所以需要鸦片和白兰地，据说是为了缓解胃疼，而且在整场仪式过程中他眼前都是一片朦胧。她的大主教事先没有经过排练，念起稿子来磕磕巴巴。一名勋爵在靠近亲吻她的手时摔倒在了台阶上。不过，维多利亚的沉着冷静是无可挑剔的。她的声音既冷静又清脆，还沉稳。成为女王的想法一度让她感到恐惧，但随着她慢慢长大，她一直渴望参与工作，获得独立，可以对自己的生活拥有一些控制。而她最渴望的莫过于在自己的房间里单独睡觉，逃离母亲令人窒息的掌控。大多数青少年得到的都是零花钱，她却得到了一个王国。

几乎没有人会把赌注押在维多利亚加冕不列颠群岛女王这件事上。毕竟，她的父亲并非国王的长子，而是第四子。正如权力继承过程中经常发生的那样，仅仅是因为一系列悲剧的出现，亲人的去世，包括婴儿、一名产妇以及两个肥胖的伯父，以及幸运——她的军人父亲避免被哗变的士兵谋杀，并且不知怎地说服她的母亲嫁给了他这个人到中年、几乎破产的王子——才使得在 1837 年 8 月 20 日这天，一个国家的命运在滚滚车轮的带动下停在了一个身材娇小的 18 岁少女面前。她喜爱阅读查尔斯·狄更斯，操心吉卜赛人的福祉，喜欢动物，热爱唱歌剧，崇拜驯狮人，并且讨厌昆虫和甲鱼汤；她饱受亲近之人的欺负，一直到她的决心坚如磐石；她的心被情感和禁欲主义的绳索紧紧捆绑。

她的人生始终都不轻松。在满周岁之前，维多利亚就失去了父亲。在满 18 岁前，她已经与母亲渐渐疏远。有许多次，王位几乎从她手中滑落；其他人多年来一直试图将其从她手中夺走。她需要借助性格中与生俱来的钢筋铁骨，培养出一种倔强的力量。但是，这个幼年时喜欢跺脚、童年时喜欢猛摔钢琴盖、青少年时喜欢对折磨她的人怒目相向的少女如今已经成了女王。在加冕仪式结束后，她返回家中所做的第一件事就是给她的小狗洗一个温暖的泡泡浴，小狗把肥皂泡泡抖到了她的脸上和衣服上，引得她欢笑不已。

我们如今已经忘记了维多利亚曾独自一人统治了多久。她或许在加冕几年后就嫁给了阿尔伯特，但在后者死后，她独自统治了长达 39 年时间。然而，我们对这段时期知之甚少。这很大程度上是因为她的悲伤太过巨大而持久，十分引人瞩目。如果你今天走在伦敦街头，会时刻留意到维多利亚曾经高调而持久的悲痛所留下的痕迹。对于当时和今日的任何人来说，很明显可以看出，她曾经尤为深沉地爱着她的德国丈夫：这是一场让她措手不及的意外之恋，却一直持续到她去世为止。在阿尔伯特死去 20 年后，她仍然在建造纪念碑——在海德公园，展现他强健身材的雕像高耸入云，贴金的腿部显得强劲有力，周围环绕着天使和德天使（Virtue），看起来好似神明一般。维多利亚始终未能从丧夫之痛中彻底恢复，当她后来在其他男人的陪伴下找到快乐时，她还曾内疚地向一名牧师忏悔。

然而，维多利亚的悲伤之深意味着一个迷思几乎立刻就出现了，而且许多人直到今天仍然深信不疑：她在阿尔伯特死后就不再进行统治，而在她足智多谋的丈夫还在世时，她曾经把自己的几乎所有权威和权力都让渡给他。当她加冕时，人们惊讶于维多利亚能够思维清晰地思考和口齿伶俐地讲话；当她成婚时，他们相信她把所有的重大决定都交由阿尔伯特来做出；当他去世时，她被苛责为一个冷淡、悲伤的寡妇。所有这些都是错误的。维多利亚女王是一名坚决果断的统治者，既会抱怨工作的繁重，同时也会日复一日甚至每隔一小时地指挥她的首相。首相格莱斯顿曾说："女王光是靠自己就足以杀死任何人了。"然而，我们这一代人似乎与维多利亚时代的人一样，未能理解如此一名女性是如何能够如此巧妙而津津有味地行使权力的。部分原因是，通过挖掘海量的传奇故事和夸张表达来理解真正的维多利亚实在是太过困难了。

要想恰当地理解这一任务，我们必须回到二战仍在肆虐的 1943 年 5 月 10 日。在这一天，阿道夫·希特勒无限期地延长了他的独裁统治，美国军队正准备将日本从阿拉斯加的岛屿逐出，温斯顿·丘吉尔即将抵达华盛顿与富兰克林·D.罗斯福举行一场至关重要的会议，而第二天，轴心国就将在北非战场向同盟国投降。维多利亚的女儿、86 岁的比阿特丽斯此时颤颤巍巍地坐在她位于英格兰萨塞克斯的家中。数十年前，她承担了一个繁重的任务，那就是整理女王汗牛充栋的日志。这项任务她干了 10 年，先亲手把日志誊抄在蓝色抄写本上，然后把原件烧毁，堪称 20 世纪最重大的历史审查行为之一。如今，她是一名普通老妪，整日忙着翻译家族档案，以逃避战争带来的"焦虑"。在这一天，她拿出一张信纸，给她的侄孙乔治六世国王，即伊丽莎白二世女王的父亲写一封恳请信——这封信此前从未公之于世。最近的一批档案让她感到惊骇不已。她在信中称呼国王为"伯蒂"①，写道：

> 我从图书馆馆长那里得到了一本书，里面有一封我父亲写给我母亲的信，信是用英语和德语两种语言书写的，但是内容十分私密，都是些细枝末节的个人争吵，我实在无法处理。里面还有些关于对我母亲的各种限制的摘记。这些文件没有任何历史或者传记价值，如果被人看到的话，只会平添误解，破坏她给人们留下的回忆。你可能不

---

① 乔治六世的全名为阿尔伯特·弗雷德里克·亚瑟·乔治，"伯蒂"是阿尔伯特的昵称。——译者注

知道，我是我母亲的文献处理人，因此，我感到必须［向你］请求，允许我摧毁任何令人感到不快的信件。我是她 xliii 最后尚在人世的孩子，感到保护她的回忆是我的神圣义务。这些信件究竟是如何……保留在档案之中的，我不太能理解。[4]

温莎城堡图书馆馆长欧文·莫斯黑德（Owen Morshead）就无意间寄送了"可燃材料"，向皇家档案管理员艾伦·拉塞尔斯爵士（Sir Alan Lascelles）致歉。（他实事求是地写道："我知道亲王与女王在婚姻初期并不总是意见一致，但我没想过这些书里会有任何出人意料的内容。"[5]）这本书被退还给了比阿特丽斯，她很快就把它烧掉了。

比阿特丽斯于次年，也就是 1944 年去世。她不知道的是，在这些档案被送还给她之前，已经有人把它们拍了下来，小心翼翼地塞进了皇家档案馆的一叠档案里。它们如今仍然在那里，整齐地摆放在一个用绳子捆着的白色小盒子里。这件事发生的原因尚不清楚。是不是那位图书馆馆长违抗命令而且没有被抓住？还是说国王的命令是敷衍一下老太太，却将他曾祖母婚姻矛盾的证据保存下来？我们所知道的是，乔治五世和玛丽王后在看着比阿特丽斯摧毁她母亲的私人文件并筛选剩余档案时曾感到十分沮丧。由于人们仍能从受维多利亚之托为阿尔伯特撰写传记的西奥多·马丁（Theodore Martin）的作品中一瞥维多利亚的日记原文，因此，可以明显看出，比阿特丽斯在她的誊写中让她母亲显得更加温顺、情绪更为温和也更为通情达理。[6]

维多利亚信件的编辑们也以类似的方式歪曲了历史档案。正如伊冯娜·沃德（Yvonne Ward）巧妙展示的那样，负责筛选和编辑维多利亚书信的阿瑟·本森和伊舍勋爵（Lord

Esher）展现的是一个遭到歪曲的女王形象。不仅是一些显而易见的删减——例如删除了对法国人以及她的子女的尖锐批评，并且剔除了一些诸如"粗俗"这样的词语，以净化她的言语用词——还"淡化了女王拥有的知识和尤为尖锐或者草率的观点，好让她显得端庄而单纯。为了避免过于琐碎，她与女性之间的通信被忽略了。她与欧洲人士之间的通信被删减到最少程度，以减轻所谓她受到外部影响的印象"。[7]他们删掉了任何有可能让维多利亚看起来似乎"过度强势、不够端庄或者言语不逊"，[8]以及存在政治偏见的词语，更糟糕的是，在她的官方文集中，大部分信件都是由男性书写的；[9]只有四成信件出自女王之手。本森和伊舍还删掉了大部分写给其他女性的信件以及提到她子女的内容，因此，维多利亚的女性朋友被抹除干净，她作为母亲的自信也消失无踪。

给比阿特丽斯在二战期间毁坏的档案拍摄的照片——这些照片将在本书中展示——是罕见的珍宝，让我们得以洞悉维多利亚与阿尔伯特之间的亲密关系，在这段关系中，他把她称作"孩子"，并且告诉她如何才能举止端庄。不过，信件也说明了在女王的话语被篡改、删减、隐藏和摧毁的情况下，要想理解她的思想和心灵是多么困难。据保守估计，维多利亚在位期间平均每天要写下 2500 个单词，总计约有 6000 万个单词。[10]然而，这些材料中的大部分都遭到了修饰或者掩盖，甚至彻底消失。她的家人焚烧了数不胜数的纸张，尤其是与她的苏格兰密友约翰·布朗、她的印度仆人阿卜杜勒·卡里姆以及她作为年轻女王时最为羞耻的一段插曲——对弗洛拉·黑斯廷斯小姐的欺侮——有关的任何信件。

维多利亚女王身上似有很多未解开的迷思。迷思的创造者既有旁观者、谄媚者、君主主义者、共和主义者，也有女王自己，英国王室一直在助长迷思。这些迷思有阿尔伯特去世后，她也死去了；她厌恶自己的孩子们；她是一个完美无瑕地尊重宪政、举止妥当的女王；她讨厌权力、缺少野心，一心只爱家庭事务；她是一个男人的简单造物，这个男人指导她、塑造她，就好像她是会走路、会说话的伽拉忒亚（Galatea）[1]一样。当然，还有她的仆人约翰·布朗仅仅是一个好朋友。然后是她自己创造的一些迷思：阿尔伯特完美无瑕，他们的婚姻也无可挑剔。他是真正的国王，而她只是他背后祈求的影子。所有这些都是胡说八道。

奥斯卡·王尔德认为，19世纪的三位伟人分别是拿破仑·波拿巴、维克多·雨果和维多利亚女王。他把她形容为"黑玉上镶嵌的红宝石"——一个庄重甚于美丽的形象。她的确是一位伟人——但维多利亚同时也很刻薄而自私，经常目中无人，喜欢自怨自艾，并且固执倔强。在她的统治下，有数百万人因贫穷和饥饿而死，但她似乎对他们的苦难视而不见。对待她不喜欢的人，她要求苛刻、态度粗鲁。她蔑视精英；责备上议院议员整日打猎、喝酒、寻欢作乐；看不起社会上那些无所事事、纵欲过度的人；如果不喜欢某些人的话，经常会反对推行他们倡议的重要改革措施；并且经常因为贪恋在苏格兰平静、隐居的生活而逃避公共职责。

维多利亚对自己的缺陷有着清醒的认识。她认为自己的裙子不够雅致，总是觉得自己不够瘦，身边之所以环绕着美丽的人与物，是因为她迫切地渴望补偿自己美的缺失。不过她同时

---

[1] 典故出自奥维德在《变形记》中讲述的古希腊神话，皮格马利翁是塞浦路斯岛的国王，也是个著名的雕刻家，由于对女性的堕落和放荡不羁产生反感，决心终身不娶。一次他以象牙雕刻了一尊少女像，并情不自禁地爱上了自己的作品，于是祈求爱神阿芙洛狄忒赐予雕像生命。爱神满足了他的愿望，将雕像变成名叫伽拉忒亚的美女，最后他们结成夫妻。——译者注

也轰轰烈烈地爱过，既友善又真诚，拥有强烈的正义感，蔑视种族和宗教歧视，并且与她的仆人们产生了强烈的情感，以至于许多人对这种关系纷纷侧目甚至表示怀疑。她还经历了 8 次刺杀并都死里逃生。到她统治末期，维多利亚女王的声望达到了非同凡响的程度。美国人宣称她是世界上最为睿智的女性。老妪们认为她的触摸能够治愈她们的疾病，老头们声称在接受她的来访后自己的眼睛看得更清楚了，还有一位 76 岁的非裔美国女性存了 50 年的积蓄，只为从美国"前往"英国，与她交谈几分钟。

xlvi

女王出生在一段极端动荡的时期——环绕肯辛顿宫的平静小村在她晚年已经成了一座繁华都市，烟囱林立，烟雾遮天蔽日，坐落有序的排屋平均每间都塞进了 5 个家庭，河道里堵满污物，熙熙攘攘的轮船骄傲地航行全世界，将英国旗帜插在外国大陆上。起义暴动让教会、贵族和议会大受震动。在她的统治下，英国将取得前所未有的成就。这位女王将统治地球上四分之一的人口，有一个时代将会以她的名字命名，而她的坚定形象将永远与一个兼具增长、实力、剥削、贫穷和民主的吊诡时代联系在一起。

维多利亚是世界上最具权势的女王，也是知名度最高的职业母亲。当我们允许她——如同她自己长期以来在公众记忆里那样——沉浸在无比的哀思之中时，我们常常忘记，自少女时代起，维多利亚也曾为自己的独立和声誉以及王位的荣誉奋斗过，不仅取得了相当的成功，而且在很大程度上是独自完成的。我们还会常常忘记她曾为了自己所深信的帝国和价值观努力奋斗，一直辛勤工作到双眼疲乏，她曾先后与 10 位首相进行商议和争论，她的儿孙遍布欧洲王室宫廷，并且在 19 世纪欧洲遭遇贵族动荡的时候保持了英国王室的稳定。我们常常忘记她再一次找到了所爱，她在儿孙绕膝玩耍时曾开怀大笑，她协助避免了一场与美国的战争，以及她曾经找准时机解雇或者任命了多位首相。我们常常忘记，大英帝国的选举权扩大以及反贫穷、反奴隶等运动都能追溯到她堪称丰碑式的统治时期，同样如此的还有对家庭生活的重新思考，以及逐渐兴起的对宗教的怀疑。当维多利亚于 1901 年去世时，她已成为英国历史上在位时间最长的君主，这一纪录一直保持到 2015 年，才由她的玄孙女伊丽莎白打破。

　　维多利亚留下了丰富的遗产：一个世纪、一个帝国、九个子女、四十二个孙辈。如今，在温莎城堡外冰激凌商店和喧闹的纪念品商店的环绕下，道路中心矗立着一位端庄女性的雕像，神情冷峻地望向远方的地平线。温莎城堡由征服者威廉（William the Conqueror）在 11 世纪建造，先后有包括查理二世（Charles Ⅱ）和乔治四世在内的多位国王对其进行过整修；维多利亚觉得这座城堡太过庞大和阴郁，"像是一座监狱"[11]，但她却是那个庇佑它直至今日的君主。作为一位母亲，她是这座城堡的看守者，保护着英国人民在动荡不安的世纪向民主迈出坚定步伐。作为一名母亲，在和丈夫吵架时，她跟着丈夫从一个房间走到另一个房间；她竭尽全力让自己与生俱来的坚定决心与始终缺乏的自尊和谐共存。她是一个被推上至高地位的普通女性。

　　维多利亚需要应付当今女性也需面对的许多问题——处理不平等的关系，安抚心怀怨恨的配偶，试图养育出正派的子女，抵御反复出现的不安全感和抑郁感，花费数年时间从生育中恢复，怀念逝去的爱人，在我们想要逃避世界时被另一个爱人的魅力攻陷，渴望对自己的人生做出独立自主的决定，并且影响我们所生活的世界。在一个女性没有任何权力的时代，她渴求权力，并奋力争夺。维多利亚的故事是一个拥有无上尊荣

xlvii

和巨大特权之人的故事，是一个有关反抗与崩溃、干预与勇气、忠诚与巨大悲痛，以及强大韧性的故事，这个故事为我们诠释了这位身处帝国核心的娇小女性。最重要的是，这是一个有关权力的惊人故事。我们如今真正忘记的是，正是在维多利亚的支持下，现代世界方才得以形成。

朱莉娅·贝尔德

写于谢利海滩（Shelley Beach）

2015 年 10 月

第一部分
维多利亚公主:"可怜的小维多利"

1

"袖珍大力神"的诞生

我的兄弟都不如我强壮……我会比他们所有人活得更久;王冠将加冕于我和我的子女头上。[1]

——爱德华,肯特公爵,维多利亚女王的父亲

在1819年5月24日晨曦初露的一小时前,凌晨4点15分,维多利亚女王呱呱坠地。在这最初的几秒钟里,她与任何一个新生儿都没有什么两样:一丝不挂、柔肤弱体、充满好奇,在母亲的怀抱里扭来扭去。她的天真无邪持续得十分短暂。片刻之后,这片土地上最重要的人们——包括牧师、法官、战士和政客们——都将蜂拥进屋,把他们红润的脸庞凑在这个尚未得名的女婴面前。20年后,那些亲自见证她的出生并仍然在世的人将向她鞠躬致敬,尊奉她为女王——但在她刚刚出生时,却很少有人会猜到这一结果,因为她仅仅是王位的第5顺位继承人。不过,这是一个身份尊贵的孩子——她将在未来统领军队、挑选大主教,并任命首相。从这一刻起,她就永远不再是孤身一人;她每走一步,都会有成年人形影相随,每一口食物都会有人提前品尝,而每一段对话也会被人在旁偷听。

天色渐亮,四柱床上的肯特公爵夫人躺回到了枕头上,筋疲力尽地闭上眼睛,呼吸着下方花园里丁香花和五月花的香气。在这个阴云密布的春日清晨,蒙蒙细雨让持续三周的酷热略有缓解。肯辛顿宫中女婴出生的那个房间有着纯白色的装

饰，散发着奢华新地毯的味道。窗外，羊群在悠闲地吃草，松鸦在山毛榉树上愉快地歌唱。

按照王室的习俗，前一晚，枢密院（Privy Council）成员从各自的舞会、剧院和床榻上应召前来。在公爵夫人因宫缩而痛苦不已、气喘吁吁之时，陛下的大臣们正在相邻的房间等待。[2] 公爵此前有言在先，不会花精力招待他们，因为他打算陪在妻子身边给予她鼓励。按照传统，这些上层人士在持续六小时的分娩过程中要听着公爵夫人的喊叫声，婴儿一出生就要蜂拥到房间里，以便为母子关系做见证。[3]［1688 年时，詹姆斯二世信奉天主教的妻子摩德纳的玛丽（Mary of Modena）生下了一名健康的男孩，而大部分公众——在对出现健康男性继承人十分不满的新教徒的煽动下——认为她实际上是流产了，但是事先将另一个健康男婴用长柄炭炉偷运进了房间里。这当然是捏造的，但恰恰成为导致革命爆发、将詹姆斯二世赶下王位的因素之一。[4]］

公爵夫人容忍了这些男人的存在，他们签署了一份出生证明，以及一份描述婴儿"完美健康外貌"的报告。他们口中嘟囔着贺词，然后疲惫地拖着步子回到了正在渐渐苏醒的城市中；马厩中的马夫开始取水，附近的蜡烛作坊飘来阵阵蜂蜡幽香。早餐摊贩们沿着大西路（Great Western Road）架起摊点，那是海德公园旁一条建于罗马时期的古老道路，是从西南部进入伦敦的主干道。工人在邮件马车和市场火车之间穿过重重迷雾赶往工厂，身旁经过的是成千上万头被赶往屠宰场的牲畜。

肯辛顿宫内，肯特公爵正骄傲、兴奋得不能自已。在写给朋友的信中，他语无伦次地赞美了妻子在分娩过程中的"耐心和温柔"[5]，他还称赞了助产士西博尔德夫人（Frau Siebold）的"敏捷、热情和博学"。一个有趣的巧合能够显示出当时英国与德意志王室之间的联系究竟有多么紧密，那就是仅仅 3 个月后，西博尔德夫人就将负责接生维多利亚未来的丈夫、萨克森－科堡－哥达公国的阿尔伯特。阿尔伯特的母亲轻声说，他"美极了——是一个非常漂亮的宝宝"。⁶ 从在褪褓中起，阿尔伯特的美貌就备受称赞，正如维多利亚的力量备受称赞一样。

出生时，维多利亚在王位继承顺序上仅排第 5 位。不过，多年前，她的父亲肯特公爵爱德华——也就是乔治三世国王的第四子——已经意识到自己的兄弟没有子嗣，因而王位有可能在某一天传到他和他的后代手中，他的命运也因此发生了巨大变化。此时的他已经有了一名伴侣，一位名叫朱莉·德·圣洛朗的温柔法国女子。据说爱德华在 1790 年，也就是他首次被任命为直布罗陀总督期间，曾雇她在一场宴会上与他的乐团一起歌唱，但她实际上却是被带到了他的住处，与他同床共枕。虽然两人关系的开端毫无浪漫可言，而且即使他们结婚，国王也不会承认他们的婚姻，但他们仍建立了一段相当成功的伴侣关系，在爱德华被派驻加拿大和直布罗陀期间，甚至是爱德华手下的军队发动可耻的叛乱期间，这段关系仍然在存续。⁷

不过，尽管爱德华与深爱着他的朱莉·德·圣洛朗共度了 30 年时光，但他最终还是决定需要一个合法的妻子，一个能够让他偿还巨额债务的妻子，因为王子在成婚时能够得到一大笔额外的津贴。在原定的王位继承人、他的侄女夏洛特因难产而死后，他还能够明显看到，如果他找到一个年轻妻子的话，那么她或许能够生下一个在未来统治英格兰的孩子。

在维多利亚出生几周前，肯特公爵焦急地催促自己的马车从德国一路西行，设法在时间上战胜最无法预测的竞争对手：生物规律。他想要让他即将临盆的德国妻子及时赶到英国分娩，好生出一个他希望能够在未来登上王位的孩子。让公爵深信不疑的是，无论未来的君主是谁，如果他或她在出生时的第一声啼哭是在英格兰的土地上完成的，那么将会得到更多的爱戴。他低头看着妻子苍白的面庞被温柔的春日阳光照亮，脸上露出喜色。他已经 51 岁并且身无分文：能够找到一个如此年轻貌美、温柔可人的妻子实属奇迹。32 岁的维克图瓦公主 ① 来自萨克森 – 科堡 – 萨尔费尔德（Saxe-Coburg-Saalfeld），一个因拿破仑在德意志南部的土地掠夺而面积大为缩小的小邦国，她生性乐观、身材娇小而圆润，有着一头棕色卷发和红红的脸颊。新近丧偶的维克图瓦有两个自己的孩子，在经过一番劝说后才同意嫁给肯特公爵。不过他们很快就形成了彼此爱慕的伴侣关系，维克图瓦也在不久后有了身孕。

在肯特公爵踏上从阿莫巴赫（Amorbach）前往英格兰的漫长旅途时，他不仅仅是在抓紧时间赶往大不列颠，他还希望自己是在奔向王位。仅仅在一年前，肯特公爵有可能生下王位继承人的想法还会令人觉得可笑。当时他在王位继承顺序上仅排在第 5 位，落后于他的兄长、摄政王乔治。排在乔治后面的是他备受宠爱的独生女夏洛特。接下来，排在肯特公爵前面的还有他的另外两个兄长，弗雷德里克和威廉。此时正渐受精神疾病困扰的乔治三世国王与妻子夏洛特王后共育有 15 个子女，不过此时只有 12 个子女仍然在世。[8] 7 个仍然在世的儿子继承优先权要高于他们的 6 个姐妹——如果这些儿子有子嗣的话，王位也会传到他们的继承人，而不是他们的姊妹那里。（一直到 2011 年，英国王位继承都遵循长子继承制，即王位由男性子嗣按照出生顺序继承，如果没有男性子嗣，才会按出生顺序

---

① 维克图瓦是法语名，相当于英语的维多利亚（Victoria），因此维克图瓦公主有时也被译成维多利亚公主。——译者注

由女性子嗣继承。)

作为乔治三世国王长子——后来成为乔治四世的摄政王—— 007
的独生女，夏洛特本应在父亲之后登上王位。夏洛特是一名活
泼、迷人的年轻女子，与萨克森－科堡－萨尔费尔德的利奥波德
王子陷入爱河，两人于1816年结为连理。但夏洛特讨厌自己的
体型——也讨厌总是被人提醒自己有多胖——因此变得闷闷不乐。
她的医生在她生命的最后几个月里让她严格控制饮食，并且不断
从她体内抽血。许多患者都因这种可疑的治疗方法而死，但那些
神情沮丧的患者却十分青睐这种治疗措施，而对那些已经严重营
养不良且身体十分虚弱的患者来说，这种方法尤为致命。

在经历了长达50个小时的分娩后，夏洛特的儿子最终流
产。她筋疲力尽并出现大出血。医生们不断地喂她服用葡萄酒
和白兰地，并且在她身边堆满了热水瓶，却没能救下她的性
命；⁹她于1817年11月6日死去。[她的男助产士理查德·克
罗夫特（Richard Croft）感到极为沮丧，以至于3个月后，在
参与另一次为时甚久的分娩时，他掏出了一把手枪对着头部自
杀身亡]。对原本有望成为未来英格兰女王的夏洛特的哀思之
情像阴影一样笼罩在伦敦上空数周之久。不久后，全国范围就
出现了黑色布料的短缺。

突然间，出人意料地，王位继承之路被打开了；如今，王
位将传给王储渐渐老去的兄弟们或其子女，而不再是夏洛特，
一个刚刚走出青涩少女时代、年轻而受人爱戴的女性。人们心
中的疑问是，谁将是王位的下一个继承人？

乔治三世国王与夏洛特王后过着平静、体面的生活，与普
通的英国中产阶级没什么不同。然而，他们的几个放荡不羁的
儿子却不受人欢迎，既胖又懒。令人称奇的是，唯一既克制又
正直还十分真诚的儿子恰恰是他们似乎最不喜欢的那个，即维

多利亚的父亲肯特公爵爱德华。

到 1818 年时，乔治国王已经失去了听觉和视觉，还有些精神错乱，饱受疾病困扰，有人认为，他当时患上了一种名叫卟啉症的罕见新陈代谢紊乱症，不过也很有可能他患上的是痴呆症或者躁郁症。[10] 城堡中的常驻人员常能听到他在侧厅散步时发出的"令人不安的大笑"[11]，人们还经常发现他穿着紫色袍子漫不经心地弹奏一架大键琴。他饱受大难临头的幻觉的困扰，总是幻想自己在洪水中淹死，他还总是对看不见的朋友说话，并且把树木错当成外国贵宾而上前拥抱。1811 年，73 岁的他被正式宣布精神错乱。

摄政王，也就是后来的乔治四世国王，既友善又睿智。但在年纪来到 55 岁左右时，他却陷入了悲惨的境地。他饱受痛风折磨，需要服用大量鸦片才能缓解腿部疼痛。他与妻子卡罗琳公主的关系水火不容。[12] 这位摄政王在 1821 年禁止她出席自己的加冕仪式（在她身穿华丽服饰来到威斯敏斯特教堂门前时，大门却在她的面前紧紧地关上）。三周后，卡罗琳王后就去世了。死因不明；有传言说，她是被国王毒死的。

在 1817 年摄政王的女儿去世时，乔治三世的 7 个儿子都已人届中年；最年轻的也有 43 岁了。因此，谁能生下继承人呢？坎伯兰公爵恩斯特是唯一既有正式婚姻，也没有与妻子关系疏远的王子。

在他们还很年轻时，乔治三世国王曾颁布命令，未经国王同意和议会批准，王室后代不得擅自成婚。由此形成的 1772 年《王室婚姻法》让王子们有了很好的借口可以避免给他们的情人许下任何承诺。正如墨尔本勋爵后来对维多利亚女王所说的那样，他们就像是"禽兽"一样。[13] 其结果是出现了大量私生的孙辈——总数有 56 名之多，但他们之中无人有资格继承王位。夏洛特是唯一在受到官方认可的婚姻中出生的孙辈。当时真正重要的不仅仅在于这一代人，还在于掌控下一代。（身处继承顺序更远位置 14 的还有乔治三世国王的 5 个女儿，她们都已年届不惑，并且全都无儿无女。15）

这样一个庞大的家族是否会绝后？现在看来，始于 1714 年乔治一世国王的汉诺威王朝有可能会在乔治三世国王的儿子们那里终结的想法似乎有些荒唐可笑。但是，鉴于他儿子们的行为，这种情况是完全有可能出现的。当夏洛特去世时，围绕王室的未来出现了一阵骚动，议会坚持要求 4 名尚未成婚的王子必须结婚。

王子们立刻开始打理自己的发型，并将目光投向欧洲各国王室。由于与拿破仑之间持续数十年的战争，法国无法得到他们的青睐。德意志很被看好，部分是因为人们普遍认为路德教会的抚养方式能够带来端庄、顺从的妻子。4 名王子中有 3 人很快就服从要求，在 1818 年年中成婚。最年轻的王子、剑桥公爵阿道弗斯向黑森 – 卡塞尔（Hesse-Cassel）的德意志公主发去婚约，后者欣然应允。16

维多利亚的父亲、肯特公爵爱德华如今在王位继承顺序上排第 4 位，也是唯一遵循着其父母斯巴达式自律生活方式的儿子。他身高超过 6 英尺，既骄傲自负又强健有力，自称为"强者中的最强者"。尽管他私下里承认这么说有些放肆，但他还是经常夸口说，自己会比兄弟们活得更久。他经常说："我过着规律的生活。我会比他们所有人活得更久；王冠将加冕于我和我的子女头上。"17 据他女儿后来回忆，他是一个典型的矛盾复合体：既温和又冷酷；既富有同情心，又穷困潦倒；在遭到否定时脾气暴躁，在得到爱慕时温柔体贴。

与兄弟们不同，爱德华是一位聪明、生动、细致的书信家。他是一名支持大众教育、主张天主教解放和呼吁废除奴隶制的进步分子。尽管在军队中有着暴君式的名声，但他却有一颗善良的心。他还非常奢侈浪费：他心血来潮做的事情包括带着一座拥有 5000 本书的图书馆跨越海洋，在衣柜里放置一眼喷泉，用天鹅绒装饰脚踏，在马路边安装五颜六色的灯饰等。他的随从里一直有一位美发师，专门为他和他的仆人服务。

在这位公爵第一次向维克图瓦求婚时，没有人能够保证她会接受。她的两个孩子卡尔（Charles）① 与费奥多拉此时分别仅有 13 岁和 10 岁，作为一名寡妇不受约束的生活在许多方面都比作为人妻的生活更令人满意。不过，在夏洛特去世几天后，她的鳏夫利奥波德给姐姐维克图瓦写了一封信，敦促她重新考虑肯特公爵的求婚。突然之间，爱德华的前景变得更为美好了：如今他与王位之间的距离被拉近了许多。最终，维克图瓦接受了他的求婚。作为回应，爱德华温柔又浪漫地许诺要让他的年轻新娘幸福无比。[18]

爱德华与维克图瓦很幸运：他们内心深处都对彼此富有激情，并适应了家庭生活。1818 年 12 月 31 日，爱德华给他的新婚妻子写了一封情书："愿上帝保佑你。愿你爱我如同我爱你。"随着新年的到来，3 位王子的新娘都有了身孕。她们蜷着身子躺在丈夫身边，挺着大肚子，满怀希望地憧憬着接下来的一年时光。

到 1819 年，比赛正式开始了。3 月 26 日，肯特公爵小弟阿道弗斯的妻子奥古斯塔生下了一名健康男婴。3 月 27 日，爱德华兄长威廉的妻子阿德莱德早产生下了一名女婴，但只存活了几个小时。3 月 28 日，肯特公爵爱德华踏上了从德意志的阿莫巴赫前往伦敦的旅途。已经怀有 8 个月身孕的维克图瓦在

---

① 全名为卡尔·弗里德里希·威廉·埃米希（Carl Friedrich Wilhelm Emich），是第三代莱宁根亲王。Charles 是德语名 Carl 的变体。——译者注

颠簸不平的道路和波涛汹涌的海洋上忍受了长达427英里的旅途。公爵曾担心，这趟旅途有可能让她提前分娩。但维克图瓦对她在英格兰的生活充满了"令人愉悦的期待"。她坐在丈夫身边乘坐摇摇晃晃的马车一路前行，双手不停抚摸着腹部，手指触碰着皮肤上能够感知到胎动的地方。

4月18日，载着孩子、护士、助产士、牧师、医生和众多仆人、宠物狗以及鹦鹉的长长车队抵达了能够远眺英吉利海峡最窄处的法国海边小镇加来（Calais）。摄政王此前已经不情愿地同意让他的弟弟使用皇家游艇穿越海峡。他们在一周后穿越英吉利海峡。外面狂风大作，维克图瓦面色发青；在3小时的航程中，她呕吐了许多次。终于在多佛（Dover）靠岸后，他们径直前往肯辛顿宫。那里当时很像是一个乡下村落，而他们的巨大宫殿看起来似乎已荒废许久。墙壁上经常渗水，整个宫殿散发出干腐的臭味。作为一个不甘寂寞、极尽奢华的室内装潢家，这位公爵立即购买了窗帘、布料和家具：白色的装饰卧室，红色的装点餐厅。（他还在私下里焦急地给朋友写信，询问他的前伴侣朱莉近况如何。）在他与维克图瓦一起为他们的女儿——也就是后来统治大英帝国大半个世纪的维多利亚女王——的出生做准备的同时，很少有人注意到他。这不过是另一个铺张浪费、大腹便便的王子与他怀孕的德意志妻子的故事。唯一给予他们关注的是那些会因为维多利亚的出生而蒙受最大损失的人：也就是英国王室。在她柔弱的肺部吸入第一口空气后不久，就已经有传言说，她邪恶的叔伯们正谋划要杀害她。

011

2
父亲之死

　　肯特公爵夫人立刻就被她的宝贝女儿迷住了。她坚持用母乳喂养了半年时间，而当时的大部分贵族女性都雇有奶妈，通常是因为她们身上的束身内衣勒得太紧，影响了她们分泌母乳的能力。[1] 尽管她的同龄人对此纷纷侧目，但公众却对公爵夫人坚持母乳喂养感到十分满意，尤其是那些自己也喜欢这么做的资产阶级们。她的这一决定比她自己所了解到的更为重要：因为母乳喂养是一种有效甚至是万无一失的避孕方式，这意味着公爵夫人不太可能在短时间内再次怀孕。如果她怀孕并给维多利亚生下一个弟弟的话，那么王位也许会被她的弟弟夺走。

　　对于出生的不是一个儿子，公爵的失望之情仅持续了很短的时间。毕竟，按照1701年的《王位继承法》，如果他的女儿没有兄弟的话，也是可以继承王位的。私下里，虽然承认她的机会很渺茫——他的几位兄长有可能会生出一名继承人来——但他仍然夸口说："好好看看她吧，因为她将成为英格兰女王。"[2] 维多利亚的父亲总是将他健壮、漂亮的宝宝称作奇迹。毕竟，在19世纪，光是出生就是一件危险的事情。每1000名婴儿中就有150人在出生时死亡。即使在出生后，麻疹、百日咳、猩红热和霍乱的肆虐意味着婴儿活到5岁的概率仅为70%多一点。来自贫穷城市家庭、没有接受过母乳喂养或者断奶太早的孩子生存概率甚至更低。

　　当时还有一种通行做法，那就是给婴儿喂食鸦片，好让他们停止啼哭，而许多婴儿会因此失去食欲并挨饿。³ 可以预见的是，妈妈们会因为在工厂里工作时间过长、把孩子丢给陌生人照料而遭到指责。1850 年，查尔斯·狄更斯担任编辑的杂志《家喻户晓》刊登了一篇文章，将这种做法归因于"无知的雇工奶妈"⁴，她们为了同时照顾八九个孩子就只能给他们下药。名为"舒缓糖浆"（Soothing Syrup）、"妈妈安宁"（Mother's Quietness）的调制品以及一种名叫"戈弗雷香酒"（Godfrey's Cordial）的鸦片酊制剂使得"宁静的穷人家中散发出毒品的味道"。1867 年，卡尔·马克思在《资本论》中描写了"经过伪装的杀婴行为以及用鸦片制剂对儿童进行的麻醉"，并且补充说，他们的父母自己也染上了毒瘾。① 婴儿的死亡如此普遍，以至于父母会为他们的新生儿买保险，如果孩子死去的话通常能得到 5 英镑的赔偿，而这种做法被认为鼓励了杀婴行为。到 1900 年，有 80% 的婴儿都被投了保险。

但维多利亚浑身充满了活力，以至于公爵夸口说，她"与其说是一个袖珍版的爱神维纳斯，不如说更像是一个袖珍版的大力神"。⁶ 据她父亲说，她是个结实的孩子，是"力量与美相结合的典范"，⁷ 而她父亲亲自负责监督育婴计划和实际操作。她还有些胖乎乎的，两条腿尤其胖：公爵的律师斯托克马男爵称她为一个"漂亮的小公主，圆嘟嘟的像一只山鹑"。⁸ 维多利亚的伯父们很不高兴。⁹ 不久后成为乔治四世国王的摄政王一直深深地憎恨着自己的弟弟肯特公爵。

维多利亚出生在大英帝国的辉煌时刻。四年前的 1815 年，

---

① 当时一如现在，工人阶级对毒品的使用比上流阶级和中产阶级更令人担忧，而且它让人忽视了真正的问题所在：工人阶级所忍受的长时间劳动和繁重的工作条件，更别提缺少对女性的保护，例如育儿假或者产假等。⁵ 女性是维多利亚时代的骡子；她们负责生孩子、照顾孩子、操持家庭，并且越来越多地参与到工厂劳动中来，但她们的权利却少得可怜，而且无法得到认可。一直到 19 世纪末，她们仍然是自己丈夫的合法财产。——作者注

拿破仑在滑铁卢之战中被击败，结束了长达 17 年的英法战争。英国对击败欧洲最强大的人和最强大的国家感到兴奋不已。如今，拿破仑被牢牢地关押在南大西洋小岛圣赫勒拿岛（St. Helena）上，而且，让英国人感到满意的是，他开始热衷于园艺事业。滑铁卢之战标志着"英国治下的和平"的开启——那是一段持续 99 年的和平，一直持续到第一次世界大战。帝国一直稳步扩张，给亚洲、非洲、大洋洲以及北美洲和南美洲的国家染上了帝国红色（也就是当时地图上显示的大英帝国的颜色）。这种扩张伴随着强大的制造业实力和巨量的煤炭与铁矿石生产。大英帝国在 19 世纪快速而似乎无法阻挡的扩张使得英国王位成了众人眼红的奖赏。在拿破仑战争末期，英国成为世界上唯一的工业化国家和最强大的海洋大国。但伦敦却充斥着不满情绪。

1821 年时，英国有半数的劳动力都不满 20 岁。在维多利亚出生的 1819 年，英国通过了一项法案，将工厂和纺织厂中童工的每日工作时长限制在 12 个小时之内；但这一法案却罕有实施。年龄低至 5 岁的儿童仍然在火柴厂、制钉厂、煤气厂、造船厂和建筑工地起早贪黑地工作。1833 年通过的《工厂法》（Factory Act）规定 9 岁以下儿童不得工作，但该法案只适用于纺织厂。1834 年，工厂被禁止招募任何 10 岁以下儿童担任学徒并从事清扫烟囱工作，也被禁止"虐待"任何 10 岁以上童工——但是，这一法案同样毫无效力，未能得到执行。清扫烟囱成为虐待儿童的重要标志，传说为了逼迫童工干活更快，会在他们脚下点起火，还有一些童工在蜿蜒曲折的灰暗裂缝中被卡住甚至死去的传闻。到 1840 年，伦敦仍然只有 20% 的儿童上过学。

工业革命正迅速发展，大量人口从农村转移到城市。在 19 世纪初，有 20% 的英国人口居住在城镇中；到世纪末，这一比例增加到了 75%。贫民窟在伦敦四处蔓延，而在曾经富丽堂皇的住宅里，有时一间屋子要住进 30 多个人。[10] 对住在贫民窟和棚户区的大多数人而言，所谓的卫生措施指的仅仅是使用一个便桶，然后把污物倒进露天下水道中。在维多利亚出生时，食物是在露天火炉中烹饪的，信件还是用马匹传递的，半数的人口都不识字，少数有产阶级是唯一拥有政治权利的人。等到 1901 年她的生命走到终点时，人们已经开始乘坐地铁通勤，电报带着信息跨越海洋，教育成为一项义务，女性也有了一些基本权益。

在维多利亚出生时，放纵无度的摄政王与许多一无所有的英国平民遭遇的生存困境相距甚远。英国政府在 1815 年通过了《谷物法》（Corn Laws），用关税来保护英国小麦，其结果是食品价格上涨，触怒了生活拮据的工人阶级。乡村劳工集体放牧的公共土地被围成了小块土地，以便收取更高的租金，却造成了巨大的生活困境。世界其他地区对英国出口商品的需求不断下降，同时下降的还有工资水平和就业率。在维多利亚出生前几天，围绕面包价格爆发了巨大骚乱；即使在肯辛顿宫周围较为富裕的地区，贫穷的迹象也随处可见。

尽管维多利亚出生在英国，但她身边围绕的都是德意志人；甚至她的阵阵啼哭声都是用德语摇篮曲来安抚的（不过她一直到 7 岁才开始正式学习这门语言）。她几乎完全是德意志血统。她的母亲、母亲的女儿费奥多拉、舅舅利奥波德，以及家庭女教师都是德意志人。她的祖父母和外祖父母都是德意志人，而距离她血缘最近的一位英国祖先来自 17 世纪。[11] 从 1714 年到 1901 年，统治英格兰的所有汉诺威王朝君主都与德意志人联姻——维多利亚也不例外，她自己 9 个孩子中的 6 个也是如此。

德意志当时是一群小国家的集合，在 1815 年拿破仑被击败后，它们被捆绑在一个名叫德意志邦联（German Confederation）的联盟中。（一直到1871年，德国才以单一国家的形式存在。）其中部分国家在拿破仑战争中与法国结盟，但它们之中最大也是最强大的国家——普鲁士——却是英格兰的盟友。其中一个名叫汉诺威的小国家很奇特，接受英国国王在伦敦的统治，因为从血统上说，英国国王都是汉诺威人。这一持续一个世纪的安排由既是英国人也是德意志人的乔治一世国王在1714年开创，并在维多利亚成为英国女王后终结。因为只有男人可以统治汉诺威。

1819年6月24日，在肯辛顿宫顶层一间富丽堂皇、屋顶高耸的房间里，一小群人正站在屋内盯着婴儿维多利亚和她紧张不安的父母。他们围绕在一个当天从伦敦塔带来的金色洗礼盘周围。房间四周挂着红色天鹅绒窗帘，遮住了一排高挂在墙上、描绘了一些皇帝和法老骄傲外貌的半身画像，他们包括尼禄、卡里古拉、克利奥帕特拉等。[按照礼仪，这些画像的面孔需要被遮住，以照顾坎特伯雷大主教的敏感。]

摄政王对受他轻视的弟弟生出了一名王位继承人感到愤怒不已，坚持要求孩子的洗礼仪式一切从简且不能对外公开，必须在下午进行。他不想让这场仪式显得过于华丽，或者以任何方式暗示出它是为潜在的未来君主举行的。任何人都不准穿着礼服、制服或者金饰带。更糟糕的是，摄政王不允许肯特公爵和公爵夫人为他们自己的女儿取名。他们曾想给她取名为维克图瓦·乔治亚娜·亚历山德里娜·夏洛特·奥古斯塔，但摄政王提前给他们写信说，不允许给孩子取名为乔治亚娜，因为他不希望他自己的名字"乔治"的变体被放在俄罗斯沙皇"亚历山大"名字变体的前面（亚历山大给了肯特公爵一笔钱操办婚礼，并且是他们孩子的教父）。摄政王说，他将在洗礼仪式上告诉他们还能使用其他什么名字。

在洗礼仪式上，坎特伯雷大主教满怀期待地抱起胖乎乎的婴儿，向摄政王问道："殿下愿冠此婴何名？"摄政王坚定地宣布："亚历山德里娜"，然后他停顿了一下。肯特公爵提出将夏洛特作为第二个名字，然后是奥古斯塔，但摄政王摇了摇头。他同样拒绝了伊丽莎白这个名字。他不希望这名婴儿，这个王位的竞争者，继承英国王室中任何具有传统和历史意义的名字。在公爵夫人忍不住失声痛哭后，摄政王终于说道："那么，再给她冠以母亲之名吧，但是不能放在沙皇之名前。"亚历山德里娜·维多利亚（Alexandrina Victoria）是一个不太受欢迎的选择，因为这两个名字都来自外国；这个孩子在大约 4 岁之前一直以德里娜（Drina）之名为人所知。在那之后，她一直被称作维多利亚。1831 年时，议会里有人试图将她的名字改成夏洛特或者伊丽莎白，因为他们认为亚历山德里娜和维多利亚这两个名字当时在英格兰没什么知名度，但维多利亚坚持自己的名字保持不变。

摄政王没有与自己的弟弟交谈就离开了洗礼仪式。但他的敌意却丝毫没有减退：当肯特公爵在小德里娜仅仅 3 个月大时把她带到豪恩斯洛荒野（Hounslow Heath）观看一场阅兵式时，摄政王大喊道："那个婴儿来这儿做什么？"[12]维多利亚的叔伯们对她的母亲也没什么好感。肯特公爵夫人有着浓重的德意志口音，也没怎么努力学习英语——不过墨尔本勋爵后来猜测，她其实对英文掌握得很熟练，只不过是假装说不好而已。她的演讲稿通常都会按照发音来拼写："Ei hoeve to regret, biing aes yiett so little cônversent in thie Inglisch.（我很抱歉，英语说得还不太好。）"[13]王室成员们一直将希望寄托在肯特公爵的兄长克拉伦斯公爵（Duke of Clarence）身上，希望他和妻子能够生出一名继承人，以取代不受待见的爱德华：

018

小维多利亚是"他们真正的眼中钉、肉中刺"。[14]

不受欢迎的摄政王是一个悲惨的家伙。他在同一天失去了自己的女儿夏洛特和唯一的外孙，而且十分憎恨自己的妻子。[15]他身材肥胖，一直依赖鸦片酊来缓解腿部肿胀带来的疼痛。阿司匹林一直到 1899 年才成为专利药品，当时也没什么可以替代的止痛药。鸦片酊在维多利亚时代是合法药物。它是一种混合了草药、鸦片、蒸馏水和酒精的混合物，被普遍当成一般性药物使用，以起到帮助睡眠、缓解疼痛、停止腹泻（腹泻一般由霍乱或痢疾引起）、抑制痛经和胃胀气、舒缓分娩阵痛，以及缓和耳痛、牙痛和喉咙痛等作用。它还被用于治疗癔症和精神病，以及当时工人阶级中十分常见的"疲劳和抑郁"等症状。[16]它还是大多数专利药品的关键成分，效果极强，且极具成瘾性。[17]那些对鸦片酊的安眠、刺激功效上瘾的人中包括玛丽·托德·林肯（Mary Todd Lincoln）①、塞缪尔·泰勒·柯勒律治、查尔斯·狄更斯，以及伊丽莎白·巴雷特·勃朗宁等。弗洛伦斯·南丁格尔在从克里米亚战争中返回英国后开始服用鸦片，声称这有助于缓解她的背部疼痛。她在 1866 年写道："任何东西对我都没有用，只有新近流行、令人好奇的在皮下注射鸦片的做法能够让我舒服 24 小时——但它不会改善个人智力的活跃或者平静程度。"[18]但丁·加百利·罗塞蒂的夫人因鸦片酊服用过量而死。王室中的许多成员都对它产生了依赖，尤其是那些患有痛风等慢性疾病的人。

肯特公爵认为，海洋是一种比鸦片好得多的补药。大多数人喜欢夏天去海边，而他却决定在 1819 年寒冬前往海边，好让患有风湿病的维克图瓦获得一些休息。

---

① 美国第十六任总统亚伯拉罕·林肯的夫人。——译者注

　　医生此前刚刚发现了海洋所谓的治疗功效——据说海洋能够治疗胸闷气短、中风，甚至是产后抑郁症，当时这种病症还被称作产后疲劳。哺乳期妈妈们被大力推荐进行盐水浴，因此公爵提前去德文郡海岸打前站，好找到一个让他们所有人落脚的地方。到那里之后，他去拜访了一名占卜者。占卜者对他说，在接下来的一年里，会有两名王室成员去世。他沉思着说："很有趣。我很好奇会是谁呢？"[19] 其中一个将会是他精神失常的父亲，乔治三世国王；另一个人是谁他无论如何也猜不到。

　　几周后，他带着家人住进了距离海边不远的小峡谷中的一栋小别墅。[旅途中，他们还在公爵的旧时家庭教师菲舍尔主教（Bishop Fisher）那里短暂停留。小维多利亚把主教的假发拽了下来——这是她不尊重圣公会权威的早期迹象，而这种态度将贯穿她的一生。]他们在圣诞节那天冒着暴雪搬进了别墅。那年冬天特别冷，别墅四周狂风肆虐，但公爵却非常满足。他给一个朋友写了一封信，讲述了他的宝贝女儿有多么健壮："我怀疑，在我家族里的某些人看来，她有些过于健康了，因为他们把她看成一个障碍。"[20] 维多利亚此时只有 8 个月大，但个头已经相当于一个一岁大的孩子——她的父亲相信，她已经继承了他灵魂中的钢铁意志。她最早的两颗牙"轻而易举地"就突破了牙龈；她几乎从不退缩。有一次，她正在别墅的保育室里熟睡，一名正在猎鸟的当地男孩不小心将一枚小子弹射穿了她的窗户。公爵说，她就像一个军人的女儿一样没有任何退缩。[21]

　　1 月 7 日，肯特公爵与他的侍从约翰·康罗伊冒着大风沿着悬崖进行了一段漫长的散步。在他回到别墅前门时，他开始抱怨寒冷的天气让他的骨头疼痛不已。他在开始发烧后被转移到了一个较为暖和的房间里，并且接受了两次放血治疗，但情况没有任何好转。他们在如此紧急的情况下能够找到的唯一医生威廉·梅顿（William Maton）不会说任何德语。梅顿医生再次实施了放血治疗，然后又用吸杯疗法和水蛭疗法治疗公爵。吸杯疗法是当时的一种普遍做法，意即在皮肤上切一个小口子，然后在上面盖上一个加热过的杯子。随着杯子逐渐冷却，血液会流入真空中。在对公爵的治疗临近尾声时，他已经损失了约3升血液。公爵夫人既窘迫又愤怒，但她没有办法质疑医生的智慧。她写道："他身上没有一处地方未被吸杯、水泡或者放血疗法触碰过……他疲惫不堪……都是被那些残忍的医生折腾的。"[22] 那一晚，当公爵被告知医生想要再次实施放血疗法时，他流下了眼泪。

公爵夫人焦急地来回踱步，她的丈夫痛苦地躺在床上，不断咳嗽并发出嘶嘶声。她拒绝去休息。很快，亲友们开始陆续抵达别墅，其中包括公爵夫人的弟弟利奥波德王子，他还带来了日后将在宫廷中发挥举足轻重作用的医生兼律师克里斯蒂安·斯托克马。斯托克马为公爵诊了脉，而公爵夫人就在一旁着急地等待。他转过身，轻声说："人力已无力回天了。"[23] 公爵夫人凝视着他，然后来到丈夫身边，握住他的手。她已经好几天都没有更衣，也没有睡觉了。婴儿维多利亚——当时她被亲昵地称作"维克宝贝"（Vickelchen）——在婴儿床内熟睡，肯特公爵夫人的大女儿费奥多拉则跪地祈祷。破晓时分，公爵依然高烧不退、焦躁不安。他抓了抓妻子的手，将她拽到身前，气若游丝地说："不要忘了我。"[24]

肯特公爵于1820年1月23日周日上午10时去世。由于他素日里身体十分健壮，因此他的死让人极为震惊。[25] 俄国驻伦敦大使夫人利芬亲王夫人（Princess Lieven）写道："那个人间的大力神不在了。"[26] 可怜的维克图瓦如今又一次成了寡妇。她遭人厌恶、几乎身无分文，而且盟友甚少。她不理解这个国家的语言、习俗和人民，而她怀中抱着的这个孩子却很可能成为这个国家未来的君主。王室曾对她略有好感，尤其是在女性之间 [27]，但她在与那些有可能生出维多利亚竞争对手的女性王室成员打交道时，表现出的缺乏技巧和争强好胜的态度，很快就将这种好感击得粉碎。

即使在死后，肯特公爵也同样非同一般。他的灵柩有一吨多重，长度有 7 英尺——抬棺人费尽九牛二虎之力才把它抬出门。他于 2 月 12 日夜间下葬于位于温莎的家族墓穴中，他的妻子则在房间里哭泣（女性不被允许参加葬礼，据说是因为觉得她们会情绪失控）。他们的婚姻曾经幸福美满。[28] 如今已成孤家寡人的她将保护、教导和控制维多利亚当成自己毕生最大的使命。但首先，她需要学会如何生存下去。

这丝毫不简单。公爵在去世前签署了一份遗嘱，将他的孩子托付给妻子抚养。他将一切都赠予了维克图瓦，尽管按照习俗，那个时代的男人通常会把财产留给他们的男性亲属（女性一般只能得到财产的利息）。但他的巨额债务迫使她不得不依靠弟弟利奥波德的资金援助和她大伯摄政王的善意。摄政王同意让他们继续留在肯辛顿宫居住。这悲伤的一家人在伦敦寒冷的冬天回到了肯辛顿宫，8 个月大的维多利亚因马车的颠簸而不停哭泣。她站在马车里，时而迈着她强健的双腿哭泣，时而在她母亲的膝盖上哭泣，时而一边哭泣一边挥舞拳头砸在用黑布遮盖的关着的车窗上。在她父亲死后，这个日后成为女王的女孩生命中反复出现的双重压力首次显现：失去与忍耐。

在爱德华去世 6 天后，他的父亲乔治三世国王也在温莎城堡内去世，摄政王也就此加冕为乔治四世国王。这意味着到 1820 年 1 月 29 日时，维多利亚在王位继承顺序上已经从第 5 位上升到了第 3 位。随着可能性越来越大，她曾经十分温柔的母亲变得越来越雄心勃勃、痴迷权力。维多利亚将需要学习如何抵抗这个在她父亲去世时才刚刚给她断奶的女人。维多利亚的母亲曾说，即使是在婴儿时期，她就已经显露出"喜欢为所欲为的征兆"[29]。随着她慢慢长大，她需要借助这股子倔劲。因为正是在学习如何反抗母亲的过程中，维多利亚学会了如何成为一名女王。

3
孤独、淘气的公主

> [维多利亚]被人严加看管，以至于女仆们忙到没人有闲暇悄悄告诉她"你是英格兰王位继承人"。我怀疑，如果我们能够解剖一下那颗小心脏的话，也许能发现某只鸽子或者小鸟已经把消息告诉她了。[1]
>
> ——沃特·斯科特爵士（Sir Walter Scott），1828 年

维多利亚是个爱发脾气、不服管束的小姑娘。她讨厌正襟危坐，讨厌吃药，讨厌被人命令去做任何事。当她的钢琴教师塞尔先生（Mr. Sale）命令她必须像其他人一样练习时，她用力把钢琴盖关上，大声喊道："你看！没有什么是必须做的。"[2]她生活中的诸多必须让她变得愈加叛逆。1830 年，她的家庭女教师路易丝·莱岑女男爵[3]逼迫维多利亚在"品行簿"（Conduct Book）[4]上记录自己发脾气的次数。她有时一天要记录下 3 次发脾气，写道自己"对待莱岑态度恶劣、粗鲁无礼"。1832 年 8 月 21 日，她"淘气得非常非常非常严重"（"非常"下面画了三道杠，而"淘气"下面画了四道杠）。在 1832 年 9 月 24 日下午，维多利亚写道，她"非常非常非常非常极其淘气！！！！！"——整句话下面都画了四道杠——但在自己的日记里，她仅仅写道："天气酷热难忍。"在她要为创造性写作编故事时，她编的通常都是些娇生惯养、不服管束的孩子需要进行忏悔或者被惩罚的故事。[5]

　　小公主写的故事还揭示出她是如何与守规矩的要求做斗争，以及她是如何幻想自己受人娇纵、不被纠正行为过失的。在她7岁时写的一个故事里，她描写了一个名叫安（An）的"淘气女孩"。她写道（文中还有些拼写错误）：

　　　　小安既漂亮又淘气，既贪心又调皮。没人喜欢接近她，因为她总是惹人不快。

　　　　有一天，她父亲举办了一场宴会，有许多大人物前来参加；小安获准进到房间里。只要有人跟她说话，她就转过身去不理不睬。由于她亲爱的父亲想要让她高兴，于是允许她与爸爸一起进餐；无论她要吃什么，她妈妈（也是她最喜爱的人）都会给她递来，还给了她好多糖果。安坐在D夫人和她妈妈之间；可怜的D夫人被安烦得受不了，对她妈妈说："夫人，您女儿表现很糟糕，而且很烦人。"安的母亲G夫人气得脸颊通红。的确，夫人，请允许我和爱女小安一起离开。她带着安离开了房间，安的手上还拿了满满一盘糖果。[6]

　　写下这些文字的女孩很清楚被娇惯的好处和坏处。被维多利亚持续不断考验的不仅有莱岑，还有她的私人教师乔治·戴维斯牧师（Reverend George Davys）。母亲向4岁的维多利亚提出，如果她在戴维斯首次造访时表现良好的话，就能得到奖赏，而她却试图讨价还价，要求先得到奖赏。当戴维斯建议他们来学习字母o时，她却说她更喜欢h。

　　不过，虽然脾气不好，维多利亚却有着美好的心灵，而且为人诚实。有一天，公爵夫人对维多利亚的家庭教师说："她今天早上表现很好，但昨天发了一次脾气。"维多利亚则尖声说："发了两次脾气，一次在穿衣服时，还有一次在洗漱时。"[7]
她的一些任性行为是被阿谀奉承的宫殿仆人以及定期造访的大
人物给惯出来的。她开始清楚意识到自己的特殊地位。一位
名叫爱丽丝小姐（Lady Ellice）的年轻客人想要玩她的玩具，
却听她说道："你不许碰它们，它们是我的。而且，我可以叫
你简（Jane），但你不能叫我维多利亚。"[8]就好像她受人怂恿
故意表现得高人一等一样，而过多的阿谀奉承造成了她的傲慢
自大。比她年长 12 岁的同母异父姐姐费奥多拉后来给她写信，
谈到了她们母亲的侍女斯佩思男爵夫人（Baroness Späth）：
"在你还小时，她曾经在你面前跪在地上走路，就像是一种偶
像崇拜。"[9]主教们会匍匐在地毯上陪她玩耍，而贵族们则会列
席旁听她的学校课程。她后来承认说，她知道自己是"屋子里
的宠儿"，而且有时还会挑衅他人，认定他们不敢违抗她。有
一次，有人对她说，如果她哭的话，同样居住在肯辛顿宫的她
的叔叔萨塞克斯公爵会惩罚她，她却在每次他走过的时候开始
撕心裂肺地大哭。

　　或许令人感到惊讶的是，这样一个衣食无忧、喜爱骑马、
常去海边且备受身边人宠爱的女孩，在维多利亚自己的描述
中，她的童年却相当悲惨。[10]她后来抱怨说，肯辛顿宫既脏
又不舒服，到处都是甲虫。有一次，在被问及生日想要什么
礼物时，她说道，想要有人擦洗一下窗户。不过，尽管有着
各种玩具、漂亮衣服、宠物以及毛驴坐骑，但她真正缺少的
却是朋友。她后来对自己的大女儿说："我儿时的生活很不幸
福；满腔的感情无处安放——身边没有兄弟和姐妹，也从未
有过父亲——不幸的是，我和母亲的关系也不顺畅，或者说
一点也不亲密或者知心……我也不知道幸福的家庭生活究竟
是什么样！"[11]这不仅仅是事后无情——她的姐姐费奥多拉后
来也描述了一个与之相类似的单调故事：

在我们压抑的生活中，失去一切交流、没有任何快乐情绪让人非常难受。我唯一的快乐时光是同你和莱岑一起外出散步或者乘车；只有在那时我才能随心所欲地说话和观察。我从多年的监禁中逃了出来，而你，我可怜的妹妹，在我成婚后不得不独自忍受。[12]

在 1828 年费奥多拉成婚并移居德意志时，维多利亚只有 9 岁；她伤心至极。从那时起，她的生活中就只剩下来自成年人的令人压抑的不断监视。她每晚都要睡在母亲的房间里，会有人看着她，直到她母亲上床睡觉为止。即使在她浇花时，也会有一个身穿红色制服的仆人跟在她身边。

维多利亚是在 10 岁时发现自己在王位继承顺序上排第 3 位的。那是在 1830 年 3 月 11 日，她正坐在自己的小桌前，试图全神贯注地读书。她镶着蕾丝边的天鹅绒裙子前面别着一根冬青树枝，好让她保持抬头挺胸。[13]在一场让泰晤士河部分冰冻的严寒结束后，大地在阳光的照射下渐渐回暖，而她已经等不及想要骑上她的小马，侧坐在马鞍上在肯辛顿花园里驰骋了。骑马是她能够做的最接近独处的事情。她开始翻阅豪利特（Howlett）所著的《英格兰国王与女王传奇》（*Tables of the Kings and Queens of England*），在翻到以前从未看过的一页时皱起了眉头：那是一张英国王室的家谱图，显示了通向王位的顺序。她的伯父，也就是身患疾病、避世隐居的乔治四世是现在的国王。接下来是她的伯父威廉。在那之后就是她的名字了。维多利亚突然哭了出来："我比自己以为的更接近王位。"[14]

三十年后，最初受雇负责教导费奥多拉，但在维多利亚 5 岁时被任命为其家庭女教师的莱岑女男爵用赞美之词描述了这一瞬间。根据她的说法，维多利亚严肃地说："看，许多孩子都会夸口炫耀，但他们不曾了解艰难险阻。这的确很光鲜，但更多的是责任。"[15] 莱岑写道，紧接着，她伸出食指，宣称："我必不凡！"这些得到广泛传颂的语句对一个 10 岁孩子来说显得太过正式和不自然，将一个令人气馁、烦恼的时刻变成了一段迷思。尽管许多母亲可能更愿意亲自将如此重要的消息告诉自己的女儿，但肯特公爵夫人却对于维多利亚无意间了解自身处境乐见其成。[16]（此前，两位前来评估维多利亚教育状况的主教都曾劝过她；他们说她必须对女儿如实相告。）当然，维多利亚在此之前对于自己的重要性有过强烈的怀疑——要不然怎么会有这么多人对一个小姑娘卑躬屈膝、毕恭毕敬呢？尤其是与此同时还对她同母异父的姐姐视而不见？不过，想法得到证实的那一刻却让人烦恼不已。数十年后，阿尔伯特亲王披露说，发现自己距离王位如此之近让维多利亚"非常不开心"。她曾经"因此大哭不已——甚至对自己有可能成为女王哀叹不已"。[17] 三个月后，她的伯父乔治四世国王去世。

在 1830 年 3 月 11 日，也就是维多利亚发现自己可能命运的那一天，有几个后来成长为维多利亚时代著名人物的孩子也在埋头读书。比维多利亚年轻一岁的弗洛伦斯·南丁格尔正与表亲一起在位于温切斯特的儿童游戏室内模拟建房子，她把石楠花铺在沙发上，并且试图给旧床铺除湿。（年轻的弗洛伦斯画了一张表格，表头分别是"蔬菜"和"水果"，她和表亲在表格里画上了圆锥、橡实等不同的图形，以代表模拟厨房里的桃子、黄瓜、豌豆和土豆等食物，鲜明体现了她与生俱来的条理性。[18]）10 岁的乔治·艾略特（George Eliot）——当时还叫玛丽·安·埃文斯（Mary Ann Evans）——正在纳尼顿的寄宿学校创作完美无瑕的作文。[19]（埃文斯的成长过程十分与众不同：大多数母亲都会让女儿在家里或者学校接受有关顺从、缝纫、绘画和音乐的教育。）未来的著名艺术评论家约翰·拉斯金（John Ruskin）此时只有 11 岁，正在位于萨里的家中接受父母的家庭教育。查尔斯·狄更斯刚满 18 岁，大部分时间都用来在大英博物馆的阅览室中用功，他当时正在学习速记法，好开始自己作为记者的职业生涯。阿尔弗雷德·丁尼生勋爵比狄更斯略微年长一些，此时正在剑桥大学郁闷地读书中。他们所有人都将成为那个时代的巨人，但是与那个 10 岁时在肯辛顿宫中哭个不停的女性比起来，他们始终相形见绌。

维多利亚只信任一个人：她的家庭女教师。作为科堡一位路德宗牧师的女儿，莱岑女男爵是一名异乎寻常、专心致志且聪明绝顶的女子，终身致力于将维多利亚培养成一个坚强有力、聪慧明智的女王。女王后来成了一个多产的艺术家，还专门为她画了一幅充满深情的画像，画像上的她有着深色的头发、深邃的眼眸以及坚挺的鼻子和下巴，看起来既严肃又耐心，还很和善。她最喜欢吃的食物是土豆，始终保持着咀嚼葛缕子的习惯，以改善自己的消化功能。莱岑经常受到那些厌恶她对女王巨大影响力的人抨击，但她是唯一全身心维护维多利亚利益的人。正因如此，她赢得了年轻女王的信任和喜爱，而且她也从未背叛过这份信任。在维多利亚患病时，莱岑会陪在她身边，安静地为布娃娃缝衣服，而维多利亚的母亲却一如既往地走亲访友。如果莱岑病倒了的话，维多利亚也会想念她。她后来写道："公主是她唯一的挂念和羁绊[20]……在担任维多利亚公主家庭女教师的 13 年里，她一次也没有离开过她。"[21] 无论是作为公主还是后来身为女王，维多利亚都渴望这种一心一意的忠诚态度。

莱岑最关心的是确保维多利亚得到保护、受到良好教育，并被塑造成一个坚强的女王。她经常因维多利亚不服管束和独立自主的性格而遭到批评，但她事实上十分严厉；她仅仅是意识到了维多利亚与生俱来的勇气，并且对其悉心培养而已。她曾对维克图瓦说："我必须要确保公主能够养成——而不是被强加——一种品质，那就是对她认为是正确和好的事情，她会主动地尝试、思考，并且坚持己见。"[22] 在当时，即使是暗示女孩的智力值得培养或者勇气是年轻女性的一个重要品质，也会引起巨大争议。维多利亚认为伊丽莎白一世虽然是一位优秀的君主，但同时也是一名严厉而傲慢的女性，不过莱岑却曾对康罗伊的一个亲人说，伊丽莎白是"完美的典范"，[23] 以及她可以"原谅一个女王的邪恶，但不会原谅她的软弱"。[24] 虽然维多利亚也有自己的缺陷，但她从来都不软弱。她是一个思维敏捷、才智过人的学生，喜爱炼金术，讨厌拉丁语和解剖学。但她最大的爱好却一点也没有学究气，反而十分引人瞩目：跳舞、唱歌、绘画、戏剧、歌剧以及芭蕾。维多利亚是一个连说话和做梦都在用加粗斜体的姑娘。

人们经常说，维多利亚更像英国王室中的男性而不是女性。从某些方面来说，这有些不幸，因为汉诺威家族的男性经常会有着粗壮的体格和圆润的脸庞，下巴很小、鼻子很高、双眼突出。的确，她始终也没能拥有绝世美颜，而且始终在与自己的体重做斗争，但有些时候——尤其是在幼时，在热恋中，或者在欢笑时——她还是相当迷人的。画像上的她有着秀丽的脖颈、精致的颧骨、整齐的弯眉以及花苞般的嘴唇。她似乎是一个讨人喜爱的小孩子：头发秀美、面容友善，还有一双无辜的蓝色大眼睛。据艾伯玛尔勋爵（Lord Albermarle）描述，7 岁的她是一个"活泼的漂亮姑娘"[25]，喜欢戴着大草帽照看他窗下的花朵；她一边给花浇水，一边把水洒在自己小脚上的样子经常把他逗乐。随着年龄越来越大，她也变得越来越苗条，发色渐渐变深，表情也变得更加严肃、傲慢和羞涩。庄重的肖像画无法捕捉到她声音的轻盈或者行为举止的优雅和从容。威灵顿公爵（Duke of Wellington）的密友哈丽雅特·阿巴思诺特（Harriet Arbuthnot）说，9岁的维多利亚是她见过的"最漂亮的孩子"："一个健康、漂亮、端庄的小家伙，既顽皮又有些孩子气。"[26]

在维多利亚所受教育中，最与众不同的一点是，她暴躁的脾气从未遭到过打压——或者说早期所有压制这种脾气的努力全都失败了。当时的其他女孩都被教导要保持温顺而端庄。颇有影响力的作家汉娜·莫尔（Hannah More）在19世纪早期曾写道，男孩子应该因为有着"勇敢、独立、进取的精神"而受到赞扬，但女孩子却不应如此，而且任何这样的精神在被发现时就应遭到压制。莫尔写道："女孩子们应当被及时教导要放弃自己的看法，而且不能过于顽固地纠缠于某个争端中，即使她们知道自己是正确的也应如此[27]……对她们的未来幸福来说，最重要的是她们要养成一种温顺的脾气和宽容的精神。"[28]这与维多利亚相比可以说是有着天壤之别。

年轻的公主十分渴望获得她所谓的"欢笑"。她生性幽默，而且有着模仿和巧辩的天赋。她的祖母曾将她描绘成一个滑稽、老成的小丑。维多利亚还喜欢换穿各式服装。她喜欢的打扮包括头戴绿色穆斯林头巾、面戴白色胡子、身穿绿色斗篷的老派土耳其律师，修女，头戴头巾的淑女以及身披彩色围巾、戴金色项链的强盗夫人等。利奥波德经常提醒她，生活中有的不仅仅是消遣——例如，还有锻炼或者学习等——而对一个躁动不安的少女来说，消遣是仅有的慰藉。她顶嘴说："消遣比一百次散步和骑马都更有用。"[29]她对他说，自己"强烈渴望做一些快乐的事"。

维多利亚在接待客人时是最快乐的，而在客人离开时却又最伤感。当1833年她的表亲、来自符腾堡王国的亚历山大王子（Prince Alexander）与恩斯特王子造访肯辛顿宫时，她感到非常开心，写道："他们都长得特别高，亚历山大很英俊，而恩斯特态度很友善。他们都让人感到非常亲切。"他们向她讲述了关于欧洲的奇妙故事，以及各种军事战役，在他们离开时，她感到怅然若失："我们会想念他们的，无论是在吃早餐、午餐还是晚餐，还是在骑马、乘船、开车以及散步时，不管身处何地都会想念他们。"[30] 1833 年夏天，迷人的费奥多拉带着她的两个孩子伊丽莎（Eliza）和查尔斯（Charles）来肯辛顿宫小住。在他们离开时，维多利亚画了一张伊丽莎身穿旅行长裙的肖像画，送给了她的这个小侄女，[31]她还在一篇长达 14 页纸的杂乱无章的日记中写道：

> 我非常非常非常高兴能够在房间里与最亲爱最可爱的姐姐待在一起……我对她的爱简直无法言表……一想到一小时后我就再也看不到最亲爱的费奥多拉亲切和蔼的可爱脸庞以及蹦蹦跳跳的小美人伊丽莎和跑来跑去的单纯小家伙查尔斯了，我就感到难过不已。悲伤之情让我不能自已，以至于一想到要与他们分别，我就搂着她的（费奥多拉的）脖子，一起大哭了起来，温柔地拥抱着彼此……回到家后，我的悲伤之情如此之深，以至于我都不知道该如何是好。我一早上都在啜泣、哭泣不止……[32]

030

1836 年 9 月 21 日，就在利奥波德结束为期 6 天的造访，离开她位于克莱尔蒙特庄园（Claremont）的住处①一个半小时后，维多利亚就给他写信，告诉他"我非常非常难过你离开

---

① 克莱尔蒙特庄园是利奥波德与夏洛特公主的宅邸，但由于夏洛特公主已于 1817 年去世，因此，在 1831 年利奥波德加冕为比利时国王后，他就离开了克莱尔蒙特庄园，不再居住在这里。——译者注

了我们，我想再说一遍，我觉得你很清楚，我有多么爱你"。她写道，想到他正在离开，她可能一年内都见不到他，"我就哭泣不已……在这场人生中，令人感到悲哀的是，一个人，尤其是不开心的我，注定总是要与自己最爱的人分开"。她在签名处写的是他"最忠诚、最亲爱的外甥女和孩子"。

由于缺少朋友的陪伴，小公主与她的宠物们建立了深厚感情。除了肯辛顿宫鸟笼中一些十分不幸、遭到她折磨的金丝雀外，维多利亚对动物有着深刻的喜爱。她最喜欢的宠物狗是一只名叫达什（Dash）的骑士查理王猎犬，她会与它一起玩耍数小时，给它穿上红色夹克和蓝色裤子，并且在圣诞节时用姜饼和橡皮球来逗它玩。在她生病时，达什会睡在她身旁，在她乘游艇时，会跟在游艇后面游泳。年轻的公主还会花许多小时来玩她的洋娃娃。在她 9 岁时，维多利亚将她洋娃娃的成绩单寄给了费奥多拉；有时，她们甚至还会相互通信。在其中一个最受喜爱的洋娃娃遭遇了不幸的事故、头部与身体相脱离后，费奥多拉写道："我希望［娃娃］已经基本上康复了，这次严重伤情不会影响它的健康，它也不会因为短暂失去头部而失去你的喜爱。"不过维多利亚已经有了一个更好的洋娃娃，她写道："莱岑把娃娃给修好了，我把她当作残次品放在了一边；不过，尽管如此，我又得到了一个可爱的洋娃娃，她的名字叫克拉拉（Clara）。"33

在她 10 岁时，维多利亚已经开始对她为数众多的洋娃娃感到厌烦了。到此时为止，她已经全神贯注地制作了一系列共 132 个精致的木偶娃娃。她和莱岑一起花费了成百上千个小时，认真仔细地为它们缝制衣服，假扮成宫廷中、芭蕾舞中或者戏剧中的角色。她们不厌其烦地为木偶娃娃上色、缝上它们的衣服，然后将它们的名字都写在一本册子里。维多利亚外出时有时也会带上它们，并且会在每一个新环境中把它们仔细摆放在经过精心布置的椅子上，它们会站成一排，用犹豫的小脸庞凝视着她。

由于维多利亚缺少父爱，也没有与叔伯们产生任何有意义的接触，因此利奥波德舅舅就成了她生命中一个至关重要、备受敬重的人物。她童年最快乐的一些时光正是在他位于伦敦以南萨里郡的宅邸克莱尔蒙特庄园度过的。在海滨度假期间，利奥波德、维多利亚以及维多利亚的母亲会沿着海滩漫步，看着浅滩上孩子们泼水嬉戏，身穿齐踝泳衣的女士们嬉闹玩笑。当维多利亚不得不返回肯辛顿宫时，她会忍不住流泪不止。

利奥波德写给维多利亚的信展示出了这位未来比利时国王温馨的一面，而此时的他因为自己年轻妻子夏洛特的死而悲痛不已。他既时髦又英俊还举止优雅，但是有些人，例如他的岳父乔治四世国王，却觉得他既狡猾又无趣。随着年龄的不断增长，他变得越来越古怪。他经常炫耀自己 3 英寸高的高跟鞋以及羽毛披肩，头戴假发以防止感冒，睡觉时还喜欢把金条放进嘴里以保持口腔张开，个中原因无人能够知晓。据说他还有着强烈的性欲，但他对待自己情人的态度却充满了鄙夷。在 1829 年至 1830 年，也就是维多利亚 10 岁时，他诱骗普鲁士美貌演员卡罗琳·鲍尔（Caroline Bauer）前来英格兰，谎称要与她结婚。他把她安顿在一座乡村庄园中，与她每日相会。对卡罗琳来说颇为不幸的是，他正沉迷于当时十分流行的"研末"活动中，即从肩饰上把金质和银质流苏取下塞进研磨机器里，出来的金属粉末可以再被熔为金属。利奥波德经常连续数小时忙于"研末"，让卡罗琳感到极为无聊，以至于她甚至声称，自己已经"几乎忘了该如何露出笑容了"。[34] 在卡罗琳的兄长从德国赶来命令她回家之前的几个月里，利奥波德研磨的粉末已经足以制造出一口银质汤锅了。他后来把汤锅送给了维多利亚。

032

利奥波德对这个被他称作"亲爱的小鸡仔"的外甥女的福祉十分关心。[35] 他经常会对她进行道德教育。第一，他始终要求她检查自身的过失并保持勤奋努力。在她 13 岁时，他说道："善良的内心和真正高贵的品质"是她"未来的地位所需要的最不可或缺的条件"。[36] 在她迎来 14 岁生日时，他劝诫她说，不要"沉醉于荣耀和成功"，[37] 也不要"因为不幸而一蹶不振"。第二，他还教育她要保持公正，不过她终其一生都在违抗这条建言。第三，他指导她要坚决和果断——但是要等一等再做出最后决定。第四，要学习历史，并从中吸取教训，以及第五，要时刻注意伪君子。他还强烈建议这位祖先普遍有发胖倾向的少女要勤加锻炼，克制自己吃东西过多、过快的习惯。在维多利亚 15 岁时，她催促利奥波德前来探望，哪怕仅仅是为了"见证我极为谨慎的饮食习惯也好，你肯定会大吃一惊的"。[38]

乔治四世国王是一个不太受人欢迎的君主。惠灵顿公爵认为他是自己见过的最糟糕的男人，没有任何可取之处。作为一名反对改革的托利党支持者，这位国王一直在抵制正如火如荼的改革运动，最后在万般无奈之下才在 1829 年批准了一项法案，允许天主教徒竞选议员职位。威廉·梅克皮斯·撒克里（William Makepeace Thackeray）不屑一顾地认为他"只不过是一件衣服、一顶假发以及假发下一张面带笑容的面具而已"。[39] 骄奢淫逸的国王还成为英国富人铺张浪费的标志，在结束于 1815 年的对法战争给英国国力造成巨大损害的时候，他却榨干了公共资金。在他 58 岁加冕为国王时，他的体重有 245 磅，腰围有 50 英寸，而且吸鸦片成瘾。他的肚腩甚至垂到了膝盖的位置。[在维多利亚还是个小孩子时，她曾经胖到连走路都不稳，格兰维尔夫人（Lady Granville）因此称呼她为"穿着衬裙的乔治国王"[40]。]

不过，当维多利亚在 1826 年收到邀请，前去位于温莎的皇家小屋（Royal Lodge）拜访她的伯父国王陛下时，她还是感到很高兴的。当时国王正与他的情人一起住在那里。身材臃肿的国王脸上化了浓妆，头上戴着假发，庞大的身躯上人造珠宝闪闪发光。他赠送了维多利亚一幅自己的袖珍画像。目光尖锐的俄国大使夫人利芬亲王夫人说，尽管"国王对维多利亚毫不吝惜自己的拥抱和亲吻"，但她能看出来，"他并不喜欢把这个年仅 7 岁的未来希望抱在自己 64 岁的膝盖上"。[41] 不过在维多利亚后来的描述中，她"身躯庞大、饱受痛风折磨"的伯父有着"令人惊叹的高贵气质和使人陶醉的行为举止"。[42] 到 1828 年，他已经成了一名隐士，大部分时间都在温莎城堡的床上睡觉。传记作家罗杰·富尔福德（Roger Fulford）将乔治四世描绘成一个将生命中最后几年时光都用来"宠幸不受众人欢迎的情人、囤积自己穿过的所有服饰，[以及]在驾车外出前清空街道，防止有人看到岁月是如何破坏他的面容"的男人。[43]

随着国王的身体越来越虚弱，维多利亚核心圈子里的阴谋诡计开始变得越来越密集，这很大程度上要归因于一个后来遭到维多利亚憎恨的男人。喜欢操纵他人但也具有极大个人魅力的约翰·康罗伊上尉是一名爱尔兰裔前军人，曾经是她父亲的侍从，如今已经成为她母亲最亲密的顾问。在维克图瓦的丈夫去世时，他曾承诺给予她保护，并且用诱骗的手段博得了她的好感。他偶尔会对维多利亚表现出友善的态度，但也会无情地戏弄她，有一次还曾经跟她说，她长得就像是丑陋的格洛斯特公爵（Duke of Gloucester）——这对一个小姑娘来说是一种可怕的嘲弄，而且这种嘲弄将伴随她数十年时间。维多利亚的主要玩伴是康罗伊的 6 个孩子之一维克

034 图瓦，她们俩会连续数小时骑马、打扮，以及用纸牌搭屋子等。但维多利亚从未真正喜欢或者信任过她。主要原因是她深深地厌恶康罗伊，并且认为他肯定通过某种方式将她的母亲给催眠了。他"放肆、无礼的行为"，以及觉得自己可以对她指手画脚的傲慢态度都让维多利亚愤怒不已。他会监督她的每一个行动，并且始终渴望能够得到正式的职位——例如女王的私人秘书——这将让他得以继续控制她。[44]

康罗伊总是偏执地认为王室成员想要绑架或者腐化维多利亚，因此他和公爵夫人几乎将她与他们完全隔绝。他还开除了公爵夫人的侍女斯佩思男爵夫人——维多利亚对她甚为喜爱，而且从出生起就熟识——因为他认为她不仅宠坏了维多利亚，还在为国王担任间谍。王室对这一突然之举大为震惊——这位男爵夫人此前已经忠心耿耿地为公爵夫人效力了20多年。维多利亚变得极为担心，觉得接下来她将会失去莱岑——"我最挚爱、最忠诚、最亲密也是最无私的朋友"。[45]

对于康罗伊所拥有的巨大影响力，王室开始感到既愤怒又困惑。1830年，维多利亚的伯母克拉伦斯公爵夫人（即后来的阿德莱德王后）来信表达了她的担忧，觉得维多利亚正变得越来越孤立。这位公爵夫人表达了王室的"普遍愿望"，那就是希望她不要让康罗伊对她产生"太大影响"。毕竟，康罗伊的家庭出身还不够高贵，不足以成为未来英格兰女王的唯一随从。但这封信恰恰助长了康罗伊和公爵夫人的偏执想法。他们几乎整日都在谈论国王的健康状况，肯辛顿宫内的空气弥漫着阴谋的味道。

1830年6月26日凌晨3点半，在经历一阵剧烈的咳嗽发作后，乔治四世突然大喊道："上帝啊，这究竟是什么？"据说，他握住男仆的手，自问自答地说道："孩子，这是死亡。"

哀悼在沉默中进行。他最终被认定死于"心脏肥大"[46]，不过大量服用鸦片酊加速了他的身体衰弱。他的弟弟威廉感到激动不已。如今 60 多岁的他已经为加冕为国王准备了许多年，一直在坚持进行路途漫长、精力充沛的散步，并服用柠檬味大麦茶作为补药。他的一生除了生育 10 名私生子外建树平平，而如今的他正迫不及待地戴上王冠。

035

但是，11 岁的维多利亚在听到这一消息时却十分惊慌。第二天，她在自己无论去哪里都会带在身边的舒适的床上醒来，但时间距离天亮还有好几个小时，焦虑的情绪让她感到胸闷不已。早餐时，她抱怨自己头很痛，问道能否外出骑马。她挥舞着自己的马鞭，紧握缰绳；她本可以在马上疾驰好几个小时——迎风策马、两眼刺痛，后背沐浴在阳光下。王位有可能很快为她所有，但她却一点也不想要。她知道母亲心中的勃勃野心，也知道自己心中的恐惧。正是在这时，作为一个仍然在玩洋娃娃的孩子，维多利亚开始了与母亲长达 7 年的斗争，这场斗争将给她带来深刻的伤痛。不过，在她意识到她母亲正试图在王冠落到她头顶前将其抢走后，她的祈祷内容将发生巨大变化。

4
难以置信的疯狂

> ［十八岁的维多利亚］身上所有异乎寻常的品质中，最令人敬畏的是她的坚强性格……她从来都不是一个心血来潮或者优柔寡断的人。一旦下定决心要做什么，她就会坚定不移地坚持下去。妥协不符合她的性格。[1]
>
> ——戴维·塞西尔

维多利亚躺在床上，感到怒不可遏。她病得很重，从来没有这么重过。她的脑袋嗡嗡作响，既头晕又恶心，已经连续几天高烧不退的她脸颊肿得非常厉害，以至于她甚至连自己在镜子中的样子都快认不出来了。站在她身旁的是莱岑女男爵，正在不断咀嚼葛缕子籽。站在她对面的是紧张不已的肯特公爵夫人，她穿着浅色丝绸，沮丧地握着拳头。维多利亚的母亲一动不动地站在酒店窗前向外凝视，窗子能够俯瞰拉姆斯盖特（Ramsgate）的港口海滩，海滩上的遮阳伞和人们的面庞在午后阳光的照射下熠熠生辉。

康罗伊和公爵夫人想要做两件事。首先，使康罗伊在维多利亚加冕后被任命为她的私人秘书（在这之后还将被授予贵族地位——以及贵族院的一个席位——这是他最大的野心）。其次，如果国王在维多利亚年满 18 岁——或者 21 岁——前去世的话，让公爵夫人成为摄政王，代替维多利亚进行统治。公爵夫人说，维多利亚的年纪还太小，而他们又如此亲密地生活在一起。难道她不渴望、不需要康罗伊的明智建议吗？但是，康罗伊多年来一直在刺激和欺负维多利亚；她压根不想让他来主导自己未来的女王生涯，反而想将他从自己未来的王国中彻底赶走。维多利亚冷冷地盯着自己的母亲说："不行。"

屋子里陷入了一阵寂静，外面孩童玩耍的欢笑声声声入耳。突然间，康罗伊冲入了房间，迸发出了一阵怒火。他冲着维多利亚大吼大叫，骂她是一个愚蠢、自私、不可理喻的傻瓜。他说，她的脑子里塞满了垃圾，对洋娃娃和戏剧的热爱愚蠢至极，很明显她没有能力独自统治这个国家。而且她有欠于他。毕竟，要想一想他——以及她的母亲——为她做了多少事。

紧接着，康罗伊把一支笔和一张纸塞到维多利亚的手里，紧紧攥着她的手，催促她签署一份文件，任命他为私人秘书。维多利亚摇了摇头，露出痛苦的表情，紧紧地抱起了她亲爱的小狗达什。她看到自己的母亲是怎样凝视着康罗伊的，那是一种恳求、几乎有些献媚的眼神，这让她感到厌恶不已。

维多利亚从未将这一事件付诸笔端。她的日记罕见地出现了连续三周的空白，而在这一期间，她一直在与病魔做斗争，并且忍受康罗伊的欺凌。一直到后来，她才将这段伤痛透露给墨尔本勋爵："我在那里所经历的一切；他们（母亲以及 JC①）试图（在我仍然病重时）让我事先做出承诺，我尽管病得很重，但仍然进行了抵抗，他们冷漠而无情——我亲爱的莱岑一直在孤身一人给我提供支持。"² 维多利亚的伤痛部分来自她母亲丝毫不关心她的病情给她带来的悲痛；关心她的只有莱岑。一连几天，公爵夫人和康罗伊都对维多利亚想要看医生的呼声

---

① 即约翰·康罗伊。——译者注

置之不理。康罗伊不想让人知道维多利亚病了，担心人们可能认为她不适合做一个君主。（当地媒体得到的消息是有一名仆人病了，而维多利亚只是得了"小感冒"。）

在最终应召前来后，克拉克医生（Dr. Clark）说，她得的是"胆热"，但她患上扁桃体炎甚至伤寒的可能性更大。她的病情明显十分严重；她被迫卧床长达 5 周，在最终能够下地时，一次只能走几步路，而且她还在大把大把地脱发。等到她一瘸一拐、身体瘦削地从房间里出来时，她母亲的不闻不问让她感到怒火中烧。相比之下，她的家庭女教师得到了极大的赞誉："我最亲爱的莱岑一直都而且仍然在（我仍然需要大量护理）持续不停、不知疲倦地照顾我。我仍然十分虚弱，而且身体变得非常瘦。"[3] 她认真地遵照医生的建议，开窗通风，慢慢咀嚼食物，并且不断举起小棍子来锻炼肌肉。慢慢地，她的身体开始康复。

如果康罗伊的观察能够再敏锐些的话，那么维多利亚拒绝移交权力的态度就不会让他感到惊讶了。温暖和劝说也许会有用得多。正如利奥波德在给维多利亚的信中所写的那样："他以为自己可以用某种方式来束缚你，但我就在你的身边，任你差遣，因此这是一种不可能实现、难以置信的疯狂想法。"[4] 维多利亚身上有一种无声无息的钢铁意志，经常会让那些低估她的人进退维谷。对于康罗伊不停欺凌她的那十年，她从未原谅过他。在 1833 年，也就是她 14 岁的那一年，她画了一幅题为《战争中的亚马孙战士》的画。画中留着柔顺长发的女性正骑马参加战斗，她们的战马正践踏着脚下的男子；其中一名亚马孙女战士向一名男性士兵的脸上直接射了一箭，将其射杀。

为了将一个轻浮少女改造成一位女王而炮制出的详尽、严苛的计划被称作"肯辛顿制度"（Kensington System）。从 5

岁起，维多利亚就被禁止独处，在下楼梯时必须扶着一名成年人的手，并且不能在没有监护人的情况下与其他儿童玩耍。这一制度中的大部分内容都是出自好意，目的是培养一位合格的女王。公爵夫人和康罗伊还想要把维多利亚培养成一位支持改革的女王，一个像康罗伊一样的辉格党人，而不是像王室其他成员那样的托利党人。（在 19 世纪前期，辉格党人支持废除奴隶制、为天主教徒争取平等权利、主张扩大选举权和自由贸易，以及建立君主立宪制，即国王或者女王作为国家元首，而制定法律的权力归于议会。）

但是，肯辛顿制度的目的并不完全是为维多利亚着想，甚至连其主要目的都不是如此。她的同母异父兄长卡尔·莱宁根将这一制度的目的定义为：（1）通过将维多利亚与王庭的恶劣品行和政治相切割来为她赢得民众的欢迎；（2）取得摄政王地位（理由是需要"确保肯特公爵夫人也能获得一个舒适、光荣的未来"）；（3）让康罗伊成为私人秘书。[5] 他写道，为了达成这些目的而采取的监控手段无所不用其极，甚至连"最微小、最微不足道的细节也不放过"。

造就这一制度的另一个更为阴险的幽灵是谋杀幻觉。公爵夫人和康罗伊声称，他们认为坎伯兰公爵恩斯特正计划杀害自己的侄女，好让自己成为国王；他是位列维多利亚之后的下一顺位王位继承人。康罗伊对公爵夫人说，恩斯特叔叔会在维多利亚的牛奶中下毒，然后在她虚弱时将她绑架，并任由她死去。[6] 维多利亚对这种想法嗤之以鼻，称其"全都是约翰爵士的捏造"，[7] 但她母亲却真的惊恐不已。她做出安排，确保每天早上都有人先试吃一下维多利亚的早餐。

时年 64 岁的威廉四世是加冕时年龄最大的英格兰君主。1830 年的法国革命将查理十世（Charles X）推翻后，威廉四世试图表现得比他骄奢淫逸的兄长更加节俭，并且积极参与政治，以抑制国内的共和主义浪潮。但他的保守思想和对改革的冷淡态度很快就让他与自己日渐不满的臣民渐行渐远。1830年时，在英格兰和威尔士的男性中，只有13%的人——也就是那些有产阶级——拥有投票权。一些小规模的"腐败选区"①仍然存在，当地的贵族地主可以有效地影响议员的选举，而许多制造业城市却完全没有任何议员名额。例如，居住在伯明翰、利兹、曼彻斯特和谢菲尔德等城市的50万人在议会中就没有代表。

1830年，当支持改革的辉格党开始执掌权力后，改革的动力终于到来了。在1831年《改革法案》（Reform Act）第二次未能得到通过后，整个国家爆发了。许多城堡被点燃，许多住宅被焚烧，德比发生的起义中有数百人伤亡，大部分由军人造成。四名骚乱者被处绞刑。政客们对于因选举权未能得到扩大而引发革命的可能性变得极为紧张。次年，《改革法案》在第三次表决中终于得到通过，使100万人获得了投票权。如今，18%的成年男性可以参与投票了。工业革命中蓬勃兴起的新兴城市获得了议员席位，而腐败选区中最为腐败的那些遭到了取消。8 民选的下议院声望日隆，而上议院却日渐衰落。这个十年标志着辉格党效率的顶峰：在1833年，奴隶制终于在大英帝国全境被废除，比美国早了30年。9

在1830年11月，下议院通过了一项法案，为维多利亚的生活和教育提供额外的1万英镑资金，并且指定肯特公爵夫人在威廉四世去世并没有留下子嗣的情况下担任摄政王，这让公爵夫人喜极而泣。（另一个人选——坎伯兰公爵——更令

---

① 指选民很少但仍在议会占有议席的选区。——译者注

人难以想象。）她说："这是我失去肯特公爵以来第一个真正令
人开心的日子。"[10]

从这时起，国王与公爵夫人两家人之间的强烈敌意渐渐进
入公众的视野。有一次，在公爵夫人拜访阿德莱德王后时，国
王的一个私生子到了她们的房间里来，她愣了一下，然后立刻
起身离开。[11] 她还会抓住一切机会提醒国王她的女儿是下一顺
位继承人，她故意刺激国王，通过升起王旗来表明维多利亚正
在拉姆斯盖特，并且在维多利亚乘船出海时怂恿英军士兵向"公
主殿下"敬军礼。[12] 她和康罗伊招摇地带着维多利亚在全国巡游，
目的是竭力进行正面的公共宣传，并且让公主未来的臣民们与她
接触，这也成了维多利亚的首次王室巡游。维多利亚在 1832 年
7 月 31 日的日记中就描述了这样一趟前往威尔士的巡游。她对
于伯明翰附近乡村的煤矿业所产生的影响感到震惊不已：

> 男人、女人、孩子、田野和住宅都是黑的。乡村各处 041
> 都很荒凉；煤炭四处可见，枯萎的草坪黑黢黢一片。我刚
> 看到一栋正在着火的雄伟建筑。黑色在乡村蔓延，火车头
> 呼啸而过，煤炭源源不断，到处都是正在冒烟和燃烧的煤
> 堆，中间还混杂着破败的小屋和马车，以及衣衫褴褛的小
> 孩子。

这个世界在维多利亚面前一闪而过，让她目瞪口呆。她标
志性的直率表达后来被从官方出版的日记选集中删除——例如
丑陋的景色、拥挤且要求过多的人群、醉醺醺的市民以及一段
不幸的插曲，她的马车轧到了一名步行的男子。对于究竟是否
需要踏上这些令人筋疲力尽的旅途，她与自己的母亲发生了激
烈争执。不过，在她巡游全国的过程中，她巨大的受欢迎程度
变得显而易见；康罗伊的肆无忌惮让国王愤怒不已。

两个家庭之间的矛盾很快就成了一出公开的肥皂剧。公爵夫人拒绝参加威廉四世的加冕仪式，她觉得威廉四世拒绝让维多利亚在行进队伍中站在他身后是在怠慢她。她给国王送去了一张字条，说维多利亚摔在地上把膝盖擦伤了，因此他们无法参加仪式。相反，他们去了怀特岛（Isle of Wight）的灰白海滩，对后来她的无礼遭到的广泛谴责完全视而不见。《泰晤士报》严厉抨击了公爵夫人的怠慢之举，认为这是在对国王想要做的任何事进行"彻底而坚决的反对"。1833 年 11 月，日记作家托马斯·克里维（Thomas Creevey）将公爵夫人描述为"最多变、最锲而不舍也是最麻烦的家伙"。[13]

反过来，威廉四世也是一有机会就对康罗伊进行公开羞辱。在一次正式接见期间，他要求肯特公爵夫人的侍从——包括康罗伊——离开，理由是只有国王和女王的侍从才有资格待在现场。当 1835 年康罗伊被下令离开维多利亚的坚信礼现场时，维多利亚感到愤怒至极。她的坚信礼是"她生命中最严肃、最重要的事件"，她一直"有着坚定的决心想要成为一名真正的基督徒"。[14] 她怒气冲冲地离开了，让她备感羞辱的是自己在这样的日子里受到伤害，而且还是替一个被她鄙视的男人受伤害，这让她的这个重要日子被彻底毁了。

在 16 岁生日之时，维多利亚已经开始发胖了。让她感到十分苦恼的是，她的身高仅有 4 英尺 11 英寸①，而且"不幸的是还非常胖"。[15] 利奥波德写道，他听说"某位小公主……吃得有点太多，而且几乎总是有些太快了"。她的餐桌礼仪非常糟糕，喜欢狼吞虎咽、挑骨头，还会"对芦笋做一些不可描述的事情"（可能是指用手指拿着吃）。[16] 不过，随着她年龄的增长，她的身材也开始变得更加苗条，人们对她细嫩的皮肤和

---

① 约为 1.5 米。——译者注

水灵灵的蓝色大眼睛、浓密的长发和健康的身体羡慕不已。在这个年纪，对她的控制开始有所放松；她已经获准阅读一些小说，设计自己的发型，学习意大利语和歌唱课程，并且更多地参与母亲举办的宴会，她会在宴会上开心地注视着小伙子们，只要得到允许，就会与他们一起翩翩起舞。她喜欢音乐和戏剧；她少女时代的偶像都是芭蕾舞演员和歌唱家——其中之一是伟大的歌剧演唱家路易吉·拉布拉什（Luigi Lablache），他受雇负责指导维多利亚的歌唱课程。

达尔茜·阿什当（Dulcie Ashdown）写道，"众所周知，维多利亚"正是在这个年纪"跨过成为女人的门槛"的，尽管万幸的是，维多利亚的"月经初潮从来没有被官方宣布过"。[17] 毫无疑问，被当时的人们称作"月事"、"经期"或者"身体微恙"的月经让她感到有些困惑。人们一般不会公开讨论月经，而且大多数人认为女性会因为月经而丧失行为能力。医生们会建议女孩子不要在过热的房间里跳舞，避免受冻淋雨，并且努力不要胡思乱想。作家詹姆斯·麦格里戈·艾伦（James McGrigor Allan）在 1869 年的伦敦人类学协会（Anthropological Society of London）会议上说：

> 在这种时候，女性不适合从事任何重要的脑力或者体力劳动。她们会因为疲倦和抑郁而无法思考或行动，这使得人们极端怀疑她们在危机持续期间究竟能在多大程度上被认为是负责任的个体……在脑力劳动方面，男性当前并且永远都会超越女性，其原因显而易见，那就是自然不会周期性地干扰他的思考和行动。[18]

维多利亚身上令人印象最为深刻的一件事是，除了想要变高、变瘦之外，她对于自己的相貌没有丝毫关心。她知道自己不是什么美人，但也丝毫不在意。她还拿自己的相貌与同母异父的姐姐开过玩笑，写道她"非常高兴能够听说表现我丑陋脸庞的肖像画能够让你高兴"。[19] 不过，她却真心享受其他人的美丽外表——无论是男还是女。她的二表哥不伦瑞克公爵查尔斯深色的八字胡和骑马时穿着的毛边外套尤其让她喜欢。她非常喜欢他的发型，因为他的头发"飘逸地垂在面前"。[20]

维多利亚被普遍视为一个理想的结婚对象。许多男子都对她着迷不已，一些报纸上还对长长的潜在结婚对象名单进行了讨论。罗伯特·勃朗宁（Robert Browning）写道，在维多利亚生病时，她"一心一意非埃尔芬斯通勋爵不嫁"，那是一个比她年长两岁的时髦小伙。[21]1836 年 2 月，在她身体康复，终于被医生允许前往圣詹姆士宫（St. James's Palace）后，埃尔芬斯通勋爵隔着众多宾客看着她，为她画了一幅素描肖像画。她穿着一件在巴黎买的漂亮灰外套自信地坐着，享受着他的注视。肯特公爵夫人却做出安排确保作为陆军军官和威廉四世侍从的埃尔芬斯通被派往印度。[22] 有传言说，他和维多利亚已经陷入热恋之中，而光是这些流言蜚语，就足以让他被赶走了。[23] 其他一些传言中的追求者包括奥兰治兄弟、乔治·坎伯兰、奥尔良公爵、内穆尔公爵、符腾堡家族的一员、希腊的奥托国王，奇怪的是甚至还有利奥波德舅舅。

不过利奥波德已经给他的外甥女挑选了一个伴侣——她的表弟阿尔伯特——并且公开地试图策划他们的婚姻。1836 年 5 月，阿尔伯特和他的哥哥埃内斯特首次拜访维多利亚，以庆祝她的 17 岁生日。[24] 维多利亚非常喜欢她的两位表亲，"非常非常开心、快乐、幸福，就像年轻人应该有的样子"。在她看来，体格健壮的阿尔伯特"极为英俊"。她写道："他的眼睛又大又蓝，有着漂亮的鼻子和甜蜜的嘴唇、洁白的牙齿。"但阿尔伯特的身体同时也很虚弱，很容易晕倒，而且跟不上他表姐的步伐。在圣詹姆士宫举行的生日舞会上，阿尔伯特早早地就退场了；他"脸色苍白如灰，我们都害怕他有可能会晕倒；因此他回了家"。[25] 翌日，他一整天都待在房间里，没有吃任何东西，原因是"胆病发作"，在他再次出现在人们面前时，看起来"既苍白又虚弱"。维多利亚略感沮丧地给利奥波德写信说："我很抱歉地说，我们家里有一个病人，那就是阿尔伯特。"[26]

最终，维多利亚礼貌地感谢了利奥波德。"［阿尔伯特］非常聪明，非常善良，非常优秀也非常亲切，"她补充说，"除此以外，他还有着你能见到的最令人喜爱的外形和相貌。"[27] 但维多利亚对与他成婚一点兴趣也没有。她邀请了阿尔伯特的父亲参加她的加冕礼，但阿尔伯特和埃内斯特均未受邀。他们一直到三年后才再次见面。

在这一时期，康罗伊的行为让人感到极为费解。他这种理所应当的想法来自何处？他凭什么觉得自己在王室中应有一席之地？维多利亚很好奇的是，他为什么要对她说"他的女儿与我一样高贵"？[28] 多年后，她仍然感到大惑不解："为什么他要惹怒我、欺凌我，我真的一直不能理解。"[29] 这一问题的答案可以在牛津郡的一间老旧小教堂里找到，牛津大学的巴利奥尔学院一直将康罗伊的档案保存在那里。在一本有些褪色、扣环损坏且书页侧边带有大理石花纹的褐红色日记本中，约翰·康罗伊的孙子在 1868 年 12 月写下了一段秘密信息。信息是用密码撰写的，这种密码似乎是借用了托马斯·莫尔爵士的乌托邦字母表。[30] 该信息的内容是："康罗伊夫人据说是肯特公爵的女儿。"换句话说，约翰·康罗伊认为他的妻子伊丽莎白·菲舍尔（Elizabeth Fisher）是维多利亚父亲肯特公爵的私生女，是在他派驻加拿大期间孕育而生的，这也就意味着她是维多利亚同父异母的姐姐。[31] 当然，这也就使康罗伊成了维多利亚的姐

夫——一个与其平起平坐的人，而不是一个仆从。约翰·康罗
045 伊的长子爱德华（Edward）在临死前也吐露了这一想法。从严
格意义上说，这种说法是不可能、不真实的，纯粹是为了私利
服务，但它能够解释康罗伊的放肆和控制欲。很明显，康罗伊
想要的不是成为女王的顾问，而是与公爵夫人一起代替女王进
行统治。

毫无疑问，康罗伊与守寡多年的公爵夫人之间的关系存在
一些情欲的成分。维多利亚一直担心他们是情人关系。令人讨
厌的坎伯兰公爵在她还是个小女孩时曾当着她的面这么说过。[32]
威灵顿公爵曾对格雷维尔（Greville）[①]说，维多利亚目睹了她
母亲与约翰·康罗伊之间的一些"亲密举动"，并且告诉了斯
佩思，随后斯佩思对公爵夫人进行了一番斥责。后来，维多利
亚曾否认她母亲与康罗伊是情人关系，尽管她在童年时曾有过
这种怀疑。很可能的情况是，这位寡居多年的公爵夫人对一个
以迷惑女性的神奇能力著称的男人产生了强烈的感情。这肯定
能够解释他对她的控制力。利奥波德国王称康罗伊是"一个现
实中的靡菲斯特[②]"[33]，并且对19岁的维多利亚说，他用"一
种在古时候可能会被认为是巫术的力量"控制了公爵夫人。[34]
即使是在年届暮年之后，令人敬畏的女王还是会一想到这个被
她称作"怪物"的男人，就浑身发抖。[35]

康罗伊每隔一小时就会想出新的花样：不管是在梳理他渐
渐稀疏的头发，还是在与议员们推杯换盏、阿谀奉承，抑或是
在与公爵夫人进行无休止的惠斯特纸牌游戏时都是如此。他表
现得越绝望，维多利亚坚持立场的态度就越坚定。她的伯父威
廉四世国王最终将对这种蓄意而恶毒的阴谋爆发出惊天怒火。
而他的怒火将会揭开一场丑闻的序幕。

---

① 英国日记作家查尔斯·格雷维尔（Charles Greville）。——译者注
② 歌德所著《浮士德》中的魔鬼。——译者注

5

"家庭中的可怕事件"

他们每天、每时都在毒害她。[1]

——斯托克马男爵

　　威廉四世国王乘坐马车穿行在伦敦的街道上，凝视着窗外的景色。那是 1836 年 8 月的一个凉风习习的日子，他刚刚在议会发表完一场演讲，以标志议会议程的结束。

　　为了成为国王，他已经等待了很多年，但如今，他却没有任何享受的感觉。呼吁进行议会改革的无休止声音令人烦恼。最初，他支持改革，而且很高兴能够因此而受人爱戴。但随后，他们变得越来越贪婪。他原本不想批准《改革法案》，即使是下层阶级威胁要发动叛乱时他也不打算改变主意。他对首相说，他会死守伦敦，在威登（Weedon）的兵营升起王旗，奋战到底、至死方休。维多利亚也会站在他这一边的。但最终，他还是妥协了，批准了这一法案，即使是这个结果也无法让那些对现状不满的人持久满意。

　　随着金色的皇家马车缓慢驶过泰晤士河，国王想起，曾几何时，河中还可以捉到向上游游弋的鲑鱼，那时的泰晤士河还呈现出一派暗绿色，而不是被污物染得黑黢黢一片。不久后，这条河就将变得跟曼彻斯特那条经常会出现尸体的厄威尔河（River Irwell）一样黑。他习惯性地用食指背面擦了擦鼻子，然后凝视着街上的混乱景象：一名街头艺人正在制造噪音，一名男子身上挂着香皂广告牌，几个小男孩正在卖火柴，街头小贩正在兜售馅饼，一个因梅毒而鼻子毁容的印度乞丐正在敲鼓。马蹄在鹅卵石上发出噼啪声响，经过一堆一堆粪便，溅起的粪便落在女士的裙边上，并且弄脏了整片街道。

马车停在肯辛顿宫的车道上。虽然肯特公爵夫人、维多利亚、王弟萨塞克斯公爵以及王妹索菲亚公主（Princess Sophia）均在此居住，但肯辛顿宫实为国王所有。几个月前，公爵夫人曾要求搬到楼上去，距离地下排水沟的湿气远一些，据说排水沟里蘑菇都长到了内壁顶部，工人们在里面找到过瓶塞、猫咪、海豹尸体、假牙，甚至是死人。[2]当维多利亚在拉姆斯盖特患病后，医生建议她搬进空气流通性更好的房间里——但国王拒绝了这一请求。

他拾级而上，进入国王长廊，长廊上的巨大窗户能够俯瞰整个庭院。他在长廊上止住了脚步。长廊经过了整修，这直接违反了他的命令。他数了数：公爵夫人如今占据着 17 个房间。在去往温莎堡的 3 小时路途中，通常心情十分愉悦的威廉四世想起来公爵夫人对他和他家人的种种怠慢之举。他从未喜欢过自己的弟弟爱德华——而自己现在似乎是莫名其妙地亏欠了他那个忘恩负义的遗孀似的。

当晚 10 点，国王信步走进了温莎堡为庆祝他的生日而举办的宴会。他走到维多利亚身边，握起她的手对她说，他希望能够更频繁地见到她。紧接着，他声音洪亮地对肯特公爵夫人说，他知道她占据了肯辛顿宫的房间，"不仅没有经过他的允许，而且还直接违抗了他的命令"，他"既不能理解，也不能容忍这种对他如此不敬的行为"。[3]他离开她的身边，誓言要阻挠她对权力的贪婪渴望。

第二天，也就是 8 月 21 日夜里，100 名王室贵宾在桌前端坐一排，准备享用生日晚宴，在烛光照耀下人影绰绰。肯特公爵夫人坐在国王的右手边，国王的一个妹妹坐在他的左手边。威廉四世喝光了他酒杯里的酒，他的脸颊微微泛红，大肚子被束腰勒得紧紧的，紧接着，他起身发言：

> 我愿上帝能允许我再活 9 个月时间，届时，如若我死去，将不会有摄政王出现。我将能心满意足地将王室的权威交给那位作为王位继承人的年轻小姐个人施展，而不是交给我身旁的这个人手中，她的身边净是些心怀不轨的顾问，她自己也没有能力胜任摄政王的要求。我可以毫不犹豫地说，我已经遭受到了这个人极大且持续的羞辱，但我已经决心不再忍受任何对我如此不敬的行为——在诸多让我感到不满的行为中，我尤为不满的是，那位年轻的小姐一直被迫与我的王庭保持距离；她一再被禁止进入我的会客室，而她本应一直待在那里……我是国王，我决心要让我的权威受到尊重，未来我将坚持要求并命令公主在一切场合出现在我的王庭中，这是她的职责。[4]

维多利亚的泪水夺眶而出。仆人们偷瞄着脸颊通红的肯特公爵夫人，她正在思考着自己的反驳之词，却始终没有说出口。她们迅速离席，桌上的草莓果冻、海绵蛋糕和酒浸果酱布丁丝毫未动。公爵夫人第二天就逃去了克莱尔蒙特。

到 1837 年，随着矛盾越来越激烈、越来越丑陋也越来越频繁，肯辛顿宫的气氛变得异常压抑。痛苦万分的维多利亚抱怨自己头痛欲裂、身上莫名疼痛且疲惫不堪，公爵夫人则叫来她的儿子——也就是维多利亚同母异父的哥哥——卡尔·莱宁根居中斡旋。[5]卡尔对于康罗伊对莱岑的"刻骨仇恨"和粗暴对待感到震惊不已，但他一直对康罗伊深有好感，因此很快就站在了他这一边。他认定维多利亚荒谬无理，认为她对康罗伊

049

的厌恶是在莱岑的怂恿下出现的"幼稚情绪"。他试图为双方达成和解而进行的斡旋最终失败了：他既无法说服康罗伊道歉，又无法说服维多利亚信任康罗伊，更无法说服利奥波德要求维多利亚将摄政王执政期限延长到她 21 岁为止。[6]维多利亚被压垮了：甚至连她的哥哥都背叛了她。

5 月底时，人在比利时的利奥波德决定将深受他信赖的顾问斯托克马派往英格兰评估局势。精明的斯托克马认定，冲突的原因在于"公主的内在性格"和"约翰爵士对待公主本人的行为方式"。他说，约翰爵士的问题是他的粗鲁无礼、理所当然的态度，以及他自认为是"整个机器的管理者"的行为方式。

不过，手中握有王牌的是维多利亚。每过一天，她的自我意识就会增长一分，"而且越来越意识到自身的力量"[7]，但无休止的骚扰让她感到抑郁：斯托克马对利奥波德说，"他们每天、每时都在毒害她"。[8]维多利亚的母亲会公开批评她，提醒她她还很年轻，并且告诉她她的所有成功都归功于母亲的良好声誉。这个坚持用母乳喂养孩子，并且为维多利亚肥嘟嘟的小脸蛋而开心不已的女人变得对权力极为渴求，陷入了她自己构造的受害者叙述中，认为自己是一个长期受苦的母亲。她一再指出，自己放弃了在另一个国家的舒适生活，专心致志地要将一个女孩培养成一位女王。[9]但没过多久，维多利亚就再也不跟她说话了。

050　　　1837 年 5 月，威廉四世国王决定进行干预。他在维多利亚年满 18 岁前几天给她写信，告诉她说，他会在她生日那天帮助她获得独立地位：他会请求议会每年拨款 1 万英镑供她使用，允许她任命自己的王室内库管理人，或者说财务官，只听命于她本人，他还会赋予她独立开设府邸的权力。国王指示他的信使张伯伦勋爵确保将这封信交到维多利亚的手中。康罗伊和公爵夫人都曾试图抢夺这封信，但维多利亚拿到了它，并且在仔细阅读之后才把信交给母亲。公爵夫人感到怒不可遏，主要是因为她认为国王对于她自己作为一个母亲所做的工作没有展示出丝毫的尊重。她知道自己成为摄政王的机会将在不到一周内成为过去。她决定以维多利亚的名义拒绝这一提议，但是不让她知道。

在听完了母亲的长篇大论后，维多利亚回到了自己的屋里。她在日记中写道："感觉非常难过和愤怒。没有下去吃晚餐。"[10] 她很愿意接受国王的提议，但也知道她母亲不会允许，而她仍然需要生活在她的权威之下。维多利亚不知还有什么其他选择，只能顺从地抄写了她母亲在约翰·康罗伊爵士的建议下拟好的信件，并将其作为自己的正式答复送出。[11] 她提到了自己的年轻和缺乏经验，并且说，她愿意留在母亲的保护之下，而她母亲应当保管她的所有资金。但国王也没那么好糊弄："这封信肯定不是维多利亚写的。"[12]

在 1837 年 5 月 24 日清晨，肯辛顿宫上空灰暗多云的天空上升起了一面鲜明的旗帜，上面写着一个名字：维多利亚。[13] 她终于年满 18 岁了。商店纷纷关门歇业，乐手和艺人们在肯辛顿撒满鲜花的街道上纷纷弹起乐器、跳起舞蹈。上午 7 点，一支由管乐器和竖琴组成的乐队开始在维多利亚窗子下方的阳台上进行表演："举国同洒欢欣泪，泪洒最美五月花。"正在从窗口向下望去的维多利亚问道，他们是否还能再表演一遍。

她感到如释重负，并且在日记中写道：

今天是我的 18 岁生日！都这么大了！但是我距离自己应该成为的样子还相距甚远。从今天起，我要下定决心，用全新的刻苦精神学习，始终将注意力放在自己的目标上，并且努力每天少虚度一点光阴，让自己更有资格承担未来某一天即将担负的角色，如果上天允许的话。

与母亲的争吵和对另一种生活的渴望使年轻的公主对自己的命运变得越来越兴奋，她渴望过上自己能够掌控，并且让她的母亲不得不听命于她的生活。

那天下午，当维多利亚与母亲和兄长一道乘车穿过庭院时，迎接她的是一阵山呼海啸般的欢迎声。街道两侧仰头张望的人群摩肩接踵，让她感动不已："人们想要看到傻乎乎的我的急切心情令人动容，我必须说，我被它深深打动了，并且感到了一阵自豪，那是一种我对我的祖国和英吉利民族始终怀有的自豪之情。"但是，公众的欢呼仅仅凸显出她的家庭生活相比之下有多么悲惨，随着庆祝活动继续进行，维多利亚也变得越来越沮丧。甚至连一场别开生面的生日舞会，以及她那件装点着花朵的淡黄色长裙，都无法让她情绪好转。

1837 年 6 月 15 日，晴朗的夏日万里无云，利物浦勋爵（Lord Liverpool）从停在肯辛顿宫门口的马车上走了下来。他穿着一件灰色西服，戴着一顶礼帽——此时礼帽已经被认为是绅士的标志，尽管 40 年前首个在公开场合尝试戴礼帽的男人曾遭到逮捕，理由是它有着"闪亮的光泽，会让胆小的人感到惊慌"。（有 4 名女性在看到礼帽后晕了过去，路过的行人纷纷发出嘘声。[14]）利物浦勋爵就像王室里的几乎每一个人一样是一个保守党人，也是前首相同父异母的弟弟，他是仅有的几个既得到公爵夫人也得到她女儿信任的人之一。他的任务是打破僵局。

利物浦勋爵首先会晤了康罗伊，后者从男性的立场出发解释说，维多利亚和莱岑对他采取了一种不理智的厌恶态度。他说，首先，莱岑必须走人。其次，维多利亚"对他被任命为私人秘书或者私人政治顾问一事的坚决反对"十分滑稽可笑，因为她如果没有他的指导根本没有能力履行自己的职责。她完全无法胜任对国家大事的思考，而且尽管她已经 18 岁了，但她的"心智比年龄要更加不成熟"。康罗伊解释说，公主本人十分轻浮，"很容易被时尚和外表所吸引"。利物浦勋爵能够让她看清道理吗？当然，康罗伊所考虑的完全是她的幸福。

利物浦勋爵断然拒绝了康罗伊提出的在女王身边担任正式职务的请求，对他说他非常不受欢迎。作为妥协，利物浦勋爵表示，他有可能被任命为王室内库管理人，负责掌管君主的财政事务，并且得到一笔养老金，但前提是他不能干预政治，并且"对任何人明确表达"他的看法。在"思忖再三"后，康罗伊同意了。两人握了握手。

接下来就是固执的公主了。维多利亚一直在孤独地等待利物浦勋爵，还细心地准备了一长串需要讨论的内容。她同意自己将不会任命私人秘书，而是将自己的权力委托给首相墨尔本勋爵来行使。不过，与康罗伊共事完全没门。她说，利物浦勋爵肯定也清楚"约翰爵士曾对她做出的诸多怠慢和无礼之举"，而除此以外，"她还知道他的另外一些事情，这些事情使得她绝对不可能让他留在身边，担任任何机要职位"。她不会允许康罗伊担任王室内库管理人一职。利物浦勋爵希望她能透露更多信息。她究竟知道些什么？维多利亚仅仅表示，她知道的有关约翰爵士的事情"让她完全丧失了对他的信任，并且这件事是她自己得知的，没有其他人告诉她"。[15] 维多利亚手上拿着一封由莱岑誊写下来的信件，在信件中，她拒绝许下任何承诺。最终，这位少女请求这位前首相①让她的施虐者睁开双眼，"看

---

① 原文如此。此处应为作者笔误，这位利物浦勋爵没有做过首相，他是前首相的弟弟，此时他的哥哥已经去世。——译者注

清楚他们给我造成的艰难处境"。

利物浦勋爵对公爵夫人说，他无法改变她女儿的主意。康罗伊在听到这句话之后开始破口大骂。在接下来的几天里，维多利亚一直待在房间里，只和莱岑交流。康罗伊决定，现在是时候执行他最后的绝望计划了：把维多利亚锁起来，逼迫她同意。他的盟友詹姆斯·阿伯克伦比（James Abercromby）是一名律师，当时担任下议院议长。阿伯克伦比对他说，既然维多利亚不通情理，那他就只能使用武力了。康罗伊找到公爵夫人，声称"必须要逼迫她"。

在维多利亚怒视自己的亲属和欺凌者的同时，在议会中，议员们正在辩论女性是否应该获准在公共旁听席旁听议会辩论。在利物浦勋爵造访肯辛顿宫的那天，也就是6月15日，一位名叫格兰特利·伯克利（Grantley Berkeley）的绅士曾在下议院问道："至于女士们的存在……如果她们在屋子里放一束花的话，难道不会觉得空气也变得更清新了吗？"显然，这些高贵的绅士们并不这么觉得，因此投票反对女性旁听。

当维多利亚在利奥波德在英格兰的宅邸克莱尔蒙特别墅附近的道路上看到一群正在扎营的吉卜赛人时，她被他们的热情所深深吸引。在1837年1月时，她去看望了他们几次，为他们画了素描画，给他们带来了汤汁，还试图安排他们的孩子接受教育。当其中一名吉卜赛姑娘即将分娩时，维多利亚还让人送来了食物和毯子。她暗下决心，如果他们请求她成为这个没有父亲的孩子的教母的话，她会给他起名为利奥波德。热心的小维多利亚不想对这个私生子展示出一丝歧视。她对吉卜赛家庭中温馨的幸福十分羡慕和迷恋：

当我们在帐篷附近的路上散步时，一个自称名叫库珀（Cooper）的女子从帐篷里走了出来，她基本上算是这群人的发言人。我们转过身，停了下来，看到她带着一群孩子穿过街道来到我们这里，总共大约有 6 个孩子，我觉得。那是一幅十分单调却也十分漂亮、别致的画面。她本人头上没有戴任何东西，乌黑的长发凌乱地搭在肩膀上，那群小孩子则围绕在她身边，他们都顶着一头凌乱的头发，穿着一身黑黢黢的裙子，都是些小东西，漂亮的孩子……吉卜赛人是一个奇妙、独特也十分吃苦耐劳的民族，非常与众不同！

当时，吉卜赛人被污蔑为一个懒惰、粗野、肮脏的异教徒民族，是在欧洲四处流浪的浪子，救济院的收容所里经常能见到他们的身影。[16]但维多利亚觉得他们"被诬告、被错怪，并且遭到了严重的虐待"。她和莱岑一起阅读了克拉布先生（Mr. Crabbe）所写的《吉卜赛人拥护者》（*Gipsies Advocate*）一书，这本书让她们相信即使是穷人也会对善意做出回应。[17]但康罗伊却不这么认为。[18]

到 1837 年，威廉四世国王已经双耳失聪、腰痛难忍。维多利亚很少在日记中提到他，不过，在 1837 年 5 月他病重时，她在日记中为他感到伤心："他一直对我很好。"[19]到 6 月中旬时，他明显已经奄奄一息了。维多利亚承受着巨大压力，而且据 6 月 16 日拜访她的斯托克马说，她的母亲也变得对她极为严厉。他写道，如果宫外有人知道维多利亚是一个"遭到压迫的人"的话，每个人"都会飞奔而来提供帮助"。[20]但没有人前来帮忙。相反，用斯托克马的话说，维多利亚学会了"表面上顺从而温柔地与她不信任、不喜欢的人共处"。[21]

莱岑成了康罗伊阵营不满情绪的避雷针。她帮助维多利亚坚定自己的勇气，挫败了他们的计划。康罗伊及其盟友对她怒目而视、百般嘲讽、出言不逊。当维多利亚在拉姆斯盖特病倒后，她同母异父的姐姐费奥多拉非常担心莱岑会被解雇，于是给维多利亚当时的家庭女教师诺森伯兰公爵夫人写了一封信，请求她利用自己的影响力提供帮助。[22] 当康罗伊注意到诺森伯兰公爵夫人与莱岑走得很近后，她也"得到了同样的待遇"：作为家庭女教师，她再也没有见过独自一人的维多利亚，也无法对她深入了解，因此她在厌恶的心情中辞职了。维多利亚后来写到了她唯一的盟友莱岑不得不"忍受"的事情：有时，她甚至害怕自己的性命会在"家庭中的可怕事件"中遭遇危险。[23]

入夜时分，维多利亚躺在床上的鸭绒被里，聆听着父亲的老式玳瑁钟的嘀嗒声，幻想着自己的复仇：她要让母亲为虐待过自己而感到痛苦；她要驱逐康罗伊；她要举行舞会，邀请自己认识的最英俊的小伙参加，彻夜跳舞、玩耍、遍尝美味。她态度坚决地给利奥波德舅舅写信说："我非常期待似乎很可能在不久后发生的事情，既冷静又平静。我一点也不感到恐惧，不过也不觉得自己完全有能力胜任一切；但是我相信，凭借善意、诚实和勇气，我在任何情况下都不会失败。"这几个字将在日后成为她的座右铭："我不会失败。"[24]

第二部分
年少女王

6
成为女王："我还很年轻"

在 18 岁之前我从来没有快乐过。¹

——维多利亚女王

能够为一个年少女王奋斗将打动每一个水手的心。他们会把她的脸庞文在自己的手臂上。²

——威廉四世

1837 年 6 月 20 日凌晨 2 点，威廉四世国王在一声突如其来的惊叫后溘然长逝。不久后，他的管家科宁厄姆勋爵（Lord Conyngham）以及坎特伯雷大主教匆忙爬上了一辆正在等候的马车，疾驰 21 英里赶往肯辛顿宫。在拂晓之际，他们飞速驶过手拿提桶的挤奶女工以及正在清扫马厩、冲刷马车、梳理马鬃的马夫。他们在交谈中谈到了对维多利亚的好奇，无论是他们自己还是其他任何人对她都知之甚少，因为她的母亲对她保护得太过严密。他们不到 5 点就到达了肯辛顿宫，却发现大门已经上锁，呼呼大睡的看门人对他们的叫门声充耳不闻。他们反复摁响门铃，一直到看门人被吵醒，并把他们带到楼下一个房间里，在此过程中，维多利亚一直在楼上安睡。他们很快就开始怀疑自己是不是已经被人忘了。他们按了两次铃，但两次都被要求继续等待。肯特公爵夫人最终在 6 点时叫醒了维多利亚。

当维多利亚抬头看到母亲的面孔时，她的胃部感到一阵不适。她站起身，梳了梳她散乱的长发，穿上拖鞋，然后在她的白色睡袍上披了一件棉质晨衣。她的母亲紧紧握着她的手，第一次陪着她走下昏暗、狭窄的楼梯。跟在她们身后的是随身带着嗅盐的莱岑。在走进那两名男士正在等候的房间后，维多利亚将身后的房门关上——并且将她的母亲和家庭女教师关在了门外。大主教和勋爵跪了下来。科宁厄姆勋爵把她伯父已经去世的消息告诉了她，亲吻了她的手，并且给她递上了国王的死亡证明。大主教对她说，上帝会与她同在。她允许他们平身，然后走出房间，把房门关上。随后，她把头靠在母亲的肩上哭了起来——既是因为自己不甚熟悉的伯父、国王陛下已经去世，也是因为连她自己几乎都没有意识到的解脱感而激动万分。

维多利亚做的第一件事是要求独处一会儿。她下令将自己的床搬出母亲的房间，穿上了一件朴素的黑裙子，然后把头发编成冠状绾在头上。随后她与深受利奥波德信赖的私人秘书兼顾问斯托克马共进早餐，利奥波德将他作为礼物送给了即将成为女王的维多利亚。她坐在桌前，写了三封信，分别写给利奥波德、她同母异父的姐姐费奥多拉以及悲伤的阿德莱德王后，她还在信中坚持将阿德莱德王后称呼为王后陛下。她在自己的日记中写道："既然上天将我置于这一境地，那我就将竭尽全力履行我对国家的义务；我还很年轻，也许不是所有，但可能在许多问题上都缺少经验，不过我敢肯定，很少有人拥有比我更加真实的善意和渴望，想要去做恰当和正确的事情。"

061　上午 9 点时，维多利亚接见了首相，"当然是一个人，我以后始终会单独接见所有大臣"。温文尔雅的墨尔本勋爵立刻就得到了她的青睐。在接见期间，他起草了她在枢密院的讲话稿。枢密院成员受到传召，要在上午 11 点举行会议。身在伦敦各处的100个人正火急火燎地穿上正式装束并赶往肯辛顿宫。当时的欧洲也有其他一些年轻女王：例如，葡萄牙女王（她被维多利亚称作"胖女王"）仅仅比维多利亚年长一个月，而西班牙女王只有6岁（她的母亲是摄政王）。但维多利亚是英国有史以来最年轻的女王，而且距离上一位女性君主安妮女王已经过去了123年。尽管由一群为君主提供建议的前议员或者现议员组成的枢密院通常会每个月举行一次会议，但很少有成员会定期参加。而在这一天，会议的出席率创下了新高。

墨尔本问道，她是否愿意在他的陪同下走进会议室，她回答说："不用了，谢谢。我要一个人走。"她在两位叔叔坎伯兰公爵和萨塞克斯公爵的引导下坐上了王座。威廉四世的死让坎伯兰公爵成为汉诺威国王，也巧妙地使英格兰摆脱了一个广受憎恶的公爵。维多利亚的叔叔们宣誓效忠女王，接着内阁大臣和枢密院大部分成员也宣誓效忠。（为了展示善意，她没有让"老弱"的萨塞克斯公爵下跪——并且亲吻了他的脸颊，这样他就不必弯腰来亲吻她的手了。）随后，维多利亚宣读了墨尔本勋爵此前为她起草的宣言：

> 我亲爱的伯父、国王陛下的死给整个国家带来了巨大和痛苦的损失，也将管理帝国政府的职责移交给了我。这一巨大的责任如此突然地落在我身上，而且我还如此之年轻，如果不是寄希望于赋予我这一职责的神圣天意将给予我履行职责的勇气，以及我纯洁的目标和对公共福祉的热忱将得到通常属于一个更成熟、更有经验之君主的资源禀赋支持的话，我应该会被重担彻底压垮……我在英格兰接受教育，并且得到了挚爱母亲的温柔、开明的照顾，因此我从小时候起就学会了尊重和热爱祖国的法规。我将不懈努力维持改革后宗教的国教地位，同时确保所有人充分享

062

有宗教自由的权利；我将坚定不移地保护权利，并且竭尽所能改善我的臣民中所有阶级的幸福与福祉。³

维多利亚的表现取得了巨大胜利。济济一堂的绅士们目不转睛地看着女王，他们许多人在听到她用银铃般清脆的声音如此沉着冷静地发表演讲后都深受触动。好几个人甚至热泪盈眶。他们似乎对一个小姑娘竟然能够如此流畅地阅读感到惊讶不已。日记作家查尔斯·格雷维尔当时是枢密院的书记员，他写道：

> 她给人留下的第一印象前所未有，对于她的仪态和举止的齐声赞颂和夸奖也是前无古人的，当然，这没有任何不妥之处。她的表现非同凡响，完全超出了人们的期待。她的年轻和无经验，以及对周围世界的无知，自然而然地引起了人们的强烈兴趣。⁴

这种称赞似乎无人有任何异议。托利党人约翰·威尔逊·克罗克（John Wilson Croker）说，她"就像我认识的所有年轻小姐一样有趣又端庄"。⁵明显深受触动的惠灵顿公爵声称："她不仅仅身子在椅子里，她的气场还充满了整个房间。"⁶辉格党政治家兼日记作者托马斯·克里维滔滔不绝地说："我们亲爱的小女王从每个方面来看都完美无瑕。"⁷据约翰·拉塞尔勋爵所说，对在场的男人来说，她是一个孩子，甚至是一个"幼年女王"。最简单质朴的表现引起了毫不吝惜的称赞。

063　　整个国家都陷入了对她的热恋。《旁观者》周刊将这种具有传染性的热潮称作"女王狂热"（Reginamania）。一幅题为《伦敦的费加罗》（*Figaro in London*）的漫画显示，如果小女王要求，约翰牛 ① 甚至愿意把耳朵割下来。8 她的个人品质得到了作家们的一致歌颂。托马斯·克里维写道，有一次，维多利亚在走廊里见到了正抱着一大摞图书馆书籍的新侍女查尔蒙特小姐，此前并不相识的两人迸发出一阵开怀大笑；他还提到，她从自己的口袋里掏钱为一些不可思议的人支付津贴，例如她的私生表亲菲茨克拉伦斯（FitzClarence）一家人，她母亲一直不让她接触这家人，但维多利亚仍然对他们很关心。美国大使夫人萨莉·史蒂文森（Sallie Stevenson）在给她身在弗吉尼亚的姐妹们的信中写道，每个人都"疯狂地对年轻的女王表示效忠……在所有的社交圈子里，人们无一不在讨论她的美貌、智慧、亲切和沉着。有一千条趣闻轶事讲述了她的善良和那场出色的演讲，而她正是凭借那场演讲征服了所有人和一切"。9 距离美国人成功发动起义反抗乔治三世国王才仅仅过去了半个世纪多一点的时间，距离他们在 1812 年的战争中与英格兰再次交战也仅仅过去了四分之一个世纪，但如今，甚至连他们也被这位新晋女王给迷住了。

这位年轻女王让较为年长的男性着迷不已，这通常令他们也感到非常惊讶。霍兰德勋爵（Lord Holland）说，在结束觐见后，他"就像是一个谄媚者，甚至有点像是个爱慕者"。他坦承："尽管不是一个大美人，身材也不完美，但她无论是从外貌还是从面容，尤其是眼睛和肤色来看，都是一个非常讨人喜欢的女孩，很有诱惑力。"10 克里维写道，或许她确实会在吃饭时狼吞虎咽，或者在开怀大笑时毫不端庄地露出牙龈，但他愿意忽视这些缺陷，因为"她每时每刻都会羞涩和欢笑，表现如此

---

① 约翰牛是英国的拟人化形象，源于 1727 年由苏格兰作家约翰·阿布斯诺特所出版讽刺小说《约翰牛的生平》，主人公约翰牛是一个头戴高帽、足蹬长靴、手持雨伞的矮胖绅士，为人愚笨而且粗暴冷酷、桀骜不驯、欺凌弱小。——译者注

之自然，足以让任何人放下戒心。[11] 她的声音完美无瑕，在她想要说机灵话或者耍一下小机灵时，她的面部表情也是如此"。负责为她画肖像画并在日后成为宫廷宠儿的艺术家乔治·海特（George Hayter）"相当迷恋她"，并且"用最为科学的方式讲述了她眼睛的非凡特点"。[12] 不过，并非所有见证人的陈述都是可信的——毕竟，克里维曾表示，他从未见过比维多利亚对母亲的感情"更加美好、自然的挚爱之情"。

有些女性对于新女王的外表吸引力不太关心，反而为她感到忧心忡忡，怀疑这些夸耀、噪音和责任重担会对一个 18 岁女孩产生巨大影响。甚至连意志坚强的社会改革家哈丽雅特·马蒂诺（Harriet Martineau）都写道："我们都对年轻女王有着一些浪漫的幻想，可怜的姑娘！她有多少机会在长大后还能保持纯真和善良呢？"[13] 她觉得维多利亚"取得建树"的可能性微乎其微。

墨尔本一边擦拭着眼里的泪水，一边离开了维多利亚的首次枢密院会议，这时，斯托克马男爵来到他身边，在他手里塞了一封来自约翰·康罗伊的信，信中包含了一长串大胆的命令。[14] 康罗伊写道："对我过去功劳的奖赏，我认为应当是：贵族地位——红色绶带——以及从王室内库中支付的每年 3000 镑养老金。"[15] 他要求的养老金甚至超过了内阁大臣的标准。墨尔本将信放下，哭喊道："你听说过如此厚颜无耻之人吗？"[16] 在一个祭奠先王、庆祝新女王即位的日子里，康罗伊所想的却只有他自己。后来，在维多利亚列出的这个"魔鬼的"诸多要求旁，阿尔伯特写道："国王在那天早上刚刚去世。"

几乎是一瞬间，维多利亚就把康罗伊从自己的家中赶走了，这一瞬间无论是她的预先计划还是真正实施都令人回味无穷。为了缓和紧张局势，墨尔本勋爵决定给予康罗伊一份养老金以及从男爵爵位，并且承诺，在他能够授予新的爱尔兰贵族爵位时，会将爵位授予康罗伊。他还补充说，女王已经同意了这一计划。这最终被证明是一项错误判断。通过向康罗伊许诺一个多年以后才能成真的贵族地位——康罗伊需要等到一个现有的爱尔兰贵族去世后才能获封——他给了康罗伊足够的空间，得以继续策划针对维多利亚的复仇。康罗伊原本打算一直在肯特公爵夫人的家中待到女王履行完所有承诺为止。（利物浦勋爵对斯托克马说，墨尔本"上当了"。）康罗伊始终未获封爱尔兰贵族，他家族中的怨恨情绪仍能从他们保留的剪贴簿中明显看出，剪贴簿中贴满了批评维多利亚的报纸文章。他们会在她犯错时狂喜不已，在她遭到攻击时幸灾乐祸。[17]

在自己成为女王的这一天，维多利亚在日记中唯一提到母亲的地方出现在最后，她写道："下楼对妈妈说了晚安，等等。"公爵夫人感到很受伤。那天早些时候，她给维多利亚写了一封信，问到自己能否带着康罗伊一起参加她的登基仪式——像以往一样，她低估了女儿对他发自肺腑的憎恨。公爵夫人强调说，其他人会注意到［康罗伊不在现场］，而且"会说一些你在第一天肯定应该避免听到的话"。女王回答说，墨尔本勋爵"坚决认为"他不应该参加。公爵夫人写了一封更为居高临下的回信："你不了解这个世界。S.J.［约翰爵士］有他的缺点，他或许犯下了一些错误，但他的意图始终是最好的……这件事太过遭人非议，变得非常不愉快。保重吧，维多利亚，你知道你自己的特权！小心点，墨尔本可不是国王。"

从这一天起，公爵夫人就被迫遵守起了王室礼仪，这意味着，她必须等待维多利亚的召见才能见到她。[18]维多利亚十分享受这种受自己控制的独处。她在那一天又见了两次"非常和善"的墨尔本。随后，她在屋里独自一人吃了晚餐。在成为女王的第一天，她在日记里写了5次"独自"（alone）一词——"独自……当然是独自……独自……独自……独自"。她终于得偿所愿。

　　一个月后，维多利亚出席了议会闭幕式。这是她首次出席议会，她神态庄严地穿着一件绣着金色装饰的白色丝绸长裙、一件边缘装饰着貂皮和金色花边的深红色天鹅绒长袍和拖裙，头上还戴着一顶头冠。她信步走进上议院，目光落在了正在国剑（Sword of State）前踱步的墨尔本勋爵身上。一份晚报滔滔不绝地写道："她的表情在胸脯的快速起伏以及镶钻胸衣的闪耀光泽下清楚可见，胸衣在昏暗的王座里闪闪发光。"[19] 这些大人物们公开流下了眼泪，这在后来几乎成了这位年轻女王早期出席议会会议的一种惯例。格雷勋爵（Lord Grey）"因聆听女王声音和讲话的愉悦"而哭泣，查尔斯·萨姆纳（Charles Sumner）声称"我从没听过有人比她朗诵得更出色"，而在她讲话结束时，萨塞克斯公爵已经在擦眼泪了。正坐在外交官旁听席上的美国人萨莉·史蒂文森说，她的声音"就像一只弗吉尼亚夜莺一样甜美"。[20] 维多利亚的母亲情绪激动地看着自己的女儿穿着通常由男性穿着的厚重长袍终于坐在了王座上。议会大楼外，警察竭尽全力都无法阻止人们爬上树木，试图瞥一眼女王；他们像椰子一样冒着雨挂在树枝上长达好几个小时。

　　维多利亚在自己的新角色中立刻就建立起了一套日常规范。她早上8点起床，先阅读圣经，然后撰写加急公文，直到10点才和母亲一起吃早餐。她会在上午11点到下午1点30分之间接见政府大臣。在她之前进行统治的两任国王都不喜欢辛勤工作，因此她的勤勉得到了广泛的赞扬。她自豪地给表弟阿尔伯特写信，略带些炫耀意味地说："我对于自己不得不做的事情感到非常高兴，这些事情无论是从性质还是数量上都不是微不足道的。"[21] 如今已经成为比利时国王的利奥波德舅舅仍然在不断给她提供细致指导。他告诉她要保持审慎，形成自己的意见，在有人未经她的允许提起私人问题时立刻改变讨论话题。他还建议她遇事深思熟虑，就像莱岑那样："无论碰到什么重要的问题，你都不应该在它被提出的那一天做出决定。"[22] 英格兰接下来的 10 任首相都会因这种策略而进退维谷。[23]

尽管如此，维多利亚还是在她的新工作中成长起来。在她的描述中，"为我的国家和人民履行职责是最大的快乐，如果是为了国家的福祉，对我来说没有任何疲劳是无法承受的，无论有多么严重"。[24] 她终于能够对她的国家有所帮助、必不可少了，而她也因此而干劲满满。当利奥波德说，她应当在他的宅邸克莱尔蒙特别墅待更多时间时，她顶嘴说："我每天都要接见我的大臣。"维多利亚的休息时间很少。就像她的女仆每天都要竭尽全力梳理她的一头秀发一样，她也要竭尽全力批阅一大堆文件。她经常要工作到深夜。[25]

在维多利亚成为女王仅仅几周之后，就有人开始谈及她"略显专横的性格特点"和她的"坚强意志"。[26] 她对于自己的意见非常有自信。在她为摩西·蒙蒂菲奥里（Moses Montefiore）授予骑士爵位时——他是英国历史上首位犹太人骑士——她对于任何反对意见都置若罔闻，声称"我很高兴自己是第一个去做我认为正确之事的人，就应该是这样"。[27] 她还对她眼中多余累赘的传统习俗发起了挑战。例如，她不喜欢晚宴结束后性别隔离的传统，即男性会去另外一个房间饮酒。她不允许男性客人饮酒超过 15 分钟，而且除非他们全部回到会客室，否则她不愿就座。她的女性客人也不得不站着。①

维多利亚女王日后的私人秘书亨利·庞森比之子、政治家阿瑟·庞森比（Arthur Ponsonby）在1933年写道："从一开始，她就展现出了一种性格特点，那就是严格按照自身的标准行事，而不是屈尊俯就别人期待的标准。"²⁸ 她的自我依赖成了一种纵贯她一生的"永恒、突出的特点"。不过，他没有注意到的是，这种特点在她婚后几乎彻底消失了。维多利亚在单身时对自己最为自信。

068　维多利亚女王和她的首相墨尔本勋爵之间的关系是现代历史上最著名的柏拉图式浪漫之一。无论是年轻、没有父爱的女王，还是这位古怪地不甚关心政治的政治家，都从这段关系中获益良多——她得到了指导，而他得到了地位提升。两人都有些陷入恋爱的味道。维多利亚的痴情出现得很快。她在日记中写道："我非常喜欢他，和他交谈让我受益匪浅。"³⁰ 她刚当上女王才三天就对利奥波德说："我可怜的母亲对墨尔本勋爵非常嫉妒。"（她信件的编辑人员后来对维多利亚写到墨尔本时使用的亲密、深情的方式感到很尴尬，因此将这些内容都删除了，担心后人会认定他们是情人。³¹）

已经失去了妻子和儿子的墨尔本将自己的全身心都投入他的新职责中。他教导维多利亚政治之道，不过他给予她的最重要礼物是真挚的情感和认可。格雷维尔将这种感情描绘成一种

---

① 甚至连公众都注意到，这个被严密控制多年的姑娘如今很喜欢为所欲为。当她的母亲和墨尔本对她说乘坐马车去出席海德公园的阅兵式比较妥当时，她却决定骑着马去。她的这一决定启发了一首民谣：
我要一匹马，我决心已下，
想搞阅兵式吗？没有马就没戏啊，
我的墨尔本勋爵，就这样吧，
不管你和妈妈说些啥。²⁹——作者注

父亲对女儿的"强烈喜爱"³²，来自"一个有能力爱却失去了爱的对象的男人"。³³1837 年 8 月 30 日，格雷维尔写道：

> ［维多利亚］有着强烈的野兽精神，带着孩子似的兴趣和好奇踏上了她的新岗位。没有人比墨尔本更善于迎合她。他以无限的体谅和尊重对待她，顾及她的品位和意愿，用自己诚恳、自然的举止让她感到放松，同时还凭借风趣、离奇、讽刺的思维跳跃和在所有话题上的博学多识逗她开心。³⁴

他们讨论的话题非常广泛：例如饮食、狄更斯、清扫烟囱、她的邪恶伯父们、她的父母、牙齿、约翰逊医生、历史、哲学以及礼仪等。他们总是有很多话聊。在 1832 年《改革法案》通过后，政治动荡已经略为平息，但工人阶级的宪章运动才刚刚开始，该运动将持续数十年争取民主、反对腐败。如今已经成了世界一分子的维多利亚发现，这个世界带上了一层新的魅力。在她成为女王的这一年，查尔斯·狄更斯开始连载《雾都孤儿》（*Oliver Twist*）；卡罗琳·诺顿（Caroline Norton）发表了她的激进宣传册，强调母亲应当在离婚后获得年幼子女的部分抚养权；一场全国性的反蓄奴大会在美国召开，会议特别感谢了英国女性对他们的支持。发明家为电报申请了专利，首块用达盖尔银版照相法拍摄的银版成功曝光，而连通曼彻斯特与伯明翰的大枢纽铁路线（Grand Junction Railway）也建成通车。大变革的势头已经开始加速。

维多利亚想要立刻住进白金汉宫。乔治三世在 1761 年买下了这座宫殿，而乔治四世对其进行了重建，但它此时还尚未成为正式的王宫，装修和修缮工作尚未完工。维多利亚发出书

069

面指令，坚持要求所有修缮工作在 7 月 13 日前完工。为了满足她的这一愿望，施工方不得不额外招募了大量人手。美国大使夫人萨莉·史蒂文森写道："女王年纪轻轻，要求真不少。"[35] 在 7 月 14 日这一天，整个宫殿都处于一团乱麻的状态，女仆们忙碌地擦洗地板，工匠们则在铺设地毯，但身处其中的维多利亚却安静祥和。她传召了号称地球上最伟大的钢琴演奏家的西吉斯蒙德·塔尔贝格（Sigismund Thalberg），邀请他在 7 月底进行表演，并且要求施特劳斯（Strauss）为她的舞会创作舞曲。

在住过阴暗的肯辛顿宫后，维多利亚对于新家的充足光线和宽敞空间兴奋不已；巨大的镜子倒映着屋外花园的美景，舞厅的吊灯也闪闪发光。她的房间与母亲的房间相距甚远。（与乔治三世和乔治四世一样，维多利亚对室内设计没什么兴趣；当她在晚年将一切都用格子呢覆盖其上后，人们普遍认为这种做法是对感官的侮辱。）假以时日，维多利亚会变得越来越讨厌白金汉宫，尤其是烟雾缭绕的烟囱、糟糕的通风系统，以及食物腐败的味道，她还会因为伦敦的潮湿空气和拥挤人口而感到压抑——落在她花园里的煤灰也会让她产生压抑感。但此时此刻的白金汉宫地理位置优越，刚刚粉刷完毕，而且空间足够大。她给费奥多拉写信说："每个人都说，我在登上王位后就像是换了一个人。我看起来非常棒，感觉也很不错，过着快乐的生活；这正是我喜欢的生活。"[36]

这是一个快乐的夏天。维多利亚整个夏天都待在伦敦城外的温莎城堡，经常举行宴会和舞会，基本上是在为所欲为。她在 7 月 19 日举办了一场招待会，她的手在会上被亲吻了 3000 次。她喜欢有人陪伴、受人关注、被人夸赞。她在温莎大公园举行的一场阅兵式上就像军官一样向士兵们敬礼，并在阅兵结束后兴奋不已："整场阅兵进行得非常漂亮；我第一次感觉自己像个男人，就好像我可以作为军队指挥亲自上战场一样。"37
8月15日，维多利亚两年来首次骑上了一匹马；她曾经在很
长一段时间里拒绝骑马，因为她母亲始终坚持要求她在骑马时
必须有康罗伊陪同。她喜欢聚集一大批骑手，然后策马疾驰长
达数小时之久，她还始终认为自己骑在马上时看起来更有吸引
力——个头也更高。

当维多利亚在11月乘坐马车外出，前去参加伦敦市长大
人在市政厅举办的一场宴会时，迎接她的是一阵如潮水般的掌
声。在连续数年被人称为自私、愚蠢、自负之人后，能够被这
么多人喜欢让她感到了巨大的满足。维多利亚终于开始相信
费奥多拉的话可能是对的，那就是："你手中握有让成千上万
的人幸福的权力。"38 不久后，这个数字有可能会变成成百上
千万。

然而，有两个人明显非常不开心。公爵夫人以及为达目的
不择手段的康罗伊感受到了女王的蔑视带来的阵阵寒风。有些
场景一而再再而三地出现。维多利亚刚登上王位就立刻宣布，
不会提升母亲的地位，也不会考虑让康罗伊担任私人秘书或者
王室内库管理人。他们都知道，自己未来对女王的影响力将微
乎其微，甚至荡然无存。39 身处王庭的许多人对此也一目了然。
尽管公爵夫人曾乞求维多利亚不要将他们之间的摩擦告诉墨尔
本，但他如今已经对此了如指掌，不过他没有采取任何努力来
弥合双方的分歧。维多利亚已经开始有些可怜她心情沮丧的母
亲了。

忠贞不渝的公爵夫人仍然继续为恢复康罗伊的职务而不断
努力，但始终徒劳无功。11月时，她请求维多利亚允许他来参
加市政厅举行的宴会。她说，如果维多利亚不喜欢他的话，那
么请"至少原谅他，不要给他和他的家庭贴上标签然后拒之千

里之外"。她接着说："作为女王，你应该把那些让作为公主的你不开心的事情都忘掉。请记住，我对约翰爵士有着极大的敬意，无法忘记他为我和你所做的一切，尽管他很不幸地触怒了你。"[40] 在公爵夫人看来，女儿的忘恩负义让她十分不满。她有针对性地送给了维多利亚一本《李尔王》，作为其 19 岁的生日礼物。

凭借着作为女王的额外收入，维多利亚开始偿还父亲的债务，并且在 1839 年 10 月为此得到了正式的感谢。然而，公爵夫人依然挥霍无度，而且还脾气暴躁地给维多利亚写信，要更多的钱，而此时她自己的津贴已经有所增加了。维多利亚在 1838 年 1 月写道："从妈妈那里收到了如此气人的一封信，噢！噢！太气人了。"[41] 她在收到又一封信后对墨尔本说，她的母亲正在"折磨"她。[42]（在维多利亚死后不久出版的女王信件官方选集中，维多利亚在 1837 年与母亲之间的通信都被"删除"了。[43]）

母女俩之间的严重不和如今已经成了伦敦的谈资，不过旁观者基本上对起因一无所知。格雷维尔猜测，或许维多利亚不仅曾被他们二人"虐待"过，而且还"私下里怀疑她母亲与康罗伊之间关系的性质"。[44] 公爵夫人曾对作为欧洲耳目的俄国大使夫人利芬亲王夫人吐露说，她对于"自己的无足轻重"感到伤心不已。[45]

康罗伊如今成了一个心烦意乱、充满仇恨的男人，到 1841 年初，他"因为对职务的渴望而快要活不下去了"。[46] 不过，他的职业生涯很快就发生了巨大转折。他来到乡村，开始凭借他一如既往的热情研究农业科学，成了新型农耕方式的主要倡导者。他在 1852 年赢得了英国皇家农学会颁发的"最优质肥猪饲养人兼参展人"奖章。维多利亚会继续履行自己对康罗伊一家的义务。即使在他死去近 30 年后，她仍然在向康罗伊的儿媳提供养老金。

　　维多利亚作为女王的成功有时可以说太过轻而易举，她得到的赞赏也太言过其实了。当她仅仅是大声朗读其他人为她写好的讲稿就能让众多国之重臣放声痛哭时，很明显，他们对她的期待有些太低了，而这仅仅因为她很年轻，还是个女孩。当枢密院的成员看到这个从小娇生惯养的少女在公开场合竟然能保持沉着冷静时，他们感受到的不仅是惊讶，还有深深的折服。正如（墨尔本勋爵的妹妹）考珀夫人（Lady Cowper）所写的那样："我从未听过有任何人对她说过一句批评之词，或者在她身上挑过一个错——这的确是一种罕见的幸福。"47然而，遗憾的是，这也是一段短暂的幸福时光。目光犀利的伦敦男仆威廉·泰勒（William Taylor）就曾对维多利亚在1837年享有的受欢迎程度进行过一番冷嘲热讽："女王是一件新鲜事，让现在的人感到非常满意，但我担心这持续不了多久，因为人们的想法变幻无常，很难仅因为任何一个人而感到满足，无论是国王、女王还是某个臣民都是如此。"48他说的一点都没错。

7

加冕仪式："一个源自《天方夜谭》的梦"

> 我将永远把这一天作为我人生中最自豪的一天铭记在心。[1]
>
> ——维多利亚女王，1838 年

> 可怜的小女王，她这个年纪的女孩连为自己挑选帽子都得不到信任；她却被赋予了一项连大天使都会退缩的职责。[2]
>
> ——托马斯·卡莱尔，1838 年

1838 年 6 月 27 日午夜——此时距离威廉四世去世刚刚过去一年多一点的时间——整个伦敦城到处都能听到锯子、锤子和刨子的忙碌劳作声。这是一个微风习习的凉爽夜晚，让仍在辛苦工作的人感到颇为惬意。在海德公园里，劣质帆布帐篷中的侏儒、巨人、白化病人和肥胖男孩们正努力在一天的表演开始前先休息一会儿；摊贩们正在将旗帜和横幅钉在帐篷上；面包师们正往自己的大篮子里堆甜食；驴子们放肆地叫唤，猴子们则被链子拴在货车、马车和柱子上。威斯敏斯特教堂附近圣玛格丽特教堂的钟声一直响到凌晨 1 点，让本地居民烦恼不已。不久后，在一片漆黑的天空下，人们将开始成群结队地穿过蜿蜒曲折的街道，来到老旧、灰暗的威斯敏斯特教堂，试图占据最好的位置观看维多利亚女王的加冕仪式，仪式将在几个小时后开始。

凌晨 5 点，威斯敏斯特教堂的大门向蜂拥而至的人群打开了。许多结束了加冕派对和舞会的欢庆者决定不睡觉了，半醉半醒地在街道上闲逛，一直到人群开始争夺有利的观看位置为止。一名记者写道：“对这些家伙来说，加冕日将会像一场梦一样度过。”[3] 在伦敦的贫民区里，衣衫褴褛的淘气鬼们赤着脚在街道和广场上跳舞、欢笑，高唱《天佑女王》（*God Save the Queen*），直到天边亮起一抹晨曦。

此时的维多利亚躺在白金汉宫的床上，已经完全苏醒，她正在克制内心的一种感觉，即她当天将遭遇一件“非常可怕”的事。[4] 在凌晨 4 点不到太阳升起时，外面响起了 21 响礼炮，而她却把脑袋埋在枕头里。[5] 屋外的噪音使她不可能再度入睡。她已经当了一年女王——加冕仪式通常在前一任君主去世几个月后举行，好让哀悼期转变为欢庆期，并且留出足够的时间来准备——但她仍然感到紧张万分。维多利亚以前从未参加过加冕仪式，完全不知道该做些什么，非常害怕会犯错。墨尔本勋爵后来对她说，她自己的表现是“其他人无法给予指导的，必须由自己来发挥”。[6] 维多利亚的母亲也无法给予任何帮助；她此时主要关心的还是康罗伊，但除非维多利亚死了，否则他是不会在当天被邀请前往威斯敏斯特教堂的。

维多利亚始终无法鼓起勇气看看窗外，一直到上午 7 点，她才偷偷望向窗外格林公园（Green Park）中的“奇妙景象”：蜂拥而至的人群爬上山坡，达官贵人的马车纷纷驶向威斯敏斯特教堂，士兵们整齐划一地行走，人们则你推我搡地想要挤占一个能够看到女王的好位置。之前天上还下着大雨，那天早上终于雨过天晴后，人群爆发出一阵欢呼声。在行进路线的两侧，房屋都被华丽地装饰上了旗帜和鲜花，观礼座席都铺上了地毯和帘布，更加耀眼的是身穿白色或夏日淡色服饰端坐在座席上的华贵女宾。

负责为《观察家报》（*Examiner*）报道这场仪式的查尔斯·狄更斯说，整个世界"到处都是等待着目睹女王的人"。[7]前一天晚上，大约有 40 万人在伦敦街头露宿。格雷维尔写道：

> 就好像人口突然间翻了 5 倍似的。不是说偶尔才能见到一个人，而是整个镇子到处都是人群，他们拥挤着、喧闹着，时而打着哈欠，时而这里看看、那里瞧瞧，或者空洞地发着呆；整个格林公园就是一个巨大的营地，帐篷顶上飘舞着横幅，道路上也都挤满了人，还有更多的人乘坐火车不断蜂拥而至。[8]

维多利亚站在镜子前，看着她的化妆师为她调整脑袋上的钻石头饰，这时费奥多拉走进了她的房间。女王拥抱了她的姐姐，然后转过身去，再次盯着自己的倒影，显得既焦虑又自豪。她娇小婀娜的身躯被紧紧地套在了一件白色丝质衬裙和红色天鹅绒长裙里。她已经准备就绪。当她终于在上午 10 点踏上马车时，紧张的心情让她的腹部不断抽搐，阳光穿透云雾照在大地上，水手们则举着王室旗帜站在白金汉宫大门口的胜利之门①顶上。当第一声炮声响起，宣告她启程时，那些在几英里外她的目的地威斯敏斯特教堂等候的人们纷纷起立。剧院老板内尔森·李（Nelson Lee）在海德公园敲响了一面锣，紧接着，集市上的表演者开始展示他们五颜六色的服装，而摊贩则拉起帆布门帘，开始兜售他们的商品。[9]好戏正渐渐拉开帷幕。

---

① 也被称作威灵顿拱门（Wellington Arch）。——译者注

前往威斯敏斯特教堂的路程有三英里长，沿着宪法山路（Constitution Hill）走到海德公园角，路过皮卡迪利、圣詹姆士和蓓尔美尔街，最终来到特拉法尔加广场和白厅，全程耗时一个半小时。

正在英格兰度假的作曲家费利克斯·门德尔松形容说，维多利亚的马车"金光闪闪，好似精灵一般，四周环绕着手拿三叉戟的海神护卫，英格兰王冠在车顶熠熠生辉"。维多利亚的臣民有的挤在特别架设的长椅上，有的扶着烟囱站在楼顶上，有的趴在围墙上，有的站在树上，还有的骑在别人肩上，这一景象让维多利亚不禁动容。富丽堂皇的马车在 8 匹灰马的拉动下徐徐前行，车内的维多利亚则一边微笑、一边挥手，东张西望地希望能够捕捉到尽可能多的眼神。她后来写道：

> 在我来到伦敦城时已经看到了许多人，但是与聚集在各处观看队列行进的数百万忠诚臣民比起来简直不值一提。他们愉快的心情和极度的忠诚超越了一切，我实在不知道该如何表达自己作为这样一个国家的女王究竟有多么自豪。10

当女王的马车在白厅停下时，她看到有几个警察正在"以超出情势需要的方式使用他们的警棍"，11 于是明确表达了她的不满。她不得不进行多次干预，并且反复强调在为她清理道路时不能采用强制措施。12 费利克斯·门德尔松也不能理解为什么警察会在那一天采取暴力行为。他看到有几个警察试图制服一个露着肩膀、披头散发的醉酒女子；每一次他们试图制止她，她就会大喊"加冕礼！"一名群众通过讲笑话、扇耳光的方式才让她冷静下来。门德尔松认定："这里醉酒的女人比男人更多：她们能够喝下的威士忌数量之多令人难以置信。"13

人群的喊声震耳欲聋。狄更斯写道："他们的热情全都在呐喊之中。"[14]

新女王在将至正午之时抵达威斯敏斯特教堂，四周挥舞的手帕、致敬的枪支和吹奏的小号构成了一片巨大的海洋。惊奇不已的门德尔松说："我不得不掐了自己一下，以确认这不是一个源自《天方夜谭》的梦。"[15] 记者们在描写维多利亚走进教堂映入她眼帘的画面时穷尽了赞美之词，而她娇小的身躯与教堂哥特式的拱门形成了鲜明对比。教堂里装饰着金色和红色挂毯，座位上整齐地坐着身穿天鹅绒的贵族男女，身穿长袍的主教站成长长的一排，高坛和圣坛四周围了一圈绣着金色花纹的紫色帷幕，地上还铺着精美的东方地毯。女宾身上精致的钻石珠宝在洁白的皮肤上闪闪发光。甚至连对宗教、教堂或者女王毫无兴趣的作家哈丽雅特·马蒂诺都留下了深刻印象，她写道："我以前从未见过钻石的完美效果。光线的照射让每一个贵族女子都像彩虹一样光彩照人。这个场面光芒万丈、大气磅礴、如梦似幻，产生了一种让人筋疲力尽、昏昏欲睡的奇特效果。"[16] 身处教堂上层的马蒂诺在等待期间吃了一份三明治，读了一本书，还靠着柱子休息了一会儿。

维多利亚在更衣室内穿上一件红色貂皮镶边斗篷，与此同时，一支深红天鹅绒长队进入了教堂，引起了一阵兴奋和惊奇的骚动，他们是来自各国的大使。英国的老对手法国将领苏尔特元帅（Marshal Soult）引起了一阵特别的欢呼。跟在他身后的分别是肯特公爵夫人和萨塞克斯公爵，接下来是剑桥公爵、公爵夫人以及他们的女儿奥古斯塔公主。各国大使的队列尤为别致，效果颇佳，既是因为他们的马车十分奢华，有时还因为他们的服饰十分艳丽。俄国大使穿着白色皮衣。奥地利的埃施特哈齐亲王（Prince Esterházy）穿着一件完全由珍珠和钻石制成的大衣——甚至连他的靴子上都覆盖着一层钻石，在他走进教堂穿过一束阳光时，这些钻石发出闪闪亮光。他那闪亮的帽子"向四周放射出跳动的光线"。[17]狄更斯写道，当阳光照在他身上时，他"闪耀得就像天上的繁星"。

　　紧接着，维多利亚走进了教堂。众人起立，《我曾喜悦》（I Was Glad）歌声响起。她的身后跟着8位未婚少女为她拉起裙摆，少女们身穿银白相间的裙子，发间还插着粉色玫瑰。张伯伦勋爵负责为她拉起裙尾。她前方的首相墨尔本勋爵手上拿着国剑。在此之前，他已经服用了大量鸦片酊和白兰地，以缓解胃部不适带来的影响，但他也因此变得情绪激动，而且，用维多利亚的话说，"彻底崩溃了"。[18]他在极度兴奋的状态下对维多利亚说，她看起来就像飘在银色云朵上一样。最近当选议员的保守党人、未来成为首相的本杰明·迪斯雷利说，墨尔本看起来"非常笨拙而不雅，他的巨大头冠歪到了鼻子上，长袍被他踩在脚下，还像一个屠夫一样举着国剑"。[19]

　　历时5小时的盛大仪式开始了。坎特伯雷大主教宣布维多利亚是"这片国度毋庸置疑的女王"，与此同时，她先后转身面向北方、南方和西方。[20]她承诺奉行基督教新教信仰，随后来到圣坛背后的圣爱德华祈祷室，脱下长袍，取下头冠，并按照惯例换上亚麻长裙和金色外衣。紧接着，她回到圣坛，坐在圣爱德华宝座上，在一项由嘉德骑士举起的金色华盖下接受涂抹圣油。由于缺少排练，以及威斯敏斯特教堂教长因病无法出席，因此并非一切都顺利进行。维多利亚轻声对约翰·锡恩勋爵（Lord John Thynne）说："请告诉我下面该做什么，因为他们［大臣们］都不知道。"[21]她不得不询问杜伦主教该如何处理沉重的主权之球。他对她说，把它和权杖一起拿着，肩膀上再披上貂皮镶边的金色长袍。不幸的是，为她的纤纤玉指特别制成的红宝石加冕戒指不得不费很大劲才戴到她的手指上，把她弄得生疼。

当光彩夺目的新王冠被放在维多利亚的头顶时，伦敦爆发出一阵巨大的声响：伦敦塔桥上的 41 门大炮依次响起，鼓声齐鸣、号声高亢。贵族男女纷纷戴上冠冕，主教们戴上帽子，而最高纹章官们则戴上他们的头冠。教堂内的人们发出肆意的叫喊，让高耸的拱顶都为之震颤。教堂外的民众也在高喊欢呼。维多利亚看了一眼墨尔本勋爵，发现他正在用一种"和蔼""慈父般"的眼神看着她。她还与端坐在贵宾席正上方的"亲爱的莱岑"四目相对，她们彼此会心一笑。[22] 与此同时，伦敦城上空升起了两个热气球。在下方的海德公园内，演员们正在假扮女王和她的随从，以同步再现加冕礼现场实况，观众们则一边畅饮啤酒，一边高声鼓励。喜悦之情无处不在。

7 岁的索尔兹伯里勋爵此时还被人称作罗伯特·塞西尔勋爵（Lord Robert Cecil），作为父亲的侍从，他在现场百无聊赖地观看了这个几十年后任命他担任首相的女人完成一轮又一轮的仪式。不过，当一个好心人把他扛在肩上，好看看戴着王冠的新女王时，他立刻就呆住了，后来，他描述说，那是一个"永恒不灭的景象，华丽灿烂的色彩和光线全都聚焦在一个纤弱、孤独的身躯上"。

维多利亚笔直地坐在金色布帘覆盖的王座上，仍然感到有些不知所措。她的母亲已经失声痛哭。马蒂诺说，维多利亚看起来"如此娇小，甚至显得有些孱弱"。[23] 为她特别制成的帝国王冠价值 112760 英镑，约合如今的 1250 万美元，王冠顶部还有一枚马耳他十字。[24] 贵族们排成长队爬上王座前的台阶，挨个触摸王冠并亲吻她的手——尽管惯例是亲吻脸颊，但是显然对一个小姑娘来说，让 600 个老头子亲吻她的脸颊是一件"可怕的事情"。[25] 当她身体虚弱的叔叔萨塞克斯公爵挣扎着想要爬上台阶时，年轻的维多利亚用双臂拥抱了他的脖子。身体

079

臃肿的老年人罗尔勋爵（Lord Rolle）在两个人的搀扶下还摔倒在了台阶底部，他被自己的长袍缠着躺在地上，引起了旁观者的一阵集体惊呼。他在旁人的帮助下站起身，又试了一次想要走上台阶来到正在等候的女王身边，旁边还响起了众人的鼓励声，但是维多利亚却站起身向他走来，亲切地、悄悄地对他说，她希望他没有受伤。维多利亚伸出手让他亲吻，也让所有目睹和听闻这一事件的人对她产生了更多的好感。

　　随后，维多利亚摘下王冠，接受圣礼。神奇的是，恰好在此时，一束阳光照射在了她的脸上。巴斯与韦尔斯主教（Bishop of Bath and Wells）略过了整整一页的仪式规程，提前结束了加冕礼。女王紧接着在忏悔者祈祷室（Confessor's Chapel）短暂停留，祈祷室内的圣坛上放上了三明治，墨尔本也喝了满满一杯牧师的红酒。在此之后，唱诗班开始高唱"哈利路亚"，与此同时，维多利亚进行最后的正式退场。随后她回到更衣室，试图将戒指从疼痛不已的无名指上拽下来。维多利亚知道自己的手指很短，因此不得不将手浸泡在冰水里长达半个小时，才将戒指取下。

　　教堂外，约翰·罗宾逊警官正在与一名试图冲进教堂向维多利亚求婚的男子搏斗。这名男子名叫托马斯·弗劳尔（Thomas Flower），是第13轻骑兵团的一名上尉。当他后来被一名地方法官问及职业时，他回答道："职业也好，生意也罢，都与问题毫不相干。我仅仅是女王陛下婚约的一个候选者。"[26] 他此前已经两次因扰乱治安而遭起诉，先前还因为试图在意大利歌剧院闯进维多利亚的包厢而"引起巨大骚乱"。他被宣称精神失常，并被送往伦敦中部的托西尔·菲尔兹（Tothill Fields）教养所。［托马斯·弗劳尔并非第一个试图向维多利亚女王求婚的男人。此前已经有一个人因跟踪女王而被定罪，还有一人因试图闯入皇家礼拜堂（Chapel Royal）

080

而被逮捕。]

维多利亚的表现堪称完美，她的镇静几乎掩盖了周围众人的失态。在返回白金汉宫的路上，她虽然疲惫不堪，但同时也感到如释重负。人群仍在不断地欢呼，女士们在窗台、阳台和平台上挥舞着她们芳香的手帕。维多利亚感到饿极了，但刚回到白金汉宫，她就抱起小狗达什放进浴盆里进行清洗，温柔地把水泼在它的软毛上。[27]

在上午 11 点左右行进队伍过去后，成千上万的观众开始涌入海德公园逛集市。那是一片令人眼花缭乱的景象：50 英亩的范围内散布着近 1000 个摊位。数不胜数的摊位、营帐和帐篷展示着五颜六色的横幅和来自各个国家的旗帜。牛肉、火腿、鸡肉、沙拉、啤酒和葡萄酒供应充足。人们在集市上随意闲逛，随处都能见到售卖坚果、玩具、姜饼、冰块或者橙子的摊位，乐队热闹演奏、锣声四起，杂技演员则在人群中来回穿梭。人们时不时地驻足观看展现地标性景色和历史性时刻的全景图和西洋镜，包括"尼亚加拉瀑布"（不知怎的被容纳进了一个盒子里）、"纳尔逊之死"（the Death of Nelson）以及"拿破仑被擒"（the Capture of Napoleon）等。不过，大部分人都是为了饮酒而来，而那些展示小丑舞的展厅里"拥挤得让人窒息"，里面装饰着幕布和英国国旗，人们在其中尽情抽烟、开怀畅饮、肆意调情。[28] 在集市开始仅仅几小时后，一位姜饼师傅的妻子在现场生下了一个孩子。这个婴儿被取名为海德·帕克（Hyde Park，即海德公园之意），并且其自身就成了一个拥有极大吸引力的明星——孩子父母的摊位一直开放到集市结束的几天后，有许多女性都给母子二人带来了礼物。[29] 在加冕礼的那天夜晚，一个 23 岁的男子在舞蹈展厅里死去，死因疑似是癫痫病，或者用官方的说法，是"上帝造访”。

在一些最受欢迎的展厅和帐篷里，人们能够看到“畸形表演”，这是维多利亚时代一种十分奇特且通常十分残忍的娱乐活动。表演中有肥胖男女、斑点男孩、双头儿童以及无头动物等，还会出现数十只猴子、一头骨瘦如柴的大象以及几匹会算命的矮马；除此之外，还有一名舞蛇人；几个侏儒；“活体骷髅”；来自美国的女巨人双胞胎；双头小姐；以及备受喜爱的“猪脸小姐”史蒂文斯夫人，它实际上是一头棕熊，只是爪子和面部的毛被剃了个干净，还戴着白手套、软帽、围巾、头罩并套着一条长裙，它被牢牢地捆在一张椅子上，每当主人问它问题时，就会有一个藏起来的孩子用棍棒戳它一下。[30]

当查尔斯·狄更斯经过其中一场表演时，他摇了摇头，笑道：为什么巨人的帆布帐篷总是最小的？他是英格兰最负盛名的作家。此时的他刚刚离开度假之地特威克纳姆（Twickenham），为的是赶来海德公园观看加冕礼庆祝活动。他想到，在工人阶级的娱乐活动方面，有许多人都是假内行：他们总是指责这些工人阶级进行各式各样充满罪恶和放纵的狂欢——但是看看吧，这有多棒啊！这是一个“非常愉快、惬意的景象”。[31]据估计，有三分之二的伦敦人参与了这场集市。正如格雷维尔所写的那样，加冕礼的“主要目标似乎是取悦和吸引［民众］”。[32]这一点非同寻常，标志着君主与民众的关系进入了一个新时代。

在英格兰、苏格兰、爱尔兰和威尔士各地，各阶层的公民都参与到了加冕礼的庆祝活动中来，既喧嚣吵闹又平稳有序：野炊、官方午餐会、教堂礼拜、街头派对、晚宴以及游园会等活动层出不穷。工厂和监狱中的人们得到了烤牛肉和煮牛肉，以及蔬菜、梅子布丁、啤酒、烟草、茶和糖等额外奖励。乞丐们得到了一笔加冕礼津贴。新门监狱的狱警们给犯人提供了牛肉、土豆、面包和一品脱烈性啤酒。那些被关在禁闭室的犯人还短暂获准与其他犯人进行接触。在乡下的集市上，50 岁以上的男人会为了一件做工精良的背心而进行赛跑，而 50 岁以上的女人则会为了半磅重的鼻烟而进行激烈争夺。

加冕礼结束后的第二天，女王在雨停后骑马经过了海德公园。墨尔本勋爵对维多利亚说，她的表现"非常漂亮——每一个部分都无可挑剔，举止得体"，这让她兴奋不已。她站在阳台上观看了那天晚上的烟火表演。[33] 天空中的烟花绽放出成千上万的星星、光线、巨蛇、花朵和火箭，让人们看得眼花缭乱。但最为激动人心的是最后的奇观——烟花将身穿全套加冕礼长袍的维多利亚形象投射在天空中，闪闪发光。

加冕礼结束后的第二天，墨尔本在服用了一剂大剂量的氯化亚汞后上床睡觉。此后的一周，他都没能回到内阁中来，但白金汉宫对他没有任何怜悯之心。女王在 7 月 4 日写道："这件事相当令人生气、伤脑筋，让我感到愤怒不已；因为我已经习惯并且沉浸于每天看到这个亲切——而且我敢说甚至是亲爱——的朋友……当令我感到愉快的每日会面无法成行时，我会感到非常烦恼而不安……而且我今天要参加一场枢密院会议……就此看来，我只能在没有那个让我感到安全和舒服的人陪同的情况下出席了。"[34]（她还匆忙补充说，只有在莱岑不在她身边时，他才能感到舒心，显然是知道略有嫉妒心的莱岑会阅读她的日记。）

几个月后，加冕礼成为贝克街上杜莎夫人蜡像馆新馆的核心主题。维多利亚此前已经允许为她的长袍制作完美复制品并放在这场雄心勃勃的展览中展出，展览内容还包括威斯敏斯特教堂内部的一份纸胶模型，模型捕捉到了一个在一个多世纪内都无法再现的瞬间：一名年轻女性接受涂抹圣油，加冕为数

083

百万人的统治者。考珀夫人在给利芬亲王夫人的信中写道，英国人"从根本上说都是保王主义者"，女王"只需要展示自己、接受崇拜就可以了"。[35] 此时的一切都荣耀万分、金碧辉煌，笼罩着灿烂阳光；美貌的女王被赋予了一切美德。《冠军与先驱周刊》(*The Champion and Weekly Herald*) 写道，鉴于维多利亚如此年轻可爱，"这样一个君主是不可能有敌人的"。[36] 然而，这种状况将很快发生改变。她很快会发现，作为一个年轻女王，她缺少的并非自信或者勇敢。她缺少的是智慧。这将导致她的运势如上升时一般迅速地坠落。

8
学习统治之术

作为一个年轻人，你的生活非常不合情理。这是男人才有的生活。[1]

——墨尔本勋爵

维多利亚立刻就对墨尔本勋爵产生了好感。她的首相孑然一身并且极富魅力：相貌英俊、迷人，一头乱蓬蓬的黑发，浑身散发出一种故意若无其事的气场。她会仔细聆听他说的每一个字，经常评论他出众的相貌，尤其喜欢在他穿上红蓝相间的温莎宫殿礼服或者他的头发被风吹乱时这么做，此外，她还会在日记中详细记录他的风趣语录。她写道，她对他的爱"好似对父亲的爱。他知识如此渊博；记忆力超群；他认识每一个人，知道每一件事；不管他们是谁，或者做了什么……这对我大有裨益；与他之间的对话总是能让我有极大的进益"。[2] 她

是一个缺少父爱的年轻姑娘，一直受到母亲顾问的欺凌；他则是一个因妻子的公开出轨而备受伤害的鳏夫，而且他唯一的孩子也已经在一年前死去。他喜欢被需要、被崇拜并且身居高位的感觉；她则喜欢他的慈爱与专注。正如格雷维尔敏锐观察到的那样，维多利亚的感情或许"有性欲的成分，但她自己并不知道"。他们二人共处的时间非常之多，以至于引发了种种流言蜚语。[3] 格雷伯爵夫人给托马斯·克里维写信说："我希望你会觉得所谓墨尔本勋爵有可能迎娶女王的消息很有意思。"[4]

　　维多利亚对他拥有绝对信任——但他并不总是值得这份信任。墨尔本勋爵是一个不太合格的领导人，之所以在维多利亚成为女王的两年前第二次出任首相一职，很大程度上是因为他是最不令人讨厌的候选人。他对政治缺乏热情，无法激发出足够的能量来关心社会痼疾，更不要提去对抗这些痼疾了。[5]有时，当改革派前来拜访他，向他陈述减少死刑或者推行义务教育等改革措施的理由时，他会一边听一边从枕头里拔羽毛出来，抛在空中，然后把羽毛吹到书桌的另一边。本名为威廉·兰姆（William Lamb）的他是一个享有特权、聪明过人并毕业于伊顿公学的辉格党人，人生的大部分时间都用来避免冲突或者避免过于劳累。从他无忧无虑的生活中，你肯定猜不出他的私人生活充满了令人痛苦的背叛和失败。他与年轻女王之间的关系既罕见又有趣，不可思议的是还非常感人。要想理解其中的缘由——以及他的需求是如何与她相契合的——我们必须首先理解墨尔本在私生活中遭受的羞辱和痛苦是如何震惊伦敦贵族圈，并且让他的内心变得麻木不仁的。

　　1806年12月的一天，当时还被称作威廉·兰姆的墨尔本勋爵在下议院发表了他的首次演讲，正是在那一天，公共旁听席上一个身材娇小、形似男孩的身影听得入了迷。那个身影正是他的妻子卡罗琳·兰姆（Caroline Lamb），她是个顽皮、古怪的家伙，当天正穿着她兄弟的衣服。另一位辉格党政客莫佩思勋爵（Lord Morpeth）的秘书偷偷将她带进了当时只准男性进入的旁听席。她的婆婆对此感到愤怒不已。

　　本名为卡罗琳·庞森比（Caroline Ponsonby）的她相貌并不出众，但她富有激情、充满活力并且聪慧过人。墨尔本勋爵为她神魂颠倒，一得到机会（即在他哥哥去世，他继承了爱尔兰贵族爵位和大量财富后）就向她求婚了。他的家人对于她

086

臭名昭著的坏脾气和反复无常的性格忧心忡忡，但墨尔本却对她情深意浓，于是他们在1805年结为连理。他们之间的关系有如暴风骤雨一般，最为显著的是他对她极具破坏性的行为的容忍，这种容忍简直令人难以理解。他们育有一子，但是这个孩子患有癫痫病，或许还患有孤独症。卡罗琳无法再生育更多孩子的事实带来了巨大的悲痛，也扩大了二人之间的情感裂痕。结婚仅仅几年后，威廉·兰姆就开始收到有关妻子通奸行为的匿名信。

卡罗琳最著名的情人是富有魅力的诗人拜伦勋爵，在1812年他的《恰尔德·哈洛尔德游记》（*Childe Harold's Pilgrimage*）一书出版后，拜伦在伦敦受到了广泛赞誉。卡罗琳立刻就读完了这本书，她坚持要求与拜伦见面，并且称他是个"疯狂、邪恶、危险的家伙"，这句评语从此流传了下来。事实上，他们俩都适用这句评语；他们之所以看上彼此，既是出于相互认可，也是出于情欲。对于他们的第二次见面，她写道："那张美丽苍白的面庞是我的命运所在。"[6]这将成为维多利亚时代最令人愤怒也最富传奇色彩的风流韵事之一；许多作家都曾用虚构角色来刻画卡罗琳与拜伦之间的劣迹。两人公开且不知羞耻的行为在那个夏天让整个伦敦为之震惊。拜伦因为能得到一名政客的聪明妻子的关注而感到受宠若惊。她则为他的美貌、名气以及最重要的是他的文采而兴奋异常，但这种兴奋将在未来给他们带来祸端。他们写了大量的情书——在其中一封如今被收录于大英图书馆档案夹之中的情书上，卡罗琳还粘上了一根她自己沾着血的阴毛；除此之外，他们还曾试图私奔（有些人仍然认为他们已经秘密地结了婚）。

在经历4个月热恋后，拜伦抛弃了他的情人。卡罗琳心碎不已，以至于她在一场舞会上用碎玻璃割开了自己的手臂，在这起尤为引人瞩目的事件发生后，她被赶到位于布罗克特

（Brocket）的乡间别墅居住，并通过每天饮用一瓶雪莉酒的方法接受治疗。[7]她经常弄坏家具、砸碎陶器，用扫帚捅仆人，还会半裸地出现在公开场合。通常情况下，她都处在醉酒或者吸食鸦片后的神志恍惚状态。墨尔本为了她简直心力交瘁，仅仅 36 岁的年纪就头发灰白。他的政治生涯也屡遭坎坷，但他既没有离开自己的妻子，也没有寻求离婚。

墨尔本勋爵之所以不离不弃，可能有三个原因：他对她持续不灭的爱，他的被动性格（在学生时代，他会逃避那些自己知道无法获胜的争斗），以及作为辉格党人毫不古板的道德观念。在墨尔本长大成人的 18 世纪末期，对婚姻的忠贞并不是一个受人称赞的美德。[8]婚姻被视为一种友好契约，契约中的夫妻俩拥有生育男性继承人的义务。正如墨尔本自己所说，他的母亲就是"一个杰出的女性、深情的母亲、优秀的妻子——但一点也不忠贞"。[9]她曾有过许多情人，并且与他们生育了多个子女。众所周知，虽然墨尔本母亲的丈夫赋予了他家族姓氏，却并不是他的亲生父亲，他的父亲实际上是他母亲的情人之一：埃格雷蒙特勋爵（Lord Egremont）。令人感到意外的是，墨尔本却对自己不贞的妻子忠贞不贰。他的传记作者戴维·塞西尔（David Cecil）说，当时，如果一个已婚男人没有一个"充满活力、前凸后翘的"情人的话，就会被认为十分古怪。至于已婚女性，"出轨太过稀松平常，甚至都不会引起人们的品头论足"。[10]

但是，辉格党圈子外的大多数人却会对他们的性放纵进行严厉谴责。如果他们的风流韵事在媒体或者法庭上被公之于众的话，他们就会遭到嘲笑，对女性来说，则会遭到毁灭性打击。卡罗琳的开放态度震惊了许多人，尤其是她还写了一本仅仅略作掩饰的书来讲述她的韵事。这本名叫《格莱纳翁》（Glenarvon）的小说出版于 1816 年 5 月，并立刻成了畅销书，但它却让她丈夫蒙受的羞辱久久无法消失。传记作家 L.G. 米切尔（L.G.Mitchell）写道，这本书"给整个辉格党圈子的脸上丢去了成桶的粪便"。[11]墨尔本不知所措，但一直到几年后，他的家人才成功说服他与妻子分居。当 1828 年 1 月卡罗琳因水肿病而奄奄一息时，墨尔本还专门从爱尔兰赶来陪伴在她身边。

在妻子死后，墨尔本有过两段引人关注的私通故事，但都以诉诸法庭收场。两次私通的对象都是聪明、幽默的已婚女性，她们的丈夫也都得到了墨尔本在政治上的青睐，直到他们决定向他提出起诉为止。这两起诉讼还详细描述了他喜欢鞭笞的个人癖好，而且都以他有意躲避所涉及女子告终，尽管他在两起诉讼中都被判无罪。第一名女子是他的爱尔兰好友布兰登夫人（Lady Branden），并且他终其一生都在为她提供养老金。[12]第二名女子是美女作家卡罗琳·诺顿，一个饱受丈夫虐待的高知女性。在她与墨尔本之间公开的亲密关系成为大众的谈资后，诺顿先生将此事告上了法庭。墨尔本终其一生都宣誓他和诺顿夫人从来都不是情人，但包括他兄弟在内的许多人都对此半信半疑。这起案件在 1836 年 6 月开庭审理，但 9 天后就以原告败诉告终。尽管被判无罪，但墨尔本勋爵还是郁郁寡欢了好几个月，难以入眠和进食。他变得十分冷酷，要求卡罗琳·诺顿不要争夺三个儿子的抚养权，并建议她回到暴力的丈夫身边。诺顿夫人后来一直继续为母亲获得更多权益进行斗争，而在 1837 年，一项法律终于得到通过，允许女性争取对 7 岁以下子女的抚养权。维多利亚对她的诉求表示同情，并且因为墨尔本没有出席该法案的投票而训斥了他。墨尔本说："我认为你不应该给予一名女性太多的权利……不应存在两种相互矛盾的权力……男人应该握有家庭中的权力。"[13]尽管他在自己的家庭中没有任何权力，或许正是因为如此（他才有这种看法）。

墨尔本勋爵是一个极有原则的人，他的女性朋友都可以证实这一点。他甚至曾与维多利亚女王讨论过原则问题，尤其是打孩子屁股的问题。这似乎是源于他自己在伊顿公学的经历，当时，体罚是一种广泛使用的惩罚措施，不过，他在 3 年时间里只被鞭打过三次，这让他感到有些失望。[14] 他对女王说，这些鞭打措施"总是会产生惊人的效果"。[15] 他在余生中始终倡导将鞭打作为惩罚儿童或者女仆的手段。有证据显示，他沉溺于与自己的妻子和至少一个情人以及一个在他家里居住过一段时间、名叫苏珊·丘吉尔（Susan Churchill）的年轻孤女玩这种鞭笞游戏。[①] 他的鞭笞对象似乎是自愿的，不过究竟是否真的能让一个孤女同意接受鞭笞实在令人感到怀疑。[16] L.G. 米切尔认为，墨尔本是因为那个背叛他的女人所犯下的罪过而惩罚所有女性。唯一毫无疑问对他寄予无上崇拜的女性就是女王本人。

089

格雷维尔写道："作为一名首相，他当然是一个古怪的家伙。"[17] 他对于改革没有日程表，对于一个崭新、更美好的国家没有任何远见，也没有任何想要为之制定法律的政策。他的诡计多端经常被人低估，但停滞不前一直是墨尔本勋爵偏爱的

---

① 在一封写给婆婆的信中，他的妻子卡罗琳说，墨尔本称她假正经，她还暗示，他怪异的行为腐化了她的道德准则："[他]说我太刻板，乐于指挥我做一些我从未听说也毫不熟悉的事情，我感受到了这个世界上闻所未闻的邪恶，最初的厌恶感很快就变成了普遍的原则崩坏，在你们不知情的情况下，一直在一点一点地侵蚀我始终固守的美德。"（Lady Caroline to Lady Melbourne, April 1810, in Douglass, *The Whole Disgraceful Truth*, 53.）在墨尔本写给布兰登夫人的 40 封信中，只有 4 封没有提到鞭笞。（Ziegler, *Melbourne*, 106–7.）墨尔本对她说，她应该更多地鞭打她的孩子们，并且提议用这种方法来惩罚偷懒的女仆："在年轻姑娘裸露的皮肤上用桦条抽几鞭子，能产生事半功倍的效果。"——作者注

立场。他最喜欢的政治格言是："为什么不能把它放一放？"从这个意义上来说，他是个与时代脱节的人；他身上所体现的是过去那个安全作为唯一核心议题的政府，也就是要避免战争、处理危机。[18] 在一个风云诡谲、巨大变革的时代，英格兰的首相却最喜欢使用"拖延"和"推迟"这两个词。讽刺之处在于，墨尔本是一个辉格党人。此前的几位辉格党首相，尤其是在 1830 年至 1834 年间执政的格雷勋爵，推行了福利法案、结束了奴隶制并且扩大了选举权。但是墨尔本有一次甚至对惠特利大主教（Archbishop Whately）说，如果是他当政的话，他会对奴隶制"置之不理"。[19] 因此，辉格党在 19 世纪 30 年代中期失去前进势头也就没什么可奇怪的了。墨尔本领导的政府在 1834 年 7 月至 11 月以及后来的 1835 年 4 月至 1841 年 8 月他担任首相期间几乎毫无建树。他担任首相时期议会中进行的最重要辩论不是关于那些有可能给一个充斥不平等的国家带来改变的政策，而是"为了让不满的工人——或者说更多情况下是失业者——安守本分所需采取的镇压程度"。[20]

墨尔本对维多利亚产生的款款柔情让他感到既惊讶又高兴。在她成为女王前一年，他的独生子奥古斯塔斯不幸去世，英年19 岁。医生说，他死去时心智只相当于一个 8 岁儿童。一切努力都没有成效：无论是定期放在他脑袋上的水蛭，还是饥饿疗法、头部磁化疗法，或是用腐蚀性酸液切割他的颅骨，都没有任何效果。在卡罗琳死后，他一直与墨尔本勋爵居住在一起，经常连续好几个小时凝望天空。墨尔本一直难以爱上这个孩子，但在失去独生子后，他想起了自己曾经爱过的女人，以及他那个布满裂痕的小家庭的消失，还有他再次孑然一身的事实。

在维多利亚身上，墨尔本突然找到了他一直渴望的那个孩子、伴侣和情感寄托。她对他知无不言。她在日记中写道，到7 月时，他们已经开始讨论"非常重要的事情，甚至是对我而言有些痛苦的事情"。[21] 他对她直率地寻求安慰的要求给予了友善回应。她抱怨说，"除我以外每个人都在长大"。他却回答说："我觉得你已经长大成人了。"他说，她一点也不害羞或者腼腆，只是有着"敏感而多情的性格"。[22] 在了解到维多利亚有多么讨厌她的母亲后，他还曾对肯特公爵夫人提出过严厉批评。维多利亚的一则日记详细记录了她和墨尔本是如何"长时间"讨论她的母亲的。[23] 他说："我从未见过如此愚蠢的女人。"维多利亚补充说："一点也没错；随后我们对于斯托克马称呼她'如此无知的女人'开怀大笑，我不得不遗憾地说，这种说法也是正确的。"[24] 他们之间的亲密程度令人震惊。

维多利亚与墨尔本勋爵每天都要见面大约 5 个小时。他们在这段温馨的家庭式关系中不停地谈天说地、吃大餐、下象棋并且骑马穿越庄园等。精明的利芬亲王夫人写道，当墨尔本陪伴在她身边时，"看起来十分慈爱又满足，有些自鸣得意；既恭敬又不拘束……还很轻松快乐——所有情绪都混杂在一起"。[25] 他们会亲密地相互打趣：维多利亚会取笑他的口音——他会把黄金念成"goold"，把罗马念成"Room"——以及他在重大场合打盹的习惯。

年轻的女王此时正处在她人生中最快乐的时期，她会在日记中认真记录下墨尔本的警句妙语以及谚语格言。在她看来，他和他的傲慢态度十分有趣。在改革问题上，他说："你最好不要尝试做什么好事，这样你就不会陷入争吵了。"在医生问题上："英国医生会把你治死，法国医生会让你自生自灭。"在女性问题上："女性之间友善相待的情况很罕见。"在园艺方面："所有的花园都很枯燥，花园是一种很无聊的东西。"里士满公爵曾对他说，人们在出狱时比入狱时情况更糟，这令人感到非常震惊，对此，墨尔本的回应是："我觉得，人们从很多地方出来时会比进去时变得更糟；比方说，当我从舞厅里出来时，

091

就会比进去时累得多。"他的这番话让维多利亚"笑得上气不接下气"。[26]

最令人称道的是，墨尔本让她感到非常安全。但是，他却远远称不上她的理想伴侣。他有三件事没能做到：一是没能缓和她与母亲之间的紧张关系（尽管曾对她说，被外界视为一个孝顺女儿十分重要）；二是没能让她确信她是整个国家的女王，而不仅仅是辉格党人的女王；三是没能激发她正在萌芽的社会责任感。他给她灌输的观点是，任何起义、抗议或者变革要求都是受到一小撮心怀不满的个体所怂恿的。他向她隐瞒了工业革命期间爆炸性经济增长的真相，而在这段时期，有一大群人被迫成为城市贫民，肮脏拥挤的棚户区在大城市周围层出不穷，但这些贫民却没有任何逃离的机会，议会中也没有代表他们的声音。

从长期来看，最令人不安的失败是上面提到的第三点。墨尔本认为，儿童应当获准参与工作，而不是挨饿，而教育会让人们变得不幸福。他说，他"不喜欢任何穷人，而那些因为自身的过错而贫穷的人是他最厌恶的"。[27]维多利亚对查尔斯·狄更斯笔下的世界展现出的兴趣也遭到了他的讥讽。当维多利亚在 1839 年元旦对他讲述完《雾都孤儿》中有关"卑劣恶行"以及"工厂和学校中的饥饿"的故事后，墨尔本回答说："我不喜欢这些东西：我希望能避免它们。我不喜欢在现实中碰到这些东西，因此也不喜欢看到别人来表现它们。"维多利亚与他发生了争执，但徒劳无功。她终其余生都没能对消除贫困和改善基本条件的努力提供协调一致的支持。维多利亚的问题并不在于缺少对社会痼疾的关心，而是缺少对这些问题的接触。

但从短期来看，最大的失败在于上述第二点，即未能教育女王宪法赋予她的公正义务，而这是此前的利奥波德和未来的阿尔伯特一直在努力完成的事情。与父亲和朋友们一样，维多利亚也是个无所畏惧的辉格党人，而且她喜欢用"我们"这个词来指代她自己和墨尔本政府。[28] 她没能意识到的是，墨尔本从本质上说是一个保守派，之所以成为辉格党人，更多的是源于家族背景而不是自身信仰。[29] 他偶尔还会试图劝说维多利亚，托利党人并不都是坏蛋，而且她未来还会需要与他们一起共事，不过她对他的这一说法不屑一顾，并且称反对党领袖罗伯特·皮尔是一个"肮脏的恶棍"。[30] 当辉格党人以较大优势赢得她加冕后的首次大选时，托利党人、未来的首相本杰明·迪斯雷利写道："小女王鼓起了掌，这是事实。"[31] 托利党人眼睁睁地看着女王和首相之间的关系越来越好，感到恼怒不已。著名保守派人士查尔斯·阿巴斯诺特（Charles Arbuthnot）说："年轻愚蠢的女王站在我们的对立面，这让我们希望渺茫。"[32] 维多利亚仍然拒绝与除首相之外的任何人讨论政治。

到 1838 年底，也就是成为女王刚刚一年多时间后，维多利亚已经对自己光鲜亮丽的新生活感到厌烦了。工作永无止境，宴席和舞会让她厌倦，而陪在她身边的人大部分都比她年长好几十岁。她开始怀疑自己是否有如她最初以为的那么能干。到 12 月时，她开始变得易怒、抑郁又急躁："我感觉我与自己的身份地位格格不入。"[33] 人们也开始怀疑墨尔本是如何忍受着一切的了，他需要夜复一夜地"陪肯特公爵夫人玩惠斯特纸牌游戏，以及每天六小时与女王的促膝谈心"，还需要"时刻小心不要说脏话或者信口开河"。对于一个本应管理整个国家的人来说，这种行为的确很古怪。墨尔本在自己作为导师、教师和父亲般的宫廷宠臣的生活是否让他无暇顾及国家大事的问题上，始终为自己做辩护。然而，在一个脆弱的时刻，当格雷维尔为他对维多利亚的照顾而向他致敬时，他哭着说："上帝啊，我从早上到中午再到晚上一直都在忙这个！"[34]

093

维多利亚的身体也感觉疲惫不堪。墨尔本觉得她看起来"面色蜡黄"。由于无聊至极，她一有机会就暴饮暴食。墨尔本对她说，最简单的解决办法是散步，并且只在饥饿的时候才吃东西；她却回答说，如果是这样的话，那她会整天吃个不停。她说，散步让她感到恶心。墨尔本还要求她不再喝她钟爱的啤酒。到 12 月时，"暴躁、消沉"的维多利亚郁闷地发现她的体重已经达到了 125 磅——"就我的个子来说是一个令人难以置信的体重"。[35] 人们开始在私下里议论说，她的裙子开始做的越来越大，而且年仅 18 岁的她已经美貌不再了。墨尔本安慰维多利亚说，葡萄酒对她来说是个好东西，而且无论如何，对一个女人来说，最完美的身材就是"拥有丰满的胸脯"。[36] 霍兰德勋爵不失礼貌地指出，她"丰满的体型或许已经超过了挑剔而紧张的健康评论家能够认可的程度"。[37]

维多利亚对自己的相貌越来越不满。在她看来，她不仅正变得越来越胖，而且头发还是深色的，眉毛也太细（她曾向墨尔本问道，如果把眉毛刮掉的话，会不会让它们变得更浓密些；他建议不要这么做）。当然，她的面庞仍然青春洋溢，皮肤细嫩，一双饱含深情的大眼睛好像会说话一般，还有着挺拔的鼻梁和一张粉色的樱桃小嘴。真正的问题不在于她的外表。她开始变得懒惰；这个异常活力四射的女王把某些日子直截了当地形容为"游手好闲"。在 4 月底时，她写道："今年我从玩乐中得不到那么多快乐了……与去年的我大相径庭。"维多利亚越来越深地陷入恐慌之中。她开始推迟沐浴和刷牙，并且编造各种糟糕的借口来避免锻炼身体。她的女仆们成为她坏脾气的宣泄口，尤其是她的更衣女仆，因为这名女仆的任务如今已经成了一件令她无比憎恨的事——那就是帮助她挤进越来越紧缚的衣服里。

维多利亚会因为任何微小的失礼而大发雷霆，而且她还会严厉斥责她的母亲，因为即使只是出现在她眼前，她母亲也会让她感到生气。有一次，她写道："我告诉墨尔本勋爵说，我已经就妈妈未经询问就来我的房间的事情向她亮明了我的观点。她最初很生气。我不得不提醒她我的身份。"[38] 墨尔本也没能逃过她偶尔的脾气爆发。夏天的一个晚上，她说，他的陪伴让她感到厌倦，因为他身体不适无法说话。她开始因他在布道中打鼾以及暴饮暴食而斥责他。当其他女性在晚宴上占据了他的注意力，以及当他在荷兰屋的流行沙龙度过一个又一个夜晚时，她会嫉妒吃醋。她甚至曾问他，他是否觉得霍兰德夫人比她更漂亮。她皱着眉头在日记中写道，没有人比自己更关心他。

帮助维多利亚与康罗伊进行了光辉斗争的顽强意志如今随着她对权力的任性使用变成了一种飞扬跋扈的做派。斯托克马拿她与她的汉诺威叔伯们做比较，形容她"就像一个被宠坏的孩子一样性情暴躁"。如果被人冒犯的话，她会"无一例外地乱扔身边的一切"。她开始感觉到，一个处在她这种地位的人不应该在如何做事或者如何思考方面受人说教——而让斯托克马感到绝望的是，莱岑也在鼓励她的这种想法，"就像是保姆在孩子被绊倒后教训肇事的石头一样"。[39]

年轻的女王身边全都是溜须拍马之徒以及对她纵容溺爱的亲信。她的舅舅利奥波德始终建议她要不屈不挠，展现出一旦她做出决定，"没有任何超自然力量能让她改变主意"的态度。[40] 一个已经十分顽固的年轻女性不需要过多的怂恿就会变得更加顽固，在这么多人不愿违背她的意愿时更是如此。这一点将在未来几个月内的两起灾难性事件中暴露无遗，而她的两种强烈感情——对墨尔本勋爵的爱以及对康罗伊的恨——将导致她铸成惊天大错。她已经学会了如何去爱，也学会了如何去恨，但她还没有学会如何去统治。不幸的是，对于即将到来的一切，维多利亚还没有做好准备。

9
宫廷丑闻

[墨尔本]手里掌控着一个年轻而没有经验的孩子，其整个行为举止和思维观点都必须完全服从于他的看法。公平地说，他对于自身处境是有一些感觉的……但从本质上来看，这种权力是绝对的，或者至少在宫廷中是这样。[1]

——阿伯丁勋爵对利芬亲王夫人如是说

他们当我是个孩子，但我要让他们看看，我是英格兰女王。[2]

——维多利亚女王

1839年5月30日，墨尔本勋爵和维多利亚女王在蔚蓝的天空下坐上敞篷马车，驶入时髦的阿斯科特赛马场。当他们出现时，观众席上的窃窃私语中传出了一阵嘘声。随后，当女王走下马车进入王室包厢时，传来了一声大喊："墨尔本夫人！"人群迸发出一阵窃笑之声，然后转过头来盯着此时微微露出羞赧之色的维多利亚。墨尔本勋爵一反常态地看起来很不安。嘘声来自两名托利党女性，分别是蒙特罗斯公爵夫人（Duchess of Montrose）和萨拉·英格斯特里夫人（Lady Sarah Ingestre）。维多利亚愤怒不已。她说："这两个可怕的女人应该被鞭打一顿！"[3]不过她不知道，如果她下令的话，墨尔本可能会很乐于执行她的这一命令。她知道为什么她们会发出嘘声。这是在替弗洛拉·黑斯廷斯小姐打抱不平，弗洛拉是她母亲和约翰·康罗伊的好友，最近几个月变得瘦削不堪。当弗洛拉小姐走进阿斯科特时，人群中爆发出了一阵热烈和持久的欢呼声。维多利亚对此感到怒火中烧。

32 岁的弗洛拉小姐来自一个实力强大的托利党贵族家庭，已经在肯特公爵夫人身边做侍女长达 5 年时间。维多利亚认定她是一个"可恶的"间谍，很大程度上是因为她与康罗伊联系紧密，墨尔本勋爵被告知要对她保持警惕。[4] 不过，一天晚上，在吃晚餐时，维多利亚和莱岑注意到弗洛拉小姐的肚子鼓了起来。弗洛拉小姐此前在苏格兰与母亲一起度过了圣诞节，并在 1839 年 1 月与约翰·康罗伊一起乘坐驿递马车——一种封闭马车——回到伦敦，而且没有女伴陪同。刚回到伦敦，她就去找了詹姆斯·克拉克医生，抱怨说肚子里出现了奇怪的疼痛和酸楚感。他给她开了大黄丸以及涂抹腹部的乳液。这种治疗方法似乎有一些效果，不过尽管弗洛拉小姐的肚子不再变大了，却没有小下去。它圆鼓鼓的非常明显。

王庭的想象力，尤其是侍女们的想象力开始骚动。这是康罗伊的错吗？维多利亚在 2 月 2 日对墨尔本提起了这件"尴尬事"。[5] 他要她保持沉默，并且说医生经常会犯错，而且他自己对英国医生的评价就不是很高。不过在她离开后，墨尔本立刻就传召了克拉克医生，后者表示，尽管他在没有进行严格检查的情况下无法得出肯定结论，但有理由表示怀疑。

维多利亚认定，这足以证实弗洛拉小姐和康罗伊之间是情人关系。墨尔本曾对她说，他认为弗洛拉小姐与康罗伊之间的亲密关系让维多利亚的母亲感到嫉妒。[6] 这两个女人是情敌关系吗？维多利亚最后在 2 月 2 日的日记中写道："我们确信她——简单地说就是——有孩子了！！克拉克无法否认这种怀疑；这一切的可怕源头是那个怪物和魔鬼的化身，我不想提及他的名字，但他的名字就在这一页的第 2 行第 1 个单词。"

那个单词就是"J.C."——也就是比弗洛拉小姐年长 20 岁的约翰·康罗伊。维多利亚感到恶心至极，很快就从评判一名女性变成了评判所有女性。她写道，这足以让我"厌恶我自己的性别；当女性道德败坏时，究竟是多么可耻、卑贱和下流啊！！对于男人们看不起女性，我一点也不感到奇怪"。[7]

克拉克医生昏招迭出，使情况变得日益错综复杂。首先，他暗中监视了弗洛拉小姐两周时间，偷偷观察她的肚子，从多个角度思考它的形状。曾在拿破仑战争期间担任海军外科医生的克拉克医生后来被称作"或许是历史上最不称职的皇家医生"，[8] 他显然不了解其他有可能导致腹部肿胀的任何病症。[9] 对于她还有能力继续工作和行走而且正常行动，他感到大惑不解，他对自己说，如果她病了的话，是没办法做这些事情的。他试图检查弗洛拉小姐胸衣下的身体部位，但遭到了她的拒绝（其他医生后来说，这种矜持加重了她的病情）。他随后问道，她是否已经秘密结婚了。她愤怒地予以坚决否认——她后来给她的叔父写信说，到这个时候，她的腹部肿胀已经减轻"许多"了。但这未能阻止"粗俗的"克拉克医生对她说，他认可"宫廷中女士们的观点，即我已经在私下里成婚了"。[10] 弗洛拉小姐试图向他展示她的肚子已经变小了。他却坚持要求她坦白，以挽救她的人格，但她拒绝了。

这时他对我说，只有我接受医学检查才能让他满足，并且洗清我的污名。我发现，这一问题已经为女王所知，而且所有这些都已经被讨论过并安排好了，然后才对我说的，我自己的女主人［肯特公爵夫人］对此一个字也没听说，也没有得到哪怕丝毫的暗示，在他们向我提出这件事的时候，也没有得到她的同意……我亲爱的女主人从未有哪怕一瞬间怀疑过我，她对我说，她非常了解我以及我的原则和我的家庭，以至于无法接受这种指控。然而，敕令已经下达了。

第二天，弗洛拉小姐同意接受耻辱和"最严格的检查"[11]，负责检查的是另一名医生查尔斯·克拉克爵士以及被她称作"我的指控者"的詹姆斯·克拉克医生。波特曼夫人（Lady Portman）也在场。检查内容包括"完整的医学检查"，据弗洛拉小姐说，过程十分粗暴、冗长而痛苦。从本质上说，他们等于给她开具了一份处女证明，说明"没有理由认为当前或者曾经存在怀孕现象"。[12]

在一个处女女王的王庭内，人们竟然认为有必要进行如此粗鲁的检查以确认弗洛拉小姐仍然是处女，这本身就是对她尊严和荣誉的严重破坏。当弗洛拉小姐的弟弟黑斯廷斯侯爵听说此事后，他火急火燎地来到伦敦，想要确定谁是罪魁祸首，并且坚决要求得到赔偿，并且捍卫他们家族的荣誉。他看到了墨尔本勋爵，并直截了当地对维多利亚说，她得到的都是恶劣的建议，并且需要找到谁是这些污蔑之词的始作俑者，好让他们接受惩罚。

这项强制性检查是一个令人震惊的错误。维多利亚给"激动至极"且病弱不堪的弗洛拉小姐送去了一封忏悔信，并且拜访了她。这是事情发生以来她们第一次见面。女王承诺，为了她的母亲，一切都会被抛诸脑后。弗洛拉接受了道歉，但是对女王说："小姐，我必须心怀尊敬地说，我是第一个，相信也是最后一个得到君主如此对待的黑斯廷斯家族成员。我遭到的对待就好像是没有经过审判就被宣布有罪一样。"[13]维多利亚祈祷一切都能够结束。

有好几个因素使这场羞辱演变成了一场全面丑闻，吸引了全伦敦的关注长达数月之久：一是墨尔本拒绝平息谣言或者惩罚克拉克医生（毫无疑问，所谓弗洛拉小姐有可能仍然怀孕的谣言正是由他挥之不去的怀疑所引发的，而且得到了他本人的推动[14]）；二是媒体对这起事件的想象；三是维多利亚与母亲之间的恶语相向扭曲了所有的通信；四是托利党人想要破坏墨尔本政府的信誉；五是黑斯廷斯家族因受到伤害而产生的愤怒，他们一心一意要恢复弗洛拉小姐的名誉，并且找出是谁捏造了这一谣言。对弗洛拉小姐极为忠诚的公爵夫人解雇了克拉克医生。[15] 但维多利亚却拒绝这么做。

这是一起极为难堪的事件，而且墨尔本也难辞其咎。他仍然在不负责任地继续煽动流言蜚语，迎合女王对任何与她母亲有关的人和事的厌恶。格雷维尔对此感到极为反感："实在令人无法理解，墨尔本怎么可能允许这种可耻而有害的丑闻发生，这只会伤害王庭在世人眼中的形象，即使是女王的年轻和缺乏经验也无法让人原谅她对此事的参与。"[16]

他说的没错。这整件事都凸显出了维多利亚的不成熟。墨尔本曾一度建议，应该将弗洛拉小姐尽快嫁人，以阻止流言传播。女王恶毒地写道："这让我大笑不止，因为我说，F 小姐既没有钱财又没有美貌，什么都没有！"[17] 她写道，墨尔本也开怀大笑，因为他觉得弗洛拉小姐是他见过的最丑陋的女人。[18] 从画像上来看，弗洛拉一点也不丑陋。她是个身材修长、外表聪慧的女子，有着聪明深沉的眼睛、小巧圆润的嘴唇以及深棕色的秀发。两人共有的偏见让他们显得既恶毒又讨厌。

弗洛拉小姐的母亲决定直接向女王陈情。3 月 7 日，这位已故黑斯廷斯侯爵的遗孀给维多利亚写了一封措辞强硬的信件——并通过肯特公爵夫人转交给她——以向她寻求帮助。她要求女王驳斥"诽谤之辞"，以显示其愤怒，信件结尾写道："尤其对一名女性君主来说，英国各阶层的女性都会信心满满地对她寄予厚望，希望能得到保护以及同情（无论出身贵贱）。"[19] 但维多利亚没有任何同情心；她认定这封信十分愚蠢，而且颇具挑衅意味，于是不发一言地将这封信原封不动地退还给了她的母亲。[20] 这一误判将导致黑斯廷斯家族发动一场坚持不懈、尖酸刻薄的公开运动，以揭露王庭的错失并要求有人对此负责。这位身体欠佳且因为女儿的遭遇而备感羞辱的侯爵遗孀随后致信墨尔本勋爵，要求将克拉克医生解雇。墨尔本回答说，她的要求"没有先例且容易引起反对"，因此不能给予答复，只能屈尊证实收到了她的来信。[21]

101

接下来，黑斯廷斯家族把事情捅给了媒体。3 月 24 日，弗洛拉小姐的叔叔给《观察家报》寄去了一份基于他侄女来信写成的事件陈述；该陈述被完整地刊登在报纸上。弗洛拉小姐指责隶属辉格党的侍女以及"某位外国女士是始作俑者，后者对公爵夫人的仇恨人尽皆知"。弗洛拉给叔叔的信件日期为 1839 年 3 月 8 日，她在信中有针对性地对肯特公爵夫人进行了称赞：

> 我敢肯定，女王一定不知道他们把她引向了怎样的歧途。她已经尽力通过她的彬彬有礼向我展示她的悔意，她眼中的泪水清楚地表达了这一点。公爵夫人完美无瑕。没有比她更加和蔼可亲的母亲了，而且她把对我的羞辱看作是对她的羞辱，因为这种羞辱所针对的是一个为她服务、奉献于她的人。她立刻就解雇了詹姆斯·克拉克爵士，拒绝再见到波特曼夫人，并且一连几天都不愿出现在女王的餐桌前，也不许我这么做。

她最后说："对于来信内容令人如此反感，我感到十分难为情，但我希望您能了解到真相，完整的真相，除了真相别无其他——您也可以到处讲述这一真相。"²² 媒体沸腾了。这也是个政治问题：女王和她的首相都是辉格党人，而弗洛拉小姐是一名托利党人。托利党人的偏执心理被激发起来了，而许多辉格党人认为，这一丑闻被用作政治筹码，以中伤诽谤一名未婚女王和她的侍女，以及首相。与此同时，弗洛拉小姐日渐消瘦。

102　　维多利亚本能地有着过度强烈的家族意识，以至于不愿向黑斯廷斯家族释放善意。当垂垂老矣的侯爵遗孀将她与墨尔本勋爵之间的来往信件全部交给《晨邮报》（*Morning Post*）时，维多利亚称她为一个"邪恶、愚蠢的老女人"。²³ 她不再阅读报纸，并且表示报纸编辑们应该和黑斯廷斯家族一起被绞死。她不能理解自己所犯错误的严重性，也不能理解她与墨尔本之间的亲密关系给自己带来了多大的拖累。在黑斯廷斯事件后，托利党人开始积攒实力，而墨尔本则渐渐失去对权力的掌控。

　　维多利亚摇了摇头。坐在她面前的是托利党议员罗伯特·皮尔，一个她一直觉得非常冷酷、讨厌的家伙。三天前的 5 月 6 日，墨尔本勋爵的政治生涯遭受致命打击；其政府主导的一项旨在为牙买加糖类贸易推行反奴隶制立法的法案只以 5 票的优势获得通过。（领先优势如此之弱足以葬送他的领导地位。）从那时起，就已经能够明显看出，皮尔将是下任首相的当然选择——还有就是他没能得到女王的充分支持。她对他说，不，她不愿仅仅因为他如今成了首相就把她闺房里的任何辉格党侍女赶走。

　　维多利亚对于失去墨尔本感到悲痛欲绝，一连好几天都无法控制地哭个不停。"这件事让我感受到的痛苦、悲伤和绝望也许容易想象，但难以描述！我的一切快乐全部消失了！幸福平静的生活被毁了，亲爱友善的墨尔本勋爵再也不是我的大臣了……我哭了很久；只好穿上晨衣。"[24] 5 月 7 日，她站在蓝色会客厅外，竭尽全力让自己平静下来，而墨尔本正在蓝色会客厅内等着告诉她自己不得不辞职的消息：

> 过了好几分钟，我才鼓起勇气走了进去——当我真正走进去时，我真的觉得自己的心碎了；他就站在窗边；我握起他亲切熟悉的手，啜泣起来，然后我用双手抓住他的手，看着他，哭着说："你不能抛弃我"……他给我投来和蔼、怜惜以及慈爱的目光，眼中噙着泪水让他几乎说不出话来，他用令人哀伤的声音说："噢！不。"[25]

那天下午，墨尔本建议她拜访惠灵顿和皮尔，并且补充说，她应该信任他们，但同时也要保持谨慎。最重要的是，他在备忘录的最后写道："陛下最好表达出您的希望，那就是陛下宫廷中的任何人都不能被赶走，除了那些直接参与的人。我认为你可以向他提出这一要求。"维多利亚在拿到他的这份备忘录后又上气不接下气地哭了起来。她长时间握着他的手，"我感觉这么做他就无法离开我了"。墨尔本很清楚维多利亚处境的艰难。那一天，他三次婉拒维多利亚的晚餐邀请，称在与他的政治对手进行如此微妙的谈判期间，他们俩见面不太合适。

维多利亚心碎不已。她绝望中的言辞揭示出一个与挚爱男子分别的少女遭受的痛苦创伤。在他离开后，她坐在桌前开始给他写信，眼泪朦胧了她的视线：

> 女王冒昧坚持提出一个她认为有可能办到的要求，即如果她明天下午乘坐马车出行，必须能够在庄园中瞥见墨

103

尔本勋爵；如果他知道她的出行目的地，她将与他见面，以及与安格尔西勋爵（Lord Anglesey）和许多其他人见面——这将令人感到如此宽慰；肯定不会产生什么重大伤害；因为我可能会见到任何人；墨尔本勋爵可能觉得这种做法很幼稚，但女王真的很焦虑，因此也许的确很幼稚；如果她偶尔能见到一个朋友的面孔的话，将能够更好地经受住她的考验。26

那天晚上，她没有任何食欲，间歇性地哭泣到 9 点。维多利亚在 8 个月大时失去了自己的父亲，而如今 19 岁的她又失去了人生中居于核心位置的父亲角色，一个支持她对抗康罗伊和她母亲、让她生平第一次感受到爱和魅力的男人。她的兄长和姐姐都远在欧洲，她身边也没有同龄人。这是一种令人感受到剧痛的失去。

当维多利亚醒来时，她又一次开始哭泣。墨尔本警告她不要显露出对托利党人的厌恶，尤其是对皮尔的厌恶，他虽然冷漠又腼腆，却是一个优秀的政治家。不过，他们之间的会面进行得并不顺利。她抱怨说："女王不喜欢他的行为举止，相比——噢！与墨尔本勋爵坦率、开放、自然、友善和温和的举止比起来差别太大，太可怕了。"27 当皮尔第一次提出要求她遣散部分与辉格党人有关联的侍女时，她说，她只会更换宫廷中的男性成员。紧接着，她关上房门，开始哭泣。莱岑来到她的身旁对她进行了一番安慰。

在 5 月 9 日第二次接见皮尔时，维多利亚态度更加强硬，而且绝不妥协。她让自己相信，皮尔的要求十分无礼，并且决定应该忠于自己的侍女们，就像她们在弗洛拉·黑斯廷斯小姐的事件中对待她的那样。维多利亚冷静地说：

　　我说了，不会放弃任何侍女，也从未想象过这样一件事。他问道，我的意思是不是要留下所有人。

　　我说："所有人。"

　　"首席侍从女官（Mistress of the Robes）和内廷女官（Ladies of the Bedchamber）？"

　　我回答说："所有人。"²⁸

　　维多利亚说，她从来不与侍女们谈论政治，而且，除此以外，她们也有很多隶属托利党的亲属。²⁹她拒绝了皮尔提出的只更换高级侍女的建议——首席侍从女官的地位比其他侍女要高——并且强调说，这种事情从未有过先例。她的家庭侍女仅仅因为政府的更迭就要被从她身边赶走，这真的是正确之举吗？她的侍女们根本不是政治家。（她反复强调，这种事情此前从未在王后身上发生过；皮尔坚称，现在情况有所不同，因为她是执政女王①。他说的没错——自从1714年以来，从未出现过女性君主——但在那之后，也没有女王被要求这么做过。）

　　在皮尔脸色苍白而沮丧地离开后，女王得意扬扬地给墨尔本勋爵写道：

　　　　［皮尔］表现得非常恶劣，坚持要求我放弃我的侍女，对此我回答说，我永远也不会同意的，我从没见过哪个男人像他那样可怕……我很冷静，但非常坚决，我认为你要是能看到我的沉着和坚决的话，也会很高兴的。英格兰女王不会屈服于这种诡计。请保持时刻准备的状态，因为你可能很快就会重获任用了。³⁰

105

---

　　①　王后和女王在英语里都用Queen来表示，因此有此一说。——译者注

　　皮尔随后直言不讳地对维多利亚说，如果她不愿赶走部分嫁给了他政治死敌的侍女的话，那他将无法组成政府。维多利亚对墨尔本勋爵可能回归的前景感到非常满意，于是对皮尔说，她决心已下，将在几小时内或者翌日清晨向他致信，告知她的最后决定。她兴奋不已地草草写道，皮尔已经承认了自身的软弱，她恳求墨尔本立刻前来。

　　对于接下来该如何行事，墨尔本的内阁争论了好几个小时。说服他们回到政府任职以捍卫女王荣誉的正是来自维多利亚的信件。维多利亚写道："不要担心，我现在既沉着又冷静。他们想要赶走我的侍女们，我猜想，接下来他们就会赶走我的更衣女仆和女佣；他们当我是个孩子，我要让他们看看，我是英格兰女王。"[31] 尽管颇具骑士精神，但她的行为却十分不妥；一名反对党议员不应该建议女王如何才能最好地反抗新任首相。

　　皮尔于 5 月 10 日辞职。在一封言辞冷漠的信中，他对女王陛下郑重表示，他对于女王曾考虑由他来担任首相一职感到受宠若惊。[32] 民愤沸腾。维多利亚却欣喜若狂。那天晚上，她在为沙皇尼古拉一世之子亚历山大皇储举办的正式舞会上跳舞跳到凌晨 3 点 15 分，还将亚历山大皇储描述成"一个讨人喜欢的亲爱的年轻人"。在他抱着她在舞池内翩翩起舞后，她表示："我真的爱上了大公①。我从未像现在这样玩得尽兴。"他在离开时紧紧握着她的手，然后"热情而深情地"亲吻了她的脸颊。她对墨尔本说："像我这样的年轻人必须时不时地与年轻人一起欢笑。"而身为托利党人的惠灵顿公爵和皮尔"非常沉闷"。[33]

　　在墨尔本重新执掌权力后，在维多利亚的世界里，一切终

――――――――――――

　　① 亚历山大皇储此前的爵位为亚历山大·尼古拉耶维奇大公。——译者注

于再次恢复秩序。但王庭已经笼罩上了一层阴影，而她无法摆脱心灰意懒的感觉。墨尔本本应帮助她理解，皮尔只想让那些嫁给托利党 ① 议员的侍女走人。她不久后要求墨尔本帮她找一个身为托利党的侍女，好悄悄引荐到她身边。② 在她剩余的统治时期，维多利亚只被要求过更换她的首席侍从女官，也就是她最高级别的侍女。不过，她的偏见仍然显而易见。她和父母一样都是辉格党人，始终希望由一名辉格党人来担任首相。当聚集在宫殿外的民众对墨尔本发出嘘声时，女王感到怒不可遏："托利党人什么坏事都干得出来。"³⁴

在人生的最后几年里，维多利亚坦承，她在所谓的"寝宫危机"（Bedchamber Crisis）期间犯了错："没错，我当时对这件事很生气，我的侍女们也是，因为我在墨尔本勋爵的培养下就是这样成长起来的；但我当时还很年轻，只有 20 岁，而且再也没有过那种表现——是的！那是一个错误。"³⁵ 一想到女王实际上是赶走了一名首相，就令人感觉震惊不已。

到 4 月时，弗洛拉·黑斯廷斯小姐已经奄奄一息了。黑斯廷斯家族发起的运动取得了成功；公众显然对弗洛拉小姐表示同情，后者不断出现在公开场合，好避免人们认为她已经怀孕了。忧心忡忡的肯特公爵夫人确信弗洛拉小姐将不久于人世，但即使是到了 6 月份，维多利亚仍然将弗洛拉小姐的病情不屑一顾地称作是"胆病发作"。³⁶ 维多利亚持续受到的抨击是她

107

---

① 此处应为作者笔误，因为前文已经提到，皮尔是对维多利亚与和辉格党有关联的侍女过从甚密感到不满。因此，此处应为辉格党。——译者注

② 当皮尔 2 年后成为首相时，阿尔伯特的私人秘书安森对他说，不仅有 3 名重要的辉格党女性原本就将离开王室，而且她们原本就打算在 1840 年离开。皮尔对此感到惊愕不已："如果女王早告诉我这三名与政府有着紧密联系的侍女已经递交了辞呈的话，我会感到完全满意，并且在更换人选的问题上考虑女王的感受。"（Ziegler, *Melbourne*, 298）骄傲、轻率和心碎使这件事没有在当时得到解决。——作者注

对弗洛拉小姐采取了冷酷无情的态度，她说，她讨厌"不得不为这样一个女人承受如此责任"。墨尔本勋爵向她提供的建议仍然十分幼稚而不通情理。4月初时，维多利亚曾认定弗洛拉变得"相当无礼"，墨尔本当时的建议是更加疏远她。[37] 翌日，他们分享了一则各自听到的传言：弗洛拉小姐已经生下了一个孩子。她的母亲黑斯廷斯夫人应当为没有发现肚子隆起，以及没有坚持要求她留在苏格兰而承担责任。维多利亚对墨尔本勋爵说，如果弗洛拉小姐要离开的话，最好就不要回来了。墨尔本勋爵建议说，这将有损女王的颜面。维多利亚在日记中没有表现出任何自我怀疑的迹象，她在日记里写到了弗洛拉小姐的无礼和傲慢，以及仍然圆鼓鼓的身体。她的日记令人惊恐地揭示了她缺少对弗洛拉小姐的忏悔，以及对于这位身患重病的女性正在经历的痛苦没有任何理解。肯特公爵夫人曾反复试图让她的女儿与弗洛拉小姐交谈，或者至少给她写信，但维多利亚丝毫不肯改变主意。她坚持说，这是因为黑斯廷斯家族的无礼言行，以及他们将这一纠纷公之于众的决定给她带来的羞辱。墨尔本勋爵一如既往地对女王说，黑斯廷斯家族是错的那一方，并且鼓励她去提醒他们不要再有无礼行为。维多利亚既不能理解自己做了什么，也无法理解自己正在做着什么。弗洛拉小姐认为，她缺少的是同理心："她从来不会为他人着想。"[38]

不过当维多利亚在6月底终于再次独自前去拜访弗洛拉小姐时，她感到羞愧难当：

> 我发现可怜的弗洛拉小姐躺在沙发上，看起来比任何一个活人都要瘦；几乎就是一具骷髅，但身子却肿胀得像是已经怀孕的人；她的眼睛里透着敏锐的目光，看起来像是一个将死之人；她的声音好似往常，双手也还

有劲；她很友善，她说自己很舒服，很感激我为她做的一切；看到我一切安好她很高兴。我对她说，我希望等她身体好些时再来看她——这时她紧握住我的手，就好像在说"我再也见不到你了"。[39]

维多利亚很快就离开了。她开始祈祷弗洛拉小姐能够突然康复，没过多久，这就成了她唯一能够思考和谈论的内容。[40]她开始在噩梦中梦见这个眼神迷离的贵族小姐。

弗洛拉·黑斯廷斯于 1839 年 7 月 5 日日出前去世。莱岑在维多利亚醒来后不久告诉了她这一消息。她死得很安详，"只是抬起了她的双手，发出了一声喘息"。[41]弗洛拉小姐在哭泣亲人的环绕下许下了她的遗愿：在她死后对她进行尸检，以最终彻底证明她的清白。宫廷中仍然流传着关于孩子流产的谣言。甚至在她去世的那个早上，一名抗议者还在标语牌上写道，弗洛拉是死于流产失败。[42]不过那份让维多利亚焦急等待了一整天的尸检报告显示，弗洛拉小姐的肝脏严重肿大，压迫了她的胃部。[43]报告还称，"子宫及其附器呈现出健康处女的正常表象"。[44]即使是在死后，她的贞洁也遭到了调查。

这一消息重新点燃了公众的怒火；维多利亚和墨尔本在公共场合遭遇嘘声，在女王的马车经过时，人们拒绝脱帽致敬，当有人在一片谋杀谣传中致皇家祝酒词时，无人发声以示响应。[①]维多利亚的母亲对她说，她不了解"自己的国家"，而这一次，她说的没错。[45]女王丝毫没有考虑到她的臣民们。她生平第一次成了某个派系的一分子，而且那是一个强大的派

---

① 按照传统，在有人致皇家祝酒词时，必须在开场白中遵循固定范式，即以"女士们，先生们，女王"开场，而在座嘉宾必须回答道："女王。"——译者注

系；而丑闻、复仇和恶毒八卦带来的影响力太大。尤其这件事牵扯到另一位女性的性能力，而这位女性因为与康罗伊的友谊而被她视为敌人。（这也是如今被我们称作"荡妇羞辱"现象的一个例证。）此外，她不仅对怂恿她这么做的人怀有好感，而且这个人还身居首相之位。维多利亚很容易沉醉其中，而且还太过年轻，无法理解其后果。这段篇章将长期被认为是一段耻辱：如今，在维多利亚的日记（也就是由她的女儿比阿特丽斯公主编撰的版本）中，已经没有任何提及弗洛拉小姐生病或者去世的内容，而且维多利亚所写的众多有关弗洛拉·黑斯廷斯小姐的信件中，大部分也在后来依照其长子爱德华七世国王（King Edward Ⅶ）的命令被销毁了。[46] 他和编辑都在发现维多利亚的"早熟知识"后感到惊诧不已。[47]

弗洛拉·黑斯廷斯的灵柩在一天深夜由马车运出宫外，希望能借此避开抗议者。这支神情阴郁的队伍缓慢驶向伦敦东区（East End），最终于黎明时分在布莱克沃尔（Blackwall）的不伦瑞克码头停下。遗体将被送上"皇家威廉"（Royal William）号蒸汽船，并被带往她祖先的土地苏格兰。人群聚集在码头上向这位被王庭愧对之女性的灵柩致敬。一名男子大喊道："啊，受害者在这里，那凶手呢？"另一名男子则对女王的马车挥舞他的手杖，哭喊道："[维多利亚] 富丽堂皇的鬼话有什么用？她杀害了她！"[48] 尽管从宫殿到码头的道路两旁站满了警察，人们还是向王室马车投来了好几枚石块。

在弗洛拉小姐去世的第二天，维多利亚穿行在白金汉宫的花园里，突然产生了一种强烈的渴望，想要在绿色草坪上一圈又一圈的翻滚，一直到她头晕到能够忘记自己的耻辱为止。[49] 媒体报道中很少提到她的名字，但弗洛拉小姐的死经常会直接怪到她的头上。[50] 有些记者还直言不讳地指责王庭犯有谋杀罪。[51] 维多利亚经常坚称自己没有任何悔意，但她所扮演的角色却让她十分困扰："我实在无法去思考那些萦绕在我心头的事情。"她发誓说，再也不会因为人们的相貌而得出结论。维多利亚知道，她的王冠已经蒙羞。

维多利亚得出的所谓弗洛拉小姐既阴险又狡猾的结论也是错的。弗洛拉小姐是一位有着强烈自尊心、信仰和敏感性的女性。在她漫长的病痛期间，她一直在纠结于如何原谅那些对她造成伤害的人。她不愿沉溺于仇恨。她说："对我自己而言，我感觉这场考验是带着爱意来到我身上的，它让我与上帝走得更近，帮助我摆脱了一些世俗的情感，促进了我深层次的灵魂探寻。"[52] 当她 6 月 20 日躺在床上参与最后一次圣餐仪式时，伦敦主教（Bishop of London）问道，她是否已经原谅了她的敌人。她说她已经原谅了他们，不再对他们怀有怨恨。正跪在她床边的肯特公爵夫人忍不住哭了出来。她走出房间，握起弗洛拉小姐的妹妹索菲亚（Sophia）的手，问道："可以原谅我可怜的孩子吗？"[53]

有人说，弗洛拉小姐是死于伤心绝望。1839 年 7 月 20 日，她的遗体被安葬在艾尔郡一所被苏格兰南部陡峭群山所环绕的古老教堂的地窖中。《泰晤士报》（*The Times*）的一名记者写道："整场葬礼都十分庄严。"[54] 有几千人前来参加了她的葬礼；她已经成了一名烈士，尤其对托利党人而言。《海盗报》（*The Corsair*）写道："她的记忆因为一个高贵民族的同情和喜爱而被人铭记于心。"[55] 报道还说，如果英格兰王庭不做出改变的话，"英格兰女王的性命、幸福和声誉将岌岌可危"。

对维多利亚来说，这是一个郁闷的夏天。她孤独无依、郁郁寡欢、烦躁不安，而且感觉自己肥胖无比。由于自己的决定遭到了如此公开的挑战，因此她对于自己权威受到的挑战变得极为敏感。如果她怀疑某位大臣在某件事情上没有征询她的意

110

见，她就会写下措辞愤怒的便函，并且画上好多道下划线，要求得到解释。哈丽雅特·马蒂诺写道，每个人都能看出维多利亚的不开心。这位作家将责任归于墨尔本：

> 她登基时的相貌让我感到惊喜。她脸庞的上半部分尤为漂亮，有一种朴实、平静的气场，似乎充满了希望。在那一年年底时，她的变化可谓令人悲伤。她脸上的表情完全变了，如今已经变得放肆而不满。我们如今可以猜想，那是她人生中最不开心的一个阶段。被从年轻时有益的拘束中释放出来后，她得到了得意扬扬的辉格党人的奉承和纵容，还被他们据为己有，她被墨尔本勋爵误导，而且还没有找到自己的心之所属。她已经不是先前的那个女孩了。[56]

111

这起事件又拖延了好几个月才宣告结束，弗洛拉小姐的弟弟发表了足以定罪的书信，而克拉克医生则公布了对其侵入性检查的总结。不过，对女王来说，这段黑暗时光在克拉克医生发表自己的辩护词几天后就突然而又引人注目地结束了。维多利亚心情沮丧、头疼眼酸地醒来，发现有人将石块投进了她的客厅里，将窗玻璃砸成了碎片。那是一个神秘但恰当的迹象，预示着未来即将发生的事情。那天上午，就在她踮着脚尖绕过玻璃碎片时，脾气暴躁的阿尔伯特王子走下了一艘船，踏上了英国的土地，开始陆上旅途前来见她。从他在温莎城堡踏出马车的那一刻起，一切都变了。维多利亚将永远铭记 1839 年 10 月 10 日这一天。在这一天，她的心融化了。

第三部分
阿尔伯特：或谓之为"王"的男人

10
恋爱中的悍妇

我对阿尔伯特说，他就像一个光之天使一样前来拯
救我……因为光是我自己无法完成自我救赎。我既年轻又
任性。[1]

——维多利亚女王

维多利亚女王即使是在最不可救药地迷恋阿尔伯特王
子之时，也总是以一种仿佛他是一个 3 岁小男孩，而她是
他的家庭女教师的态度对他说话。[2]

——萧伯纳（George Bernard Shaw）

维多利亚站在温莎城堡铺着红地毯的台阶顶端，向下凝
视着表弟阿尔伯特。他正与哥哥埃内斯特一起拾级而上，从一
尊乔治四世的雕像以及几套盔甲前走过，前来握住年轻女王的
手。此时正是 1839 年 10 月 10 日清晨，这两名英俊男子刚刚
抵达英格兰，在此之前，他们冒着雨连夜乘船从欧洲大陆来到
多佛港。维多利亚在闪烁的晨曦中凝视着阿尔伯特，愣住了：
尽管面色苍白并且尚未从晕船症状中恢复，但他看起来仍然光
彩照人。在他们上次相见之后的三年时间里，他变得身材魁
梧；他有着宽阔的胸膛，大腿肌肉线条分明，面部比例完美无
瑕。突然感到有些害羞的女王伸出了她的手。

她感到神魂颠倒。那晚，维多利亚在日记中写道："我深

情地看着阿尔伯特——他美极了。"第二天，她进一步详细描写了他的外在特质：他"如此英俊潇洒"，有着"美丽的眼眸、精致的鼻子和漂亮的嘴唇，一缕八字胡精细雅致，两鬓的腮须若隐若现；有着肩膀宽阔、腰肢纤细的完美身材"。这是一种让她无法抑制的强烈欲望。光是看着他，就足以让她心潮澎湃："我必须牢牢把持住我的内心。"然而，仅仅四天后，她就完全敞开了心扉。

阿尔伯特在旅途中一直在下决心迎接一次艰难的对话。这位骄傲的德意志王子已经决心告诉"维多利亚表姐"，他不打算在她漫不经心地考虑是否要嫁给他的过程中连续数年原地踏步。他已经厌倦了惴惴不安的等待，不希望自己的命运被人主宰。维多利亚曾希望他们两兄弟能够提前几天到，但阿尔伯特对哥哥埃内斯特说，让她等着。他很清楚她内心的保留意见。阿尔伯特的父亲曾对他说，她是个"悍妇女王"[3]——意志坚定且专横跋扈——而且宫廷里一团乱麻。阿尔伯特觉得她是个享乐主义者，一个喜欢参加聚会和睡懒觉的女子。他们是有趣的一对——这个男孩喜欢徜徉在夏季住所罗西瑙城堡（the Rosenau）周围的树林里，寻找岩石、贝壳和树叶，好添加到他的自然科学藏品中；而这个女孩却抱怨说，她讨厌散步，因为她精致的靴子里会进石子，但她却愿意愉快地跳舞一直到鞋底被磨得像纸片一样薄。在乘船跨越英吉利海峡时，阿尔伯特一边听着滚滚海浪拍击船首的声音，一边还在排演让他感到恐惧的对话。你怎么才能对一位年轻女王说出口，告诉她你不打算等待她的垂青呢？

维多利亚对婚姻极为谨慎。在度过令人窒息的童年后，她如今终于自由了——终于能够随心所欲地做自己想做的事。她不记得父母在一起的时光，也从未目睹过牢固、幸福的婚

姻——她的舅舅利奥波德及其第二任妻子路易丝除外，后者对 117
她而言就像姐姐一样。她知道，她的大部分叔伯都有过风流
韵事，而且对待妻子态度恶劣；她为什么要匆忙冒这样的风险
呢？大多数 20 岁的姑娘都已经结婚或者订婚了，但是，正如
她在成为女王的第二年所写的那样，她想要"再享受两三年"
她"现在年轻少女的生活"，然后再承担起"身为人妻的职责
和顾虑"。4 她还担心自己的工作量，"现在结婚的话会让自己
变得更加劳累"。除此以外，整个国家非常喜欢她现在的样子，
一个独立自主的年轻女王。她宣称，这整个话题都"令人感到
讨厌"。

至于阿尔伯特，他年纪轻轻但身体欠佳，英语说得不太流
利，而且未经世故。他们在 1836 年的访问让人丝毫提不起兴
趣；埃内斯特在离开时还以为自己才是维多利亚喜欢的那个。
不过，他们一直保持着联系。阿尔伯特曾给她写过一封信，祝
贺她成为"欧洲最强大国家的女王"。他在信中问道："我祈
祷你能够偶尔也同样想念一下你远在波恩的表亲们，并一如既
往地善待他们。请放心，我们的思绪始终与你在一起。"5 维
多利亚还指示斯托克马陪同阿尔伯特一道前往意大利，以拓展
他的教育内容。此行取得了巨大成功——头脑活跃的阿尔伯特
对"无穷无尽的知识"感到兴奋不已，尽管他并不太喜欢当地
的景色或者气候（从这一点上说，他的品位与维多利亚截然相
反；比起游览博物馆，她更喜欢画风景素描）。

维多利亚还是个浪漫主义者，不喜欢自己的爱情被人计划
好，或者充满算计；她希望爱情能够凭借无法抵抗的巨大力量
从她心中喷涌而出。这怎可能发生在她那个脸色苍白、表情严
肃的表弟身上呢？ 1839 年 7 月，也就是在他们 10 月相会的几
个月前，维多利亚曾试图阻止阿尔伯特前来造访。她请求利奥
波德不要让她的表弟过度期待："因为，除了我尚且年轻，且

十分抵触改变现状之外，国家内部对于这种事也没有出现焦急情绪。"如果她匆忙步入婚姻殿堂的话，"可能会引起不满"。她的表弟在信里听起来似乎很不错，但她理智地指出，她"可能无法对他产生能够确保终身幸福的感情"。⁶她要求利奥波德取消此次访问，并且向阿尔伯特清楚无疑地表明"不存在订婚一说"。所有迹象都显示此次访问将是一次失望之旅。她甚至在写给日益沮丧的阿尔伯特的一封信中暗示，她对来自欧洲大陆的另一名绅士产生了好感："我们已经接待俄国大公有一段时间了。我极喜欢他。"

维多利亚一直都不缺追求者。她位高权重、性格活泼且充满青春活力。美国的诸多报纸都报道了所谓丧偶的 54 岁美国总统马丁·范布伦（Martin Van Buren）"正认真考虑向她求婚"的传言。⁷《每日广告报》（*Daily Advertiser*）认为："他没有理由不提出求婚，或者说，与欧洲性格懦弱的王公贵族相比，他没有理由不是一个绝佳人选。"从新世界到旧世界，许多男子都被认为是"英格兰玫瑰"可能的夫君人选，但她对他们没有任何兴趣。

而且，好似已经成为规律一样，维多利亚正受到一种特殊看法的强烈影响，即墨尔本勋爵的看法。他警告维多利亚不要嫁给阿尔伯特，原因有三：他是个德意志人，是她的表弟，还是一个科堡人。鉴于他的岳母同时也是他的姑母，阿尔伯特难道没有可能站在她那一边吗？（维多利亚对阿尔伯特的忠诚笃信无疑，"向他保证他无须在这方面有所担心"。⁸）墨尔本最有力的论调在于，这场婚姻"没有必要"。⁹在这一点上，他们意见一致。墨尔本的论调背后有些自私的成分，因为他不希望他与维多利亚之间的亲密关系受到干扰。维多利亚也对墨尔本勋爵说，她希望他不要在其妹的敦促下再婚。¹⁰

最重要的是，任性的维多利亚担心，一旦成婚，就意味着

她有可能再也无法管事；一旦成为人妻，她就无法如愿成为那
种行事果决、掌控一切的女王。1839 年 4 月，在弗洛拉·黑
斯廷斯小姐的丑闻持续期间，她与墨尔本勋爵讨论了如何才能
将维多利亚的母亲赶出她所居住的宫殿。其中一个可能性就是
通过婚姻，尽管维多利亚表示，就她现有的生活而言，这是一
种"可怕的选择"。她说，她"已经习惯了为所欲为，我估计
十有八九我不会跟任何人达成一致意见"。墨尔本有些不太明
智地表示："哦！但你仍然可以［为所欲为］。"[11] 这是根植在
维多利亚脑海中的婚姻模式：她的权力将完好无损；她未来的
丈夫则将更像是传统上的"妻子"。她负责统治国家，而他负
责亦步亦趋。

119

　　阿尔伯特对此感到厌倦。他的叔父利奥波德警告他维多利
亚出现了犹豫，并且认为他的等待时间将从两年延长到四年。
阿尔伯特将这种态度视为拒绝，准备告诉她说，他不会无所事
事地等待下去。[12] 反正她本来也没有让他感到着迷不已。他在
年少时第一次见到维多利亚后写道："维多利亚表姐总是对我
们很友好。她无论如何也算不上漂亮，但非常友善、活泼。"[13]
在他的生命里，这位举世闻名的亲戚始终被描绘成他的命定伴
侣，但如今，在他们双双迈过 20 岁门槛之际，他却担心自己
很快就会看起来像个傻瓜："如果在等待或许三年后，我发现
女王对这桩婚姻没有任何意愿了的话，那么我就将身处一种滑
稽的境地，并且在某种程度上丧失未来的一切希望。"[14] 他的
未来取决于一名年轻女王的兴致。他恶心、疲惫地走入温莎城
堡，抬头看到台阶上方一个娇小的身躯，那是这个世界上最有
权势的女人。

　　10 月 13 日，维多利亚对墨尔本勋爵说，她对婚姻的看法
已经变了。过去三天里，她一直处在躁动不安的状态，一边听

着海顿创作的交响曲，一边在日记里潦草地书写，在阿尔伯特的灰狗从她叉子上叼走食物时，她还会偷偷地瞄他一眼。[15] 她对墨尔本勋爵说，阿尔伯特"非常和蔼可亲、性情温和"，她承认自己脾气不好，并且坦白说，她如今已经认识到了"美貌的好处"。当她向首相透露自己的意愿时，墨尔本勋爵建议她考虑一周时间。但第二天，她就告诉他，她决心已定。亲切的墨尔本也转变了态度，向她保证说婚姻会让她更加舒心，"因为一名女子任何时候都无法孤立于世，无论她处于什么地位"。[16] 纵贯她的一生，有句话将反复出现在维多利亚耳边：女性无法也不应该独自统治国家。维多利亚害羞地满脸通红，说道："谢谢你犹如慈父一般。"

接下来就是最折磨人的部分了。按照传统，作为拥有统治权的女王，维多利亚必须是提出求婚的一方。实际上，这就相当于将她的决定通知于他，但对一个备受保护的年轻女性来说，尤其她既没有父亲的陪伴也不信任自己的母亲，这件事令她感到紧张不已。她与阿尔伯特之间从未讨论过任何类似爱情或者婚姻的事情；每次思虑至此，她的腹部就会出现一阵疼痛。让她感到开心的是，那天夜里，阿尔伯特在向她道晚安时攥住了她的手。这是一个鼓舞人心的信号。

最终，在 10 月 15 日周二中午 12 点 30 分，维多利亚在阿尔伯特外出狩猎时向他发出了传召令。他一回到自己的房间就看到墙边桌上放着一张字条。半小时后，他前去见她。维多利亚请他坐下，然后试图闲聊一番。她的声音略微颤抖，语速也很快：

> 我对他说，我觉得他肯定清楚为什么我希望他前来，如果他能够答应我的愿望（也就是与我成婚），将令我感到极为高兴；我们彼此拥抱，一遍又一遍，他如此善良，

如此深情；噢！想到我能够得到像阿尔伯特一样的天使的
爱，我的激动之情简直难以形容！他是完美的化身；他的
美貌、他的任何角度、任何方面都完美无瑕！

阿尔伯特立刻就接受了她的求婚。维多利亚对他说自己配不上他，拿起他"精致的手"，一遍遍地亲吻上去，随后传召了他的哥哥埃内斯特。紧接着，引人注意的是，阿尔伯特前去向莱岑致以敬意——也就是那个真正被维多利亚当成母亲的女性。维多利亚在那天以及随后几天的日记里洋溢着无法抑制的喜悦之情，令人印象极为深刻。就好像她偶然发现了幸福的未来一样：好比一名双目失明的女子无意间发现了一尊大理石塑像，不停地抚摸它一样。维多利亚在那天晚些时候写信给舅舅利奥波德说：

121

> 他似乎完美无瑕，我觉得自己有着十分幸福的未来。我对他的爱无法言表，我会竭尽所能让这种牺牲降到最低（在我看来，这对他来说的确是一种牺牲）。他似乎有着优秀的鉴别力，这对他的地位而言是一种至关重要的品质。过去几天对我来说就像一场梦一般，我感到眼花缭乱，简直不知该如何下笔；但我的确感到非常幸福。[17]

维多利亚将这个秘密瞒了她母亲近一个月。在 1840 年出版的备受争议的女王传记中，阿格尼丝·斯特里克兰（Agnes Strickland）写道，这份婚约得到了肯特公爵夫人的"批准"。维多利亚态度坚决地在空白处写道："从来没有。直到王子离开前几天女王亲自告知她之前，肯特公爵夫人都对此毫不知情。"[18]维多利亚不信任她的母亲，并让阿尔伯特相信她母亲会四处宣传这一消息，带来麻烦。公爵夫人显然怀疑有些什么事情正在酝酿中；她曾两次未敲门就冲入维多利亚的房间，她知道维多利亚正与阿尔伯特待在一起，而她女儿认为她的这种行为十分无礼。最终，女王在 11 月 9 日将母亲传召到她的房间。肯特公爵夫人拥抱了维多利亚，并流下了眼泪；她知道自己的女儿没打算得到她的祝福，但她说，她还是会祝福他们。阿尔伯特随后进入房间，拥抱了维多利亚，并握起她的手。公爵夫人激动地说，他们如此年轻——维多利亚回答说，阿尔伯特如此沉着冷静——并发誓将永远不会干预他们的婚姻。她还不合时宜地提到了其他想要迎娶维多利亚的男人。

122 　　在公爵夫人返回自己的房间后，她的喜悦之情减弱了几分。了解到维多利亚等了如此之久才告诉她这一消息让她无法入睡。她焦虑地猜测着谁比她更早知情，思索这对情侣的成婚决定是否太过仓促。她担心自己未来将居于何处，并就自己住处的问题给维多利亚写了好几封信，而她女儿却把这些信件当作麻烦事不予理睬。她说，她的母亲就是个"大麻烦"。[19]

　　不过，在这对情侣的爱巢里，一切都如沐春光。阿尔伯特对女王的欣然求婚和缺少心计感到着迷不已。他在给自己祖母的信中写道：

　　　　几天前，维多利亚把我单独叫到她的房间，向我宣告了她发自肺腑的爱恋，我得到了她的全部真心，如果我能够做出牺牲，与她共度余生的话，将令她极为喜悦，她说她将这视为一种牺牲；唯一令她感到困扰的是，她认为自己配不上我。她在对我吐露真情时表现出的喜悦而开诚布公的态度令我着迷不已，我对此十分陶醉。她真的非常善良而亲切，我敢肯定上天没有让我落入魔掌，我们在一起将幸福美满。[20]

　　维多利亚的热情让这对恋人勇往直前，而阿尔伯特慢热但坚定的忠贞之情也将在不久后得以体现。他们表现得好像如痴如醉的恋人一般。他紧紧握住她的手，用自己的体温为之取暖，并赞叹这双手的小巧玲珑。在她工作时，他坐在她身边，随时应她的要求帮她蘸墨水。维多利亚会蹑手蹑脚地来到他身后，用双唇亲吻他的额头，并在他离开时追上前去，献出最后的一个吻。阿尔伯特有着客观、务实的头脑，很难敌得过维多利亚的激情，他给出的回应是几句小声的抗议："亲爱的小家伙，我如此爱你，简直无以言表。"[21] 她的爱之深，涌现得如此迅速，让他真正感到既欣喜又惊讶。在仅仅几周内，维多利亚就从一个喜欢独处和独自统治国家的女性转变成了一个完全被爱情所吞噬的女子。有时，维多利亚毫不掩饰的欲望甚至让他感到有些不知所措："我对阿尔伯特说，我们应该非常非常亲密地在一起，他可以随心所欲地进进出出……噢！能够与他非常非常亲密地在一起，我该多么幸福啊！"[22]

　　阿尔伯特感到为难，他对斯托克马说，他"经常感到不知所措，难以相信我所面对的这种强烈感情"。[23] 不过，他的这种幸福也颇为坎坷；一想到要远离德意志，他就感到心烦意乱。甚至在女王——也就是他无与伦比的唯一——花费数小时为他描绘他们共同拥有的光辉未来时，他脑中所想的也一直是自己会失去些什么。他给自己的祖母写信说："哦，未来！届时我岂不是得离开我亲爱的家和您！一想到这一点，我就被深刻的悲痛情绪所占据。"[24] 阿尔伯特知道，他不仅仅是走入一桩婚姻，还是接受了一份工作，而他的工作将"对许多人的福祉产生决定性影响"。[25] 阿尔伯特多年来一直在思考与权势人物成婚的可能性。仅仅几个月前，在他20岁生日那天，他还曾给哥哥写信说，他们应该努力推动通才教育，谋求实现"头脑的灵活性"，他认为这是"伟大人物借以统治其他人的权力

123

源泉"。²⁶ 阿尔伯特的目标是成就一番伟业。

由于生育了众多子女的维多利亚一直被塑造成一个她所在时代传统婚姻的典范，照片上的她也始终一脸爱意地看着丈夫，或者将双手放在正在读书的丈夫肩上，因此，人们很容易忘记她与阿尔伯特之间的关系究竟有多么非传统。她是英国最著名的女人，拥有多座宫殿和一支庞大的仆人队伍，身负重任。他却相对而言没什么名气，来自一个又小又穷的德意志公国。²⁷ 维多利亚的首相一直建议她寻找一个能够受她控制的配偶，一个顺从她的安排的配偶。阿尔伯特会看到他的未婚妻有多么固执和强势。他注意到，在他们上次见面之后的三年时间里，她的身高几乎没有任何增长，"却变得比以往坚决得多"。²⁸ 从许多方面来看，维多利亚都承担了一个男性的角色：她是提出求婚的那一方，她先于阿尔伯特送给了他一枚戒指，并请求得到他的一绺头发。她没有义务改成他的姓氏，正如嫁给国王的女人通常也会获准保留自己的姓氏一样。她用来形容他的深情话语通常都充满女性特质；他是她美丽"亲爱的天使"。

从最传统的意义上来说，维多利亚实际上是给自己找了一个"妻子"。墨尔本是她的精神伴侣，而阿尔伯特是她的欲望对象。在提出求婚后的几天里，她仍在持续记录自己与墨尔本之间的漫长对话，而"亲爱的"阿尔伯特仅仅作为一个美男子、一个优秀的舞伴以及一位晚宴伴侣被一带而过。他的话语和思想没有得到与墨尔本同等的重视，她仅仅简略提及他对俄国人、法国人以及犹太人的厌恶之情，其中对犹太人的厌恶令人担忧。²⁹ 墨尔本对这种反犹主义思想嗤之以鼻，认为是典型的德国思维，而维多利亚没有这种思想。维多利亚没有纠结于这一点。她曾两次向墨尔本勋爵坦白说，坠入爱河让她变得相当愚蠢。³⁰ 然而，尽管年轻女王爱慕的可能是阿尔伯特健美的身体——尤其是在他穿着白色紧身裤"而且里面什么也没穿"

时——但真正让一代又一代人对这位喜欢早睡、一丝不苟的德意志王子产生巨大好感的是他永不停歇、博学多识的头脑。[31]

从小，阿尔伯特就是个充满好奇心的孩子：在发出第一声啼哭后，他就"四处张望，像一只小松鼠一样"[32]。孩提时代，他对于自己的看法既自信又笃定；在少年时代，他见到了教宗格里高利十六世（Pope Gregory XVI），并用意大利语同他讨论起了艺术。他与哥哥一道创建了一座自然历史博物馆，还喜欢写诗作曲，并为村里房屋被烧毁的穷人家庭募集捐款。11岁时，他在日记中写道："我打算把自己训练成一个优秀而有用的人。"他出自本能地从很早就开始遵守一套荣誉准则：当他还是个小男孩时，他喜欢跟伙伴们一起玩骑士的游戏，有一次，他所在的一方正在进攻一座对方藏匿其中的老旧废弃的高塔。一个朋友建议从后门偷偷溜进去，这意味着能够轻松取得胜利；但阿尔伯特却表示反对，声称这不是一件正确的事，"极不符合一名萨克森骑士的身份"。[33]

阿尔伯特一方面诙谐幽默，有模仿天赋，另一方面身体也十分纤弱，一直到四岁都要被人背着上楼。这个天真可爱的金发男孩很容易疲劳，有时甚至会在饭桌上睡着，从椅子上滑下去。他的母亲露易丝公主很喜欢他，称他"杰出无比、英俊无双，有着蓝色的大眼睛……总是兴高采烈"。[34]阿尔伯特继承了母亲的快乐、理智和智慧，但他从未真正了解过她。他的父亲萨克森-科堡-哥达的埃内斯特公爵是一个臭名昭著的花花公子，对将自己称作"主人"的性格活泼的妻子不忠。[35]最终，当她也开始有自己的调情对象，并且开始与一名小自己4岁的侍从长时间相处后，他对她提出出轨指控。埃内斯特公爵在愤怒中将她赶出家门，并保留了对孩子的全部抚养权。

当时只有23岁的路易丝十分孤苦凄凉。她的两个儿子分别只有 5 岁和 6 岁，在她离开的那一夜还感染着百日咳；[36] 他们以为她是因为他们生病才哭泣的。她渴望见到自己的儿子，有一次甚至伪装成一名农妇，以便神不知鬼不觉地来到当地一次收获节庆祝活动上，远远地看看他们。[37] 尽管她曾反复询问，但埃内斯特公爵从未向她透露过任何有关他们的消息，而且残忍地拦截了她寄来的所有信件。[38]

阿尔伯特与自己的母亲而非父亲和哥哥如此相像，这促使一些人暗示埃内斯特公爵并非他的父亲——不过这种流言蜚语毫无根据。[39] 媒体偶尔会刊登一些反犹主义者的不实之词，称阿尔伯特真正的父亲是一名担任宫廷管家的犹太男爵。埃内斯特公爵自己的怀疑是，阿尔伯特的父亲是他的儿时好友亚历山大·格拉夫·楚索尔姆斯（Alexander Graf zu Solms）。作为惩罚，他将路易丝赶回娘家居住了一段时间，流放了楚索尔姆斯，为掩人耳目，还进行了一项虚假的官方调查，持续数年。作为当时双重标准的明显例证，路易丝被指控犯有多项可耻、虚构的私通罪行，还被人称作"婊子"和"无耻的罪人"。[40] 传记作家赫克托·博莱索（Hector Bolitho）检查了萨克森－科堡公爵档案中的离婚文件，发现"一直到阿尔伯特王子出生至少 4 年后，文件中都没有哪怕只言片语暗示公爵夫人有过不忠行为，无论是与犹太人还是与基督徒；当阿尔伯特的母亲于 1826 年离婚时，他已经在上学了。7 个月后，她嫁给了亚历山大·冯·汉施泰因，后者曾作为共同被告在法律诉讼中被提及"。[41] 鉴于她丈夫自己的所作所为，路易丝遭受的对待可以说极为不公。被赶出家门的是女性，毫发未伤的是男性，但受苦最多的却是孩子。

1831 年，阿尔伯特的母亲因子宫癌在巴黎去世，此时距离维克多·雨果在《悲惨世界》中描写的反君权骚乱仅有几个月时间。她享年只有 30 岁。她的遗愿是和自己的第二任丈夫安葬在一起，因为他才是那个不顾她的不贞名声仍然坚持爱她的男人。阿尔伯特和埃内斯特拒绝接受这一点；在 1846 年他们的父亲去世后，他们将她的灵柩从西德意志的圣文德尔地区挖出，将其重新安葬在科堡的公爵墓室中，就在他们父亲的身边。他们在 1860 年再次移动了二人的灵柩，这次是移到了他们在科堡专门为父母建造的一座宏伟陵墓中。尽管违背母亲遗愿的做法可能是错的，但这对兄弟俩试图完成的恰恰是他们在父母在世时未能实现的梦想——相处和睦的父母。阿尔伯特余生都对不忠行为感到发自内心的恐惧，正是这种行为拆散了他的家庭，让他无法和母亲团聚。阿尔伯特总是"用一种温柔、悲伤的态度"谈及路易丝，一说起她痛苦的病症就备受折磨。[42]作为一种明显的温柔姿态，他最初送给维多利亚的礼物之一是一个小小的绿色星形别针，那是他母亲的遗物。他对于保持忠贞不渝有着无比坚定的决心，似乎对他而言这没有任何困难；这种决心创造出了一层能够始终让维多利亚感到安全的保护壳。他们都曾在幼年失去过父亲或母亲，尽管阿尔伯特与自己的父亲之间不曾有过维多利亚与母亲之间的裂隙，但他们都渴望过上那种儿时梦想中的田园牧歌式的家庭生活。

127

1839 年 11 月 23 日，维多利亚身穿一件简朴的晨裙端坐在枢密院的大臣面前。她的手腕上戴着一根手链，手链上阿尔伯特的小小面庞正凝视着她。83 名贵族在白金汉宫一层的一个房间里正襟危坐，满脸期待地看着她。维多利亚略感有恙。她低了一下头，努力稳住颤抖的双手，然后宣读了一份由墨尔本连夜写成的声明：

　　　　我现在传召诸位前来，为的是使诸位了解我在一个问题上的决定，这一问题将深刻影响我国臣民的福祉，以及我未来生活的幸福。我愿与萨克森－科堡－哥达的阿尔伯特王子携手成婚。我深刻意识到即将缔结的婚约所具有的严肃性，经过深思熟虑才做出这一决定，我也已拥有强烈信念，相信凭借万能之主的保佑，这一婚姻将既能确保我的家庭幸福，又能实现国家利益。我认为有必要尽快将这一决定告知诸位，以便诸位能够充分了解这件对我和我的王国而言至关重要之事，我相信这桩婚姻将能为所有亲爱的臣民接受。

随后，维多利亚按照礼仪尽可能快地离开了枢密院，身后留下了眼含热泪的墨尔本勋爵。一直到第二天，她的身体仍在不断颤抖。阿尔伯特已经在两周前返回了德意志，她在一封写给阿尔伯特的信中称，向陌生人宣布如此私密的消息是一个"可怕的时刻"。[43]

在会议结束后，格洛斯特公爵夫人——也就是以前的玛丽公主——曾向维多利亚问道，她是否紧张得很。维多利亚回答说："没错，但在那之前，我做了一件更让人紧张的事。"[44]

公爵夫人问道："什么事？"

"我向阿尔伯特王子求婚了。"

这则消息引起了一阵无声的狂热。阿尔伯特被认为是一个合适的新郎人选。批评人士指出，他年轻、无经验，而且很穷，但其他人却对他的音乐和诗歌天赋夸赞有加。公众对女王的未婚夫有着许多疑问。除了一些肤浅的好奇心外，大多数人还想知道他有可能掌握多少权力，能得到多少津贴，以及如何才能确保一个外国王子不会对女王施展过多影响。

《旁观者》周刊对他不屑一顾。该刊物写道，一名伟大英国女王的丈夫，无疑必须被阉割：

> 一个鎏金的傀儡，无法采取任何与其高贵出身和地位相匹配的行为；无法从事任何与一名战士或者政治家相匹配的事业；其全部重要性都来自他人；无法公开表露任何看法（或许服饰、家具或者马匹等问题除外），即使其妻子的命运和名誉危如累卵，也不能违反接纳他的这个国家的宪法。[45]

从历史上来说，女王的丈夫们始终未能在英格兰得到广泛爱戴。在让妻子受孕方面他们也不太成功。西班牙的菲利普二世与玛丽一世女王之间关系并不十分紧密，褐色头发的玛丽一世是亨利八世的女儿，信奉罗马天主教，因处决了280多名新教徒而被人称作"血腥玛丽"。那是一桩政治性的权宜婚姻，他们进行了共同统治，尽管菲利普如果没有妻子的同意无法做出任何决定，而且他的统治也随着她的去世而告终结。结婚时已有38岁的玛丽没有生育子嗣，并于42岁去世。当身为新教徒的玛丽二世获悉自己必须嫁给荷兰表哥威廉时，她哭了整整两天。她后来渐渐喜欢上了威廉，但她也没有生育儿女。在踏上英格兰的土地之后，他们要求共同摄政，这是基于务实的理由：玛丽的王位继承权更有力，但在光荣革命以及她身为罗马天主教徒的父亲詹姆斯二世被推翻后，威廉的新教背景也提供了足够支持。他们在1689年至1694年间共同执政；当她在32岁的年纪英年早逝后，威廉继续独自统治英格兰。玛丽二世的妹妹安妮在1702年至1714年担任大不列颠女王，她深爱自己的丈夫、丹麦的乔治王子，却在怀孕过程中备受折磨。肥胖且因痛风而行动不便的她有过17次怀孕，其中12次都因流产告终。在她剩下的孩子中，有4个未满两岁就夭折了，而她最后一个儿子在

129

11岁时也宣告夭折。就维多利亚的案例而言，没有明显的理由需要实行双重君主制——她深受欢迎，而且年龄已经足以独自统治国家——尤其考虑到阿尔伯特还是一名外国王子。

有关阿尔伯特的流言蜚语所依赖的基础是某种隐形的歧视，即针对德意志人和针对表亲婚姻的歧视。表亲婚姻在当时的资产阶级圈子里十分普遍，贵族家庭经常鼓励这种做法，以维持家庭的亲密。[46] 1874年，乔治·达尔文（George Darwin）给父亲查尔斯写信说，户籍总署的数据显示，表亲婚姻"在我们阶层中的比例至少是下等阶层的3倍"！[47] 这种做法在达尔文－韦奇伍德（Darwin-Wedgwood）这样的大家族中尤为普遍，约有10%的婚姻都是在一代或者二代表亲间完成的。[48] 那些与表亲结婚的人中有许多著名人士，包括作家玛格丽特·奥利芬特（Margaret Oliphant）、萨克莱（Thackeray）的几个女儿、伊丽莎白·盖斯凯尔（Elizabeth Gaskell）、桂冠诗人罗伯特·骚塞、安东尼·特洛勒普的姨妈、路易斯·卡罗的父母以及约翰·拉斯金。在狄更斯、艾米莉·勃朗特、托马斯·哈代、萨克莱以及特洛勒普的小说中，表亲婚姻十分常见。甚至连儿童读物中的角色也会与表亲坠入爱河：比翠克丝·波特写道："小兔班杰明长大后娶了弗洛普茜表妹。他们儿女成群，既奢侈又快乐。"[49]

查尔斯·达尔文在1862年出版的著作《兰科植物的受精》（*Fertilisation of Orchids*）中对"永恒自体受精"提出批评，并且暗示说，近亲结婚"从某种方面来说也有着类似的害处"。[50] 他在40多年里一直饱受多种神秘疾病的困扰，这些疾病让他头晕、恶心、浮肿、疲惫、焦虑、虚弱和抑郁。他的这些症状有很多都传给了他的孩子，这让他对遗传烦恼不已；这其中究竟有多少是近亲婚姻的结果？要知道，他自己的父母就是表亲婚姻，他娶的也是自己的表亲。[51] 19世纪中叶，这一问题得到了日益热烈的讨论，在此之后，他的儿子乔治决定去确认近亲婚姻是否有害，并且开始借助父亲的帮助来搜集数据。（弗洛伦斯·南丁格尔也表达了类似的担忧；她在 1852 年写道："近亲结婚绝对违反自然规律，不利于种族的福祉；看看贵格会教徒、西班牙贵族、各国王室以及多山地区与世隔绝的山谷吧，那里的精神错乱、种族退化、身体畸形和智力缺陷正变得越来越严重。"[52]）

达尔文父子没有发现任何证据能够支持所谓近亲结婚会导致失明或者耳聋的说法；只有很小比例的精神病院患者是表亲婚姻的后代（3%~4%）。唯一令人不安的发现是，表亲婚姻的后代中成为牛津或者剑桥赛艇队成员的比例较低。不过，乔治·达尔文得出的结论是，表亲婚姻对贵族和资产阶级的风险较小，但对穷人风险较高，这显然反映了那个年代的偏见。但到维多利亚时代末期，尽管维多利亚与阿尔伯特之间的婚姻很成功，但大多数人都开始对表亲婚姻进行谴责。到此时，医学界已经开始众口一词地反对这种做法。[53] 现代研究也已证实，父母是表亲的孩子有更高的风险出现认知缺陷、智力和发育障碍，以及流产。

不过，更严重的问题或许应该是阿尔伯特的德意志血统。墨尔本勋爵对于维多利亚嫁给德意志人言辞十分尖刻——他说，德意志人从来不洗脸，而且嗜烟如命——远比他对表亲婚姻的意见要大得多。在 19 世纪中期，德意志被贬损为一个野蛮而落后的地区，尽管此时它已经是一个受人欢迎的旅游目的地了。作家亨利·梅休（Henry Mayhew）曾在 1864 年说道，德意志人是一个尚未开化，"食不果腹、阿谀奉承、狂妄自大"的民族，始终处于"肮脏、懒散的令人作呕的生活状态"。[54] 德意志当时由一群小国家组成，它们在拿破仑战争后组成了一

131

个松散的邦联，而这一邦联关系此时正承受着来自改革派的压力，他们想要建立一个实施普选、拥有唯一皇帝的统一国家。在维多利亚时代，附庸风雅、久经世故的德意志知识分子、作曲家和诗人与肮脏的农民相去甚远，他们正逐渐渗透进英国的知识分子社交圈里。在 19 世纪初，英国对于拿破仑战争中的死对头法国仍然怀有挥之不去的敌意，但对德意志哲学、文学和思想的兴趣却实现了复兴，[55] 这一风潮的引领者是斯塔尔夫人以及后来的一些著名作家，例如托马斯·阿诺德及其子马修·阿诺德、狄更斯、歌德、卡莱尔、柯勒律治以及乔治·艾略特。反德情绪的产生在一定程度上是由于德裔配偶被认为会对君主产生有害影响：从 1714 年到 1901 年，每一个英国君主的配偶都是德意志人。本身就有一半德意志血统的维多利亚心安理得地遵循了这一传统。

但是，维多利亚面临的最大问题并非阿尔伯特的祖国，而是他所信仰的主。英格兰女王可以嫁给任何人 —— 但天主教徒除外。当亲天主教的詹姆斯二世在 1688 年光荣革命中被赶下王座，并被新教徒威廉三世取代后，英格兰就通过了一项法律，禁止任何英格兰君主成为天主教徒，或者与天主教徒成婚。这一法律至今仍然有效。阿尔伯特是一名严守教规的路德教徒，有着坚定的个人信仰，但他的家庭却是由天主教徒主导。维多利亚在枢密院发表的演讲中没有提到"新教徒"一词，因此引起了人们的怀疑。（愚蠢的是，鉴于国内强烈的反天主教情绪以及维多利亚作为信仰捍卫者的重要地位，墨尔本在此之前建议将这个词删掉。）当惠灵顿公爵在议会中提及此事，托利党的报纸也发表讥讽之词后，这个词又被重新加进了正式版本中。当阿尔伯特返回德意志为婚礼做准备时，他还起草了一份详尽的家族史，以证明他无懈可击的宗教信仰。毕竟，马丁·路德正是在科堡创作圣咏的。

在维多利亚试图为她的情郎争取地位和金钱时，又遭遇了更多的阻碍。就阿尔伯特的年收入进行的投票颇具羞辱性。墨尔本一度提议阿尔伯特每年得到 5 万英镑，与以前的君主配偶相同。托利党断然投票反对，因而他的收入被设定在 3 万英镑。感到既难堪又恼怒的阿尔伯特对于维多利亚连一句同情的话都没有说责难不已："那些亲爱的托利党人将我的（预期）收入腰斩，让我的处境变得不太令人愉快。很难想象会有人像他们对待你我一样既卑鄙又可耻。这没法给他们带来多少好处，因为这件事让我不可能再对他们保持任何尊重了。"[56] 维多利亚发誓说："只要我还活着，就永远不会原谅那些可憎的无赖，无耻之徒皮尔就是他们的头头。"[57]

接下来遇到的是先例的问题。维多利亚希望将阿尔伯特置于英国正式等级体系中仅次于她的位置，这意味着他将在正式仪仗队伍里紧跟在她的身后，但维多利亚的叔叔们以及托利党内的领导人均表示反对。维多利亚又一次被激怒了："可怜的阿尔伯特，他们对待这个亲爱的天使为何如此残忍！一群禽兽！你们这些托利党人应该被天打雷劈。复仇，复仇！"[58] 她将一切归咎于惠灵顿公爵，因为他曾经在议会里责难过阿尔伯特的宗教信仰问题，而且不支持提高阿尔伯特收入的提案。墨尔本花了很大的力气去劝说才为惠灵顿公爵拿到了女王婚礼的邀请函，而且即使这样，维多利亚也只允许他参加婚礼仪式，而不是婚礼宴会。

阿尔伯特是个内向的人，不太善于表达自己的情感。他在那一年晚些时候向维多利亚坦承："我通常（唉！）是一个很冷淡的人，需要有很强的感染力才能触动我。"[59]

不过他给自己的未婚妻写了许多充满爱意的信件，[60] 勇敢地回应了她的热情。[61] 11 月 30 日，他在科堡写了一封尤为冗长、絮叨的信：

133

　　　　最亲爱的维多利亚——我期盼与你交谈；分离于我而言痛苦不堪。你的可爱相片放置在我的桌前，我简直无法转移自己的视线……我的生命该有多么幸福，如能有你与我一同品尝苦乐酸甜！对你的爱充盈了我的心田……愿你偶尔记起我对你的爱恋，我的心正为你真诚而光荣地跳动，我最大的心愿是你对我的爱能持续到永远……吻你一千遍。愿上帝保佑你！ 62

　　维多利亚的回信因反复无常的邮政系统而被耽搁了 9 天，令阿尔伯特焦急万分。他的爱是发自真心的。

　　但在甜蜜的情感后面，有时紧跟着的却是唐突的言辞。当谈及宫廷事务时，阿尔伯特试图坚持自己的主张，尤其是在王室侍从组成名单方面。63 阿尔伯特迫切地想要确保他们不完全是与未来妻子结盟的辉格党人，还要有一些真正有荣誉、有地位、有智慧的男子。他写道："如果我要真正置身于所有党派之外的话，那我的侍从就不能完全隶属于一边……最重要的是，我希望他们会是教养良好、品格高尚的人。"阿尔伯特不愿接受由墨尔本勋爵的私人秘书担任他的财务主管的建议："我个人对于乔治·安森先生一无所知，除了有一次看过他跳方阵舞以外。"64 阿尔伯特努力了好几周，一直敦促维多利亚至少允许他，一个即将远离故土的男人，挑选那些身边最亲近的人。65 取悦阿尔伯特肯定比取悦安森先生更重要吧？66 阿尔伯特有力地写道：

　　　　在这一点上，我已经穷尽了自己的观点，并且奋笔疾书直到濒临失明，只为让你理解这对我而言有多么令人不快。这是我求助于你的爱的第一个也是唯一一个请求，我也不希望提出第二个请求；但我要冷静地宣布，眼下我不愿接受安森先生或者任何人。

不过维多利亚与墨尔本还是占了上风。安森先生得到了任 134
命。唯一的妥协是，安森必须从墨尔本的幕僚队伍中辞职。不
久后，他和阿尔伯特就会对这场纠纷一笑置之，因为他们很快
就成了好朋友。这是少数——或者有可能是唯一——让阿尔伯
特最终很高兴自己没有取胜的情况。但他最初的直觉是正确
的，他坚持要求王位凌驾于政治之上的想法也很明智。威廉四
世是一名托利党人，维多利亚是一名公开的辉格党人，但阿尔
伯特坚定地引导她接受了不偏袒任何党派对于君主而言至关重
要的看法。他在这方面的成功帮助王位免受革命威胁。

阿尔伯特早期的信件揭示了他的自信以及希望能够得到倾
听和尊重的决心。他会在意见被驳回或者被发号施令时冷静地
表达不满，然后忘记一切给维多利亚送去飞吻。当他就由别人
来处理他的财务事项的建议与未婚妻发生争吵时，他很清楚自
己可能面临财政紧缩的前景。他在 1840 年 1 月初写道："作为
女王的丈夫，我将在家庭环境里处于从属地位，比任何其他丈
夫都更要依赖妻子。我的私人财富只有那些供我支配的部分。
因此，我有理由要求自我在近一年前成年以来所拥有的财富
（就如同任何成年男子的所有物一样）交由我来支配。"他在这
封强有力的信件末尾写道："炽热地爱着你，我仍然是你忠实
的阿尔伯特。"[67] 他对维多利亚说，她不应该将公务与私事混
为一谈，两人的分歧并不意味着"我对你的爱消失了，任何事
都无法动摇我对你的爱"。

维多利亚最为肯定的一点是，阿尔伯特不能被人发现对
她施加了任何过度的影响力，或者握有任何独立权力。尽管利
奥波德曾经敦促阿尔伯特请求在贵族院中获得一个席位，但维
多利亚拒绝了。她希望让丈夫得到的是王室职位：她曾问墨尔

本，是否有可能让阿尔伯特成为国王。首相大人明确否认了这一可能性，并且表示她才是君主，他只是配偶，起到的是在艰难时刻提供"支持和援助"的作用。于是，维多利亚面临的问题将变成如何调和一个妻子的角色与一个强势女王的角色之间的矛盾。想要突破至少表面顺从的传统妻子角色，将既痛苦万分又史无前例。

婚礼举行前六周，即 1839 年 12 月 29 日，墨尔本在维多利亚的督促下给阿尔伯特写了一封信，陈述了一些指导方针。首先，最重要的是，阿尔伯特和维多利亚需要在表面上就一切事务意见一致。其次，他不应亲自涉足政治："殿下应当被认为是在赞同并支持女王的现行政府推行的政策，这一点绝对必要。"再次，他应当选择那些大体上支持政府的人作为自己的侍从。阿尔伯特恼怒不已。他写信给维多利亚说："我希望墨尔本勋爵没有认为我们想要过一种充斥着争吵和不和的生活，而不是充满爱意和团结的生活；一个人的看法不能由他人强加，因为看法是思考和信念的结果，一个直到你有了看法才形成自身看法，而且这种看法始终与你相同的丈夫不可能得到你的尊重。"[68] 阿尔伯特不愿成为一个装饰性的丈夫。维多利亚始终爱慕着他，他们的婚姻也很幸福。但她始终没有谈到过他们婚姻之中的冲突和斗争，其所产生的代价，以及她采取了多少艰苦努力才让婚姻维持下去。一直到阿尔伯特去世后，她才对长女提及这些内容。斗争的核心在于，他们二人都热爱权力：维多利亚热爱的是权力给她带来的作为女性的自由，而在那个世纪，大多数女性都缺少这种权力；而阿尔伯特热爱的是权力赋予他的实施领导、影响和催生变化的许可。

维多利亚努力一动不动地站着，为她的白色蕾丝婚纱进行一系列试穿，与此同时，她的脑海里还在细数需要为婚礼完成的一系列琐事。就在女裁缝师将象牙褶皱缝在她如今已经十分

纤细的腰身上时，她想到，不能忘了告诉阿尔伯特，他不应为
婚礼而剃掉胡须。如果有什么事是她一定会坚持的话，那一定
是要求他保留他们最初相见时的那一撮浅浅的八字胡。那一撮
胡须给她留下了如此深刻的印象，以至于她对墨尔本勋爵说，
所有骑士都应被要求留一个那样的胡子，而墨尔本"对此没有
任何反对意见"。[69] 她希望这种胡须成为正式制服的一部分。
这是一幅十分有趣的画面：一排排穿着整齐制服的男子骑在马
背上，所有人脸上都留着整齐划一的浅浅八字胡，而这仅仅是
因为年轻女王的痴情。一想到阿尔伯特，就几乎足以平复维多
利亚的紧张情绪；但一想到她在婚礼当天可能遭遇的所有小题
大做、装腔作势和严格审视，她就感到身体不适。

　　在婚礼举行前的几天里，维多利亚一直忙于让议会——尤
其是托利党人——理解，阿尔伯特作为她的丈夫应当被认可为
王国中一个地位超群的人——既要广受尊敬，也要获得丰厚酬
劳。她在 1840 年元旦许下的愿望很简单："亲爱的主，愿托利
党人能满足我们的要求。"[70] 维多利亚对托利党人的敌意也将
招致阿尔伯特的反对。她的新郎决心削弱墨尔本的影响力：他
将让这位首相因维多利亚继位初期犯下的愚蠢错误而受到惩
罚。阿尔伯特不仅想要变得优秀，还想要成为一个伟人。

11
新妇叹良宵

若余为女王，
将有何为？
愿立汝为王，
侍奉左右。

——克里斯蒂娜·罗塞蒂

你忘了，亲爱的，我是君主，这项工作可不会为任何事停下来等待。[1]

——维多利亚女王

在 1840 年年初的几周里，随着婚礼日期临近，维多利亚变得越来越焦虑。天气阴沉——大风不息，寒冷而湿润。她变得苍白而瘦削，既吃不下又睡不着，焦躁不安，整个身体疼痛不已，还得了重感冒。即使是写信也让她疲惫不已。克拉克医生检查了她的身体，并且又一次误诊，说她得了麻疹。维多利亚躺在床上，看着雨水在肯辛顿宫的窗子上留下道道污痕，竭力镇定自己的情绪，与此同时，阵阵疑云爬上了她的心头。过去两年里，难道她没有因为比其他任何女性更为独立的人生而乐在其中吗？这种纯粹的自由很快将从她的指尖溜走。她闭上眼睛，想起城市各处正在忙碌进行的准备活动：烤制蛋糕、擦亮皮鞋、定做大衣、修建花园、清理马车等，还有许多大桶装苏格兰威士忌和堆满婚礼宴会所用食物的车辆正被人推着经过伦敦的街道。

在这个 21 岁姑娘的脑海里，总有些问题始终挥之不去：许下婚礼誓言后，生活将会变成什么样？她对于生孩子感到很害怕。男女之间单独相处的方式似乎十分神秘。她配得上阿尔伯特吗？他的眼睛是否会像墨尔本刻薄暗示的那样，在几年后开始盯上其他更清秀的姑娘？² 为什么这么多人都觉得阿尔伯特会干预政治？很明显她才是统治者，那个掌管着一切的人。他是否会试图控制她或者批评她？对他来说，这种牺牲是否太大？她有时会感觉自己配不上他：他如此英俊潇洒，而她却如此相貌平平。她有着与生俱来的骄傲和习惯成自然的权势，但爱情让她变得恭顺。在婚礼举行 5 天后发表的一首诗中，伊丽莎白·巴雷特（Elizabeth Barrett，即后来的伊丽莎白·勃朗宁）写道："若你说，天佑女王！噢，请细语轻言。她已为人妇，受宠万般！一切皆如圆满。"³ 维多利亚在仅仅几年内就学会了如何做女王，但她怎样学习如何身为人妇？

墨尔本勋爵唯一的任务就是在婚礼举行前的几天里振奋维多利亚的精神。他安慰她说，感到焦虑是很正常的事。当她提醒他以前自己决心保持单身时，他说，结婚很正常，她作为君主的工作才是"非常不近人情的"。这个有着痛苦而耻辱的婚姻经历的男人给出了一些颇为现实的建议："这是一场巨变——它有其不便之处：每个人都会尽力做到最好，有鉴于此，你已做得很好；这其中有可能会出现一些困难。"维多利亚认真记下了他的话，并补充说："你说得太对了。"她还有一种羞于启齿的需要，那就是希望自己变得光彩照人。她略带羞涩地向首相指出，她已经减了些体重，一定显得压力很大。他强调说，她看起来"棒极了"。他还说，他曾在一份苏格兰报纸上看到过一篇文章，文章作者描述说，维多利亚有着"炯炯有神的大

139　眼睛、热情渴望的鼻孔以及沉着坚强的嘴唇"。墨尔本勋爵反复念了这段溢美之词好几遍，脸上流下了两行热泪。他赞同地说，这是"一种非常真实的描写，不可能有比它更好的外貌描写了"。尽管对于当今女性而言很少有人会在听到人们说她们有热情渴望的鼻孔后感到受宠若惊，但女王却微笑着回答说："我敢肯定，你的朋友都不如我这么喜欢你。"⁴他回答说："没错。"他的温柔鼓励原本应该来自一个父亲。

　　维多利亚的麻疹最终被证明不过是紧张过度，而她一看到阿尔伯特，紧张情绪就缓和了下来。当他抵达白金汉宫时，她已经等不及地站在大门前了："再次看到他亲爱的脸庞，让我对一切都放心了。"⁵阿尔伯特还在因为穿越英吉利海峡而感到头晕不已，以至于他将自己比作一根蜡烛，尽管如此，他还是保持着平静和坚定的姿态。唯一不太和谐的音符是阿尔伯特在离开位于科堡的家时收到的来自维多利亚的一封正式信函。她写道，虽然他渴望能够有至少两周单独相处的时间，但她无法同意长达两周的蜜月假期。她有些居高临下地说，她太忙了：

> 亲爱的阿尔伯特，你完全没有理解这件事。你忘了，亲爱的，我是君主，这项工作可不会为任何事停下来等待。议会正在履职期间，几乎每天都有事情发生，我可能会需要出席，几乎不可能离开伦敦；因此，离开两三天已经是一段很长的时间了。如果我不能在现场目睹和听取正在发生的事情，我一刻都不会感到安心……这也是我本人的愿望。⁶

　　她对丈夫的爱深沉无比，但她也同时深爱着她的工作和责任感。人们在讲述维多利亚如痴如醉的恋情时经常忘了这一点：当她与阿尔伯特陷入爱河时，她从未打算放弃自己撰写信

件、阅读内阁文件以及与首相商议的职责。维多利亚觉得，有
阿尔伯特在身边，她就能做更多而不是更少的工作了。不过，
她知道，她需要小心谨慎一些，不要让自己的丈夫显得过于软
弱。要知道，他的大部分收入都来自一个简单的事实，即他迎
娶的是世界上最知名的女子。

　　当大主教问女王，她是否愿意在婚礼誓词中将"顺从"一
词给去掉时，她坚持要把它留在誓词里。[7]对她来说，这并不
是要求她对阿尔伯特低声下气，而是提醒她，她不能——或
者说不愿——像对待王室其他成员、内阁以及成百上千万臣民
那样支配她所嫁的那个人。在举行婚礼之时，她内心的矛盾和
复杂与在后来的整个人生里一样强烈：在公开场合，她誓言
要顺从自己的夫君，但与此同时，她却在私下里否决了他的
愿望。

　　维多利亚想要一个简单的婚礼：朴素的长裙、少数宾客
以及低调的仪式。当然，对一个女王而言，这种愿望很难得到
满足。墨尔本设法说服她接受了更为复杂的庆祝活动，在他看
来，这才配得上君主的身份。他建议她设法克服自己在公开场
合受到他人目光注视时的羞涩和不安。他还说服她不仅仅邀请
惠灵顿公爵，还邀请了利物浦勋爵，尽管她曾决心要让自己的
婚礼上不出现任何托利党人。墨尔本还劝说她将婚礼放在圣詹
姆士宫的皇家教堂举行，尽管她认为那个地方丑陋至极。维多
利亚叹气说："对国王和女王来说，一切都总是如此不顺。"[8]

　　不过，在某些事情上，维多利亚始终坚持己见。阿尔伯特
曾希望她只让那些在他看来符合道德准则的女性之女参加她的
伴娘团，但墨尔本对她说，这种道德准则是只有底层阶级才会
考虑的问题，此话充满了特权阶级的伪善。她决定无视阿尔伯
特的愿望，依据等级挑选她的 12 个伴娘。她甚至大胆地将泽

西夫人之女包括在伴娘团内，而臭名昭著的泽西夫人曾经是乔治四世的情妇。她还想要阿尔伯特在婚礼前的那一夜睡在她的屋檐下，并且将母亲和首相的反对斥为"愚蠢的鬼话"。[9] 她知道，只要他在身边，她就能睡得更好。她还跟墨尔本勋爵开玩笑说："我笑着说，我要让人看看，我有时也是会有自己的意愿的，尽管我很少被允许这么做——这让 M 勋爵也笑了。"[10] 首相与女王在一起开怀大笑，而阿尔伯特则在等候指示、静待时机。

1840 年 2 月 10 日清晨，天空黑云压城。维多利亚睡得很沉，一直到上午 8 点 45 分才起来。她开心地想到，这是她最后一次独自一人躺在床上了。她看着窗外的黑云，坐在桌前给她的新郎写了一封信：

> 亲爱的，你今天好吗，睡得香吗？我今天休息得很好，感觉很舒服。天气好糟啊！不过，我相信雨会停的。当你，我亲爱的新郎，一切准备好时，给我传句话。你忠实的维多利亚。[11]

维多利亚一动不动地站好，小心翼翼地扣上白色绸缎婚纱的扣子，婚纱绣着蕾丝花边，还有长达 6 码的拖裙，拖裙的边缘镶嵌着香橙花。她的双手略带颤抖地在耳垂上戴上土耳其钻石耳坠，并在脖子上戴上钻石项链，随后在胸前别上阿尔伯特送给她的蓝宝石胸针。她伸出脚，让女仆帮她将精致的白色绸缎鞋的丝带系在脚踝上。她的低领婚纱显露出洁白光滑的胸脯，长发从中分开，在头部两侧扎成两个发髻。

维多利亚的衣着是经过精心挑选的，为的是展现她的爱国主义姿态。婚纱的布料来自伦敦丝绸工业的传统中心斯皮塔佛德（Spitalfields），两百名来自德文郡的蕾丝制作工人忙活了好几个月才制作而成。制作完成后，设计图纸被销毁，以防止有人抄袭其设计样式。她的手套是在伦敦由英国儿童缝制而成的。为制作她的婚纱，维多利亚委托制作了大量手工制作的霍尼顿式蕾丝花边，为的是复苏风雨飘摇的蕾丝行业（机器制造的蕾丝花边复制品一直在损害这一传统行业）。她站在镜子前看着倒影，几乎不敢相信自己的眼睛。她头上戴着简朴的香橙花和长春花冠。在肖像画中，她看起来既年轻又苍白，既焦虑又出神。

　　女王曾要求，其他人不得穿白色衣服参加她的婚礼。有些人曾将她的颜色选择错误地解读为一种性纯洁的暗示——正如诗人阿格尼丝·斯特里克兰（Agnes Strickland）后来所说，她的选择不是打扮成"一个服饰华丽的女王，而是穿上无瑕的白色婚纱，就像一个纯洁的处女一样去见自己的新郎"。[12] 维多利亚之所以选择穿上白色婚纱，主要是因为这种颜色能够完美地凸显精致的蕾丝花边——当时，白色还不是新娘的传统色彩。在掌握漂白技术前，白色是一种罕见而昂贵的颜色，更多的是财富而非纯洁的象征。维多利亚不是第一个穿白色婚纱的人，但她通过示范作用让白色流行了起来。英格兰各地的蕾丝花边制作工人都对自己的手艺突然极受欢迎感到兴奋不已。

　　随着维多利亚走向她的金色马车，人群变得喧闹起来。她一直没有抬头，"匆匆地环视一周以及头部的微微倾斜是她给出的唯一的谢意表达"。[13]

　　如注的雨水和狂暴的大风让"为数众多"的祝福者打消了出门的念头，但公众的参与热情却丝毫不减。[14] 很少有事情能够像王室婚礼一样牵动英国人的心，而伦敦的兴奋情绪已经酝酿了好几周。《讽刺家报》（*The Satirist*）抱怨说："我们都变得如痴如狂。人们的所听所想除了白鸽和丘比特、凯旋门和白色装饰，以及组合灯和全面照明外别无其他。"[15]专爱唱反调的历史学家托马斯·卡莱尔一如以往涉及王室活动时一样，不耐烦地对为什么人们会如此大惊小怪而感到疑惑不解："可怜的小家伙。"[16]（他说，即使身在远处，他也能准确地看出那名深受托利党人憎恨的女子有着"顽固而倔强的脾气"。）

尽管如此，在媒体长达一年的嘘声、骂声和抨击后，伦敦似乎再一次爱上了女王。有些人甚至痴情不已。维多利亚身后总有一群滑稽而执着的跟踪狂，有些人对即将到来的婚礼感到相当难过。有几个人的决心十分强烈。一名充满深情的男子经常站在肯辛顿宫的大门外，每天当她的马车经过时，他都会跟在后面。另一个名叫内德·海沃德（Ned Hayward）的男子持续不断地给内政部写信，寻求向维多利亚求婚。他最后试图拦下她的马，亲手给她递上了一封信，但旋即遭到逮捕。另一名绅士相信自己才是合法的国王，而维多利亚能够成为一名优秀的主妇，因此爬上温莎城堡的大门，宣称："我以英格兰国王的名义要求进入这座城堡。"[17]

王室婚礼引起的激动情绪无处不在，甚至连查尔斯·狄更斯都跟朋友开玩笑说，他也受到了这种情绪的影响。他在写给古怪诗人沃尔特·萨维奇·兰多（Walter Savage Landor）的信中写道："陛下的婚礼已经让这里的社会变得精神错乱，我要遗憾地说，我也无可救药地爱上了女王。"[18]在婚礼结束三天后，狄更斯假装成维多利亚的追求者之一给一个朋友写了一封信：

> 周二那天，我们一同外出远足，来到温莎附近，绕着城堡漫步了一番，看到了城堡的走廊和房间——甚至是那个特别的房间……房间里亮着红色的温馨光芒——显露出

无比的喜悦和幸福——而我，你谦卑的仆人，在漫长的步行中躺在路边的泥土里，拒绝所有安慰。[19]

那个朋友打趣说，狄更斯回来时"口袋里装满了女王的肖像"，他"还偷偷抱着肖像流泪"。

人群在潮湿的天气中聚集起来，等待着能够一瞥新娘的模样，他们的身上骄傲地别着婚礼纪念章。从宫殿到教堂的泥泞道路两侧，警察紧紧地排成两排，努力地将吵吵闹闹的围观人群向后推。窃贼此时开始在伦敦的街巷和后院里行偷鸡摸狗之事，因为警察一整天都无暇顾及他们。与此同时，在从宫殿到教堂的道路沿线，许多树枝都因为无法承受趴在其上的人的重量而折断。

抵达圣詹姆士宫红金相间的皇家教堂后，维多利亚径直来到了自己的牵纱者身边，她们全都穿着由她亲自设计的白色长裙，耐心地等待着。她给了她们每人一枚老鹰形状的绿宝石小胸针，作为勇气和力量的象征。阿尔伯特在圣坛前等待着，一身鲜红的修身制服上装点着英国最高骑士勋位嘉德勋位的项饰和星章，看起来帅气无比，他蓝色的眼睛凝视着一步步向他走来的娇小而严肃的新娘。弗洛伦斯·南丁格尔与大多数人一样，觉得阿尔伯特是一个"看起来非常帅气的青年"，[20] 她说，在婚礼期间站在维多利亚不远处的勒费夫尔夫人（Mrs. Lefevre）提到说，她仪态端庄、口齿清楚，但她头上的每一朵香橙花都在颤抖，脸上看起来十分苍白，眼睛也泛着红，看起来就好像一夜没睡似的。但她签起名来就像一头狮子一般，而且很担心阿尔伯特王子会显得过于强势，每次他要犯错之时，她都会碰一下他的胳膊肘，告诉他在哪里签名，并在他把戒指戴错手指时纠正他。婚后她就放松了许多，看起来相当幸福。[21]

翌日，维多利亚唯一想要纠正的是所谓她在婚礼上哭泣的报道："自始至终我都没有流下一滴眼泪。"[22] 她曾长期接受训练，知道如何保持沉着、镇定，不打算被视为一名情绪不稳定的女王。

145 　　婚礼结束后，新婚夫妇抽空在维多利亚的房间里一同度过了半个小时，然后才回到婚礼宴会现场面对众人。维多利亚将一枚戒指戴在阿尔伯特的手指上，阿尔伯特则说，他们之间永远不会有任何秘密。（23 年后，她在自己的日记中写道："从未有过任何秘密。"[23]）维多利亚随后换上了另一件天鹅绒边的白色长裙，戴上了一顶宽边软帽——一顶她可以藏在里面的帽子。

　　宴会是一个融合了颔首、屈膝、欢笑与握手的喧嚣场面。新婚夫妇最终在下午 4 点离开宴会，随着阳光开始穿透云层照射到地面，他们轻装简从地离开了宴会现场，陪同他们的除了三辆马车，还有许多沿着道路一边奔跑、一边欢呼的人。格里维尔抱怨说，他们坐着老旧马车"可怜而寒酸地离开"，但女王并不在意；太阳将天边的云朵烧得通红，随后坠入一片黑暗之中，就"只剩我和阿尔伯特独自待在一起，太令人高兴了"。[24] 这将是她婚姻中反复奏响的一段副歌：她最想要的始终是与阿尔伯特独自相处。

　　在经历三小时的旅途后，这对筋疲力尽的新婚夫妇抵达了温莎城堡。维多利亚头很疼；她换了身衣服，躺在沙发上，脑海中闪现着这混乱一天的每一幅图景。在她休息时，阿尔伯特弹起了钢琴。这里比伦敦清净多了，真令人感到安慰。她回想起过去的几个小时：墨尔本竭力忍住眼中泪水时脸上的表情；阿尔伯特将戒指戴在她的手指上，以及仪式完毕的幸福时刻；前往教堂的道路两边此起彼伏的脸庞；以及在宫殿中浓浓的善意、震耳的掌声和阿尔伯特身着制服的优雅形象；他们驾车回到温莎城堡时伊顿公学的男孩们的疯狂欢呼；以及婚礼的庄重程度。她在日记中写道："婚礼仪式十分壮观，既精美又简朴。我认为这应当能够给每一个在圣坛上立誓的人留下不可磨灭的印象，让他们决心永守自己的誓言。"25

　　不过，对于婚礼，她最喜欢的一点还是，当他们站在大主教面前时，大主教仅仅以维多利亚和阿尔伯特来称呼他们。她越来越开心地想到，在余生中，对她的阿尔伯特而言，她都仅仅是维多利亚而已。她不是什么女王或者统治者，仅仅是一个妻子和爱人。她翻过身，看着自己丈夫的手指在钢琴琴键上跳跃，弹奏着他自己创作的曲子。阿尔伯特抬起头看到了她，然后来到她身边，亲吻了她。晚上 10 点 20 分时，他们回到卧室，正如维多利亚在日记中所写的那样，"当然是上了同一张床"。26 她躺在他的身边、他的臂弯、他的胸前，在黑暗中聆听着他的耳语，笑容爬上了她的脸庞。

146

　　在经历了几乎无眠的一夜后，维多利亚在第二天早上醒来。她静静地躺着，在晨曦的光线照射下凝视着阿尔伯特的脸庞，对他和他洁白的脖颈感到惊讶不已，在此之前，她只简单地瞥过几眼他的脖颈。他"有如天使般美丽"。这种让她难以想象的亲密感令她感到既满足又兴奋。对她而言幸运的是，宫廷中在王室夫妇首次爬上同一张床时进行围观的可怕传统已经在乔治三世时期过时了。她还感到幸运的是，阿尔伯特似乎是一个合格而温柔的爱人。维多利亚的新婚之夜是她记忆中最接近极乐的时刻。她的兴奋之情在日记中简直难以掩饰：

　　　我从来、从来没有经历过如此的夜晚！我最亲爱的

阿尔伯特坐在我身边的脚凳上，他极度的爱恋和情感让我感受到了此前从未奢望过的天堂般的爱情和幸福。他将我拥入怀中，我们一遍又一遍地亲吻彼此！他的美颜、他的甜蜜和温柔，真的，能够有这样的夫君我感到庆幸至极！噢！这是我人生中最幸福的一天！ 27

这是一种充满欲望的魅力。吃早餐时，维多利亚凝望着他，再一次注意到他黑色天鹅绒外套下没有系领巾，"美得令我难以言表"。翌日，她又发出了超越世俗的惊叹："已经是我们婚姻的第二天了；他的爱和温柔超越了一切，亲吻那可爱温柔的脸颊、将我的双唇放在他的双唇上，简直是天堂般的极乐。我感到了一种前所未有的更加纯粹、更加超越世俗的情感。噢！我是世上最幸福的女人！"她最喜爱的恰恰是微小而亲密的举动：当阿尔伯特为她穿丝袜时，或者当她看着他刮胡子时。他躺到床上她的身边，一遍遍亲吻她；他们相拥着入眠。当墨尔本勋爵对她说，她看起来"气色很好"时，她回答说，阿尔伯特的"善良和爱恋""超越了一切"。在那些日子里，她日记中写到了阿尔伯特的触摸和他英俊的外表，同时还忠实地记录了她与 M 勋爵每一次谈话的主题和内容。

历史学家一直都承认，维多利亚有着旺盛的性欲——有些人甚至暗示说，她是某种性爱狂魔，吞噬了一个宽容但筋疲力尽的丈夫。毫无疑问的是，她极富激情，这一事实经常与维多利亚让人产生的联想——阴沉的老妪和清教徒式的责难——产生激烈冲突。鉴于对当时女性而言性行为有多么令人苦恼——避孕和流产措施有限，也没有无痛分娩措施——维多利亚与丈夫之间恣意而大胆的肉体欢愉着实不同凡响。

在 19 世纪，人们想当然地认为拥有强烈性欲的女性都是病态的：女性的欲望被认为十分危险，容易引起巨大争议，人们还认为女性的动物本能会压垮她们脆弱的意志，让她们失控。[28]那些梦想、考虑或者实施所谓过度性行为的女性被人称作"女性瘾者"。有些女性被迫接受了阴蒂切除术，或者在会阴部被放置了医用水蛭。其他人则被告知要避免食用肉类以及饮用白兰地，要使用护颈枕、用硼砂来冲洗身体、接受冷水灌肠，或者严格遵守素食要求等。1886年时，一名医生在报告中说，最有可能成为"女性瘾者"的人是处女、寡妇或者16岁至25岁的金发女性。[29]这种推断在维多利亚时代的医学界十分盛行。

大多数女性疾病都被认为源自令人烦恼的盆腔内器官。女性器官方面知识的最重要来源被认为是男性妇科医生，而他们让女性的身体变成了一个秘密，或许对他们自己来说尤其如此。[1858年的《医疗注册法案》（Medical Registration Act）明令禁止女性成为注册医师。[30]]对女孩实施性教育简直不可想象。英国医生威廉·阿克顿（William Acton）曾撰写了多本有关自慰的书籍，他甚至指出，有些已婚夫妇的知识贫乏到他们在婚姻中从未有过性行为。[31][你不得不为阿克顿的妻子感到一丝同情，因为他曾在1857年宣称："大多数女性（对她们来说再好不过）都不会受任何性情感困扰。"[32]]许多女性都试图避免进入性高潮，因为她们被告知这会导致怀孕。[33]罗伯特·泰特（Robert Tait）于1877年写道：

> 大部分女性在结婚时对于婚姻的功能仅有十分模糊的认识……在我们英国的生活方式中，对待这些课题总有一种虚伪的谦逊态度，其代价是女性要为此承受诸多痛苦。[34]

对许多已婚女性而言，性行为是一件令人厌烦的事，无法令人享受其中。[35] 鉴于当时对女性身体的无知，维多利亚对性快感的满足是真正与主流文化相悖的。阿尔伯特没有记载过他对性行为的看法，但很明显，他能够让妻子感到满足。而且他显然非常爱慕她，因为他曾在给哥哥的信中赞许地写到她广受称赞的胸部。仅仅在婚礼举行前的几个月，他曾对埃内斯特辩解说，维多利亚"变得漂亮多了"，在前一晚的晚宴上看起来十分可爱："她穿着一件低领长裙，丰满的胸部在胸前玫瑰的映衬下将长裙撑得凹凸有致。"[36]

尽管阿尔伯特与维多利亚的关系情真意切，明显享受着强烈的肉体欢愉，维多利亚也毫不怀疑自己是阿尔伯特的第一个，也是唯一的性伴侣，但仍然有人猜测阿尔伯特是一名同性恋。与阿尔伯特同时代的人之所以对他感到怀疑，是因为阿尔伯特对于伦敦各式美女的魅力似乎完全免疫，他甚至经常忘了她们的名字；他从来不与其他人调情，也对美貌不甚留意。斯托克马说，阿尔伯特只不过是在异性身边时"太过冷淡、太过拘谨了"，他还说，"他总是更容易与男性相处"。从某种程度上说，这句话说得没错。[37] 阿尔伯特很爱他的妻子，但无论是从社交还是从理性的角度来看，他都更喜欢男性同伴。[38] 这种偏好对作为政客夫人的克拉伦登夫人（Lady Clarendon）来说再明显不过了，她千方百计地想要在晚宴上与他对话，却注意到唯一能跟他对话的女性只有王室成员。[39] 尽管他并不喜欢当时作为惯例的餐后品波尔图葡萄酒活动以及男性之间的玩笑——通常他会离开去独自下棋或者与维多利亚一起唱二重唱——但他最亲密的朋友都是男性。在年满18岁时，阿尔伯特曾开玩笑地向斯托克马保证说，他会"给予姑娘们更多关注"。[40]

没有证据表明阿尔伯特曾与男性有过肉体关系，但许多人怀疑他有过。利顿·斯特雷奇（Lytton Strachey）曾说，阿尔伯特之所以没有步他父亲的后尘走上出轨之路，有两个可能的原因：要么是因为他"独特的成长方式"，要么是因为"一种更为根本的特质"，即"对异性的显著反感"。[41] 其他人则指向他在波恩大学与许多男性结下的友谊，以及他与克里斯托夫·弗洛舒茨（Christoph Florschütz）之间的亲密关系，后者是一名颇有天赋的学者，曾与阿尔伯特和埃内斯特共同住在阁楼的小房间里长达 15 年之久。[42] 阿尔伯特将生命中最快乐的时光归功于弗洛舒茨，而不是他的父亲。由于母亲的缺位，他对这位家庭教师的强烈情感丝毫不令人感到意外。[43] 有些人还指向 19 世纪许多男性学院内的同性恋文化，这些学院包括牛津和剑桥两所大学的学院以及像伊顿公学这样的公立学校，没有理由认为波恩大学会是个例外。一些在当今会被认为是同性恋的亲密行为——例如激情地宣誓爱意、同床共枕以及亲吻——当时不会被人贴上这样的标签。

对阿尔伯特性取向的讨论永远也不可能超越猜测的范畴。他和维多利亚有着亲密而美满的婚姻，维多利亚也是对阿尔伯特的记忆的首要捍卫者和创造者。在他还在世时，没有人真正对他有过非议，当时，同性恋并不被人认为是一种身份认同，而是一种人们会偶尔涉猎的东西，通常是青少年以及刚成年的男男女女会去涉猎。据米歇尔·福柯所说，将同性恋归类为一种身份认同的做法一直到 1870 年才出现。[44]

150

而且，最重要的是，阿尔伯特从未正眼看过或者爱慕过其他女性的事实正是他身上最令维多利亚喜爱的特质之一。这让她感到安全而保险。这也是对那些绕着王室团团转的万众瞩目、自命不凡的女人实施的卓越复仇。她曾开心地对墨尔本说，"阿尔伯特不太在意美女，而且十分讨厌那些备受宠爱的美女，总是想刁难一下她们"。[45] 当墨尔本暗示说，那种对女人的兴趣会在未来某个合适的时候到来时，维多利亚爆发了一阵怒火。她怒气冲冲地说，说这种话很愚蠢，"我不会原谅你的"。[46]不过，第二天，她还是原谅了他。墨尔本向她道歉，表示他所指的仅仅是阿尔伯特的腼腆性格。

维多利亚与阿尔伯特的婚姻是近代史中最伟大的浪漫故事之一。它真挚、深情且成果丰硕。他们共同开启了一个君主制从直接权力转变为间接影响力的时代，以及君主制从作为贵族政治的结果变成作为中产阶级象征的时代。他们重塑并提升了君主制的声望，保护其免受革命的威胁，而在维多利亚和阿尔伯特在英国备受赞颂的时代，欧洲许多国家的贵族和王室都被革命所推翻。阿尔伯特的影响力将在日后短暂地超越他的妻子，但在寿命、活力和意志力方面，他都不如维多利亚。阿尔伯特将一鸣惊人，维多利亚则将颐养天年。

维多利亚在生育 9 个子女的过程中让阿尔伯特可以自由地在她身边一同工作，并很快发现聪明过人、思维活跃的阿尔伯特有着诸多好处。在 19 世纪 40 年代和 50 年代，她总共有大约 80 个月处于怀孕状态——总计超过 6 年，从分娩中恢复的时间甚至更长。在这段时间，她得以将工作完全交给一个杰出而深受信赖的助手。但她的丈夫不打算成为一个居于从属地位的伴侣，而这也引发了他们婚姻中最激烈的争吵。早在孩提时代，阿尔伯特就已经表现出"对于受女性管制的强烈厌恶"。[47]而他迎娶的是掌管着一个帝国的女人。随着他和维多利亚步入婚姻生活，双方都试图在这段关系中坚持自己的意愿，从传统上来说，这应该是最不平等的一段关系：丈夫与妻子、君主与配偶。在他们的情况中，配偶手中握有一张王牌：他永远也不必怀孕生子。

12
仅为夫君，而非主君

　　［承认］一个重要事实［可以让婚姻成功］——那就是你的丈夫作为男性具有优越性。很可能你的天赋更高，学识更加渊博……但这与你作为女性的地位没有任何关系，你的地位总是要比男性低，而且必须如此。[1]

　　——萨拉·埃利斯，《英格兰妻子》（*The Wives of England*），1843 年

　　在我的家庭生活中，我感到非常幸福和满足；但要想给我的地位增加足够的尊严，难度在于我只是个丈夫，而不是家中的主人。[2]

　　——阿尔伯特亲王写给勒文斯泰因（Löwenstein）的威廉王子的信，1840 年 5 月

　　手枪发出一声巨响。人们纷纷转过头来，而拉着马车的马匹在惊吓中停了下来。步道上站着一个矮小纤弱的少年，双手各拿着一把手枪，眼睛直直地盯着女王。这是 1840 年 6 月 10 日，一个多云、温和的周日下午。人们或是步行或是骑马在公园里闲逛，这时正好奇地注视着路过的王室马车，每逢周末的这个时候，王室马车总是会在这条从白金汉宫通往海德公园的道路上驶过。阿尔伯特注意到了一个"面相凶恶的矮小男子"，他先是在胸前抱臂，随后拔枪就射。阿尔伯特抓起妻子的手，

喊道："上帝啊！别害怕！"

维多利亚笑了笑。她以为是有人在公园中射鸟。"我安慰他说，我一点都不害怕。情况确实如此。在第一声枪响后，我从未想过，他也没想过，枪击是冲着我来的。"[3] 但事实确实如此。持枪男子的名字叫作爱德华·奥克斯福德（Edward Oxford），来自伯明翰，是一个失业的酒吧招待，有着模糊的革命梦想。他一身体面地穿着棕色礼服大衣、浅色长裤和丝质马甲背心。他静静地站着，一双深邃有神的眼睛死死地盯着这对王室夫妇。

第二声枪响划破长空。维多利亚急忙躲避，这一次，子弹从她头顶划过，嵌进了对面的马车内壁上。阿尔伯特下令车夫继续前进，与此同时，围观者抓住了奥克斯福德，并将他扭送到了警察局。桀骜不驯的维多利亚继续乘车沿着宪法山路一路前行，中途还在她母亲位于贝尔格雷夫广场（Belgrave Square）的住处停了下来，告诉她发生了什么。这对已经结婚四个月的年轻夫妇选择了一条较为舒适的道路穿越海德公园回到白金汉宫，好让维多利亚"呼吸一下空气"，并且"向公众展示，鉴于此前发生的事件，我们没有对他们失去信心"，阿尔伯特后来是这么对他的祖母说的。[4] 第二天的报纸对维多利亚的冷静一片赞颂之词。

等到女王与阿尔伯特乘坐敞篷马车返回白金汉宫时，已经有越来越多的伦敦市民蜂拥而来，他们脱下帽子，高喊着支持女王的话语。此前在公园中骑马的绅士与淑女们自发地组成了一支队伍，围在女王的马车周围，护送她回家。她在日记中写道，那就像是一场"胜利游行"。[5] 不过，当她终于返回卧室时，维多利亚面色苍白、全身颤抖地坐在床上，第一次展现出了她的脆弱。阿尔伯特拥抱并亲吻了她，称赞了她的勇敢。维多利亚知道，她刚刚与死神擦肩而过。她写道："我们死里逃生，真的是幸运。"后来，阿尔伯特向她展示了那两把"差点把我干掉"的手枪。她在当天日记的结尾写下了一段感谢祷告，然后蜷缩着身子紧紧地靠在阿尔伯特的身边，竭尽全力不去想原本可能发生的糟糕结局。上帝拯救了女王，民众日益汹涌的同情浪潮将前一年弗洛拉·黑斯廷斯小姐丑闻和寝宫危机留下的记忆一扫而空。

在枪击未遂事件后，维多利亚在那年夏天仍然不断乘坐敞篷马车在公众场合出现，显露出毫不屈服的样子。她很快就意识到，通过现代领导人所谓正面"曝光"来公开证明自己的勇气能够在臣民中引起强大的反应。她开始理解应当如何表现——不仅仅作为一名女性和女王，还作为国家的象征——她应成为大英帝国的化身，知道如何统治国家，如何领导人民。利奥波德国王在听说这一事件后匆忙在拉肯宫（Laeken）给维多利亚写了一封信，告诉她说："毫无疑问，你展现出了巨大的勇气，将会给人留下非凡而良好的印象。"[6] 如今，她知道了象征性力量的重要性。

在脏乱破旧的伦敦萨瑟克区，警方正在搜查爱德华·奥克斯福德的卧室，以寻找他的动机。他们找到了一把剑、一顶带有蝴蝶结的帽子、子弹、火药以及一些属于"新英格兰"俱乐部的文件。最关键的线索似乎是一份备忘录，暗示他是受"某些来自汉诺威的重要信件"的怂恿才采取行动的。[7] 这引发了一些公众恐慌：维多利亚那位受人敬畏的叔叔——曾遭到恶意中伤且脸上留有疤痕的前坎伯兰公爵，即如今的汉诺威国王——是否正试图在女王诞下子嗣前将其杀害，好以第一顺位继承人的身份继承英国王位？奥克斯福德手中挥舞的银色手枪上刻着"ER"字样，有些人猜测这两个字母指的是埃内斯图斯·雷克斯（Ernestus Rex），即汉诺威国王现在的名字。[8] 不过，所有文件似乎都是由奥克斯福德本人手写的；仅仅是一

154

个诡计而已。[9]

155

在警察局中，那名被墨尔本勋爵称作"宵小之徒"的男子"正在充分享受自己受到的关注"。在被问话时，奥克斯福德表现得桀骜不驯、泰然自若、扬扬自得，时不时地还大笑两声。他迫切地想要知道女王和阿尔伯特亲王对他的袭击做何反应。在被告知他们两人丝毫没有受到惊吓时，他耸了耸肩，胡言乱语地说："噢，我知道的恰恰相反；因为在我开第一枪时，阿尔伯特正打算从马车里跳出来，已经伸出脚了，但当他看到我掏出第二把手枪后，立刻就缩了回去。"[10]

利奥波德也对这起袭击感到惊讶不已；不仅仅是因为维多利亚一直是一个十分开明的君主，而且"我觉得你光是自己的女性身份就足以防止这类懦夫行为了"。[11]事实上，奥克斯福德表示，正是因为维多利亚是女性，才使他想要刺杀她的。他对警官说，他的真正动机是自己认为一个像英格兰这样伟大的国家不应由女性来统治。[12]奥克斯福德被控犯有叛国罪，并被押往新门监狱，后来被送往一家疯人院，他在那里待了 27 年后移民至澳大利亚。[13]

在 1840~1882 年，先后有 7 个人试图刺杀维多利亚：他们之中有无业青年，有一个家具木匠，一名酒吧招待，一名农业劳动者以及一名前军官。他们所有人都曾短暂地成为媒体关注的焦点，随后消失无踪。他们所有人都很古怪，部分人精神错乱，也有部分完全清醒，大部分都被送往了澳大利亚，当时，那里是负责关押英格兰囚犯的偏远监狱。有人认为，之所以突然出现了一阵针对一名年轻而有权势的女性的袭击狂潮，其原因在于一种奇怪而具有传染性的"被爱妄想症"，那些幻想自己是女王情人的男子"因不断地失望而变得嫉妒"。[14]在 1842 年的第二次刺杀企图后，诗人伊丽莎白·巴雷特在写给一个朋友的信中表达了对于"这种公众对枪杀女王的奇异狂热情绪"的困惑。

> 我感到非常愤怒……谁刺杀过乔治四世？连我都没有过——麻雀说。可怜的维多利亚！别管冷静不冷静的了，现在正暗流涌动——她是一个人，还是一个女人！——而且，她很清楚，即使是在那些责难她最为严厉的人中，也没有人说过她不愿按照自己的理解造福自己的人民。结果，——那些在她统治下喜欢玩弄手枪的小男孩们把她当成了活靶子！这简直糟糕得不能再糟糕了。我听说，现在有人会带着兴奋之情去看着可怜的女王乘车离开白金汉宫，想要看到她被人射击：每天大门口都有很多人！ 15

维多利亚对每一起袭击的反应都是一致的：她既桀骜不驯又勇敢无畏，但内心里却颤抖不已。为什么有这么多精神错乱的男人想要娶她、征服她或者枪击她？甚至连拥有至高权力和特权的女王也无法免受暴力的威胁。

在那个 6 月的下午，阿尔伯特脑海中冒出的第一个想法是他们未出世孩子的安危。当爱德华·奥克斯福德枪击维多利亚时，她已经有近 4 个月身孕了，这让她的勇敢无畏显得更加令人惊讶。当时，人们对母体影响有一种迷信——影响孕妇情绪或者精神的事件有可能伤害她们腹中的孩子，让他们变得畸形或者精神错乱。[被人称作"象人"（the Elephant Man）的约瑟夫·梅里克（Joseph Merrick）是维多利亚时代最令人揪心的"怪胎"之一，他的传记就用了这一理论来解释他的畸形：他的母亲在怀他时受到了一头大象的惊吓和踩踏。他所患有的这种仍然十分神秘的遗传疾病——据信是多发性神经纤维瘤或者普罗特斯综合征——实际上与他母亲的子宫没有任何

关系，但这种想法贯穿了象人悲惨的一生。维多利亚每年都会给他寄去一封手写的信件。[16]〕

不过，维多利亚真正也是更为现实的担忧并不是母体影响，而是产妇本身的性命安危。据保守估计，在 19 世纪 40 年代的英格兰，因分娩而死的女性比例约为千分之四至千分之五。[17] 几个月前，她曾写道，怀孕并生下许多孩子是"我唯一害怕的事情"。产妇的死因主要是产褥热，尽管医生会开具大量鸦片酊和白兰地制剂，但这种病是没治的。当女性医学会（Female Medical Society）要求医生不要用在解剖间里被弄脏的手来接生婴儿时，《柳叶刀》杂志对此嗤之以鼻。医生们声称，真正的问题并不在于污染，而在于那些死亡产妇的"心理情绪"过度了。[18] 深受维多利亚喜爱的堂姐夏洛特的死也让她感到困扰不已，这位曾经的王位继承人正是在分娩时死去的。上层阶级的女性也无法幸免于分娩的危险。1839 年时，维多利亚的表嫂、符腾堡的玛丽公主 ① 在生下一名男孩后去世。

当维多利亚发现自己最大的担忧仅仅在婚礼几周后就成为现实时，她愤怒极了。她对自己的外祖母、萨克森 – 科堡 – 哥达公爵遗孀坦白说："这正在毁了我的幸福；我一直讨厌这个主意，曾经夜以继日地向上帝祈祷，希望能让我拥有至少 6 个月的自由，但我的祈祷没有得到回应，我真的感到非常不开心。我无法理解人们为什么会希望做这件事，尤其是在婚姻刚开始的阶段。"她还说，如果她生下的是一个"讨厌的女孩"的话，会直接把她淹死。[19]

维多利亚热爱自己的婚姻，想要每时每刻陪在她的新郎身边。怀上孩子会打破她刚刚得到的平静。她后来给自己的长女

---

① 玛丽公主是法国人，她嫁给了符腾堡的亚历山大公爵，后者的母亲与维多利亚的母亲是亲姐妹。——译者注

写信说，如果没有怀孕的话，婚姻生活就是"无边的幸福——如果你有一个自己崇拜万分的夫君的话！那就像是提前到达了天堂一样"。[20] 有一次，利特尔顿夫人在和维多利亚谈到另外某个人时说出了"像女王般幸福"这个词，说完才意识到自己说了些什么。维多利亚说："没必要纠正自己，女王确实是一个非常幸福的女人。"[21] 这位女王曾穿着睡衣跑到利特尔顿夫人的房间，拽着她去看"最可爱的彩虹"。[22] 这位女王曾专心致志地俯身查看郁金香树、天竺葵和蜂后，聆听阿尔伯特向她解释它们有趣的特点。维多利亚不久后就在日记里说，比起伦敦，如今她更喜欢乡村。[23]

　　维多利亚拒绝任由她圆鼓鼓的腹部造成她生活上的巨变，或者将她标示为一名弱者。在一次舞会上，她带着明显的孕相翩翩起舞，让旁观者震惊不已，霍兰德勋爵觉得，她跳舞的时长一定超过了"护士或者男性助产士"允许的程度。[24] 在宴会上，她拒绝坐下，在糟糕天气下，她也拒绝留在室内。她曾对姐姐费奥多拉炫耀说，自己的身体健康得很："我现在身体非常好。每天我都要长时间散步，有时候还要顶着大风，所以说我还很灵活，不过我必须遗憾地承认，自己的体型是不小了。"在距离分娩还有几周的时候，利特尔顿夫人形容说，她"非常灵活；今天早上 10 点前外出散步，似乎下定决心要打起精神，没有丝毫怨言"。[25] 阿尔伯特在她躺在沙发上时曾给她念书或者唱歌，试图让她静下心来。

　　维多利亚对待怀孕的坦率态度令她的首席男助产士查尔斯·洛科克（Charles Locock）感到惊讶不已："她没有丝毫保留，总是时刻准备着表达自己，谈论她的当前处境，而且总是用尽可能最直白的语言。"洛科克相当不喜欢女王的表现，表示她与他公开讨论自己的身体有失矜持。他有失妥当且满怀恶意地向他的女性朋友透露说，维多利亚身体的形状就像是水

158

桶一样："她将会变得非常丑、非常胖……她身上不穿胸衣或者任何帮助她限制身材的东西……她看起来更像一个水桶。"一直到此前不久，所有孕妇都必须身穿紧身胸衣的想法才开始渐渐过时，但她们仍然要费力穿上衬裙、长袍以及无袖宽内衣等。[26]

阿尔伯特试图安抚妻子对即将到来的分娩的担忧。细心、体贴、聪慧：阿尔伯特的这些优点正变得越来越明显。王室里的女性滔滔不绝地谈论他的蓝色眼眸、"朴素的品味和乐趣，以及快乐、活跃的脾气"。[27]他被称赞提高了宫廷里的谈话质量，以科学、艺术和园艺等内容代替了通常的闲言碎语。阿尔伯特是一个严肃的人，他鼓励维多利亚与他一起在夜里阅读宪法史，不过他也会逗得她哈哈大笑。他对妻子说，她应当在公开场合像一名舞蹈演员一样微笑，一边说，一边还跳到空中，像跳芭蕾舞一样转了一圈，以佐证自己的观点。

然而，阿尔伯特并不像他深爱的女王那样快乐。部分原因在于王室的窒息氛围。他想念自己的家人。王室里的日常对话让他感到枯燥不已，因而他喜欢独自一人下双重象棋（double chess）①。他经常在出席音乐会和晚宴时打瞌睡。这些时间对他而言就像是浪费了一般。阿尔伯特想要利用王室的荣耀来邀请并吸引伟大的文学家和科学家。女王却有些不愿意；这些人让她感到不安。她担心自己受教育水平不高，就像阿尔伯特曾对她说，以及墨尔本曾对安森所说的那样，"她的性格太过直白和坦诚，没法假装自己在这些话题上拥有的知识比真实情况多哪怕一分"。[28]她对自己的夫君不愿在晚宴后与那些男人一起浪费时间感到很激动，但她似乎没有注意到他仅仅是感到十

---

① 国际象棋的一个变种。——译者注

分无聊。

阿尔伯特长期以来一直陷入忧郁之中无法自拔，即使是他的妻子也无法让他摆脱。婚礼两周后，当阿尔伯特的父亲返回德意志时，维多利亚曾看到他在走廊里啜泣；他从她身边擦肩而过，不发一言。她忧心忡忡地悄悄来到他的房间。他转过头来，两眼通红地轻声对她说，她无法理解抛下优越生活与挚爱亲人是怎样的感受。他说的没错——维多利亚在结婚时对于将她的母亲、康罗伊以及其他烦人的家伙抛在身后感到非常开心。维多利亚后来十分担忧地写道："只有上帝知道我多么希望让这个亲爱的人儿变得既幸福又满足。"29

但是，阿尔伯特想要变得幸福面临的真正障碍是很大的。他有些不耐烦地想要尽快成为事实上的国王。他雄心勃勃、思维活跃，无法接受自己被视为一个装饰性的配偶，而他的妻子徜徉于权力的圣殿。他还想要帮助维多利亚避免再犯登基初期犯下的那种严重失误。他也想要与维多利亚一样站在君主专属的指挥台上。阿尔伯特身边的密友很快就看出了他心中的不平衡。他的哥哥埃内斯特曾说，维多利亚确保"他过上了一种恬静、幸福但缺少光彩和趣味的生活"，与此同时，"她作为女王却走上另一个台阶"。30

维多利亚对于这种安排感到非常满意。她知道阿尔伯特想要成为王室之主，也认同这是他应得的位置。她甚至曾在1845 年 2 月——也就是他们的婚姻进入第 5 年之时——试图为他争取"配国王"（King Consort）的头衔，可惜未能成功。31 但问题在于，身为王室之主意味着什么？当然，肯定不可能意味着她要放弃自己的职责。她十分在意保护自己曾为之奋斗的王位，并打算让自己的婚姻与工作保持距离，因而仍然独自会见墨尔本和其他大臣。但阿尔伯特拒绝被拒之门外，也拒绝被降格。在他看来，身为人夫就应该控制妻子的一切事务。他想知道，在这种情况下，男人该如何确立自己的自然权威？他在5月给自己的朋友、勒文斯泰因的威廉王子写信说："在我的家庭生活中，我感到非常幸福和满足；但要想给我的地位增加足够的尊严，难度在于我只是个丈夫，而不是家中的主人。"[32]

阿尔伯特最根本的信念是，女性不应成为统治者，至少不应独自成为统治者。他的家乡科堡奉行的是萨利克继承法，坚持要求君主必须是男性；这也是为什么汉诺威的王冠在维多利亚成为女王时落在了下一顺位继承人坎伯兰公爵的头上（这也使她成为第一位仅作为英格兰君主的汉诺威人）。斯托克马男爵、利奥波德国王和埃内斯特都赞同阿尔伯特的观点。1850年时，阿尔伯特对惠灵顿公爵说，他认为自己有责任填补女王作为女性在履行王室职责时自然而然会留下的一切空隙——持续而忧虑地关注公共事务的每一个方面，能够随时随地就她面对的多种多样的艰难问题提供建议和协助，无论是政治方面、社会方面还是个人方面的问题……将我的时间和力量任由她支配，因为我是她家庭中自然而然的主人、王室的监督者、她私人事务的管理者、她在政治事务上唯一的亲密顾问，以及她与政府官员、私人秘书和大臣之间进行联络的唯一助理。[33]

161 这是一种极为宽泛而全面的职责。但阿尔伯特的雄心壮志符合那个时代的要求。在19世纪，只有极少数贵族女性拥有比丈夫更多的金钱和权力。大多数女性都是男性的财产，对自己的身体、金钱、财产或者儿女没有任何权利。许多层出不穷的哲学思想都试图为这种现象辩护：女性从本质上说隶属家庭，她们可以通过生孩子以及不与其他男人睡觉的方式获得部分尊严或者地位。换句话说，也就是成为家中的道德守望者。

这意味着阿尔伯特的做法拥有巨大的文化支持，当时的主要知识分子都认为女性天生低人一等。约翰·拉斯金在1864年指出，女性的自然状态是"作为妻子受丈夫支配"。他说，女性的力量不是用来统治或者作战的，"其智慧也不是用来发明或者创造，而是用来订购、安排并决定甜点的"。[34] 查尔斯·达尔文也对此深表认同，他在 1871 年写道，自然选择意味着女性不如男性。他承认女性更加温柔，洞察力和理解力更强，也更为无私，但他又补充说："这些能力中至少有一部分是低等种族的特点，因此属于一个过时以及低等的文明状态。"[35] 当妻子们承诺服从她们的丈夫时，是有充足的理由的。作家萨拉·斯蒂克尼·埃利斯在 1843 年写道，在结婚之前，女性必须确定一件事，那就是"你的丈夫作为男性具有优越性"。她将自己的畅销书《英格兰妻子》献给了女王。埃利斯接着说："很可能你的天赋更高，学识更加渊博，也更受世人尊崇；但这与你作为女性的地位没有任何关系，你的地位总是要比男性低，而且必须如此。"[36] 这种毫无逻辑可言的处境激发了一代又一代的女性奋力抗争。

但维多利亚受到的教育却是要相信所有这些，而阿尔伯特也怂恿她产生了自己的教育水平和能力不如他的想法。他们婚姻的吊诡之处在于，随着她的爱意和满足感不断增加，她对自己的信心却不断萎缩。她的男性顾问们都说，最好还是让她用家庭生活来满足自己吧。[37]

在结婚 3 个月后，阿尔伯特终于在当年 5 月决定直接向妻子提出自己应扮演何种角色的问题。在维多利亚 21 岁生日——据她说，这是她生命中最快乐的一个生日——过后，阿尔伯特向她抱怨说，她从未与他一起讨论过政治，甚至连"微不足道的事情"都没有谈过。维多利亚向墨尔本勋爵坦承，尽管阿尔伯特对"缺少信任"不太高兴，但她不想为此做出任何改变。墨尔本勋爵在与阿尔伯特的私人秘书安森先生的一次交谈中谈到了与维多利亚的这次对话：

162

她说，这完全是因为懒惰；她知道这么做是不对的，但当她与亲王在一起时，更喜欢讨论其他话题。我的感觉是，女王陛下思维中的主要障碍是担心出现意见分歧，她觉得家庭和睦更有可能通过避免触及那些可能产生分歧的话题来实现。我自己的经验引导我认为，夫妻之间讨论的话题中虽然有可能出现分歧，但谈开了总比避之不谈要强，因为后一种情况肯定会引起相互之间的不信任。[38]

维多利亚生活中的所有男性都支持阿尔伯特寻求更多权力的努力。他们对女王说，要相信他、依赖他、信赖他，甚至连她亲爱的舅舅利奥波德也认为"你不应在任何事情上隐瞒他"。目光敏锐的斯托克马男爵是唯一建议阿尔伯特不要太过着急地追求权力之钥的人。他对安森说，尽管女王的确应该"渐渐向丈夫吐露一切"，但"他想要一步到位的想法存在一定危险"。危险在于，阿尔伯特可能会因无心或者急于求成而犯错，促使女王不再寻求他的帮助。斯托克马还认为，年轻的维多利亚的问题更多在于知识不足而非懒惰，她仅仅是不太能理解大臣们提出的计划和法案而已。[39]

163 维多利亚忽略了这些忠告，仍然我行我素地单独会见她的大臣，尽管连这些大臣都开始为她的丈夫感到遗憾了。阿尔伯特仍然未能获准阅览政务文件，或者在女王与墨尔本勋爵谈话时与他们共处一室。她十分讨厌他提出建议或者指导的努力。当满满一盒的政务文件送到她的跟前，盒子上还贴着一张纸条，直言不讳地指示她"立刻签字"时，阿尔伯特替她生起了气，并且让她等个一两天再回复这些文件，不然他们就会把她当成一个小小的官僚了。但是维多利亚却拿起笔，立刻签署了这些文件。[40]维多利亚用了自己的整个童年来挺起自己的脊梁骨，不可能轻易地服从他人的意志。即便如此，她儿时的盟友如今也开始说起她的敌人曾经说的那些话了，即她无法充分理解政治，她应该交出控制权。当这些话来自康罗伊时，她可以耸耸肩表示不屑一顾，但当这些话来自她的丈夫时，就令她忧虑得多了。

有一个人从不认为维多利亚应该屈服于阿尔伯特，那就是莱岑女男爵，一个十分善于抵抗的女人。莱岑曾对自己的学生说，她认为阿尔伯特应该扮演与她自己一样的角色：施加影响但身居幕后，这对一个官方职务一直是家庭女教师的女性而言是一个非同寻常的身份。但在结婚后不久，阿尔伯特就已经下定决心要赶走莱岑了。这位女男爵的势力范围得到了拓展：她如今负责管理维多利亚的财务，并担任她的秘书，控制着她的日记并负责处理付款票据。阿尔伯特认为，这位在维多利亚麻烦重重的少女时期坚定地站在她身边的女性，如今对她的控制已经超出了恰当的程度。有一天，利特尔顿夫人与女王一起在阳台上散步时注意到"莱岑夫人的苍白面孔（这是我第一次看到这样的表情，似乎她感觉到了正在发生什么），她站在城堡的一扇窗户背后，用她一如既往面带焦虑的微笑、全神贯注地注视着女王"。[41] 莱岑对一切都看得很清楚。对维多利亚来说，这令人安心。但对阿尔伯特来说，这却不是什么好事。

阿尔伯特凭借直觉知道，他没办法通过强迫或者命令来赢得权力，只能通过温柔和关心来做到这一点。随着妻子的腰围在一次次的怀孕过程中先后扩大又缩小，他将鼓励她对自己产生依赖。阿尔伯特尝试了一种战略性的耐心——他将通过意志、智慧，最重要的是通过对妻子的劝诱和关怀来实现自己的目的。她最终决定给予他他想要和需要的东西。这是一种甜蜜的屈服。

在爱德华·奥克斯福德向怀孕中的维多利亚开枪的9

164

天前，阿尔伯特在他一直辛勤忙碌的反奴隶制协会（Anti-Slavery Society）发表了一番演讲。尽管演讲很短，只有 165 个单词，但五六千名现场听众发出了高声欢呼，"相对于我在发表演讲前不得不克服的恐惧和紧张情绪而言，这可以说是一种充分的奖赏"。[42] 阿尔伯特渴望得到尊重。他对待自己的职责十分认真——而且很快就博得了宫廷的好感。霍兰德勋爵在给格兰维尔勋爵的信中写道："如今，称赞阿尔伯特亲王成了时尚。"[43] 一名曾在晚宴上坐在他身旁的女性饶有趣味地写到他们"十分有趣的对话，对话内容是最重要的话题"："宗教原则及其对君主的影响和在儿童教育中的重要性；还谈及祈祷方式、我们关于这些祈祷方式的看法……以及如何管教儿童；谈及战争与和平；以及监狱和惩罚。"[44] 作为王夫的阿尔伯特是一个天生的博学者。

阿尔伯特刻意实施的旨在统治英格兰的长期计划并不意味着他对维多利亚的爱有任何减少。作为英格兰女王丈夫的角色是他在孩提时就已经有人替他挑选好的人生道路，这意味着他的婚姻同时也是他的事业，而他对这一点始终保持着泰然自若的态度。他知道道阻且长、"布满荆棘"，但他认定"为某个伟大而值得的目标克服困难总比为了某个微不足道、毫无价值的目标要好"。[45] 在婚礼后的几周里，阿尔伯特的兄长埃内斯特向他们的叔叔利奥波德汇报了他兄弟的进展。在德国档案馆中保存的几封未发表信件中，埃内斯特"报告说，阿尔伯特做了正确的事，毫不犹豫地在一切事务上表达自己的观点。这已经使得王室的所有命令都需通过他来下达，因而他已经成为'女王表达意志的重要渠道'"。[46] 他的孕妻越脆弱、越行动不便，阿尔伯特的官方地位就抬升得越高。

在刺杀未遂后的几个月里，维多利亚身边的男人们开始悄悄地为她死去的可能性做准备——无论是因为枪击、分娩，还是什么意料之外的原因死去。7月2日，也就是枪击事件发生三周后，墨尔本对维多利亚说，他想要讨论一个"非常重要、非常紧迫"的问题——或许维多利亚知道他指的是什么？其实她不知道。他说："也就是有关通过一项摄政法案的问题。"1840年7月，当阿尔伯特获得在维多利亚死后执政的合法权利后，他得意扬扬地给哥哥埃内斯特写信说："我要成为摄政王了——独自一个人——是摄政王，没有委员会的束缚。你会理解这件事的重要性的，它将让我在这个国家的地位增加新的重要性。"47墨尔本对维多利亚说，议会之所以做出这一决定，完全是出于对阿尔伯特良好品格的认可，尽管这意味着一旦英国女王去世，一名德意志亲王就将执掌大权。

当年8月，阿尔伯特亲王在议会休会期间骄傲地就座于维多利亚身边的王座上，因为在此之前，墨尔本已经发现这么做是有先例可循的。当年9月，他被任命为枢密顾问官，他也因此向斯托克马炫耀说，他的手上拿到了一系列"有趣的文件"。在过去几个月里，他对维多利亚感到"极为满意"，他略带谦逊地写道："她只生过两次气……总的来说，她对我的信任与日俱增。"48当年11月，就在她产下他们的第一个孩子之前，维多利亚要求将阿尔伯特的名字与她孩子的名字一起加进祈祷文中，并得偿所愿。

但女王并未放慢脚步——在几次怀孕期间，她一直都在辛勤工作。她的精力主要放在了当时所谓的"东方问题"上，即幅员辽阔的奥斯曼帝国的衰落所产生的影响。奥斯曼帝国建立于1299年，以土耳其为中心，在疆域最为辽阔之时，也就是16世纪和17世纪，它横跨南欧、中东、北非、非洲之角以及西亚的大片地区。但是，在经历了连续几十年糟糕的经济增长和无能的治理后，这个连接地中海、爱琴海和黑海的庞大帝国已经变得羸弱不堪了：沙皇尼古拉将其称为"欧洲病夫"。

166

英国和法国想要支持土耳其，将俄国拒于地中海之外。但当1839 年奥斯曼苏丹去世，他未成年的儿子成为领导人后，埃及的土耳其总督试图将埃及从土耳其分裂出去。英国、俄国、普鲁士和奥地利支持土耳其，但法国支持埃及。战争差一点就难以避免，各方最终于 1840 年在伦敦签署了一份和平协议。维多利亚对利奥波德国王说，她"给予这些事务最认真的关注"，并且开玩笑说："我觉得我的孩子除了其他名字外应该也有个与土耳其和埃及有关的名字，因为我们整天考虑的都是这些事……我希望自己做得还不错。"49

没过多久，在阿尔伯特的安排下，他和维多利亚各自笨重的木质写字台就被推到了一起，以便并肩工作。在他们的孩子出生前不久，他给自己的兄长写信说："我希望你能看到我们，看到一对彼此相爱、心神合一的夫妻。如今，维多利亚也已经准备好为了我放弃一些东西了，而我愿为了她放弃一切……不要觉得我过着卑躬屈膝的生活。相反，在这里，虽然王夫的法定地位是这样没错，但我为自己争取到了一种了不起的生活。"50

1840 年 11 月 21 日下午，维多利亚的分娩提前三周到来了。她的宫缩从前一天晚上就开始了，雨点不停地拍击着窗户，令她无法入睡。她叫醒了阿尔伯特，并在接下来的几小时里承受着剧痛的折磨。（与众不同的是，她后来声称，等到分娩过程开始时，她就一点也不紧张了。）就那个时代而言颇为不同寻常的是，阿尔伯特在她分娩的过程中始终与医生和护士一起陪伴在身边。隔壁房间里坐着诸位国之重臣、一名大主教、一名主教，以及墨尔本勋爵，他们竖着耳朵仔细聆听着声音，而女王则在大声喘着气，并且竭力不喊出来。[王室总管大臣埃罗尔勋爵（Lord Erroll）后来炫耀说，当时女王的房

门敞开着，因此他可以完整清楚地看见女王。〕痛苦的分娩过 167
程结束后，一名浑身通红、四肢乱动的女婴被从房间里带了出
来，接受检查。她的身体十分健康，但她的父母却对她的性别
感到十分失望（他们的许多臣民也是如此）。医生对女王说：
"噢，夫人，那是一名公主。"[51] 她回答说："别在意，下一个肯
定是王子。"

维多利亚靠着枕头躺在她带有华盖的红木床上，宣称自
己已经感觉好多了，她自豪地看着自己的丈夫，任由他微笑着
轻抚自己的手："亲爱的阿尔伯特几乎从未离开过我，是我最
大的安慰和支持。"[52] 不过，没过多久，他就狼吞虎咽地匆匆
吃完午饭，冲下楼梯以女王代表的身份出席枢密院会议。她感
到如释重负；她活下来了，现在依然活着。外面响起了隆隆炮
声。阿尔伯特欣喜若狂。他在同一天既当上了父亲，又当上了
女王的代理人。

按照当时的习惯，生完孩子后，维多利亚在床上躺了两
周。每天，她的宝宝会在她身处更衣室时被带到她身边两次，
而每隔几周，她就要亲眼看一次宝宝接受沐浴。她一直把宝宝
称作"孩子"，直到近三个月后，她的孩子才接受洗礼，并得
名维多利亚·阿德莱德·玛丽·露易丝。多年后，维多利亚披
露说，她一点也不觉得婴儿很可爱，尤其是新生儿，因为他们
的四肢骨瘦如柴，而且很容易出现惊吓反射。（她曾经因为说
婴儿"像青蛙似的"遭到批评——但这并不仅仅是一句污蔑；
任何曾经照料过出生仅几天的婴儿、为他们洗过澡或者朝他们
的小肚子吹过气的人都知道，他们的四肢会以一种名叫紧抱反
射的方式伸展。这种样子看起来确实像是脚朝上躺着的青蛙。）
正因如此，几乎所有主要的维多利亚传记里都出现了一个经久
不衰的迷思，即女王缺少一切母性本能。

正如乐卓博大学（La Trobe University）的伊冯娜·沃德

所说，对维多利亚已发表的信件进行甄选的工作是由两个男人完成的，他们将她与其他女性之间有关婴儿、长牙以及怀孕等问题的信件来往排除在外，认为这些信件没有意义。[53] 维多利亚对女儿薇姬所说的极为叛逆和反传统的言辞——即她在自己的 9 个孩子几乎都已长大成人后所写的有关分娩过程的磨砺和苦难的内容——被引以为据，以证明她厌恶自己的孩子。这些信件透露出一种对生育孩子所遭受的肉体折磨的抵触——而且这种疼痛对维多利亚来说尤为难熬，因为她生育了为数众多的孩子。她在这些信件中并没有说生儿育女对她的身体产生了怎样的影响，但她经常提到这一过程的痛苦；对于一个不足 5 英尺高的身材娇小的女性来说，其影响不会轻微。在这些年里，她的子宫很可能出现了下垂，给她带来极大的痛苦。但她在生育子女之时在日记中写下的话揭示出了她一直被人遗忘的温柔和乐观的一面。

从许多方面来说，维多利亚都是一个十分宠爱孩子的母亲。她的日记里处处洋溢着她对自己孩子的喜爱，显示出她是多么喜欢与他们一起玩耍。在薇姬出生三周后，维多利亚将她称作"我们亲爱的小孩子"，"每天都变得更漂亮"，"她有着又大又亮的深蓝色眼睛以及娇小可爱的口鼻，肤色健康，脸颊处还带着一点色彩，对这么小的宝宝来说非常罕见"。[54] 在孩子出生四周后，她写道："生孩子就像是一场梦一样。"[55] 在 1841 年初的日记中随处可见她的满足之情：炫耀她漂亮的小姑娘，当阿尔伯特在旁边弹钢琴时与薇姬一起玩耍，或者看着阿尔伯特用雪橇推着薇姬在外面转悠。女儿每次试图坐起来或者在她膝盖上跳舞，都会引得她哈哈大笑。她不止一次写道，她是一个非常"讨喜"的宝宝："她真是个小可爱。"[56] 她一边用一只手臂将她抱在腿上，任由她玩弄小饰物，一边写日记。

1840 年圣诞节那天，维多利亚对自己的好运发出了由衷赞叹："去年今天，我还是个未婚少女，而就在今年，我有了一个天使般的丈夫，以及一个 5 周大的可爱女儿。"[57] 当薇姬 18 个月大时，维多利亚写道，她已经"成了我们的小玩具以及一个很棒的宠物，在我们跟她玩耍时总是露出甜美的微笑"。[58] 女王与被她昵称为"猫咪"（Pussy）的女儿一起度过的时间超出了他人的预期。利特尔顿夫人在 1842 年成为孩子们的家庭女教师，她写道，维多利亚"始终"陪伴在孩子身边，为孩子的成长感到焦虑："女王与所有年轻母亲一样要求十分严格，从来不认为宝宝取得了足够的进步或者已经足够好了。她始终陪伴在宝宝身边，一刻不停地想着她，并且对亲王的爱也越来越深沉。"[59]

169

晋升人母对维多利亚来说是一个意外。这个曾经羡慕吉卜赛人温馨的家庭生活的年轻女孩，如今惊讶地发现自己正处于一个和睦家庭的核心。阿尔伯特一如既往地温柔、体贴、亲切。女王晚年时曾满怀诗情地回望这段时光，她以第三人称写道：

> 亲王的爱护和忠诚难以用语言来形容……他喜欢在没有灯光的房间里坐在她［女王］身边，为她阅读，或者替她写字。除他之外没有人曾把她从床上抱起放在沙发上，他也总是会帮忙将躺在床上或者沙发上的她推到隔壁房间去。若是为了做这件事，他在宫殿里任何地方都会随叫随到。随着时间的流逝，他将承担越来越多的工作，而这件事总是给他带来极大不便；但他的脸上始终带着甜蜜的微笑。简而言之，他对她的照顾就像是来自母亲的照顾一样，而且也不可能找到比他更亲切、更聪明或者更明智的保姆了。[60]

从某种角度来说，在维多利亚恢复体力的过程中，阿尔伯特承担起了传统上的女性角色。他是一名温柔的照料者和关怀备至的父亲。他是"猫咪"喜欢跑向的那个人，是会将她举在空中并在房间里跳舞，逗得她咯咯笑的那个人。维多利亚一点也不嫉妒；她也深爱着阿尔伯特，而且当时，母性本能并未得到超过父性本能的赞美和讴歌。他仅仅是一个更具天赋的父亲而已。维多利亚对利奥波德说："我们的年轻小姐正日益茁壮地成长着……我觉得你要是看到阿尔伯特将她抱在怀里跳舞的样子，一定会忍俊不禁；他是个优秀的照料者（我自愧不如，而且她对我来说太重了，抱不起来），而且她来到他身边时似乎很高兴。"61 维多利亚的全部愿望是让她的孩子们变得非常像他们的父亲。

170

孩子们十分爱戴充满好奇心并且智力超群的阿尔伯特。在"猫咪"两岁半时，阿尔伯特给自己的继母写了一封信，讲述了自己对身为人夫的热爱：

> 对于看着小孩子的情感和能力不断发育，我有着极大的热情和深刻的兴趣，没有什么比观察小家伙的发展阶段更能增进我们对自身本性的了解了，而当我们自己在经历这些阶段时，似乎从未留意过。每天看着我们的孩子，我都会产生这样的感受，她的性格与我们相当不同，展现出了许多可爱的特质。62

阿尔伯特委托深受宠爱的御用艺术家埃德温·亨利·兰西尔（Edwin Henry Landseer）在他23岁生日那天为他画一幅粉彩肖像画，并将画送给了维多利亚。他在画中细心地怀抱着小巧的公主，并满怀深情地看着她。阿尔伯特所给予的爱护是为了治愈儿时家庭的破碎所留下的创伤。他曾给兄长写信说：

"婚姻生活是唯一能够弥补我们在幼年时所失去的那段情感的东西。"[63]

由于抚养孩子的大部分重担都由仆人们承担了，因此维多利亚一个月内就能起身行走了，并且计划了一趟前往温莎城堡的旅程。她在1841年初写给舅舅利奥波德的信已经开始从讨论婴儿转变为讨论外交政策："你的小侄孙女正茁壮成长；每天她都变得更加健康有力，而且，我敢说，也变得更加漂亮；我觉得她会变得非常像她亲爱的父亲；她长得好快；我会很自豪地把她带到你面前。东方事务的结局非常不幸，是不是？"[64] 当利奥波德在回信中欢快地祝福她儿女成群、幸福美满时，她回复说，不要抱有任何幻想。[65] 她仍然将自己视为国家的领袖，这是最优先、最重要的，也是她的责任所在：

171

> 亲爱的舅舅，我认为你不能真的祝福我成为"一个大家庭的妈妈"，因为我觉得你能在我身上看到为什么大家庭对我们而言会带来极大的不便，尤其对国家而言，更不要提还有给我自己造成的苦难和不便；男人从来不去想，至少很少去想，对我们女人来说，经常经历这些是多么艰巨的任务。[66]

因此，当她在生完孩子仅仅三个月后再次发现自己怀孕时，维多利亚哭了，并且十分生气。她没有得到母乳喂养这种自然——但有些不完美——的避孕措施的任何帮助，因为她拒绝像自己的母亲那样喂养她的孩子，而人工避孕措施则被广泛认为是有罪的。有些女性曾试图在阴道涂上柏木油、铅、乳香精油或者橄榄油，以为这么做就能防止"种子"种下。[67] 在1838年，许多贵族都会使用海绵，"海绵尽可能大到插进去不会不舒服的程度，外面还预先附加了一根木管或者一根窄窄的缎带，好把海绵拔出来"。[68] 但没有证据表明维多利亚了解这种东西。当时的女性还被建议，如果想要避免怀孕的话，应该在排卵期前后从事性行为，但我们如今知道这恰恰是最容易受孕的时期。女王感到很痛苦，她后来在薇姬长大后对她说，结婚的前两年时光被怀孕"彻底破坏了"。[69] 她不得不强迫自己远离丈夫的身边，后来她还抱怨说，当时她没有任何乐趣可言。然而，阿尔伯特却十分享受他的新生活。

到 1840 年底，红色机要信箱的铜钥匙已经落在了阿尔伯特的手中。信箱里的文件能够显示首相、内阁以及其他负责处理那个时代的社会、经济和地缘政治大事之人的想法。在第一次没有妻子注视的情况下将钥匙插进锁里时，阿尔伯特感到兴奋不已。他知道，他的成功很大程度上是因为他的妻子正无助地躺着，需要人将她从沙发抬到床上，不过，他也是通过自身努力争取到这份成功的。他的秘书兼拥护者安森表示：

> 这是因为亲王在女王分娩期间聆听并记录了所有内阁事务，这一事实向女王清楚表明了他处理事务、协助寻找文件以及解释情况的能力……事实上，尽管还没有这样的名号，但［他如今实际上］已经成了女王陛下的私人秘书。[70]

女王分娩仅仅两天后，亲王就成功劝说妻子将这些箱子转送到他那里。11 月 24 日，他向如今掌管着德意志一个小公国的兄长炫耀说："我现在忙得很，因为我还要照管维多利亚的政治事务。"[71]

阿尔伯特通过强迫和诱惑等方式争取到了自己的新地位，成为王室之主和事实上的君主。[72] 1841 年 7 月，当薇姬 8 个月大时，安森记录下了阿尔伯特的满意之情：

> 　　亲王昨天回顾了他在抵达现有境遇的路上经历的诸多
> 步骤——所有都是在婚礼结束后的 18 个月内完成的。那
> 些曾经不想让他帮助女王，担心他有可能雄心勃勃地触碰
> 到女王特权的人遭到了彻底挫败……王室上下都正确认识
> 到了王夫的地位。这个国家用一致通过《摄政法案》的方
> 式表明了对他品格的信心。女王发现了拥有一名行事积极
> 的助手和能人的好处，他会在需要之时给予支持和建议。
> 内阁大臣们也以充分的尊重和敬意对待他。[73]

173

在 1841 年他们的首个结婚纪念日那天，阿尔伯特给妻子
送了一枚摇篮状胸针，摇篮里还雕刻着一名婴儿。维多利亚写
道："这是我见过的最精巧的东西，非常漂亮。"她说，这一年
代表了"完美的幸福"。[74]阿尔伯特为她带来了这种幸福，但
他自己的抱负远不止于育婴这么简单。他热爱音乐、艺术和科
学，喜欢卫生和整齐，而且他想扩大自己在不列颠的影响力。
一旦获准参与最有权势的政治讨论，阿尔伯特就将为这个仍将
他视为外国人的国家献出自己的全部力量。他的权力之路还存
在两个重要障碍：墨尔本勋爵和莱岑女男爵，与维多利亚关系
亲密的两个人。要想得到自己真正想要的东西，他需要让他们
消失。

13
宫廷闯入者

当女人陷入热恋时，她对公共权力的渴望就会越来越小。[1]

——赫克托·博莱索（Hector Bolitho）

1840 年 12 月 3 日凌晨，一名身材矮小、相貌丑陋的少年悄悄躺在了白金汉宫女王客厅的一张印花棉布沙发下。爱德华·琼斯（Edward Jones）是个失业的跑差，已经藏了好几个小时，希望能瞥一眼女王。他神志清醒地听着宫廷里的声音——小公主断断续续地哭泣；夜班奶妈在育婴室里来回踱步，温柔地唱着摇篮曲；一些古怪的脚步声以及夜班看守的鼾声。在三小时前，女王就坐在他如今藏身的沙发上；一想到这一点，他就暗自庆幸了一番。长公主（Princess Royal）就在隔壁熟睡呢！窗外的树木在风中摇曳，传来阵阵沙沙声，他心里思索着是否应该冒险去一趟厨房，赶在破晓前寻找更多补给品。食品柜里会不会有更多美味的土豆？或者奶酪？琼斯已经在宫殿里藏了好几天，他知道夜里的时间最好用来搜刮、探索并且寻找新的藏匿点。

在隔壁的接待室里，当月负责照顾公主的奶妈莉莉夫人还没睡，正仔细地听着床边装饰华丽的摇篮里传出的轻柔的呼噜声。突然间，女王客厅的大门发出了巨大的嘎吱声。莉莉夫人喊了一声，但没人回应。门开得更大了，她坐起身，大声喊了出来："谁在那？"大门突然关上了。

莉莉夫人从房里跑了出来，叫醒了莱岑，并派人去叫了当值侍从金奈尔德。金奈尔德搜索了一遍客厅，并特地查看了沙发底下，前一天晚上维多利亚正是躺在这张沙发上被推进卧室的。他突然间挺直了身子，然后慢慢地后退。莱岑瞪了他一眼，然后走向沙发，将它从墙边推开。她难以置信地瞪大了眼睛，然后用手捂住了鼻子；藏在下面的那名少年浑身覆满脏污、发出阵阵恶臭。他被人擒住并被带到楼下，随后表示自己没有任何恶意，只是来看女王的。当女人们手忙脚乱地摁住侵入者时，阿尔伯特和维多利亚正在仅仅50码外的地方熟睡着。

这个消息引爆了整个伦敦城。与刺杀未遂的爱德华·奥克斯福德一样，这个宫廷闯入者很享受被当局审问的过程。他夸口说，自己"坐在了王座上"，并且"看到过女王，听见过公主的哭声"。他是通过攀爬花园外墙并钻了一扇窗户才进入宫殿内的，在宫殿里待了3天时间，一直藏在床下或者橱柜里。琼斯是那种很容易在弗里特街（Fleet Street）[①] 取得成功的小伙；他曾梦想撰写一部有关王室夫妇丑闻的书籍，并坚称这是他闯入王宫的唯一原因——他想要"知道他们在宫殿里是如何生活的"，尤其是想要听到女王及其丈夫之间的对话。[2] 琼斯的父亲声称他精神有问题，医生似乎也证实了这一说法，宣称他脑袋的形状"极为古怪"。[3] 但由于他没有携带武器，也没有偷窃任何东西，因此枢密院仅判处他3个月强制苦役。[4]

在当时，宫殿的安全保卫松懈到了臭名昭著的程度。[5] 宫殿的草坪上经常能发现不省人事的流浪汉和喝醉的士兵，他们是翻越了掩映在浓密、低垂的树枝下的矮墙进入宫殿庭院的。宫殿的许多看守都上了年纪，之所以能够被提拔为看守，是为

176

[①] 英国几家报馆办事处所在地，泛指伦敦新闻界。——译者注

了奖励他们的长期服役，而他们却经常在值班时睡觉。"少年琼斯"——伦敦的几家报纸都这么称呼他——在 1838 年 12 月曾闯入宫殿一次。在一场追逐过后，他在圣詹姆士大街被警察抓获，被抓时他身上穿着两条裤子和两件大衣。当鼓鼓囊囊的外裤被拽下来时，几件女士内衣掉了出来。他去过了女王的卧室和更衣室，偷了一封在那里找到的信件，外加一幅肖像画以及那些内衣。他的行为被描述为"年轻人的愚蠢"，他后来被无罪释放。[6]

在少年琼斯被莱岑发现的 3 个月后，他第三次闯入了宫殿。他于凌晨 1 点半被人发现，当时他的手帕里还藏着从食品储藏室偷来的肉和土豆。三次闯入王宫的经历为他赢得了巨大名气。查尔斯·狄更斯在不久后给这名少年的父亲写信，要求见一见这个"宫廷受害者"，这更多是出于好奇而非仰慕（他对于所谓少年琼斯十分聪明的普遍观点持怀疑态度，但遗憾的是，他从未写过任何有关这次会面的内容）。[7]美国小说家詹姆斯·菲尼莫尔·库珀（James Fenimore Cooper），即《最后的莫希干人》（*The Last of the Mohicans*）一书的作者，曾在访问伦敦时拜访过琼斯的父亲，并提议将他的儿子带到美国，他认为一个像他这么聪明的孩子能够在美国取得很好的发展。他们安排了一次见面，但库珀惊讶地发现自己见到的是"一个头脑迟钝、身材矮小的侏儒，极为沉默寡言、固执己见"。[8]

阿尔伯特亲王以少年琼斯一再闯入王宫为契机，整肃复杂、低效且浪费严重的宫廷管理。他决心把所有闯入者都赶出王宫，包括莱岑女男爵，后者在维多利亚分娩前后行动不便期间承担了更多责任，负责管理育婴室以及女王的财务事宜。时刻追求条理性的阿尔伯特亲王十分厌恶王宫管理过程中出现的明显不称职行为。他决定为维多利亚制定新的秩序，从她的每日安排到财务事宜再到混乱不堪的宫殿，一切都要遵守规范。

首先，阿尔伯特为维多利亚制定了一份必须天天遵守的日程表。他们会在 9 点吃早餐，散一会儿步，然后一起写字、画画，下午 2 点吃午饭。维多利亚会在下午与墨尔本勋爵会面几小时，随后坐着敞篷马车外出巡游一番，有时是与阿尔伯特一起，有时是与她的母亲和侍女一起。晚餐在晚上 8 点。阿尔伯特亲自监督这份日程表尽可能完美地执行，并借此抑制了维多利亚对熬夜的渴望。

其次，亲王试图限制开销。他惊讶地发现，女王 1839 年全年光是在慈善和养老金方面就花费了 3.4 万英镑——相当于今天的约 260 万英镑。[9] 他还特别花时间审阅了康沃尔公国的财政记录，该公国在 1840 年是维多利亚的主要收入来源，这笔收入主要来自锡矿——约有 3.6 万英镑，但其中有约三分之一被用于支付行政工作的花费。他成功地进行了一系列裁撤、重组和预算工作——并且在仅仅几年时间里就攒下了足够的钱，为他的家人在怀特岛上购买了一栋私人别墅。（他此前曾一再拒绝他在科堡的家人提出的资金要求。）

再次，亲王将注意力放在了维多利亚住处的危险状况上，尤其是白金汉宫，他们每年都要在那里待上好几个月。白金汉宫高大宏伟、富丽堂皇，位于伦敦最好的地段，但通风条件十分糟糕，供暖系统年久失修，频繁发生的煤气泄漏曾导致厨房发生过奇怪的爆炸。仆人宿舍人满为患，托儿所已经不足以容纳他们规模日益庞大的下一代。王宫里散发着粪便的臭味：厨房的砖石地面恰好位于下水道上方，污水就在食品柜和烤炉的下方汩汩流过。女王更衣室正上方那一层的厕所经常堵塞，污水漫溢到窗外。1844 年，温莎城堡的地板下方发现了数十个污水四溢的粪坑，在那之后，阿尔伯特将所有汉诺威时代的老式便桶都换成了现代的冲水马桶。

在维多利亚加冕后的第一年，森林与工程部（Department of Woods and Works）的一名特派员在接到有异味的投诉后检查了白金汉宫，并宣称下面几层肮脏不堪，不适合居住。他在厨房里发现了"许多蔬果残留物，以及其他一些极为肮脏污秽、令人作呕之物"。[10]屋顶出现渗漏，排水管上也出现漏洞，却没有人采取任何补救措施。三年后，阿尔伯特要求斯托克马帮助他进行另一次更为全面的检查。他们发现了一个历史悠久且极为低效的职责构成：王宫的维护职责由宫务大臣（Lord Chamberlain）与内务府大臣（Lord Steward）共同承担，还有部分工作由掌马官（Master of the Horse）和森林与工程部负责。白金汉宫的灯具由宫务府提供，由内务府负责清理，而且在大部分情况下由掌马官负责点亮。窗户总是显得很脏，因为内侧和外侧从未同时得到过清理：宫务府负责宫廷内部的清洁，而森林与工程部负责外部清洁。内务府的工作人员负责准备和摆放柴火，而宫务府负责将其点燃。破碎的窗户和橱柜会连续几个月无人理睬，因为在修理之前，厨师长必须准备并签署一份申请书，该申请书还须王室总管（Master of the Household）签字，由宫务府授权，并交给森林与工程部的工程监督。阿尔伯特任命了一名官员来代表所有三个部门，并长期居住在王宫内。

接下来是仆人们。在任何时候，都有近三分之二的王宫仆人丝毫不受监管，因此他们经常想做什么就做什么，想翘班就翘班。仆人的粗鲁众所周知。很少有人会带客人去他们的房间；许多人都会在迷宫似的走廊里迷路。阿尔伯特发现了一系列仆人们用了数十年的骗局和捞外快的手法：王宫外的人在预定马车时经常会伪造女王侍女的签名，以便把他们自己乘车的开销记在王室的账上；刚用过的蜡烛每天都会被掐灭，而男仆们会把前一天的蜡烛装在兜里带走，其中许多都是没有点过的；昂贵的员工餐连那些与王室仅有微弱关系的人都能享用。阿尔伯特削减了仆人工资，有时幅度甚至达到三分之二，原因是许多仆人每年仅有一半的时间在王宫里工作。

阿尔伯特待办事项中的最后一项是他所谓"王庭的道德尊严"。[11]赌桌从温莎城堡消失了。任何人都不准在女王——或者阿尔伯特——面前坐下。（后来担任首相的约翰·拉塞尔勋爵的夫人因刚刚分娩而获准在椅子上休息，"但是在女王的关照下，当亲王随后到场时，有一个非常胖的侍女站在了她身前"。[12]）大臣们在拜访女王时必须倒退着走出房间，因为向君主展示后背被认为是不礼貌的行为。宫廷礼服是必须穿着的。（如果一名女性不想穿着合适的服装，她需要取得医生开具的证明，以解释为什么这么做会有损她的健康，然后再寻求宫务府的批准。[13]）"不诚实和性放荡的行为"会受到惩罚。一份严格的新行为准则被精心裱了起来，悬挂在侍女的卧室里。[14]维多利亚的名字长期以来一直与阿尔伯特在宫廷中所倡导的清教主义联系在一起，但真正在宣传这些标准的是他而不是她。[15]墨尔本很快就意识到，尽管维多利亚"不太关心这些过度拘泥于细节的道德选择"，但阿尔伯特却"极为坚持道德观念"。[16]亲王坚持倡导"完美无瑕的品格"，而女王却对此"毫不在意"。[17]没人能够豁免于阿尔伯特的标准。甚至连他自己的兄弟也因为性行为放荡导致罹患性病而引起他的怒火。不过，维多利亚没有采取什么努力来压制丈夫的热情；至少在宫廷里，阿尔伯特时代已经开始了。

与此同时，英国政坛正兴奋地猜测墨尔本勋爵日益不受欢迎的辉格党政府将于何时被罗伯特·皮尔爵士的托利党政府取代。早已为此做好准备的阿尔伯特此前已开始与皮尔进行秘密谈判，派遣他的秘书安森试图与皮尔达成协议，以避免类似寝宫危机那样的尴尬局面，在此前的那次危机中，维多利亚出于对墨尔本的喜爱对罗伯特·皮尔百般阻挠。阿尔伯特还设法与墨尔本进行了会谈，他对首相说，他不相信怀孕的维多利亚（这时她正怀着他们的第二个孩子）有能力一个人应付或者"经历艰难时刻"，他希望首相能够在就这一问题与女王进行任何交流时让他也加入对话中。[18]

1841年5月9日，安森与皮尔见面讨论维多利亚的侍女问题。安森代表阿尔伯特为3名高级侍女提出辞呈，她们的丈夫是著名辉格党人，也是即将卸任的墨尔本的盟友。她们分别是：萨瑟兰公爵夫人（Duchess of Sutherland）、贝德福德公爵夫人（Duchess of Bedford）和诺曼比夫人（Lady Normanby）。皮尔在多次强调他的主要目标是要保护女王的尊严并顾及她的感受后，接受了这一条件。他还要求维多利亚正式通知他这三个职位的空缺。这一变化应当来自她，而不应被视为皮尔组阁的条件。[19]

在经历了此前的那次危机后，皮尔对于阿尔伯特的外交干预极为感激。在大英图书馆档案室保存的一份27页的备忘录里，可以明显看出皮尔的兴奋之情和溢于言表的胜利、感激之情，同时显露的还有一种焦虑情绪，他设法避免任何事被解读为对女王的不敬。[20]人们公开承认阿尔伯特的智慧远超女王，而安森援引亲王的话说，女王"对自己的宪政观有着天生的谦逊态度"，容易接受比她经验更丰富之人的主张。[21]这么说的确有着一些真实的成分——墨尔本曾建议自己的继任者给年轻女王写信时一定要充分详细，而且"要落到基本，因为女王陛下总是喜欢对正在发生的一切拥有充分的认识"。[22]

大多数历史学家都以为此时正处在第二次怀孕妊娠中期的维多利亚愉快地接受了她的丈夫在没有询问她意见的情况下做出的这种安排。但首相的变更——她的丈夫背着她推动了此事——对她来说是一段十分难熬的时期。在 5 月的第一周，她和墨尔本曾讨论过是否需要在她召见皮尔之前解决侍女问题。在他们仍在讨论之时，阿尔伯特就未经咨询她的意见擅自采取了行动，向皮尔提出了三名辉格党侍女的辞呈。维多利亚感到十分惊讶，她在 5 月 9 日写道："我善良而杰出的墨尔本勋爵对我说，安森见了皮尔（我对此毫不知情，但阿尔伯特一定知道）。"这段插入语很重要——为什么她的丈夫没告诉她？她写道，在那天晚上，她"情绪十分低落"。那一晚，她做了一个噩梦，梦见自己失去了墨尔本，醒来时感到筋疲力尽、心情沮丧，她写道："唉！如果只是一场梦就好了！"[23] 每一次想到将要再次失去她亲爱的墨尔本勋爵，维多利亚就忍不住想要哭泣。她对利奥波德说，这令人感到"非常非常痛苦"，但她下定决心要保持冷静，尤其是因为如今的她已经有了阿尔伯特。在认真阅读完 1841 年 5 月的安森 - 皮尔会谈纪要后，她在上面添加了一句警告：皮尔必须要理解，任命女王侍女的是女王本人，而不是他。她坚持要求将这一条作为"原则"，并在下面画了一道横线以示强调。[24] 皮尔同意了。

维多利亚在政治权术与忠诚之间感到左右为难。几周后，她忧心忡忡地认为，自己向皮尔妥协得太容易了。阿尔伯特说，她的侍女们正在对她施加影响；维多利亚则请求再给她一些时间，并且承认不愿辞职的贝德福德公爵夫人的家人给她送来了一封信。安森写道："女王整天都情绪低落，并且说这件事整天萦绕在她的脑海，让她感到自己正在被亲王和墨尔本勋爵催促和伤害。"[25] 她知道实际上自己如今已经没有选择，只能按照丈夫的建议行事了。

在维多利亚看来，这是在将自己的角色让渡给阿尔伯特，而这经常让她感到不安。墨尔本勋爵曾对她说，她的丈夫在一次活动中得到了盛大的接待，而她的回答是："我不喜欢这样——首先是因为我不喜欢他不在我身边，其次是因为我不喜欢他在政治中或者在国家的一般性事务中扮演我的角色。"[26] 但阿尔伯特却有着娴熟的政治手段。他和安森一直在向现任和未来的首相示好，并背着维多利亚安排会见。5 月 15 日，当墨尔本前来拜见维多利亚时，阿尔伯特就在屋里；这一次，他留了下来。

6 月，当墨尔本所领导的内阁在一次有关外国糖类关税的辩论中失利后，皮尔强行进行了一次不信任投票，并迫使议会解散。维多利亚感到闷闷不乐，但日渐衰老的墨尔本却看得很开："唉，没人喜欢离开，但我身体已经不太好了——我太累了，这对我来说是个很好的休息机会。"[27] 维多利亚在大选期间过度地表现出了自己的倾向性，造访了著名辉格党人，但无济于事。托利党在 8 月 19 日获得议会绝对多数席位。女王破天荒第一次没有出席议会的开幕会议。

9 天后，墨尔本终于被迫辞职。在温莎城堡阳台上的"星光下"，他和女王在他们的最后一次正式会面后说了再见。女王哭了。墨尔本温柔地对她说："四年里，我每天都来见你，也每天都更加喜欢这种经历。"当他们 4 天后在克莱尔蒙特（Claremont）最后一次道别时，她流下了眼泪。维多利亚对待皮尔的态度比 2 年前和善多了，但她仍然对墨尔本说，自己对于与他分别感到"伤心透顶"。[28] 她的日记中充斥着有关她感到如何"难受"的描述，以及有关她"心情沉重、神思郁结"的描述。[29] 她已经习惯了每天与他相见；在这之前，她与他之间未曾相见的最长时间是 11 天。1 个月后，她仍然很难适应这种变化，与新首相之间相处的时间远比她与墨尔本勋爵相处的时间要少。女王与皮尔之间的通信也更加冷淡，更加一板一眼；她与首相的关系瞬时间失去了亲近感。[30]

阿尔伯特已经准备好大干一番了。他与皮尔有许多共同点：

害羞，喜欢进行理性对话，热爱艺术和文学——尤其是德意志作家和荷兰画家的作品——并致力于社会改革（不过他们都不支持扩大选举权，皮尔曾反对 1832 年的改革法案）。阿尔伯特甚至设法劝说皮尔接受他以道德瑕疵为理由否决的一些正式任命，包括对博福特公爵（Duke of Beaufort）的任命。（当这位公爵的夫人去世时，他娶了夫人的同母异父妹妹为妻，而这一做法是被英格兰教会教法禁止的。）有趣的是，皮尔同意了。

英格兰的这位新首相是个才华横溢的家伙，在牛津大学基督教堂学院（Christ Church, Oxford）求学时以古典文学和数学见长，21 岁就进入了议会，并在 13 年后被任命为内政大臣。掌管内政部期间，皮尔组建了伦敦警察署，伦敦警察自那时起就因为他的缘故而被称作"鲍比"（bobbies）[1]。他全心全意地致力于保障劳工权益，并连续多年倡议废除旨在对进口小麦征税的《谷物法》，该法律保护了本地地主的利益，却推高了面包价格，给工人阶级和失业者造成了极大的苦难。他是第一个认真应对人口膨胀、工业革命和经济衰退等紧迫挑战的首相。但他从未得到过特别的喜爱，部分原因是他十分高冷而笨拙。阿什利勋爵描述他是"一座只在表面上略有融雪的冰山"。[31] 格雷维尔称他"十分粗俗"，"更像是个衣冠楚楚的店主，而非一国之首相"，竟然会用餐刀来切果冻。[32] 维多利亚喜欢受人恭维，但皮尔却没有这种能力。他的微笑曾被人比作银色棺盖上反射的微光。[33] 他们彼此之间几乎无话可说，而她对他"像是一个正在给人上课的舞蹈教师"的举止感到恼怒不已。[34] 格雷维尔说，"如果他的双腿能保持一动不动的话"，也许她会更喜欢他一些。

---

① 皮尔全名是罗伯特·皮尔，鲍比是罗伯特的昵称。——译者注

此时正是炎炎盛夏，怀孕的维多利亚一直受到头疼的折磨。她失去了喜爱的首相，与丈夫发生争吵，还为宝贝女儿的健康而焦虑不已。经常感到抑郁的她对利奥波德说，她"如今正经历着严峻的考验，这是我经历过的最严峻的一次考验"，那就是失去了与墨尔本的每日联络，这让人感到"悲伤到心痛"。[35] 8 月底时，墨尔本给她写了封信，鼓励她"打起精神来"。[36]

阿尔伯特通常情况下比妻子更容易出现忧郁情绪，如今却心情愉快、神情振奋。一切都在像他所希望的那样进行。他对于墨尔本卸任的时机感到极为满意，这让他能够成为女王唯一的亲信。他让安森提醒墨尔本，"他的观点一直是，从这一刻起，[他] 将承担起一个新的职责，而女王再也无法在需要时寻求墨尔本勋爵的帮助，因此必须从这一刻起征求他的意见"。阿尔伯特还精明地劝说维多利亚最信任的盟友为他说好话。他派安森去见墨尔本，要求他"敦促女王不要对给亲王分配工作有任何顾虑"。

墨尔本也认为阿尔伯特自然应该得到属于他自己的地位，但他警告说，阿尔伯特不能让维多利亚产生"亲王正在她不知情的情况下与皮尔打交道"的想法，这会让她感到恐慌。[37] 随后，墨尔本尽责地给维多利亚写了一封信，称赞了阿尔伯特一番，并提议由他——而非皮尔——担任自己真正的替代者，认为他有着出色的"判断力、脾气和辨别力"。[38]

随着墨尔本的影响力衰退以及阿尔伯特逐渐走到台前，维多利亚开始认识到，自己的生命中出现了一种新的安慰。如今她明白了爱是什么：一种安全、深沉且持久的爱。作为一名妻子和母亲，她在回顾过去时对于自己在迷恋墨尔本勋爵时的表现感到十分难堪。她在 1842 年 10 月 1 日的日记中写道："察看并更改了一篇旧日记，那篇日记如今会引起一些令人不快的情绪。我当时的人生太过虚伪而肤浅，而我却觉得自己很快乐。感谢上帝！如今我终于知道真正的快乐是什么了！"[39]

这一认识伴随了她好几个月；在她在婚姻中逐渐成熟、变得容光焕发的过程中，"真正的快乐"是一个重要的里程碑。维多利亚在 1842 年 12 月与阿尔伯特谈及她曾经"对墨尔本勋爵的无限喜爱和仰慕"。她说，她并不真的知道这种感情来自何处，"仅仅知道我依附着某个人，拥有了十分温暖的感觉"。阿尔伯特对她说，她"鼓起勇气却最终做了一件相当愚蠢的事"。[40]阿尔伯特或许十分理智，永远也不可能激励自己做任何愚蠢之事，但他同时也太过轻视妻子的感情。墨尔本在维多利亚初登王座的脆弱岁月里曾让她感到安全，而她对他的感情也是真实而相互的。对维多利亚而言，说再见是一件痛苦的事。

随着身体日渐衰弱，墨尔本勋爵变成了一个略显凄惨和孤独的人。每当经过白金汉宫，他都会满怀渴望地看着那座宫殿，在此之后的几年时间里，他也一直在等待来自维多利亚的信件。他曾希望自己能在 1846 年应召重返议会，但女王对他说，她没有这么做，这是出于对他健康的考虑。在听说维多利亚患上产后忧郁症后，他给她写信说，自己也曾患过忧郁症："我知道与之对抗有多么困难。"[41]他的传记作者戴维·塞西尔说，墨尔本十分渴望见到女王。[42]他与维多利亚相处的日子是他生命中最幸福、最有意义的时光——她曾经十分仰慕和需要他。[43]每当有人提到她的名字，他的眼中就会噙满泪水。[44]

女王仍会给墨尔本寄去信件和礼物，并借钱给他，但她的注意力已经被分散了；在 1842 年 4 月的一次舞会上，人们排起长队等待着向她道别，队伍如此之长，以至于墨尔本怀着沮丧的心情悄悄溜走，坐上了他的马车。他在第二天给她写信，告诉她说，在他驾车经过王宫时，能够看到她的房间，"甚至

185

能分辨出房间里的画和桌子等，看到蜡烛已被点燃，窗帘也未拉上。陛下正要动身前去听歌剧"。[45] 不久后，他就罹患中风，并于 1848 年去世。[46]

莱岑女男爵与阿尔伯特一再发生冲突，她试图捍卫自己的领地，而他则试图扩张他的势力范围。斯托克马对格兰维尔勋爵说，莱岑"愚蠢地"想要与阿尔伯特竞争影响力，没有认识到在维多利亚结婚后，她的地位已经不同往昔了。甚至连她曾经的朋友利奥波德也将她形容为阿尔伯特"未来的巨大威胁"。[47]

186　　宫廷中的男人们开始苛责和围攻她。1840 年 12 月，当安森结束一次为期 10 天的旅行返回王宫后，他气愤地说，莱岑"在我离开后只要有机会就会多管闲事给人找碴"。[48] 尽管墨尔本曾向他保证，维多利亚对阿尔伯特的爱不会因为莱岑的干预而有所减少，但安森却不敢肯定："她总是挡在女王的道上，指出并夸大亲王的每一处细小过失，始终在歪曲他，试图破坏女王对他的感情。"[49] 很少有证据证明莱岑真的做了这些——她此前曾称赞阿尔伯特是"一个如此优秀而谦逊的人"——但是，她无疑巩固了维多利亚维护自身特权的决心。[50] 约翰·康罗伊曾让莱岑吸取了足够的经验教训，而她的本能是要保护女王。她说，重要的是，阿尔伯特应当认识到，"女王不会容忍任何人干扰她行使自己最受人嫉妒的权力"。[51] 这就是他们之间争端的核心：对女王权力的争夺。

两人之间的敌对情绪很快就进入了公众的视野。当阿尔伯特在 1842 年要求莱岑离开王宫后——莱岑反驳说，他没有权利提出这一要求——她就再也未曾与他说过一句话。莱岑十分厌恶阿尔伯特试图改变她与维多利亚已经达成一致的事情。阿尔伯特认为她粗鲁、无礼且渴望权力——而且地位已经超出了她所在的阶级。他非常生气地发现，莱岑作为一名平民和雇员竟然在育婴室里把"小猫咪"抱在腿上——而且还是坐着的。（即使是奶妈，也被要求站着给婴儿母乳喂养，以示对王室婴儿的尊敬。[52]）在女王的朝臣之一奇尔德斯海军上校爱上了女王后，莱岑没有将此事告知阿尔伯特，导致他指责她毫不称职。莱岑坚称，她之所以将此事告知了宫务大臣而不是阿尔伯特，仅仅是因为阿尔伯特对她的态度太过粗鲁，她无法与他交谈。

当一个像莱岑这样的女性威胁到阿尔伯特的权威时，他变得异常险恶。正如阿尔伯特的传记作者罗杰·富尔福德所说，她被公认为一个"爱找麻烦的老处女"。[53] 阿尔伯特在写给兄长的信中称她为"老巫婆"（*die Blaste*）。她在那年圣诞节期间得了黄疸，也因此被他称呼为"黄脸婆"。[54] 阿尔伯特将维多利亚的缺点归咎于莱岑：在他看来，维多利亚的缺点就是受教育水平不足——尽管莱岑本人的语言水平比他更高，精通英语、德语和法语，还会一点意大利语——以及害怕与比她年长得多的学者和政治家交谈。在莱岑离开前的几个月里，他对维多利亚的批评尤其激烈，但她一走，阿尔伯特就对自己的兄长说，维多利亚是"一个男人能够渴望的最完美的伴侣"。

莱岑对阿尔伯特很是嫉妒，但她并不是他想象中的那个麻烦制造者。霍兰德勋爵曾称赞她有着"理性与智慧、良好的判断力以及更加优秀的意志力"。[55] 即使是尖刻的格雷维尔，也将她描述为一个"聪明和蔼的女性"，"深受其他女性的爱戴，并受到所有宫廷常客的尊敬和喜爱"。[56] 侍女乔治亚娜·布卢姆菲尔德（Georgiana Bloomfield）说，对于宫廷里的女性，尤其是年轻女性而言，她是个"和蔼而慈母式的"人物。[57] 类似的，利特尔顿夫人也认为她既友善又热心助人，还十分乐于奉献。但阿尔伯特不会容忍任何人与他争夺维多利亚的情感，

187

莱岑非但没有迎合他的雄心壮志，反而还处处与他作对，就像多年前她对抗维多利亚的母亲和康罗伊一样。她因为替女王仗义执言而受到了惩罚。

在维多利亚第二次怀孕期间，女王的侍女们曾对她强健的身体惊叹不已。但实际上，这位年轻母亲却感觉不太舒服，"神思郁结、情绪低落"。[58] 她本来不想这么快就生另一个孩子，极为厌恶怀孕对她的生活构成的限制——就好像她的"翅膀被剪掉了一样"。她变得对工作兴趣锐减，经常大发雷霆。[59]

1841 年 11 月 9 日，她生下了一个胖乎乎的健康婴儿。维多利亚很高兴那是个男孩，但在经历了痛苦的分娩过程后，她仍然感到情绪低落。[60] 她在日记中写道：

> 我不想说太多，但我受的苦真的非常严重，如果不是有着亲爱的阿尔伯特的巨大安慰和支持，我本来以为自己都要死了……最终，在 10 点 48 分，我生下了一个健康的男婴！噢，我感到如此幸福和感激，全能的上帝保佑了我，仁慈地保护我经历了如此漫长的日子和考验。尽管很累，但孩子一出生，我就感觉好多了。

阿尔伯特送给了她一枚宝石胸针，上面刻着他们儿子的纹章；随后，她进入了深深的睡眠，一直到第二天才醒来。她对自己又一次活了下来感到庆幸。她的孩子是个"健康、强壮的男孩"，但维多利亚在抱着他时却没有任何特别感受；没有爱，甚至连一丝情感都没有。她将在未来一年里受到产后忧郁症的折磨。在整个 11 月，阿尔伯特每天都将她从床上抱到椅子上。她感到身体虚弱、情绪低落、难以入睡。王室的其他成员紧张地关注着她，怀疑她祖父的疯狂终于在她身上出现并击溃了她。

过了好几个月，维多利亚才摆脱了这种悲伤情绪，她后来觉得，这种情绪难以理解，因为阿尔伯特让她感到如此幸福。她在 1843 年 4 月对利奥波德说，自己的精神被"弄垮了"，以至于"我为此受了整整一年的苦"。[61] 后来，她对自己的大女儿说，问题在于两个孩子的出生间隔太短了："伯蒂① 和我都深受其苦，而他将因为在你出生后如此短时间内就出生受很长时间的苦。"[62] 作为长子，阿尔伯特·爱德华（Albert Edward）——后来的爱德华七世（Edward Ⅶ）——生来就是为了成为国王，但他的长姐总是更聪明、更漂亮也更受宠爱的那一个。

1842 年 1 月 16 日，阿尔伯特与维多利亚尽可能快地驾车从克莱尔蒙特赶回了温莎。他们此前短暂造访了利奥波德在英格兰的庄园，以治疗维多利亚的忧郁症，却被提前叫了回来，因为"小猫咪"的病情恶化了。阿尔伯特一直将育婴室里出现的问题归咎于莱岑，但当他的宝贝女儿生病后，他变得既焦急又愤怒。"小猫咪"在仅仅几个月大时就开始变得虚弱而不安，无论是莱岑还是奶妈都无法安抚她，也无法让她胖起来。女王写道："一直到 8 月底，她都是个漂亮、健康、胖乎乎的孩子，看到她现在这么消瘦、苍白，变化如此之大，让人太难过了。"[63] 克拉克医生给她喂了驴奶和掺了奶油的鸡汤，但她一直难以下咽，还给她吃了掺了水银的甘汞，以及用来抑制食欲的鸦片酊。弟弟——也就是父母一直期盼的男孩——的出生让"小猫咪"的病情更加恶化。在他出生后的第二天，维多利亚写道："见了我的两个孩子，'小猫咪'看起来惊恐万分，见到

189

① 维多利亚长子的昵称。——译者注

小弟弟后一点也不高兴。"

阿尔伯特与维多利亚在回程中几乎没怎么说话：当时，有许多孩子甚至还没有学会走路就不幸夭折了。[64] 当马车驶入温莎城堡的方形庭院并停下后，他们匆忙跑上楼梯去往育婴室。他们在那里震惊地见到了骨瘦如柴、眼窝凹陷的"小猫咪"，而此时的"小猫咪"还在对他们咯咯地笑。阿尔伯特在愤怒中说了些什么，引起了保姆的激烈反应。他将目光转向维多利亚，并抱怨说："这真的太恶劣了。"心烦意乱的维多利亚突然发起了火：难道他希望作为母亲的她滚出育婴室吗？[65]

两人都发起了脾气：阿尔伯特对维多利亚说，她对莱岑有着一种荒谬的迷恋，并且说她们两人忽视了他们的孩子——难道她们想害死她吗？维多利亚反过来指责他想要控制一切，包括育婴室；嫉妒她的地位和她与莱岑之间的珍贵友谊；以最坏的恶意揣度她；并且不允许她做出自己的决定。在阿尔伯特承担了她大部分仪式性角色后，她对于他如今还想掌控他们孩子的照料工作感到愤怒不已。几个月来潜藏在表面之下的紧张态势终于爆发了。维多利亚大声说，她感到很遗憾自己嫁给了他。

阿尔伯特对这种公开争吵感到愤怒至极、震惊不已。他喃喃地说"我必须要有耐心"，然后回到了自己的房间，并一连几天拒绝与维多利亚说话。斯托克马承担起了中间人的角色。维多利亚没过多久就深感懊悔，并在同一天给斯托克马写信说，这次争吵就像一次噩梦一样。她希望他能够告诉莱岑现在出现了"小小的误会"，并帮助阿尔伯特镇定下来，告诉他女王如今情绪十分低落，谁也不想见。尚未从几周前艰难分娩产下伯蒂的痛苦过程中恢复过来的她一直哭个不停。"我感到如此绝望，而且我的头好疼！我感觉就好像自己做了一个可怕的梦。我希望你能够安慰一下阿尔伯特。他似乎还是那么生气。

我已经不生气了。"⁶⁶

但他还在生气。阿尔伯特再也不打算缓和他的言辞了。他将强迫女王在丈夫和老师之间做出抉择。他给斯托克马写道：

> 莱岑是一个疯狂、粗野、愚蠢的阴谋家，痴迷于对权力的渴望，如今将自己视为一个半神，并且把任何拒绝承认她是半神之人视作罪犯……我则把维多利亚视为一个善良的人，仅仅是在许多方面被错误的养育方式给扭曲了……除非维多利亚认清莱岑的真面目，否则不会有任何改善，我希望这一刻能够到来。⁶⁷

维多利亚的火气来得快去得也快，但阿尔伯特的怒火却深刻、冷酷且持久。他愿意给自己的妻子施加伤痛。他在几天后用冰冷的语气写信给她说："克拉克医生对孩子处置不当，用甘汞毒害了她，而你让她挨饿。我再也不会管这件事了；把孩子带走，爱做什么做什么吧，如果她不幸夭折的话，你的良心要背负罪责。"维多利亚对阿尔伯特说，她能够原谅他"考虑不周的言辞"，并要求他告诉她是否在担心些什么。但阿尔伯特在写给斯托克马的一封信中大发雷霆地说："维多利亚对我来说太草率也太暴躁了，我经常没办法对她谈及我的难处。她不会听我说完的，只会发一通火，责备我疑心重、想要获得信任、野心太大、嫉妒心强等。"

这两个男人取得了一致：女王必须妥协投降。斯托克马给维多利亚写了一封密信，威胁说如果此类事情再次发生的话，他就辞职。女王很快就回了信："阿尔伯特必须告诉我他不喜欢什么，我会改的，但他也必须承诺要聆听我、相信我；（相反）当我发脾气时，虽然我相信现在我不会经常发脾气了，但他不能去相信我说的那些蠢话，例如我对于婚姻感到痛苦什么

191

的，这些都是我在身体不适时说的话。"[68]

维多利亚承认自己有缺陷。从儿时起，她就经常发脾气——阿尔伯特将她称作"易燃物"。但阿尔伯特似乎无法接受她偶尔也需要发泄一下的事实。相反，他时常指责她，并敦促她控制自己的情绪：但这是徒劳的。

维多利亚仍在为莱岑辩护。她公道地指出，出于善意与忠诚，她想要照顾她的这位前家庭教师，并且把她留在王宫里，以奖励她一生的奉献。不过，她也承认，他们的地位"与其他已婚夫妇大为不同"，因为"阿尔伯特是在我的家里，而不是我在他的家里"，但最终，她还是要服从于他，因为她爱他。[69] 她承诺将试图控制自己的脾气，并在 1842 年 1 月 20 日写道：

> 我经常容易发火，这（就像这场不幸开始的那个周日一样）会让我说一些连自己都不敢相信的气话和令人讨厌的话，我担心会伤害阿尔伯特，但他不应该相信那些话，我会努力克服这个缺点，早在我结婚前，我就知道这会成为一个麻烦；因此，我本来不想结婚，在那两年半时间里，我完全就是那个样子，我的家庭教师让我变得难以控制自己，也难以屈服于其他人的意志，但我相信自己能够克服它。[70]

三个月后，利特尔顿夫人被任命为家庭女教师。她是一个完美的选择：亲切、有能力、作风老派、举止有度。她得到了孩子们的喜爱，也让亲王和女王感到满意。对待亲王，她有着深深的爱戴之情，而对于女王，她几乎立刻就认识到了她身上的那股子"倔劲"。[71] 人们一致认为，"小猫咪"的病情仅仅是因为她得到了过多的关心，而医生几乎一点积极作用也没起到。

7 月 25 日，阿尔伯特在没有咨询妻子意见的情况下解雇了莱岑。他随后对维多利亚撒谎说，莱岑为了健康考虑想要回到德意志。她会在两个月内离开王宫。他还补充说，自己已经批准了这个决定。那天晚上，维多利亚在日记中写道："我自然感到很沮丧，尽管我敢肯定这是我们和她的最好结果。"

一直在有意识地保护维多利亚的莱岑在看到焦虑不安的女王来到她的房间后，表现出愉快且令人欣慰的表情。她重复了一遍阿尔伯特的话，"表示为了她的健康着想，她觉得有必要离开，当然，也是因为我现在没那么需要她了，能够找到其他人来协助我"。维多利亚离开了她的房间，暂时感到松了口气。后来，当她坐在丈夫身边，与他一起演奏钢琴二重奏时，她一直忍着没有哭出来。事情结束了。阿尔伯特得偿所愿。她在日记中写道："对于发生的事情感到相当不知所措、情绪低落，自然，一想到即将要与我亲爱的莱岑分别，我就感到非常悲伤，我如此地爱她。"[72]

1842 年 9 月 29 日夜，维多利亚梦见了莱岑。这位女性在英格兰的沉重王冠落在维多利亚的头上时曾在威斯敏斯特教堂对她微笑，在约翰·康罗伊试图篡夺她的权力时给予了她力量，在她 15 岁差点因发烧而命丧黄泉时用冷毛巾放在她的额头帮她降温。这位女性比她的母亲跟她更亲近。她梦见莱岑来到她的房间对她说再见，以一贯的温柔来拥抱她。维多利亚醒来后充满了悲伤之情："对我来说这太痛苦了……以前我曾听人提起过这种醒来后的奇怪感觉，但我从未体验过。这非常难受。"[73]

楼下，莱岑女男爵正在扣上她的外衣。她弯腰拎起最后一个箱子，走向等候在温莎城堡庭院里的一辆马车。天边正微微泛白；她匆忙走下楼梯。她不想吵醒维多利亚，因为她知道，她们两人如果见面的话都无法保持冷静。维多利亚在那天上午吃早餐时收到了她写的一封信，"她在信中以书面形式向我辞行，觉得这么做比当面见到我要好受多了。这自然让我很沮丧，我很遗憾不能再一次拥抱她……我永远也无法忘记，多年来，她就是我的一切"。[74]

女男爵带着无上的尊荣回到德意志与姐姐一同居住，而她的这位姐姐在几个月后就去世了。莱岑独自一人度过余生，每年都能从维多利亚那里得到丰厚的养老金。她对女王的热爱从未有丝毫减退。1858年，她曾在比克堡（Bückeburg）火车站的月台上连续站了好几个小时，就为等待一列载有维多利亚和阿尔伯特的火车，他们此时正赶去探望新近成婚的薇姬。[75]火车从车站隆隆驶过没有停留，莱岑则一直站在那里挥舞着手帕，想要看一眼维多利亚。

在维多利亚的脊梁骨还在成长时，莱岑是她的坚强支柱；她对维多利亚感到无比自豪。在阿尔伯特去世后的1866年，维多利亚前往赖恩哈茨布鲁恩（Reinhardtsbrunn）最后一次看望了她。她们相拥而泣；维多利亚知道，尽管莱岑如今已风烛残年，但她一定能够理解自己的悲伤。莱岑在人生的最后几个月一直在念叨着她的女王，此时的她已经神志恍惚，并且因髋骨骨折而卧床不起。她于1870年去世，享年85岁。维多利亚的统治还将持续30年。

到1842年底，阿尔伯特的对手都消失了。墨尔本已经辞职，莱岑流亡德意志。阿尔伯特拥有维多利亚密匣的钥匙，控制着她的财务（包括王室专款和私有庄园），并能接触到她的大臣们。迄今为止，他已经不仅仅是女王的代表，其风头俨然已经超越了女王。凭借自己作为女王私人秘书的角色——这一角色曾是约翰·康罗伊垂涎的对象——他负责起草信件、阅读国政文件，就一切事务给女王提出建议，并主导一切会议。凭借皮尔的帮助，他准备着手去完成一个国王的工作——并且是一个世所罕见的行事积极、行为自律、能力卓越的国王。他已经准备好，开始真正做一些"更崇高、更重要的事情"。

要做的事有很多。最让阿尔伯特牵挂的事情是军队改革、教育（尤其是科学和地理学）、奴隶制、劳动条件以及外交关系等，尤其是与德意志和法国的关系。他对音乐、艺术、住宅建设和建筑学有着浓厚兴趣。他在许多团体中都担任着正式职务，包括皇家农学会（Royal Agricultural Society）、伦敦音乐家协会（Philharmonic Society）、英国科学促进会（British Association）、改善劳动阶级条件协会（Society for Improving the Condition of the Laboring Classes）、万国统计大会会议（Statistical Congress of All Nations Conference）、全国教育会议（National Education Conference）、都柏林博览会（Dublin Exhibition）、万国博览会（Great Exhibition）、艺术学会（Society of the Arts）、消灭奴隶制协会（Society of the Extinction of Slavery）以及皇家美术委员会（Royal Commission for Fine Arts，该组织与新议会大厦的建设有关）。他经常起早贪黑地工作，以便能有时间来推动他的特别计划。阿尔伯特是一个极有动力的人，而且对不列颠来说十分幸运的是，他的精力将在不久后被用于改革事业。

阿尔伯特还确保 1841 年的圣诞节是个愉快的节日。他从科堡购买了几株松树——并借此让圣诞树的传统流行开来，尽管当时这些松树有的被悬挂在屋顶上，有的像今天一样被放置在地上——他们还一起滑雪、堆雪人，并在松软的雪地上乘雪橇。[76]维多利亚很难相信自己已经有了两个孩子，一个 1 岁大

194

的女儿和一个 2 个月大的儿子，并拥有了温馨的家庭生活。在节礼日那天，安森在温莎城堡中满意地写道，女王"对政治的兴趣越来越小"，并且"大部分时间都花在了小公主身上"。[77]

　　阿尔伯特却日益投身于政治。在英吉利海峡的另一侧，欧洲正酝酿着革命的狂热。引人注目的是，英国王室似乎暂时对断头台威胁保持免疫，但谁也说不好风向会发生多么迅速的变化。亲王为自己争取到了王室之主的地位，扫清了自己的障碍，将王宫清理干净，女王的密友要么被边缘化，要么被赶走。如今，他将注意力转移到了英格兰的国家大事和英国君主制的存续上。阿尔伯特决心开辟一个新时代：一个君主保持尊贵地位、不持党派偏见、公正无私的时代。他还决心不再重蹈妻子此前的覆辙。他将无所偏私地统治国家。他不会再被嘲讽为一个温顺、听话的配偶；他对妻子的征服将得到认可和尊重。阿尔伯特时代已然开启。

14

实际上的国王:"就像一只
冲向猎物的秃鹫"

> 他与她的身份认同结合得如此紧密,以至于他们已经
> 成了一个人,由于他热衷于工作而她厌恶工作,因而很明
> 显,尽管她拥有头衔,但他才是真正发挥君主职能的人。
> 他是实际上的国王。¹
>
> ——查尔斯·格雷维尔,1845 年 12 月 16 日

在 19 世纪中叶,对那些流落伦敦街头的人来说,1 月通
常是最难熬的。粪肥、烟草、烂鱼、久不沐浴的身体、制革
厂、化工厂、燃煤以及房屋地下的粪坑在夏季发出的阵阵恶臭
被严寒所取代。当太阳在苍白的天空上落下后,空气变得更为
苦寒。瘦骨嶙峋的流浪猫四处翻找着食物,拾荒者则在黑黢黢
的下水道里四处搜寻铁钉、硬币或者小段的绳子,经常还要赶
走硕大的老鼠。严寒让因为缺少墓地而被遗弃在排水沟和窄巷
里的尸体四肢僵硬:他们有的是死于分娩的年轻女子,有的是
在睡梦中被冻死的男人,有的是死于神秘疾病的骨瘦如柴的婴
儿。寒风还透过破裂的窗户钻入狭小的房间里,一个个家庭
拥挤在一起用身体取暖。而在规模庞大又供暖糟糕的白金汉宫
里,同样的寒冷迫使阿尔伯特亲王不得不穿着秋裤睡觉,还得
戴着假发吃早饭。在伦敦,煤灰像雪片般落下,在帽子、屋顶
和人们抬起的面庞上留下了漆黑的污秽。这位德意志亲王十分
想念家乡的新鲜空气。

1846 年 1 月 27 日下午，王室马车停在了威斯敏斯特宫门前，此时的太阳在成排烟囱的掩映下呈现出一片淡粉色的斑点。许多兴奋的民众聚集在议会大楼外，看着头戴礼帽、身着定制礼服的议员一个接一个从眼前走过。他们时而喊出认识的议员的名字。有人在人群里出售牛肉和鳗鱼馅饼；还有个人在街角烤栗子。一个兜售香肠的女人爬上了排水沟里的一个垃圾堆顶端。一个约莫 12 岁的红衣男孩突然冲到马车后面，铲起马粪放进路边的篮子里；马粪将被卖给伦敦外围的农场和苗圃。一群衣衫褴褛的孩子追着一只癞皮狗在街道上跑过。

阿尔伯特那一天特地来到议会支持他的朋友，首相罗伯特·皮尔爵士，那将是皮尔职业生涯中具有决定性作用的政治辩论。皮尔是一名实业家的儿子，他认为，针对一系列外国商品征收的关税正在阻碍自由贸易和经济增长，并不公平地推高了普通英国公民的生活成本。地主阶层在大部分托利党的大力支持下强调说，废除这一关税，即《谷物法》，会毁了他们。皮尔不顾自身党派的意愿，在接下来的三年里呼吁彻底废除这一关税。这既是一种政治上的勇气，也是在自毁前途。维多利亚和阿尔伯特十分赞赏皮尔的立场，在皮尔给阿尔伯特寄来一系列有关《谷物法》的备忘录后，他们决定支持他。勤奋的维多利亚与皮尔一样十分厌恶懒惰而享有特权的贵族，她在1846 年的日记中写道：

198

[皮尔] 补充说，看到"那些整天除了打猎什么也不做，每天晚上都要喝波尔多红葡萄酒，从来不研究这些问题或者阅读相关材料的老爷们跑去斥责和干预大臣们的工作"，让人感到非常不耐烦。这种局面让人感到的不仅是不耐烦，当我想到皮尔是如何为了国家利益牺牲自己的健康、舒适和时间，甚至是他自己在党内的关系，而只换来

他人的辱骂和可耻的忘恩负义时，怒火中烧。[2]

此时已临近下午 4 时 30 分，警察从 1 点起就列队站在道路两侧，将密密麻麻的人群挡在身后，这些人正吵嚷地呼喊着反对《谷物法》的议员名字。在威斯敏斯特宫内，皮尔信步走进下议院，优雅地向议长鞠了一躬，然后走向国务大臣席（Treasury Bench）的中心。他的仪态自信而优雅：作为一个身材挺拔、相貌英俊的男子，他一头金发、眉清目秀，有着细长的鼻子和突出的脑门，以及深邃的眼睛。[3] 观察家们经常将他的仪态形容为一个银行家或者"整洁的店主"才有的仪态。此时的他正承受着来自观众席的冰冷凝视，席上坐着总计 400 名贵族，他们的靴子上还沾着当天打猎留下的泥土。

当阿尔伯特亲王进入旁听席时，会议现场突然安静了下来。热爱赛马的托利党议员乔治·本廷克勋爵（Lord George Bentinck）翻起了白眼：这位德意志亲王难道真的以为他可以用王室的青睐来影响这场辩论吗？起先是女王偏爱墨尔本，如今阿尔伯特又偏爱起了皮尔？这种来自君主的干预显得极为不同寻常，而且十分错误。迪斯雷利后来声称，即使是"温和派"，也对他的出现感到不安。

下午 4 时 48 分，皮尔站起身，抖了抖自己的袖口（维多利亚特别讨厌他的这个怪癖），在大厅里扫视了一眼，然后开始发表演讲。演讲持续了三个小时。结束后，阿尔伯特匆忙赶回王宫，对正打算前去吃晚餐的维多利亚说，皮尔的演讲"非常全面而出色"。[4] 辩论进行了好几个晚上。2 月底的一天，乔治·本廷克勋爵——他是枢密院职员兼日记作家查尔斯·格雷维尔的表亲——从座位上站了起来，发表了一番惊人演讲，对亲王极尽嘲讽。（他的这番怒火为他赢得了下议院中奉行贸易保护主义的保守党的领导权。这个政党是在托利党因《谷物

199

法》一分为二时组建的——支持自由贸易的皮尔派坚定追随首相，其他人重组为保守党。）乔治·本廷克勋爵是一个令人印象深刻的人物，他有着淡红色的胡须，身穿长礼服和天鹅绒马甲，脖子上还戴着一颗串在金项链上的绿松石。他说，皮尔已经抛弃了作为贵族的荣誉。而阿尔伯特的过错在于"听取了糟糕的建议"，他受到皮尔的"蛊惑"，"到议会这里来引领喝彩，而且可以说是按照女王的意愿对一项措施提供了某种来自陛下的个人支持，而这一措施无论是好意还是恶意，都会让英格兰、苏格兰以及爱尔兰的至少大部分地主贵族深受其害，甚至会毁了他们"。5

出席这场辩论是亲王唯一一次过度涉入党派政治的行为，而且这是一个错误。托利党人自从维多利亚加冕后就一直对君主持怀疑态度，而既想拥有影响力又想保持中立的阿尔伯特曾誓言不表现出任何倾向性。在西奥多·马丁受维多利亚委托撰写的阿尔伯特传记中，女王为她的丈夫进行了一番辩护："亲王之所以去，是像威尔士亲王以及女王的其他儿子会做的那样，去听一次优秀的辩论，这对所有的王子来说都大有裨益。不过他理所当然地觉得再也不能这么做了。"6

等到 3 月议会就此事举行投票时，王室家庭正在风景优美的怀特岛度假。这天，维多利亚正打算离开海滩时，一名仆人满脸通红地跑了过来，手上拿着一个皮尔送来的匣子：下议院已经以绝对优势废除了《谷物法》。维多利亚看着这封信，大大松了一口气。阿尔伯特将皮尔视作一个志趣相投的人，甚至像是他的第二个父亲。他在写给斯托克马的信中说，这位托利党领袖"展示出了无穷的勇气而且兴致高涨；他的全部才能都被自己的意识所激发出来，即此时他正在国家的历史中扮演着最重要的角色之一"。7（应当指出的是，废除《谷物法》并

200

不是属于他一个人的成就。主要由中产阶级构成的"反《谷物法》联盟"是一个表现完美、资金充裕且十分团结的政治组织。该组织的领袖都是些头脑灵活的演说家，他们将贵族们谴责为富裕的地主、尸位素餐的政客以及道德破产的领导人，从而有效地让他们居于守势。中产阶级的意见得到了前所未有的引领，而贵族们则遭到了史无前例的批判；这是一个重要的政治转变。）

　　上任时接手了一团乱麻的罗伯特·皮尔与墨尔本勋爵截然不同，后者是乔治四世时代最后一任首相，信奉放任主义哲学，最著名的特点是对那个时代的暗流涌动视而不见。墨尔本对维多利亚统治初期困扰英国的诸多问题无动于衷：这些问题包括经济衰退、高失业率、高犯罪率以及贫穷。在墨尔本勋爵的懒政结束后，皮尔领导了一个所谓"真正在做事的政府"。他在两年内将财政赤字转变为财政盈余，这还是在 1842 年的首个预算中削减了一半多关税的情况下实现的。在 1845 年后，小麦成为仍然受到严密保护的唯一一种主要产品。他对年收入超过 150 英镑的人开征所得税，税率是每英镑征收 7 便士——相当于 3%。（当皮尔宣布女王已经同意对自己的收入征税时，这一消息在下议院引发了一阵"巨大轰动"。[8]）他改革了银行体系，对企业进行监管，并着力解决工业化和快速城市化产生的诸多复杂问题。他很清楚一触即发的公众怒火带来的紧迫性。经济和政治分析家沃尔特·白芝浩（Walter Bagehot）说，皮尔"对遭遇革命的担心程度就像一个老妪担心患感冒一样"。[9]

　　19 世纪 40 年代中期的英格兰发生了有关两种作物的重要辩论，它们分别是土豆和小麦。1845 年，爱尔兰土豆因夏季多雨和从美洲蔓延到欧洲的枯萎病而歉收，造成了灾难性后果，也最终让有关《谷物法》的辩论获得了一些紧迫性。人为推高的物价导致谷物对爱尔兰穷人来说太过昂贵，而且大部分谷物都被出口到了英格兰，使粮食歉收的爱尔兰失去了一项重要的替代食物来源。皮尔强调说，"取消对进口的阻碍是唯一有效的补救措施"。[10] 维多利亚变得越来越担心有关爱尔兰人"极端苦难"的报道，这些爱尔兰人甚至连死后也没有尊严可言，他们的尸体经常被丢弃在地上，既没有葬礼也没有棺材。[11] 她决定将王宫里的面包配给限制在每人每天 1 磅的水平。

英国政府对发生在爱尔兰的悲剧做出的反应简直迟钝得令人发指。在饥荒的第一阶段，也就是 1845 年和 1846 年，不列颠人组建了一个救济组织、投资建设市政工程，并为施粥场提供资金。他们向爱尔兰提供了 700 万英镑，而这仅仅是几年后他们为克里米亚战争所募集资金的十分之一。[12] 但在 1847 年，随着饥荒不断恶化，他们采取的行动进一步加剧了爱尔兰人的苦难：《爱尔兰穷人法扩充条例》（Irish Poor Law Extension Act）引导穷人离开施粥场，进入拥挤的工厂，并在可怕的条件下辛苦工作。那些拥有超过四分之一英亩土地的人在申请救济时遭拒绝；许多人都被迫放弃了他们的财产。政府没有采取任何实质性措施来试图摒弃对土豆的依赖、改善农业状况，或者改革土地租赁制度。令人震惊的是，在饥荒的那几年，爱尔兰仍然在向英格兰出口食物。不幸的是，废除谷物税将无法为爱尔兰人提供多少帮助。

英格兰人对于放任主义的重要性有着深刻而持久的信仰。政府不愿对灾情进行干预，表面上的借口是那些受苦之人应当有能力在无需援助的情况下自行摆脱苦难和贫穷。政府担心，恩惠会腐化他们。英格兰还对爱尔兰人有着深刻而持久的偏见。英国国教牧师西德尼·史密斯（Sidney Smith）颇具讽刺意味地写道："每当提到爱尔兰这个名字，英格兰人似乎就抛弃了起码的感情、审慎和常识，像残忍的暴君和昏庸的蠢货那样采取行动。”[13] 即使是年轻的女王，也免不了产生这些情绪。她的情绪在对地主将小麦配给占为己有的愤怒与对爱尔兰人杀害这些地主的厌恶之间来回摇摆。[14] 当听说一名男子在驾驶马车回家途中被人谋杀的事件后，她写道：“他们真是一群可怕的人，哪里都找不到这么野蛮的地方，太可怕了，那里到处都是这种可怕罪行！这始终让人感到焦虑和烦恼。”[15] 她一直到 1849 年才第一次访问爱尔兰，那时距离她登上王位已经过去了 12 年。[16]

　　总体而言，在 19 世纪 40 年代，政治上的关注点已经转变为工人阶级的生活和工作方式。在 1842 年 5 月英国议会发表的第一份有关童工的报告中，出现了 6 岁儿童被锁在运煤车上的惊人插图。报告称，最年幼的童工负责为矿井通风，保持活板门关闭，等到有运煤车需要通过时，他们负责正确开关活板门。这些被称作看门工的孩子年龄在 4 岁到 10 岁之间。《观察家报》报道称，这些孩子最讨厌的是地下的黑暗：他们常常恳求矿工给他们留几个蜡烛头。女性和年龄较大的儿童被安排沿着对成年男子来说太过狭窄的通道拖拽运煤车。他们像动物一样在地上爬行，穿过一个个水坑和石堆。[17] 女孩子有时会像男孩一样半裸着上身工作，男人在酷热之中也经常全身赤裸，而性侵在矿井里十分普遍。人们曾担心，那些在矿井中工作的女性会再也不适宜婚嫁。[18]

　　这些故事激发起了公众的想象，并为改变提供了动力，这种改变是在遭遇巨大阻力的情况下逐步出现的。[19] 1842 年的《煤矿法》禁止雇佣任何女性和 10 岁以下的男孩，并确保督察员会强制执行这项法律。1844 年的《工厂法》为纺织厂工人的每日工作时间设置了上限，8~13 岁儿童是 6 个半小时，而女性是 12 个小时。1847 年通过的一项法律将每天 10 小时工作制确立下来。到那个十年的末期，已经出现了巨大的变化。到 1851 年时，只有 2% 的 5~9 岁儿童参加工作，而在 10~14 岁儿童中，这一比例也仅为四分之一。[20] 在维多利亚的统治时期，她大多数臣民的生存条件都得到了显著改善；投票人数增加，也有更多的人在工作中得到了基本保护。国家的现代化真正开始了。

与此同时，在 1842 年的那个春天，白金汉宫正忙碌地为一场舞会做准备。5 月 12 日，英格兰最时髦、最富有，同时也是装饰最为华丽的人物都聚集一堂，身穿用英国丝绸织成的服饰，以表达对斯皮塔佛德的贫困丝织工人的支持。这是阿尔伯特的主意，维多利亚也对此兴奋不已。斯皮塔佛德的女裁缝师们在几周时间里辛苦制作了他们的华服；维多利亚还用水彩在日记里画下了自己的礼服。

舞会取得了巨大成功。伦敦全城的珠宝商都将自己的钻石倾囊而出。女王穿戴着白鼬皮衬里的惊艳礼服、绣着金色花纹的银色外套、敞口天鹅绒垂袖、毛边天鹅绒小裙摆，以及镶有珍贵宝石的臂环。她的头上戴着一顶镶满宝石的金色王冠。阿尔伯特穿着一件貂皮衬里、边缘镶有 1200 颗珍珠和金色花边的红色天鹅绒披风。用来固定披风的胸针闪耀着钻石、绿宝石、红宝石、黄宝石以及其他珍贵宝石的光泽。披风下是一件金蓝相间的织锦礼服，斜里还挎着一件镶着钻石的宝蓝色天鹅绒缎带。他的剑柄上也镶着钻石。维多利亚的王冠一直往侧边滑，她的高跟鞋跳起舞来也不轻松，但她表示，那个夜晚完美无瑕：《伦敦新闻画报》(*The Ilustrated London News*) 写道，英格兰从未像那个晚上一样如此决定性地展示其"在女性魅力上的至高地位"。女王一直跳舞跳到凌晨 2 时 45 分。

这场舞会产生了一个强烈的对比：珠光宝气的贵族在大烛

台下熠熠生辉，而那些孩子却整天在黑暗中工作，只能祈求别人施舍给他们几个蜡烛头。在那个时代，王室的华贵被认为是臣民的骄傲，标志着英格兰的实力与财富。然而，这场误会引发的反响揭示出了人们对富裕阶层日益增加的厌恶和反感。专职讽刺的工人阶级报纸《怪咖》（*Odd Fellow*）写道："一些仁慈的男女贵族们决心将自己伪装成忍饥挨饿的织工，好让女王陛下能够对眼下广泛存在的苦难有个模糊的印象。当这群人进来时，女王陛下将受到深刻震撼，第二天的报纸将报道说，女王流下了眼泪。"[21]

这种轻蔑态度显而易见。《北方星报》（*Northern Star*）将维多利亚比作在大火焚城时还在拉小提琴的尼禄。凭借利用市场垄断地位从穷人手里榨取的金钱，贵族纷纷租借钻石、举办奢华盛宴，"幼稚地挥霍了成千上万英镑"。[22] 维多利亚举办斯皮塔佛德舞会的初衷是好的，织工们也短暂地迎来了工作量的猛增，但这一切无法持久。这一行业的衰落是无法避免的。

在那个大多数工人阶级都生活在苦难之中的时代，维多利亚更容易被她遇到的个体而非改革运动激发出同情心。她会担心寡妇们是否有钱维持生计，以及为她表演的侏儒们是否受到了良好对待。她会担心孤儿、受伤老兵以及性侵受害者的福祉。当看到怀特岛上关押的少年犯"孤独地"在单人囚室里度过好几个月时，她为他们的悲惨生活感到难过。（时刻在意审美的她对于他们的相貌之丑陋感到十分困惑，认为他们看起来"真吓人"。）她曾要求让每一个牢房里"最有资格的男孩"得到赦免。[23] 但是，当为穷苦工人的权益倡议了 20 年的贵族政客沙夫茨伯里勋爵提议修改法律，将每日工作时长减少到 10 个小时时，她表示了反对，她和皮尔都认为这会破坏经济生产效率。[24] 在阿尔伯特费尽心力制订计划以消除贫困、改善工人阶级住房条件时，维多利亚需要的是更多视觉上的触动，以及

205

直接和个体性的刺激。

尽管阿尔伯特显得风度翩翩，但他却仍然难以得到英格兰的充分接受。维多利亚对于王室家族对她丈夫不断展现出的敌意感到怒不可遏。她的叔叔们经常争夺优先权，坚称他们的位次应当居于这位德意志亲王之前，这导致了许多荒唐场面，维多利亚和阿尔伯特不得不在正式活动中将他们挤到边上。在1843年7月举行的一场婚礼上，刚刚从流感中痊愈的阿尔伯特用力将汉诺威国王（即坎伯兰公爵）推下了圣坛的台阶，而维多利亚从圣坛的一侧小跑到另一侧，好在签署完结婚证书后将笔递给阿尔伯特。[25]

维多利亚害怕阿尔伯特的尊严会受损。在德意志时，她对普鲁士国王安排一名奥地利大公坐在维多利亚旁边以显示他的优先权并怠慢阿尔伯特的做法感到愤怒至极。（一直到多年后，她才同意再次接受来自普鲁士人的殷勤款待。）1842年6月，她对皮尔谈及"亲爱的阿尔伯特的尴尬而痛苦的地位，很奇怪女王配偶这个职位竟然没有任何财政拨款，我希望未来能够把阿尔伯特王夫的地位确定下来"。她写道，她担心"王夫这一职位对任何男人来说一定都很痛苦和耻辱"，甚至于"有时我几乎觉得，如果我没有嫁给他的话，对他来说或许更公平一些。但他如此温柔、善良，深深地爱着我本人"。[26]她曾试图使他被正式认可为配国王，但未能成功。最终，维多利亚在1857年利用自己的皇家特权通过皇家特许证将阿尔伯特封为王夫。

在1844年1月阿尔伯特的父亲去世后，他的孤立变得日益明显。阿尔伯特偶尔会在私下里流泪，他对斯托克马抱怨说，"我们身边的众人都冷若冰霜"。[27]埃内斯特公爵一直都不

是一个完美的父亲：他抛弃了阿尔伯特的母亲，一直向他伸手
要钱，曾试图勾引王庭内的侍女，并且曾经对阿尔伯特的长子
没有取他的名字而十分恼怒。但阿尔伯特很爱他的父亲，因而
父亲的死让他悲痛欲绝。维多利亚也对丈夫的悲伤感同身受，
她在日记中写道："我们再也不会见到他那种人了。"阿尔伯
特"既难过又凄凉，虽然他在我们彼此间的亲密爱情里得到了
慰藉和幸福"。[28] 每一次凝视自己的丈夫，她的眼中都满含着
泪水。[29]

　　阿尔伯特将父亲的死视为一个征兆，预示着他如今必须全
身心投入到第二段人生中来，也就是他的妻子和人数日渐增加
的家庭。如今，他的家已经变成了英格兰，这种感觉比以往任
何时候都更加突出。他再也没有一个能够回归的故土了。他在
给兄长埃内斯特的信中写道："我们的孩子不知道我们为何哭
泣，他们还问我们为什么要穿上黑色衣服；维多利亚与我一起
哭泣，既是为了我，也是为了你们所有人。让我们照顾好［我
们的妻子］吧，让我们给予她们爱和保护，因为在她们身上，
我们将能再次找到幸福。"[30] 悲伤再一次拉近了阿尔伯特与维
多利亚的关系。阿尔伯特写道："维多利亚是我的全部存在赖
以维系的珍宝。我们之间的关系已经别无所求。那是一种心灵
与灵魂的结合，因此无比崇高，可怜的孩子们将在其中找到他
们的摇篮，并借此在未来为他们自己找到相似的幸福。"

　　始终保持务实态度的阿尔伯特仅仅几周后就宣布自己已经
从父亲去世的阴影中走了出来。他已经准备好"通过持续工作
来强化自己"，并全身心投入到自己的家庭中。[31] 亲王返回德
意志安慰自己的兄长，并安排父亲的后事。这是他婚后第一次
离开维多利亚，因而他写给自己"亲爱的妻子"的信中充满了
甜蜜的安慰和爱意。

　　当阿尔伯特结束两周的分离返回时，维多利亚一听到马车

的声音就跑下了楼梯。她是如此兴奋，以至于那一晚大部分时间，她都睁着眼睛躺在他身边，静静地看着他睡觉，"心中充满了喜悦与感激"。[32]

女王有许多需要感谢的东西。在整个 19 世纪 40 年代，她都与丈夫一起过着令人艳羡的生活：她的孩子正茁壮成长，他们在苏格兰和怀特岛找到了喘息之机，家庭生活的温馨和惬意也让她深感欣慰。她在日记中热情洋溢地写到了他们的孩子在地板上玩耍，而她和阿尔伯特就着台灯坐着读书的场景。他们时常长时间散步、玩九柱游戏，或者品尝樱草茶。1843 年底时，她曾对于不得不离开白金汉宫前往另一处行宫表达过遗憾，但她知道，自己没什么好抱怨的："我在那里一直很幸福——不过就现在的我而言，在哪里不幸福呢？"[33]

维多利亚在 1843 年 4 月生下了他们的第三个孩子。这个婴儿被取名为爱丽丝·莫德·玛丽公主，不过她的小名叫法蒂玛（Fatima），因为她是个胖乎乎的小婴儿。维多利亚对于又一次在分娩中幸存了下来感到松了口气。仅仅两天后，她就感觉枯燥无聊了："躺在这不动，什么也不做太无聊了，尤其是一个人的时候。"[34] 她需要躺在床上被人推到起居室，然后坐在扶手椅中被人推着去吃晚餐。[35] 她一边察看印度王公作为礼物送来的珠宝，一边等待阿尔伯特回到她的身边。阿尔伯特正忙着在自己的职责中添加新的内容，并代表女王主持官方接待活动。在她还挺着大肚子怀着爱丽丝时，维多利亚曾同意接见威灵顿公爵，但在她感到疲倦后，阿尔伯特替她见了另外几位大臣。阿尔伯特会见了皮尔，两人一致决定维多利亚"相当古怪的"叔叔、在维多利亚生下他们第三个孩子的几天前刚刚去世的萨塞克斯所拥有的头衔如今应当转交给阿尔伯特，这些头衔分别是：巴斯总司令骑士勋章（Knight Great Master Order of the Bath）以及圆塔统治者（Governor of the Round

Tower）。

　　不久后，维多利亚又怀上了他们的第四个孩子。1844 年 8 月 6 日，她生下了一个男孩，他们给他取名为阿尔弗雷德·埃内斯特·阿尔伯特。他是个漂亮的男孩，有着浓密的深色长发、一双蓝眼睛和一只大鼻子。分娩过程疼痛难忍，维多利亚受的苦很"严重"，但她"健康的大胖小子"给她带来的喜悦抵消了分娩的疼痛。阿尔伯特再一次全程陪在妻子身边。随着家庭规模不断扩大，阿尔伯特开始计划他们的未来。这个儿子后来被他们称作"阿菲"，在他的洗礼仪式上，阿尔伯特已经在谋划将 4 岁的薇姬嫁给普鲁士国王 12 岁的儿子了。阿尔伯特的计划是让伯蒂成为未来的国王，而阿菲成为科堡公爵——如果阿尔伯特的兄长没有生出继承人的话——而薇姬将作为普鲁士王后成为嵌在欧洲的一枚楔子。维多利亚和阿尔伯特不可能预见到未来一百年里欧洲发生的风云巨变，他们为后代安排的一些联盟关系将在后来被证明对英格兰而言极为艰难，对他们的孩子而言则是充满了心碎。

　　维多利亚在婚后的前五年里生下了四个孩子，与此同时，阿尔伯特承担起了无比广泛的职责。皮尔任命他为议会大楼重修工作的美术委员会主席——威斯敏斯特宫曾在 1834 年被烧毁——负责监督在经过翻新的议会大楼里安放艺术作品。他还被任命为剑桥大学校长，并通过革新和拓展教学课程为该校做出了巨大而影响深远的贡献。在整个 19 世纪 40 年代，他还花了许多时间来改造他在怀特岛上的家族宅邸以及白金汉宫。他为温莎城堡增加了一片农场、一排狗舍以及一个制酪厂，并亲自设计工作人员的宿舍。斯托克马将阿尔伯特在事业上不懈而迅速的发展归功于他的"实用型天赋，他凭借这种天赋能够在一瞬间抓住一件事情的关键，然后像盯上猎物的秃鹫一样伸出自己的爪子；然后带着猎物飞回巢穴"。[36]

208

　　阿尔伯特的好奇心十分旺盛。他像一个拼命学习应考的人一样研究他的新国家，仔细研究建筑计划、参访美术馆，并在他参观的工厂里把脖子伸到机器里去查看。他竭尽所能记录下一切，包括保存在温莎城堡的珍贵手稿，例如莱昂纳多·达·芬奇的手稿集。幸运的是，阿尔伯特所处的地位使他能够推行自己的许多大胆想法；他通过游说成功地将决斗非法化，并且为军队设计了头盔、为育婴室设计了婴儿床，还为自己的孩子设计了示范农场。他养的猪甚至在农业展会上赢得了一等奖。[37]或许他最大的胜利是克服了对自己骑术的"一切无礼嘲笑"，向英国人展示他有能力"勇敢而稳当"地骑马。[38]维多利亚对于他最初竟然会因为这件事而被抨击感到非常生气。

　　阿尔伯特的勤奋、节俭、拘谨、虔诚以及想要驾驭 19 世纪时髦活动的渴望，从许多方面来说比维多利亚本人更好地体现了维多利亚时代。他也因此受到我们如今所谓的"职业倦怠"的困扰。阿尔伯特动力十足，但也体弱多病。这对夫妇在 1843 年第一次乘坐火车，从斯劳（Slough）前往距离不远的伦敦，而阿尔伯特却在旅途中深受晕车困扰，每小时 45 英里的速度就让他难受不已。维多利亚却对坐火车十分喜爱："我觉得这种颠簸非常舒服，比马车要舒服多了，不能理解怎么有人会感到难受。"[39]阿尔伯特是一个被奢侈和舒适所包围的人，但他却放弃了休息，让无休止的工作毁掉了他的健康。如果他没有这么做的话，那个世纪可能会以"阿尔伯特时代"的名字更为人所知。

　　到 1845 年，阿尔伯特已经成为实际上的国王了。那一年 12 月，兰斯多恩勋爵与约翰·拉塞尔勋爵造访了温莎城堡，并对他对王冠的牢牢掌控印象深刻：

　　以前，女王都是单独接见大臣的；他们会与她一个人交流，尽管阿尔伯特亲王肯定会了解一切；但如今，女王和亲王在一起，共同接见了兰斯多恩勋爵与约翰·拉塞尔，两人还言必称"我们"……很明显，尽管她拥有君主的头衔，但他才是真正履行君主职能的那个人。他是实际上的国王。[40]

　　维多利亚此时正怀着他们的第 5 个孩子。她将丈夫描述为一个比她自己更聪明的助手；她有时会对他的才能惊叹不已。维多利亚信件的编辑阿瑟·本森与伊舍勋爵证明了阿尔伯特工作有多么勤奋以及他给女王带来的帮助有多么明显。他负责整理女王的文件并加上评注，还撰写了"数不胜数"的备忘录。但维多利亚始终是女王。尽管女王的回复经常是由阿尔伯特草拟的，但她经常会修正和改写其中的部分内容，而且她会自己草拟大部分信件。本森和伊舍写道：

　　　　许多草拟都是由她自己写的，亲王会在行间进行修改和添加；这些草拟与亲王手写的草拟在文风上十分相似，很明显女王并不仅仅是接受了建议，还对重要事件有着她自己的强烈看法，而且这种看法得到了充分的表达。

　　有些人错误地以为阿尔伯特的努力和看法会抹杀维多利亚。例如，在宗教宽容度等问题上，维多利亚从小时候起就有着坚定的主见。当罗伯特·皮尔想要改善天主教徒接受高等教育的状况，并为天主教的梅努斯神职人员培训学院提供更多资金时，尽管英格兰各地抗议四起，维多利亚还是向他提供了支持。她在宗教问题上有着十分突出的进步思想："我们所信奉的宗教形式让我感到脸红，它竟然如此缺乏一切恰当的情感，还如此渴求救济金。我们难道要把这 70 万目不识丁的罗马天主教徒赶到绝望的境地，让他们走上暴力之路吗？"[41] 维多利亚对皮尔起身对抗"顽固浪潮和盲目狂热"的行为表示称赞。[42]

皮尔的《谷物法》让他付出了整个职业生涯的代价。6 月 25 日，这位首相在下议院的一次重要投票中失利，部分原因是贸易保护主义者团结在一起投他的反对票。他提出辞职并就此退休，而辉格党人再次执政。此时已经对皮尔颇有好感的女王对他说，她和亲王都认为他是"一个善良而真诚的朋友"。[43] 皮尔请求获得一张维多利亚与阿尔伯特还有威尔士亲王的肖像——威尔士亲王是在皮尔成为首相后不久出生的——并希望他们在肖像中穿着"简朴的服饰"，就像他经常看到他们的那样。[44] 皮尔最大的优点在于，他一心一意地为自己的国家做到最好，而他最大的缺点在于无法说服他的党派这就是最好的结果。[45] 他迄今仍然以党派叛徒的身份被人铭记。

当了解到皮尔在政治上的失败时，维多利亚正在从第 5 个孩子的艰难分娩中恢复，那是一个胖乎乎的健康女婴，名为海伦娜·奥古斯塔·维多利亚公主，生于 1846 年 5 月。尽管她为皮尔感到难过，但满足的家庭生活让她变得更为冷静。这与 5 年前她失去墨尔本时的反应形成了鲜明对比。"说真的，当一个人像我一样在家庭生活中如此幸福和幸运时，政治只能退居第二位了（前提是我的国家安全无虞）。"[46] 这些话经常被人引用，以强调所谓女王对政治的厌恶。但此时距离她生下第 5 个孩子仅仅过去了两周，看着恶毒的政治反对派粗暴地对待一个她日渐喜爱的优秀政治领袖，她仅仅是说出了许多政客在危急之时会想到的真相：那就是家庭事务比一切都重要。不过她在这里添加的插入语也很重要：前提是她的国家安全无虞。

墨尔本已经走了，如今罗伯特·皮尔也走了。但这对王室夫妇已经不再需要这些精神导师了。到 1849 年他们两人都已年满 30 岁之时，维多利亚与她的亲王已经形成了一股令人生畏的合力。时任首相、著名辉格党人约翰·拉塞尔勋爵面临的任务不仅仅是安抚和帮助成千上万忍饥挨饿的爱尔兰人，还要管理好他目中无人的外交大臣巴麦尊勋爵，这位勋爵让维多利亚与阿尔伯特越来越不喜欢。他们与他的斗争将影响下一个时代的英国外交政策，并证明女王和亲王在意见一致、并肩作战时的实力。

15
完美无瑕、令人敬畏的繁荣

在许多年里，这对年轻人对自己孩子的痴迷程度甚至超过了大多数充满深情的年轻父母，尽管需要在公务上花费许多时间，但他们仍然会每天花大量时间来与他们的人肉玩具一起玩耍。[1]

——克莱尔·杰罗尔德（Clare Jerrold）

那里有平静、安逸、荒野、自由和孤寂。[2]

——维多利亚女王谈苏格兰

大拇指汤姆将军（General Tom Thumb）仅有 25 英寸高，体重仅有 15 磅，却在觐见女王的那天一点也不紧张。这个美国男孩年仅 6 岁，不过他的年纪通常被宣传为 12 岁或 14 岁。本名查尔斯·舍伍德·斯特拉顿（Charles Sherwood Stratton）的他从年仅 7 个月大时起就停止了生长，看起来像个袖珍小人。他有着一头金发、黑色眼眸和通红的脸蛋，穿着一套剪裁合体的服装。[3] 这个自信的美国艺人推开门走进女王的画廊，坚定地走在长长的地毯上，走向正在等待他的维多利亚和阿尔伯特。

　　人群中发出了一阵惊呼。他的经理、当时把他从父母手中"租借"来的 P.T. 巴纳姆（P. T. Barnum）后来写道，他看起来就像是个"能活动的蜡人"一样。大拇指汤姆从世界上最杰出的一些艺术品旁走过——包括鲁本斯、凡·戴克、伦勃朗，以及维米尔等人的作品，大部分是由查理一世国王收藏的——停在了身材娇小的女王面前。生平第一次，她发现自己能够俯视某个人了。随后，他深深地鞠了一躬："女士们、先生们，晚上好！"这种失礼之举引发了宫廷的一阵喧嚣：他没有称呼女王为"陛下"。女王牵起大拇指汤姆的手，带着他绕着画廊走了一圈，问了几个问题。他对她说，觉得她的画廊"十分一流"，引起诸位王室成员的开怀大笑。在接下来的一个小时里，大拇指汤姆时而引吭高歌，时而模仿拿破仑，奉献了一场天衣无缝的表演。

巴纳姆被要求像所有宾客一样弯腰鞠躬、倒退着离开房间。画廊有着相当长的距离——大约50米长——而据巴纳姆所说，大拇指汤姆的短腿跟不上巴纳姆的步伐；落后时，他会转过身小跑几步，然后再转过来后退，然后再跑几步。他不断地重复这一动作，直到整个画廊都被笑声所笼罩。四处洋溢的兴奋之情让维多利亚的狮子狗也变得激动不已；它开始不停狂吠，而大拇指汤姆则被迫用拐杖将它挡开，却让人们笑得更厉害了。

维多利亚后来曾担心巴纳姆对大拇指汤姆不够温和，她将他描述成"我或者说任何人此前都未曾见过的最稀奇的奇人"：

> 这个小东西没有任何描述能够形容，他的真名叫作查尔斯·斯特拉顿……他是美国人，给我们他的名片，名片上写着"大拇指汤姆将军"的字样。他鞠躬时滑稽至极，会伸出他的手然后说："不胜感激，女士。"我情不自禁地为这个可怜的小东西感到难过，希望他能够得到妥善照料，因为那些把他拿出来炫耀的人一定经常欺负他，我觉得。[4]

214 　　那一年是 1844 年，是大拇指汤姆为期 3 年的英国和欧洲巡演中在白金汉宫举行的三场成功表演的第一场。[5] 维多利亚赏赐了汤姆金钱和礼物，但她给予的最重要礼物是她的关注，这让他获得了无上的荣耀和知名度。[6] 大拇指汤姆将军成了时尚的宠儿；在他位于皮卡迪利广场的展览室外，一辆辆马车排起了长龙。汤姆乘坐一辆外形小巧但装饰华丽的红白蓝三色相间的马车在伦敦的街道上招摇过市，拉动马车的是几匹漂亮的矮马。[7] 他很快就换上了宫廷礼服：一件刺绣精美的褐色天鹅绒外套和一条短裤；一件绘有彩色图案的白色绸缎背心；白色丝袜和鞋子；以及一顶假发、一顶三角帽、一柄假剑。他和他著名的老板巴纳姆非常清楚该如何取悦人群。巴纳姆声称，他的这个年轻门徒已经成了罗伯特·皮尔首相和惠灵顿公爵的"心爱宠物"。女王在 1856 年又一次邀请他进行了表演。

　　维多利亚对这些当时所谓的"奇人异物"非常感兴趣：它们有的是奇珍异兽，有的是天赋异禀的男男女女，从马语者到侏儒再到宫廷小丑等不一而足。在与阿尔伯特结婚后不久，维多利亚就观看了"狮女"的表演，那是第一位以毫发无伤地进出关着狮子和老虎的大型兽笼而闻名的女性。她的表演在温莎城堡的庭院中进行，女王则是隔着一扇窗子进行观赏。表演结束后，维多利亚接见了这名女性，称赞了她的勇气。维多利亚说："可怜的姑娘。我希望并祈祷你永远也不会受伤。愿上帝保佑你！"[8]

　　维多利亚对弱势人群展现出的善意以及她对奇人异事表现出的好奇心贯穿了她的一生。当一对号称世界上身高最高的夫妇宣布订婚时，她邀请他们造访了白金汉宫，并向新娘赠送了一件婚纱和一枚钻石戒指。[9] 在年近 80 之际，女王还要求英俊而健壮的欧根·桑多（Eugen Sandow）定期为她表演。当一头曾为她进行过表演的名叫"查理"的大象杀死了一个欺负

它的男人后，维多利亚给它的饲养员写了一封信，以表达她的
遗憾。[10]

那是一段幸福的岁月。维多利亚艰难地应付着接连不断
的怀孕和人数迅速增加的子嗣，并对欧洲的动荡忧心忡忡，但
与此同时，她也在维护自己的权利，给予丈夫充分的自由来执
行他的计划，并对自己的家庭感到心满意足。她与阿尔伯特喜
欢在费利克斯·门德尔松为他们举行私人音乐会时一同引吭高
歌；他们在家中建造了一个小剧场，以表演戏剧，并畅享美食
与美酒。维多利亚有时会有些过于放纵：斯托克马曾在给她的
信中严厉地写道："女王不应一顿饭喝完一瓶葡萄酒。"[11] 她真
正渴望的是私密、独处，以及位于海边或者苏格兰高地的小
家。[12] 她最喜欢的两个词分别是"温馨"与"舒适"——它们
都可以用德语单词"gemütlich"来概括。

拥有苍翠牧场和灰白峭壁的怀特岛是第一个被维多利亚
和阿尔伯特当作家的地方。整个岛屿弥漫着魔法般的空气；人
行小径上到处都是长满鲜花的灌木丛和低垂的树枝；兔子在海
岬上跳跃；夜莺在树林中歌唱。在他们亮堂、有微风吹拂的奥
斯本宫里，每个房间都能看到优美的海景。维多利亚幼年时曾
在这座岛上居住过，当皮尔通知他们岛上的一片地产可供购买
后，阿尔伯特以一个合理的价格谈了下来，并通过自己精明的
预算支付了购置款。他十分珍惜这个不受政府干预，自行设计
和改造一座房子的机会。他找来了著名建筑师兼绘图师托马
斯·丘比特（Thomas Cubitt），并亲自参与一切：无论是意
大利式地板设计和外观、艺术品和瓷器的摆放、花园、海滩、
泥土、下水道，还是树木的种植，他都事必躬亲。阿尔伯特建
了一个冰室、一片用于灭火的小湖泊、一栋为维多利亚而建的
装点着马赛克瓷砖的海边小屋，以及一个专为孩子而建的海上

漂浮游泳池。（维多利亚用的是一台木质游泳更衣车，她喜欢藏在里面悄悄滑到海里。）他还设计了婴儿床；吊在石质台球桌上方的吊灯，这些吊灯需要向外摆动才能进行清洁；在会客厅的推拉门上装了镜子，好在夜间反射水晶吊灯的灯光；并建造了瑞士小屋（Swiss Cottage），孩子们在里面种植植物、搜集岩石，并且用他们的玩具枪在模拟堡垒中玩耍。圣诞节时，他会创作赞美诗，好让全家人在吹奏乐器的伴奏下一同演唱。

对维多利亚来说，这个家是一个"完美无瑕的小天堂"。[13]春天、羊群、夜莺和树叶都让她感到心情舒畅（"树木似乎被一层羽毛覆盖一样"）。[14]阿尔伯特也十分享受那里的生活。维多利亚在 1845 年写道："看到亲爱的阿尔伯特享受这一切，对这块地方充满了喜爱，还打算实施如此之多的修缮计划，我感到非常欣慰。他在家里几乎一刻也停不住。"[15]她在 3 年后表示，对他来说，这是一种治疗方式。[16]阿尔伯特十分喜爱园艺；他尝试将未经处理的污水变成肥料，并且在发现无法让他人效仿自己的做法后，尤其考虑到伦敦污水横流的状况，他感到极为失望。他还获得了善待雇员的好名声。

身在奥斯本宫的维多利亚是一个热情、快乐的女子，还处在新婚宴尔的激动之中。她的写字台上摆放着家人的相框以及宝宝的小手和小脚模型：胖乎乎的爬满皱纹的小手、带着浅浅凹痕的手肘以及圆滑的脸蛋——作为父母，她和阿尔伯特捕捉到了一个个如果不去细心发现就会匆匆流逝的青春瞬间。造价昂贵的黄色会客室里悬挂的一幅画展示了当时这对夫妇不易被人察觉的机智与活泼。它刻画了 3 名女性坐在长满绿叶的树下沐浴着午后斑驳阳光的画面。其中一名带着神秘微笑的女子正靠在另一名女子身上。起初，这看起来像是一个无伤大雅、如梦似幻的夏日野餐场面。但如果仔细观察的话，可以在那名脸上带有微笑、向后靠着的女子裙子下找到一个男子背部的轮廓，她的衬裙下还可以看到伸出了额外的一双脚。这幅由弗朗茨·克萨韦尔·温德尔哈尔特（Franz Xaver Winterhalter）创作的《短暂的休息》（*La Siesta*）被认为是女王购买的第一幅画作。一想到俏皮的维多利亚与阿尔伯特一起看着这幅画开怀大笑，狡黠地向访客展示这幅画却不指出隐藏的男子，就让人忍俊不禁。①

217

在夏末或秋天的时候，他们一家人经常会前往北方人迹罕至的苏格兰山区。维多利亚第一次去是在 1842 年，那时她正饱受伯蒂出生后的产后忧郁症折磨。[17] 她与阿尔伯特都被苏格兰高地原生态的寂静和美丽所折服。他们喜欢在荒无人烟的山丘上散步；在维多利亚专心绘画或者与侍从——他们都是些当地人，负责狩猎、钓鱼或者徒步探险时伴随左右——聊天，孩子们开心玩耍时，阿尔伯特喜欢进行狩猎或者跟踪小鹿。阿尔伯特喜欢当地"陡峭而雄伟的山峰"和"纯净而清新"的空气，以及当地人"更为返璞归真的性格，他们身上带着远离城市的山地居民特有的真诚与热心"。[18] 这让他回忆起了他童年时在德意志的家。

维多利亚与阿尔伯特在 1848 年 9 月第一次前往位于巴尔莫勒尔（Balmoral）的"漂亮的小城堡"。他们在沉默中徒步爬了几英里山路，为的是一览越来越宏伟的景色。维多利亚写道："这里看不到一个人，除风声以及山鸡或松鸡的叫声外听不到一丝声音，简直太棒了。这让我心中产生了一种特殊的崇敬与肃穆之情。"[19] 颇为含蓄的阿尔伯特十分喜爱"山中彻底的孤寂感，在这里我很少能看到人类的面孔"。他最希望做的

---

① 应当指出的是，尽管奥斯本宫博物馆馆长迈克尔·亨特（Michael Hunter）表示，"这幅画的构图十分具有暗示性"，但他同时也表示，该画作过去曾被人修复过；如果能够查明——通过 X 光检查等手段——修复者究竟在画上做了多少涂抹，将会非常有趣。与作者的通信，2015 年 2 月 12 日。——作者注

事是打猎："我是个爱玩的人，一直在悄悄跟踪几头无辜的牡鹿，今天，我射杀了两头红鹿。"[20] 他对待打猎的态度十分认真，而维多利亚也会焦急地等着听他讲述他搜集到了多少件兽皮；当他一无所获时，她几乎要难过地哭出来。他们喜欢把下午的时间用来工作，回复来自外界的一系列报告，这些报告有的是关于爱尔兰，有的是关于欧洲动荡局势，有的是关于印度骚乱；但上午的时间通常十分寂静，无人打扰。

在巴尔莫勒尔，女王放弃了自己的拘谨，与当地人交起了朋友。她给她当地别墅的租户赠送了新的衬裙，与当地女性进行长达数小时的交谈，有时甚至与她们一同饮茶。[21] 在她看来，她们单纯、直率，丝毫不做作，令人耳目一新："她们一点也不粗俗，也一点不放肆，非常聪明、谦逊，也很有教养。"[22] 这对王室夫妇沉浸在高地生活中无法自拔：他们经常穿着苏格兰格子呢，阿尔伯特学习了盖尔语，女王和孩子们则专门上了苏格兰舞蹈课。查尔斯·格雷维尔对于他们在那里的简单生活印象深刻："他们在那里的生活丝毫不焦虑；他们过得一点也不像是名门世家，反而像是非常小的贵族；别墅小，房间小，架子也小。"[23]

苏格兰将是维多利亚终其一生感到最幸福、最自在的地方。她可以坐在泥巴房里无休止地聊天。她可以与高地人一起跳舞，而不会有任何傲慢的贵族侧目，也可以与她的侍女们一边嬉笑，一边从最漂亮、最偏远的山丘上爬下。（在1849年11月11日的日记里，她写到了一名曾在一次旅居期间照顾过她的男子，这名男子将在未来的岁月里对她十分重要：帅气的"J. 布朗"。）不过，并不是所有人都着迷于她的热情：在奥斯本宫举行的一次充满了漫长而尴尬的沉默的晚宴结束后，利特尔顿夫人看到男人们略带嫉妒地打起了台球，因为女王又开始谈起"她疯狂而快乐的高地生活——那苏格兰的空气、人民、山丘、河流和树林，比这个世界上的任何其他地方都更令人倾心"。利特尔顿夫人补充说:"唯一让我感到欣慰的是,我永远也不会看到、听到或者见证这些各式各样的迷人之物。"[24] 但这正是他们苏格兰新家的魅力所在:维多利亚和阿尔伯特比其他任何人都要喜爱它。

在那些年里,维多利亚偶尔会担心,她的这种满足感也许无法持续很久。她渴望能将时间停住。在 1847 年的除夕夜,即将迎来 1848 年的时刻,她独自坐在房间里写道:

> 当一个人像我们一样快乐时,就会对岁月的飞速流逝感到悲伤,我总是希望时间能够停住一阵。今年有许多让我们心存感激的事情;孩子们都很好,两个年纪最大的提高很大。我思考了自己的缺陷——我必须避免些什么,必须纠正些什么,凭借上帝的帮助和我自己的毅力,我希望能战胜自己的缺陷。[25]

维多利亚生了一个又一个孩子,却从未停止自己的工作。[26] 她誓言要为了丈夫提高自己。但她对工作、孩子以及身为人母对她身体的影响所持的态度一直在变化。她身体健康,却也始终感到疲惫不堪;十分爱慕阿尔伯特,却也经常很厌恶他;为自己的家庭感到自豪,却也越来越对自己必须付出的牺牲感到委屈。维多利亚作为一名君主所获得的权力和成功都有赖于她作为一名母亲的平凡性和她作为一名妻子的满足感。她是一名居家女王,也因此而受到崇拜。但与此同时,诸多女性心中的不公平感也在她的心中开始扎根、发芽,而她一直到成为祖母才将这种情绪表达出来。

最糟糕的是肉体上的折磨。维多利亚身体上的疲惫在她私下里对生儿育女的肉体折磨越来越厌恶的态度上表露无遗;她

219

从未在日记里写到过她身体上的痛苦、不适或者损伤，但她经常将怀孕比作像是一头猪、"一头牛或者一只狗一样；我们的本性变得动物一般，兴致全无"。[27]

维多利亚对母乳喂养有着"完全无法克服的厌恶感"。[28] 后来，当女儿爱丽丝决定自己给孩子喂奶时，她感到很生气，甚至在不久后将巴尔莫勒尔牛奶场的一头小母牛命名为爱丽丝公主。[29] 维多利亚将其视为一种粗俗的行为，对一名上层女性而言非常不妥。[30] 她还认为，这种行为与履行公共职责是相矛盾的，在吸乳器发明前的岁月，这种观点或许很有说服力。[31] 一直到商业性婴儿食物在 19 世纪 60 年代流行开之前，维多利亚时代的大部分中产阶级女性，甚至是贵族女性，都会将母乳与动物乳品或者糊状食物结合在一起喂养婴儿，一直到婴儿几个月大为止。奶妈的费用很昂贵，而且经常会被怀疑其可疑的道德水准腐化了她们照看的婴儿。[32] 但维多利亚毫不怀疑地雇用了几个奶妈，她认为，如果让一个不那么有教养而且"更像个动物"的女性来给孩子喂奶的话，对孩子更好一些。[33] 还在临产状态时，她就将她的第一个奶妈玛丽·安·布拉夫（Mary Ann Brough）从怀特岛传召前来，负责给威尔士王子喂奶。①

尽管拥有诸多特权，但女王与其他女性一样完全无法控制混乱且经常让人虚弱无力的生育过程。与维多利亚一样，当时有八成女性在婚礼结束一年内生育子女。当时的大部分英格兰

---

① 13 年后，布拉夫夫人将自己的六个孩子杀死在床上，她割破了他们的喉咙，随后试图割破自己的喉咙，但未能成功。她被认定已经疯了。记者们大肆宣扬她曾经是威尔士王子奶妈的事实；此时已经对伯蒂的心智能力和内向性格感到忧心忡忡的维多利亚和阿尔伯特在读到这些报道时感到紧张不已。（"The Murders at Esher Coroner's Inquest, Esher, Monday Night," *The Times*, June 13, 1854, 12, column C.）——作者注

女性用来生育或者母乳喂养孩子的时间平均长达 12 年：维多利亚则总计花了 16 年时间。[34] 不过，维多利亚所生子女的数量几乎是英国平均水平（5.5 个孩子）的两倍。[35] 许多历史学家都无视这一伟大成就，忽视它所带来的肉体和精神影响，以及它所产生的无力感。她曾对自己的女儿说，生孩子"对于一个人的一切得体感都是一种彻底的侵犯（上帝知道，光是结婚就已经对得体感造成了足够的冲击）"。[36]

在那段生儿育女岁月的早期，维多利亚最大的安慰来自阿尔伯特。她的丈夫在孩子生命中的参与程度以及对妻子痛苦的关怀程度远超维多利亚时代的一般男性。[37] 他在育婴室中没有丝毫不适。他还"监督着"子女抚养的"基本原则"，他曾在 1846 年写道，这些原则"在如此多的女性面前很难坚持"。[38] 这位王夫在维多利亚分娩时一直陪在她身旁，在她行动不便时抱起她，并且很人性化地终结了在女王分娩时让十几名重要人物在隔壁房间等待的做法。他对孩子的态度也很温柔。利特尔顿夫人曾写道，一名保姆试了几次都没能将手套戴在威尔士王子的小手上——这个男孩当时只有 2 岁半大——最终沮丧地把手套扔在了一边。她写道：

> 我欣慰地看到［阿尔伯特］二话不说把孩子抱在膝盖上哄了哄，然后没有丝毫耽误地把手套给戴上了，展现出了灵巧和温柔的举止；这位小王子明显对于得到帮助感到相当开心，抬起头温柔地看着父亲英俊的脸庞。这是一幅完美的育儿场景。我忍不住说道："不是每个爸爸都有如此的耐心和温柔，"而且还得到了女王充满感激之情的注视！[39]

随着孩子日渐长大，阿尔伯特成为他们生命中一个兼具趣味、教导与关怀的人物：指挥育婴室工作，向宾客骄傲地展示孩子，组织洗礼仪式，规划他们的课程学习，建造小屋和堡垒，带他们去剧院、动物园以及杜莎夫人蜡像馆等。维多利亚曾描写他吵闹且热心地与两个年龄较大的儿子一起放风筝，与薇姬和伯蒂一起玩捉迷藏，以及向伯蒂展示如何在干草堆上翻跟斗。他让孩子骑在背上，以及将他们放在大篮子里在地板上拖拽的景象让她感到很开心。[40] 她写道："他对他们如此温柔，如此愉快地与他们玩耍，还能如此利落而沉稳地管理好他们。"[41] 他喜欢一个膝盖上放一个孩子，一边轻轻晃动一边在管风琴上弹奏傻傻的歌曲。

1859 年，维多利亚对长女、18 岁的薇姬说，阿尔伯特对待照顾家庭这件事非常认真："爸爸说，那些将所有家务事以及对孩子的教育全交给妻子的人忘记了自己的首要职责。"[42] 维多利亚将自己叔伯们的糟糕生活归咎于父母教育的失败："似乎乔治三世对他的孩子很少关心。"[43] 在许多年时间里，阿尔伯特都会每天亲自教育孩子一小时。在维多利亚经常遭到枪击的那段岁月里，他还细心关注着孩子们的安全，因为他收到了一些针对孩子们的"最为恐怖的"威胁信。他总是在口袋里放上一把孩子们房间的钥匙，并确保这些房间得到了严密保护，包括"复杂的轮班、结实的门锁、戒备森严的守卫室，以及各种严密的预防措施"。[44]

对维多利亚来说，平淡的日常生活是为人父母的重要组成部分。[45] 她每天都会去育婴室看望她的孩子们，[46] 并且骄傲地对别人炫耀。[47] 甚至连她的侍女们都对她与孩子相处多长时间有过评论。[48] 在 1844 年的一则有关教育问题的备忘录中，维多利亚表示，孩子应当"尽可能与父母待在一起，学会在一切事情上将自己最大的信任交给父母"。[49] 她和儿女们一起阅读和祈祷，并用《圣经》来教导他们：她希望他们所学习的信仰是一种充满善意、宽容和爱的信仰，而不是充满"恐惧和颤抖"的信仰。[50] 有关孩子的内容几乎每天都出现在维多利亚的日记里：例如在奥斯本宫附近的树林里采摘樱草、紫罗兰和银莲花，寻找复活节彩蛋，在农场里观看牧民清洁绵羊，在马戏团对着小丑哈哈大笑，在她更衣时在更衣室里玩耍，在动物园探望野生熊类，以及在花园中挖土豆，等等。在 1852 年的结婚纪念日那天，维多利亚充满感激地写道，尽管孩子们"经常是焦虑与麻烦的源头"，但他们也是"一种眷顾与快乐，给生活带来喜悦"。[51]

当他们的长子威尔士王子还是个孩子时，维多利亚和阿尔伯特就开始专注于他的教育问题，这对一个未来的国王而言是一项重要任务。他是个任性的孩子，像他的母亲在孩提时代一样有着暴风骤雨般的脾气——他经常发脾气发到筋疲力尽，以至于发完脾气后，他会躺在地上，就像是在睁着眼睛睡觉一样。[52] 不可避免的是，他们对伯蒂感到十分失望，伯蒂厌恶学习，注定永远也无法成为一名学者，其学习进度与早熟的姐姐薇姬比起来总是逊色很多。在他 5 岁时，女王曾将他描述成"一个很棒的孩子，在智力上没有丝毫欠缺"。[53] 但仅仅一年后，她就说他与姐姐相比"更为落后"。（格雷维尔直言不讳地说，女王认为他很笨。[54]）在他 8 岁时，她的父母曾要求一名骨相学家检查他的颅骨。检查结果证实了他们的担忧："不适宜进行脑力劳动，在特定时候甚至厌恶脑力劳动；以及……负责好斗、破坏和坚定等性格的器官都很大。智力器官只有适度发育。"[55] 在寻求学术成就的过程中，伯蒂情感丰富、善于社交的本性很遗憾地遭到了忽视。身为儿子，有一个像阿尔伯特这样的父亲，从来都不是一件容易的事。

到 19 世纪 40 年代末，来到伦敦的外国人都对人们对维多利亚的疯狂热爱留下了深刻印象。在 D. 纽厄尔神父

223

（Reverend D. Newell）站在人群里等待女王出席为一家律师公会所在地林肯律师学院（Lincoln's Inn）公开献词的仪式时，他看到一股"人潮从四面八方涌来"，想要看一眼女王。他说，他们不可能真的看到，但"这一场面给我们留下了深刻印象，因为在英国人的这次气势庞大的人群聚集中，我们可以在某种程度上见证并感受一个国家之心脏的强劲跳动"。[56] 维多利亚将这一切归功于她的家庭。她在 1844 年 10 月给利奥波德写信说："他们说，（我敢说）没有任何一位君主像我一样受到如此爱戴，而这是因为我们的家庭，以及它所呈现出的优秀榜样。"[57] 女王清醒地看到了自己的象征性权力，并凭借一种精明的直觉理解了她的人民。[58] 维多利亚代表了一种甜蜜、简单的家庭生活，而不是一种无所事事、挥霍无度的生活，这有助于英国君主制度免受未来许多年席卷欧洲的革命浪潮的影响，与此同时，其他国家的人民纷纷起身反抗荒淫无度的君主。

当维多利亚与阿尔伯特在奥斯本宫嬉戏玩闹以及在绿意盎然的苏格兰高地山丘上徒步旅行时，不满的阴云正在欧洲大陆上空集结。1848 年，在布鲁塞尔的一个房间里，两个分别名叫卡尔·马克思和弗里德里希·恩格斯的男人正在创作《共产党宣言》，号召工人阶级"起来！饥寒交迫的奴隶"。在白金汉宫的规模得到扩大、装饰得到美化之时，欧洲王室却被接连赶下宝座。在阿尔伯特愉快地测量自己安静的住所时，愤怒的人群冲入了巴黎、柏林、维也纳、布拉格和布达佩斯等地的宫殿。1848 年 5 月，他自鸣得意地在白金汉宫给斯托克马写信说："我们一切都好，王室从未像此时在英格兰拥有如此崇高的地位。"[59]

16

奇迹年：革命之年

> 随处可见的动荡，还有我们孩子的未来以及毫无防备的我，促使我被伤感占据……我感觉自己老了 20 岁，就好像自己再也无法想起任何乐趣了。尽管我知道人民总体上很忠诚，但一想到我们面临的可能性，我就颤抖不已。[1]
>
> ——维多利亚女王，1848 年 4 月 3 日

以"法国公民之王"之名闻名于世的那个男人正盯着镜子，缓缓地用刮胡刀划过自己的脸颊。他的妻子坐在他身后，几天来脸上第一次露出了笑容，而她丈夫的光滑脸庞则渐渐从留了多年的褐色胡须中显露出来；他突然露出了羞涩的表情，脸上看起来就像孩子一般毫无遮蔽。74 岁的路易·菲利普（Louis Philippe）几天前刚刚被剥夺了王位。登上王位 18 年后，他在一场让巴黎的街道火光冲天的血腥革命中被迫退位，将王位让给了 9 岁的孙子。他和妻子玛丽 – 阿梅莉（Marie-Amelie）为了自身安全仓皇而逃。他们好几天都没有睡觉。路易·菲利普轻轻拍了拍自己的口袋，第 100 次确认名为"威廉·史密斯夫妇"的伪造身份证件安然无恙。他们离开了位于巴黎的别墅，乘船来到海岸边的勒阿弗尔（Le Havre），并趁着夜色登上了一艘正在等待的轮船。他们在这趟前往英国的旅途中随身携带的只有一个小小的旅行箱以及身上穿着

的几件衣服。他们的逃脱十分惊险：在他们走后仅仅两个小时，警察就来到了他们藏身的别墅，企图逮捕国王。[2]

在此前的几年里，法国国内的贫富差距日益扩大；工人阶级在令人无法忍受的条件下辛苦工作，而生活成本却与日俱增。曾一度受人爱戴的路易·菲利普国王已经变得越来越不受欢迎。当政府下令禁止一系列为募集资金支持反对派而举办的宴会后，数千人聚集在街头举行抗议示威。[3] 在 1848 年 2 月 22 日，有 52 人在暴力骚乱中被杀害。随着愤怒的暴民不断涌向他的王宫，身边顾问早已惊慌失措的国王决定退位。数十名王室成员三三两两地乘坐马车、火车、船只以及通过步行前往英格兰，随行的还有他们的保姆、女仆和朝臣；在法国国内，革命党人在宫殿里跳舞、饮酒，将王室的衣柜洗劫一空。[4] 前往英格兰的国王子嗣中包括阿尔伯特的堂兄奥古斯塔斯（Augustus）及其妻子克莱芒坦（Clementine，路易·菲利普的第三个成年女儿），以及维多利亚的表亲、萨克森-科堡-科哈里的维克图瓦，其丈夫是法兰西退位国王及其王后当时还在世的年纪最大的儿子。当身着船长大衣、戴着巨型护目镜的路易·菲利普从轮船上走下来，踏上安全无虞的英国海岸时，他彻底松了一口气，几乎哭了出来。[5]

维多利亚接纳了她的王室好友，但她并不认同他们的投降行为。她认为这位国王应该留下来战斗到底。在她看来，放弃不仅仅是懦夫行为，而且毫无必要。28 岁的维多利亚此时正大腹便便地怀着第 6 个孩子，但她有着钢铁般的意志。在接下来的几个月里，她在日记里反复写道，她认为法国国王犯下了一个错误。

227　　另一个痛点在于，路易·菲利普两年前刚刚出卖过维多利亚。法国国王与英国女王最初曾有过一段关系良好的蜜月期，部分原因是法国国王的长女路易丝嫁给了维多利亚的舅舅利奥波德，并且一直对年纪较小的英国女王非常友善。1843年，维多利亚成为300多年来首个拜访法国国王的英国君主。法国王室位于厄镇的城堡美得让她流连忘返，他们放松自在的举止也让她印象深刻。玛丽－阿梅莉王后对维多利亚说，她把她当成女儿一样看待。但两国王室在此次访问期间有一件事没有讨论，那就是有关西班牙的敏感问题。路易·菲利普一直梦想着让他的国家与西班牙结盟，于是悄悄安排自己的一个儿子迎娶西班牙女王的妹妹因凡塔·路易莎（Infanta Luisa），当时统治西班牙的是13岁的伊莎贝拉女王，她的母亲担任摄政。路易·菲利普设计了一个复杂的阴谋。他希望伊莎贝拉女王能够嫁给其表哥——被认为要么是同性恋，要么无法生育的加的斯公爵（Duke of Cadiz），并无法生育继承人，而因凡塔·路易莎能够嫁给他的儿子蒙庞西耶公爵（Duke of Montpensier），并与其生下一名继承人。

不过，维多利亚却希望伊莎贝拉女王能够嫁给一个来自科堡的表亲。经过长期谋划后，在维多利亚和阿尔伯特1845年第二次访问厄镇期间，英法两国外长终于达成一致意见，即在西班牙女王生下子嗣前，它们两国都不会为因凡塔·路易莎介绍追求者。[6]这一协议在1846年烟消云散，因为巴麦尊勋爵愚蠢地向法国大使展示了一封信，信上说，维多利亚的一名表亲是伊莎贝拉女王的候选夫婿之一。这两名女孩随后立刻分别与加的斯公爵和蒙庞西耶公爵订了婚。"气愤至极"的维多利亚对玛丽－阿梅莉王后说，她的丈夫违反了承诺。两国王室间的紧张关系持续了近两年时间，一直到巴黎的抗议活动爆发。

维多利亚很快就忘记了心中的怨气。她是真心对起义感到惊骇不已，尽管有过争执，但她仍然热爱她的法国亲戚。[7]她在3月7日，也就是她在白金汉宫迎接路易·菲利普与玛丽－

阿梅莉的第二天，写道："他们看起来就像是一群谦卑的可怜人。"[8] 当时已近孕期末尾的维多利亚给这些前来避难的难民送去了衣物，并将她舅舅利奥波德的克莱尔蒙特庄园借给他们居住，只要需要，待多久都可以。奥古斯塔斯与克莱芒坦以及他们的孩子与她一起居住在白金汉宫。当时正怀着第四个孩子的克莱芒坦与维多利亚同岁，两人的关系变得十分亲密，与此同时，她们还试图去理解过去一个月发生的一系列事件。在听说路易·菲利普的儿媳，即继任国王的母亲埃莱娜（Helene）在一片混乱中被迫和自己的孩子骨肉分离后，维多利亚感到心疼不已："还有什么能更可怕！"[9]

宫殿上下都散发着焦虑与悲伤的气息。维多利亚在日记中写道："可怜的克莱芒坦说，她睡不着觉，眼前总是出现那些恐怖的面庞，听到那些可怕的哭喊和尖叫。"[10] 她一连几个月都对客人们感到忧心忡忡。在客人变得过于瘦削时，她显得焦急不已，甚至称她的表妹维克图瓦看起来"像是一朵被压垮的玫瑰"。[11]

1848 年的欧洲革命被称作"人民的春天"，1 月发源于西西里，2 月影响到法国，并迅速蔓延至整个欧洲。最暴力的起义出现在波兰、奥地利帝国、德意志、意大利和法国。各地的革命原因不尽相同，而且基本没什么联系，但在许多国家，革命都是工人阶级和中产阶级——他们罕见地临时组成了同盟——在经历了数十年指数级变化后的一场大爆发。他们忍受了基本生活成本的增加、粮食歉收、城市拥挤、无所事事且无所作为的富人管理的议会以及专制的君主。随着他们开始辩论民主的理想形态、社会主义、渐进自由主义以及共和主义，不满的声音日益强烈。

随着叛乱的蔓延，维多利亚的态度从担忧变成了恐慌。这种混乱对一名君主来说是一种诅咒。她在日记中将革命党人称作"一群嗜血的恶棍暴民"、"可怕的乌合之众"和"行事令人作呕的人"。[12] 女王不喜欢熙攘纷扰的人群，也不喜欢法国人。这一点在她的通信中也体现得很明显。当阿瑟·本森与伊舍勋爵在她去世后编辑她的信件时，他们删掉了她措辞最为严厉的反法观点，以避免让他的儿子爱德华七世国王在盟友面前尴尬。[13] 保存在皇家档案馆中的原始信件揭示了她希望法国公民因发动叛乱而受到惩罚的秘密愿望。她在 1848 年 4 月写给利奥波德的一封信中说："法国正发生着**极为可怕**的重大事件，为了维持道德准则，**应该在巴黎出现一些重大**灾难，因为那里是邪恶的温床，一切灾祸的发源地。"[14] 尽管她私下里认为路易·菲利普不应退位，但她仍然写道："有关路易十六的回忆**以及法国暴民的邪恶与野蛮**足以为他的一切做法提供充足的理由，任何人都会承认这一点。"[15]（字体加粗部分后来被本森和伊舍删除。）

英格兰大体上未受席卷欧洲大陆的革命狂潮波及。那年 3 月，就在巴黎起义发生两周后，特拉法尔加广场举行的一次受到大肆宣传的集会仅仅以阿尔伯特亲王的九柱戏场被毁以及集会的年轻领袖被捕并号啕大哭而告终。[16] 维多利亚不耐烦地写道，"愚蠢的"抗议活动让她的法国亲戚受到了惊吓。[17] 翌日，阿尔伯特对她说，部分"暴民"砸破了她母亲伦敦宅邸的窗户，还曾考虑过袭击白金汉宫，只不过一看到人数众多的守卫就被吓跑了。她在日记中写道，实际上没有什么真正的危险，但"在巴黎发生的可怕事件后，我忍不住变得更加焦虑了"。[18]

女王整日里都在仔细阅读来自欧洲的报告并安抚她的法国客人。阿尔伯特认为王室男性成员比任何政客都更有资格在外交政策上提出建议，而他在听说自己心爱的德意志出现的动荡后感到极为震惊。[19] 他理智地建议自己的兄长科堡－哥达公爵[20]不要使用或者扩大军事力量来镇压本地骚乱。[21] 阿尔伯特还对英国宪章派日渐增加的信心感到担忧，后者近年来在许多领袖人物被从监狱释放后力量得到了很大增强。爱尔兰人在经历了数个饥寒交迫的寒冬后也变得绝望至极，当地的金融投机行为引发了骚乱和恐慌。宪章派在听说法国成为共和国、将国王从王座上赶跑后彻夜在伦敦街头载歌载舞。

3月18日，在局势最动荡的时刻，维多利亚生下了她的第四个女儿露易丝·卡罗琳·阿尔伯塔。① 一直到临产的剧痛开始袭来之前，她几乎都忘了自己怀孕的事。在露易丝出生仅仅几天后，维多利亚和阿尔伯特就为了自己的生命安危被迫离开伦敦。宪章派宣布4月10日将在伦敦举行一场大型集会，将有50万人参加，大多数人预计集会将变得十分难堪，甚至有可能煽动起骚乱。

此时仍在从艰难的分娩中恢复的维多利亚躺在床上啜泣着：

> 对德意志局势的悲痛——对各地的不幸和破坏的悲痛，再加上来自爱尔兰的坏消息以及人们心中对即将于10号在伦敦举行的大会的警惕正极大地考验着我可怜的阿尔伯特……是的，我感觉自己老了20岁，就好像自己再也无法想起任何乐趣了。尽管我知道人民总体上很忠诚，但一想到我们可能面临的可能性，我就颤抖不已。我

---

① 这个漂亮丰满的姑娘长大后成为一名颇有主见的雕刻家，对诸如普选权之类的社会运动有着比她母亲更强烈的同情。在她"这个好孩子"的一岁生日那天，维多利亚写道："她出生在一个多事之秋，最终应该会成为一个独树一帜之人。"摘自维多利亚女王的日记，1848年3月18日，星期日。——作者注

感觉非常平静，已经准备好迎接上帝让我们面对的结果，只要我们能有幸拥有彼此，共同承担一切。[22]

王室来到奥斯本的树林暂避风头，他们在那里略带恐惧地等待着来自伦敦的消息。维多利亚很快就恢复了她的镇静，在一封写给利奥波德的信中夸口说："大事会让我安定而平静；只有那些琐事会让我神经紧张。"[23] 阿尔伯特的侍从菲普斯上校（Colonel Phipps）留守伦敦并在城市的街道上行走，随处探听人们的对话，试图评估人们对女王出走的反应。他写道："她的个人勇气享有极高声誉，我从未听说有谁认为她的离开是因为担心个人安危。"[24]

针对 4 月 10 日的集会，伦敦正进行着军队式的准备活动。众多志愿者涌向警察局，有多达 8.5 万人报名在集会那天担任特别巡警。[25] 志愿者中包括未来的法国皇帝路易·拿破仑·波拿巴亲王。曾被当成英雄来崇拜、如今已上了年纪的惠灵顿公爵再一次，也是最后一次被任命为军队总指挥。政府控制了电报系统，以确保革命党人无法播送假消息，议会还匆忙通过了一项《驱赶外国人法案》，给予内政大臣将任何遭指控的外国公民驱逐出境的权力。[26] 宪章派夸口说进行了一次拥有 500 万签名的请愿，请愿书如此庞大，以至于卷起来时就像一大捆干草，必须由 4 匹马才能拉动。他们希望发动一场革命，但至少，他们计划逼迫议会做出一些妥协。

4 月 10 日，在蔚蓝的天空下，宪章派经过艰苦跋涉来到了伦敦的四处集会点，手上举着"自己活也让别人活"的横幅。一个由 4000 名伦敦警察组成的方阵包围了此前被用于公开处决犯人和举行板球比赛的肯宁顿公地（Kennington Common），还有 8000 名正规军士兵藏在伦敦的不同地点。[27] 泰晤士河沿线的桥梁架起了 4 座炮台，河流的关键节点也停泊了武装船只。白金汉宫门前的林荫大道两侧站满了荷枪实弹的男子，以防止有人闯入白金汉宫。首相约翰·拉塞尔勋爵将窗户用议会文件贴了起来，他怀孕的妻子与他一同前往安全的唐宁街，因为担心炮声会引起早产。[28] 在空荡荡的政府大楼里，一盒盒的文件构成了路障，手拿枪支的人藏在柱子和窗帘后面，每隔几分钟就要向外窥视一眼，看看骚乱是不是开始了。士兵们得到的命令是在必要的时候开火。[29]

戒备森严的消息让宪章派领袖、诺丁汉议员费格斯·奥康纳（Feargus O'Connor）震惊不已。他连续几天都无法入眠。集会前那个晚上，当他在床上辗转反侧时，他决定，将以一种和解的精神处理此次抗议示威。他本可以下令宪章派发动攻击，希望军队和警察会像许多欧洲国家那样崩溃并叛变，但他的直觉告诉他，这么做是徒劳的。在抗议那天，他的担心得到了证实：只有2.3万人出现在抗议现场，仅占期望数字的十分之一。

奥康纳站在肯宁顿公地搭建的讲台上，周围簇拥着上书"决不投降！"的旗帜，他要求支持者不要与警方发生冲突。大部分人遵守了他的要求，仅发生了零散的小规模冲突。领导人们同意将他们的请愿书用三辆双轮马车送到议会——后来，这些请愿书中发现了大量假名字，甚至包括了"维多利亚女王"的名字。巴麦尊勋爵称其为"和平与秩序的滑铁卢"。维多利亚对于英国法治的胜利感到激动万分：

> 何其之幸！……所有阶层的忠心、军队和警方的卓越安排、特别巡警的高效，上上下下，从贵族到店铺老板——以及这种阻止行动的决心——必要的话甚至甘愿动用武力——毫无疑问是此次集会失败的原因。对这个国家来说，这是一件令人自豪的事，而且我真诚相信，将会对

其他国家产生积极影响。³⁰

　　阿尔伯特也感到如释重负，不过他仍然会继续关注持续不断的怨言以及宪章派的集会——有些集会的参加人数甚至达到了 5 万人。他向斯托克马表达过对他们组织的严密性的惊叹，例如对秘密信号和信鸽的使用等。他还写信给拉塞尔首相，告诉他说，他通过个人研究发现伦敦存在数量多到令人惊慌的失业人口，大部分是因为政府削减了基建工程的预算。他建议政府采取措施创造就业岗位，并继续执行那些为失业者提供援助的项目。他还提醒首相说，政府有义务在危难时帮助工人阶级。³¹

　　这位王夫无法消除对 1848 年欧洲局势的忧虑情绪。外祖母最近去世让他感到悲痛不已，也因此让他变得十分抑郁。①工作没有丝毫停歇："我不记得曾有任何时候像现在这样忙碌过。光是阅读英语、法语和德语文件就几乎占据了每天的所有空闲时间；然而，一个人不能遗漏任何信息，否则就会无法理解事件的内在联系，并得出错误的结论。"³² 1848 年 3 月，他曾乞求斯托克马来到他身边，分担他的一些重担："我的心情很沉重。我每天都会损失体重和力量。欧洲大战就在眼前……我需要朋友。来吧，因为你是爱我的。"

　　维多利亚试图说服他不要对未来太过悲观，但阿尔伯特"被公务压垮了"，以至于患上了失眠症。每天早上他都醒得很早，无法再度入眠。维多利亚经常醒来时看见阿尔伯特正盯着床柱，脑袋里思考着问题。他每天 7 点起床，走到办公桌前，打开绿色台灯，而此时他的妻子还睡着。维多利亚略带内疚地

233

----

① 这位外祖母是他外祖父的第二任妻子，他的亲生外祖母在 21 岁生下他的母亲后就去世了。——译者注

写道："对于他在许多方面给我提供的帮助，我如何感激都不为过。"[33]

欧洲暴力活动之丑陋对女王产生了持久影响。她始终对虽然可能性较低但持续不断的袭击威胁感到恐惧。宪章派的诅咒似乎有如《圣经》中的故事一般：1848 年 6 月，一场大雨侵袭了奥斯本，成千上万的蟾蜍聚集在草坪和山坡上，"就像一场瘟疫"。[34] 3 天后，又出现了一些虚假消息，称宪章派即将入侵这座王室的私人宅邸；为此，工人们拿起棍棒站在草坪上严阵以待。[35] 仅仅 4 天后，维多利亚在晚上听完歌剧乘马车返回家中时真正受到了惊吓；她此前曾被警告说，宪章派会趁着夜色发动袭击。在他们的马车向着奥斯本宫缓缓行驶之时，一名男子跑到阿尔伯特一侧敞开的窗子边，反复嘟囔着"真正的凶手"几个字。[36] 他很快遭到了逮捕——并被发现是个疯子——但维多利亚恐惧得全身僵硬了好几个小时。

每天早上，维多利亚和阿尔伯特一醒来就能收到一堆来自欧洲的报告，他们会在并排放置的木质办公桌上相互之间来回传阅这些报告。他们的工作量非常大。在 1848 年全年，他们光是从外交部那里就收到了 2.8 万份报告，内容涉及各类问题，从宪章派，到欧洲革命，再到增加糖类关税对西印度群岛造成的灾难性影响（当地还在艰难应对取消奴隶制造成的经济影响），以及撒丁岛野心勃勃的国王等，不一而足。维多利亚与阿尔伯特共同撰写报告、修改外交大臣和首相发来的草稿，将报告发给国内外的诸多政治人物，并且就各类事件准备备忘录。他们密切参与与其他国家的一切通信往来。他们帮助政府设计了一套微妙精巧的英国式回答，既支持合法政府，又尽可能地向盟友和亲属提供援助。对他们而言，利奥波德舅舅和他相对平静的比利时始终是欧洲和平的灯塔。

　　此时的外交大臣是巴麦尊勋爵，一个对自己的外交技巧有着坚定不移信念的人。他因为在单身时期颇受女性喜爱而被称作"丘比特勋爵"，而在1848年，他仍然是个英俊的54岁中年人，不过如今他已经娶了墨尔本勋爵的聪明妹妹埃米莉（Emily）为妻。女王在少女时期曾觉得他和蔼可亲，但如今，她和阿尔伯特都对他深表怀疑。1839年冬天的一个夜晚，他被发现身处一名女王侍女的卧室里，据说是想要强暴她，而在侍女的尖叫声响彻整个走廊后，他逃离了房间。巴麦尊坚称自己仅仅是迷路了；事实上，他仅仅是任由自己走进了一个他以为是埃米莉·兰姆小姐（Lady Emily Lamb）所在的房间，而后者当时是他的未婚妻。[37] 不过，阿尔伯特仍然表示怀疑，并在10年后用这个故事来反对巴麦尊。[38]

235

　　巴麦尊勋爵是一个奉行单边主义的自由干涉主义者，倾向于支持欧洲的叛乱分子和独立运动。作为一个最初曾是托利党人的辉格党大臣，他的外交政策与维多利亚和阿尔伯特大相径庭。王室夫妇有自己的偏见，希望在法国和英国之间维持紧密的同盟关系，并支持奥地利对意大利领土的占领（巴麦尊希望意大利实现独立和统一，并曾秘密向意大利叛军输送过武器）。阿尔伯特希望看到一个强大的普鲁士领导一个统一的德意志。但这对王室夫妇在外交风格以及政策上经常与外交大臣发生冲突。他们十分厌恶巴麦尊不咨询或者听取他们意见的做法，以及他未经他们审阅就将报告发出的习惯。早在1841年，维多利亚就曾因他枉顾既定程序而斥责过他。巴麦尊写了一封圆滑的回信，向女王保证他会确保这种事不会再次发生，但他仍不以为意，在实际操作中无视她的存在。维多利亚和阿尔伯特都把他视为一个危险人物。

　　维多利亚认为，外交政策是君主的核心职责，因为它涵盖了战争与和平的问题。她感到，维护不列颠的"尊严、权力和威望"是她的工作中最重要的一个方面。尽管巴麦尊既任性又冲动，但她认为自己超越了一切政治阴谋，能够更好地"与其他国家的君主及其政府随时维持坦诚而庄重的礼节性往来"。[39] 在她看来，巴麦尊作为一名外交大臣，其职责是让她充分知悉所有情况，征求她的同意并接受她的意见，不去更改已经得到她认可的文件或者政策。

1848 年 8 月 20 日，维多利亚给巴麦尊写了一封斥责信，因为她发现有一封寄给她的"私人信件"已经"在外交部被人打开了"。她在几天后又一次斥责了他，因为他没有向她告知奥地利与撒丁岛之间纠纷的最新情况。[40] 巴麦尊向西班牙和葡萄牙发去的一系列傲慢而专横的报告——他的这些报告完全忽视了自己的上司首相大人的建议——也激怒了女王。巴麦尊还急切地想要帮助意大利摆脱奥地利并让威尼斯成为一个共和国，而维多利亚十分厌恶这种想法：在自己还在与爱尔兰的叛乱分子纠缠之时，为什么要去帮助那些外国叛乱分子呢？[41]

维多利亚与阿尔伯特私下里把巴麦尊称作"皮尔格施泰因"（Pilgerstein，意为朝圣的石头），用德语的俏皮话捉弄他。（这个外号后来被从他们的官方通信中删除。[42]）维多利亚对首相约翰·拉塞尔勋爵说，她再也不想在社交场合见到巴麦尊，因为她无法带着敬意对待他。她与拉塞尔一起思考如何才能摆脱巴麦尊——或许将他派驻国外会很合适，例如派驻到爱尔兰。维多利亚认为，拉塞尔展示出了一种"悲哀的软弱"，因为他无法正面解决巴麦尊的问题，但实际上，首相是不愿影响到巴麦尊享有的来自激进派和自由派的支持。女王与外交大臣之间怒气满满的通信持续了很久，尤其是在 1848 年至 1851 年间。维多利亚几乎每天都会在日记里写下她有多么讨厌巴麦尊。[43]

不过，在宫廷外，巴麦尊却极受欢迎，他是唯一一在公众中拥有大量拥趸的政府大臣。他被普遍视为民主英雄，喜欢摆出宏大而引人注目的姿态。1850年，他又被卷入了一场纠纷之中，一个名为唐·帕西菲科（Don Pacifico）的葡萄牙男子在雅典生活时住所遭到了抢劫。帕西菲科试图向希腊政府索取大量赔偿金，但未能成功。由于帕西菲科出生在直布罗陀，因此他以英国臣民的身份请求英国政府援助。令人难以置信的是，巴麦尊下令向比雷埃夫斯（Piraeus）派遣一支舰队，以显示政府对他的支持。维多利亚与阿尔伯特对此举感到很愤怒，上议院也谴责了他的行为，但在经过一场漫长而鼓舞人心的演讲后，巴麦尊的失策在下议院却被当成一种英雄行为而得到欢呼。他们称赞他所谓每个英国公民无论在哪里都应得到有力保护的想法。受到这一广泛支持的鼓舞，巴麦尊无视了维多利亚与阿尔伯特提出的向英国驻希腊公使发去一份报告草稿的建议。女王表示，她无法同意"允许一名隶属于君主及其大臣的仆人违背她的命令，而且还故意向她隐瞒"。[44] 这种模式持续了许多年——巴麦尊的单边主义、维多利亚的反对以及约翰·拉塞尔勋爵不情愿的干预，紧随其后的是来自巴麦尊的不真诚的道歉。当唐·帕西菲科过分夸张的声索多年后终于得到解决时，他只得到了自己最初要求的一小部分赔偿金。维多利亚觉得，就为了这么点微不足道的钱，英格兰差点就发动了一场战争，激怒了希腊并疏远了法国。[45]

1850年8月，紧接着希腊危机，维多利亚致信首相拉塞尔，罗列了她对巴麦尊的不满，并概述了她的期待，即她的大臣应当充分、及时且充满敬意地向她告知一切。她说，否则，她将使用宪法权力将他解职。[46] 巴麦尊眼中满含热泪地前来拜访阿尔伯特，坚称他认为自己与女王之间的分歧仅仅是政策上的分歧。他的悔悟很短暂，不久后，双方的冲突又再次开始了。

237

1850年，奥地利将军尤利乌斯·雅各布·冯·海瑙
（Julius Jacob von Haynau）访问了英格兰，他是个独断专
横、极度自恋的人，对待奥地利国内的叛乱分子十分残忍。一
些工人将他认了出来，因而朝着他的脑袋投掷杂物，并抓着他
长长的灰胡子在街道上拖拽。维多利亚对于一名外国政治家竟
然在她的国家遭到如此袭击感到震惊不已；但奉行自由主义的
巴麦尊认为"这名奥地利屠夫"罪有应得。相比之下，当匈牙
利叛乱领袖科苏特·洛约什（Lajos Kossuth）造访英格兰，
并在此期间多次发表痛斥奥地利皇帝和俄国沙皇的演讲时，巴
麦尊却迫切地想要招待他。在内阁表示反对，维多利亚也威胁
要将他解职后，他被迫取消了对科苏特的邀请。但仅仅10天
后，巴麦尊就接待了一个曾将奥地利皇帝和俄国沙皇称作暴君
和独裁者的激进派代表团。格雷维尔宣称，这一挑衅行为"前
所未有、令人震怒"。[47]

巴麦尊最后也是代价最大的一个错误是在1851年12月路
易－拿破仑发动政变、逮捕巴黎国民大会领袖并自立为终身皇
帝时，宣布对这位法国国王的支持。英国政府已经决定保持中
立，指示他们的大使不要支持任何一方。然而，巴麦尊却对法
国大使表示祝贺，并对政变表示支持，这让英国政府感到十分
难堪。约翰·拉塞尔勋爵最终将他解职，这让维多利亚感到非
常高兴。

女王无法接受所谓革命是件好事的观点。她在1848年8
月表示："我坚持认为革命对国家来说始终是一件坏事，是人
民所遭受的可怕灾难的根源。遵守法律、服从君主就是在顺从
更高力量，它是由神制定的，为的是人民而非君主的好处，而
君主与人民拥有同样的职责和义务。"[48]对维多利亚来说，等
级制度是神圣的：男人是一家之主，而君主是一国之主。她相

238

信，她的婚姻和国家的平和都需要服从性——尽管她自己的服从很少显露出来。欧洲已经出现了支持自由派的巨大压力，但就当时而言，她的国家还很安全，没有什么变化。

在爱尔兰，1848 年土豆再一次歉收，都柏林街道上的人们迫切需要食物。[49] 英国议会对叛乱的可能性如此紧张，以至于他们暂时中止了《人身保护法》，以便在没有逮捕令的情况下随意逮捕爱尔兰人。[50] 这只会让潜藏在一贫如洗的爱尔兰表面之下的怒火进一步恶化。1848 年，对欧洲发生的一系列事件感到紧张万分的维多利亚坚定地认为，任何一个胆敢造反的爱尔兰人都应遭到镇压并得到教训。即使在那时，她的这种看法也被认为十分强硬。[51]

土豆大饥荒（Great Potato Famine）是 19 世纪最严重的灾难之一，在爱尔兰播下了对英国人仇恨的种子，并引发了大规模对外移民。爱尔兰人口曾在 19 世纪初大幅增长，但在 1846 年至 1851 年，其人口从 800 万减少到了约 650 万。大约有 100 万人被饿死，其他人则死于痢疾和霍乱。在剩下还活着的人中，有 300 万人要依靠政府救济才能生存。英格兰人未能防止大量爱尔兰人死亡的事实永久性地疏远了这两个国家。在 1801 年至 1841 年，英国曾出现了 175 个讨论爱尔兰局势的委员会——所有委员会都预测会发生灾难，但没有一个委员会采取措施让爱尔兰人摆脱该国逐渐滑入的贫困深渊。许多爱尔兰人只能靠水和土豆活着。

有些历史学家将 100 多万饥饿民众的死称作一场种族灭绝——但这主要是由固执和无知的疏忽造成的，而不是故意为之的大屠杀。许多英国政客都更愿意改革爱尔兰经济，推行他们的自由市场理念，而不是防止民众饿死。这种不愿做任何事的态度很大程度上是由对爱尔兰的偏见以及认为爱尔兰人十分软弱、容易走上犯罪道路并喜欢依赖他人的看法造成的；许多人将饥荒视作上帝的不满以及爱尔兰人性格存在缺陷的证据。这种看法的出现被归咎于维多利亚，尽管这有些不太公平。她被称作"饥荒女王"，并被控犯有疏忽罪行，还缺少同情心。她曾捐赠了 2000 英镑（约合如今的 20 万英镑），这是爱尔兰救济行动得到的最大一笔捐款，却被批评为远远不够；她公开发表了两封信件，敦促公众向爱尔兰捐款；定量配给王室面包；订购了大量爱尔兰毛葛；还同意下令进行斋戒，以支持爱尔兰穷人。她在 1849 年又捐赠了 500 英镑。

将饥荒的责任归咎于维多利亚有些牵强，不过她其实本可以为一个已经变得不太受欢迎的目标做出更多贡献，而且她的多个公开姿态是在首相约翰·拉塞尔勋爵的坚持下才做出的。她最初曾对专横跋扈的地主持批评态度，但在部分与她相识的地主遭到杀害后，她对佃户的同情心逐渐减退了。[52]

阿尔伯特对动乱的根源和结果都感到非常担忧。他对工人阶级的同情要远超对贵族的同情，认为前者"承受了这个世界上绝大部分苦难和最少的快乐"。[53] 在 1848 年 5 月改善工人阶级生活条件协会的一场由他主持的会议上，他表示，尽管政府采取的廉租公寓、贷款基金和土地分配等示范措施很重要，但条件的任何改善"都必须是工人阶级自身努力的结果"，而不是由资本家决定的。他为改善工人阶级生活条件制定了四大核心原则：为接受过行业实习培训的儿童提供教育、改善住房条件、为分配土地并建设房屋提供补助，以及建立专门用于吸纳储蓄的银行。[54] 媒体报道对他盛赞不已。

极右翼政客十分厌恶阿尔伯特在政治上的积极态度。他在 1849 年 5 月对自己的兄长说，"极端保守党人"憎恨他"积极……反对他们的计划"的做法。他以自己对贵族政治的厌恶而闻名，而且他对于自己工作的目的阐述得非常明确："财产的不公平分配，以及贫穷的危险及其所产生的嫉妒心态，是最主要的恶。必须找到办法，不是要（像共产主义者希望的那样）消灭富人，而是要帮助穷人。但这会产生摩擦。"[55] 此番表态显示，阿尔伯特正在着手处理欧洲革命所提出的问题——并希望通过解决这些问题来遏制国内的动荡。与寄希望于压制不满的妻子不同，他更希望防止不满的出现。这种观点在他所处的阶级中十分罕见。

　　阿尔伯特对手下的员工很好，他为了改善那些因不公制度而身处逆境之人的生活而采取的努力为他赢得了喝彩。例如，在他担任领港公会（Trinity House）会长之时，他发现，重物搬运工只能通过酒馆老板找到活干，而那些酒馆老板坚持要求他们在工作前先饮酒，这让他们始终处于糟糕的状态，他帮助他们解决了这一问题，因此得到了"善良的阿尔伯特"（Albert the Good）的称号。[56] 在读到一篇有关济贫院的报道，并注意到有大量曾经从事佣人工作的人最终都流落到济贫院后，他为佣人设立了一个养老金项目。只要有一个老板给佣人写出一封负面推荐信，就会让他们陷入贫困。英格兰和威尔士有 70% 的佣人——有近 70 万人——最终都流落到济贫院或者慈善机构。正是这些行动彰显出了阿尔伯特的卓越之处，以及他作为一名事实君主的视野和潜力。

241

　　最终，爱尔兰没有发生暴动，很大程度上是因为那里的人民太饿了。英国毫发无伤地躲开了 1848 年的动荡。辉格党贵族仍然统治着议会，维多利亚仍然头戴王冠，而英国也仍然在一步步走向全球，不断吞并土地并主宰海洋。在那一年年底，路易 - 拿破仑·波拿巴当选为法国总统。普鲁士和奥地利境内接二连三发生冲突，但欧洲总体上恢复了稳定。1848 年骚乱者所要求的民主改革一直到 19 世纪 60 年代末才会在大部分国家出现。正如历史学家迈尔斯·泰勒（Miles Taylor）所写：
"无论是对当时人还是对后人来说，1848年都是一个英国的
特殊性得到再次强调的年份。"⁵⁷英国之所以能避免出现革命，
主要有以下几个原因：中产阶级忠诚地热爱他们的女王；政府
在需要时会无情地使用武力；像皮尔这样的狡猾政客制定了降
低食品成本的法律。此外，通过将最极端的反对者送到澳大利
亚这样的海外殖民地，政府得以将爱尔兰独立运动和宪章派的
一些重要政治领袖调开。⁵⁸而且，最重要的是，当时的英格兰
不是一片属于革命者的土地。维多利亚对此极为自豪。⁵⁹

　　1850年6月29日，前首相罗伯特·皮尔的马将他摔了下
来还踩在了他身上，造成他锁骨、肩胛骨和肋骨骨折，肺部被
肋骨刺穿。群众聚集在他的伦敦住所外好几个小时，等待着警
察阅读一系列令人沮丧的病情公报，并且观察他进进出出的好
友脸上的表情。3天后，皮尔去世了。维多利亚说，阿尔伯特
非常悲痛，就好像"失去了第二个父亲"——那是曾在他通往
权力的路上成为他盟友的人。⁶⁰阿尔伯特在给肯特公爵夫人的
信中写道："我们承受了一个又一个打击……现在死神又把皮
尔从我们身边夺走了，他是最好的人，是我们真正的朋友，王
座最强有力的支柱，也是这个时代最伟大的政治家。"皮尔死
后变得极受欢迎。⁶¹近50万人向一个以他的名字命名的基金
会每人捐赠了一便士，该基金会旨在为工人俱乐部和图书馆购
买书籍。

　　对维多利亚和阿尔伯特来说，那几年是一段十分艰难的
岁月。亲王在1850年7月写道："每一天都会有新的伤心事发
生。"在19世纪40年代末，他的多个亲密好友在很短的时间
内相继去世；每一个人的离世都是一次打击，让亲王变得更加
孤独。1849年11月，阿尔伯特亲王的私人秘书兼密友乔治·

安森在 37 岁的年纪去世。维多利亚写道，阿尔伯特把他当作兄弟一样进行哀悼。[62] 威廉四世国王的遗孀兼维多利亚的伯母、高贵的阿德莱德王太后于 1849 年 12 月去世。1850 年 7 月，维多利亚的叔叔剑桥公爵去世。紧接着，1850 年 8 月，法国前国王路易·菲利普在克莱尔蒙特流亡期间去世。10 月，利奥波德舅舅失去了备受他宠爱的第二任妻子路易丝。[63] 维多利亚感到伤心欲绝。

只有他们忠实的家庭顾问、如今居住在德意志的斯托克马仍在为亲王提供建议；阿尔伯特经常给他写信，央求他前来英格兰。阿尔伯特每天比维多利亚早起一小时以回复信件，并一直工作到半夜。正如维多利亚所说，他开始看起来"苍白又疲惫"，体重有所增加，而且醒得很早，仍然饱受失眠困扰。

尽管神思郁结，但阿尔伯特的决心从未动摇。在 1849 年他即将迈入而立之年之际，他终于准备好独掌统治权了。英格兰平安祥和，维多利亚心满意足，阿尔伯特如今在妻子的允许下成为实际上的君主。如果说存在一个阿尔伯特时代的话，那么这个以审慎、宗教热忱、工业、活力和决心为特点的时代一定是在接下来的十年。过早开始衰老、备受困扰但天赋异禀的王夫将在 19 世纪 50 年代达到他权力的顶峰。

17

阿尔伯特的杰作：
1851 年万国工业博览会

我们有能力做成几乎任何事。

——维多利亚女王，1851 年 4 月 29 日

伦敦上空的乌云渐渐散开，街道两旁呈现出人山人海的景象。他们有的坐在屋顶、梯子或者箱子上，有的拥挤地站在瑟彭泰恩河（Serpentine River）的岸边。在白金汉宫里，阿尔伯特亲王正在为他笔挺的陆军元帅制服扣好扣子。9 岁的伯蒂正在穿一条苏格兰短裙。10 岁的薇姬正耐心地等着别人将一顶粉色野蔷薇花冠固定在她的头发上。不过，外面的人群最想看到的是女王。维多利亚浑身闪耀着钻石的光芒：成百上千颗钻石被缝制在她的粉色丝质长裙上，环绕在她的脖子周围，还被小心地镶嵌在王冠上。她在胸前佩戴着一枚嘉德勋章，那是一颗嵌在蓝色缎带

上的星星。她看了看镜中的自己，露出了微笑：1851 年 5 月 1 日将成为她和她的国家迄今为止最伟大的日子之一。

白金汉宫外，正在等待王室马车出现的人群看到一个意志坚定的男子迈着一条木腿略显尴尬地费力爬上了一棵大榆树。这件小男孩 5 分钟就能做到的事耗费了他 50 分钟；当终于满头大汗地爬上一段无人占据的树枝时，他露出了胜利的笑容，人群中也爆发出一阵热烈的掌声。片刻之后，遥远的欢呼声预示着女王终于出现了。

当维多利亚的钢衬封闭马车在街道上迅速驶过时，太阳

从云层中露了出来。警方估计，有70万人拥挤在街道上试图一瞥她娇小玲珑的身材。她的脸上泛起了一阵微红，对于阿尔伯特所创造的成就感到发自内心的自豪。一切看起来就像一场梦；潮湿的地面在高温下产生了一阵雾气，让整个场景带有一丝不真实的味道。[1]她扫视着街道两侧拥挤的人群以及站在小船上上下跳动的人，心里想到，至少，她丈夫的卓越能力终于可以得到英格兰的充分认可了。

薄雾逐渐散去，水晶宫（Crystal Palace）在阳光的照射下闪着微光，这座用100万片一英尺见方的玻璃建成的巨型建筑每一个角落都飘扬着旗帜。《晨邮报》将其描述为"一个巨大的水晶绝壁，美得无法用语言来形容"。[2]当维多利亚与阿尔伯特、她的两个最年长的孩子以及王室成员一起走进规模宏大的水晶宫内时，外面响起了阵阵炮声和号声，管风琴也演奏起《天佑女王》的音乐。维多利亚走上她的临时王座——一张用鲜红色布匹遮罩的印度椅，周围环绕着雕塑和一座喷泉，脚下是颜色鲜艳的地毯。她在王座上挺直身子，双手紧握，用毫不掩饰的爱慕之情凝视着自己的丈夫。

1851年的万国工业博览会是她统治以来最杰出的时刻。在她周围，数以万计的民众涌入这座由2000名工人在仅仅7个月内就建起的宏伟建筑。而这一切都要归功于此刻正身着红黑相间的制服站在她身边的阿尔伯特。他略显疲惫，但看起来仍然光彩照人。那天早上醒来时，她看到他已经清醒地躺在床上，紧张又有些焦虑。那一天波澜不惊地过去了（除了一个小插曲，有一名热情的中国官员在女王面前拜倒，导致其被错认为外交官，从而被安排在了官方行进队列里）。维多利亚将永远把这一天当成童话来铭记：

245

　　　　欢呼声震耳欲聋，每一个面孔都表达出喜悦，建筑高大而雄伟，装饰和展品华丽无比，管风琴奏响优美音乐（它有 200 个零件和 600 个音阶，有如天籁），我亲爱的丈夫是这场伟大的"和平节日"的缔造者，他邀请了地球上所有国家的工业家和艺术家，这一切真的让人感动，实在是值得永远回味的一天。[3]

对维多利亚来说，阿尔伯特如今已经不仅仅是她的丈夫了；他是一名"缔造者"，有如神一般，是值得敬畏的对象。[4]那天下午，这对夫妇首次出现在白金汉宫的皇家阳台上。沉醉于自身受到的巨大关注之中的维多利亚难以找到恰当的方式来充分表达那一刻的喜悦、惊叹和激动。她写道："阿尔伯特将因为这个伟大的概念而名垂千古。这是我一生中最幸福、最自豪的一天，我的脑海中除此以外别无其他。"[5]相比之下，阿尔伯特就要冷静得多，他清醒地将开幕式描述为"相当令人满意"。[6]这是几个月来辛勤工作的高潮时分。整个建筑都是进步的象征：一个科学、创造力与工业完美结合的绝美之地。或许最重要的是，它展示出了全球的团结、帝国的荣耀，以及不列颠的道德优越感。有一半的展览空间都给了外国，让展会获得了浓重的国际性色彩。这是许多英国公民首次认识这些遥远的国家，也是首次认识到大英帝国的幅员辽阔、物产丰富。展览上展出了数十个地球仪，上面刻画出各个大陆的形状以及天空中的天堂。[7]其中一个精巧的装置将地球刻画成一个蜷缩在壳里的动物，用心跳带动海洋的潮起潮落。[8]

246　　看完整场展览需要花上至少整整 20 个工作日。展览分为四个区域：原材料、机械、制成品以及雕塑和艺术。展品可谓千奇百怪：抹香鲸牙齿、象牙、裸体雕像、煤气装置、为单身汉设计的无扣衬衫、三层蜂巢、巨大珠宝、家具、化肥、三百把刀组成的刀具、流淌着香水的喷泉、镶嵌着钻石的格子袜、一架可折叠钢琴、一架双人钢琴（维多利亚女王觉得，两个人同时弹奏钢琴的场面"有一种滑稽的效果"[9]）、用人的头发制成的花朵、大黄香槟、浸透啤酒的蛋糕、煤炭制成的花园长椅、可漂浮折叠式躺椅、风筝拉动的马车（名为"charvolant"）、一个有管子通到特殊座位上以便听障人士聆听讲话的讲台，以及一柄专为医生制作的中空拐杖，里面装有灌肠剂。最受欢迎的美国展品是收割机、柯尔特左轮手枪、活动靠背扶手椅、可以变成行李箱的床，以及一个用来保存尸体直到亲戚抵达的真空密封灵柩。[10]

几名自愿执行巡逻任务的警察被要求参与展示最受欢迎的展品之一：据发明家说，那是一个可以设置成闹钟的装置，闹钟响起时，它可以将床倾斜起来，让上面的沉睡者滚下床，甚至可以让他滚进冷水里。一种可以随意变换造型以展示服装的金属人体模特。那里还有做成女王形状的头发、锌块甚至肥皂，这使得经济学家沃尔特·白芝浩讽刺地说："用你自己来清洗你自己一定很有趣。"[11]

在为期5个半月的时间里，共有600万人参观了这场展览。许多伦敦名人都慕名前来。夏洛特·勃朗特形容它为"庞大、奇特、新颖、无法描述"。对她来说一切犹如魔法一般，摩肩接踵的人群似乎就像是"被某种看不见的影响力征服了似的"。当她站在人数多达3万的人群中时，"听不到任何嘈杂的噪音，也看不到任何反常的动作；人潮安静地前进，带着一种低沉的嗡嗡声，就像是从远方聆听到的海的声音"。[12] 小说家安东尼·特罗洛普（Anthony Trollope）的妻子罗丝（Rose）在展览中展出了一件可以折叠的织锦屏风；她很高兴能够在自己所在的类别里赢得铜奖。参观者来自各个阶层，他们三三两两地在柱子之间或者喷泉周围野餐。让人们感到欣喜的是，展览

247

主办方第一次提供了某种类似冲水马桶的东西——名叫"顽童室"或者"休息室"——一次一便士。

举办此次展览的想法从阿尔伯特儿时参观起源于 16 世纪的法兰克福展览时就停留在他的脑海里了。[13] 亨利·科尔（Henry Cole）也产生了同样的想法，他是一名精力充沛的公务员，因制作首张圣诞贺卡以及协助创建便士邮政而闻名。[14] 科尔在 1849 年参观完巴黎的一次展览回国后与阿尔伯特讨论了这一想法，当时他是皇家艺术学会的会员（阿尔伯特当时是该学会主席）。[15] 阿尔伯特建议将展览办成国际性的，于是一切就开始了。

对阿尔伯特来说，这次展览是一个能够打造重要道德和爱国基础的机会。[16] 他在 1847 年 9 月给首相约翰·拉塞尔勋爵写信说："英格兰的使命、义务和利益在于将自己置身于文明传播和自由实现的先锋地位。"[17] 他认识到一个新的时代即将来临，并将英格兰视为全世界的道德灯塔。在 1850 年 3 月伦敦市长官邸（Mansion House）举办的一次宴会上，他发表了一番旨在争取公众支持的演讲，概述了他的愿景：

> 我们正处在一段最为奇妙的转型时期，很容易实现那个所有历史都最终指向的伟大目标——人类团结的实现……先生们——1851 年博览会将给我们带来一场真正的考验，向我们生动地展示人类在这一伟大任务中已经实现的发展阶段，以及所有国家都可以开始进一步征程的新起点。[18]

阿尔伯特被任命为负责监督展览筹备工作的皇家委员会主席。展览场馆的设计来自一名意料之外的设计者：一位名叫约瑟夫·帕克斯顿（Joseph Paxton）的园艺师。他在参加一场铁路公司董事会议时信手涂鸦了一栋庞大的拱顶玻璃宫殿——其设计灵感来源于他在1837年受睡莲的部分启发为查茨沃斯庄园建造的一间温室。他于7月6日在《伦敦新闻画报》上发表这一手稿，并得到了高度赞许（尽管艺术批评家约翰·拉斯金称其为"两管烟囱之间的黄瓜架"[19]）。这一设计很快就被接受了：此时距离展览预计开幕时间只有10个月了。有些人对他雄心勃勃、别具一格的设计表示反对：是否有树木需要被砍伐？它是否会在风暴中被摧毁？或者在参观者的重压下坍塌？抑或是被鸟屎弄脏？有数百名男子被雇来在建筑的顶层来回踩踏；结果显示建筑物牢固又安全。在惠灵顿公爵的建议下，主办方请来了数只老鹰，好将有可能弄脏玻璃的麻雀从公园里赶走；令人吃惊的是，这一方法竟然奏效了。阿尔伯特宣称，最终的成果"实在是一件精美绝伦的艺术品"。[20]

　　公众的反对却很激烈。批评者在拥挤的人群、犯罪、噪音、瘟疫、刺杀行动、骚乱以及革命等方面提出强烈反对意见。政客们表示，展览会吸引来社会主义者——他们会在公园里举行集会——以及窃贼、小偷、无赖、妓女，还有卫生状况糟糕、可能引发传染病的外国佬。一名极端的托利党议员甚至称其为"本国人民可能拥有的最糟糕的垃圾、最严重的欺骗，以及最不公平的负担"。[21]其他人则表示，食品供应会面临风险，展览周围的公园等其他区域会被弄脏，而附近人家的银餐具会被偷走。还有人担心罗马天主教徒会利用展览进行宣传，以及担心女性会因此忽略她们的家务活。① 一名议员说，他希望"天堂能降下冰雹或者闪电"，让展览无法举行。[22]

249

---

　　① 《抨击》周刊（*Punch*）上刊登的一幅漫画显示，一名男子一脸惊恐地站着，仆人解释说，他的妻子会在水晶宫待到下午茶时间再回来。漫画的标题为《给你妻子送一张季票的可怕后果》。（另一幅漫画则显示，"妈妈"失踪了——她与一名英俊男子一起偷偷跑到了一间偏僻的茶点室。）——作者注

阿尔伯特像是着了魔一样竭尽全力争取资金投入、政府支持以及公众对他的这一计划的认可，对抗任何在他看来缺少想象力和散布恐惧之人。他再次开始失眠，并受到风湿病困扰。在开幕日两周前，他给继母写信说："眼下，我已经因为过度工作筋疲力尽了。展览的反对者竭尽全力想要让所有女性陷入恐慌，并且把我自己逼疯。"²³ 但他坚持己见，并且从担保人那里得到了支持。在仅仅两年不到的时间里，展览馆就建成了。① 皇家委员会副主席写道，如果没有阿尔伯特，"整件事将会分崩离析"。²⁴

博览会的过道上回响着活塞的抽送声、汽笛的轰鸣声以及机械的喧嚣声。展览上展出了擦鞋机、棉纺机、折纸机、炼糖机、信封制作机、巧克力搅拌机、电报传输机、切石机、奖章、长钉以及蜡烛制造机、磨面机、亚麻籽榨油机、卷烟机、黄金称重机、苏打水制造机，甚至是抽血机（上面有一个机器做的水蛭）。那是一番宏大而奇妙的景象，预示着即将到来的机械时代。在从这些发明创造中穿行而过、满脸不可思议地观赏它们的数百万人中，很少有人能理解这些机器将在未来几十年里给他们的生活带来多么巨大的变化。²⁵

女王是最为热情的观众之一，她多次参观机器展区，每次都要与引导员待上几个小时，学习这些机器的工作原理。她写道，这一经历"相当有趣且有启发性，让人对人类才智的伟大充满了崇敬之情"。²⁶ 她对清棉机尤其感兴趣。

7月9日，一名引导员向她展示了电报，被她称赞说"真的很了不起"。在她遇见阿尔伯特之前，这种科学原理的实际

---

① 原文如此。另有资料显示，由于建造水晶宫使用的都是预制材料，因此整栋建筑仅耗时 22 周就建造完成。整个工程于 1850 年 8 月开工。——译者注

应用似乎还十分抽象，令人难以看到希望，但如今却已给人留下了深刻印象。对于知识的潜在用处，他在她的心中激起了崭新而真实的兴奋之情。阿尔伯特信心满满地将理论应用于日常生活的能力，以及理解不可思议的未来的能力，不断让她感到惊叹。在这些机器噪声的背后，能够听到数百块钟表温柔而断断续续的敲击声和间歇性的报时声——它们有的是木质的，有的是防水的，还有的停下了——标志着一个世纪前的工业革命以来时间的加速流失。英格兰已经进入了 19 世纪的下半叶，而万国工业博览会以一种前所未有的方式定义了维多利亚时代繁荣昌盛、蓬勃发展的工业、创造力和发明精神。维多利亚女王在 5 个半月的时间里参观展览达 40 次。

并非一切都如此热情洋溢。当地手艺人和演员对于生意的流失怨声载道。查尔斯·狄更斯觉得展会就是一团乱麻。他曾短暂成为万国工业博览会工人阶级中央委员会的成员，该委员会旨在让展会接纳并适应工人阶级的需求，但在狄更斯的敦促下，该委员会在成立四个月后被解散了。他认为，他们的这一任务是毫无希望的。他对于这一年被称作成就昭彰、普天同庆的一年越来越反感，因为还有许多人仍然生活在脏乱的环境中。1851 年初，狄更斯在《家庭箴言》（*Household Words*）杂志上建议举办第二场展览，以展示"英格兰的罪行和疏失"。[27] 当他最终踏足水晶宫时，他将其形容为"糟糕的骗人货"。他在 1851 年 7 月写道：

> 我发现自己已经被博览会耗尽了精力。我不好说"里面什么也没有"——这么说也太过分了。我只去了两次。有很多东西都让我感到不知所措。我对于景观有一种天生的恐惧感，而如此多景观被融合在了一起，丝毫没有让这

251

种恐惧感有所减轻。我不确定自己除了喷泉或许还有亚马孙女战士之外还看到了什么。不得不撒谎是一件可怕的事情，当有人问起"你看到了吗"？我只好说："是的。"因为如果我不这么说的话，他会解释下去——我实在受不了。[28]

托马斯·卡莱尔也感到很郁闷。这位作家唯一赞美的只有建筑本身，他将其称为一座"巨型鸟笼"[29]、一个"巨型玻璃肥皂泡"[30]，以及"我觉得是世界上最漂亮的房子"。[31] 余下的东西他都感到很厌恶，斥其为"发条产业博览会"（Exhibition of Winddustry）。[32]

尽管意愿很好，但阿尔伯特超然离群的态度、坚持不懈的工作精神以及志向高远的思想还是惹恼了许多贵族。利特尔顿夫人清楚地洞察到，博览会只不过是"加剧了所有名流对亲王的鄙视"。卢埃林·伍德沃德（Llewellyn Woodward）① 称其为"一个有些尴尬而笨拙的自命不凡者"。[33] 阿尔伯特的温暖和幽默并未展现在公众面前，会给人留下尴尬和笨拙的印象。正因如此，许多人见到他本人后会感到十分惊讶。当 1854 年卡莱尔在温莎城堡遇见阿尔伯特时，立刻就对他产生了深刻印象，称其为"一名英俊的年轻绅士，非常令人愉快……他就是彬彬有礼这个词的代言人，作风非常质朴：同时还是个通情达理之人"。他们就艺术、马丁·路德以及撒克逊人家谱进行了大量交谈。阿尔伯特在与卡莱尔这样的人相伴时感到最为惬意：他经常造访这些知识分子、科学家和艺术家的工作室——有些贵族会嘟囔说，阿尔伯特也有些太惬意了。

这对仍处在而立之年初期的王室夫妇对于在 1851 年之前

---

① 英国历史学家。——译者注

提升自身公众形象感到非常自信。[34] 在博览会开幕的那一周，各大报纸对不列颠的优越性进行了大肆吹嘘，援引举止得体的人群、对君主的忠诚以及国家的发明创造作为证据。报道中充斥着浮夸之词：《布里斯托尔信使报》（*Bristol Mercury*）声称，博览会比金字塔还要伟大。阿尔伯特证明了自己"不是外国人"，而是个真正的英国人，"土生土长、与生俱来"。[35] 维多利亚敢肯定，博览会一定在伦敦上空施加了某种咒语，当阿伯丁勋爵对她说，由于博览会的举行，连议会的会议都平顺了许多时，她甚至有些自鸣得意。她将在余生中反复回味这一时刻。

252

当海德公园的玻璃庞然大物展现出世界之辽阔时，一位名叫弗洛伦斯·南丁格尔的女性却在为她的世界之狭隘而深感忧虑。与维多利亚不同，她仍然受缚于中产阶级对女性的期待，尽管才思敏捷，但仍然无法从事她希望的工作。南丁格尔一直梦想成为一名护士，却与家人发生了激烈争吵，他们希望她留在家中。每次南丁格尔前往其他国家去造访女修道院和医院时，她的姐姐总是会歇斯底里地发作一番。她的母亲将她的梦想斥为愚蠢而疯狂的野心。南丁格尔感到自己被传统和社会的迟钝所束缚，恳求家人允许她"追寻内心灵魂的意愿"。[36] 她变得抑郁，整日躺在床上，拒绝进食，而且一度考虑自杀。她日日渴望一种能够施展自身才智的生活，夜夜希望迎来死亡：她写道，在家里待了一天后，上床睡觉就像是走进坟墓一样。

1852 年，南丁格尔写了一篇相当具有预见性的文章，题为《卡珊德拉》（*Cassandra*），该文章最初是打算当作一篇小说来写的。文章的题目源自美丽的希腊红发女神卡珊德拉，她拥有预言能力，但在冷落了阿波罗的求爱后，遭到了后者的诅咒。这意味着，即便她透露了真相，也没有人会相信她的警告。文章中，作为一名年轻女性，卡珊德拉渴望能够获准像男性一样将生命奉献给帮助他人的事业，并且施展自己的才智。当然，卡珊德拉就是弗洛伦斯·南丁格尔本人。她写道：

> 为什么女性拥有热情、智慧和道德，却在社会上处于一个无法施展这些品质的地位？……如今，为什么男性织毛线和每天乘车外出就比女性这么做更加滑稽可笑？为什么当我们看到一群男人坐在起居室里无所事事时就会感到可笑，而如果是女性时就觉得没问题？男人的时间就比女人的更值钱吗？……女性自己已经接受了这一现象，还曾经写书来支持它，甚至将自己训练成自认为无论做什么都不会对世界或者他人产生多少价值。[37]

这篇写于博览会期间的文章是一个严酷的提醒，让人意识到维多利亚的雄心壮志已经在其丈夫更为耀眼、更为崇高的理想背后消失无踪了。南丁格尔写道："在他的命运背后，女性必须毁灭自己，只能成为他的补充。一名女性需要将自己献身于其丈夫的使命感……但如果她也有属于自己的命运或者使命感的话，那么她必须放弃它，十有八九是如此。"[38] 她呼喊道："醒来吧，女性，你们这些沉睡的人，醒来吧！"[39] 她的这番话很可能是直接针对维多利亚说的。但女王这份工作的本质意味着她在很大程度上免于家庭事务的烦扰；她所渴望的并非弗洛伦斯·南丁格尔渴望的公共生活，而是她的私人生活。她的日记显示出政治是如何与她的日常生活紧密结合在一起的，以及她是如何尽职尽责地工作、认真仔细地了解信息的。她极度关心自己的国家。她本身的统治野心渐渐被妻子职责和生育重担所埋葬，但她的热情从未消散。弗洛伦斯·南丁格尔的热情是施展自己的才华去救死扶伤。维多利亚女王的热情是阿尔伯特。[40]

　　不过，嫁给阿尔伯特让她开始觉得治理国家的确是男人的工作；或许权力本身就是属于男性的。对维多利亚来说，若要持有这种看法，她就必须埋藏自己的本能。但她越是为阿尔伯特付出，就越是担心作为一个好妻子和作为一个优秀统治者之间存在根本上的矛盾。那个时代的"优秀女性"甚至连工作都不需要，更别提拥有巨大权力了。当她对工作渐生厌烦，或者当阿尔伯特展示出更强的天赋时，她就会将其归因于自己的性别——不然还能有什么解释呢？她在 1852 年 2 月 3 日对利奥波德舅舅说，阿尔伯特"对政治和商业的兴趣日益浓厚，而且也非常适合从事这两项工作——他是如此聪明、如此有勇气——而我每天都变得愈加厌烦它们"。[41] 不仅仅是她："我们女性不适合治理国家——如果我们是好女人的话，就必须厌恶这些男性的工作；但有些时候，我不得不对它们产生兴趣，不管自己喜欢与否，当然，我非常喜欢。"一直到数十年后，维多利亚才会不再假装成为一名优秀女性需要远离权力。她并不愿意听从任何人，但只有在失去丈夫后，她才开始彻底心安理得地统治一个帝国。

254

　　1857 年 6 月 27 日，维多利亚遭到了一名臣民的物理攻击。她正在外出拜访剑桥公爵时，一个名叫罗伯特·佩特（Robert Pate）的身材矮小、面色苍白的男子从围绕在她马车周边的人群中冲了出来，令维多利亚感到自己"被一拳重重地打到了马车左侧"。他用一根镀铜手杖戳到了她的脸上。她的软帽被压扁，手杖的金属头让她的额头出现瘀青，还留下了红肿的痕迹（许多年后才消失）。维多利亚恼怒至极：

　　　　这件事当然非常可怕，我作为一名女性——一个手无寸铁的年轻女子，身边还坐着我的孩子们，竟然遭到了这种攻击，简直无法安静地乘车外出了。迄今为止这是最无耻、最懦弱的一种行为；对一个男人来说，袭击任何女性都是最残忍的行为，我和其他任何人一样，认为这要比枪击更加恶劣，枪击行为虽然不道德，但至少更容易让人理解，而且需要更多勇气。孩子们受到了巨大惊吓，可怜的伯蒂当时脸都气红了。这已经是爱丽丝与阿菲第二次目睹这种事情了。[42]

255　这件事对她来说似乎就"像是一场噩梦"。佩特是一名前英军军官，他的律师以他失去理智为由替他辩护，他也因此被送到了塔斯马尼亚，但维多利亚从未忘记这起事件。半个世纪后的 1899 年，当一家拍卖行试图出售那根著名的金属手杖时，奥斯本宫寄出了一封措辞严厉的信件，致使那根手杖被从拍品中撤下。[43]

维多利亚在 1853 年 4 月又生下一个孩子，起名为利奥波德，她第一次在分娩过程中使用了氯仿麻醉剂。麻醉师辛普森医生（Dr. Simpson）应召从爱丁堡前来配制该麻醉剂。他将一块手帕浸在少量氯仿中，然后放进一个漏斗形容器里，好让女王通过它来呼吸。她在日记中写道："其效果能够减轻痛苦、令人心安，并且令人无比愉快。"[44] 维多利亚的亲身示范鼓励了整整一代女性尝试这种首次出现的分娩止痛剂。她们这么做实际上是在无视医生和牧师的反对，当时的医生普遍认为，这种麻醉剂有可能激起女性的性欲，使她们在分娩过程中诱惑医生，而牧师们则坚持认为，试图逃避原罪的后果是一种不道德的行为。在接下来一个世纪女性试图重获自己身体控制权的漫长征途中，这仅仅是一小步。英格兰各地成千上万如释重负的母亲以女王为榜样。辛普森医生在 1847 年的第一个患者激动万分：她的宝宝也被昵称为麻醉（Anesthesia）。

在 1851 年博览会闭幕前，展会共产生了近 20 万英镑的财政盈余，随后，博览会被从海德公园转移到锡德纳姆（Sydenham），并一直保留到 1936 年才毁于一场大火。[45] 阿尔伯特计划将这笔钱投到四个机构中，以便在水晶宫附近就地保存展会中的原材料、机械、制成品和艺术品。从这一愿景中，诞生了南肯辛顿地区的博物馆群，包括维多利亚和阿尔伯特博物馆（Victoria and Albert Museum）、皇家阿尔伯特音乐厅（Albert Hall）、自然史博物馆（Museum of Natural History）、伦敦帝国学院（Imperial College）以及皇家音乐学院（Royal College of Music）。阿尔伯特在 1851 年底时产生了一种罕见的完成感和十足的成就感，他在给兄长的信中写道："过去这一年我没什么好抱怨的。万国工业博览会给我带来了巨大的工作和麻烦，但结束时却令人极为满意。"

王夫虽然心满意足，却因日夜操劳博览会以及与巴麦尊的争斗而筋疲力尽，照片上展示了一个颌部臃肿、腰围渐宽且表情沉闷的男子，已经与 10 年前迎娶维多利亚时那个热情而瘦削的年轻人相去甚远了。他从未停止过工作，他的家人也始终需要他花时间照料和操心。[46] 维多利亚和阿尔伯特一直对长子伯蒂感到忧心忡忡。他们试图执行一项严格的教育计划，以符合对一位未来国王的期待，但伯蒂却经常爆发出无法言表的怒火——正如阿尔伯特的图书管理员所说，就是"一阵狂怒"。维多利亚还对他们的婴儿利奥波德感到忧心忡忡，他身材瘦小，体弱多病。一段时间之后，他们才了解到，他患有血友病（他患的是乙型血友病，一种由患病男性或者无症状女性遗传的疾病）。维多利亚的三个女儿都将这一基因继续传播下去，给欧洲王室带来了灾难性后果，尤其是 20 世纪初的俄国。

十年过去，维多利亚和阿尔伯特的婚姻也开始出现紧张。

256

在两人出现分歧后，从阿尔伯特写的敦促维多利亚保持理性的信件中，可以明显看到两人性格的不同。情绪不稳定的维多利亚开始厌恶生儿育女给她带来的伤害——到1853年，她已经生育了8个孩子——以及阿尔伯特不用承受这一负担的事实。她会爆发出一阵怒火，要求得到倾听，如果他离开房间的话，还会跟着他出去。阿尔伯特劝诫她要控制自己，并且与上帝交流。在1853年5月，也就是利奥波德出生后不久，他开始撰写一份长长的备忘录，备忘录以"亲爱的孩子"开头，敦促他的妻子"冷静思考事情的事实部分"。她曾因一个细枝末节的分歧暴怒，而他提醒她说，他并不是她痛苦的根源，仅仅起到了导火索的作用，因为她一直在"轻率地积累易燃物"。[47] 他没办法帮助她，因为如果他分析她的怨言的话，她会生气；如果他忽视她的怨言的话，她会感到被侮辱；如果他转身离开的话，她则会尾随在他身后。

作为一个善于分析的工作狂，阿尔伯特很难理解怀孕造成的荷尔蒙爆发，因此对于在他看来妻子的失去理智感到不知所措。（正如他曾对她说的，"一列长长的、紧密相连的理性列车就像是一段优美的音乐"。[48]）他无法理解的是，她的抑郁源自某种更深层次的东西。维多利亚经常在日记中写道，她十分感激阿尔伯特"坚持不懈的爱、温柔和关怀"，但当她读到丈夫措辞严厉的备忘录时，有时也会失望地流下泪水。[49] 她的需要比他以为的要简单得多，而且她讨厌被人说教。

他们之间的交流存在的根本性问题可以在他1855年2月写的一封信中找到一丝线索："我能对你做什么，顶多是我在忙于其他事情时，不能听你尽情倾诉？"[50] 维多利亚想要的只有被人倾听和拥抱。不过，整体而言，他们的婚姻仍然是幸福和互相帮助的。他们会一起吃饭，一起散步，一聊就是好几个小时，并且知无不言。在苏格兰逗留期间，当阿尔伯特外出猎鹿时，维多利亚会用粉笔或者颜料画画——她的日记里随处可见对快乐生活、美丽天空和壮丽高地景色的生动描写：包括山峰、树林还有日落。他们在这里是最快乐的。每次离开时，多愁善感的维多利亚都要模仿罗得（Lot）①的妻子，悲伤地回头望去。

---

① 《圣经》中的人物，其妻子在逃跑时回头望去，然后变成了一根盐柱。——译者注

18
克里米亚:"这场差强人意的战争"

> 我们以及整个国家都完全沉浸在一个想法里,一个令人焦虑的想法——克里米亚……我对我亲爱而伟大的军队感到非常骄傲,他们说,士兵们正凭借勇气和幽默忍受着物资的缺乏和至今仍在困扰他们的可怕疾病。[1]
>
> ——维多利亚女王致比利时国王利奥波德

> 我相信,很多人都是因为缺少人照料而死的。我去过战场,伤员的呻吟声响彻我的心扉。[2]
>
> ——一名年轻海军军官,1854 年

1854 年 2 月 28 日清晨,维多利亚站在白金汉宫的会客室窗前,看着宫外的人群不断欢呼并挥舞系在棍子上的手帕。当时钟敲响 7 下时,早上一起来就匆忙换上一件深绿色羊毛长裙并搭配一件披巾和一顶软帽的维多利亚深深地吸了一口气。她推开门,在屋外人群的一阵喧嚣声中走上了白金汉宫的阳台。她用观剧望远镜自豪地注视着下方的军队——最后一个即将启程前往克里米亚的皇家近卫队营。她感到很惊讶:十分罕见的是,没有一个士兵看起来是醉醺醺的!

一个苏格兰步兵团——苏格兰火枪卫队——身着深红色外衣、黑色长裤,头戴熊皮帽笔直地站着,步枪在阳光下闪闪发光。在取得结束了拿破仑战争的辉煌胜利后,英国士兵就变得信心满满、不可一世。维多利亚自己也想成为一名士兵。34 岁的女王写道，在战争"这种情形下，身为女性真让我感到难过"。[3]

以身高和勇气著称的苏格兰火枪卫队摘下帽子，发出三声巨大的欢呼——维多利亚写道，欢呼声"直抵我的心中"。他们将帽子扔向阳台方向，大喊："天佑女王！"而帽子在空中快速旋转的样子被她尽收眼底。士兵转过身去向前行进，在蓓尔美尔街上渐渐从视野中消失。他们沿着河岸街（Strand）前行，跨过滑铁卢大桥来到西南铁路公司（South Western Railway）的终点站。数十名女性走在部队身边，她们正陪着自己的丈夫走向战场。她们宁愿与丈夫一起迎接不确定的命运，也不愿留在后方整日担忧。[4]

在白金汉宫内，年轻的伯蒂和亚瑟王子正在玩一只发条狮子毛绒玩具，他们让狮子张开血盆大口，将玩具俄国士兵整个吞下。维多利亚先是外出散步，随后接待了访客，并观看了一场戏剧。在看着演员们朗诵台词时，她的思绪已经飞到了英军士兵那里。她后来写道："我永远也不会忘记今天早上见到的美丽而令人感动的景象。"[5]

从许多方面来说，克里米亚战争都是一场不必要的战争。维多利亚在第一次谈及战争的可能性时曾哭喊道："上帝禁止！"[6]很少有人能够理解为什么英国应该仓促地帮助土耳其抵抗俄国——他们与两个国家中的任何一个都没有多少共同点，而且欧洲的和平自从 1815 年拿破仑战争结束以来已经持续了 40 年。但俄国沙皇尼古拉一世——一个统治着拥有 2200万农奴的落后国家的独裁者——如今将目光盯在了南方日渐衰落的奥斯曼帝国身上。在过去几十年里，奥斯曼——或者说土耳其——帝国发生了经济停滞，现代化进程进展缓慢，还经历了一系列软弱的政府，随时屈服于欧洲国家的要求。沙皇尼古拉一世称其为"欧洲病夫"，想要将其肢解并分配战利品。这是一片在地理上至关重要的地区：君士坦丁堡通过陆地和海洋将欧洲与亚洲连接在一起；也正是在那里，黑海与地中海相连。如果俄国向南进逼土耳其的话，有可能封锁重要的补给链条——尤其是英国穿越黑海通往印度的路线——并通过其位于塞瓦斯托波尔的海军基地扩张其海上实力。1853 年，随着俄国向着南方的多瑙河进军（进入如今的罗马尼亚），欧洲其他国家——尤其是法国、英国、奥地利和普鲁士——正紧张地看向东方。

表面上看，战争是因为巴勒斯坦圣地的通行权争议而爆发的。但争议的真正核心在于谁应担当土耳其境内基督教徒保护人的角色：是奉行天主教的法国还是奉行东正教的俄国。奥斯曼土耳其帝国在鼎盛时期占据了非洲、欧洲和亚洲以及中东的大片土地，主要奉行伊斯兰教，但该国境内的 3500 万人中也包含着 1300 万东正教基督徒。[7] 自从 1453 年拜占庭帝国灭亡后，俄国一直是东正教会（Eastern Orthodox Church）的领袖。沙皇尼古拉一世想要成为这些身处奥斯曼帝国境内、受穆斯林统治的基督徒的保护人，保护他们免受迫害。这一说法是他用以进一步插手这片不稳定地区的手段。当奥斯曼帝国领袖决定将保护人的名号授予法国时，俄国入侵了奥斯曼帝国领土，也就是如今的罗马尼亚和摩尔多瓦。

路易–拿破仑·波拿巴于 1848 年当选法国总统，并在 1852 年自封为法国皇帝拿破仑三世，他热切地希望恢复法国在欧洲的地位（并通过担任天主教徒捍卫者的角色来巩固自己在国内的支持率）。另外，英国作为世界上最强大的海上大国，需要保护穿越埃及和东地中海前往印度的商道，如果俄国控制黑海的话，这条商道会受到威胁。巴麦尊勋爵四处游走宣

传战争的必要性，并团结了整个英国公众来支持他。在经历了
数周笨拙而漫长的外交交锋以及一系列被视作俄国人怠慢态度
的误会后，在好战媒体和政客的煽动下，整个国家渐渐滑向了
战争。

维多利亚对于在战争舆论愈演愈烈的 1853 年夏末离开伦
敦前往苏格兰感到忧心忡忡，但阿伯丁勋爵——他已于 1852
年被任命为首相——向她保证说，她不会被排除在重大决定之
外。随后，她在 10 月份愤怒地发现巴麦尊勋爵已经说服首相
在未征求她同意的情况下向黑海派遣军队，摆好了防御性的
战争姿态。[8] 阿尔伯特也对滑向冲突忧心忡忡。他希望四个中
立大国——英国、法国、普鲁士和奥地利——能够协调行动避
免战争。他还担心与法国结成排他性同盟有些鲁莽。[9] 这对夫
妇立刻离开巴尔莫勒尔并返回温莎城堡，要求阿伯丁勋爵做出
解释。

维多利亚越来越担心英格兰正面临着一场欧洲大战的风
险，而英格兰竟然向土耳其提供支持却不以任何条件对其进行
约束。[10] 她愤怒地游说她的大臣，却无力阻止战争的势能。[11]
10 月 23 日，土耳其向俄国宣战。11 月 30 日，400 名土耳其
人在锡诺普（Sinope）遭到屠杀的事件激起了英国人对土耳其
的支持。《泰晤士报》宣称，俄国不可能将黑海变成"俄国的
内湖"。

1853 年的冬天肃杀、阴暗又寒冷。太阳会连续消失好几
天，一起消失的还有维多利亚对和平的希望。圣诞节的 5 天
前，她写道："事情令人焦虑。"[12] 在新年的第一天，维多利亚尝
试着不去思考即将到来的冲突，她坐在椅子上被人推着在温莎城
堡的冰冻湖面上玩耍，湖边站着一排宫廷里的侍女。薇姬与爱丽
丝如今分别已有 13 岁和 10 岁，正在学习滑冰；维多利亚饶有
兴趣地看着她们，并且决定自己也尝试一把，一边扶着别人的胳

膊，一边在冰面上摇摇晃晃地滑行。孩子们堆起了雪人，旁边还有小鹿信步走过。

1854 年 2 月 25 日，内阁决定英格兰将向俄国发去照会，要求其撤离多瑙河。如果俄国拒绝或者未予答复的话，他们将采取行动。首相阿伯丁勋爵后来见到维多利亚时抱怨说，他"厌恶"一切形式的战争。维多利亚终于相信战争如今已不可避免，她挺直身子说道："我告诉他这并非本意，这是为了避免更多流血以及避免一场更可怕的战争，这是必要的，应当现在就发生，因为临时性补救措施会非常危险。"[13] 她妥协了。现在是时候保持冷静，并祈祷这是一场短暂并相对流血较少的战争了。[14] 而且，英国有一个至关重要的盟友：经过一个冬天，法国和英国走得更近了，一对死敌如今言归于好，两个世纪以来首次并肩作战。

俄国拒绝撤退，英国则准备参战。这是一种奇怪而无法阻挡的趋势，分别由最后通牒、边缘政策以及认为自己遭到了远方野蛮人羞辱的大众组成，而且所有的一切都受到了奉行干预主义的政客和报纸的煽动。如果能有更为巧妙的外交手段，英国和法国的参战本应可以轻易避免。但公共舆论被煽动到了狂热状态。诗人阿瑟·休·克拉夫（Arthur Hugh Clough）在写给位于波士顿的美国作家查尔斯·艾略特·诺顿（Charles Eliot Norton）的信中说："恩，我们正迈向战争，真的，人们在经历了漫长而枯燥的商业阶段后似乎对此感到非常高兴；当然，感受到这场战争的正义性是一件好事。"[15] 托马斯·卡莱尔认为这是一件"疯狂的事"，但他在 1854 年春天的日记中写道："人群中从未见过如此的热情。"[16] 阿伯丁勋爵等人进行过一些抵抗，但维多利亚的臣民们的情绪也已经在她身上体现出来。3 月 28 日，战争开始了。

　　6个月后，土耳其斯库塔里（Scutari）港周围的海面上漂浮着无数猫狗的尸体，在阳光的照射下显得丑陋不堪。几小时后，"科伦坡"号（Colombo）才会抵达该港，船上载着成堆的尸体和在9月20日的阿尔马河战役中受伤的士兵，伤员身上未能得到处理的伤口已经有蛆虫在爬。这是战争的第一次战役，尽管英法两国取得了胜利，但损失却十分惨重。船上的恶臭十分浓烈，以至于行程结束后，"科伦坡"号的船长又连着恶心了5天。早在船只的锚降到港口水面上的漂浮物位置之前，所有的毯子就都被从甲板上丢了下去。

　　军队的低效简直致命。伤员从战场转移到船只上花了4天时间，有好几个人在船只9月24日启程前就因霍乱而丧生。军队里连负责抬伤员的担架手都没有，一名军官曾这样谈到一名士兵抱着战友的样子："强健的海神之子像一名仔细的护士怀抱婴儿一样抱着一名可怜的伤兵。"[17]俄国女性在上方的悬崖上瞪着受伤的敌人。一名年轻海军军官这样描写战斗结束后的场面：

> 你绝对想象不到他们承受的痛苦；遭到截肢的士兵被战友用肩膀扛了6英里……我从未见过如此混乱的局面。军方几乎没有做出任何安排。我曾遇见几名军官，他们对我说，在某位海军医生给他们喝了一口掺了水的白兰地之前，他们两天时间里没有吃过任何东西，而且在战场上待了36个小时都没有见到一个军医。我相信，很多人都是因为缺少人照料而死的。我去过战场，伤员的呻吟声响彻我的心扉。[18]

　　在"科伦坡"号上搭载的27名受伤军官、422名受伤士兵以及104名俄国俘虏中，只有一半人在上船前接受过医学检

263

查。船上只有 4 个医生，而且大部分人一直到战斗结束近一周后才接受了治疗。《泰晤士报》的记者形容说，上层甲板就是"众多腐烂的躯体"。[19] 甲板上躺着如此众多一动不动的躯体，以至于水手们无法走到下方的六分仪进行导航，只能猜测去往斯库塔里的航线。这使得这艘船的航程又延长了 12 小时；有 30 人死在了路上。侥幸生还者被一些老年人慢慢拽到了山上，这些老年人是被征召作为救护队工作的，而据《泰晤士报》记者所写，这些人"毫无用处"。[20]

基本准备工作的缺乏令人震惊。英国军队在派兵上战场之前几乎没有任何前期的医疗救治规划。斯库塔里的医院里没有任何勤务兵或者护士。医院里甚至连用来制作包扎伤口的绷带的材料都没有。在历时两年半的克里米亚战争中，共有 2.3 万名英国士兵阵亡，但其中只有 4000 名士兵是死在战场上的；其余都死于感染、疾病以及缺少救治（让情况变得更糟的是，英国租借用来作为医院的土耳其兵营是建在污水管和漫溢的污水池上的，卫生状况很差）。[21] 不久后就能明显看出——尤其是对于那位后来成为克里米亚战争象征的女性弗洛伦斯·南丁格尔来说——许多死亡本来是可以轻松避免的。

在英国国内，《泰晤士报》开始倡议给予伤员更好的照料，并且刊登了与官方报道截然不同的叙述。这些叙述称，士兵被当成野蛮人来对待。《泰晤士报》驻君士坦丁堡记者、未来担任该报编辑的托马斯·切纳里（Thomas Chenery）大发雷霆地写道：

> 当人们知道甚至连为伤员制作绷带的绒布都没有的话，会说些什么？人们对于斯库塔里这些不幸病患的痛苦表现出了巨大的同情，每家每户都捐出了床单和旧衣物，以补充他们的所需。但是，为什么这种物资短缺的情况没

有被提前预见到？难道远征克里米亚不是过去四个月的讨论焦点吗？ [22]

1854 年 10 月，《泰晤士报》发表了一篇措辞激烈的社论，呼吁英国公民捐钱为克里米亚战争提供基本物资。那年冬天，《泰晤士报》的资金账户中收到了 2 万多英镑的捐款。每一个曾受雇于万国工业博览会的人都捐出了一天的薪水，维多利亚剧院（Victoria Theatre）也捐出了一晚的门票收入。[23] 此时的弗洛伦斯·南丁格尔尽管仍身处他们家位于德比郡的夏季宅邸中，却一直在急切地阅读有关战争的报道。与维多利亚一样，弗洛伦斯也渴望参与眼下的这场战争——不过她是想要为因准备不足而造成的混乱带去秩序和效率。她讨厌战争，不过还是将其视为生活的一部分。她真正憎恨的是低效、无能和愚蠢。[24] 在 1854 年 10 月 10 日星期二那天，弗洛伦斯前往伦敦。她在周四对时任内政大臣，同时也是南丁格尔家族好友的巴麦尊勋爵说，她想要带另外一名护士自费前往土耳其。周五那天，她收到了来自陆军医务部（Army Medical Department）安德鲁·史密斯医生（Dr. Andrew Smith）的授权与推荐信。她的行程也很快就安排好了。[25] 10 月 21 日，弗洛伦斯·南丁格尔启程前往斯库塔里，带着总共 40 位身着五颜六色服装、脸上带着焦急神情的护士。在短短一周内，英国——乃至全世界的——医疗护理史将被永久改变。

维多利亚决心成为一名亲自参与战争事务的君主，她对利奥波德舅舅说："我的整个灵魂和心思都放在了克里米亚。"[26] 她在等待战报时一直很焦虑。战争很快就受到传染病和伤病的严重困扰，夏天这些疾病在湿润的地中海很容易传播。有数千人甚至在拿起枪对准敌人之前就已经因痢疾、腹泻以及霍乱而丧生了。[27]《泰晤士报》记者威廉·霍华德·拉塞尔（William Howard Russell）在斯库塔里港看到了许多漂浮在水面上的死尸。[28]

维多利亚被《泰晤士报》的报道激怒了——士兵受到的待遇简直骇人听闻，更令人难堪的是他们的无能被披露给了敌人和盟友。[29]为什么要让俄国人知道他们出现物资短缺？1855年5月，在战争开始一年后，一位名叫杰弗里斯的中校（Lieutenant Colonel Jeffreys）告诉她说，"苦难、折磨，所有物资的缺乏，还有疾病等"，这些没有丝毫夸大。[30]维多利亚则对他说，报纸上的报道只会鼓舞俄国人的士气。她在日记中写道：

266

> 他承认这是一场巨大的不幸，但另一方面，他们感觉有些事情应该披露出来，否则就无法得到纠正，整个国家也必须了解到正在发生的事情……战壕里排水条件很差，积水深到人在里面时能没到腰部。甚至连军官也境遇糟糕，他们总是被要求在夜间出动，几乎没有时间更换他们的靴子。可怜的士兵得有多难熬？他们不得不穿着湿衣服躺下，经常连续一两个晚上都无法换衣服。他们冻得发抖，在拽下靴子时，有时甚至会带下脚上的肉！这位杰弗里斯中校曾经目睹过这些场面，因此有资格声称报纸没有任何夸大。

维多利亚做了自己力所能及的一切：她就显而易见的组织混乱和玩忽职守大声训斥她的大臣，主张派遣更多军队，并倡议迅速制作军功章好颁发给归国的士兵，试图为残疾老兵找到就业岗位，慰问了医院里的伤兵，并且呼吁建设条件更好的军队医院。她对陆军大臣潘缪尔勋爵（Lord Panmure）说，她时刻牵挂着她"亲爱的"军队。[31]

维多利亚油然而生的同情心在她详细而认真地记述探望伤兵的过程中表现得最为明显。她在1854年的日记中充斥着有关枪伤和毁容、冻伤造成的脚部畸形、坏血病造成的牙齿脱落，以及空荡荡的袖子和裤管的故事。她经常去医院慰问士兵，总是在看到这些"勇敢而高尚"的士兵后感到心情悲痛。她试图找到保持乐观的理由：他们的头皮虽然因为枪伤而被撕开，但他们的面庞看起来还很完整；他们能够幸存下去，有些人甚至还会返回战场。她真希望自己能够每天都来探望他们。

有几件事一直在鼓励着她：有关她给军队传去的信息给他们带来激励的报道；英国军队在对阵俄国时取得的胜利；有关她的士兵在最艰苦的条件下也毫无怨言、保持高尚品质的公开报道等。这些大多数都是那些不希望让女王难过的将军给她灌输的宣传材料。维多利亚的战时日记显示，她身边的人经常将最糟糕的消息编造成正面消息，将军们则急切地向她保证，他们的士兵并不在意为了祖国而受苦。作为卫生特派员被派去调查克里米亚医院的约翰·麦克尼尔爵士（Sir John McNeill）给维多利亚提供了"有关勇敢军队状况的最有趣、最令人满意和安心的记述"，对报纸的报道内容轻描淡写了一番。[32] 他将军营描述成了一个伊甸园："军营是你能想象得到的最快乐的地方；唱歌、跳舞和游戏持续不断，对危险的满不在乎也令人难以置信：'士兵们再也不在乎枪击和子弹，相反更在乎苹果和梨'……'这支军队中没有一个人不愿愉快地放弃自己的生命，以证明自己对女王陛下的忠心。'"[33]

维多利亚对这些安慰之词以及任何有关英雄事迹的记述紧抓不放。例如，在1854年10月9日那天，她得到了一份来自驻克里米亚英军指挥官拉格伦勋爵的"令人满意"的报告，内容是有关阿尔马河战役的："我们还饶有兴趣地阅读了长得令

267

人有些难过的伤亡名单。这场战役打得非常出色、非常果敢，但也流了很多血。以前从未有过在如此短的时间里，军队以如此英勇而雄壮的姿态经受住防备如此森严、炮火如此猛烈的炮台攻击的情况。"

那一夜，维多利亚与孩子们一起在巴尔莫勒尔跳起了里尔舞。

1854 年 9 月 20 日发生在塞瓦斯托波尔以北的阿尔马河战役是联军取得的第一次决定性胜利。紧随其后于 10 月 25 日发生的巴拉克拉瓦战役打得混乱不堪，仅配备有长矛和佩剑的英国和法国轻骑兵对阵一排又一排配备了长枪的俄军士兵。光是英国轻骑兵的 660 人中就有 240 人被子弹打伤或者打死（这场战役共有 737 名联军士兵伤亡或失踪）。[34] 在联军轻骑兵发起冲锋的仅仅几周后，丁尼生就发表了他的伤感副歌："他们无人应答／他们无人发问／有的只是去战去死／进入死亡之谷／骑兵六百名。"这些轻骑兵的冲锋被永久铭记为一个光荣牺牲的瞬间，目光短浅的将领们发动的毫无意义的杀戮通常都是如此。

维多利亚在听到拉格伦勋爵发回的有关巴拉克拉瓦战役糟糕结果的报告时颤抖不已；那天晚上，她躺在床上好几个小时都无法入眠。[35] 第二天，她下楼吃早餐时收到了另一个更糟糕的消息。在晨间散步以及午餐和晚餐时，她一直在不住地颤抖。军方试图向她保证，虽然没有向前推进，但这场战斗是一次巨大胜利。一辈子都没有了解过战争的维多利亚被真正的战争惊呆了："真是个可怕的时代！我从未想过自己会目睹和感受这一切！"她的心情在悲痛和骄傲之间来回摇摆：她的同情心和想象力让她感到难过。[36] 对士兵及其遗孀的牵挂让她无暇他顾。她的睡眠也断断续续，日记中重复了几十次"焦虑"这个词。

战争终于在黑海沿岸俄国控制的小港口塞瓦斯托波尔迎来了转折点。这就是那个英国、法国、撒丁王国以及奥斯曼帝国刚刚在克里米亚登陆就打算夺取的港口。但一直到 1854 年 11 月 5 日的因克尔曼战役（Battle of Inkerman）击溃了俄国人的决心后，对该港口的包围和围城才正式开始。1854 年的围城战持续了一整个冬天；港口的堡垒是在 19 世纪初由卓越的俄国工程师设计建造的，被证明几乎无法突破。女王和她的大臣们每天都在等待消息。到 1854 年圣诞节前，公众的情绪已经变得十分低落；人们急切地阅读拉塞尔每天对苦难、缺少给养以及无法占领这座俄国城堡的叙述。利特尔顿夫人在给一个朋友的信中写道："每个人的心灵都承受着可怕的忧郁和重担；我觉得以前的战争从未如此可怕过。"[37]

维多利亚是一个参与度很高的最高统帅，参与了所有与战争有关的讨论，尽管她认为自己在军事问题上并不特别胜任。她在给纽卡斯尔公爵的信中写道："女王认为关心军队的福祉和胜利是她最崇高的权力和最珍贵的职责。"[38] 阿尔伯特与她并肩努力，撰写备忘录总结了多项争议以及政治争论。当 1855 年 1 月一项旨在对战争的执行进行调查的动议以绝对优势得到通过后，首相阿伯丁勋爵提出辞职。巴麦尊勋爵被任命为首相，这让维多利亚和阿尔伯特感到颇为满意，因为他们觉得由他来当首相比当外交大臣要好得多。

然而与战争一同出现的还有某种奇怪的东西：突然爆发的对阿尔伯特的敌意。正如斯托克马指出的那样，对亲王的不信任源自他是个外来者的事实；他无论是穿衣、骑马还是握手都不是"真正正统英国人的方式"。[39] 他的保守和"严守道德"在他拒绝骂人、赌博或者找情人的态度上能够明显看出。[40] 贸易保护主义者厌恶他在万国工业博览会上对外国工业的展示。接下来还有一个无法逃避的事实，那就是他是德意志人。

对外国影响的猜疑在英国根深蒂固。许多人讨厌亲王以任何方式给女王提供建议；有些人主张说，由他在国家大事上给君主提供建议、与大臣们进行讨论，或者甚至被告知这些具体事务，都是违反宪法的。在13年里，他与王座如影随形的事实几乎没人特别留意。如今，在他公开反对战争的处置失当并主张派遣更多部队之时，他却成了战时仇外主义的受害者。他被指责进行了过多干预，被认为对女王施加了近乎邪恶的影响，还曾在战争酝酿阶段渴望拥有个人权力。他被指责阻挠了巴麦尊推动对俄战争的努力，以及造成了巴麦尊曾因一项改革法案的争议短暂从内阁中消失的事实。[41] 还有一些虚假的传言称，阿尔伯特已经被指控犯有叛国罪。

维多利亚称这些攻击"令人憎恶""毫无根据""极其讨厌""臭名昭著而且如今几乎有些荒唐可笑"。[42] 颇为受伤的阿尔伯特做出的回应是放下了自己管理的部分事务，一直到事态在议会得到解决为止。维多利亚不赞同他的退缩，认为这显得他拥有了负罪感，她还批评阿尔伯特"害怕去做我认为正确的事"。[43] 她向与她一同进餐的大臣们施加压力，要求他们支持在议会对流言蜚语进行公开澄清。格莱斯顿向她保证说，这些批评者仅仅是对于"东方问题和他们对战争的渴望"过于兴奋而已。[44] 阿伯丁勋爵将其斥为没有任何结果的反政府宣传。在1854年1月31日议会开会时，拉塞尔在下议院领导了一场辩论，对阿尔伯特作为关键顾问的角色进行了辩护。[45] 这一措施压制住了批评者，维多利亚在三周后写道，众人的嘲弄也停止了。[46]

不过，许多传言其实都说得没错：阿尔伯特的确深度参与了女王的工作，并且以许多方式篡夺了她的角色。他如今经

常与首相单独会晤，还得到了内阁和外国领导人的尊敬；曾在
1854 年 9 月见过他的法国皇帝拿破仑三世声称，"他从未见过
知识如此丰富、渊博之人"。47维多利亚会在日记中随口提到
这些会晤，但即使是在怀孕以及分娩期间，她仍然会热心地参
与政治事务。阿尔伯特认为他们两人的婚姻符合圣经中的传统
婚姻模式，即男人是女人的主宰。

伊舍勋爵在读完他们在这段时间的信件后表示，他们
俩"才是真正的内阁大臣，甚至连巴麦尊也要时不时地靠
边站"。48

但在阿尔伯特被怀疑拥有过多权力的同时，他也会因为
权力太小而受到嘲讽。一名女性的工作职务比丈夫更有权势这
种情形始终是那个年代漫画作者的素材，启发了许多杜撰的故
事。在一则署名为画家 E.M. 沃德（E. M. Ward）的漫画中，
阿尔伯特正在与皇家艺术学院理事会一同进餐，这时，一名皇
家信使来到他身边，告诉他女王紧急召见他。阿尔伯特点了点
头，然后继续进餐。在又打发了两名信使后，他终于爬上了他
的马车，不过他却对车夫说不要去王宫，直接去克莱尔蒙特
宫，也就是属于利奥波德舅舅的乡间别墅。49

爱德华七世时代的传记作家利顿·斯特雷奇（Lytton
Strachey）讲述的一个故事或许是最广为流传的。阿尔伯特在
房间里把门锁上；维多利亚来到门前，在门上敲了一拳：

> 维多利亚："开门！"
>
> 阿尔伯特："谁在门外？"
>
> 维多利亚："英国女王！"
>
> 沉默。一阵敲门声。
>
> 维多利亚："开门！"
>
> 阿尔伯特："谁在门外？"

> 维多利亚："英国女王！"
>
> 沉默。又是一阵敲门声。
>
> 维多利亚："阿尔伯特，我是你的妻子。"
>
> 门立马就开了。[50]

但是，任何见过他们的人都能明显看出，阿尔伯特是拥有主导权的那个人；他们二人已经达成共识，认同阿尔伯特的天赋比维多利亚更高。他在婚后不久的 1841 年 3 月给兄长写的一封未公开的信可以让人看到他秉持的女性智力不如男性的观点。他写道：

> 听到你经常与优秀的艺术家交往我很高兴。不过，我不能认同你说的只在与优秀而聪明的侍女和女士交谈时才能有所收获的看法。你会因此而缺少男性气概以及对世界的清晰洞察；因为这些侍女越优秀，她们对于一般概念和原则就会越困惑。我宁愿看到你与那些拥有丰富生活经验、小有所成，并且在自己与人类整体之间取得平衡的较为年长的男性密切来往。[51]

272　　阿尔伯特对女性不太感兴趣，不管她们是不是聪明。与其他政客和贵族不同，他在成长过程中身边没有那种拥有理性思维的女性——例如改革家兼作家伊丽莎白·蒙塔古（Elizabeth Montagu）或者墨尔本勋爵的母亲伊丽莎白·拉姆（Elizabeth Lamb），她们经常举办沙龙，并且始终是 19 世纪英格兰复杂的文化生活的核心。阿尔伯特从幼时起就失去了母亲；他有一名男性家庭教师、一名男性律师，以及一个充斥着男性的家庭。他非但没有鼓励自己的妻子相信她自己的能力，反而告诉她她需要有所"提高"。

维多利亚如今把阿尔伯特称作她的"主人兼老师"。[52] 在1854 年他们结婚 14 周年时，她叹气说："很少有女人能够受上天眷顾拥有这样一个丈夫。"[53] 她在书桌上翻找了一番才找到他们的婚礼誓词："最让我感动的是我许下的誓言，要'爱、珍惜、尊重、服侍并服从'我的丈夫。愿这句话永远刻在我的以及每个女性的脑海里。"她还会嘲笑那些喜欢支配自己丈夫的女性，尤其是首相约翰·拉塞尔的夫人。[54] 当葡萄牙女王去世时，维多利亚为失去了"一位最为忠诚和钟情的妻子、一位堪称典范的母亲以及一位情真意切的真正朋友"而哀恸。[55] 她没有提到这位朋友同时也是一位君主的事实。

维多利亚将阿尔伯特推得越高，对自己的看法就越低。女王日益显露出对自身能力缺少信心的迹象，与她在少女时代展现出的勇气形成了鲜明对比。因此，当她的丈夫对她说，她的大女儿比她更聪明时，也就不足为奇了。[56] 在她继位 18 年后，她写道："我相信我已经试着去履行我的职责了，但我感觉我作为一名女性实在无法实现自己受到的期待。我经常会想，要是亲爱的阿尔伯特能取代我成为国王的话该有多好！"[57] 维多利亚受过良好教育，思想上也时刻保持着好奇心；她经常与罗斯勋爵①一起讨论天文学，涉及话题包括恒星的重量以及木星这样的遥远行星等。但她也经常感到害怕，越来越没有信心。1854 年 10 月，在连续数月收到来自克里米亚战争前线的报告后，她对于在日记中记录战争开始有了犹豫："我太不精通军事事务，无法充分描写其中存在的难题，但我仍会试图写下几个字，写下我的想法。"[58]

那些促使女王为自己的王位奋起抗争的品质如今也是阿尔伯特所说正在摧毁她的性格和统治能力的品质：倔强、固

273

---

① 爱尔兰裔英国天文学家。——译者注

执、勇气和自信。她一直渴望取悦于他。在 1854 年他 35 岁生日那天，她精心打扮了一番，穿上了粉白相间的棉布裙，在他打开礼物时仔细注视着他的表情，并思考着自己有多么配不上他。[她还将这种恐惧传给了薇姬，薇姬是一个异常聪明而早熟的孩子，在智力上与她后来的丈夫弗里茨（Fritz）旗鼓相当；在那个年代，与一个聪明且居于支配地位的男性结合是女性的命运。] 她写道，肯定"没有一个妻子像我一样热爱和崇拜自己的丈夫"。⁵⁹ 当每一个身着军装的男子都被要求像阿尔伯特一样保留上嘴唇的胡子时，维多利亚感到喜出望外。在 1854 年 8 月 4 日，她听说八字胡在皇家卫队中"非常流行"。⁶⁰ 她希望自己的孩子们能够更像阿尔伯特，希望她的士兵能够模仿阿尔伯特，希望她的大臣能够咨询阿尔伯特，并且希望她的臣民能够尊重阿尔伯特。

亲王的雄心壮志十分急切而宏大，而且他是真心想要辅佐自己的妻子。当惠灵顿公爵在 1850 年提议由他来担任最高统帅一职时，他拒绝了，因为维多利亚需要他的帮助：

> 女王作为一名女士无法随时履行自己的诸多职责；此外，她也不像此前的君主那样拥有一名为她效力的私人秘书。唯一能够帮助她、辅佐她完成君主应尽之复杂工作的人只有我自己。如果我所承担的任何职务会侵占我的时间和注意力哪怕一分，以至于会影响到我对女王的用处，那么我会感到非常遗憾。⁶¹

274 　　1850 年 4 月 6 日，阿尔伯特坐在他位于温莎城堡的房间里，伏在他从德意志带来的绿色台灯前，就他对自己不同寻常的角色的理解撰写了一份备忘录：

　　这是一个非常奇特和微妙的角色。它要求丈夫将自己的个人存在完全渗透在妻子的存在里——他不应企图为自己谋求任何权力——应当避免一切争论——不能在公众面前承担任何单独的职责，而要让自己的角色完全成为她的一部分——填补她作为女性在履行王室职责时自然会留下的漏洞，一刻不停、提心吊胆地关注公共事务的每个方面，同时能够在任何时候为她提供咨询和辅佐，帮助她解决遇到的各式各样的难题。[62]

　　阿尔伯特在 1857 年终于获封"王夫"，令维多利亚得到巨大满足。[63] 格雷维尔写道，到此时，女王已经在丈夫对政策细节的惊人掌握面前失去了存在感，"一切都依照他的想法行事"。[64] 阿尔伯特在为自己取得控制权的同时并未巩固她的控制权。维多利亚不再依赖数量众多的顾问，而是完全依赖他；她的依赖十分彻底，而她的自信也已经受损。不过，阿尔伯特低估了她的智慧，以及她的活力和勇气。

　　1855 年和 1856 年战争持续，维多利亚开始嫉妒起"备受称赞的弗洛伦斯·南丁格尔"。① 她细心阅读报纸上对"提灯女神"（Lady of the Lamp）的报道，并且在日记里长篇累牍地记载了士兵是如何爱戴这位令人敬畏的护士的。她希望她也能去擦洗伤兵的额头。[65] 维多利亚像母亲一样谈起她的士兵们；当她在 1855 年亲自向他们颁发克里米亚战争奖章时，她感到激动不已，在日记中写道，"勇敢而可靠的士兵们的粗糙手掌"与女王娇小柔滑的手掌触碰该是一件多么罕见的事。她很高兴

275

---

①　维多利亚没有提到过牙买加裔护士玛丽·西克尔（Mary Seacole），后者在克里米亚负责管理一个军队饰品店——备受喜爱的巴拉克拉瓦"不列颠酒店"，用漂流木建成——并且在战场上穿着颜色明亮的衣服照顾伤员。——作者注

地听到许多士兵在那天都感动地哭了。[66]

女王在1856年1月20日向南丁格尔赠送了一枚胸针，胸针上镌刻着"仁慈之人受祝福"字样。那年晚些时候，她邀请这位如今大名鼎鼎的护士前往巴尔莫勒尔。维多利亚在1856年1月给她写信说："当你最终回到故国海岸时，如果我能与为我们女性树立如此光辉榜样的你见面，将让我感到极大的满足。"[67]南丁格尔很快就同意了，她希望借此机会呼吁设立一个皇家委员会。[68]

当她们在巴尔莫勒尔相见时，维多利亚发现南丁格尔身材瘦削纤细，似乎十分疲惫——她在战争期间感染了所谓"克里米亚流感"（当时她以为是伤寒）。她以"史密斯夫人"的身份隐姓埋名与姨妈一起回到国内，但患上了慢性普鲁氏菌病，这是一种严重的细菌感染，将伴随她的余生。维多利亚感到很惊讶：她以为会见到一个冷漠、严酷的女性，却发现她是一个"温柔、讨喜、动人的女性，非常有淑女风范，而且非常聪明，对一切的看法都十分清晰而全面"。[69]但女王最欣赏的还是南丁格尔的一心一意：

> 她的头脑完全而彻底地被一个目标占据，为了这个目标，她牺牲了自己的健康并且像圣人一样奉献了自己。但她身上没有任何荒唐的狂热情绪……她的行动和观点体现出真正的质朴、安定和虔诚，没有表现出一丝一毫的宗教热忱或者一丝一毫的虚假欺骗。而且，一同表现出来的还有一种从不表现自己的真诚愿望——她隐姓埋名踏上旅途，为的是不为人所知，她还拒绝了一切公开亮相。[70]

南丁格尔主要谈到军队医疗体系缺少"制度和组织"的状况，这导致克里米亚的士兵们深受其苦，她还谈到改善这种状况的重要性。南丁格尔感谢维多利亚的"支持和同情，并表示，士兵们全都深刻感受到我的同情和关怀，并深表感谢"，这让维多利亚激动不已。[71]阿尔伯特与南丁格尔深入讨论了这个问题，一致认为自战争结束以来，问题变得更糟了。南丁格尔用词十分谨慎，渴望激起对方对她的事业的同情和支持。（她的成功变得广为人知；仅仅几年后，美国政府就将向她寻求建议，询问如何照顾美国南北战争中的伤员。[72]）她接下来几个月一直待在巴尔莫勒尔附近詹姆斯·克拉克爵士的家中，为了摆脱住院期间感染的虱子，她将头发全部剃光，把维多利亚吓了一跳。让她感到极大满足的是，在她逗留巴尔勒莫尔的末期，女王终于同意成立一个皇家委员会来调查军队中的卫生问题。

　　南丁格尔最初得出的结论是，维多利亚或许好奇心很重，却"很蠢——至少是她所认识的最依赖他人的人"；如果她发现自己在谈话中卡壳的话，就会立刻向阿尔伯特求助。但南丁格尔在与女王相处更久时间后，看法发生了天翻地覆的变化。至于阿尔伯特，她觉得他"似乎在自身境遇中受到压制，充满了智慧，在每一个话题上都才思泉涌"，但也会出现重大错误。"他认为这个世界可以通过奖赏、展览和美好心愿来管理。"她颇为不吉利地总结说，他就"像是一个一心求死的人"。[73]她究竟是什么意思没人能够说清，而且这是她在1879年发表的事后之见。她有可能指的是他的疲惫或者糟糕的健康状况，不过对于一个擅长帮助他人求生的女性而言，这仍然是一个令人脊背发凉的洞见。

　　作为一名身处国家危机之时的女王，维多利亚身上难以避免地出现了不协调性。克里米亚的暴力和流血仍在继续，维多利亚却在日记中记载着海边的月光、下雪、花开、蓝天，以及趁着晴朗天气在奥斯本宫待上一周带来的"奇特而舒缓的效果"。[74] 在水手们向东方启程，并且因为没有帐篷或者御寒衣物而在山坡上瑟瑟发抖时，维多利亚却在与孩子们一起寻找复活节彩蛋、玩老鼠娃娃，[75] 或者在阿尔伯特猎鹿时静悄悄藏在石楠树丛里。[76]

孩子们都在迅速成长，而他们的长女薇姬也在突然之间长大成人了。[77] 在战争期间的 1855 年，当王室还身处巴尔莫勒尔时，普鲁士皇帝威廉一世之子弗雷德里克·威廉向维多利亚和阿尔伯特请求迎娶他们多才多艺、智力过人的女儿，如今已近 15 岁的薇姬。他们愉快地接受了这一请求，并且要求他——以及所有听到这一消息的重要人物——保证不要告诉薇姬这件事，直到她一年后在 16 岁的年纪完成坚信礼为止。维多利亚感到很兴奋，她对利奥波德说："他是个亲切、优秀、英俊的年轻人，我们将满怀信心地将我们亲爱的孩子交给他。让我们感到很高兴的是，他真的很喜欢薇姬。"[78] 她曾担心自己的女儿不够漂亮，配不上她的追求者。但她也感到很舍不得；不久后，她就要把亲爱的女儿交给普鲁士了。

维多利亚的母亲肯特公爵夫人如今成了一个宠爱孩子的外祖母，以及家庭中不可或缺的一部分，她们之间的嫌隙早已被忘却。无论是母亲还是女儿，在回忆起因康罗伊造成的冲突时都满怀遗憾。公爵夫人给维多利亚写信说，康罗伊在 1854 年的死让她感到很悲伤："他给我带来了巨大帮助，但不幸的是，他也造成了巨大伤害。"[79] 接下来，她请求自己的女儿不要沉溺往事，那时"横亘在我们之间的那些人的激烈交锋"引发了我们的不信任。日渐睿智的维多利亚安慰母亲说，那些日子早已过去了。

维多利亚始终担心自己有可能失去来之不易的所有幸福。在 1853 年她 34 岁生日那天，她写道："我还有何种赐福没有享受过！我经常因自己竟然受到如此宠爱而感到惊讶，因巨大的幸福而颤抖，害怕我可能太过幸福了！"[80]夜莺、玫瑰和橙花环绕的奥斯本宫就是一个"天堂"。她是一个略显紧张但绝对心满意足的女人。

克里米亚战争是 1815 年至 1914 年唯一有两个以上欧洲 278大国参加的战争。它标志着拿破仑战争结束到第一次世界大战之间长期和平的一次短暂中断。没过多久，英国就意识到，他们与盟友土耳其人之间没有什么相似之处，土耳其人管理的是一个相当腐败而独裁的帝国；英国人不久后也抛弃了与法国人之间不自在的盟友关系。历时两年半的克里米亚战争将始终与官方的笨拙联系在一起，也暴露出了英国议会精英以及军方的无能。弗洛伦斯·南丁格尔的任务十分艰巨：只有这位倡导使用饼状图的护士才能暴露出将军们的愚蠢。

1855 年秋天，让人们翘首以盼的消息终于传来：在经历 349 天的围城后，塞瓦斯托波尔终于落入联军手中。[81]维多利亚和阿尔伯特在晚饭后爬上克雷格高恩山（Craig Gowan），点燃了一堆篝火（篝火堆是一年前堆起来的，当时有假消息称该城堡已经陷落了）。苏格兰村庄里的绅士们身着睡衣、长靴和短上衣与仆人、护林人和工匠们一起赶来。女王看着人们绕着篝火翩翩起舞，有人向夜空中开枪，有人饮酒，有人在演奏管乐，与此同时，她的思绪一如既往地来到了她的士兵们身边。许多人阵亡，许多人带着残缺的身体回国，战争结束时达成的协议也并没有为英国赢得任何重要的好处，但战斗如今还是结束了。在经历数月的谈判，达成了一项仅仅限制俄国数年的条约后，战争的重担终于从维多利亚的肩上卸下了。阿尔伯特从篝火边回来对她说，那里的"狂热和兴奋超越了一切"。[82]

19
王室父母与"不满之龙"

王座上的一家人，这是一个有趣的概念。它将主权的骄傲拉下神坛，拉低到琐碎生活的层次。[1]

——沃尔特·白芝浩，1867 年

我继续自己单调的工作，似乎这就是我生活的全部。

——阿尔伯特亲王，1861 年 8 月 6 日

几个世纪以来，翠绿色的泰晤士河一直从伦敦市中心流过，河上随处可见成群的天鹅，河里鱼群丰盈；驳船熙熙攘攘，数百万人的生活靠着这条河来维系。19 世纪初泰晤士河河岸上逐渐堆积起来的恶臭污物也为那些能够忍受其气味的人提供了一份像样的工作。所谓的"清沟夫"的工作通常是由七八岁的孩子来从事，他们从河里拾取垃圾，在河岸和下水管出口附近游荡，胳膊上还挂着罐子和篮子，耐心寻找着煤块、木块、铜钉或者任何卖得掉的垃圾。男人们在下水道里爬行，搜寻一切有用的东西：铁钉、绳子、硬币、螺钉、刀叉、金属或

者纽扣等。[2] 亨利·梅休在 19 世纪中叶对伦敦穷人进行的权威描述记录了"许多神奇的故事"，讲述了人们在流淌着污水的下水道迷宫中迷路，或者"下水道猎人被大量巨型老鼠围攻"的经历。[3] 这本书的内容难登大雅之堂，却意外地畅销。[4]

一个世纪前，这条曾被恺撒命名为"塔梅西斯"（Tamesis）

的河流曾经清澈见底。不过，当抽水马桶在 19 世纪中叶取代
了粪坑，并将全城的污物通过粗大而阴暗的管道排入这条河流
后，[5] 河水仅仅用了不到半个世纪就变成了黑色。[6] 与此同时，
首都的人口也在迅速扩张。1801 年时，伦敦共有 13.6 万户居
民。到 1851 年，这一数字增加到了 30.6 万。[7] 河边的居民注
意到河水中的酸度和浑浊度有了显著增加。[8]

到 19 世纪 50 年代中期，300 万伦敦人每年要向泰晤士河
中排放 8000 万加仑的粪便。这一问题看起来似乎难以解决。
伦敦下水道委员会（Metropolitan Sewers Commission）首
席工程师弗兰克·福斯特（Frank Forster）于 1852 年去世，
他的死被归咎于"公务造成的折磨、疲劳和焦虑"。[9] 第二年，
伦敦发生了霍乱疫情，造成近 1200 人死亡。这一事件最终让
科学家相信，疾病并不是由空气污染，而是由水污染产生的。
然而，充满惰性、缺少意愿和紧迫性的政府却没能采取行动。

王室虽然与世隔绝，但也无法幸免。白金汉宫经常发生粪
便泄漏，而且爬满了老鼠。[10] 维多利亚曾目睹她的宠物狗在温
莎城堡的卧室里追逐老鼠，并且对其中一只宠物狗的"英勇"
胜利表示称赞："老鼠发出了一种难听的噪音，不过它很快就
被干掉了。"[11] 维多利亚还雇用了一个名叫杰克·布莱克（Jack
Black）的私人捕鼠官，他身着鲜红色上衣、背心和长裤，扎
着一根挂着铸铁老鼠模型的腰带，气势汹汹地在白金汉宫的走廊
里巡逻。[12] 当维多利亚与阿尔伯特乘坐游艇游览泰晤士河时，
"可怕的气味"让他们恶心不已。[13]

到 1858 年 6 月，河水的气味变得如此难闻，以至于议会
大楼边上的河水中被撒了柠檬，大楼内部的天花板上还挂着
浸泡了消毒水的床单，好让议员们在发言时不必用手帕遮住口
鼻。[14] 夏初时分，漫长的干旱期减少了来自山区的清澈水流，

也导致水温升到了创纪录的高度。[15] 河上堆积了厚厚的一层污物，绵延 18 英里。由此产生的危机后来以"大恶臭"（Great Stink）之名而为人所知。城市里的大部分商业活动都陷入停滞；各家法院匆忙处理手上的案件，以避免长时间暴露在臭气中。[16] 查尔斯·狄更斯写道，"可怕的"泰晤士河有一种"令人思绪紊乱、恶心难忍的特质"。[17] 有些伦敦市民在闻到臭气后不由自主地呕吐了起来。臭气也不会对不同阶级的人区别对待，所有人都受到了影响。维多利亚统治的这个国家难以跟上 19 世纪快速的现代化进程；工业繁荣发展、贸易不断扩张，泰晤士河已经成为帝国最繁忙的水道之一。但政府却无法保证能够向她的臣民提供最基本的权利：干净的水和空气以及卫生条件。[18]

维多利亚操心更多的是她宫殿里的世界。她的第 9 个孩子、深受她喜爱的比阿特丽斯于 1857 年 4 月 14 日出生。阿尔伯特和医生又一次给维多利亚服用了氯仿麻醉剂，以缓解疼痛，这在她看来起到了"巨大的镇痛作用"。克拉克医生建议她说，鉴于她的身体经受了巨大损伤，以及她的岁数已经接近 38 岁，因此这应当成为她的最后一个孩子。维多利亚担心这有可能会影响她与阿尔伯特的亲密关系，因此向医生询问道："我在床上还能获得乐趣吗？"[19] 在第 9 次也是最后一次怀孕期间，她曾出现严重的咳嗽以及身体疲惫，同时还因为她同母异父的兄长卡尔的死而悲痛不已——卡尔是一名巴伐利亚军人兼政客。最终，阿尔伯特对他的兄长说，维多利亚"几乎无法完成别人对她的期待"。[20] 但身体强健的女王在痛苦的分娩过程结束后不久就心情愉快地恢复了活力。在分娩两个月后，维多利亚的身体已经恢复到了能够整晚跳舞的程度。她开心地写道："这次我感觉比以前任何一次都更好、更强壮。[21] 我还感谢上帝赋予我们一个如此可爱、漂亮的女孩，实现了我一直以来的愿望！"[22]她说，之所以给她起名为比阿特丽斯，是因为这个名字有"受祝福者"的含义。这个女孩将成为她母亲的巨大安慰。在看到比阿特丽斯在洗澡时嬉笑、玩耍后，维多利亚写道："一个很棒的宝贝儿，你无法理解。她就像她爸爸的宠物一样，用她的两只小手轻抚他的脸庞。"[23]父母两人都迷上了这个孩子。阿尔伯特说，她是"我们有过的最讨喜的孩子"。[24]

比阿特丽斯很快就开始苗壮成长；她是个天赐之物，一个备受宠爱的孩子。维多利亚十分喜爱4个月大以上的孩子，尤其是胖乎乎的孩子。她在比阿特丽斯的周岁生日那天写道："她如此迷人，我们非常喜欢亲吻、爱抚她。要是她能一直像现在这样就好了。"[25]

就在比阿特丽斯出生不到一个月后，印度爆发了一场自发而残忍的叛乱。那是一场在政治层面——印度人反抗英国统治——以及宗教层面——印度教徒和穆斯林反抗基督教徒统治——上发生的独立战争。在叛乱爆发前，英国扩大了其在印度的影响力。从1848年至1856年，印度总督达尔豪西勋爵（Lord Dalhousie）推行了一系列改革，最具争议的是"无嗣失权"政策，即当印度土邦统治者"明显无能"或者死后无男性继承人时，其土地将遭到吞并，此举旨在将整个印度置于英国的统治之下。他还建设了许多基础设施——包括铁路、灌溉运河、电报线路、邮局、公路以及桥梁等——并使英属印度的土地面积增加了三分之一以上，囊括了北部庞大的旁遮普地区。他对公共服务和政府的行政部门实施了集权化和西方化改革，并试图打击一些可怕的地方风俗，例如杀死女婴以及人体祭祀等。有些变化——例如在1856年将印度教寡妇重新婚配合法化的措施——执行得太过匆忙，被视为对印度人信仰和生活方式的侵犯。印度人知道他们的士兵数量比英国人多得多；通常情况下，印度士兵与英国士兵的比例大约为 20~30：1。[26]

283

叛乱的直接原因是 1853 年恩菲尔德步枪的启用。这种步枪使用的弹药外侧涂抹了猪油和牛油，设计用法是用牙来咬开弹药，而这对穆斯林和印度教士兵来说都是一种侮辱（他们的宗教禁止或者不鼓励食用猪肉和牛肉）。他们担心自己会被英国统治者强制皈依基督教。这些弹药最终被取代了，英国统治者还向他们保证会尊重他们的宗教信仰，并且为那些用手指打开弹药的士兵提供补贴——尽管还是有传言说，那些猪油和牛油仍然存在。导火索出现在 1857 年 5 月 9 日，密拉特（Meerut）兵站有 85 名印度男子因拒绝为他们的步枪上膛而被判处 10 年监禁。第二天，三个印度步兵团做出回应，杀害了他们的英国军官及其妻子。随后，他们开始向南方的德里进军，并且杀害了尽可能多的欧洲人（最接近的估计是杀害了约50 人）。

随着叛乱的扩大，维多利亚试图煽动内阁采取行动。[27]英国军队此时正在前往亚洲的路上，即将参加第二次鸦片战争，为英国贸易和外交在中国得到更大认可而战。相反，他们被调往印度，从而将第二次鸦片战争推迟了一年。[28]那是一场残酷的战争，双方都犯下了可怕暴行。在坎普尔（Cawnpore），350 名英国人被 3000 名印度叛军围困了三周。当地一名支持叛军的王公向英国人提出，如果他们放弃在坎普尔的防御工事的话，就为他们提供沿恒河而下的安全通道。英国人同意了，并且挤上了停泊在河边的划桨船。突然之间军号响起，印度划桨手跳入水中，而印度叛军则向英国人发射炮弹，炸死了几乎所有人。手持佩剑的印度军队随后冲入水中，将任何在炮击中幸免于难的人砍死。幸存下来的 125 名妇孺被囚禁在一个附近的别墅里，并在一个月后遭到屠杀。英国人在屠杀发生的第二天抵达现场，经过了许多塞满了被肢解的尸体的水井。临时营房的墙上到处都是红色的小手印和小脚印，屋子里还有许多童鞋，有的鞋里还有脚的残肢。[29]英国人迅速发动了残酷的报复。在被英国人送上绞刑架前，叛变士兵在强迫下舔舐了地板上的血迹。

284

维多利亚对残酷的叛乱厌恶得无法入眠，脑海里始终牵挂着被困在别墅中的孩子们。这让她感到"毛骨悚然"。她要求自己的前侍女、如今是印度总督夫人的坎宁夫人，让那些"以如此可怕的方式失去自己挚爱亲人的人，知道我向他们表达的同情。一名女性，尤其是一名妻子和母亲，太能体会那些经历大屠杀的人所承受的痛苦了"。[30]

英国公众强烈要求进行报复。叛军被打残、处决、剥光衣服，或者被折磨取乐。一支英国部队一边喝酒、听乐队奏乐，一边观赏数百名叛军被绞死。[31]当具备进步思想的印度总督坎宁勋爵对英军的这种行为进行惩罚时，媒体对他发出了嘘声，并吵嚷着发动更血腥的报复。[32]维多利亚对坎宁勋爵表示支持，称要求发动报复的呼声"十分可耻"。她对他说，尽管那些制造惨案的人应当遭到惩罚，但"对印度整体而言——对那些和平的居民，那些为我们提供援助的许多和善而友好的当地人……我们应当展示出最大的善意。他们应当知道我们对棕色皮肤没有仇恨——没有任何仇恨，女王对他们最大的希望是能看到他们幸福、满足、繁荣兴旺"。[33]

1858年7月，一份和平条约得以签署。英国议会解散了自1601年以来统治印度大部分地区的东印度公司，直接承担起治理印度的责任。[34]维多利亚承诺对印度臣民的宗教信仰和崇拜给予法律保护，并且坚持要求所有人都应依据其教育程度和能力获得工作，而不是依据其种姓或者血统。[35]她的这些观点是在比较了从印度返回的英国官员撰写的报告后受到的启发，这些官员抱怨说，印度人的行为方式"就像是动物一样"。[36]

1858 年 1 月，也就是印度叛乱的最后几个月里，薇姬嫁给了她的普鲁士王子弗里茨。阿尔伯特允准了他们的结合；弗里茨不仅来自一个他希望未来将领导实现德意志统一的国家，而且还拥有着自由主义信念，尽管他接受了严格的军国主义培养。薇姬与丈夫的观点十分契合，但他们将发现自己会与保守的普鲁士王室发生令人不安的争执。英国与普鲁士的联盟将被证明不如阿尔伯特希望的那么卓有成效。

维多利亚对长女婚礼的担心程度甚至超过了曾经对自己婚礼的担忧；她说，至少在当时，她知道自己会在阿尔伯特的陪伴下一同回家。在婚礼前一天的早上，她在寒冷中颤抖得如此剧烈，以至于她在与薇姬和阿尔伯特一起进行银版照相时影像都模糊了；照片中的另外两个人则保持了绝对静止。17 岁的薇姬优雅地穿着白色波纹丝质裙，裙边镶嵌着蕾丝以及橙花和桃金娘。婚礼于 1858 年 1 月 25 日在圣詹姆士宫的皇家教堂举行——也就是 18 年前维多利亚与阿尔伯特举行婚礼的地方。（维多利亚曾在写给克拉伦登伯爵的信中否决了任何婚礼可能在柏林举行的建议："不是每天都能有人迎娶英格兰女王的长女的。"[37]）在前往教堂的路上，身着淡紫色天鹅绒长裙的维多利亚竭力忍着才没有哭出来："我几乎控制不住自己。"[38] 她对女儿的端庄感到十分自豪，但在几天后向她道别时却泣不成声："我的心碎了……多么令人难过的时刻，一想到我们最亲爱的孩子就这么走了，不知道多久以后才能再次见到她，就让我心痛。"[39]

2 月 2 日，阿尔伯特在雪天里穿过聚集在格雷夫森德

（Gravesend）的一千多名围观人群，护送女儿登上游艇，前往德意志，开始新生活。附近的小姑娘们已经在道路上撒满了花瓣。阿尔伯特一直害怕这一时刻到来：他非常喜欢这个聪明过人、才华横溢且与他如此相像的女儿——她也是他最喜欢的孩子，与他志趣相投。一想到要分开，就让他感到"尤为痛苦"。[40]他们两人站在她的船舱里，薇姬将脸庞埋在阿尔伯特的胸前，泪水打湿了他的衣襟。她感到自己对父亲的亏欠要超过其他任何人。[41]阿尔伯特抱着她，眼光凝视前方。他在第二天给她写的信中向她保证自己是爱她的，尽管表现得十分不自然："我不是一个爱表现的性格，因此你不会知道我一直以来对你有多么珍惜，以及你的离开在我心中留下了多么大的空白。"[42]

286

在婚礼后的几天里，维多利亚一直担心得焦躁不已。她对利奥波德说："她的自控力提高了许多，而且如此聪明（我可以说简直令人惊叹），如此明白事理，以至于我们能对她谈任何事——因此我们也会非常想念她。"[43]让她感到安慰的是，26 岁的弗里茨，也就是普鲁士王子弗雷德里克·威廉是一个正派而善良的男子，而且明显深爱着薇姬。后来可以明显看到，距离让母亲和女儿的关系变得更加紧密。那一年，维多利亚与薇姬开始了连续不断的通信，有时甚至每天一封信，在未来的四十年里，她们的通信数量总计近 4000 封。

不过，当 1858 年他们的女儿在普鲁士王宫的新家安顿下来时，最让维多利亚和阿尔伯特牵挂的还是欧洲的战争威胁。意大利当时还分裂成许多小国家，奥地利统治着意大利北部，吞并了伦巴第、威尼斯、托斯卡纳（它们的首都分别是米兰、威尼斯和佛罗伦萨），而统一意大利的努力也渐渐获得了巨大推动力。[44]在 1848 年至 1866 年，共发生了三场意大利独立战争，并最终以意大利半岛的统一告终。奥地利的统治在 1848

年战争结束时还未受影响；十年后，当法国被卷入进来并帮助意大利民族主义者时，又一场战争爆发了（拿破仑三世希望意大利能够在一个撒丁国王的领导下实现统一）。英国人对法国人的企图深表怀疑。维多利亚认为意大利仅仅是法国染指莱茵河的垫脚石，而且维多利亚和阿尔伯特还担心拿破仑三世——他们对这位亲密好友已经失去了信任——的野心会引发一场欧洲范围的全面战争。⁴⁵

1859 年 3 月，在拿破仑三世提供支持后，意大利北部的强大民主国家皮埃蒙特—撒丁王国的国王立刻开始进行战争动员。奥地利在当年 4 月发出最后通牒，要求该王国解除武装。在遭到拒绝后，奥地利向该王国宣战。英格兰保持坚定中立，不过公众对撒丁王国表示支持。阿尔伯特与维多利亚发挥影响力，推动内阁坚持中立立场，并给好战的巴麦尊勋爵和约翰·拉塞尔勋爵写了大量信件。奉行干预主义的大臣们想要帮助法国，但维多利亚和阿尔伯特通过一再努力控制住了他们。他们俩经常与巴麦尊发生争执，因为后者在担任首相期间对意大利民族主义者表现出了巨大的同情。他从 1855 年到 1865 年去世前一直担任首相一职（只在 1858~1859 年有过中断，由德比勋爵出任首相）。不过在 1859 年 7 月 11 日——也就是伦敦的大本钟首次敲响的同一天——法国与奥地利出人意料地达成了一份初步和平协议（该协议在当年 11 月由一份三方签署的条约巩固下来，伦巴第最终被割让给撒丁王国）。一场全面战争得到了避免，而王室夫妇在防止英国出手干预方面发挥了至关重要的作用。⁴⁶

维多利亚与阿尔伯特如今正处于权力的巅峰。⁴⁷正如女王信件的编者之一伊舍勋爵后来所说，女王与皮尔、阿伯丁、巴麦尊和德比等首相之间的共事"拥有巨大的价值……［维多利亚］在多个至关重要的时刻抑制住了大臣的行动，这些行动很可能引起巨大风险和危机，而大臣们在思考后却认为风险与危机不可能出现"。他写道，没有"女王的不屈不挠"，英国有可能就会卷入1859年的奥地利 – 意大利战争。

但阿尔伯特是否开始对政府事务进行了过多干预的问题仍然存在。到1859年，也就是他与英国女王成婚近20年后，他开始展示出日益强势的迹象。他经常与内阁大臣发生争执，要求他们改变政策。伊舍勋爵在1905年审阅他的通信时写道，这种倾向随着时间的流逝变得越来越明显：

> 王夫对国家大权的掌握比以往更强，他与大臣们不断发生争执，他经常以女王的名义采取行动……他们之间存在摩擦是毫无疑问的。如果他寿命更长一些的话，他的强势有可能演变成固执，而他与一个建立在民主制度之上的政府——正如我们如今的政府——之间的关系会变得非常紧张。48

288

当时，君主制度在阿尔伯特的领导之下发挥了更为强有力的影响，敦促政府在外交政策和民主化方面保持克制，倡导削弱贵族的权力，并通过覆盖全欧洲的王室血缘关系以及精心策划甚至有些微妙的秘密外交网络来发挥影响力。维多利亚与阿尔伯特是当时最为老练的外交官，他们经常与各国国王和王后举行会晤、致信其他一些国家的皇帝与皇后，并试图通过友谊或者讨论来影响他们的意见。阿尔伯特试图利用自己的孩子在欧洲王室传播英国王室的血脉。第一步是将薇姬送进普鲁士王庭，这是一次战略胜利，尽管她在那里的生活将会十分痛苦。

1859年1月27日，维多利亚成了一名外祖母。她兴奋地沿着城堡走廊奔跑，为的是告诉阿尔伯特薇姬的长子出生

的消息，这个名叫弗雷德里克·威廉·维克托·阿尔伯特
（Frederick William Victor Albert）的男孩就是未来的德皇威
廉二世（Kaiser William Ⅱ）。维多利亚随后发出了一系列电
报，温莎城堡下方的城镇也响起了钟声，灯光都被点亮。她最
初发现女儿这么快就怀孕时还感到很害怕；她将其称为"可怕
的消息"。[49] 薇姬回复说，自己很荣幸能够创造出一个不朽的
灵魂，这句话说得颇得她父亲的真传。维多利亚在听到所谓生
育是某种精神苦旅的说法时翻起了白眼："我认为我们在这种
时候更像是一头奶牛或是一只狗；这时我们的本性会变得如同
动物一般，没有任何激情。"[50] 孩子顺利生下后，维多利亚感
到"放下了心里的重担"，因为分娩仍然是一个十分危险的过
程。[51] 不过，两天后，她听说这次分娩过程"非常惊险"；胎
儿处于臀位，几乎因此丧命。[52] 阿尔伯特建议多休息、用冷水
洗澡并呼吸海风。薇姬给母亲寄去了一个盒式吊坠，里面放着
她外孙的一缕头发。

289

维多利亚申斥了女儿一番，说她不应该"挑选"一个自己
无法赶来陪她的日子分娩。作为代替，她给女儿送去了一瓶氯
仿、詹姆斯·克拉克医生以及一个名字很有趣的助产士：因诺
森特夫人（Mrs. Innocent）。[53] 维多利亚仔细记录了薇姬身体
恢复过程的每一个细节：她何时第一次躺在沙发上，何时能够
在躺椅中坐直身子并站起身，何时能够行走等。一直到 1859
年 5 月薇姬回来探亲时，维多利亚才了解到，外孙的左臂在分
娩时受了伤，只能软绵绵地耷拉着，无法动弹。[54] 当维多利亚
在 1860 年访问德意志并终于见到小威利（Willy）① 时，她将他
形容为一个"胖乎乎的健康孩子，有着漂亮而白嫩的皮肤"。[55]
维多利亚是一个十分溺爱孩子的外祖母，她觉得自己孩子的子

---

① 威廉的昵称。——译者注

嗣是"我见过的最好的孩子"。[56]

19世纪50年代末，在年届不惑之际，女王变得苗条又满足。[57]她终于摆脱了生育循环，愉快地享受着怀特岛的私密生活以及苏格兰的自由自在。她与阿尔伯特经常待在米克湖边用花岗岩和木头建造的小屋里，或者花上几小时乘船漂在湖面上钓鳟鱼，然后早早地上床睡觉，"在这座小屋里的生活如此平静和幸福，远离一切人类聚居地"。[58]巴尔莫勒尔城堡附近小屋里居住的穷苦劳动者对于女王的不宣而至感到十分惊奇。维多利亚与阿尔伯特时常去苏格兰高地的偏远角落进行长时间旅行，通常都是隐姓埋名出行，居住在小旅馆里。他们喜欢玩隐姓埋名的游戏，回避好奇路人提出的问题，并在自己被认出来时试图猜测他们的伪装是如何被识破的。有一次，泄露秘密的是双轮马车上的王冠以及他们携带的床单上的图案，这些图案让当地人怀疑他们是来自巴尔莫勒尔的富豪访客，再加上维多利亚手上戴了那么多戒指，更是暴露了他们不凡的身份。一天早上，这支王室团队一醒来就听到了鼓声与笛声，看到年迈的房东太太穿上了一件漂亮的黑色绸缎礼服，礼服上还装饰着白色丝带和橙花，于是意识到他们被认出来了。[59]

在1859年的一次旅行中，他们爬上了英国第二高峰本麦克杜伊山（Ben Muich Dhui），阿尔伯特形容女王"尤其气色良好、心情愉悦、行动积极"。[60]她的旅行十分无忧无虑；他们嬉笑着从陡坡上沿着岩石滑下，并嘲笑那些东倒西歪的男仆们。维多利亚尤其喜欢她"价值连城的高地仆人"约翰·布朗，这名男子后来被她称作她最好的朋友，经常牵着她的马匹、搭着她的围巾，抱着她登上陡峭的岩石。她经常提到自己多么喜欢笑。当时人们说得最多的一句话是"噢！要是时间过得不这么快就好了！"[61]阿尔伯特那一年的最后一篇日记是"我

290

们在元旦跳舞"。[62] 在这些平静的日子里，维多利亚总是在跳舞：既有华尔兹也有狐步舞，尤其是里尔舞。阿尔伯特在舞池里很难跟得上她的活力，但这并不重要。她在分娩仅仅几周后就能够翩翩起舞了，她知道，如果她能够跳舞的话，那么她也已经准备好再次面对世界了。

1859 年 6 月 1 日，维多利亚在白金汉宫的花园里沿着泥泞的湖泊边缘散步，湖中淡粉色的火烈鸟正将喙伸进湖水中。她十分珍惜自己与长女之间新近发展出的亲密关系。她们无所不谈："我们完全理解彼此。她是一个亲切、聪明、优秀且充满爱意的孩子，我们就像姐妹一般。"[63] 一长大，薇姬与母亲的关系就变得更加平等了：她们都已步入婚姻殿堂并有了自己的孩子。[64]

不过，阿尔伯特仍然还是那个受人尊敬的导师，在道德上和思想上培养着他的女儿。他对她说，只有为他人着想才能赢得人心，他还鼓励她遵守时间，并且对变幻无常的公众情绪保持淡定。他给她安排了复杂的翻译任务，并且提议通过温习普鲁士预算的办法来帮助她更好地理解它。阿尔伯特还让她保证会"忠实地"向他告知"自己内心生活的进展"，这是一位严肃认真的父亲在对待一名严肃认真的女儿时，展现出的体贴得令人惊讶的姿态。反过来，他也承诺会给她的内心生活提供鼓励，并以此作为他的"神圣职责"。[65]

阿尔伯特亲王的思想所具有的抽象、哲学的本质在他写给薇姬的信中能够得到体现。例如，当她说自己想念家乡时，她母亲会温柔地安慰她说她也在被人思念。不过她的父亲却针对思乡病写了一篇分析文章。他安慰她说，这是一种很正常的状态，是"一种痛苦的渴望，完全有可能在感到满足和幸福的情况下同时出现"。他说，这是一种二元论，"新我"无法与"旧我"

相割裂:"因此,我几乎可以断言,这种痛苦的挣扎是一种灵魂的痉挛。"[66]

维多利亚想要了解一切,并且要求对薇姬的新生活了解到无比细致的程度——她的宴会、她的住所、她的健康、她的衣着、她的房间、她的日常安排等。她对利奥波德说,她从未和大女儿长期分开过,因此"始终处于一种坐立不安、焦急心切的状态,想要知道一切。这对一个曾经日复一日焦急关注孩子成长的母亲而言,看到孩子离开,只能依靠自己生活,实在是一个艰巨的考验!"[67]婚礼后不久,维多利亚就给薇姬写信,告诉她要把"对伟大事件的描述"留给其他人,"但要告诉我你的真正情感——以及你对人与事的真正印象,以及你内心的细节。第一:抵达那天你穿了什么裙子、戴了什么帽子?第二天戴了什么帽子?第二:你在科隆和马格德堡的房间是什么样的?第三:你是否和自己人在科隆一起用餐,在马格德堡是不是 12 点吃晚餐?第四:路上你会披哪件斗篷,有没有坚持画画?第五:你对德意志饮食喜欢吗——你可怜的女仆们能否应付这些手忙脚乱的事?"[68]

维多利亚经常过多干涉孩子的生活,不仅表现出她的关心,还表现出一种令人难以忍受的热心肠和控制欲。[69]维多利亚喜欢给予薇姬各种指导,还写道:"你看,亲爱的,虽然相距甚远(在这一点上我永远也无法安慰自己)——我仍然会像亲自在那里一样照顾着你。"[70]她还经常批评她。她曾因薇姬没有在白天吃饱饭、用大写字母写了太多单词、没有正确为纸张编码,以及记错了她继位的日子而申斥她。她还对她说不能笑太大声,不能在写字时驼背,要保持良好的牙齿卫生——"国外很少人能有一口好牙"[71]——要为了自己的丈夫而保持干净整洁,并且不要与王庭中除公婆外的其他任何人过度亲近。她写道:"我真的希望你不要再胖起来。不要吃那些软软的糊

292

状物，也不要喝太多——你知道这些东西有多么容易让人发胖。"[72] 她还警告自己的女儿不要因为对孩子的爱而忽视丈夫和自己的职责。她说："如果对育儿过度投入，那么没有哪个淑女能胜任她的丈夫或者她的职责，即使是王妃也是如此。"[73] 维多利亚坚称自己每年仅会有四次看着最年幼的孩子沐浴并被放在床上。[74]

薇姬对母亲突然表现出的对她的过度喜爱感到有些惊讶，因为早些年母亲曾对她十分苛刻。[75] 不过，这两名女性一致认为阿尔伯特是一个英雄人物。[76] 维多利亚对薇姬吐露了她不幸的童年，以及她如何无处安放她"强烈的情感"。[77] 她说，这也是为什么她的一切都要归功于阿尔伯特："除了是我的丈夫外，他还好似我的父亲、我的保护者、我在一切事务上的向导和顾问，以及（甚至几乎可以说是）我的母亲。我觉得没有人像我被你爸爸影响那样在每个方面都发生了彻底的变化。因此，对我而言，你爸爸的地位就显得十分独特，当他不在身边时，我会感到失去了勇气。"[78] 女王不知道这种彻底的依赖会在未来让她变得多么脆弱。

伯蒂是两人无法取得共识的一个话题。维多利亚经常斥责自己的第二个孩子，而薇姬则几乎没有就此说过一个字。1858 年 3 月，维多利亚对女儿说，她"讨厌极了"伯蒂，这时的伯蒂 16 岁，正在对着母亲念布道词，准备下个月的坚信礼。在接下来的几个月里，他将前往罗马旅行，并开始在牛津的学习，但他的懒惰让维多利亚感到绝望。她说他无知、无趣，而且相貌远远谈不上英俊，"脑袋又小又窄，五官巨大，完全没有下巴"。[79] 她讨厌他低垂的"科堡鼻"——他的鼻子与维多利亚如出一辙——他的超重、大嘴以及新发型。[80] 当时的流行是把头发剪短并且严格中分，而维多利亚却说，这"让他看起来像是没有脑袋只有一张脸似的"。[81]

　　维多利亚对孩子的描述与她对大多数人的描述完全一样：直言不讳而且经常十分严厉。例如，她在描写儿子利奥波德时写道："他个头很高，但站姿差得前无古人，而且相貌非常普通，面色苍白，聪明但有些古怪——虽然很有趣，但并不是一个迷人的孩子。"[82]海伦娜的五官"又大又长，破坏了她的容貌"。[83]较为漂亮的阿瑟、爱丽丝和路易丝会得到她的赞美，并被作为相对照的例子。薇姬对维多利亚说，伯蒂在前往德意志探望她时显得很英俊，维多利亚却在回信中嘲笑说："我觉得他很无趣；他的另外三个兄弟却很有趣而且很健谈。"[84]薇姬的心沉了下去；帮伯蒂说话注定是徒劳无功的。[85]

　　维多利亚此时已是世界上最知名的职业母亲。她作为一名女王兼母亲的形象让一个曾经显得似乎有些高高在上的她变成了一个有血有肉的人物。沃尔特·白芝浩在1867年写道，王座上的一家人"将主权的骄傲拉下神坛，拉低到琐碎生活的层次"。[86]在统治英格兰的同时，维多利亚显得似乎心里在意的只有她的家庭生活。在当时的英格兰，参与工作的女性会受人怜悯，但1851年的人口普查发现，有四分之一的妻子和三分之二的寡妇参与工作。[87]在19世纪下半叶，职业女性的数量迅速增加，变得受人尊敬起来。[88]不过，人们仍然认为，工作会让男性变强，让女性变弱。但女王在工作时没有丝毫内疚。

　　然而，也仅是在这个阶段，当维多利亚沉醉在身为人母的满足感中时，我们开始看到她对生儿育女给女性带来的伤害慢慢产生了愤怒。她称之为婚姻的阴暗面：除生过孩子的女人外，很少有人会去谈论它，甚至都无法恰当理解它。当薇姬提出，一名已婚女性比未婚女性在社会中拥有更大自由时，女王回复说，从某种意义上来说，这是对的，但从另一种意义上，也就是肉体意义上来说，并非如此：

294

你必须对抗的疼痛——以及痛苦、苦恼还有折磨——以及必须放弃的快乐——不得不时刻采取的防范措施，你会感受到作为已婚女性的束缚……我已经经历了九次，每次都要花上 8 个月时间来忍受上面提到的这些敌人，而且我承认它们让我筋疲力尽；我感觉受到了如此大的约束——就像是翅膀被剪掉了一样——事实上，即使是最好的时候……我感觉也只有半个自己存在——尤其是第一次和第二次。这就是我说的"阴暗面"，与被迫同自己的家乡、父母和兄弟姐妹分别一样痛苦。因此，我认为我们这个性别是最不值得羡慕的性别。

19 世纪妈妈们的隐秘世界——例如医学界的忽视以及镇痛药的缺乏——让维多利亚一想到自己的女儿们需要经历的一切，就不寒而栗。[89] 当她在 1860 年见到爱丽丝公主的追求者时，维多利亚心情十分沮丧："所有婚姻都是在碰运气——幸福永远是一种交换——尽管婚姻有可能很幸福——但可怜的女性仍然在身体上和心理上是她们丈夫的奴隶。这一点永远让我如鲠在喉。"[90]

甚至连有如天使一般的阿尔伯特也无法理解女性的命运。维多利亚在 1859 年愤怒地给薇姬写信说，阿尔伯特有时会对她和其他女性在身体上经受的考验"嗤之以鼻"。薇姬也一直在抱怨说，她丈夫的一个表亲看不起女性，并且认为她们仅仅是用来做装饰的。维多利亚回答说：

所有聪明男人本质上都有一些歧视我们这个可怜而卑微的性别的成分；甚至连你亲爱的老爸也不例外，尽管他不会承认——但他经常会嘲笑和讥讽许多女性，以及我们无法避免的一些不便之处，不过他同时也厌恶那些不对女性展现关爱、给予注意并提供保护的男性，称那些将所有家庭事务以及孩子的教育都交给妻子的男人实际上是忘记了他们的首要职责。[91]

王夫渐渐厌烦了维多利亚对怀孕造成的身体虚弱的抱怨。当1856年秋天她进入最后一次怀孕的妊娠中期时，阿尔伯特在一封信中指责她既要求苛刻又自私自利。他寄希望于通过给她写信来安抚她，但他同时也展现出了对她不断抱怨自己肉体拘束的不耐烦：

> 我与王宫里的其他所有人一样充分体谅你的境遇……遗憾的是，我们无法替你承担你身体上的痛苦——你必须独自与它们抗争——心理上的痛苦可能也是由它们引起的，但如果你少一点关注你自己和你的情绪，更多地注意外部世界的话，也许会发现这能带来巨大帮助。[92]

阿尔伯特鼓励妻子让上帝的眷顾带领她摆脱痛苦，以及她向他描述的那种"耻辱和愤怒"。没有任何一位历史学家曾经提到过，造成她对生儿育女产生矛盾态度的一个重要原因是身体上的代价。当她在死后第一次接受身体检查时，医生发现，维多利亚出现了子宫下垂和腹疝的症状——这是她感到痛苦和不舒服的重要原因——两者都很可能是由艰难的分娩过程引发的，并且因她晚年的体重增加而不断恶化。

从许多方面来说，维多利亚并不是一个天生的母亲。阿尔伯特对她说，她之所以不喜欢孩子，是因为她错误地认为母亲的工作是要训诫孩子："问题的根源在于一个错误的理念，那就是母亲的工作永远是纠正、斥责和命令孩子并且安排他们的活动。你不可能跟一个刚刚被你斥责过的人还保持良好关

296

系。"[93]当伯蒂还是个孩子时，他的家庭教师——当时是克拉伦登勋爵——描述说，"女王对待孩子的严厉方式""非常不明智"，尤其是对意志坚定、十分自律的伯蒂而言。[94]

1856年6月，薇姬在用蜡烛熔蜡密封一封信件时不小心引燃了自己的袖子，烧伤了胳膊。每天处理伤口时，维多利亚都会陪在女儿的身边。

有时，维多利亚的孩子会让她感到厌烦，有时会让她感到愉快。她在日记里心情愉悦地写到她甜美、漂亮的"兰辰"，亲切、无私的爱丽丝，以及罹患血友病的利奥波德，后者虽然与疾病做斗争，却是一个"聪明、诚实、善良的男孩"。[95]她显然更喜欢比阿特丽斯、薇姬和阿菲，还曾把阿菲称作"宫里的阳光"，以及"非常像他亲爱的父亲"。[96]在提到阿瑟时，她说："在这种时候，孩子对我而言就是一个巨大的安慰，因为他们快乐无辜的本性令人耳目一新、心情愉悦。"[97]当阿尔伯特在1858年不让她带着年幼的子女一起去普鲁士探望薇姬时，她把他称作一个"铁石心肠的暴君"。[98]不久后，当阿菲受命外出数月，加入皇家海军"尤里亚勒斯"号护卫舰一起经直布罗陀前往地中海时，维多利亚对薇姬说："你爸爸在这个问题上表现得十分残忍。我向你保证，没有孩子比有了孩子却要把他们放弃要好多了！这太让人难过了。"[99]她和其他孩子们会用望远镜观看月食和彗星，观赏动物园里丑陋的鲸头鹳，并且惊叹于美国"马语者"的精彩表演，后者能够几乎在一瞬间将桀骜不驯的马匹驯服得服服帖帖。[100]他们的生活基本上保持着稳定；维多利亚与阿尔伯特之间的亲密关系是家庭的支柱，也是整个国家的支柱。他们的孩子在被关照和控制下逐渐长大，不过他们也形成了自己的联盟和叛逆，就像是爱丽丝与伯蒂一样，他们经常偷偷溜出去抽烟。

肯特公爵爱德华是一个骄傲又尚武的男人。他十分溺爱自己的女儿，并且夸耀说，尽管可能性很小，但有一天她终将成为女王。

维多利亚的母亲、德意志人维克图瓦在英格兰始终是一个外人，但她渴望为自己赢得更大的权力。

身体强健的小维多利亚被形容成"穿着衬裙的国王"；年幼的公主十分喜爱玩偶，经常发脾气。

当 18 岁的维多利亚被告知国王已死时，她已经准备好成为女王了。但她的家庭女教师
却徘徊在门后，手里拿着嗅盐。

到 1851 年，他们在婚礼上穿过的婚纱和礼服已经有些紧了——但即使在 11 年后，维多利亚也喜欢重现这一时刻，以提醒公众她仍然是她英俊新郎的新娘。

美国画家托马斯·萨利迫切地想要捕捉维多利亚在加冕年的"甜美嗓音"和"优雅举止"。她因为自己的仪态而备受称赞，在她身边的男人们笨手笨脚地排队并跌跌撞撞地走下楼梯时，她却一直保持着端庄的姿态。

被迷得神魂颠倒的维多利亚在日记里写道,阿尔伯特"超级英俊"。她还对阿尔伯特的"美髭"十分着迷,以至于她要求英国军队中的所有士兵都留同样的胡子。

1859 年，在 40 岁时，维多利亚到达了自己生命中的顶峰——拥有 9 个孩子，国家避免了革命，还有一个深受她喜爱的丈夫。她认为这幅由宫廷宠臣弗朗兹·克萨韦尔·温德尔哈尔特创作的肖像画非常出色。

维多利亚与阿尔伯特的大女儿薇姬早熟又聪慧。她在还是一名少女时就嫁做人妇，并迁居普鲁士，但在那里，她一直与怀有敌意的公众和性格酷烈的儿子、未来的德皇威廉二世做斗争。

维多利亚（照片中与伯蒂、薇姬、爱丽丝和阿尔弗雷德在一起）是一名坚定执行纪律的母亲，深度参与了孩子们的生活。

奥斯本宫位于苍翠而安静的怀特岛，是英国王室拥有的第一栋私人宅邸。一直渴望安静与清新空气的维多利亚感到非常激动："全都是我们自己的。"

伯蒂是一名十分喜爱社交的男孩，他的魅力超越了他的智慧；他的父母曾经带他去检查颅骨，寻找是否有瑕疵。这位未来的爱德华七世国王很清楚父母对他很失望，因此颇具反叛精神，并纵情酒色之中。

维多利亚与阿尔伯特十分溺爱他们最小的孩子比阿特丽斯（这是维多利亚画的素描画）。在阿尔伯特去世的当晚，维多利亚抱着她睡着了，并从此以后一直对她维持着强有力的控制。

1851 年的万国工业博览会是维多利亚统治时期最光辉的成就，它的成功在很大程度上要归功于阿尔伯特。她写道："我们几乎能做成任何事。"

维多利亚的家庭教师莱岑男爵一直想将她的年轻学生培养成一名强大而顽强的女王。阿尔伯特后来认定她对自己的妻子产生了太大的影响力，并迫使她离开。

维多利亚的舅舅利奥波德一世国王为这位失去父亲的公主提供了持续不断的指导和温柔的关怀。他还鼓励她嫁给自己的表弟阿尔伯特，并借此将科堡家族的人放在了英国权力的顶峰。

维多利亚对幽默的首相墨尔本勋爵变得十分迷恋，他也十分喜欢她。后来，维多利亚及其信件的编辑都对她当时对一名年老男子溢于言表的喜爱感到十分尴尬。

前陆军军官约翰·康罗伊迫切地想要控制王权，并试图欺负尚未成年的维多利亚，逼迫她将权力交给他和她的母亲。维多利亚十分鄙视他。

丁尼生勋爵的诗句为因丧偶而悲痛万分的维多利亚带来了安慰。他是少数认识到她在"那么可怕的高处"究竟有多么孤独的人之一。

维多利亚觉得罗伯特·皮尔既古板又保守；在登基成为女王后不久，她就曾阻挠他成为首相，好让墨尔本勋爵留在台上。但阿尔伯特很欣赏他，最终，女王也喜欢上了他。

一成为女王，维多利亚就想要住进宽敞明亮的白金汉宫。但是，白金汉宫糟糕的卫生设施和通风设施将让它变得十分压抑。

在宽敞的温莎城堡里，维多利亚从未产生过家的感觉，但在 1861 年阿尔伯特在温莎城堡去世后，她小心翼翼地将他的房间按照他在世时的样子保留了下来。

阿尔伯特曾与著名建筑师托马斯·丘比特合作，共同建造意大利风格的奥斯本宫，对他的家庭来说，这是一个完美的避暑胜地。

这对王室夫妇在 1848 年首次看到巴尔莫勒尔城堡，就立刻被它迷住了。维多利亚写道，它"似乎呼吸着自由与祥和的空气，让我忘记了这个世界及其悲伤的动荡"。

苏格兰高地的与世隔绝让阿尔伯特兴奋不已，他告诉自己的继母："我很少看到人；山顶被积雪覆盖，野鹿寂静无声地在房子周围走动。我这样一个淘气的家伙，也在悄无声息地跟踪这些无害的野鹿。"维多利亚会焦急地等待丈夫打猎收获的消息。

作为一名进步思想家、博学家和工作狂，阿尔伯特在现代君主制的形成过程中扮演了至关重要的角色：无党派偏好、尊重宪法且受人尊敬，这些是现代君主制的特点。尽管只有 30 多岁，但巨大的工作负担、忧郁的性格和糟糕的身体状况让他看起来比实际年龄要更老一些。

这幅阿尔伯特的纪念肖像画将他刻画成了一个年轻人，身穿基督教骑士的盔甲，结束了一生的战斗。维多利亚的题词是："那美好的仗，我已经打过了；该跑的路程，我已经跑尽了。"

1862 年，在父亲去世几周后，杰出艺术家露易丝公主画了这幅维多利亚在梦中与阿尔伯特团聚的作品。创作日期是 2 月 10 日，也就是他们的结婚纪念日。

阿尔伯特去世后，维多利亚女王开始在拍摄照片时重现严肃的悼念场景，让女儿们围在父亲的半身像周围。一名侍女写道："王宫犹如庞贝一般。"

她的孩子们称他为"女王的种马",但维多利亚却骄傲地称约翰·布朗是她最好的朋友,她曾对他说:"没有人比我更爱你。"只有强壮、魁梧且无礼的布朗能够说服维多利亚去做一些她不愿做的事。

派头十足的保守党首相本杰明·迪斯雷利将恭维变成了一种艺术。他经常取悦并奉承维多利亚，称她为他的"仙女王"。

理智的威廉·格莱斯顿四次出任首相。他深受英国公众的喜爱，却无法赢得维多利亚的青睐。他曾说："光是女王自己就足以杀死任何人。"

维多利亚在他的外孙德皇威廉二世的怀中死去。仅仅 14 年后，他就将与英国开战。

在小女儿比阿特丽斯嫁给巴腾堡的亨利后，维多利亚有 7 个月的时间没有跟她说话。当帅气的亨利在非洲外海的一艘船上去世后，两个女人再次相依为命。

未来的爱德华七世国王伯蒂喜欢赌博、赛马和嫖妓。即使年岁渐长，维多利亚仍然不愿将任何正式职权交给她的大儿子。

被称作"孟希"的阿卜杜勒·卡里姆通过诱骗的方式赢得了维多利亚的喜爱,先是担任她的仆人,后来又成为书记员。她的家人非常厌恶他,也不相信他。

即使在 80 岁的年纪,维多利亚依然握有作为君主的全部权力。她仔细阅读了布尔战争的战报,这场战争爆发于 1899 年。

尽管维多利亚有着强烈的幽默感,但很少有照片捕捉到她的微笑。这张照片拍摄于 1887 年金禧庆典期间;她的女儿们认为,这对于一位君主而言是一张不太妥当的照片。

苏格兰医生詹姆斯·里德在维多利亚人生的最后几十年里一直在尽责地照顾她。她将有关自己葬礼的指示托付给他,还将自己生命中最隐私的秘密交给了他。他保存完好的笔记为了解女王的内心世界提供了与众不同的视角。

维多利亚女王在 1901 年去世时，街上挤满了人，而且寂静无声。作家亨利·詹姆斯写道："我们都感觉失去了母亲。"

维多利亚喜欢频繁查询日历。她会将重要的日期和纪念日记在日记里——不仅仅是生日和婚礼日期，还有诸如阿尔伯特在订婚前抵达英格兰的日子、他们订婚的日子、阿尔伯特抵达英格兰参加婚礼的日子、弗里茨宣布打算迎娶薇姬的日子、薇姬与弗里茨正式订婚的日子以及他们结婚的日子等。[101] 她会记下大小战役的纪念日、法国奥尔良家族倒台的日子、万国工业博览会开幕的日子、薇姬烧伤手臂的日子，以及阿尔伯特在科堡跳出马车刮伤脸颊的日子。维多利亚企图紧紧抓住这些日子，就像是一个还未习惯知足常乐，害怕幸福有可能终结的女人一样。她讨厌改变。

1860 年以一个令人焦虑的注脚结束。维多利亚对战争感到担忧。她对薇姬说，她已经厌烦了"烦人"的政治以及整个欧洲大陆，有一天，她想与孩子们一起逃到澳大利亚去。[102] 阿尔伯特亲吻了她的额头，对她说要相信上帝；他会像以往一样保护他们。[103] 维多利亚还担心母亲的健康。当肯特公爵夫人在 1859 年从一阵突发疾病中康复后，维多利亚给利奥波德写信说，在四个小时里，她焦急地等待母亲是否能够活下来的消息，以前的她从未受过这种煎熬："我自己都不知道我这么爱她，或者说我的整个存在似乎都与她紧紧联系在一起，一直到我看到远处那个不敢言说的可怕可能性距离越来越近时我才意识到这一点。"[104] 她对于自己在少女时代的固执感到十分内疚。她最害怕的是失去。

1861 年 3 月 16 日，在经历几个月的健康欠佳、背部疼痛和感染后，肯特公爵夫人去世了。[105] 维多利亚是坐在脚凳上握着母亲的手时意识到她已经停止了呼吸的。眼中满含热泪的阿尔伯特弯下身将维多利亚抱了起来，带到隔壁房间，后者被巨大的情感所淹没："我的整个童年似乎都向我蜂拥而来。"[106] 她给利奥波德舅舅写信说："在这个我生命中最悲伤的日子里，你可怜而心碎的孩子写下了一个充满了爱的句子。她走了！"[107]

298　　维多利亚躺在拉上了窗帘的房间里哭了好几周。她难以入睡、食欲不振，想着 20 年前她与母亲之间的隔阂是多么愚蠢，以及她有多么思念她。她收养了母亲的苏格兰猎犬，托人制作了一座半身像，梳理她的信件，并且开始处理她的财产。薇姬从德意志回国来陪伴她，而她的小女儿比阿特丽斯偶尔还会用"甜美而天真的咿呀咿呀声"振奋她的心情。[108]

不过这时正 41 岁的维多利亚已经陷入了抑郁，她将其形容为一种压迫式的、令人心力交瘁的阴云。她不能听到高声说话或者人群嘈杂。[109] 在母亲去世两周后，她的心中仍然有巨大的空虚感，一种"空白或者孤寂"，"既充满渴望，又感怀过去"。每天一次难以控制的哭泣是她唯一的解脱。她的头痛病十分严重而频繁；她很感激自己马车的橡胶轮胎不会发出噪音。即使是伯蒂说话的声音也会让她烦躁得大发雷霆。

不久后，有关女王发疯的谣言开始流传；这种流言蜚语从未走远，因为女王的祖父乔治三世国王也曾有过类似的命运。阿尔伯特对兄长说："维多利亚状况很好，我无法理解这些有关她精神状况的可怕而恶毒的谣言是如何出现的。它们让我感到很厌烦，因为我知道会有什么后果。"[110]

不过，阿尔伯特也清楚维多利亚心怀渴望、感怀过去的特点，并且警告她说不要被悲痛压垮。他说，她在生活中有一个重要任务，那就是"控制她的情绪"。[111] 在 1861 年 10 月，也就是她母亲去世的几个月后，他给她写了一份备忘录：

> 我的建议是减少对自己和自身情感的关注，这真的是我能给予的最好的建议了，因为痛苦主要是通过纠结不放

来感知的,也会因此被提升到令人难以忍受的程度……如果你能增加对与个人情感无关的事物的兴趣,会发现处理这些情感的任务变得容易了许多,你自己也说,这些情感是你生活中巨大困境的根源。[112]

维多利亚天生就多愁善感,有时也是个很黏人的人,她变得十分依恋人与物;她讨厌离开奥斯本宫或者巴尔莫勒尔,每次阿尔伯特外出办事,她都会对他屏息以待。她在日记里认真地记录所有家庭成员的来来去去,并且会因为任何人的缺席而感到惋惜。她在巨大的悲痛面前尤其脆弱,而悼念过程中的一部分终于让女王感到满意,就好像她用力捂住了伤口一样。她在 4 月对薇姬表示,她不想被从悲痛情绪中"唤醒"。正是这一点阻碍了阿尔伯特防止她沉湎于悲痛的努力。

1861 年,在维多利亚 42 岁生日那天,她要求不要在她窗外演奏音乐。她只想珍惜阿尔伯特"温柔的爱和情感",这个生日也变成了一个亲密异常的生日仪式。她鞭辟入里地写道,她亲爱的丈夫是她的"一切,我敢肯定上帝一定会在未来许多年里保佑他,不会让他先我而去!"[113] 随着年龄的增长,她也开始紧张可能失去挚爱亲人的可能性。在费奥多拉 50 岁生日那天,刚刚失去同母异父哥哥卡尔的维多利亚写道:"愿上帝长久保佑这个亲爱的、我唯一的姐姐!如今我为所有至亲感到焦虑!"[114]

阿尔伯特的健康摇摇欲坠;他患有长期胃病,经常出现剧烈胃绞痛;他还容易感冒,经常出现头疼、发烧、牙疼和黏膜炎。他在 1859 年 5 月对斯托克马说,过多的工作和刺激让他的"黏膜始终处在兴奋状态"。[115] 有时,压力还会导致阵发性呕吐。维多利亚将其归咎于超时工作,总是急切地想让他痊愈。[116] 她私下里认为他对此有些大惊小怪，就好像他得的是某种维多利亚时代的"男士流感"①一样。阿尔伯特经常批评妻子的情感脆弱，而她却批评他身体虚弱。（毕竟，这是一个经历了多次刺杀企图却毫不在意的女性。）她在 1861 年写给薇姬的一封信中抱怨说：

> 你亲爱的爸爸从来不承认自己有任何好转，也不去试图克服身体的虚弱，却露出如此痛苦的面庞，人们总是认为他病情严重。我的情况总是恰恰相反；我可以在别人面前做任何事，而且不舒服的话从来不表现出来，所以人们从来不相信我病了或者受了苦。他的神经系统很容易兴奋以及受刺激，每件事都会让他完全难以忍受。[117]

她说，女人"生来就是要受苦的"。[118]

王夫极度疲累。1860 年 9 月，在前往科堡的一趟旅途中，阿尔伯特由于马脱缰而从一辆行驶中的马车上跳了下来。他身上留下了瘀青和擦伤。斯托克马在查看了阿尔伯特的皮肉伤后悄悄对埃内斯特说："上帝怜悯我们！如果他遇到什么严重的情况的话，会死的。"[119] 埃内斯特还汇报说，感情脆弱的阿尔伯特出现了患病的迹象。埃内斯特说，当他们在那年 10 月的科堡最后一次一同外出散步时，"阿尔伯特停住了脚步，突然间伸手进口袋去掏手帕……我走到他身边，看到他脸上流下两行热泪……他反复说，他很清楚这是他人生中最后一次来到这里了"。[120] 阿尔伯特心情很低落，"他的不满之龙"不断折磨着他。

这个九个孩子的父亲无法停止工作。在他的思维里，生活就是无止尽的单调工作。[121] 他将自己视为某种签订了契约

---

① 暗指其故意夸大病情。——译者注

的驮畜，在写给兄长的信中，他说："男人就是一头背负着重物的巨兽，只有在拖拽他的重物并且没有任何自由意志时才会快乐。我的经历每天都在教会我一点一点更好地理解这一真相。"[122] 他无休止的独自猎鹿冒险似乎也无法缓解他的疲劳。维多利亚已经变得极度依赖于他，十分厌恶他的消失，甚至已经变得令他难以忍受。她对利奥波德说，当他独自前往阿伯丁待一晚以便发表一篇演讲时，"没有他我感到如此失落"。[123] 她已经忘记了自己的强大力量。在她崇拜并依赖自己身体虚弱但动力十足的丈夫时，这一力量多年来一直处于休眠状态。

301

　　1861 年 6 月的一个星期六，伦敦发生了一场大火。身处白金汉宫花园里的维多利亚与阿尔伯特看到天空以一种诡异的方式被点亮，于是爬上了宫殿的楼顶来观看火焰。

　　这一景象令人感到恐惧，天空一片血红，火焰冲天而上……点燃了整个城市，造成了可怕的破坏……整个景象都令人感觉不可思议、引人注目，威斯敏斯特的白塔在大火的右侧巍然耸立，月光美丽地闪耀，温暖而静止的夜晚被威斯敏斯特教堂塔顶的大本钟钟声以及军营的军乐表演打断。[124]

　　据信，图利街（Tooley Street）大火的起因是装满了黄麻、大麻、棉花和香料的仓库发生的自燃。大火很快就沿着泰晤士河南岸燃烧了四分之一英里，产生了一道 100 英尺高的火墙。旁观者们在河中划着船，河面则在火光中闪耀着金光。大火又继续烧了两天，一直到两周后才完全扑灭；共有 6 人死亡，其中包括消防队的队长，一座仓库倒塌时压在了他的身上。

　　维多利亚站在宫殿楼顶观看了好几个小时，眼睛紧盯着烟雾和跳跃的红色火焰。在她最终不再观看大火，转过身去准备上床睡觉时，她所没有意识到的是，在那一年年底之前，她自己的幸福生活就将被摧毁。

第四部分

温莎寡妇

20
"再也无人唤我维多利亚"

我为女王担心。[1]

——查尔斯·格雷维尔，1861 年 12 月 14 日

伯蒂从窗子里探出头来，扫视了一眼卡勒（Curragh）军营的操场。作息号声已经在几小时前的晚 9 点半宵禁开始时响起。他迅速走出了自己的指挥营房，路过两个小帐篷和他的卫兵，没有引起他们的注意。他趁着夜色找到了自己正在寻找的营房，并且在门口探头进去张望。性感撩人的爱尔兰女演员内莉·克利夫登（Nellie Clifden）正在里面等待。他的朋友们将她偷偷带进了军营里，以款待这位 19 岁的威尔士亲王。

"放荡女"现象在 19 世纪 60 年代变得日益普遍，那是一个被人忘却但朝着解放的方向迈出坚定步伐的十年。越来越多的单身女性开始叛逆：吸烟、公开调情、与未婚男性自由交往。[2] 那个年代的书籍充斥着对年轻一代行事轻浮的抱怨。部分年轻女性甚至大胆拥抱"放荡"这个词，让上流社会惊讶不已。一名小说家写道："噢，英国的少女们竟然对这一名号面不改色、不知羞耻甚至反以为荣！但 1861 年的事实就是这样。"[3] 甚至 1868 年，在前往瑞士旅行时，维多利亚注意到，在聚集起来围观她的人群中，有一些"不受约束的年轻英格兰女子，她们是现在最令人讨厌的'放荡淑女'的代表"。她还补充说："有些人毫无疑问是美国人。"[4]

漂亮的内莉·克利夫登普遍被人描述成一个"本性放荡"的女人。伯蒂迷上了她的戏剧世界，这一世界与管束甚严的王庭有着天壤之别。违反禁忌与她相处的兴奋感以及在俱乐部里作为王位继承人无人能比的威望所带来的乐趣让他陶醉其中。他饮酒、吸烟、将威士忌倒在马屁精的头上，并且与女性谈情说爱。他说的笑话引起哄堂大笑，他的欲望被人纵容，以及——最令他满意的是——他的父母不在现场。他一边大口地抽他的黑色烟斗，一边在约会日记里用密码记下了与内莉的见面。

> 9.6　卡勒——N.C. 第 1 次
> 9.9　卡勒——N.C. 第 2 次
> 9.10 卡勒——N.C. 第 3 次 [5]

作为虔诚而优秀的阿尔伯特的长子，伯蒂每天都要被人提醒，自己让父母失望，永远也无法满足他们的期待。阿尔伯特的条顿式纪律、军团式作息以及刻意的道德指导未能改变他的儿子。尽管是一个讨喜又善良的年轻人，但维多利亚口中这位"可怜的伯蒂"的故事却总是令人失望。他在学校遵循的严格的 7 天日程安排没能培养出他对学习的热爱。他的父亲说，他缺少集中注意力的能力，他的大脑"的用处连一把塞在箱子底的手枪都不如"——换句话说，就是完全没用。[6]

即使是 1861 年夏天伯蒂在卡勒军营的风流韵事也是在失败的阴霾下进行的。阿尔伯特命令伯蒂"接受为期 10 周的步兵训练，并且需要遵守都柏林附近的卡勒军营能够设计出的最严格的纪律"，好让他形成纪律意识和坚定品格。[7]伯蒂的表现很糟糕，他的上级军官对他父母说，在训练结束时，他连指挥一个营的能力都无法具备。维多利亚和阿尔伯特视察了这座爱尔兰军营，并且观看他参与演习、扮演一个次要角色，表现毫无亮点（不过维多利亚觉得他穿上制服看起来很帅）。在那次视察期间，阿尔伯特产生了一个令人心情沉重的感觉：他的儿子真的会有擅长的东西吗？他会成为怎样的国王？这之中存在一个明显的讽刺：伯蒂将拥有阿尔伯特始终渴望的那个头衔，却配不上它。他更像母亲而不是父亲，这让他的父母都感到很遗憾。女王叹着气说，伯蒂就是个"袖珍版"、男儿身的维多利亚，而且能力差得多。[8]维多利亚儿时对书籍和学习的兴趣或许要胜于伯蒂，但她和儿子之间的共性是性格活泼、脾气暴躁并且喜爱玩乐。

阿尔伯特与维多利亚未能意识到的是，他们的儿子虽然无法通过智慧来代表王室，却可以通过他振奋人心的能力做到这一点。伯蒂在1860年对加拿大和美国的访问是英国王室继承人进行的首次类似访问，并且取得了巨大成功。在加拿大时，18岁的他为多座桥梁剪彩、精力旺盛地跳舞，甚至曾同意用手推车推着一名法国杂技演员横穿尼亚加拉瀑布，不过被他的保镖拦了下来。他在美国极受欢迎，经常在活动间隙乔装出行。在纽约时，他受到了起立鼓掌欢迎的礼遇，前来一睹他风采的民众数量之多甚至压塌了一间宴会厅的地板。美国的报纸还报道说，他喜欢与女士们露骨地调情，"窃窃私语地说一些甜言蜜语"。[9]女王曾短暂地赞同这种行为，并且认为伯蒂在回国时变得十分健谈。她将他在美国受到的热情接待归因于"主要是他们对鄙人的喜爱"。[10]英格兰的下一任国王注定要叛逆几十年。

阿尔伯特最初是从当时身处德国的斯托克马男爵那里听说儿子与内莉·克利夫登的风流韵事的，而斯托克马是碰巧在欧洲的报纸上读到这件事的。此时流言蜚语已经在伦敦的俱乐

308

部里流传了好几周。阿尔伯特一直担心自己儿子暗地里拥有的汉诺威式性格特点如今已经进入了公众视野；维多利亚的叔伯们给君主制度带来的难堪似乎有可能会延续下去。阿尔伯特感觉浑身不舒服，内脏疼痛不已。性放纵是阿尔伯特在心理上的阿喀琉斯之踵：他自己的家庭就是被不忠所摧毁的，而他唯一的兄长也感染了梅毒。阿尔伯特没法把约会看作一件随性、必然或者毫无意义的事；对他来说，约会所包含的只有毁灭的种子。在 19 世纪，这种艳情不仅意味着丑闻，还有疾病、怀孕、诉讼和经济损失。

11 月 16 日，也就是他从斯托克马那里听说这些流言蜚语的 4 天后，阿尔伯特坐在桌前给儿子写了封信。那是一封措辞极为严厉的信件，尤其要考虑到，当时贵族男性在婚前玩弄女性的现象并不罕见。信里这样说："我怀着沉痛的心情给你写信，探讨一个给我带来这一生最大痛苦的话题"，那就是他发现自己的儿子作为一名王子已经"陷入了邪淫与堕落之中"。[11] 他写道，伯蒂总是显得有些无知与懦弱，但"堕落"却是新的下限。他的父亲提醒他可能出现的噩梦：这位"娼妇"有可能会生下一个孩子——如果他拒绝相认的话，她有可能会将他告上法庭。她会提供"你不检点行为的令人作呕的细节"，而伯蒂自己也会遭到质询、围攻和羞辱。备感羞愧和内疚的伯蒂恳求得到他的原谅。阿尔伯特对他说，没有什么能够让他回归无辜。维多利亚也与丈夫一样感到厌恶至极："噢！那个孩子——虽然我很可怜他，但我再也无法像以前那样看待他了。"

决定已经做出：伯蒂必须成婚。薇姬已经在适龄的欧洲公主中物色了好几个月，试图为弟弟找到一个合适的新娘。她将目光锁定在了丹麦的亚历山德拉公主身上，这位在 1861 年 12 月刚满 17 岁的公主兼具美貌、高贵而真挚的举止和善良的性格。1861 年，他们被安排在德意志的一座大教堂内观光时偶遇。薇姬自己都已经有些爱上了亚历山德拉——她的昵称为阿利克斯——并且认为如果伯蒂没有迷上这名女子的话，那他也不会迷上任何人了。伯蒂很喜欢她，但他并不着急结婚。沮丧的维多利亚甚至怀疑他是否"有能力对世界上的任何事物产生热情"。[12] 唯一严重的挫折来自阿利克斯的祖国。19 世纪 60 年代的一个重大政治纠纷发生在德意志——或者说普鲁士——与丹麦之间，双方围绕石勒苏益格（Schleswig）与荷尔施泰因（Holstein）两个公国产生了纠纷。德意志人希望获得对这两个主要是丹麦人的公国的控制权，以便获得北海的入海口；荷尔施泰因是德意志的一部分，石勒苏益格的人口主要是丹麦人，却与荷尔施泰因结盟。因此，作为英格兰王位继承人，伯蒂很难与普鲁士的对手结盟；然而，阿尔伯特亲王却宣布说，伯蒂将会迎娶的是这位公主——而不是丹麦这个国家。他们的结合将不是"丹麦的胜利"。[13] 时间紧迫，因为美丽的亚历山德拉还有其他追求者。

阿尔伯特身体不好、难以入睡，经常因担心儿子可能会有着放荡不羁的未来而烦恼。他决定在那年 11 月前往剑桥访问正在那里学习的伯蒂，并且与他在雨中进行了一次漫长的散步。伯蒂的忏悔是真诚的，最终，衣服浸透雨水的阿尔伯特原谅了他在内莉·克利夫登危机中的过失。维多利亚则在森林里散步时祈祷她身体疲惫的丈夫能够在那晚睡个好觉。

将阿尔伯特的失眠归咎于伯蒂其实不太公平。这位王夫此时 42 岁，但身体却差得像个老人。他废寝忘食地工作，而随着他日益深入地参与无休止的工作——各种委员会、约见以及国家大事等——他变得越来越暴躁易怒，对维多利亚发脾气的情况也越来越频繁。她曾对薇姬抱怨说，他"经常表现得非常令人厌烦——尤其是他急躁的性格和对工作的过分热爱"。[14]

一如既往的是，本应维多利亚承担的工作让他感到振奋。维多利亚总是要比阿尔伯特快乐得多，但她也开始变得对他越来越失望。她无法穿透他身边的阴云。

最重要的是，王夫非常孤独。他感到自己在王庭里是孤家寡人，没有一个可以讲真心话的密友。他已经失去了安森和罗伯特·皮尔，而老年的斯托克马也已经搬去了德意志。在听说自己的表亲、年轻的葡萄牙国王佩德罗（King Pedro of Portugal）① 在仅仅 24 岁的年纪就因伤寒症去世后，他感到极为悲痛。他把勤奋、优秀的佩德罗视作自己的儿子一般——也就是他曾希望伯蒂成为的那个样子。他在婚姻中也备感孤独。正如他对斯托克马所说，他与维多利亚的关系"遭遇了许多暴风骤雨"。[15] 尽管曾努力尝试，但她无法在消耗他最多精力的问题上与他具体深入地交谈。从精神上说，他们十分相配；但在智慧上，却并非如此。维多利亚深知这一点，后来她曾写道，她经常祈祷自己能"在社交中更配得上他"。斯托克马是他唯一能够与之毫无保留地交谈的人。[16]

阿尔伯特的身体一直很虚弱。据他过去的家庭教师弗洛舒茨（Florschütz）说，在少年时代，他的身体就"从来都不是特别好"。[17] 他的兄长埃内斯特曾说，他的"身体发育无法跟上智力的快速发育；他需要保护"。[18] 他始终未能如人们希望的那样长成一个健康的成年人，他的胃部经常感到不适。他们所居住的宫殿也不太舒服。他经常会瑟瑟发抖，部分原因是维多利亚坚持要求保持一个凉爽的环境；她认为温暖的空气会导致感冒，并且破坏一个人的肤色。他们二人都相信，盆浴和冷水淋浴对免疫系统有好处。（阿尔伯特曾与薇姬开玩笑说，她母亲如果醒来时发现他在早上属于自己的时间里点燃炉火一边

---

① 佩德罗国王是他们的远房侄子。——译者注

工作、写作，并一边取暖的话，一定会生气的。[19]）

不久后，阿尔伯特的抑郁就演变成了迟钝，并最终变成了一种宿命论。他开始出现死亡的闪念。作为一个有着强烈基督教信仰的人，他在1861年底对维多利亚说，如果死亡来临的话，他不会进行反抗。如果罹患重大疾病，他会向疾病屈服："我并不留恋生命。你也许有所留恋；但我却丝毫也不重视它。如果我知道自己所爱之人能够得到妥善照顾的话，即使是明天死我也已经准备就绪。"[20]

当他从剑桥返回温莎城堡时，阿尔伯特已经病了，背部和腿部出现了神经痛。维多利亚责怪了伯蒂一番，并且对薇姬暗示了"她巨大的悲痛和担心"，"我们两个都很心烦——他尤其如此——他简直被击垮了"。她从未见过他"情绪如此低落"。[21]阿尔伯特在也向薇姬吐露说，他的心情"跌入低谷"。阿尔伯特在一个温暖的日子里前往伊顿公学观看那里的志愿兵进行演习，但他却在一件毛皮衬里的大衣内瑟瑟发抖；他感觉就好像被人沿着脊梁骨浇了一身冷水似的。[22]

1861年11月30日的那个周末，阿尔伯特起草了他生涯中最重要的一份文件。在亚伯拉罕·林肯宣誓就任总统后不久，美国就爆发了南北战争。1861年4月19日，北方联邦开始实施海上封锁，以防止任何商品或者物资——尤其是武器——进出南方邦联。5月13日，维多利亚女王发表中立宣言，禁止英国公民加入任何一方。随后，在11月8日那天——也就是阿尔伯特在桑德赫斯特准备冒雨外出之时——一艘名叫"特伦特"号（*Trent*）的英国邮轮在古巴附近的巴哈马海峡遭到美国海军"圣哈辛托"号（*San Jacinto*）军舰的拦截。船上的两名男子被逮捕并且从"特伦特"号上被带走，他们都是搭船前往欧洲的南方邦联外交官。

北方人对于英国船只"特伦特"号竟然搭载南方邦联成员

感到愤怒至极，不过林肯不想因为这一事件而冒与英国开战的危险。英国公众也很愤怒，他们将这一事件视作对其中立立场和行动自由的羞辱。人们高呼"是可忍，孰不可忍！"；这种挑衅行为一定要以战争作为回应。维多利亚草草地给薇姬写信说："今天最大、最吸引人注意的事情是美国人的暴行！他们都是群恶棍！"[23] 内阁决定，这是对国际法的严重违反。外交大臣起草了一份发给英国驻华盛顿大使的备忘录，里面包含了一系列措辞强硬的要求。该备忘录在 11 月 29 日被送到了温莎城堡。

312

11 月 30 日清晨 7 点，身体虚弱的阿尔伯特在经历了一个无眠之夜后起床了，开始起草一份回应。他担心外交大臣的回应太过草率，有可能会激怒北方联邦，并使英国被迫与美国开战。维多利亚对此表示认同。[24] 头上戴了一顶假发取暖并在身上裹了一件天鹅绒睡衣的阿尔伯特缓和了英方提出的要求，使用了更具外交艺术的语言，并且给了林肯政府一个台阶下，表示英方认为"圣哈辛托"号采取的行动一定没有得到北方联邦的知晓或者批准：

> 美国政府一定充分认识到英国政府不会允许它的旗帜遭到侮辱，也不会允许其通信安全遭到威胁，女王陛下的政府也不愿相信美国政府会故意对本国施加羞辱，或者强迫我们卷入一起纠纷并加剧他们业已十分令人烦恼的复杂局面，因此，我们愿意相信，在充分考虑当前形势后，并且有鉴于国际法遭到违反的无可辩驳的事实，他们会主动提出能够让本国感到满意的补偿，即送还那几位不幸的乘客并进行恰当的道歉。[25]

阿尔伯特疲倦地将它拿给维多利亚，并且说："我几乎拿不住笔了。"这是他所写的最后一份备忘录。

在进行一些修改后，维多利亚将它交给了她的大臣们。这些改动得到一致认可，最终的版本十分接近阿尔伯特的建议。（巴麦尊勋爵此前已经在温莎城堡的走廊里徘徊了好几天，一边拄着拐杖一边强调阿尔伯特应该接受更好的治疗，而此时的他对这份回复感到尤为满意。）北方联邦也如释重负。尽管没有进行正式道歉，但林肯政府最终还是谴责了"圣哈辛托"号的行为。与美国的战争得以避免。

到 12 月 2 日星期一时，只有鸦片制剂能够给了无生气的阿尔伯特带来一丝安慰。维多利亚从未见他病得如此严重过，感到"极为紧张和难过"。[26] 到 12 月 4 日，就在阿尔伯特在卧室与起居室之间来回散步寻求休息之时，公众第一次注意到了他的病情，他被描述为患上了"感冒发烧"。如果阿尔伯特能睡着一小时，便会让女王激动不已。有些人猜测，为王室考虑，詹姆斯·克拉克医生决定向他们隐瞒情况的严重性，不过他的能力也明显不足。他没能要求进行进一步医疗救助，而且他还有一种毫无助益的倾向，那就是经常声称阿尔伯特马上就能康复，但他的病情却出现了严重恶化。克拉伦登勋爵后来表示，这几个皇家医生"连病猫都治不好"。[27]

12 月 6 日那天，维多利亚在凌晨 3 点醒来察看阿尔伯特一番，尽管在她靠近时，他既没有向她微笑也没有点头致意。后来，当她看着他饮茶并吃下两块脆饼干时，她产生了一种无法摆脱的感觉，那就是他已经神游别处了："有些时候，他的脸上会显露出十分陌生冷漠的表情。"[28] 后来，他似乎有所恢复，能够坐起并且走路，虽然仍然虚弱，但脉搏已经强了一些。他甚至曾要求察看爱丽丝将与未婚夫一同居住的别墅的建筑规划，她的未婚夫就是未来的黑森大公（Grand Duke of

Hesse）路易斯（Louis）。维多利亚变得如此焦虑，以至于她经常要求詹纳医生在检查完阿尔伯特的身体后向她报告一声。18岁的爱丽丝会坐在父亲身边，连续好几个小时读书给他听，此时的她已经展现出了耐心和成熟的品质。

到12月7日，阿尔伯特变得经常语无伦次，总是重复类似"我好傻"这样的短语。[29] 维多利亚一动不动地坐在自己房间里的床上，感觉就好像"我的心碎了一样"。她一直处在"焦虑不定的痛苦"中，一直到医生前来向她报告说，他们终于诊断出了病因：胃肠热病，这种疾病通常需要花上1个月的时间才能治愈。维多利亚一直关注的是自己的需求，总是在想如果丈夫被从自己身边夺走的话会多么可怕。[30] 爱丽丝试图让她高兴起来，带她驾车外出。她提醒说，时间已经过去半个月了。维多利亚坐在一言不发的阿尔伯特身边，眼泪簌簌地落在床单上。她感觉就好像"活在一场噩梦里"。她想，他必须停止那么辛苦地工作了。她甚至无法想象如何再过两周没有他的日子。

第二天，阿尔伯特要求将自己送到国王房间里——如今被称作蓝色房间——那里光线充足，令人心情愉悦。一架钢琴被推到隔壁的房间里，好让他聆听赞美诗。他静静地听着爱丽丝为他演奏，眼中噙满了泪水。[31] 他每隔三小时喝一次茶，然后喝一小杯酒。维多利亚心情沮丧地来到教堂，却听不进一句布道。当她回到阿尔伯特身边，试图向医生解释些什么时，阿尔伯特拍了拍她的手。但他后来又笑了笑，轻抚她的脸庞——"亲爱的姑娘"——随后在她给他读书时睡了过去。医生们说，他们对他身体的恢复进展感到很满意，这是一种拍马屁式的胡说八道。王室里的人已经习惯于在情绪多变、敏感易怒的女王身边谨言慎行，但他们这种行为只会让她在面对最终的伤痛和打击时更加痛苦。

随着身体越来越虚弱，阿尔伯特的神志从清醒变得模糊，性情从暴躁变得温柔。12 月 11 日那天，他靠在维多利亚的肩膀上吃了早餐。他和蔼地说："这样子很舒服，亲爱的孩子。"她却忍不住哭了起来。他好似被吓了一跳，说道："让我们向全能的主祈祷吧！"维多利亚看着他微微泛红的面庞，安慰他说，他一直在祈祷，已经够多了。阿尔伯特回答说："但是我们没有在一起祈祷。"随后他握起她的手，低下头开始祈祷。[32]阿尔伯特回到温莎城堡前在巴尔莫勒尔听的最后一次布道的内容是《阿摩司书》4:12："以色列啊，你当预备迎见你的神。"[33]维多利亚刚一离开房间，他就对女儿爱丽丝说，自己快不行了。[34]

与此同时，医生们却对维多利亚说，她绝对没有理由担心，他们预计阿尔伯特一周内就会有所好转。但他短促而困难的呼吸却让她备受煎熬。她在 12 月 13 日凌晨 4 点醒来，要求得到情况汇报，却被告知阿尔伯特正在睡觉。他在那天早上 8 点维多利亚前去看望他时仍然没有注意到她的存在。在他被人推着来到隔壁房间的过程中，他甚至都没有看一眼据他说一直在帮助他维持生命的庄严的拉斐尔圣母像（Raphael Madonna）。他躺在床上喘着气，眼睛盯着窗外的云彩，仔细聆听夜莺的叫声，那种声音让他回忆起罗泽瑙宫①。维多利亚始终待在他身边，只有外出散步或者驾车的时候才会短暂离开。在与阿尔伯特共处一室时，她竭力保持冷静，但一走到外面，就会失去控制，一边哭泣一边祈祷，"就像要疯了一样"！[35]

医生每隔半小时都要向阿尔伯特的嘴里喂一口白兰地，试图强化他的脉搏，但无济于事。他们仍然对女王说，他们此前看到过病情更加严重的病人康复的例子。维多利亚写道，那是

315

---

① 那是阿尔伯特出生的地方。——译者注

"一段充满可怕焦虑的时间，但仍然充满了希望。那是一场危机，一场力量的对决"。她的最后一句话——同时也是她那段时间写的最后一篇日记——记下了医生的话，即"没有理由认为会有更糟糕的情况发生"。[36] 她心情糟糕地在 12 月 13 日晚上床休息，并且要求每小时都被唤醒以听取情况汇报。她紧紧蜷缩着身子，娇小的身躯孤零零地躺在通常是她和阿尔伯特共享的大床上，心里想着就在不久前，阿尔伯特还在巴尔莫勒尔猎鹿的情景。她希望他们仍然还在那里，而不是高大空旷的温莎城堡。一直到不久前，公众还可以在城堡外的公园里徜徉，而伊顿公学的男孩们也经常在草坪上东跑西窜或者在公园里狩猎。维多利亚从来都不喜欢庞大的温莎城堡，不久后，她会对它产生憎恨。

12 月 14 日清晨 6 点传来了好消息。从维多利亚加冕时起就担任皇家医生的布朗先生前来对她说，"有理由认为危机已经过去"。她能够听到外面狗舍里传来的微弱的狗叫声以及鸟舍里的鸟叫声。太阳正渐渐爬上蔚蓝的天空。她在一小时后前去探望阿尔伯特，穿着拖鞋轻轻走过走廊，长发披肩。然而，当她来到阿尔伯特的房间时，却大吃了一惊："整个房间带有守夜人的悲惨气息，蜡烛在烛台里燃尽，医生也看起来焦虑万分。我走了进去，永远也无法忘记我英俊的爱人当时的样子，他躺在那里，初升的阳光照亮了他的脸庞，他的眼眸格外明亮而有神，就好像在凝视着什么看不见的东西，完全没有注意到我。"[37] 他看起来就像是圣人一般。

直到这时，伯蒂还不知道父亲的病情。维多利亚还生着他的气，不想让他回家，担心他可能会惹阿尔伯特生气。在过去几天阿尔伯特含糊不清的话中，有一个单词能够听得出来："伯蒂。"一直很喜欢伯蒂，并且曾经是他叛逆活动的同伙的爱丽丝最终决定，她必须告诉他，爸爸"情况不好"，必须立刻前来。伯蒂收到电报是在 12 月 13 日夜里，当时他正在剑桥举行一场晚宴；两个小时后，他就搭上了一趟前往温莎的火车。他于凌晨 3 点抵达温莎，并且对父亲的糟糕状况感到震惊。阿尔伯特再也没有认出床边儿子的面庞。[38]

上午 10 点，医生们对维多利亚说，他们仍然"非常担心"，但阿尔伯特已经有所好转了。当她问到自己能否出去喘口气时，他们对她说要在 15 分钟内回来。她与爱丽丝一起在草坪上徘徊、发呆，并开始止不住地哭泣。爱丽丝抱住她，无声地凝视着远方，那里有一支军乐团正在演奏。

维多利亚爆发了巨大的悲痛之情。那个 20 多年前为了她背井离乡的男人如今正面色苍白、浑身是汗地躺在床上，谁也无法引起他的注意。他的双手和脸上有一种"黯淡的色彩"。他双臂交叉于胸前，抬起手理了理头发："好奇怪！感觉就好像他在准备又一场更伟大的旅程。"那天下午，阿尔伯特有两次称维多利亚为"姑娘"（Frauchen），并温柔地吻了她。最终，在那天夜里晚些时候，她走到前厅，倒在地上啜泣起来。当她的精神导师、温莎城堡教长对她说要坚强起来迎接一场伟大的考验时，她哭得更凶了："为什么？为什么我要承受这一切？我的母亲？那又是什么？我以为那已经很让人悲痛了。但跟这次比起来，那都不算什么。"[39]

过了几分钟，克拉克医生叫爱丽丝去呼唤母亲前来。维多利亚擦了擦眼泪，很快就来到了蓝色房间。爱丽丝对她说，已经没有希望了，她"开始变得像一头被所有人追赶的母狮子，一下子跳到床边，恳求他说句话，并且再给她一个吻"。[40]阿尔伯特睁开了眼睛，但没有动弹；她把身子靠过来，亲吻了他一遍又一遍。随后，她跪在丈夫身边，握紧他的手。他的手已经冰凉，呼吸也很微弱。"噢，不，"维多利亚喃喃地说着，凝

317

视着他的脸庞，"我见过这种场面。这就是死亡。"

爱丽丝双手紧握着站在床的另一侧，伯蒂与海伦娜站在床脚。① 他们背后站着维多利亚的侄子埃内斯特·莱宁根亲王及其妻子玛丽、四名皇家医生，以及阿尔伯特的贴身男仆和主要侍从。还有一群表情肃穆的王室成员挤在屋外的红毯走廊上。

阿尔伯特轻轻地深呼吸了三口气，然后一切就结束了。维多利亚站在床边亲吻了他的额头，将他的手放在自己脸上。她痛苦的哀号声让孩子们的心里也充满了寒意，并且回荡在城堡里的石质走廊间："噢！我亲爱的爱人！"她跪在地上，麻木又悲痛欲绝，此时时钟敲响，时间定格在晚 10 点 45 分；城堡已经被黑夜所包围。她的家人心情悲痛地站着，看着这个统治着数百万人民却失去了唯一所爱的女人。她的未来将会变成什么样？

在上床休息前，维多利亚去了一趟育婴室。她把身体温暖、睡意沉沉的比阿特丽斯从床上抱起来，紧紧抱在怀里，在黑夜里轻轻地摇晃。她回到自己房间，将四岁大的比阿特丽斯放在她的床上，蜷着身子睡在自己身边。她已经从悲痛欲绝变得木然，在服下鸦片镇静剂后，她哭了一整夜。阿尔伯特的睡衣被放在她身边。爱丽丝躺在她床脚的一张小床上，此时也醒来与母亲一起哭泣。孩子们的温柔令人惊叹。小小的比阿特丽斯在醒后轻抚维多利亚的面庞，轻声说："不要哭。爸爸去看

318

---

① 11 岁的阿瑟和 15 岁的露易丝那天晚上早些时候已经跟他道了别，并且被送去睡觉了。有四个孩子没有在场：薇姬怀孕，留在柏林无法行动，阿菲正与海军一起身处墨西哥，而 4 岁的比阿特丽斯没有被允许进入这间病房。身体虚弱的利奥波德如今 8 岁，刚被确诊为血友病，此时正在法国南部接受治疗——在那之前，他刚刚出现过一次严重的大出血。那天拥挤在房间里的还有罗伯特·布鲁斯将军（General Robert Bruce，伯蒂的家庭教师）；温莎教长杰拉德·韦尔斯利（Gerald Wellesley）；查尔斯·菲普斯爵士（Sir Charles Phipps，阿尔伯特的私人秘书）；以及查尔斯·格雷将军（General Charles Grey）。——作者注

外婆了。"41

　　在很长一段时间里，维多利亚时代的医生们对于阿尔伯特亲王的死因始终无法达成一致意见。维多利亚不允许进行尸检。大部分人认为他是因为致命的伤寒症而死的，温莎城堡糟糕的排水系统很容易让他患上这种病，或者他也有可能死于肠穿孔。后来还有人猜测他死于肠癌、消化性溃疡或者胃泌素瘤。最近且最有说服力的理论由海伦·拉帕波特（Helen Rappaport）提出，她认为阿尔伯特死于克罗恩病，那是一种肠道炎症性疾病，会因为压力而病情恶化，其症状与阿尔伯特的症状相吻合。（这种疾病一直到 1913 年才得到医学界的认可。）拉帕波特强调，阿尔伯特的发烧症状有可能是慢性胃肠炎症恶化的结果，这也可以解释他的胃病和牙疼。42

　　第二天上午，英格兰各地敲响钟声。牧师们匆忙重写了有关死亡的布道词。在伦敦全城，人们的外套、长裙以及各式纹章、刀剑、皮带扣、扇子、旗帜以及房屋都被一层黑色所笼罩。自近半世纪前的夏洛特公主去世之后，这个国家已经很久没有以这种方式进行过哀悼了。对这位外国亲王的怀疑烟消云散了，英国人开始意识到他们究竟失去了什么。各家报纸开始赞颂这位德意志人的美德，阿尔伯特如今被称作"这个国家最重要的男人"。43 政客们对于他的死可能造成的影响紧张不已。长期以来一直赞赏阿尔伯特的"动力、睿智和老练"44 的克拉伦登勋爵说，这是一场"国家灾难，比公众能够想象的还要严重得多"。45 他和所有人一样也为维多利亚感到担心：

　　　没有其他任何一名女性拥有同样的公共责任或者动　　319
机，需要受到她丈夫更卓越思想的绝对指导。这种习惯，
或者说必要性，再加上她对他的深刻的爱，使她和他牢牢

捆绑在一起，以至于失去他就像是与她自己的心脏和灵魂分离一样。[46]

的确如此。骄傲的女王变成了一个可怜的女人，将永远受到失去挚爱亲人的影响。在她被抬出国王房间后，她静静地说道："再也无人唤我维多利亚了。"她请求自己的家人不要离她而去。她知道臣民对她十分同情，因为来自全国各地的报告有如雪片般飞来。她写道："甚至连小村庄里不认识我的穷人也在为我而流泪，就好像这是他们自己的伤心事一样。"[47]她的臣民为她感到心痛。理查德·蒙克顿·米尔恩斯（Richard Monckton Milnes）写道："农民在屋子里说的话就好像女王是他们中的一员似的。"[48]

孩子们对于失去父亲也感到心碎。怀孕并孤身一人身处欧洲的薇姬因为这种分离的痛苦而感到绝望。难过的伯蒂冲进维多利亚的怀抱，发誓要一辈子安抚她的心情。爱丽丝也备受打击，但仍然保持高度自制，她无私而温柔地关照自己的母亲，就像对待弥留之际的父亲那样。阿尔弗雷德在听到这个消息时仍然身处墨西哥附近的海上，一直到2月才回到家中。8岁的利奥波德王子身处遥远的法国，只能哭着说："噢！我要妈妈！"[49]年幼的比阿特丽斯仍然在设法奇迹般地振奋母亲的情绪。这九个失去父亲的孩子如今被王室中压抑沮丧的气氛所笼罩：身着黑色绉布，不允许大笑或者显露出任何对生活的热情。对自己都需要安慰的孩子们而言，这是一个沉重的负担。

维多利亚没有出席丈夫的葬礼。阿瑟与伯蒂小小的身材站在一众神情肃穆的老年人队列前方，表情悲伤的他们试图掩盖自己的啜泣。不过，维多利亚对葬礼仪式做出了一点改变。在阅读完葬礼宣言的草稿后——宣言中要求上帝"保佑并保护"女王的"长寿、健康、幸福"——她用黑笔将"幸福"一词给画掉了。她随后写上了"荣誉"一词以代替：如今，她无法想象自己的生活还会有幸福。[50]

1861 年的圣诞节是一片凄凉的景象。奥古斯塔·布鲁斯夫人将其描述为一种极大的痛苦，就好像一片"无法穿透的阴云"[51] 笼罩在他们头上："整个王宫似乎就像是庞贝一般。"[52] 王室成员都收到了阿尔伯特的纪念品作为礼物。维多利亚静静地坐在她的会客室里，人们则在她周围轻声交谈。她会将手伸进口袋里，用手指摆弄阿尔伯特的红色手帕和金表，绝望地想到世事的不公，他的表仍然在走，但他已经不在了。她曾经为时光的匆匆流逝而哀叹；如今，每一个小时似乎就像是永远。她要求确保丈夫的钟表每天都要上发条，访客也要继续在他的会客簿上签名，那本会客簿就放在她的会客簿旁边。人们必须理解：阿尔伯特或许已经死了，但他从未离开。

在安抚自身伤痛的同时，维多利亚开始讨厌受到公众的时刻关注：无论是剧院里偷偷窥探的望远镜，还是在人行道上或者挤在她马车旁伸着脖子看她的成排的政客或者平民。无论她走到哪里，都有眼睛在看着她。她再也无法忍受了。维多利亚渴望看到没有人的景色，渴望看到大海，渴望独处。最让她感到安慰的是她自己的悲痛情绪：一种过分、放纵、吵闹、无所顾忌、要求苛刻且毫无羞耻的悲痛情绪。对一个既无法也不愿缝合她破碎、流血的心灵的女人来说，诗歌的慰藉暂时让政治黯然失色。在她哭喊失去丈夫就像是"从我的骨头上撕扯血肉"一样时，是否会有人理解她？她不再将自己描述成一个女王，而是自称为"心碎的寡妇"。

21
"王宫有如庞贝一般"

自从他离开我之后，我就拥有了母狮一般的勇气。[1]

——维多利亚女王

当阿尔弗雷德·丁尼生听说英格兰女王想要私下接见他时，他有些闷闷不乐。他对好友阿盖尔公爵（Duke of Argyll）抱怨说："我是一头害羞的野兽，喜欢待在巢穴里。"这位诗人问了两个问题：进屋时该如何与女王打招呼，以及他是否需要倒退着走出房间。阿盖尔公爵是一名爱尔兰贵族，他的儿子将在未来迎娶露易丝公主，他建议丁尼生该如何表现：满怀敬意地鞠躬或者跪下，并且在感觉合适时向她伸出手，女王会在结束后走出房间。那是 1862 年，阿尔伯特刚刚去世 4 个月。公爵对丁尼生说："与她谈话就像是和一名深受苦难的可怜女性交谈一样——这是她最喜欢的方式。"丁尼生被警告不要称王夫为"已故的"，而要记住一个"强有力的事实"，那就是女王"相信'死者虽已逝，灵魂永不灭'"。[2]

这位时年 53 岁的诗人身着西服与黑色长筒袜在一个寒冷的日子来到了奥斯本宫。他就住在附近，距离女王在怀特岛上的这座宅邸仅有几英里远。他被带进女王的会客厅，并且背对壁炉站着，等待女王的到来。当维多利亚进入房间时，她显得面色苍白，但泰然自若。她的眼神平静地聚焦在他身上：这个完美地捕捉到她的悲伤的诗人。丁尼生在一个亲密的男性好友去世后写下了《悼念集》（*In Memoriam*）一书，而维多利亚反复读了成百上千遍，时而写下她自己的笔记，并且用黑色墨水画出难忘的词句：

> 但我仍在，希望渺茫，
> 生命与梦想一文不名，
> 我徘徊于漆黑的土地，
> 周遭弥漫着他的气息。[3]

维多利亚觉得，看起来有些古怪，但她也觉得"他身上没有任何矫揉造作之处"。丁尼生单膝跪地亲吻她的手。维多利亚坐了下来，告诉他说，他的诗给她带来了巨大的安慰，而他最近将《国王叙事诗》（*Idylls of the King*）献给阿尔伯特的举动也让她十分欣慰。丁尼生眼含热泪地对她说，阿尔伯特的死对国家而言是重大损失。[4] 他认为维多利亚很漂亮，就像是一座亲切又悲伤的雕像。当维多利亚问及，他是否希望她为他做任何事时，他仅仅回答说，不知她是否能与他的两个儿子握个手。她在第二年的 5 月邀请他的两个儿子哈勒姆（Hallam）与莱昂内尔·丁尼生（Lionel Tennyson）同父母一起访问了奥斯本宫。

丁尼生一家——阿尔弗雷德及其妻子和孩子——都被女王迷住了，他们都觉得她"很美丽，与她的肖像画一点也不像"，而且毫不虚伪。甚至连 10 岁的哈勒姆都写道："女王并不矮胖。陛下拥有宏大的思维和娇小的身躯。"[5] 丁尼生的妻子埃米莉曾谈及女王的平易近人以及她们之间的亲近。埃米莉写道："我感觉，女王是一个值得为之生、为之死的女人。"[6]

丁尼生对不死灵魂的坚定信仰以及让她感觉自己得到理解的能力给女王带来了巨大安慰。女王在日记中写道：

与［丁尼生］进行了一些有趣的交谈，对他思想的伟大和宏大留下深刻印象，尽管外表看起来有些粗俗。在谈到灵魂的不朽以及所有科学发现都无法对此产生影响时，他说道，"如果不存在灵魂不朽的话，我无法理解为什么会存在上帝"，以及"你不可能去爱一个将你掐死的父亲"，等等。[7]

12年前的1850年，阿尔伯特曾坚持要求授予丁尼生"桂冠诗人"的称号。[8] 而在1862年，爱丽丝给这位诗人写了一封信，询问他是否能写些什么来纪念她父亲的死。丁尼生为《国王叙事诗》写了一段赠言，并在其中称他为"善良的阿尔伯特"。他在赠言中鼓励维多利亚要忍耐，而她则在自己最黑暗的日子里经常背诵这些诗句：

> 不要破碎，啊女人的心，而要忍受下去；
> 不要破碎，因汝乃王室，要继续忍受；
> 记住那颗星所有的美
> 它紧挨在你身旁闪耀
> 你们曾共同发出一束亮光，
> 但它已经落下，
> 仅留下王座孤独的光辉。

阿尔伯特离开后的最初几个月十分难熬。维多利亚很难睡得着，经常难过地醒来，脸上经常感到剧烈疼痛，并伴有经常性头疼。一切都感觉像是一场"噩梦"。[9] 她总是十分怀念阿尔伯特给她的帮助：无论是整理文件、挑选艺术品、在墙上放置绘画、讨论政治或军队、与人会晤、在旅行相册里放置草图、监督灌木的修剪、咨询孩子的医生、安排访客的房间，还是藏复活节彩蛋，她以前都没有做过。

　　每一样东西都会引发对阿尔伯特的回忆。看到树木与植物会让她难过，因为他知道所有植物的名字。[10] 鸟儿的歌唱也让她难过，尤其是夜莺的歌声。她找出他的物品，并浏览了一遍他的文件、他最喜欢的艺术品——尤其是拉斐尔的画作——以及他的手枪和步枪。最让她感到难过的是日历上对他缺席的日子的提醒：圣诞节、复活节、周年纪念以及生日等。在 1863 年她 44 岁生日的前一天，维多利亚躺在沙发上，因头疼而无法起身。第二天，即使是孩子们送给她的漂亮礼物也没让她高兴起来："让我感到最难受的是，没有来自我的爱人的礼物。"[11] 第二年时，她的生日十分"空虚"，她感觉身体不舒服。她最终在房间里独自一人进餐。

　　有些人开始仔细观察维多利亚，寻找精神异常的迹象。王室里的人都知道维多利亚十分敏感，容易陷入抑郁。维多利亚时代的人们还普遍认为，女性缺少韧性，经常会陷入狂躁或歇斯底里，而且无法应付生活中的磨难。克拉伦登勋爵说，他们都觉得维多利亚在失去母亲时精神就"处在危急关头"。随着阿尔伯特去世，危险似乎显得更大了。他说，她如若"丧失理智"，会造成一场"国家灾难"。[12]

　　其他人则指出，维多利亚在悲痛的初期展示出了冷静与自持的品质。[13] 在阿尔伯特去世四天后，弗洛伦斯·南丁格尔表示，她很惊讶地看到"这个紧张、焦虑、不安的女人表现得十分坚定，带有英雄的威严"。[14] 克拉伦登勋爵认为她只是在顺从地遵守阿尔伯特的指示，不要被她的悲痛所击垮。[15] 事实上，她当时正处在震惊的状态，这种状态后来才演变成悲痛。当真正开始公开悼念时，她又受到了既仓促又不公正的评价。当她对普鲁士奥古斯塔王后说"渴望与憧憬会把我逼疯"时，

325 人们不禁皱起了眉头。[16] 而当克拉伦登在阿尔伯特去世几周后应召前往奥斯本宫时，他抱怨说："女王流露出了令人尴尬的情感。"[17]

维多利亚下令整个王庭都要经历前所未有的长达两年的官方哀悼期。（在哀悼期结束后，她的侍女以及女儿可以脱下黑色，穿上半丧服，即灰色、白色或者浅紫色的服装。）她的许多臣民也决定与他们一起进行哀悼。她的侍女佩戴的是黑色珠宝和绉纱，绉纱是一种用丝绸制成的黑色厚布料，会发出沙沙声，布料上的皱褶让它看起来非常单调。维多利亚在她的"天使"去世之前的那个十年里大部分时间都穿着黑色，为的是尊重先后去世的多位亲属与显贵。[18] 严肃又严格的哀悼仪式一直很吸引她。[19] 如今，维多利亚将在余生中一直穿着黑色长裙（或者说"寡妇丧服"）。谁会在乎她看起来美不美呢？她放弃了紧身胸衣，穿上装点着黑色丝带的白色内衣，适应了心安理得的不惑之年。天堂中无需胸衣。

阿尔伯特的家什与房间被严格按照他在世时的样子保存下来。维多利亚将他的照片挂在他那一侧床榻的上方。每天，仆人都会小心谨慎地将他的衬衫和长裤熨好放在蓝色房间里，并且放好用来刮胡子的干净毛巾和热水，随着他的钟表嘀嗒作响，热水会渐渐变冷，而吸墨纸上不会有任何痕迹。他的遗体被安葬在温莎城堡庭院里的一块墓地中，维多利亚委托雕刻家卡洛·马洛切蒂男爵（Baron Carlo Marochetti）制作了阿尔伯特和她自己的雕像，以放在他们的墓穴上，雕像上的他们处在同样的年纪。看起来就好像她也在 42 岁的年纪死去了似的。她每天都要去温莎城堡的墓园祈祷并凝视他的雕像，每天晚上都要来到蓝色房间待一会儿。

仆人渐渐习惯了在女王身边蹑手蹑脚地走路并且在走廊里轻声交谈。尽管维多利亚可能显得很阴郁，但她仍然坚持要求让孩子们聚集在她身边，不要离开她。她想要以某种方式对他们失去父亲进行补偿，因而对阿瑟与利奥波德的家庭教师霍华德·埃尔芬斯通（Howard Elphinstone）说，"她很焦虑，不想再在除非绝对必要的情况下与他们分别，因为如今上帝已经带走了他们备受尊敬的父亲，而他们的父亲身上拥有一切让他们恋家的因素……女王希望她的儿子们，尤其是比较年轻的几个儿子能够变得跟她亲近起来，并接受我们两个都欣赏的观点与习惯"。[20] 她想让他们呼吸阿尔伯特喜欢呼吸的空气，尽管家中的气氛变得令人窒息。

整个王室都在以维多利亚敏感的精神状态为中心。那些短暂离开后又返回王宫的人，例如 18 岁的利奥波德，都接到警告说她无法忍受"噪音和兴奋等等"。[21] 伯蒂被警告说不要过于轻佻、八卦和浅薄。[22] 维多利亚拒绝让她的孩子在悲伤之余有任何选择或者休息。她非但没有保护他们免受痛苦，反而坚持要求他们在痛苦中挣扎。当孩子大笑或者高声说话时，她会对他们发火，认为这是他们对父亲的死无动于衷的表现。她会安排孩子三五成群穿上素衣，摆成向上凝望阿尔伯特白色半身像的姿势拍摄单调阴冷的照片，并且将这些照片分发给公众。她在其中一张照片的底部写道："白昼变成黑夜。"[23]

女王希望公众看到阿尔伯特有多么卓越。她对他的赞颂超出了任何教宗对圣人的赞颂，她委托人将他的讲话编辑成书，为他撰写了一部传记，绘制了大量肖像画，并建造了许多公共纪念碑。照片里的他身穿金色盔甲，站在云端。善良的、英俊的、骑士般的以及神灵般的阿尔伯特头戴一顶"正义之冠"。[24] 维多利亚想要巩固他的声誉，将他刻画成一个激发了人民心中善良的男人，一个让路易-拿破仑在与他分别时都感到"更有善心"的男人。[25]

维多利亚还苦苦思念丈夫的身体。她挑选了一张自己24

326

岁时的迷人肖像放在灵柩里丈夫的手中。在肖像中，她的头靠在一张红色沙发上，蓝色的大眼睛向左肩望去。她身着袒胸衣装，露出洁白的皮肤，长发搭在脖子一侧。这是一个只有一个男人熟识的女人。即使在死后，他依然是维多利亚渴望的对象。她拥有他脸部和双手的大理石模型，而且喜欢把双手藏在床边。有时，她会把它们拽到身边来，假装冷冰冰的石头实际上是温暖的皮肤。她说，独自一人上床睡觉非常难熬："与温柔爱人的爱形成了多么鲜明的对比！孤身一人！"²⁶她闭上眼睛，不知不觉地陷进床单里，一只手抱着他的睡衣，并将他的大衣盖在自己身上。

女王曾公开表示希望悲伤能够终结自己的生命。她在写给阿尔伯特童年时代的家庭教师弗洛舒茨先生的信中说："我唯一的愿望是尽快随他而去！没有他的生活真的算不上生活。"能够让她感到安慰的想法是他就在她身边，她会在他们"永恒、真正的家里"与他见面。她说，如果没有这一念想的话，她会"垮掉"。²⁷她修改了自己的遗嘱，为下一代任命了监护人，并且祈祷早日死去。

维多利亚设法在阿尔伯特去世几天后的1月6日举行了一场枢密院会议。她要求内阁成员在安排他们的事务时考虑到她的悲痛心情，并且表示她没有足够的力量或者勇气在这段混乱时期监督他们。她可怜兮兮地对克拉伦登勋爵说："她的精神已经紧绷到了极限——她以前从来都不必思考，因为亲王曾经负责为她阅读并安排一切，省去了她的所有麻烦，并且为她解释那些她必须签署的文件，等等。"²⁸她声称，政府更迭太过疯狂，会要了她的命——"当然她会十分感激这一结果"。²⁹有一次，她曾激烈地敲打自己的额头，哭喊道："我的理性呢，我的理性呢！"尽管她很清楚这种做法可能产生什么影响。³⁰

她还请求反对党领袖德比勋爵保持冷静。在阿尔伯特去世半年后的 1862 年 6 月 16 日，女王要求克拉伦登勋爵对德比勋爵说，"如果反对党成功推翻现有内阁的话，就要冒着有损女王生命或者理智的风险"。她说，这只适用于将于 8 月任满到期的现任内阁。[31] 有些人将这种表态解读为对现任首相、她的宿敌巴麦尊勋爵的支持，但实际上，她仅仅是渴望平静与稳定。在她的信息被传达给德比勋爵后，那届政府任期内反对党再也没有对政府发起过攻击，让维多利亚幸免于可能十分巨大的工作负担。

维多利亚身边的人都和阿尔伯特一样相信她无法独自统治国家。上了年纪的巴麦尊在听说阿尔伯特去世时曾晕倒好几次，他说："如果是女王的话，对国家的损失还会小一点。"[32] 本杰明·迪斯雷利也说："我们埋葬了我们的君主。"[33] 她自己也这么认为。这位身体强健的女王曾经将士兵送上战场，也曾经生育 9 个孩子，如今却变成了一个孤苦伶仃、整日哭泣的寡妇。到 1864 年，也就是阿尔伯特去世两年多后，人们已经在公开询问她是否会退位了。[34] 但伯蒂没有赢得足够的尊重或者喜爱，许多人知道他曾经因父亲的死而受到指责。[35] 伯蒂与母亲之间的关系也处在危险的低谷。维多利亚拒绝让伯蒂承担她或者阿尔伯特的任何职责，甚至不允许他从事任何有薪水的工作，尽管她的这一态度面临着巨大压力。维多利亚光是看到他就很生气，甚至曾经抱怨说他的两条腿"很丑"。[36] 她祈祷自己能够比他活得更久。[37] 首相也越来越担心她对儿子"无法克服的厌恶"。[38] 威尔士亲王正处在一种"被迫赋闲"的临界状态。[39] 1862 年 2 月，也就是他父亲去世仅仅几周后，他被派往中东进行阿尔伯特计划好的一趟旅程。这让维多利亚大大松了一口气。

死后的阿尔伯特不仅聪明又出色，而且全知全能。维多利亚开始构建一个迷思，在阿尔伯特活着的时候，这个迷思会

328

让人难以置信：那就是她自己完全无助、无用、毫无价值。如果任何人暗示说她在抚育子女或者处理公务方面做了任何事的话，都会惹她生气："他们应当知道，一切都是他的功劳，他是整个家庭的生命和灵魂，也是她在一切事务上的顾问。"[40] 当她在解释为什么不愿参加 1864 年议会开幕会议时，她将自己描述成一个不幸地与世界政治相捆绑的小白兔，"孤苦伶仃、颤抖不已"。[41] 编造这个故事给了她一个借口，好让她可以反复提及并夸大她的失落。贬低自己、夸大阿尔伯特变成了一种解释她的悲伤以及为什么她不愿重新返回世界的方式：如果说他曾经意味着一切的话，那么没有他的存在，她又能做什么呢？如果她所悼念的这个男人有如神明一般，那么所有人都应当进行哀悼，或者说至少尊重她的悲痛，因为他的死也是每一个人的损失。

　　维多利亚如今不得不承担两个人的工作量，而其中一个还曾是一个工作狂。她在信心上的损失是巨大的。即使仅仅是向一小群人朗读伯蒂的婚礼宣言也"非常有挑战性"；她苍白的面庞让孩子们担忧不已。[42] 在谈话中，她的决心会发生动摇，过去的不安全感又再次袭来。在 1863 年 4 月与一名贵族客人讨论意大利与波兰的动荡局势时，她希望自己能够"更加确信我的事实，好谈得更多"。[43] 她再次拿出记载阿尔伯特意见的活页夹，并仔细研读。这一定是倡导阿尔伯特希望她推动的政策的最佳方式。[44]

　　当弗洛伦斯·南丁格尔在克里米亚战争期间拜访位于巴尔莫勒尔的这对王室夫妇时，让她感到惊讶的是无聊又懒散的王室成员与维多利亚和阿尔伯特的差异如此巨大，因为这对王室夫妇都忙于思考战争、外交政策和"所有重要的事"。即使在阿尔伯特去世前，她也认为维多利亚十分尽职尽责，"却不相信自己，害怕没有尽自己全力，她的情绪也因此而消沉"。阿尔伯特走后，"如今她甚至开始怀疑自己征求他意见的做法是对还是错"。南丁格尔认为这一点很感人，意味着"她没有被权力所腐蚀"。她喜欢上了维多利亚，这个羞涩地穿着"简朴的黑色丝质长裙的女人"。她可以看到她内心的深度，可以看出女王"如今无法忍受会客厅里无意义的表演"。45

维多利亚再也没有参加或者举行过任何一场公开舞会。1862 年 7 月在奥斯本宫举行的爱丽丝的婚礼更像是一场葬礼。面无表情的维多利亚坐在椅子上，被她四个保护心切的儿子隐藏在公众视线之外。她在整场婚礼期间都在努力克制自己的眼泪，不住地想到自己是如何与阿尔伯特一起策划这场婚礼的。她发现"人群的喧嚣"难以忍受，于是没有参加招待会，而是与爱丽丝和露易丝一起在另一个房间里进餐。维多利亚很喜欢她的新女婿、德意志黑森－达姆施塔特公国的路易斯王子，但她还是因爱丽丝没有在英格兰待上足够多的时间而警告了她一番。她又失去了一个孩子。维多利亚决定，她必须要求一个已婚的女儿与她一同居住，因此决心为海伦娜找一个"年轻而通情达理的王子"作为夫婿，并且住在她的一处宅邸里。46

她的孩子们先后结束了青春期，越长越高，不断探索其他地区，纷纷坠入爱河，有了自己的孩子，并试图让他们的生活摆脱因父亲的死以及母亲的悲痛情绪造成的巨大影响。1863 年 4 月，爱丽丝在温莎城堡生下了一名女婴。18 岁的阿尔弗雷德则在马耳他与女性胡闹嬉戏。在每一次标志着他们成长的事件中——无论是坚信礼、婚礼还是洗礼仪式——维多利亚都感到越来越绝望。她不仅仅怀念阿尔伯特的陪伴，她还讨厌自己孤身一人。她藏在角落里，藏在孩子们身后，或者藏在教堂的密室里，试图归于乌有。

维多利亚似乎理所当然地认为她的王宫里充满了饱含同情心的伴侣。她的抑郁情绪意味着，比起客人的到来所给予的鼓

330

励，她更容易因为人们的离开而感到困扰。甚至当她感到孤独而绝望之时，她的生命里也从不缺少人的陪伴：她数量众多、宅心仁厚的孩子，她的侍女、亲朋好友、政客、牧师、诗人、仆人以及侍从等。她甚至在 1862 年造访德意志时见到了儿时的家庭女教师莱岑，她们都"大为感动"。[47] 女王并不缺少人们的喜爱；她所缺少的是与她拥有同等地位的人。[48] 她孤独地站在"可怕的高处"，满怀期待地凝视天堂，而她身后站着一大群人，细致地观察着她。[49] 她不想要一群人，她想要的只有阿尔伯特。

当 1863 年 3 月 10 日伯蒂与美丽的丹麦公主阿利克斯举行婚礼时，维多利亚坐在温莎城堡圣乔治教堂圣坛上方的隔间里。（她走了一条秘密通道从教长办公室来到隔间，以避免被人看到。）当本杰明·迪斯雷利拿起镜片想要把她看得更清楚时，他得到的是冷酷的凝视，因而不敢再看。宾客被允许穿着彩色服装，但侍女与王室女儿们都穿着半丧服，主要是淡紫色与白色的衣服。维多利亚穿着一件配有绉纱的黑色丝质长袍，帽子上垂着面纱，表现得十分不安。当看到孩子们走进教堂时，维多利亚产生了想哭的冲动。[50] 伯蒂在等待阿利克斯时向她鞠了一躬，而且一直表情不安地抬头看母亲。当小号声响起时，她想起了自己的婚礼，几乎晕了过去。

38 个人涌入餐厅享受家庭午宴，而维多利亚却在隔壁与如今快 6 岁的比阿特丽斯一起静静地用餐。那天晚上，她在上床休息时心情十分沮丧。她的孩子们一个接一个离开了她。薇姬、爱丽丝，如今伯蒂也有了心之所属，而她却只能抱着阿尔伯特的睡衣："我孤独凄凉地坐在这里，需要爱与温柔，而我们的两个女儿都有了她们深爱的丈夫，伯蒂也把他可爱而纯洁甜美的新娘带到了奥斯本宫——他能获得如此珍宝实属有幸……噢！我在教堂里都经历了什么啊！"[51]

她知道不应该嫉妒自己的孩子们，却无法忍受。唯一让她感到安慰的是，伯蒂终于安定了下来，他似乎很满足，而阿利克斯是一块"珍宝"。第二天她醒来时得了重感冒，身体十分虚弱。

巴麦尊勋爵曾经讽刺说，只有三个人真正理解石勒苏益格－荷尔施泰因冲突：如今已经过世的王夫；一名已经疯了的德意志教授；以及他自己，但现在却把它全忘了。对维多利亚而言，尽管政治很复杂，但她的忠诚却十分简单。丹麦已经统治了这两个公国几十年，但德意志人——由占据优势地位且十分好战的普鲁士领导——却仍然对它们虎视眈眈。在经历了克里米亚的灾难后，维多利亚支持英国保持中立，并且渴望避免一场全面战争，但她也支持普鲁士。当丹麦国王在 1863 年 11 月去世，并由亚历山德拉的父亲克里斯蒂安九世继承王位时，普鲁士人已经在奥地利的支持下准备好发动进攻了。

这场战争割裂了整个家庭。阿利克斯自然支持她的祖国丹麦。她于 1864 年 1 月早产生下了一名男婴，取名为阿尔伯特·维克托（Albert Victor）。次月，普鲁士与奥地利入侵了石勒苏益格。当忠于妻子的伯蒂强调英国应当进行干预以支持丹麦时，维多利亚却要求克拉伦登叫他降低自己的调门。毕竟，他的姐夫、薇姬的丈夫弗里茨正在普鲁士陆军中作战。这件事成了家庭宴会上的一个禁忌话题。[52]

维多利亚在这个话题上情绪激动的通信与她在那些年里自我刻画的"被捕猎的可怜野兔"的形象大相径庭。她发出了诸多充满决心的信件和备忘录，敦促英国保持中立。她变得如此专心致志，以至于她甚至都没有意识到自己是在工作。荷兰的索菲王后对她的一位侍女说："她已经习惯了权力，这种习惯一旦拥有，就几乎不可能改掉。"[53]维多利亚仍然将自己视

332

为政府外交政策的核心，指示巴麦尊要确保当她造访科堡时，"外交上不能采取任何未经她事先批准的行动"。[54]她积极游说内阁的方式暗示出她不愿遭到反驳。当维多利亚在 1863 年给薇姬写信讲述欧洲的摩擦时，她哀叹自己失去了阿尔伯特的帮助，不过她同时也补充说，尽管心碎，但她仍然拥有许多"阿耳戈斯之眼"①："自从他离开我之后，我一看见危险就拥有了母狮般的勇气，我再也不会介意向人民表达我下定决心的意见，而且不仅如此！是的，尽管这副疲劳的身躯是在苟延残喘，但我仍会毫无畏惧地履行自己的职责。"[55]

不过，不是所有人都赞赏母狮的怒吼。1864 年 5 月 10 日，"鲁莽的"巴麦尊对她说，人民开始认为她在石勒苏益格－荷尔施泰因问题上拥有过于强烈的"个人看法"。有些人觉得她对政府施加影响，使其不向丹麦施以援手，从而违反了公正无私的宪法职责。埃伦伯勒勋爵（Lord Ellenborough）在 5 月 26 日含沙射影地指出，维多利亚不像乔治三世等前任君主那么富有天赋。他说，"欧洲大陆存在一种强烈的印象，尤其是在德意志"，人们认为在与德意志有关的问题上，女王陛下的大臣们很难"执行一种纯粹英国式的政策"，这让他们的权威和影响力受到了损害。[56]维多利亚在日记里自怨自艾了一番：

> 多么残酷的指责，而且对象是一个可怜的无所依靠的寡妇，再也无法受到亲爱的丈夫的爱与智慧的庇佑，唯一能让我活下去的信念是要为国家利益而辛苦工作，看到这个国家自我削弱而且越来越陷入麻烦，我被焦虑、伤心和责任感撕成了碎片——最重要的是，我一直寻求保持公正无私！这种荒谬的中伤让我感到非常不快。噢！孤苦伶

---

① 指时刻保持警惕。——译者注

仃、没有任何人庇护我的日子太难过了！ ⁵⁷

她对格兰维尔勋爵说，她"有责任对上帝和国家负责"，阻止他们参与欧洲的战争，尽管很多公众支持参战。格兰维尔圆滑地向她保证说，她挽救国家免于"采取诸多错误的举措"⁵⁸。6月，丹麦战败。10月，荷尔施泰因与说德语的石勒苏益格部分地区被割让给普鲁士和奥地利。⁵⁹

这成了维多利亚新的行事模板：与女性一起哭泣，而对男性发号施令，同时还用引人注目的悲痛情绪来为自己做缓冲。不过，随着她彻底从公众视野中消失，避世于遥远的宅邸和城堡中，公众对她的巨大同情开始变味。有人在白金汉宫的大门上拴了一块标志牌，上面写着："这些威风凛凛的房屋正在出租或出售，原因是上一任主人的生意衰败。"该标志牌被扯了下来，警方也加大了警力保护，但仅仅几天后，标志牌又再次出现。⁶⁰

1863年10月7日，苏格兰高地飘起小雪，维多利亚与爱丽丝和海伦娜一起骑了一天马，仅仅在回家前停下来喝了杯茶。天色已黑，向导无法看清前面的道路；维多利亚的仆人约翰·布朗反复从马车上跳下来帮助他认路。20分钟后，马车开始倾斜——爱丽丝说，慢慢地，"我们开始翻车"——几个女人一起摔到了地上。这对维多利亚而言是一个关键瞬间。她后来在日记中写道，她仅有一瞬间去思考"我们是否会死"，但她下定决心："我还有事没有解决，还有心愿没有实现。"

我的脸重重摔在地上，但凭借着我从没想过自己拥有的力量，我设法立刻爬了起来，看到爱丽丝和兰辰躺在地上，旁边就是马车，两匹马也都躺在地上，布朗绝望地喊道："万能的主啊，请怜悯我们！谁见过这种事情啊，我

334

以为你们都死了！" [61]

接下来的几天，维多利亚一直躺在床上，乌黑的眼眶上放着生肉，她则不断按摩着酸痛的脖子和扭伤的大拇指，她的拇指将永远保持歪曲的状态。[62] 维多利亚感叹道，她的"无助"非常令人难受，但她也展示出，自己因悲痛情绪而产生的想要去死的愿望已经被潜意识里更为强大的生存愿望所取代。[63]

渐渐地，随着维多利亚定期去浮若阁摩尔宫（Frogmore）墓园看望阿尔伯特的遗体，定期造访奥斯本宫，长时间地祈祷，[64] 并且在巴尔莫勒尔周边远足，再加上孩子们表现出的善良，她变得越来越平静。[65] 在阿尔伯特去世三周年那天，有成千上万的人来到墓园希望一览阿尔伯特的坟墓，而她显得冷静许多了。她对同为寡妇的好友布卢彻伯爵夫人说：

> 尽管如今我的生活里充满了孤独与疲惫，但我意识到，并且越来越强烈地感觉到，我对孩子和国家而言，以及对执行亲爱的阿尔伯特的愿望和计划而言多么重要。为了以上这些，我必须努力再活一段时间！我的痛苦一如既往，但我已经顺从和屈服了，这在刚开始时对我来说曾经无比艰难。[66]

335　　　　维多利亚不由自主地渐渐变得更加平静安详。爱丽丝鼓励她的母亲重新坐上马车、骑上骏马，回到公众视野。最初，在阿尔伯特死后，她甚至连路都走不了。她渐渐瘦削的样子让人们议论纷纷；但她希望自己脸上出现皱纹和岁月的痕迹，以展现悲伤与心碎的痕迹。她急切地检查自己是否长出了白发。但不久后，红嫩的脸颊和偶尔迸发的活力暴露出了她仍然强健的体魄。维多利亚还将继续活上 37 年。

22
复苏温莎寡妇

> 我的所有侍女都要穿丧服，我认为丧服与我们这群悲伤姐妹最为适合。[1]
>
> ——1864年9月维多利亚女王对沃特帕克夫人（Lady Waterpark）如是说

> 处在服丧期的英国女士是一种威严而令人敬畏的奇观。[2]
>
> ——乔治·萧伯纳

1862年1月16日，就在阿尔伯特去世1个月后，200多名男子与男孩被困在了新哈特利（New Hartley）煤矿的最底部。泵用发动机的铸铁横梁发生断裂，掉落进了唯一的电梯井中，将矿工困在了井下。[3]当他们的尸体在6天后被发现时，他们看起来就像是倒在地上睡着了一样。年纪最小的男孩只有10岁。维多利亚感到悲痛欲绝，宣称"她的心在为他们流血"。[4]11个月后，在参加完一场为阿尔伯特的遗体祝圣的仪式并返回后，她得到了一本装帧精美的《圣经》，里面还附上了许多"忠诚的英国寡妇"的签名，其中包括在哈特利矿难中失去丈夫的80名女性。[5]维多利亚坐在桌前，给她"善良的寡妇姐妹们"写信说，失去丈夫后，让她感到安慰的是"他虽然没有现身但始终如一的存在感"，以及终有一天能与他团聚的信念。[6]

在她热情拥抱寡妇生活的过程中，女王将一个通常而言代表着迷失的身份变成了某种高贵而重要的身份认同。丧亲之痛可以跨越一切分歧。她写道："如果这片土地上最贫穷的寡妇曾经真心爱过她的丈夫，并且对我表示同情的话，我愿意紧紧拥抱她，就像我对待一名王后或者任何身居高位的人一样。"[7]在丈夫去世后，她邀请伊丽莎·简·沃特帕克夫人来陪伴她，并表示"我觉得我们能够理解彼此，感觉除了责任感之外，生活对我们而言已经结束了"。[8]这是一种阴郁的生活。女王承诺她只会要求沃特帕克夫人去做那些符合她心情的事情，并且说："我的所有侍女都要穿丧服，我认为丧服与我们这群悲伤姐妹最为适合。"这群姐妹不断地为维多利亚提供情感沟通，与她一起谈话、哭泣。[剑桥公爵夫人的侍女杰拉尔迪娜·萨默塞特夫人（Lady Geraldine Somerset）叹气说："一个人身边围绕着这么多黑色产生的痛苦影响可谓凄惨而糟糕，令人难以言表。"[9]] 当亚伯拉罕·林肯在 1865 年被刺杀后，维多利亚给他的妻子玛丽写了一封信，表达了她的哀思。她写道，没人能够比她这位"完全心碎的"女王更好地理解她正在经历的事情。[10]玛丽·林肯回信说，她知道维多利亚会理解她的。

在维多利亚时代，女性会比男性更加大声而持久地进行哀悼。鳏夫重新结婚并重返工作岗位的可能性要比寡妇高得多，通常在经过几周的隐居之后就会重返世界。在 19 世纪下半叶，55 岁至 64 岁的妇女中有三分之一都是寡妇，但在同年龄的男性中鳏夫比例仅有七分之一。[11]帕特丽夏·贾兰（Patricia Jalland）在她引人入胜的研究《维多利亚时代家庭中的死亡》（*Death in the Victorian Family*）中写道，对大多数女性而言"寡妇身份就是最终的归宿，这是一种非自愿的社会流放"。[12]然而，女王是有选择的；她的自我流放是自愿的，而且拥有着其他人无法享有的特权，有些人在私下里还会对她不够坚忍克己颇有微词。例如，苏格兰作家玛格丽特·奥利芬特（Margaret Oliphant）在 1859 年经历了丈夫的死亡，她有三个孩子也在幼年时夭折。她写了几十本书，用自己的智慧养活了剩下的几个孩子。当维多利亚在 1868 年，也就是奥利芬特失去最后一位女儿的四年后与这位作家见面时，她赞许地表示，奥利芬特是一名质朴的寡妇。但奥利芬特却不太赞赏女王。她在写给出版商的信中说：

> 如果我们普通人中有任何人像女王那样对待朋友、访客以及整个社会的话，我们会……失去这些访客和朋友。我怀疑我们这些不得不孤身一人与世界做斗争、没有得到多少同情的可怜女性能否真正体谅女王"前所未有"的痛苦。一个女人如果在身边子女绕膝、拥有一个幸福的大家庭的情况下都无法鼓起勇气履行自己的职责——无论她喜欢与否——那么她肯定是个可怜人。[13]

但没有人可以强迫女王去做任何她不愿做的事。那种帮助少女时代的维多利亚夺取王冠的坚强品质如今驱使着成年的维多利亚去坚持她无悔的悲伤。

王宫大门内的维多利亚仍然在继续工作。她的日子如今分别在温莎、奥斯本和巴尔莫勒尔度过。她尽可能避开白金汉宫，因为那里太容易让她回忆起过去。她仍然会继续与大臣们进行措辞激烈的通信，参与授予荣誉和批准任命等活动，并且坚持主张她审查所有牧师人选的权力，经常会提出反对意见以及她自己的建议，尤其在涉及任命主教和大主教的问题上更是如此。她保留着自己的权力，但这些工作却不为公众所知。

338

要求维多利亚出现在公众面前的声音愈演愈烈。这让她感到很愤怒。她会斥责任何胆敢向她施压的人，责难他们不理解她有多么脆弱。1863 年，维多利亚的秘书查尔斯·菲普斯对巴麦尊说，她的三名医生"非常确信"身着盛装孤身一人出现在公众场合对她的身体健康"十分不利"。[14]她的医生们不愿把这份意见写下来，担心它可能会引起误会。

1864 年 4 月 1 日，《泰晤士报》对维多利亚的缺席正式提出抗议。那年 12 月，在阿尔伯特去世三周年那天，《泰晤士报》又抱怨了一遍。就在几天前，维多利亚曾对拉塞尔勋爵说，她无法出席议会的开幕仪式，因为这会给她带来"精神上的冲击"。当阿尔伯特陪伴在她身边时，她会感到安心，但如今他已经离去，"任何儿童心里的畏缩和紧张"都比不上她想到要出现在公众面前时心里的感受。她给拉塞尔勋爵写信说：

> 她的精神已经极度脆弱，以至于任何情绪、任何讨论、任何劳累都会给她的整个身体带来巨大的不适和痛苦。这种持续不断的焦虑情绪是与她艰难而不值得羡慕的地位分不开的，她既是女王，也是一个大家庭中的母亲，（更是王室的母亲），身边却没有一个丈夫来指导她、帮助她、安抚她、安慰她并且振奋她的情绪，她的焦虑感如此强烈，以至于她的精神已经失去了自愈的能力，变得越来越脆弱。[15]

从身体上来说，维多利亚的健康程度比她愿意承认的要好得多。但从心理上来说，她却很脆弱。她的焦虑情绪导致头痛、晕厥以及面部的疼痛和腿部的风湿疼痛。1866 年 5 月，维多利亚对拉塞尔勋爵说，她一直担心会出现"某种彻底的崩溃"。[16]她经常声称自己很可能在不久后死去。[17]一想到有数千双眼睛会将目光聚焦在她身上，她就会陷入严重心烦意乱的状态。[18] 在身处公共场合时，她会出现全身颤抖，经常无法让自己保持平静。她曾经受人枪击、被人用棍棒击中头部、遭受过虐待，还沦为寡妇；如今，她想要的是感到安全，是想要某个人来保护她。她想要的庇护很快就在一个意想不到的人身上实现了。

备受信赖的苏格兰侍从约翰·布朗在 1864 年冬天应召来到奥斯本宫为维多利亚牵马。他的医生曾命令维多利亚坚持骑马，而在苏格兰高地时，她渐渐习惯了布朗为她牵马："陌生人会让我紧张……唉！我现在又虚弱、又紧张，非常依赖那些我已经习惯并且信赖的人。"[19] 高大、帅气且很会保护人的布朗凭借他强壮的体魄和沉稳的力量振奋了维多利亚的情绪。他是在 12 月赶到奥斯本宫的；次年 2 月，她就赐给他"女王高地仆人"的永久性职位。到 11 月时，他被任命为约翰·布朗绅士。布朗开始在王室里拥有不同寻常的崇高地位，经常陪伴她一起从伦敦前往苏格兰，甚至前往欧洲。维多利亚陶醉于他的忠诚："他对我如此忠心耿耿——如此朴实、如此聪明，又如此不像一个平凡的仆人，非常开朗而专注。"[20] 他恰恰是孤独绝望的女王所需要的那剂补药。

维多利亚终于在 1866 年 2 月出席了议会开幕仪式，这是阿尔伯特去世以来的头一遭。她确保让首相拉塞尔勋爵了解到，这对她而言是一场"非常严峻的考验"。[21] 当这一天来临时，她感到心烦意乱、没有食欲。她身穿素色晚礼服，头戴寡妇帽，帽子上还戴着一顶镶嵌有钻石和蓝宝石的头冠。她安静地坐在敞篷马车里从好奇的人群面前驶过，微风吹拂着她的面纱，人群中的许多人已经有好几年没见过她了。她换了个入口进入议会大楼，以避开走廊上人群的凝视，但在拥挤的议会大楼里，维多利亚还是感觉快要晕倒。第二天，她对首相说，这次考验带来的"强烈的精神冲击让她颤抖不已、筋疲力尽且身体不适"。[22] 她戏剧性地说，仅仅是为了孩子和国家着想，她才有了活下去的渴望。

不过，她渐渐开始更多地出现在公众视野中，例如在白金汉宫接受朝拜、在奥尔德肖特检阅部队、参加表亲的婚礼、为自来水厂剪彩，以及为雕像揭幕等。当她的女儿海伦娜在 1866 年 6 月 12 日成婚时，维多利亚甚至亲自将她交到了新郎手上（尽管大主教对她说，由女性来这么做很"罕见"[23]）。1867 年，她再次出席议会开幕仪式，不过她坚持自己第二年不再被要求这么做。在她统治的后 39 年里，维多利亚只出席了 7 次议会开幕仪式，而且一次都没有宣读她自己的讲话，全都是由大法官代劳的。

维多利亚在 19 世纪 60 年代始终无法摆脱悲痛的心情，与此同时，一场推动民主的协力合作引发了一连串的骚乱、游行和抗议。致力于寻求扩大选举权的组织改革联盟（Reform League）的激进领袖约翰·布赖特（John Bright）在英国各地举行的大规模集会上发表演讲。1867 年，议会通过了《第二改革法令》（Second Reform Bill），将英格兰和威尔士有资格投票的男性数量从 100 万增加到了 200 万。[24] 维多利亚对民主化很警惕，但在有迹象显示该法案在下议院享有大多数人支持后，她对该法案表示强烈支持。她将自己视为穷人的女王，经常为"上层阶级的轻浮以及他们对下层人的无动于衷"而叹息。[25] 但她对这项关键法案产生的影响其实很小。

不过，在政治上，维多利亚没有失去一丝锐气。首相们渐渐习惯了被强势女王打击，女王却宣称自己体弱多病。斯坦利勋爵（Lord Stanley）因为发出了没有得到维多利亚批准的文件而遭到训斥，就像多年前的巴麦尊那样。[26] 她回绝了大部分正式请求，甚至是那些她最终照办的请求。她经常不愿招待外国贵宾，就算勉强愿意接见，也一定要让英国政府为之埋单。[27] 例如，在 1867 年，取代巴麦尊勋爵担任首相的辉格党人德比勋爵曾乞求女王将前往奥斯本宫的行程推迟三天，以便能够在白金汉宫与土耳其苏丹会晤 10 分钟。她的回答十分讽刺："厌恶这个词不太适用于这个话题；更靠谱的说法是，这对女王的健康而言极为不便和不利。"[28] 不过，她还是同意推迟行程两天，并要求苏丹提前一天抵达，她还派她的医生前去德比勋爵那里，以便转告她精神脆弱的消息，并再次强调她所承受的巨大负担。她再次威胁自己会"彻底崩溃"，并表示她拒绝被人霸凌或者指手画脚。这是维多利亚独特而有效的谈判策略：在斗争中示弱，并且在反复展示力量的过程中坚持自己的弱小。她的大臣们无力应对一个难相处、倔脾气的女王。只有一个人意识到这位孤独的女王想要的是受人欢迎、奉承和崇拜。

本杰明·迪斯雷利很了解魅力的力量。他于 1868 年上台执政，并对女王说，"他能够给予的只有自己的忠心"。[29] 尽管他是一名保守党人，但当他成为首相时，维多利亚仍然将其宣传成工人阶级的胜利。他此前没有担任过任何职位，也没有任何财富，作为一名犹太人的儿子，他在政坛几乎籍籍无名。在皮尔首相执政时期，迪斯雷利曾谋求政府职务但遭到拒绝，而在托利党因《谷物法》发生分裂时，他在奉行贸易保护主义的保守党的成立过程中发挥了重要作用。他被视为一个尽管天赋异禀但有些古怪的局外人，擅长撰写通俗小说。在成为首相时，迪斯雷利自豪地宣称，他"爬到了滑竿的顶端"。[30]

迪斯雷利绝非常人。他曾连续数十年身穿褶边衬衫、彩色长筒袜并头顶染色卷发，像个花花公子一般，还喜欢模仿

342

曾在 1812 年勾引墨尔本勋爵妻子的布里恩勋爵。12 岁时，由于他的父亲与所在的犹太教堂出现分歧，因此他从犹太教改宗为英国国教；这让他得以考虑自己的政治生涯，因为当时犹太人被禁止担任公职。他非常喜欢自己的妻子玛丽·安·刘易斯（Mary Anne Lewis），一位迷人、聪明、富有的寡妇，比他要年长 12 岁。

迪斯雷利还是一名成功的通俗小说家，非常喜欢描写花哨的情感。他优秀的文字天赋在他与女王的相处中派上了大用场。他写道，他希望：

> 在重要的国家大事中，陛下不会对他有所保留，让他无法享受陛下的指导带来的恩惠。
>
> 陛下的生命是在与伟大人物的不断交流以及对重大事务的确认与处理中度过的。如今所有人都承认陛下天生拥有这些伟大的能力，但即便不是如此，这些难得而非凡的经历一定也给予陛下突出的优势，世上很少有人能够匹敌，更别提在世的王公贵族们了。

维多利亚在下一次看到迪斯雷利时，她"容光焕发"地和他打了招呼。[31]

迪斯雷利不仅仅把奉承变成了一种艺术。在他给女王写的信件中，他还让政治变成了一件对她而言饶有兴趣的事，这是继墨尔本勋爵卸任以来的第一次。他会清楚地解释政治事件和辩论，既有细节也有格调。维多利亚对一个朋友说，她以前从未读过这样的信件。[32]迪斯雷利明智地遵从她在人事任命方面的意愿，尤其是涉及教会任命方面，并且表示他很乐于遵从她的命令。他还向她致以极大的敬意。在 1868 年维多利亚出版《我们高地生活的日记节选》（*Leaves from the Journal of*

Our Life in the Highlands）后，这本书首印的 2 万本很快就一售而空。迪斯雷利后来在对话中看似随意地说起了"咱们作家"这几个词。他没法说服她相信一切，却成功地控制住了她，甚至最终将这位曾经立场坚定的辉格党女王转变成了保守党保守主义事业的支持者。

不过迪斯雷利作为首相的第一个任期仅仅持续了 10 个月。[33]他在那年 12 月的大选中被最大的政敌、自由党的威廉·格莱斯顿击败。格莱斯顿是一个仪表堂堂且十分理智的人，有着老鹰般的眼睛和坚定的基督教信仰，这一点深得阿尔伯特的认可；他们两家人的大儿子曾经一同出游。格莱斯顿经常被人称作"人民的威廉"，是一个颇受欢迎且行事节俭的财政大臣，一直致力于改革。他所缺少的是与暴躁易怒的君主打交道所需要的圆滑技巧——那种墨尔本和迪斯雷利这样的人所拥有的技巧。他的妻子曾对他说要"宠着点女王"，但他不理解怎么才能做到。[34]他也没有办法用简单的方法来解释政策。他经常让维多利亚感到困惑，而后者讨厌感到自己很蠢或者低人一等。韦尔斯利教长试图用另一种方式来解释："你不能对她展现过多的尊重和礼貌，我觉得甚至连过多的温柔都不行。"[35]

格莱斯顿已经证明了自己既目光远大，又拥有巨大的政治勇气。他说，他的一项伟大使命是"安抚爱尔兰"。[36]在他的第一个任期内，即 1868 年 12 月至 1874 年初，格莱斯顿主要忙于废除爱尔兰圣公会——这是它当时的名字，尽管它是一个与英国国教有联系的少数派教会——而维多利亚是该教会的领袖。这意味着在法律上进行政教分离，并且免除爱尔兰人向圣公会支付什一税的义务——他们大多数人是天主教徒。维多利亚并不支持这一法案——她强调说，土地权应当具有优先权，而极端民族主义者会被该法案激怒。毫无疑问，一个更大的个人担忧在于苏格兰也许会效仿——甚至连英格兰也有可能——

并取消她作为当地教会领袖的身份。不过下议院中占据绝对多数的支持率——格莱斯顿称其为"国家的有力裁决"[37]——迫使她认识到，这一决定不应由她来做出，议会上下院之间的冲突将"十分危险，甚至是灾难性的"。[38]她最初曾计划对该法案表示反对，但随后还是向格莱斯顿提供了帮助，作为一名协调者协助他与上议院达成妥协。她甚至——不情愿地——推迟了前往奥斯本宫的行程，以确保该法案得到通过（尽管她还是措辞强硬地提醒格莱斯顿说，这种调解非常不同寻常，不能被视为先例）。《爱尔兰教会法案》（Irish Church Act）在 1869 年得到通过。

阿尔伯特的工作是在公众的充分注视下进行的；他让君主制显得既富有成效又值得尊敬。没了他之后，维多利亚就从公众视野中消失了，而公众对耗资巨大且人口迅速增加的王室的不满不断扩散。王室的每一次婚姻和每一个新生儿都会带来更大的开支，而且伯蒂也恣意挥霍。在 1871 年至 1874 年，英国成立了 85 个共和派俱乐部（Republican Club），对"君主制的耗资巨大和毫无用处"以及伯蒂的"不道德典范"等进行抗议。[39]格莱斯顿在 1870 年给格雷维尔写信说："女王消失无踪，威尔士亲王也不受尊重。"[40]经济疲软，王室收入过高，而法国已经在 1870 年变成了一个共和国；为什么英国不应该效仿呢？①

公共安全面临的最大威胁之一来自 1858 年在美国成立的"芬尼亚兄弟会"（Fenian Brotherhood），该组织的目标是推翻英国对爱尔兰的统治并建立一个属于爱尔兰人的共和国。

---

① 海伦娜在 1866 年成婚时得到了一份嫁妆，露易丝在 1871 年得到了一份嫁妆，阿瑟在 1871 年 7 月年满 21 岁时获得了一份津贴，而阿尔弗雷德王子在年满 21 岁时获得了一份年金，并在 1873 年成婚时又获得一份年金。——作者注

1866 年，该兄弟会曾试图从美国入侵加拿大，但未能成功。1867 年，他们在英国发动了一场恐怖运动，炸毁了一座监狱的外墙并杀害了一名警察。作为报复，该组织的三名成员被处决并成为殉道者。由此引发的过度恐慌引起了维多利亚的不快，她建议她的大臣们对任何暴力威胁简单地以中止人身保护令作为回应，这将意味着人民会无端遭到逮捕或者拘留，不过大臣们认为此举不妥。1867 年 12 月 20 日，她被告知有 80 名芬尼亚兄弟会成员乘坐两艘轮船从纽约出发，准备对英国政府发动袭击。100 名苏格兰火枪兵在奥斯本宫的马厩里驻扎下来，还有好几艘船只在奥斯本宫下方的海岸线上巡逻。维多利亚感到陷入了绝境，但当这些威胁无一成为现实时，她变得更加怒不可遏。[41]

3 个月后，在访问澳大利亚期间，一名芬尼亚兄弟会成员在悉尼开枪打伤了维多利亚 23 岁的儿子阿尔弗雷德王子。他在前往甘蓝树海滩（Cabbage Tree Beach）"拜访当地土著，观看他们的体育运动表演"途中被人开枪击中背部，并四肢着地跌倒在地。子弹留在了他的腹部。他后来对母亲说，他在后面三天时间里都难以呼吸。[42] 这名爱尔兰凶手大约 35 岁，皮肤白皙、衣着得体，后来遭到处决。

《悉尼先驱晨报》称此次枪击案是一场"巨大灾难，影响了所有阶层的人"。[43] 与其他英国本土革命运动一样，芬尼亚兄弟会在此之后遭遇挫败，并消失了许多年。

阿尔伯特希望德意志统一而强大。他将自己的大女儿薇姬安插在普鲁士王庭，希望将他的自由派理念带到这个他希望未来能够领导德意志的国家。19 世纪 60 年代，精明又投机的普鲁士外交家奥托·冯·俾斯麦决心将所有德意志邦国统一在普鲁士的统治之下。到 1871 年，他已经基本上成功了。1854

年的克里米亚战争以及 1859 年的意大利战争打破了欧洲大国——英国、法国、奥地利和俄国——之间联盟关系的稳定，留下了一个真空，而俾斯麦凭借他训练有素、装备精良的军队利用了这一真空。他在 1862 年说："现在最重要的问题无法用演讲和少数服从多数来解决，只能用铁与血来解决。"⁴⁴ 1866年，他在意大利的支持下入侵了奥地利，这场战争后来被称作"七周战争"（Seven Weeks' War）。⁴⁵ 普鲁士决定性地击败了奥地利，战后签署的条约导致有 22 个邦国统一在北德意志邦联（North German Confederation）中，而俾斯麦是该邦联的总理和领袖。⁴⁶ 但是，自从 1815 年拿破仑战争结束以来一直领导德意志邦联（German Confederation）的奥地利却被排除在外。

在新的联邦中，石勒苏益格、荷尔施泰因和汉诺威成了德意志的州。维多利亚同意阿尔伯特的看法，并对斯坦利勋爵说："一个强大、统一、自由的德意志将成为英国最有用的盟友。"⁴⁷ 但她不信赖俾斯麦，并且认为他的侵略行为"骇人听闻"。⁴⁸ 她的女婿，也就是薇姬的丈夫弗里茨——他的伯父当时是普鲁士国王——也不赞同俾斯麦通过暴力来强迫统一的做法。弗里茨曾认为与奥地利开战形同"兄弟相残"，但在普鲁士胜利后，他被证明是错误的。维多利亚敦促普鲁士国王做出可以接受的妥协，以实现和平并防止爆发更大规模的战争。

347 在餐桌旁，战争成了一个令人尴尬的话题。薇姬嫁给了一个为普鲁士人作战的鸽派普鲁士王子，爱丽丝嫁给了一个为奥地利人作战的德意志王子，伯蒂娶了一名丹麦公主，海伦娜嫁给了一个出生在丹麦的德意志王子。当维多利亚在 1869 年底开始规划露易丝的未来时，她放弃了阿尔伯特始终坚持的地缘政治姻缘。她在给伯蒂的信中写道："时代已经变了；强大的外国同盟关系看起来成了麻烦与焦虑的来源，没什么好处。有什么能比我们的家人在与丹麦的战争以及普鲁士与奥地利的战争期间所处的境地更加痛苦呢？"相反，美丽的露易丝嫁给了一名英国臣民——一名热爱诗歌的自由党政客，名为约翰·乔治·爱德华·亨利·道格拉斯·萨瑟兰·坎贝尔（John George Edward Henry Douglas Sutherland Campbell），即洛恩勋爵（Lord Lorne）。（这对夫妇一直分居两地，没有子嗣；坊间一直在流传有关洛恩性取向的流言蜚语。[49] 作为一名天赋卓越的雕刻家，露易丝有自己的秘密；据说她与雕刻家约瑟夫·埃德加·贝姆有私情，后者据信是在与她做爱时死去的。最近有一名传记作家称，她还生下了一个孩子并悄悄送给他人抚养。[50]）但海伦娜不顾母亲在政治上的反对意见执意嫁给了石勒苏益格－荷尔施泰因的克里斯蒂安王子（Prince Christian）。

王室血脉还在不断繁衍。伯蒂与母亲的关系在他娶了阿利克斯后有所改善，尽管维多利亚仍然拒绝让他承担任何官方职责。爱丽丝十分崇拜弗洛伦斯·南丁格尔并且与其相交甚好，她在 1866 年的奥地利－普鲁士战争中担任过护士，并且婚姻十分幸福，尽管她后来与母亲有所疏远，原因是她建议母亲更多地出现在公共场合，使母亲有些生气。薇姬的一个孩子西吉斯蒙德在年仅 21 个月大时就因脑膜炎夭折，而让维多利亚感到绝望的是，她无法赶到薇姬身边去安慰她。她仍在为罹患血友病的利奥波德忧心忡忡，在 1868 年他出现了一次大出血后，维多利亚决定他将成为她"生命中的主要目标"。[51] 她虔诚地每晚与他吻安。[52] 即使在他身体良好之时，维多利亚也"始终为他感到焦虑"。[53] 她对于孩子们的生活始终有一个烦恼挥之不去，那就是担心失去父亲对他们产生了巨大影响。她试图为他的缺席做出补偿，但感觉自己无法胜任这一空缺。因此，她始终在控制、斥责、命令及疼爱她的孩子，情绪复杂多变。在日记里，她再也没有描写温馨的家庭场景，而在阿尔伯特在世

348

时，她的日记里曾充斥着这些内容。从这时起，她在夜深人静之时记录的主要是遥远的苏格兰山区。

在阿尔伯特去世 4 年后的 1865 年 12 月 10 日，维多利亚深爱的利奥波德舅舅去世了。这位代理父亲的死让她"目瞪口呆"。[54] 对 46 岁的她而言，作为君主，作为 9 个孩子的单亲妈妈，以及作为一个经常因欧洲国家的战争而陷入分裂的大家族的女家长，她肩上的担子很重。她仍然认为自己始终忠于阿尔伯特的遗产，但她发现树立雕像比推行他的理念要简单得多。有一件事曾经吸引了她丈夫很大的注意力，那就是德意志的未来，而在当时，德意志正分裂成数十个小邦国。

维多利亚的悲痛既冗长又聒噪。公众感到奇怪：为什么她无法出现在议会并履行她作为君主的职责？为什么她无法短暂放下自己的痛苦，从事她由此获得收入的工作？不过，至少有两件事能够缓和人们对这位多年来未能妥善履行职责的女性的轻蔑。首先，维多利亚并非不愿工作，她只是不愿出现在公众面前。她在阿尔伯特去世后经历的严重焦虑很像是某种社交恐惧症，她对此心知肚明，却无法控制。其次，一直到近些年（也就是 20 世纪 80 年代中期以来），心理学家才开始认真研究长期悲痛——一种复杂、创伤性或者持续很久的悲痛情绪——的本质，以理解为什么有些人的悲痛情绪比其他人更严重。[55] 这是一个备受争议的课题，许多人都不愿将可以理解的悲痛情绪认定为疾病，但如今，它已经被列入了第 5 版《精神疾病诊断与统计手册》[*Diagnostic and Statistical Manual of Mental Disorders*, fifth edition（DSM-5）] 的附录中，名为"持久性复杂丧亲障碍"[Persistent Complex Bereavement Disorder（PCBD）]。

据估计，这种疾病影响着 10% 的丧亲人士，对这种疾病的研究解释了为什么维多利亚尤其容易出现深刻而强烈的哀痛情绪。[56]

女性比男性更容易经历长期悲痛，如果她们在童年失去过父亲或母亲，曾经遭受过霸凌或者控制欲很强的父母，失去了一个她们高度依赖且能够给予巨大帮助的配偶，抑或是配偶的去世既突然又出乎意料的话，她们尤其容易出现这种病症。[57]其他致病因素包括情绪紊乱史以及缺少安全感的依恋性格。维多利亚具备了长期悲痛的基本因素。[58]尽管那个时代的人们对长期哀痛十分包容，但维多利亚的避世之举超出了人们心中对寡居女王的合理期待。[59]人们最初的同情心在 19 世纪 60 年代中期，也就是阿尔伯特去世仅仅几年后就已经消失无踪了。

如今的医生有可能会实施心理治疗、为她开具抗抑郁药物，并建议进行定期锻炼、保持良好的饮食习惯。但是相反，这位统治着整个帝国却无法控制自己内心的女王，却把其他悲伤的女性聚集在自己身边，沉迷在痛苦之中。她讨厌被人告知自己还会再次快乐起来。[60]暗示情况会有所改善似乎就意味着对阿尔伯特的记忆的严重背叛。找一个替代者的想法也是不可能的，这让她的失落感变得更加明显。一名高级宗教人士对维多利亚说，她从现在起必须将自己当成基督的新娘，而她的回答是："我觉得这是胡说八道。"[61]

时间逐渐减轻了她的痛苦。但在痛苦渐渐消失时，维多利亚却仍然想念那种痛苦的感觉，她给沃特帕克夫人写信说："强烈的悲痛已经过去——我为此感到难过，因为即使在悲痛之中也有甜蜜，但持久的黑暗和阴云却始终不散。"不过，她说，她已经准备好"愉快地奋斗下去"。她花了近 3 年时间不断地说自己想要去死，而如今，她说，她想要为了自己的家人和朋友继续活下去。[62] 随着她变得日益坚强而愉快，她再次在自然中找到了快乐。渐渐地，她重新开始在日记中描写美丽的风景。在 1866 年 11 月的一个深夜，阿菲让维多利亚的女仆把母亲叫起来，告诉她说天上出现了许多流星。她不情愿地从床上爬了起来，裹了一件便袍。她站在窗前，看到了一幅壮丽的景象，星星又大又亮，流星像烟花一般从天空划过。她在那里站了半个小时，并且派她的仆人叫醒了尽可能多的人。她不希望任何人错过这个场面。

23
女王的种马

> 布朗是个粗野的家伙……但他却对女王有着无限的影
> 响力，而且对女王毫无尊重……王室上下都在说他是"女
> 王的种马"。从肉体上来说他是不错的，就是有些粗俗。[1]
>
> ——威尔弗雷德·斯考恩·布伦特
> （Wilfred Scawen Blunt）

> 天知道我多么想要被人照顾。[2]
>
> ——维多利亚女王，1865 年

首先，约翰·布朗是一个现实的存在。当这位男仆与维多
利亚待在一起时，他会为她划船，在舞池里与她翩翩起舞，并
且引导她攀爬陡峭的高地小径。他会抱着她骑上马鞍，替她制
服攻击者，在她走不动时背起她，并且高坐在她的马车上。在
维多利亚的女儿比阿特丽斯编辑的日记中几乎看不到布朗的痕
迹；他总是突然出现，就像是从阴影中走出一般，在需要他的
时候，在河水太深、马匹太倔、铁道太颠、道路太过湿滑的时
候，他总是应召前来。[3]但是，从这些零散的记录中，读者可
能无法看出布朗几乎总是在维多利亚的身边。女王每到一处他
都会相伴左右：仅仅几年时间后，她就将毫不羞耻地称他为自
己最好的朋友。流言蜚语称，他可不仅于此；甚至连维多利亚
的孩子都把这个魁梧的苏格兰人称作"女王的种马"。否则该

如何看待君主与仆人之间这段非比寻常的关系？作为一名统治者，维多利亚坚定地遵守着礼仪。但作为一个女人，她遵从的却是自己的本能。八卦传播者可以去死了。约翰·布朗让她感到快乐。

维多利亚总是被直接、不做作和真挚的人所吸引，因此立刻就对这个在巴尔莫勒尔工作的年轻男仆留下了深刻印象。1850 年，在她 31 岁时，她将他描述为"一个帅气、高挑的 23 岁小伙，头发卷曲，为人幽默，乐于助人"。⁴10 多年后，在阿尔伯特去世后，当他被要求前来照顾女王时，他欣然应允。他将成为她生命中最亲密的朋友——比莱岑、墨尔本或者其他任何过客都要亲密。维多利亚在约翰·布朗的陪伴下度过了 18 年时间，几乎与她和亲爱的阿尔伯特一同度过的时间一样长。

在 19 世纪 60 年代末，维多利亚仍然过着某种隐居生活。当她 1868 年出现在白金汉宫的一场游园会上时，熙熙攘攘的人群让她感到不知所措。她已经隐居了近 7 年时间。在那些年里，她的日记内容始终平淡、枯燥又重复，缺少了她常见的热情与好奇（偶尔也有例外，例如她所描写的两名来自南卡罗来纳的连体女孩的访问，她们为她唱了一首二重唱⁵）。悲伤的沉淀压缩了她的世界；甚至连引人注目的外事活动也是按照她的心情好坏来描写的，至少一开始是这样。她的日子仍然被接二连三的死亡所笼罩。光是在 1870 年这一年，她就失去了布吕歇尔伯爵夫人（Countess Blücher）、格雷将军（General Gray）、她的医生詹姆斯·克拉克以及她过去忠心耿耿的家庭女教师莱岑。⁶在 1872 年，她的姐姐费奥多拉的离世是"无可挽回"的损失。⁷悲伤但坚强的维多利亚活得比生命中如此众多的重要人物都要久。随着她过去的亲朋密友不断离世，女王开始暴饮暴食，她放松了裙围，并且患上了风湿病、牙痛和头痛。

但是，在她的臣民等待女王出现的同时，有关一个男人得到她的喜爱并垄断了她的注意力的流言蜚语开始传播。这个高个子苏格兰人是不是把她拐跑了？当被指责在苏格兰期间忽视女王职责时，她没有感到丝毫内疚：她将自己视为决定所谓职责究竟包括哪些内容的唯一仲裁人。[8] 她拒绝推迟前往巴尔莫勒尔的旅程，甚至连需要参加议会开幕式或者处理内阁危机时依然如此。[9] 王室私库管理人（Keeper of the Privy Purse）托马斯·比达尔夫爵士（Sir Thomas Biddulph）说："女王会以琼斯夫人的身份与人交谈，而且想住哪里就住哪里。"[10] 国之重臣们抓耳挠腮地看着女王的马车在街道上颠簸驶过，车上站着一个令人熟悉的 6 英尺 4 英寸高的人：身穿苏格兰短裙的布朗，他正警惕地盯着任何有可能靠近女王的人。

令人最震惊的是布朗的随便。难以想象一个人会像他那样跟女王说话。财政大臣、保守党人凯恩斯勋爵在巴尔莫勒尔举行的一场男仆舞会——王公贵族与仆人们一起跳舞的场合——看到他时简直目瞪口呆："我从来没想到有人会像他那样粗鲁地对待女王。"[11] 一名律师曾见到布朗试图给女王别一条格子花呢围巾，维多利亚动了一下，别针刮到了她的下巴。布朗随后喊道："诶，女人，你能脑袋保持不动嘛！"[12] 俄国皇后曾写道，布朗对待维多利亚的态度"就像是在对待一个小孩子一样"。[13]

然而，在其他人看来粗鲁无礼的举动对维多利亚而言却是令人耳目一新的毫无保留。这种率真正是她在失去阿尔伯特后一直渴求的那种亲密。在与维多利亚以及她的其他侍女一起走在高地陡峭的山坡上时，简·丘吉尔的脚被裙子边缘绊了一下，摔倒在地。布朗把她扶了起来，直言不讳地说："你不如女王陛下重。"维多利亚对此笑道："我说，'你觉得我体重增加了吗？'他直白地回答说："嗯，我觉得是的。'"14

　　许多人觉得女王对礼仪和绯闻的不管不顾令人难堪。愤愤不平的德比勋爵在日记中列举了女王令人"产生怀疑"的所有行为：

354

　　　　在公园偏僻部分乘车途中漫长的独处；经常在她房间陪侍左右；私人信息由他来转交给上层人物；当他为她牵马或者驾驶马车时刻意避开他人视线；一切都显示出她挑选了这个男人来结交友谊，而这是相当荒唐的，与他的地位毫不相称。公主们会拿这件事开玩笑——这么做或许不太明智——并且称他为"妈妈的情人"。

　　维多利亚甚至允许并纵容布朗酗酒。一天下午，当他躺在自己房间的地上醉晕过去，无法为她驾驶马车时，亨利·庞森比①二话不说跳上了马车。（维多利亚容忍手下仆人的饮酒问题：当她收到一份报告称，一名男仆喝醉酒并且把一盏台灯摔在了台阶上时，她仅仅在报告边缘写上了"可怜的家伙"几个字。15）布朗越来越表现得像是个中间人，让那些上层人物恼怒不已。他们无法如愿见到女王，反而却见到一个直言不讳的大胡子苏格兰人，此人从来没有时间拘泥于细节。当朴次茅斯市长前来觐见女王，并询问她能否前往该市参加一场阅兵式时，布朗仅仅是把脑袋伸进房间，然后说："女王说了，当然不行。"16市长悻悻地退下了，显然受到了刺激。德比担心，

①　老练的庞森比曾是阿尔伯特的侍从，在1870年被任命为女王的私人秘书。作为一名自由党人，他将与妻子一起在王室内发挥巨大的民主影响。他的妻子玛丽·布尔蒂尔（Mary Bulteel）倡导女权主义，聪明得让女王觉得有点吓人。不过，女王对庞森比渐生依赖，并且赞赏他对布朗的宽容——他曾将布朗称作"自然之子"。——作者注

没有人愿意告诉女王其他人是如何看待布朗以及她与布朗的关系的。

维多利亚没有意识到的是布朗对她的孩子产生的影响，他们都看不起他，而且愿意投入相当大的精力来摧毁有关他们的母亲与一个男仆之间亲密关系的任何记载。他的酗酒、咒骂和霸道态度对王宫内的年轻人没有多少吸引力。伯蒂、阿尔弗雷德、露易丝和利奥波德变得尤其厌恶布朗。[17] 他们觉得他既粗俗又做作，而且对母亲对他的喜爱感到恼怒不已。当露易丝订婚并开始规划她的家庭时，她对庞森比说：“我不会让一个穿着苏格兰短裙的荒唐男人随时随地跟着我。”[18]

维多利亚是一个相信她的亡夫仍然存在于现实世界的女人，她被布朗表面上的第六感所吸引，而这种第六感对高地人来说其实是习以为常的。当王室在 1861 年离开巴尔莫勒尔时，布朗对她说，他希望她能身体健康，而且“最重要的是，愿你的家庭里不再有死亡”。那一年有 3 个人死去，包括阿尔伯特在内。布朗的话反复在维多利亚脑海中萦绕，“就好像它们是某种奇怪的预感”。[19] 这让她对他的神秘力量深信不疑。许多人仍然相信，她把他当作降神会上的灵媒，试图通过他来接触阿尔伯特；鉴于她对唯灵论 ① 的兴趣，这种说法是有可能的，但从未得到过证实。一名作家曾经将布朗称作“穿着苏格兰短裙的拉斯普京（Rasputin）”。[20]［后来被真正的拉斯普京迷惑的沙俄皇后亚历山德拉·费奥多罗芙娜（Alexandra Feodorovna）在与母亲爱丽丝一起拜访外祖母维多利亚时曾见过约翰·布朗。[21]］

维多利亚将布朗的薪水加倍，给了他一栋房子以供他退休后在巴尔莫勒尔生活，并且把他擢升为“女王的高地仆人”，

① 认为死者的灵魂可以和生者交流。——译者注

355

还给他颁发了奖章。她命令巴尔莫勒尔的资产管理人去查询布朗的家谱，并且惊喜地发现他与苏格兰最负盛名的家族有血缘关系。她早就知道布朗血统纯正。

在阿尔伯特去世后的 5 年时间里，女王一直避开公众的视线。而在 1867 年，数千人涌入了一年一度的皇家美术学会春季展。展出的画作中有一幅巨大的帆布画，由埃德温·兰西尔爵士（Sir Edwin Landseer）创作，名为《女王陛下在奥斯本宫，1866 年》。在画作中，女王横坐在一匹光滑的深色马上，身穿一贯的黑色衣服。她在阅读一封从地上的公文箱里拿出的信件，她的宠物狗就躺在公文箱旁。她的对面站着一个身着黑色苏格兰短裙和外套的高个子，神情严肃地拽着缰绳。在阿尔伯特死后的岁月里，这就是女王消磨时间的方式吗？

这幅画引发了一场丑闻。《星期六文学评论》（*Saturday Review*）的美术评论员写道："如果任何人站在这幅画前观赏一刻钟，并且听取观众的评论的话，他就会发现画面中出现了多么轻率的行为。"[22] 没过多久，流言蜚语就变得十分下流：女王和布朗先生是情人关系吗？她是不是怀上了他的孩子？他们有没有秘密结婚？一名美国访客在 1868 年说，令他目瞪口呆的是，他经常能听到人们将女王称作"布朗太太"的粗俗玩笑。他写道："我听说，女王疯了，而约翰·布朗是她的看护人；女王是个唯灵论者，而约翰·布朗是她的灵媒。"[23]

维多利亚很喜欢这幅画，并且订购了一幅版画。她拒绝改变自己的行为方式。当她在 1867 年听人小心翼翼地暗示说她不能带着布朗一起参加海德公园举行的一场阅兵式，原因是他们预计人群会嘲讽他时，她愤怒至极。她用自己一贯的自怨自艾与固执己见粉碎了这个主意，声称这会让她既紧张又沮丧，而布朗对她而言是一个安慰。在就她的心理健康问题进行了漫长讨论后，内阁终于决定不再向她施加压力。她的内科医生詹纳医生对他们说，任何"强烈的兴奋感都会让她剧烈呕吐（很少有什么事情能让她兴奋）"。而且，如果她无法得到这种源于"本性"的安慰的话，"对她心理状态的影响有可能会很危险"。[24] 大臣们在内阁会议桌前面面相觑：如果他们要求女王将布朗留在家中的话，女王会呕吐？如果她呕吐不出来的话，她有可能发疯？最终阅兵式被推迟了。

在寂静无声的时刻，当凝望迷雾缭绕的高地或者温莎城堡的绿色草坪时，维多利亚会感到一阵萦绕不去的内疚感。她的悲伤有所缓解的事实是否意味着她背叛了阿尔伯特？在他人的陪伴中寻求安慰是对还是错？她对韦尔斯利教长袒露了自己的心迹，后者安慰她说，"悲伤情绪渐渐消失"是完全正常的，而且是一种比当初盲目的悲伤更加持久的爱的证明。他进一步对她说，她应当将这种安慰看成是来自上帝的礼物。[25]

357

很少有哪个话题像维多利亚女王与约翰·布朗的关系那样遭到如此无端的猜测和粗略的记载。大多数流言蜚语都毫无根据。例如，有一个故事说，维多利亚从马车里跳出来，消失在了一间小房子里，并且生下了约翰·布朗的孩子，然后容光焕发地拿着香槟酒出现在人们眼前，任何曾经生过孩子或者见过生孩子的人都会觉得这个故事荒唐可笑。[26] 大多数流言都源自随着时间流逝而神秘失踪的文件档案所引发的诱人故事。作家 E.P. 蒂斯德尔（E. P. Tisdall）声称自己拿到了一份据说是维多利亚亲笔书写的信件，她在信中对约翰·布朗说她喜欢他，这封信据说是被布朗撕碎丢在垃圾桶里后，被人在垃圾桶里发现并拼凑起来的。不过，这封信已经丢失了，它的真实性以及传说中与维多利亚笔记的相似度从未得到过考证。

一则经常被人提及的趣闻来自伯蒂的一个声名狼藉的情

人，名叫凯瑟琳·沃特斯（Catherine Walters）。当伯蒂委托雕刻家约瑟夫·埃德加·贝姆来捕捉她美丽的容颜时，贝姆对沃特斯说，他在巴尔莫勒尔应女王的要求雕刻一尊布朗塑像的三个月里见到了许多可疑的举动。沃特斯随后向一个朋友吐露说：

> 布朗是一个粗鲁无礼的家伙……他对女王有着无限的影响力，而且对女王毫无尊重，竭尽所能地利用他与女王的关系。王室上下都在说他是"女王的种马"。从肉体上来说他是不错的，就是有些粗俗，他有着漂亮的眼睛（据说与已故的王夫很像），而深爱着丈夫的女王不知怎么地开始相信亲王的灵魂进入了布朗体内，在经历了4年非常不幸福的寡妇生活后，她给了他各种特权……她曾经与他一起去山区的一栋小房子里，号称是为了保护并"照看她的宠物狗"，而他的卧室就在她的卧室边上，侍女的卧室却在房子的另一端……贝姆看够了他与她之间的亲密关系，毫不怀疑他获得了"一切婚姻中的特权"。27

有关女王秘密结婚的流言蜚语不只见诸报端，还出现在一些大人物的日记里。28 曾经担任维多利亚牧师的诺曼·麦克劳德在1872年临死前坦白说，他主持了女王与约翰·布朗的婚礼——这一故事被人记了下来，但是删掉了部分关键点。鉴于维多利亚坚定认为寡妇不应再婚，以及布朗在1870年差一点与另外一名女子结婚的事实，这种事不太可能发生。但完全有可能发生的是某种形式的承诺或者交换或者仪式，即布朗将他母亲的婚戒交给女王；而他实际上是放弃了自己的婚姻，以便侍奉并爱戴她一人。

不过，我们还可以肯定的是，王室采取了一切可能的办法来摧毁任何有关维多利亚与布朗关系的证据，这种做法在维多利亚生前就开始了，一直延续到她死后。伯蒂对他母亲这位高地仆人的痛恨延续到他继位成为爱德华七世之后，整个王室家族也都对于他们的女族长和君主竟然痴迷于一个喜欢酗酒和骂人的平民而感到极为难堪。这也是为什么，即使是最不显眼的信息也能发出最响亮的声音。

在苏格兰低地最南部顶端附近距离特威德河畔贝里克不远的地方有一个小镇，曾经当过 20 年维多利亚医生的詹姆斯·里德爵士（Sir James Reid）的档案被保存在一栋石质宅邸中。里德医生是一个稳重可靠、备受尊敬的人，从 1881 年到维多利亚生命的最后，一直得到她的信任和仰赖；她就是在他的臂弯中去世的。她曾下达严格指令，要求只有詹姆斯爵士一个人可以在她死后抬起并移动她的遗体，因为他以行为得体而谨慎闻名。他用自己小巧而灵敏的手坚持记录着完美无瑕的日记，记载了他每天的行动和医疗预约。在 1883 年的一天，他记载了一个十分奇怪的景象。当他打开温莎城堡里维多利亚的房门时，他看到她正在与约翰·布朗眉来眼去地调情，并且"走了两步"。

布朗撩起自己的苏格兰短裙，对她说："噢？我还以为它在这里。"

她笑着撩起自己的短裙，回答说："不，它在这里。"[29]

从这段记载中，我们不清楚这个"它"指的究竟是什么。[30]不过可以明显看出的是，詹姆斯爵士对这段对话产生了足够的兴趣，并且认为它足够重要，需要记在他的黑色小日记本里。对话揭示出了一种非同寻常的亲密程度。我们无法了解这种亲密的确切性质是什么，但这个此前从未公开发表过的趣闻片段

359

显示出维多利亚与布朗之间存在一种过分的亲密关系，不仅超出了女王与仆人之间的正常范畴，甚至也超出了任何异性朋友之间的正常范畴。第一个有权接触维多利亚所有日记的伊丽莎白·朗福德（Elizabeth Longford）在 1964 年出版了一本洞见深刻的维多利亚传记，她一直坚持认为维多利亚与布朗之间只存在柏拉图式的关系。她最近写道，如果布朗曾经是维多利亚的情人的话，那么"她的众多朝臣、侍从、侍女、更衣女仆、'按摩师'、朗读者或者其他人会在某个时候碰巧看到某些东西的"。[31] 朗福德所不知道的是，詹姆斯爵士的确看到了。

或许令人产生最长时间思考的一件事是，伯蒂被别人用一叠维多利亚与亚历山大·普罗菲特（Alexander Profeit）之间的信件敲诈勒索的报告。普罗菲特是巴尔莫勒尔的管理人，非常讨厌布朗，而这件事是在翻阅保存在皇家档案馆之外的医生笔记本时才被发现的。维多利亚与普罗菲特之间总计有约 300 封信件往来，在维多利亚去世后的那几年，普罗菲特的儿子很清楚他的这一发现有多么重要，而且有可能带来多么大的好处。詹姆斯·里德爵士被派来代表伯蒂从普罗菲特的儿子手里拿走这些信件，他在经历了为期半年的谈判后，最终于 1905 年成功完成了这一任务。不知道为了换取这些信件或者说它们的内容，伯蒂究竟花了多少钱。这些信件立刻就被烧毁了。里德在一本绿色的笔记本上就这些信件留下了寥寥几笔的记载，但笔记本在他死后也被销毁了。我们目前能看到的仅有他在日记中对这些笔记的描述。他写道，这些信件"非常败坏名声"。[32]

尽管如此，研究者始终没有得出维多利亚与约翰·布朗相爱的结论。如果这么做，就是在暗示维多利亚与约翰·布朗之间有一段炽热、强烈和持久的性关系。维多利亚从未隐瞒她和布朗的关系——他们如果真的是情人关系的话，她肯定不会那么肆无忌惮的。[33] 但不可否认的是，他们之间的关系充满暧昧、热情与亲密。他们会在荒野里独处好几个小时，豪饮威士忌——或者约翰·布朗所谓的"烈酒"（sperruts）——而在偏远地区住宿时，他们彼此之间的房间离得很近。很难想象这样一个激情又孤独的女性会对一个粗犷的苏格兰人的吸引力完全免疫。我们永远也无法知道究竟发生了什么；他是否曾握住她的手，或者怀抱着她在巴尔莫勒尔附近远离人们视线几英里远的山区里坐着。在情人与朋友之间，亲密关系存在着一千种可能。他们有可能彼此有过拥抱、亲吻和爱抚。有那么一两次，维多利亚可能背对他蜷起身子，以提醒自己感受身边人的温度是怎样的感觉；她比布朗要矮上整整一英尺。对那些认为偶尔的温柔时刻不会与一名君主的道德和举止相矛盾的人来说，他们肉体上的关系采取何种表现形式实在无关紧要。

可以肯定的是，维多利亚女王很爱约翰·布朗。事实上，这是一场真实存在的丑闻。这种爱不是她所熟知的与阿尔伯特之间的爱，她在那段爱情中是一个倾情付出的弱者角色，始终在一个被她视为神明而非平等对象的男人的指导下努力"提高自己"。她从未体验过父爱，在很长一段时间里，她也不信任自己所获得的母爱，而墨尔本勋爵更像是一个导师而非快乐的伙伴。她对约翰·布朗的爱是独一无二的。他比维多利亚小 7岁，两人之间还横亘着一道无法逾越的社会鸿沟。即便如此，他仍然把她当作一个女人，而非女王来对待。在维多利亚看来，婚姻应当存在于一个"主人"与一个怀有崇敬之心、表现恭顺的妻子之间。婚姻有可能存在于一个统治世界的女人与一个为她照管马匹的男人之间的想法对她来说一定荒唐可笑，也会违反她对于婚姻关系的基本概念。但她的确爱他，就像一个女人去爱一个保护和喜欢她的男人一样。

由于这段关系如此不可能，因此维多利亚可以允许自己将

361

它当成一段热情似火的友谊。很明显，从里德对他们私密世界的一瞥中可以看出，他们之间的亲密程度会令整个社会感到震惊。他们肉体上的关系究竟到了什么程度或者是什么性质，我们永远也无法得知。维多利亚与布朗的关系就像第二次婚姻一样，但是有着截然不同的动力——而且尽管她百般否认，但这种动力的确非常符合女王的心意。渐渐地，她的生活重新迎来了色彩。当露易丝成婚时，她的母亲同时佩戴上了红宝石与钻石首饰。[34]

在欧洲大陆上，奥托·冯·俾斯麦正在梦想统一的德国能够崛起为欧陆的超级大国。俾斯麦的胃口受到了 1866 年普奥战争（Austro-Prussian war）的刺激，在那场战争后，有 22 个北德意志邦国组成了一个邦联，由普鲁士领导。如今，他想要利用一切奇迹将这些邦国更紧密地团结在一个中央政府的统治下，并且囊括南德意志那些仍然独立的邦国，包括巴伐利亚和黑森 – 达姆施塔特。他相信，有一个办法可以实现这个目标，那就是刺激法国使其宣战，以迫使德意志南部的邦国与军事实力强大的北部邦国组成联盟对抗它们共同的敌人。俾斯麦昭然若揭的野心令法国备感威胁，当一名普鲁士王子被认为是西班牙国王的可能人选时，法国咆哮着发出自己的反对意见。这名普鲁士王子的名字后来最终被撤回，但随后发生的外交怠慢（善于操纵局势的俾斯麦对此夸大其词，并重新起草了一份重要文件）最终说服法国必须发动进攻：该国于 1870 年 7 月向德意志宣战。[35] 在南德意志与北德意志结成联盟后，普鲁士领导的德意志军队拥有了相当于法国两倍数量的士兵。

在经历 16 年前克里米亚战争的难堪战况后，维多利亚迫切地想要维持英国的中立。她仔细阅读报纸上的伤亡记录，并反复敦促格莱斯顿增加英军士兵的数量，认为这是"绝对必要

362

的"。³⁶她要求了解战备程度、陆军与海军的士兵数量，以及造船厂的状况。

维多利亚觉得这场冲突毫无意义，而且对于自己的女婿们相继参战感到十分痛苦。她坚持认为，"唯一的办法是尽可能不去管这些事，并且让人们平静下来。对我而言，去做任何事，而不是宣布中立和谨慎，都是无济于事的"。³⁷不过，她的心还是站在德意志一边。³⁸（然而，这并没有阻止她同意英国向法国出售武器和马匹，此举触怒了普鲁士。）她只祈祷战争能尽快结束，并且不断安慰薇姬和身怀六甲的爱丽丝；她的这两个女儿都在一边等待自己军人丈夫的消息，一边在医院里照料伤员。身处苏格兰高地的维多利亚在巴尔莫勒尔的商店门前停了下来，购买了一些棉布来制作绷带。

战争持续了不到一年时间。在 1870 年 9 月的色当战役之后，法国领导人拿破仑三世宣布投降，并且与手下的 10.4 万名士兵一起被俘。³⁹普鲁士的胜利是决定性的。他们的人数更多，这在一定程度上要归功于征兵制度的使用以及他们的铁路系统、对克虏伯钢制大炮的使用以及协调有序的动员。这标志着欧洲均势的结束，而英国与法国此前已经主宰了欧洲半个世纪。如今，德意志帝国正在崛起。德国占领了阿尔萨斯和半个洛林地区，而法国将试图在第一次世界大战中将其赢回来。德意志如今在普鲁士的威廉一世国王统治下正式统一；它在 1871 年 1 月成为一个单一国家。与此同时，意大利占领并兼并了教宗辖地，这片领地自从 8 世纪起就处在教宗的直接统治之下，但此时已经失去了拿破仑三世的保护。欧洲的大国格局每年都在发生变化。

在战争过程中，革命派巴黎公社在 1870 年 9 月 4 日发动政变，使法国成了一个共和国。⁴⁰法国皇后欧仁妮前来英格兰避难。心怀同情的维多利亚前去接见她，并且详细地记载了她的逃离过程和心中的恐惧——从那位认出戴着帽子和斗篷的她并大喊"上断头台！"的流浪儿，到挤在马车里行驶在颠簸的道路上、如地狱般难以忍受的旅途等，不一而足。[41] 不列颠群岛再次躲过了革命；他们敦实的女王没有面临任何危险。

随着年龄的增加，维多利亚渐渐变得更加倾向于保守主义。年轻时，她曾经对查尔斯·狄更斯所描述的穷人的生活产生过强烈的兴趣，但并没有对造成贫穷的原因产生过兴趣，还经常指责那些对造成贫穷的原因进行抗议的人。她在1870年对第一项《爱尔兰土地法案》表示支持，该法案规定佃户的产权如果发生任何变化将得到补偿，但她又匆忙向首相指出，"明显缺少对地主的同情"。[42] 她写道，将问题的"全部责任"归于地主很不公平，佃户们不应就此认为他们可以为所欲为。（女王承认这些问题是由僵化的阶级差异造成的，但她并未就解决方案提出过建议或者思考，而换作阿尔伯特的话是会这么做的。）

这并不意味着女王不愿看到穷人的境遇有所改善。[43] 当她在1870年会见查尔斯·狄更斯时，她将他描述为"非常和蔼可亲，声音和举止令人愉悦"。当3个月后狄更斯在58岁的年纪去世时，维多利亚写道："他有着广博而充满爱心的思想，对穷苦人民有着强烈的同情。他相信，随着时间的流逝，各阶层之间将实现更亲密的氛围和更团结的联合。我真诚地祈祷它能实现。"[44] 然而，女王并没有就有可能消除贫困的措施提出任何建议或者思考，而她的丈夫在世时是会这么做的。

维多利亚更喜欢逃避而非探索。她撰写了一些大受欢迎的书籍，描述她在苏格兰度过的时光——例如1868年出版的《我们高地生活的日记节选》以及1884年出版的《更多节选》（*More Leaves*）——主要讲述的是家庭生活，并且温馨地聚焦于她的家人，这些书籍还助长了认为她无所事事的看法。不过，正如阿瑟·庞森比指出的那样，维多利亚仍然一如既往地固执己见：

> 不需要进行多少研究就能找到这样一个日子，她在那天的日记中记录了某起毫无趣味、无关紧要的事情，而在她那天的信件中，你还能找到一封写给首相或者私人秘书的信件，用她最激烈的言辞表达了她想要干预某件国家大事的愿望。不过这些全都被排除在了她的信件集之外，公众——包括激进派，甚至在一段时间内还包括共和派——也感到很满意，因为一个整天傻傻地沉湎于苏格兰休憩生活的君主不会产生多少危害。[45]

作为单亲妈妈，她能够敏锐地感受到孩子福祉的重要性。她与深受她喜爱的薇姬之间仍保持通信。在伯蒂与温柔、优雅的丹麦公主亚历山德拉成婚后，她和伯蒂的关系也回暖了，不过，她在赞赏他受人欢迎的同时，也警告他要注意自己急躁、鲁莽的行为。居住在诺福克桑德灵厄姆府（Sandringham House）的伯蒂还是过着喝酒、赌博、追求女性的日子，而他的妻子则经历了一系列疾病和怀孕。女王试图对伯蒂采取的控制以及亚历山德拉的社交生活成为许多人闲聊的话题。[46]

1869年，伯蒂一位绯闻情人——哈丽雅特·莫当特（Harriet Mordaunt）——的丈夫揭露了他的不端行为，引发了一场严重的丑闻。伯蒂坐在桌前给母亲写信时心里出现了一阵毛骨悚然的感受，他想起了父亲临死前对内莉·克利夫登事件是多么失望。1870年2月10日，他给女王写信说："我痛苦地感到有责任通知您（我之所以称'痛苦'，是因为您在知道您的长子被迫在法庭上出庭作证后一定是这样的感受），我已接到 C. 莫当特爵士之律师的传唤，将于下周六在彭赞斯勋爵

365

（Lord Penzance）的法庭上出庭作证。"[47] 女王对自己的儿子给予支持，并且相信他是无辜的。W.E. 格莱斯顿首相也有样学样。在伯蒂出庭发表了信心满满的证词后，法官宣布哈丽雅特是疯子。伯蒂接下来继续无忧无虑地狂欢作乐、追求女色。他丝毫不担心针对他的污蔑中伤，但他还是被广泛认为是一个放荡者。

维多利亚如今关心的是她年纪居中的几个孩子。26 岁的阿菲常年酗酒，而且纵情于一名他在马耳他驻扎期间认识的年轻女子。他的母亲不相信他表现出的冷淡态度，并且觉得他"敏感、暧昧又任性"。[48] 不过，她和 27 岁的爱丽丝实现了某种形式的重修旧好。维多利亚批评海伦娜生出的孩子"过于普通"，[49] 批评她总是生病、身材矮胖，而且看起来比她 24 岁的年纪要老。[50] 露易丝的婚姻令人担忧且毫不幸福。聪明的利奥波德竭力忍耐着他被困家中的生活，顽强抵抗着反复出现的大出血和腿伤。他的兄弟姐妹认为母亲对他们这个病体缠身、行动受限的兄弟保护过度，并且提出了抗议；维多利亚却坚定地认为，他们不应该纠结于利奥波德错过的事情，而应该去想想他仍然能够做些什么。她觉得，她的孩子们毫无感恩之心，而且非常愚蠢地不愿接受她的建议。[51] 同时身为一家之长和一国之主对一个人来说几乎难以承受。伯蒂还如此令人失望，简直太糟糕了。

最小的孩子们仍然温柔可爱。阿瑟即使到了 20 岁仍然跟父亲长得很像，只有在把头发弄成中分时才会让母亲感到烦恼。[52] 13 岁的比阿特丽斯是最受宠爱的，也是维多利亚最想留在家里陪自己的孩子。维多利亚试图推迟她的成年，阻止她夜间外出，并且尽可能地延后了她进入社交界的舞会。维多利亚哀伤地写道："她是我身边仅存的孩子，没了她我活不下去。"[53] 孙辈们嬉笑着在她的宫殿里跑来跑去，维多利亚十分宠爱他

366

们——尤其是那些长得漂亮的孩子——同时也抱怨说他们怎么那么多。在她的孙辈身上，她体验到了收益递减效应：她只对其中两三个孩子感兴趣，但是"当他们每年都要多出三个来时"，她对身为母亲略带歉意的薇姬说："生孩子这件事只会让我自己的孩子们感到焦虑，没有什么兴趣了。"[54]

在阿尔伯特去世后的 10 年里，维多利亚变得越来越自私。她无法抑制的悲痛和抑郁导致她通过一种以自我为中心的角度来看待所有事情——甚至连外交事务最初也是依照对她思想状态的影响来评估的。那些最适应她需求的人，例如约翰·布朗和比阿特丽斯，会受到称赞，而那些不适应的人，例如格莱斯顿，会被拒之门外。[55]她怪自己的孩子不理解她的重担。当女儿露易丝订婚时，维多利亚一点也不为她感到高兴；一想到又失去了一个女儿，她就难过。[56]当阿菲在圣彼得堡举行婚礼时，她拒绝前往。她写信给薇姬说，孩子结婚时只会让她感到抑郁。这是她错过的第一场自己孩子的婚礼，但她向薇姬承认说："我现在非常讨厌出席婚礼，觉得婚礼既悲伤又痛苦，尤其是女儿的婚礼。"[57]她还错过了外孙威利在普鲁士的坚信礼。当威利的母亲薇姬表示抗议时，维多利亚回答说："我很累。"[58]

女王的坦率还用在了前来她宫廷做客的贵宾身上。例如，当她接见作家托马斯·卡莱尔时，她将他描述为"一个长相奇特、行为古怪的苏格兰老头，声音有气无力得令人感到忧郁，还带着显著的苏格兰口音，喜欢滔滔不绝地讲述苏格兰以及一切堕落的事情"。[59]（他反过来对她"和蔼的微笑"和她"相当迷人"的外表进行了一番夸张的赞扬。他对自己的姐姐说，不可能"想象一个比她更有礼貌的娇小女子了"。[60]）

到 1870 年，人们开始用一种近似恐慌的态度来看待维多利亚。他们如何才能让她再次出现在公众面前？她的孩子和大臣都持有同样悲观的看法：她的避世隐居正在伤害君主制度。[61]

她远离人们视线的时间越久，她的臣民对她的喜爱就越少。庞森比感到很沮丧："如果她既不是行政首脑也不是荣耀源泉，更不是展示焦点的话，那王室的尊严将荡然无存。"[62] 甚至连迪斯雷利也很郁闷。他担心君主制度会面临危险，这种危险并非来自任何共和运动或者战争，而是来自"威信的逐渐流失"：女王已经让人民认为即使没有她，他们也能过得很好。[63] 人们越来越感觉到，对君主的喜爱是不会自动恢复的，反而有可能因为她的缺席而被耗尽。

1871年底，维多利亚身体抱恙——这是她自少女时期罹患伤寒以来，最严重的一次生病。她仍在康复时，伯蒂突然发起了高烧，症状与10年前阿尔伯特的病情诡异地相似。整个王室都陷入了恐慌。维多利亚三次赶往伯蒂与阿利克斯一同居住的桑德灵厄姆府，希望能亲吻到他退烧的额头。她忧心忡忡地站在他房间里的一扇屏风后面，仔细聆听着他的呼吸。她从未像那段日子那样爱过他，她甚至觉得自己有可能会失去他。[64] 成千上万的信件和电报纷至沓来；公众的悲伤情绪也很强烈。人群拥挤在报馆周围，等待着最新消息。[65] 牧师在礼拜日布道中向上帝祈祷，祈祷伯蒂能够活下来。在失去重要亲人的悬崖边摇摇欲坠的王室赢得了整个国家的好感。正如英国人一直到阿尔伯特死后才认识到他的天赋一样，一份报纸沉思地说，或许伯蒂也是如此。他拥有另一种天赋，虽然不够聪明，但更有亲和力：在履行仪式性职责时表现出的亲切感，"对体育运动的英国式热爱"，以及一种对王室而言非常有用的性格特点："显然他很愿意应邀参加任何人举办的奠基仪式或者市集开业典礼。"[66]

368 　　伯蒂能够活下来被认为是一个奇迹。心怀感激的维多利亚写道："我们都感觉，如果上帝饶恕了他的性命的话，那一定是为了让他开启一段新生活。"[67] 格莱斯顿抓住机会利用了人们对君主制度再次燃起的喜爱之情，建议于 1872 年 2 月 27 日在圣保罗大教堂举行一场激动人心的感恩仪式。维多利亚在教堂里感觉很无趣，而且觉得圣保罗大教堂"又冷、又沉闷，还很昏暗"[68]，但顶着寒风在阴沉的天空下站在教堂外的数百万民众发出的呐喊声让她产生了得意扬扬的感觉，她拽起伯蒂的手激动地挥舞着。《泰晤士报》郑重地宣称，那一天对伦敦人来说是"非常神圣的一天"。[69]他们希望向女王展示她仍然一如既往地受到爱戴。他们由于看到她本人而产生的喜悦与伯蒂的康复一样都是值得庆祝的理由。

这一时刻揭示了一个伯蒂迅速领会到的道理，而他的母亲从未领会过：英国公众需要仪式和盛典，需要有机会能够一瞥身着盛装的君主。她的臣民热切盼望的并不是一个共和国，而是一个时常现身的女王。正如哈利法克斯勋爵所说，人民希望他们的女王看起来像一个女王的样子，头戴王冠、手拿权杖："他们希望自己花的钱能够物有所值。"[70]女王觉得这样令人烦恼，但她的儿子却本能地理解了这种表演的重要性。他站起身向整个国家挥手、鞠躬，而他的母亲则希望这个国家无论如何都一如既往地爱戴她。

仅仅两天后，维多利亚就在乘车进入白金汉宫时再次遭到枪击。凶手很快就被布朗抓住喉咙并被迫松开了手枪，她则将一切归功于布朗的"精神集中和行动敏捷"——"只有布朗一个人看到他在周围晃悠并对他产生了怀疑"。[71]为此，她创立了一个新的奖赏类别——"维多利亚忠诚服务勋章"，以奖励"向君主忠诚献身的非凡行为"，勋章由黄金制成，一面上还刻着她的头像。（布朗似乎是这一勋章的唯一获得者。[72]）她还心满意得地在他宽阔的胸前别上了一枚银色勋章，以表彰他"长期忠诚的服务"。[73]布朗不仅复苏了她对生活的热情，还救了她的命，当他们在苏格兰高地策马扬鞭之时，这种想法一次次在她的脑海中浮现。[74]

369 　　维多利亚仍然十分渴望回到她空间越来越小的家中。随着年纪的增长，她变得越来越内向，对噪音的讨厌也几乎能够比得上她对炎热的讨厌了。孩子们大喊大叫的声音让她感到烦躁，她也已经相信，她的神经在因为工作、焦虑和叛逆的孩子而变得十分紧张后，已经永远也无法复原了。[75]她给薇姬写信说：

> 　　我知道你有很多困难——你的处境一点也不容易，但我的处境也充满了考验和困难，以及令人不堪重负的工作——需要的是我永远也无法获得的休息。这个庞大的家庭有着越来越多的人数和利益，是一个巨大的难题，也是我必须给自己增加的负担。由于缺少一个丈夫兼父亲的角色，因此让所有人满意（完全不可能做到），保持公正公平以及和蔼可亲，以及还要经常保持沉默的工作对我而言要求太过苛刻，十分令人恐惧。[76]

　　唯一能够让她获得彻底休息的地方是被称作"格拉斯奥尔特希尔"（Glassalt Shiel）的小别墅，它位于苏格兰高地墨黑色的米克湖旁，隐藏在湖边雪山的冷杉林中。[77]

　　渐渐地，她的力量恢复了。她再次开始跳舞、旅行。她甚至再次鼓起勇气看起了活页乐谱，而她的双人二重奏钢琴谱经常让她回想起阿尔伯特。最终，回忆给她带来的快乐超过了痛苦："过去似乎以一种奇特又美妙的方式向我袭来。"[78]

　　维多利亚很少梦见阿尔伯特。相反，她经常梦见自己的母亲。她写道："已婚生活已经完全结束了。我觉得这是我又一次产生自己与她一同居住的感觉的原因。"[79] 在 1871 年她 52 岁生日那天，维多利亚写道："孤单一人，一如既往。"[80] 她没有丈夫，作为统治者和母亲也没有正式的伴侣。但她却拥有布朗，一个与她的关系超越了任何分类的男人：最好的朋友、参谋、亲信、伴侣、知己。维多利亚经常对布朗说："没有人比我更爱你。"[81]

他会严肃地回答说："也没有人比我更爱你。"他比她的孩子跟她更亲密，据亨利·庞森比所说，他也是唯一可以"提出反对意见并且说服女王去做不愿做之事"的人。[82] 当她生病时，她连儿子和女儿都不叫，却会把布朗叫来。维多利亚的财务经理（王室私库管理人）托马斯·比达尔夫抱怨说，如果她的家人前来的话，"会让她立刻死掉的"。[83] 正如她向薇姬解释的那样：

> 当一个人挚爱的丈夫去世、孩子成婚后——就会感觉一个朋友，一个能够将自己的忠诚献身给你的朋友，是你继续走下去所需要的唯一的东西——他会完全支持你。并不是说你对孩子的爱会有所减少——但你会感觉，随着他们渐渐长大成人、各自组建家庭，你对他们的用处就不多了，他们对你的用处也不多了（尤其是在上层阶级）。[84]

1877 年 1 月 1 日，维多利亚给布朗寄去了一张贺卡，卡片的正面是一位家庭女仆的画像。她在贺卡正面写道："致我最好的朋友 JB/ 来自他最好的朋友 V.R.I."贺卡里这样写道：

> 我派我的女仆
> 带来新年贺信，
> 信中话语将证明

> 我的信念与挚爱
>
> 你是我心里最珍贵的宝藏，
>
> 对她微笑一如对我微笑
>
> 让你的答案充满爱
>
> 并且给我带来快乐。[85]

布朗用他的一生给出了答案。

24
仙女王觉醒

> 女王说："我不明白你所说的你的路是什么意思，这里周围的所有道路都属于我。"[1]
>
> ——刘易斯·卡罗尔（Lewis Carroll），《爱丽丝镜中奇遇记》（*Through the Looking-Glass*）

> 多么大的勇气！多么强的力量！多么旺盛的精力！[2]
>
> ——本杰明·迪斯雷利谈维多利亚女王，
> 1879年11月26日

1875年6月的一个上午，维多利亚在弗罗格莫尔庄园（Frogmore Cottage）吃早餐时注意到了温莎城堡地面上蜂拥而来的"众多小青蛙"。[3]它们有数千只之多，"在草坪和道路上跳跃、爬行，看起来数量还在增加……让草坪看起来就像是活的一样！"深感恐惧的她命令仆人清理道路长达几个小时，直到道路上完全没有这些"恶心"生物的痕迹为止。这些小青蛙会让她的皮肤产生刺痛感。一名自然学家对她说，这些青蛙远道而来是为了在温莎城堡的池塘里繁育后代，很快就会消失，就像蝗灾一样。维多利亚虽然后来曾不遗余力地拯救一只老乌龟的生命，并且一想到狗狗们遭遇疼痛就流眼泪，却仍然觉得这些青蛙看起来"非常令人不快"。[4]

一年之后，青蛙消失了。温莎城堡的道路被清理干净，草坪和树篱也被修剪整齐。女王的生活既秩序井然又温馨舒适；她让自然和世界都屈服于她的喜好。但是，她周围的政治版图却在迅速发生变化：土耳其帝国正在衰退，奥地利对欧洲的掌控渐渐减弱，统一的意大利和德意志影响力不断增加。土耳其雇佣兵对发动叛乱的保加利亚人（他们当时是奥斯曼帝国的一部分）犯下的血腥罪行让整个欧洲震动。1876 年 7 月，俄国诗人伊凡·屠格涅夫（Ivan Turgenev）在一趟前往圣彼得堡的列车上写下了一首诗，题为《温莎城堡的槌球游戏》，他在诗中将维多利亚喜欢击打的槌球比喻成在土耳其民兵脚下滚来滚去的保加利亚妇孺的头颅。[5] 她的裙边浸泡在血水中。俄国出版社拒绝发表这首诗，担心会冒犯维多利亚；但这首诗的手抄版却广为传播。[6]

土耳其人的暴行令人毛骨悚然。保加利亚人的头颅被插在杆子上或者堆在推车上，孕妇被开膛破肚，一排排的胎儿被插在刺刀上炫耀，孩子被卖作奴隶或者小妾，妇女遭到残忍强奸，许多人被锁在教堂里活活烧死。[7] 一名记者写道："基督教徒的头颅就像球一样在市场里的土耳其人之间翻滚。"[8] 然而，英国很少有人对这起维多利亚时代最严重的暴行产生愤怒情绪。迪斯雷利觉得它不过是"咖啡厅中的胡言乱语"。[9] 女王很肯定这些故事都被故意夸大了。毕竟，土耳其人是他们的盟友。英国人已经花费了多年时间保护土耳其人的边境免受俄国蛮子的威胁。

议会在调查土耳其人行动方面动作慢得令人难以原谅。即使在暴行的残忍程度已经昭然若揭之后，迪斯雷利仍然对它们的性质进行了轻描淡写，极大地低估了公众的情绪。他计划继续向日渐衰落的土耳其提供支持，以抵抗来自俄国的入侵，主要目的是保护英国前往印度的贸易通道。他的直觉是错误的。最终是新闻媒体迫使政客们对此事进行了全面的调查——尤其是《每日新闻》在 6 月 23 日发表了一篇报道，认为死难基督教徒的数量在 1.8 万到 3 万之间。[10]

自从 500 年前奥斯曼土耳其占据了周边的保加利亚后——保加利亚就位于奥斯曼土耳其北部边界的西侧——保加利亚人一直对他们的统治（主要是军事统治）愤怒不已。当他们在 1876 年发动叛乱时，土耳其人的报复来得非常迅速。大多数针对基督教徒的报复行为都是由"巴什波祖克"（bashi-bazouks）发动的，他们是一群野蛮的雇佣兵，就连他们自己都偶尔要受到其所效忠的土耳其军队的管教约束。维多利亚将他们描述为"可怕而残暴的破坏者……脸型瘦长、胡须挺立，身上不穿制服……匕首就插在腰带上"。她很信任固执己见的迪斯雷利，但她也开始意识到这些传言之中存在一定真相。

在克里米亚战争结束 20 多年后，欧洲病夫土耳其再次面临崩溃的威胁。东方问题没有得到解决。如今有两件相互矛盾的事情让英国十分关心：一个是他们的盟友土耳其的稳定，另一个就是土耳其领土上基督教徒的命运。[11]煽动者们强调说，欧洲其他国家应当进行干预，以保护这些基督教徒。另一方则担心这么做会让俄国有借口代表保加利亚的东正教基督徒向土耳其开战，因为他们正寻求俄国的保护。俄国仍然决心肢解土耳其，并且通过君士坦丁堡获得进入地中海的入口，而英国则决心维持土耳其的完整，以保持自身在该地区的权威和前往印度的通道。

当格莱斯顿在报纸上读到土耳其人的暴行后，如今 66 岁、已辞去自由党领袖职务并处于半退休状态的他感到怒不可遏。[12]他认为，这不仅是文明对抗暴政的斗争，而且是黑暗对抗信仰的斗争。作为一名辞职后一直从事撰写神学著作工作的基督徒，他对于其他基督徒受到的宗教迫害感到尤为愤怒。他在自己的床榻上撰写了一份措辞尖锐的小册子，要求土耳其人离开保加利亚。他最著名的作品《保加利亚恐怖与东方问题》（*Bulgarian Horrors and the Question of the East*）出版于1876年9月6日，并立刻成为畅销书。该书在出版的第一个月就卖出了20万本。但更青睐现实政治而非高尚品格和干涉主义的维多利亚称他仅仅是在"火上浇油"。[13]

格莱斯顿比迪斯雷利更懂得如何阅读民众的情绪；这一点如今十分明了。他身材匀称、智慧过人，喜欢戴领结，脸上习惯性地保持着严肃的表情。他已经在众议院任职44年，担任过多个职位。随着有关土耳其问题的辩论愈演愈烈，他迅速成为反对派中最具权威的人物。他还非常讨厌迪斯雷利：他们相互之间的鄙视和竞争成为那个世纪最激烈的政治对抗。

到1876年，整个国家都被煽动了起来，要求政府采取措施的压力越来越大。公共舆论站在格莱斯顿一边，认为有必要采取行动保护保加利亚人。托马斯·卡莱尔——与约翰·拉斯金一道（他曾将迪斯雷利和格莱斯顿称作"两支老风笛"[14]）——领导了部分旨在反对土耳其人并抗议其在保加利亚驻军的会议，这些会议的总数多达数百场。查尔斯·达尔文向一个救济基金捐了50英镑。[15]维克托·雨果对迪斯雷利等人不屑一顾地认为这些恐怖事件仅仅是夸大其词的倾向进行了一番讽刺："被长矛尖抛来抛去的孩子实际上只是被刺刀给刺死的。"[16]当时22岁的奥斯卡·王尔德正在牛津大学研究经典著作，并且作为一个长发飘飘、神形颓废且喜欢手拿向日葵的唯美主义者而名声在外，他给格莱斯顿寄去了一首自己写的诗，题为《有关保加利亚基督徒大屠杀的十四行诗》（*Sonnet on the Massacre of the Christians in Bulgaria*）。[17]

不过，维多利亚很生气。她进行了一番令人不可思议的思维杂技，目的是以某种方式将土耳其的暴行归咎于俄国，并且将煽动反土情绪归咎于格莱斯顿。格莱斯顿是一个微不足道的

"麻烦制造者和叛乱煽动者"。[18] 日益保守的女王斥责女儿薇姬不应对自由派事业展示同情。维多利亚的理念是，英国应当向俄国阐明，如果俄国人入侵君士坦丁堡的话，他们会保护土耳其的利益，这样大英帝国的声望就能得到维护。她的内阁在这一问题上意见不一，但迪斯雷利同意她的看法；他们一起在1877年8月就此与俄国人进行了秘密沟通，这一举动尤为非同寻常，因为连外交大臣都被蒙在鼓里。在克里米亚战争结束后的20年里，对这场灾难性的战争有过很多研究，而议会内外的很多人都认为，如果英国对于保护土耳其表现得更加强硬的话，俄国一开始就不会入侵了。维多利亚与迪斯雷利的核心关注点是保护英国的权力。

迪斯雷利的错误之处在于拒绝毫不含糊地在公开场合对暴行进行谴责。他担心改善巴尔干斯拉夫人的命运有可能在国内引发问题；这会让爱尔兰人自治看起来更加符合逻辑。但是除了拆散令英国感觉受辱的三皇同盟之外，他的目标并不明朗——三皇同盟是俾斯麦在1873年组建的德国、俄国和奥匈帝国之间的同盟关系，该同盟的目标是控制东欧——"在迪斯雷利看来，这是对英国声望的侮辱"。[19] 对格莱斯顿来说，外交政策中道德因素很重要。而对迪斯雷利来说，权力因素很重要。

本杰明·迪斯雷利是一个不太可靠的首相。他喜欢穿华丽而庸俗的天鹅绒外套，像是个花花公子一般，戒指戴在手套外面，额头正中还有一撮卷发。他喜欢留山羊胡子、在脸颊上搽胭脂，并保持着略带疲惫、引人发笑的表情。迪斯雷利利用自己的魅力进入了英国社会的核心，但他却是一个局外人（迄今为止，他仍然是英国历史上唯一一位犹太裔首相）。在两次出任首相的间隙，他写了一部畅销小说，题为《洛泰尔》

（*Lothair*），那是他的第 16 部小说。在 19 世纪中晚期，撰写流行小说的天赋被认为是一件有些可疑的事：他没有像其他绅士那样从事"经典、历史或者宪法研究"，反而写了一部"花哨的浪漫故事"，对一些人来说，这个故事"再次唤醒了过去的怀疑，那就是一个充满想象力、外表突破传统的犹太裔知识分子，是不是带领保守党取得胜利的合适人选"。[20]

不过在 1874 年，迪斯雷利让他的批评者大跌眼镜。他的保守党自 1841 年之后首次赢得了议会中的多数席位。兴高采烈的维多利亚狡黠地给薇姬写信说："你看过有哪个首相像格莱斯顿这样遭遇过如此全体一致且势不可挡的议会解散结果吗？它显示出他有多么不受信任，不受欢迎！"[21] 阿尔伯特曾经很喜欢格莱斯顿，认为他智慧严谨、信仰坚定。但维多利亚却对他表示怀疑，并且得出结论，认为他是"一场巨大灾难"。她觉得他天资聪慧，却是个糟糕的政治家，仅仅为了原则就以巨大的政治代价推动立法。薇姬认同父亲的自由主义理念，自然更加接受格莱斯顿，但即使是她也感到他有些自相矛盾且"难以理解"——一个糟糕的政客。维多利亚真的对他的巨大声望感到疑惑不解，而在这种声望消失时，她感到欢呼雀跃："格莱斯顿先生是一个非常危险的大臣——而且非常不讨人喜欢，这很棒。"[22]

格莱斯顿还是一个孤傲而缺乏魅力的家伙。更糟糕的是，他十分无趣；从来不会说下流话或者参与八卦讨论。[23] 诗人兼小说家埃米莉·伊登（Emily Eden）说，格莱斯顿不会交谈，只会说教："即使把他泡在沸水里冲洗，然后拧成一股绳，我也不觉得能挤出一滴乐趣之水来。"他的简报通常都非常复杂而无聊。维多利亚抱怨说，他对她说话的方式就仿佛她是一场公开会议似的。自鸣得意的迪斯雷利说："格莱斯顿把女王当作一个公共部门来对待；我把她当作一个女人。"[24] 格莱斯顿雄辩的口才没有得到女王的注意，她也变得越来越讨厌他表现出的傲慢态度。他完全缺乏墨尔本、布朗和迪斯雷利表现出的温暖和亲密感。用罗斯伯里夫人的话说："格莱斯顿先生有可能是一个博学奇才，但他永远也无法理解男人，更别提女人了。"[25]

迪斯雷利理解女性。一名曾坐在格莱斯顿身边的女性声称："我认为他是英国最聪明的男人。但当我坐在迪斯雷利身边时，我觉得自己是最聪明的女人。"[26] 这正是魅力的最重要本质：一种非凡而讨人欢喜的专注力。甚至当维多利亚与迪斯雷利产生分歧时，她仍然觉得他很有魅力，她曾对罗斯伯里勋爵说："当我们出现分歧时，他总有办法……用一种非常有说服力的方式来说'亲爱的女士'，然后把脑袋歪在一边。"[27] 对一名首相而言，维多利亚的青睐仍然足够重要；它将成为迪斯雷利所获支持的来源和格莱斯顿痛苦的根源。

在那些喜欢取悦于她、对她讲真心话并且寻求她认可的男人身边，维多利亚会犹如花朵一样绽放。阿尔伯特曾经会让人感到自己很愚蠢——格莱斯顿也是如此。但迪斯雷利却让维多利亚重拾自信。当造访奥斯本宫时，他甚至觉得她有可能拥抱他："她满脸笑意，像一只小鸟一般在房间里四处穿行，与人闲聊。"[28] 女王惦记着他的痛风，甚至请他坐下来——这是继墨尔本勋爵之后第二位获得这一待遇的首相。与墨尔本一样，迪斯雷利也在悼念自己妻子的死，他与妻子玛丽·安一同度过了33年时光。他对维多利亚产生了真挚而深沉的喜爱。[29] 他在妻子死后对埃莉夫人说："我热爱女王，或许她是我在这个世界上剩下的唯一还爱的人。"[30]

从许多方面来说，迪斯雷利都是阿尔伯特的反面。他的传记作者罗伯特·布雷克描述他为"骄傲、派头十足、思维活跃、慷慨大方、情绪丰富、喜好争论、生活奢侈、夸张做作、钟爱阴谋论、喜欢密谋"。[31] 与阿尔伯特不同，他认为女性在智力上与男性处于平等地位。[32] 迪斯雷利在写到自己的男秘书蒙塔古·科里（Montagu Corry）时说："我对他的喜爱超过其他任何男性，但是通常来说，除了涉及工作之外，男性社会不太符合我的口味。"[33] 甚至连他的小说也主要是为女性而写的。对他来说，女性无法投票或许是一件不幸的事；毫不意外的是，他支持女性投票权这一想法。

迪斯雷利浮夸的穿着、爱炫耀的性格、对土耳其洗浴的喜爱、与男性友人之间亲密的友谊，以及对老年女性的热爱导致一些历史学家暗示他要么是同性恋，要么是双性恋。没有任何确凿的证据支持这种说法，而且他的确拥有一段持久而幸福的婚姻。威廉·库恩（William Kuhn）对迪斯雷利的著作进行了语法分析，以寻找同性恋和娘娘腔的迹象，他主张，这些故事在一个同性恋需要被保密的时代实际上是一种自传体小说：一直到 1861 年，鸡奸行为还会被判处死刑。[34] 库恩得出的结论是，迪斯雷利"拥抱了某种双重性，某种有意识的暧昧，无论是在性别上还是在情感上，他都既爱男性也爱女性"，另外，他与蒙塔古·科里之间"不仅仅是朋友关系"。在他看来，迪斯雷利有可能是"我们今天所说的同性恋"。[35] 他的传记作家罗伯特·布雷克仅仅暗示，他有点像派头十足的奥斯卡·王尔德，后者在有妻室的情况下还曾与男性保持过性关系——这种比较的含义再明显不过了。

1877 年春天，俄国终于入侵了土耳其，目的是向保加利亚人提供支持并团结东正教基督徒。维多利亚将其视为对她个人的羞辱。战争每过一个月，她的决心就强大一分，对俄国人的仇恨也在爱国主义的外表下日益强烈。她说："俄国人的每一次失败都让我感到高兴。"[36] 庞森比指责迪斯雷利将这场争端简化成女王与沙皇之间的一场棋局。迪斯雷利行事很聪明，他用内阁的分歧来制约女王，同时又用女王的固执来刺激内阁。[37] 维多利亚将那些与她意见不一的人轻蔑地称作傻瓜或者叛徒。在她看来，她和迪斯雷利代表了"英国的帝国主义政策"，而格莱斯顿只不过是一个"情绪化的"圣战者。她开始在自己的信件中提及"不列颠之狮"，威胁说"如今雄狮已经苏醒，是会咬人的"。[38] 俄国必须知道，英国已经准备好在必要的情况下参战。

在危急时刻，维多利亚的长处与短处同时显现：她忠诚、爱国，充满责任感，但与此同时，她缺少理解对手立场的能力，固执己见，并且喜欢将事情理解为善与恶之间非黑即白的史诗级斗争。她认为犹豫不决的人十分软弱、缺少决心，并对迪斯雷利说，她打算亲自去鞭打俄国人。[39] 当维多利亚无法让议会屈服于她的意愿时，她感到非常痛苦。在 1877 年 4 月至 1878 年 2 月间，她曾经 5 次威胁退位，声称自己宁愿退位也不愿见证自己的国家"亲吻野蛮人的双足"。[40] 她谴责议员缺少爱国精神和正派作风："身为一名立宪君主制中的女王，无法去做正确的事令人感到非常痛苦。我宁愿愉快地抛弃一切，过上宁静的退休生活。"[41]

公文如同成群的蝙蝠一般从维多利亚的城堡和别墅中飞出。迪斯雷利对他的朋友布拉德福德夫人说，"仙女（他后来喜欢这么称呼女王）每天都要写信，每个小时都要发电报"。[42] 迪斯雷利和女王如今已经成了工作上的伙伴，维多利亚经常将两人并称为"我们"。当迪斯雷利获得所在党派的支持以紧急召回议员开会、扩大英军规模并且参与直接仲裁时，她给他的奖励是公开表示支持。继她在 1841 年前往布罗克特（Brocket）拜访墨尔本勋爵后，她首次前往位于休恩登庄园（Hughenden Manor）的首相家中共进午餐。

在 1878 年夏天，维多利亚在身处巴尔莫勒尔的 4 周时间

379

里共收到了 1.1 万封电报——大多数与东方问题有关。在那年的 3 月，俄国人秘密强迫土耳其接受了《圣斯特凡诺条约》（Treaty of San Stefano），该条约创建了一个幅员辽阔得令人警惕的独立保加利亚。但 6 月 13 日举行的柏林会议（Congress of Berlin）废除了这项条约；在长达一个月的时间里，迪斯雷利与外交大臣索尔兹伯里勋爵在普鲁士和奥地利的帮助下，与俄国和土耳其谈妥了新的条款，不费一枪一弹就摧毁了《圣斯特凡诺条约》。保加利亚实现独立，但面积更小了，威胁性不仅对周边国家更小，对英国也更小了。迪斯雷利还设法为英国夺得了塞浦路斯——虽然没有明显的合法性。他每天都要通过信件向女王汇报。虽然已有 73 岁高龄但仍然顽强而活力充沛的迪斯雷利花了好几个月时间来游说、斡旋、社交，并且与喜欢喝香槟酒、身材臃肿的俾斯麦一起抽雪茄，直到协议最终达成为止，把他累得筋疲力尽。这一协议一直维持到 1918 年；俄国向地中海的扩张得到了遏制；欧洲暂时得到了保护。俾斯麦对他的英国新朋友称赞道："那个犹太老家伙就是关键人物。"[43]

迪斯雷利于 7 月 16 日回国，迎接他的是欢呼的人群和满堂的喝彩：这将是他担任首相期间最重要的时刻。战争得以避免，英国也得到了想要的东西。维多利亚给他寄去了一封信和一束花。花朵一直是他们之间友谊的重要组成部分：她经常会从奥斯本宫给他寄去樱草花和雪花莲，他将它们称作一份"仙女的礼物"。正如在墨尔本勋爵时代坚定地站在辉格党人一边一样，维多利亚如今是一个坚定的保守党支持者。在柏林会议的谈判取得胜利后，她发誓要对自由党人发动报复："他们对国家造成的伤害是无法恢复的，我永远也无法忘记。"[44]她年纪渐长，但力量日益增强，活力也得到恢复，而且她无意识地遵循了阿尔伯特的建议，沉浸在某种外在的事务中，以忘掉痛苦。在迪斯雷利担任首相期间，她曾三次出席议会开幕仪式。[45]
而且她从来没有真正原谅格莱斯顿。

女王。教会。帝国。迪斯雷利正是这样来定义保守党的理念的，也是这样来影响未来一个世纪的保守党论述的。[46]维多利亚有如被他施了魔法的君主，他给她带来许多头衔和大量的土地，仅仅为了取悦于她。帝国的战利品是足以令人满意的奖赏。迪斯雷利设法夺取的第一样东西是苏伊士运河近一半的股份，这是 1875 年以 400 万英镑的价格从破产的土耳其驻埃及总督那里购买而来的。剩余的股份归法国所有，由于驶过苏伊士运河的船只中有四分之三都是英国船只（大部分是前往印度的），因此迪斯雷利抓住了这一机会，防止法国获得全部股份。第二天，维多利亚赞赏地给阿尔伯特的传记作者西奥多·马丁写道，迪斯雷利"对于英国应当具有的地位拥有非常宏大的思想和非常崇高的理想。他的思想如此伟大和恢宏，他对大小事务的理解如此迅速，比格莱斯顿要强多了"。[47]

本杰明·迪斯雷利几乎凭借一己之力完成了保守党的现代化改造。在他看来，政治必须聚焦于社会正义、改革和英国人的福祉。他的政府是一个具有社会进步性的政府，从一个属于贵族和上层阶级的保守党转变成了一个属于民主和大众的新政党。他凭借高超的策略在 1867 年的改革法案上击败了格莱斯顿，将选举权扩大到了所有家庭——并且给予富有男性不止一张选票——然后提出了他自己的略微更加进步的法案。当这项法案失败后，他将其简化为家庭选举权；而当修改后的法案通过后，他因为整个改革而受到赞誉。这种大师般的政治策略巩固了他作为未来政党领袖的地位，激怒了格莱斯顿，并促成了对保守主义的重新定义。一名评论家曾说，迪斯雷利在工人阶级中看到了新一代的保守党选民，就像是雕刻家在"宝石中看到天使一样"。[48]工人阶级的保守主义自此成为英国政治的一

381

个关键特征，涌现出了斯坦利·鲍德温、温斯顿·丘吉尔、哈罗德·麦克米兰和爱德华·希思——以及近些年的玛格丽特·撒切尔和约翰·梅杰等人物。但迪斯雷利既很务实，也有原则。在《第二改革法案》通过后不久，他就努力确保保守党在农村地区的席位不会受到新近获得选举权的工人阶级的威胁，因为他们有可能会把保守党赶下台。[49]

在迪斯雷利的领导下，贫民窟被推倒，替换成了新式住宅，新的措施被制定出来，以鼓励储蓄。在 1875 年，他通过了一系列进步法案以保护劳工权益，强调劳工权益与财产权一样重要。[50] 其中两项法律确保工人在合同条款被违反时与雇主拥有同样的追索权，并且将不诉诸武力的罢工纠察队合法化，保护工会免受谋反罪指控。《农牧地租借条例》（Agricultural Holdings Act）意味着佃农可以因对土地的改良而获得补偿。《公共卫生法案》（Public Health Act）将铺设人行道和道路照明变成强制规定，建立了地方检疫部门，并且强制要求新建大楼安装自来水和排水系统。1878 年的《工厂法案》禁止 10 岁以下儿童工作，而 10 岁至 14 岁儿童按规定只能每天工作半天，女性工作时间每周不超过 56 个小时。其他一些新的法律为城市建设工人阶级住房提供了贷款。[51] 渐渐地，在维多利亚的注视下，英国变成了一个更加公平、更加现代的国家。

还有一些法律，迪斯雷利仅仅是为了取悦女王而大力推动的。第一项便是 1874 年的《公开崇拜管理法》（Public Worship Regulation Act），旨在清除罗马天主教会的影响。（格莱斯顿对此表示反对。）第二项是 1876 年通过的《禁止虐待动物法》（Cruelty to Animals Act），该法强制要求研究人员证明任何对动物造成痛苦的实验都是绝对必要的，并且确保这些动物接受麻醉。最后，迪斯雷利强制通过了一项法案，赋予维多利亚印度女皇（Empress of India）的头衔，尽管该法案遭到了强烈反对，还有人指责说，这仅仅是为了确保女王在面对自己的儿媳玛丽亚女大公（Grand Duchess Marie，她是俄国沙皇亚历山大二世的女儿）——玛丽亚坚持要求自己被称呼为"皇室殿下"（Her Imperial Highness），而非"王室殿下"（Her Royal Highness）——以及女儿薇姬时享有优先地位，她的女儿薇姬在弗里茨继承普鲁士王位后晋升为德国皇后。其他人则暗示，此举是为了让她的孩子在德国皇室中拥有更高的地位，维多利亚则称，这种说法"绝对错误"。[52] 自从英国在 1858 年接管印度后，她就认为这一头衔已经是她的了，只是没有正式宣布而已，对这一头衔的反对让她感到困惑。毕竟，伯蒂刚刚完成了一次对印度的成功出访，他在那里虚张声势地进行了一番猎虎和猎象活动，让东道主对他着迷不已。1876 年 5 月 1 日那一天，她被正式宣布成为印度女皇。这是她最为自豪的时刻之一。她用羽毛笔轻蘸墨水，仔细地签下了"维多利亚女王 & 女皇"（Victoria R&I）的名字。

但是，悲剧仍然在维多利亚的生命里挥之不去。她的年龄渐渐增大，如今已进入知天命之年，每过一年，丧亲之痛都会增加一分。1873 年 5 月的一个上午，爱丽丝的两个儿子埃内斯特与弗里德里克·威廉（Ernest and Frederick William，后者也被称作弗里茨或者"弗里蒂"）正在玩捉迷藏。爱丽丝离开了他们一小会儿，把头探出门去，叫保姆过来照看孩子们。突然间，还在蹒跚学步的弗里茨走到了床边，爬上窗台，然后翻了下去，摔在下方的阳台上。他母亲的尖叫声穿透了墙壁；下方街道上的旁观者纷纷转过头来。这个身患血友病的小男孩已经不省人事。他没有摔断任何骨头，但出现脑出血，并因此夭折。

383

几乎就在 3 年后，也就是 1876 年，海伦娜还在襁褓中的儿子也出现了一系列抽搐并夭折。身处苏格兰的维多利亚心如刀绞，一直在眼前看到那个孩子的幻象，她原以为这个孩子能够痊愈的。王室埋葬了又一个小型灵柩，这次是安放在温莎城堡圣乔治教堂的地下室里。维多利亚在脖子上挂了一个装有孩子头发的盒式吊坠：为什么悲痛情绪如此绵延不绝？她如是想道。可怜的海伦娜。还有可怜的爱丽丝。当爱丽丝的丈夫、黑森－达姆施塔特公爵路易斯在 1877 年去世时，爱丽丝的工作量翻了三倍。维多利亚想到，自己必须为这个可怜的姑娘安排一个假期。即使是在战争期间，有孕在身的爱丽丝也仍然坚持在医院里工作，负责给士兵包扎并清洗伤口。在 1878 年夏天，维多利亚掏钱让整整一家人在英格兰南部海岸边的度假圣地伊斯特本度了一次假。

病魔似乎从未远离王室血脉。1878 年末，位于黑森－达姆施塔特的爱丽丝一家感染上了白喉。爱丽丝仔细照看着她的 5 个孩子，红肿的眼睛里写满了担心。11 月 16 日那天，她 3 岁的女儿梅（May）不幸逝世。不久后，爱丽丝也病倒了。当女王听说爱丽丝病倒后，她泣不成声，赶忙派遣她的医生前往黑森，并焦急地等待着报告。她向伯蒂和利奥波德征询意见，并且迷信地在蓝色房间里祈祷，那里正是爱丽丝在她生命中最黑暗的日子里照料她父亲的地方。12 月 14 日，也就是阿尔伯特去世的日子，爱丽丝也撒手人寰：刚好是在 11 年后。她年仅 35 岁。

约翰·布朗给维多利亚带来了电报，在她不住哭泣时一直站在她身边：

> 这个贴心、多才、杰出、温柔、高尚而亲切的孩子
> 在她亲爱的父亲生病期间以及之后以各种方式支持我、

帮助我，表现得非常令人钦佩——在父亲去世纪念日这天，她竟然被召唤到父亲身边，简直令人不可思议，难以理解！[53]

悲伤拉近了家人的距离。[54]伯蒂在失去这位深受他喜爱的童年淘气玩伴后悲痛地一病不起，他口齿不清地对维多利亚说："好人总是被带走，坏人总是留下来。"[55]仅仅三个月后，薇姬的小儿子瓦尔德马（Waldemar）就因白喉去世。薇姬再一次深受打击。当造访英国的行程结束时，她哭了起来；她希望更加频繁地前来探访，但维多利亚却不总是允准。薇姬严谨、冷静的头脑——这是阿尔伯特悉心培养的结果——在她作为妻子和母亲的新角色中几乎没有用武之地。她心怀渴望地告诉维多利亚："总体而言，可以说不聪明的女人是最幸福的，如果经历尽可能平顺的一生真的意味着幸福的话。"[56]她的大儿子、未来的德国皇帝威廉的手臂残疾让她很烦恼，威廉也渐渐成长为一个粗鲁、可憎和无礼的年轻人。[57]

从这时起，维多利亚将开始对爱丽丝的5个失去母亲的孩子展示出特别的关心。她不知道的是，其中一个孩子将被指责为引发一场革命的罪魁祸首。爱丽丝的女儿亚历山德拉（Alexandra）嫁给了沙皇尼古拉二世，并将血友病基因传给了儿子阿列克谢（Alexis）。她将受到自称圣人的拉斯普京蛊惑，因为他拥有安抚这个男孩甚至为他止血的神秘能力。

1879年，女王迈入花甲之年。她的头上终于长出了白发。她感觉自己老了，爱丽丝的死让她"失去了活力"。[58]她如今变得十分肥胖，身高似乎也变矮了。[59]卡文迪许夫人在1879年3月17日的日记里写道，尽管身穿一身黑白礼服的女王在一场婚礼上举止优雅，但"我觉得女王陛下变矮了，是一个比以往更矮小的女子"。维多利亚坚持要求画师给她画上符合君主身份的严肃表情，但在私下里，她却非常嫌弃自己"又老又丑的脸"。[60] 不过，在外孙女索菲（Sophie）的眼中，她就像是一个小洋娃娃："我亲爱的外祖母是一个非常娇小——非常非常漂亮的小女孩。"[61] 在她的两个男人——布朗和迪斯雷利——的热烈感情影响下，她变得更加强大。令人几乎难以想象的是，仅仅 4 年后，她生命中的这两大支柱将彻底消失。

第五部分
女王，女皇

25
足以杀死任何人

光是女王就足以杀死任何人。[1]

——威廉·格莱斯顿

至于不满何时会固化成憎恶，很难确定一个精确的时间。但对维多利亚来说，1880年起码是一个她对格莱斯顿的不满转变成毫不掩饰的敌意的年份。1880年4月，一份电报带着迪斯雷利在议会大选中失利的消息，抵达了她正在度假的德国巴登–巴登（Baden-Baden）。迪斯雷利没有准备好迎接这样的结果，也没有提前给他的仙女王打好预防针。她对私人秘书亨利·庞森比说："这是一份糟糕的电报。"庞森比对于她的用词也感到大吃一惊。[2] 迪斯雷利写道，他备受打击："他与陛下您的关系是他在这个世界上最主要，甚至可以说是唯一的快乐和兴趣所在。在他孤独无依时，它们会不断涌现在他的脑海中，不断地启发他、支撑着他。"维多利亚心情沉重地回复说，她希望他们之间能够继续相互通信，"探讨许多私人话题，不要震惊或者冒犯任何人，更好的是不要让任何人知道"。（她以前也跟墨尔本这样做过。严格来说，这么做是不合法的，破坏了君主不与反对党成员通信的传统，因为这种做法会被视为对政府的危害。）

比失去迪斯雷利更糟糕的是格莱斯顿有可能取代他的想法。维多利亚在那个月晚些时候心事重重地回到英国：她如何才能阻止"人民的威廉"成为人民的首相？她对迪斯雷利说，她不可能召见格莱斯顿并要求他组阁，"因为我只能说，我无法信任他，也无法给予他我的信心"。[3]（严格来说，她也没有义务这么做，因为他在此之前已经辞去了自由党领袖职务。）亨利·庞森比反复对她说，她必须召见格莱斯顿，但维多利亚花了好几天时间与其他自由党人磋商，试图避免这么做。4月4日那天，她写道："她宁愿退位也不愿召见或者与那个即将毁掉一切、成为独裁者的疯狂煽动者有任何交流。除了她自己以外，其他人也许会屈服于他的民主统治，但女王坚决不会。"[4]又一个自艾自怜的回合开始了：一个"再也不年轻"的寡妇真的必须接纳一个曾经是政府敌人的人吗？[5]

但是与另外两个共同承担如今已执政的自由党领导职务的候选人相比，格莱斯顿年纪更大、更有魅力也更有权威。两人都拥有拒绝权：他们分别是下议院自由党领袖"放荡哈蒂"（"Harty-Tarty"）哈廷顿勋爵与上议院自由党领袖"没种的"（"Pussy"）格兰维尔。迪斯雷利在4月21日辞职后花了两天时间与维多利亚商量他的继任者问题，并且建议她召见哈廷顿。在哈廷顿表示自己无法在不让格莱斯顿担任内阁大臣的情况下组阁后，维多利亚要求他去询问格莱斯顿是否愿意在哈廷顿麾下任职。格莱斯顿很"震惊"竟然被问到这个问题：很明显，他在大选中非凡的演说赢得了人民的信任，应当成为首相。维多利亚不情愿地求助于格莱斯顿的密友格兰维尔（因为他曾经反对那项让她成为印度女皇的法律）。格兰维尔对她说，格莱斯顿得到了英国公众的支持，并且向她保证，这个德高望重的元老不太可能领导政府超过一年时间。

由于没有其他选择，维多利亚最终在4月23日没好气地传召格莱斯顿前来温莎城堡。[6]他后来中肯地表示，她用"一种毫无差错的完美礼节"迎接了他。[7]格莱斯顿对她说，他想要身兼首相与财政大臣两个职务，她虽然感觉这有点过分，但并未表示反对。维多利亚随后对他在苏格兰竞选运动中使用的抨击迪斯雷利的一些"尖锐措辞"进行了一番斥责，并且试图将哈廷顿任命为陆军大臣，但未能成功。85 天后，她的私人秘书庞森比对她说，格莱斯顿想要任命激进派的约瑟夫·张伯伦和共和派的查尔斯·迪尔克爵士为内阁大臣。维多利亚态度坚决地对庞森比说，她必须"对两人的观点感到放心"，才会同意让他们成为内阁大臣。[9] 她已经给了庞森比一份特别清单，上面列出了给格莱斯顿的命令——他不能改变外交政策，也不能改变英国对印度的统治，或者削减预算开支、增加"民主倾向"[10]。不过，格莱斯顿在与女王进行了尴尬的会面后，还是写道："总而言之，我感到很高兴。"[11]

在他们温莎会晤的那个寒冷夜晚，天上的星星显得格外明亮。风吹过她窗外的树木，发出沙沙的声响。维多利亚盯着格莱斯顿粗犷的面庞，思索着他会占据首相职务多久。他已经 70 岁了，比维多利亚年长 10 岁，但仍然充满了精神和活力——这与当时 75 岁的迪斯雷利截然不同，迪斯雷利在任职首相期间一直健康状况不佳。不过，她仍然安抚迪斯雷利说，格莱斯顿看起来"病得很重，年纪很大，形容枯槁，声音也虚弱无力"，他还跟她说了两次，他不会任职首相太久——但这个承诺他却没有实现。[12]

迪斯雷利难以阻止自己的失败。整个国家的情绪已经发生了转变，他在《柏林条约》中取得的胜利已经被人遗忘了。英国赢得了最近在阿富汗和南非发生的战斗，以维持和扩大他们庞大的帝国，但付出了巨大的代价，战斗中出现了许多重大伤亡。更重要的是，在经历 30 年不间断增长后，经济增速开始放缓。1877 年，失业率为 4.7%；到 1879 年，这一数字已增至 11.4%。[13] 农民艰难度日，但迪斯雷利却拒绝采取维多利亚统治初期被取消，并且已经在邻国纷纷恢复的那些保护性措施。迪斯雷利给利顿勋爵写信说："这个国家的苦难是我所领导的政府倒台的原因，而且是唯一原因。"[14] 在公开场合，他表现得很乐观，但在私下里，他却十分泄气和疲惫。

格莱斯顿还采取了一种令人震惊、前所未有的竞选策略。他开创性地在苏格兰进行了美国式的竞选活动，在一系列大型公开集会中直接向成千上万的民众发表演讲，这次竞选后来被称作"中洛锡安竞选"。他发表了鼓舞人心、强有力的演讲，抨击迪斯雷利，尤其聚焦于他"有害的"外交政策，格莱斯顿认为，这种外交政策践踏了小国的权利，擅自决定了它们的命运。格莱斯顿大声说道，在非洲，有 1 万名祖鲁人被杀害，"他们的过错仅仅是试图用他们赤裸的身体来抵挡你们的大炮，保卫自己的壁炉和家园、妻子和家人"。[15] 他还谈及"阿富汗山村里的纯净生活"。格莱斯顿主张外交政策中的美德——意味着减少干预——并成功利用了选民对现行外交政策的反感情绪。[16]

格莱斯顿主张更加温和的殖民主义，支持地方自主权和自治原则——这同样也是他在爱尔兰问题上所青睐的立场。格莱斯顿甚至承诺允许南非德兰士瓦（South African Transvaal）独立，该地区是在 1877 年被英国吞并的。[17] 他对于英国在非洲和太平洋地区的进一步扩张持谨慎态度，并且将那些通过残暴手段获得的新领土称作"虚假的光荣幻象"。维多利亚愤怒不已：她认为战争是保护她的帝国的必要手段。[18] 她不屑地将格莱斯顿斥为"美国政治演说者"，[19] 并且因为他对外交政策的抨击而感觉受到了人身侮辱，因为在她看来，这种政策是她与迪斯雷利共同制定的。但是，人们成群结队地赶来聆听格莱斯顿的演讲——爱丁堡的一次集会就有 2 万人之众——而且有关他的演讲的报道很快就能传播开。他的侄女忍俊不禁地看到他在回家路上一反常态地"有些得意扬扬的样子"。²⁰ 迪斯雷利则拒绝阅读他的这位政治对手的演讲。他在 1876 年获封为比肯斯菲尔德伯爵（Earl of Beaconsfield），并跻身上议院。

于是，英国的"老头子"① 再次成为国家领袖。他写道："比肯斯菲尔德主义的垮台就像是意大利浪漫小说里某些辉煌城堡的消失一样。"²¹ 他击败了自己的死对头。不过，格莱斯顿所缺乏的是一份详细的计划。他一心一意地想要逆转迪斯雷利的政策，以至于忽视了制定一份属于他自己的详细的立法日程。

大选失利让业已疲惫不堪的迪斯雷利大伤元气。1881 年春天，他又一次患上了支气管炎。当他裹着红色睡衣病恹恹地躺在伦敦家中，接受顺势疗法治疗时，维多利亚派去了医生帮忙诊治，还每天都给他送去他最爱的樱草花束。当他被问及，女王是否应该前来探望时，迪斯雷利拒绝了："不，最好不要。她只会让我给阿尔伯特捎一个口信。"²²

本杰明·迪斯雷利在破晓前的一个小时平静地死去。那是 4 月 19 日，距离他在大选中失利刚刚过去了一年。约翰·布朗告诉了女王这个消息，他自己也感到尤为遗憾，因为迪斯雷利一直对他充满尊重。维多利亚召见了备受迪斯雷利喜爱的私人秘书蒙塔古·科里，并且问了他好几个小时她"最真挚、最亲切的朋友"的最后时刻是如何度过的。²³ 甚至连格莱斯顿也说，英国，甚至是欧洲最"杰出的人"去世了。²⁴

这位光彩夺目的政治家不希望举办国葬；他仅仅请求被悄悄葬在妻子玛丽·安身边，就在他位于休恩登的家中。在格莱斯顿看来，这又是一次令人讨厌的装模作样，他说："他死后跟

394

---

① 指格莱斯顿——译者注

生前一个样。全都是做作，没有一丝真实和诚恳。"[25] 但维多利亚却表示理解。甜美可爱的樱草花已经变成了一种标志，象征着她眼中他们对过度奢侈的共同厌恶。他们都居住在插满了鲜艳花朵的家中，但两人却都对不起眼的樱草花赞赏有加。她给他的葬礼送去了许多樱草花束，还附送一张卡片，上面写着："他最喜欢的花朵，来自奥斯本宫。"[26] 格莱斯顿翻了翻白眼。（他坚持认为迪斯雷利更喜欢百合花，之所以说喜欢樱草花，只是在迁就女王。）

他们俩的名字将始终作为英国现代历史上最重要的政治对手成双成对出现：格莱斯顿与迪斯雷利，狮子与独角兽。迪斯雷利一直到最后都对格莱斯顿充满仇恨，而且一有机会就对他发动抨击。在迪斯雷利死后，当格莱斯顿坐在桌前为他在议会中的这位对手撰写颂词时，他突然感染了痢疾。他后来对一个朋友说，发表那篇演讲是他一生中最糟糕的经历之一。格莱斯顿的问题在于，他有着说真话的强烈倾向：他真正想要说的是，不诚实的迪斯雷利利用了维多利亚臣民的"软弱一面"。不过，维多利亚还是短暂地软化了对他的态度，原因是他说了她朋友的好话。

成为女王 40 年后，60 岁的维多利亚终于对自己有了自信。如今，作为一名坚定的保守党人，她对于在她眼中格莱斯顿政府的软弱和无能百般奚落。她对自己说，改变的不是她，而是政党：自由党已经渐渐转向社会主义，而保守党成了真正的自由派和帝国的真正捍卫者。迪斯雷利在自己一年时间的退休生涯中仍然在持续与她通信，共写了 22 封信。大多数信函都是私人性质的，但也有一次，他不小心涉足了违背宪法的领域。1881 年 1 月，维多利亚对《君主演说》——由格莱斯顿的办公室递交给她的需要由她大声朗读的文本——中的部分措辞表示

反对，这些措辞声称英国士兵应当离开坎大哈。她不愿发表包 395
含这些措辞的演讲；而她的大臣们则拒绝删掉这些措辞。在奥
斯本宫举行了一场激烈的内阁会议后，部分内阁大臣威胁提交
辞呈。愤怒的维多利亚说，在担当女王的这些年里，她从未受
到过如此"缺少尊重"的对待。她面容冷峻地盯着内阁成员，
记住了他们是如何"几乎跌跌撞撞地退出去的"。27

　　这起争议的主题很重要——女王在参加议会开幕式并发表
演讲时是在为谁说话？当内政大臣威廉·哈考特对她说，这篇
演讲实际上是"内阁大臣的演讲"时，她感到怒火中烧。迪斯
雷利反驳了哈考特的说法，并且——错误地——向她保证说，他
的这种说法是"一条未见于英国宪法的原则"，"仅仅是议会中
流传的一句流言蜚语"。28 喜欢干预政治的利奥波德是维多利亚
眼中最聪明的孩子，他同样对母亲表示支持，强调这很明显是
君主的演讲。29 维多利亚终于同意按照原样发表演讲，与此同
时还在一封写给格莱斯顿的信中谴责了有关阿富汗的段落。这
是又一个她强调自身权威，但未能得偿所愿的例子。

　　哄骗一心一意隐居的君主结束肃穆的隐居生活可谓非凡壮
举。维多利亚之所以能再次成为一名积极参与政治的君主，要
归功于迪斯雷利，这最终可以说是他对格莱斯顿发起的最大报
复。她重新充满活力，并且相信自己有权利干预政治，再也不
说她的工作是一项巨大负担了。她甚至威胁大臣们要采取超
出宪法允许范围的干预行动。她在 1881 年 6 月对格兰维尔说：
"如果事情还像过去几年那样发展的话，那么立宪君主将有一
个极为困难的任务，甚至可以说是几乎不可能完成的任务。"30

　　随着选举权的扩大和下议院影响力的增强，君主在英国
政治中的作用渐渐弱化成了宪法顾问的角色，但维多利亚仍然
主张自己的行动空间。她在迎接一个观点基本与她相左的新首
相之前竟然受到鼓励要尊重自己的判断，这一事实就为斗争创 396

造了完美的条件。毫不意外，英国政坛的老头子认为迪斯雷利"教给学生的有点多了"。当女王坚持要求了解内阁会议的私密细节，就像迪斯雷利过去那样时，格莱斯顿却认为这种要求"无法容忍"。

就在女王争夺权力，并要求自己的意见得到倾听之时，英国女性也变得越来越不安分，开始要求获得支配自己收入、与男性拥有同等离婚条件、受到保护免遭暴力，以及分享子女抚养权的权利。（在那个世纪的大部分时间里，男性在与妻子离婚或分居后都拥有子女的全部抚养权。）维多利亚几乎无法理解这种痛苦，因为她不需要——而且也对此没有兴趣或者同情。光是操心她自己以及孩子的个人奋斗就已经让她筋疲力尽了。[31]

消除女性是丈夫财产的思想需要耗时几十年。一直到1870年，女性挣得的所有收入都还属于她们的丈夫，而且一直到1882年，她们的财产也是如此，甚至在离婚或分居后依然如此。根据一项拥有几世纪历史的保护原则，英国法律并不将妻子视作一个独立的实体，而是"受庇护的女性"（femme covert），受到"丈夫或领主的保护或影响"。换句话说，妻子的地位相当于一个仆人。1882年的《已婚妇女财产第二法案》（Second Married Women's Property Act）将女性确立为独立实体——"独身女性"（femme sole）——有权利拥有、继承和租借财产，并且在法庭上为自己辩护。渐渐地，女性赢得了更多在离婚后照顾孩子的权利；从1886年起，法官在决定女性是否可以拥有子女的部分（有限）抚养权时，将把孩子的福祉也考虑在内。

有关女性选举权的首个法案于1870年在议会进行了一番辩论。该法案遭到彻底失败，但这其中还是有一个小小的胜利——拥有财产的女性获准可以参加校董竞选。［伊丽莎白·加勒特·安德森（Elizabeth Garett Anderson）在 1865 年成为英国首位拥有医师资格的女性，她在 5 年后参加了所在地校董的竞选，并成功当选。］女性活动家埃米琳·潘克赫斯特（Emmeline Pankhurst）与从事律师工作的丈夫理查德一起在 1889 年组建了女性选举权联盟（Women's Franchise League），主要目标是为女性争取地方选举的选举权。［潘克赫斯特夫妇拥有一段世所罕见的平等婚姻，他们的三个女儿克丽丝特布尔（Christabel）、西尔维娅（Sylvia）和阿黛拉（Adela）后来都成为具有影响力的女性参政论者。］

维多利亚对女性参政论者没什么好感。她给阿尔伯特的传记作者、苏格兰诗人西奥多·马丁写信说："女王非常焦急地想要征募任何能够发声或者写作的人一起来遏制疯狂又邪恶的'女权'荒唐事，这个可怜而脆弱的性别正执意要参与伴随这种荒唐事而来的一切可怕行径，忘了一切淑女的感受和礼仪。"她在谈到曾经参加过女性参政权集会的安伯利夫人时说，她"应该被好好鞭打一顿"。她轻蔑道："让女性成为上帝希望的样子吧，也就是男性的帮手——但拥有完全不同的义务和天职。"[32]

女王这份工作具有欺骗性的一点在于，尽管它与国王是一样的，但听起来却像是一个女性的工作，因此显得很合适。维多利亚支持女性"得到合乎情理的教育"以及"在能够发挥作用的领域得到雇佣"，但不支持她们从事严肃工作或者参与投票。[33]终其一生，维多利亚都是一个矛盾的集合体：在一个奉行女性居家论的文化中，她却是一个女性权威的模范。而且，较为显著的是，在女王的 5 个女儿中，有 4 个都成了女性权益的倡议者。

维多利亚恰如其分地将自己描述为一个"特例"。[34]她反对女性掌握权力，与此同时却越来越警惕地捍卫自己的权力。当达弗林勋爵（Lord Dufferin）对她说，一群女性强调，她们应当获得投票权，因为"很少有男人适合这份工作"时，她咯咯地笑了起来。[35] 达弗林勋爵很可能也是在谈论她对伯蒂的态度——维多利亚认为自己从事领导和政治工作的能力比长子要强得多，一想到要把王位让给他，就让她感到生气。

398 　　想到年轻姑娘们要身处解剖室，面对"不可名状的"人体器官，就让女王感到反胃。她和格莱斯顿终于在一件事情上取得了共识：训练女性成为医生的想法"令人作呕"。[36]（不过，她却支持女性接受训练成为产科医生，或者治疗印度的穷苦女性患者，因为后者的宗教信仰使她们不愿接受男性的医疗救助。）

　　女王对那些"轻浮"女性尤为苛责，尤其是那些参与传统上属于男性的活动——例如狩猎——的人。当查尔斯·科尔夫人（Lady Charles Kerr）在骑马时遭遇事故造成头骨骨裂时，维多利亚认为这是一个很好的教训。她在1872年给薇姬写信说：

> 希望这件事能够警告那些轻浮、疯狂的年轻女性，她们真的已经失去了性别特征。而且那些丈夫、父亲和兄弟也要吸取教训，他们竟然允许自己的妻子、女儿和姐妹以如此不淑女的方式展示自己。在其他方面，这个可怜的小家伙非常安静，也不强壮——但想象一下，她竟然独自一人出去打猎，而她的丈夫还在伦敦散步！[37]

在维多利亚时代的英国，有许多事情都归咎于"轻浮"女性：例如道德准则的松弛、淑女的男性化，以及导致克里米亚、印度和英国等地英国防御力量崩坏的性病的蔓延。[38] 到1864年，几乎有三分之一的英军士兵都因梅毒和淋病入院治疗。[39] 由于遭到指责的并非士兵，而是与他们睡觉的女性，因此解决方案也很简单：陆军和海军需要干净的妓女。1864 年，第一项《传染病防治法》(Contagious Diseases Act) 为军队引入了官办妓院制度。

该法律还包含对在公共场合走路的女性进行监视的特别条款：警方可以逮捕任何怀疑是妓女的女性，无须证据。[40] 女性有可能要经受侮辱性的性病检查，要么是在医院，要么是当场进行，并且在当地警局注册，接受定期检查（或者拘禁）。如果提出抗议的话，她们会被套上紧身束缚衣，双腿被用夹具掰开。如果一名女子被发现患有性病的话，她会被关在医院 3 个月。[41] 在罗纳德·皮尔索尔 (Ronald Pearsall) 所谓"捕猎妓女的特定氛围"中，性工作者——而非她们的客户——承受了来自教会和议会的抨击。[42] 这或许是维多利亚时代双重标准的最有力、最公开的例子，女性在这种双重标准下因为性行为而受到惩罚，男性却能逃脱审查与谴责。[43]

不过，许多男人仍然将妓女视作社会网络中不可或缺的部分。例如，托尔斯泰无法想象伦敦如果没有了"从良的妓女"会是什么样子。他在 1870 年写道："家庭会变成什么样？有多少妻子或女儿会保持纯洁无瑕？人们如此愿意遵守的道德准则会变成什么样？我觉得这种职业的女性对于现有复杂生活中的家庭是必不可少的。"[44] 离婚还很罕见，男人如果经济实力不够的话，应该推迟婚期。失业造就了大量光棍。

在当时的英国，妓女行业是诸多猜测的对象，却很少有人对其进行严谨研究。在 19 世纪中叶的伦敦，女性性工作者的数量预计在 8 万至 12 万之间，而伦敦的总人口约为 230 万。[45] 很多人都染上了性病，最常见的是梅毒，他们生的孩子也感染上了这种疾病。[46] 在青霉素被发现之前，他们使用的治疗方法都没什么效果；水银在药片、洗浴和面霜中的大规模使用导致牙齿掉落、肾脏衰竭、中毒以及口疮等问题。[47]（预防性手段——例如油、醋和酒精——也没什么用。）当时几乎不可能存在安全性行为——虽然在 19 世纪中期已经出现了避孕套，但仍然很贵——而对女性来说，控制生育也几乎是不可能的事。

19 世纪下半叶，一位名叫约瑟芬·巴特勒（Josephine Butler）的女性发起了一场令人印象深刻且颇有成效的运动，反对对女性的性剥削和性虐待——试图揭露她眼中的伪善，即所谓道德耻辱只属于女性，而不属于追求她们的男性的说法。[①] 例如，1871 年的传染病防治法皇家委员会就宣称，妓女与她们的客户毫无可比性："对于一方来说，过错在于收益，而对另一方而言，过错只不过是自然冲动的不定期释放。"[48] 然而，正如一名性工作者在被判入狱后所说的那样："女士，这听起来的确很不可思议，但席上这位判决我入狱的法官一两天前曾经在街上付给我几先令，让我陪他回家。"[49]

布雷斯布里奇·海明（Bracebridge Hemyng）宣称，性工作者正在"毒害国家的血液"。[50] 这个国家的"社会大恶"吸引了那个时代最精力充沛、最热情洋溢的改革者的注意：致力于传播福音的基督徒坚定不移地致力于劝说妓女从良并帮助她们重获新生。他们之中最著名的人物便是威廉·格莱斯顿，他形成了一种近乎有害的执念，想要"拯救"英国最美丽的妓女们。他是政坛中最著名的妓女之友。而且他相信，这正是女王恨他的原因。[51]

格莱斯顿是一个古怪而正直的人。高挑而瘦削的他曾经连

---

① 一旦女性"堕入"妓女行业，人们经常断言她们不可避免地会早死。一名专家估计，在维多利亚时代的英国，一旦女性决定"下海"（turn a trick），她们平均就只剩 4 年时间可活了。爱丁堡性病医院（Lock Hospital in Edinburgh）的入院登记簿显示，有十分之九的妓女"在 30 岁前就消失了"。对许多年轻女子来说，这仅仅是结婚前的一份临时工作而已。——作者注

续 4 个月在一座乡间别墅里砍树，同时思考脑海中的问题。他一直在自我责难，专注于打磨自己的性格，履行天赋使命，从事基督在人世间的工作。他的每一天都以祈祷收尾。他每天都会去教堂，每周都会对仆人布道。索尔兹伯里勋爵对维多利亚说，很难想象格莱斯顿会耐心聆听布道而不"起身辩论"。[52] 甚至连就餐时间也是宣传美德的良机：他主张咀嚼嘴中食物 32 次——平均每颗牙齿一次——然后再吞咽。他将活到 89 岁，这在维多利亚时代可是个不小的成就。

401

至于格莱斯顿对"堕落女性"的迷恋是从何时开始的，目前还不清楚，不过清楚的是，他在这个问题上最为活跃的时期是在 1850 年前后，那时他已经进入议会达 18 年之久。他从 1848 年开始为一家名叫"堕落女性矫正宗教教养所协会"（Church Penitentiary Association for the Reclamation of Fallen Women）的慈善组织工作，后来亲自参与矫正工作。他会连续数小时与他在街上见到的性工作者交谈，试图说服她们选择另一种人生。他会为她们阅读丁尼生和托马斯·马洛礼（Thomas Malory）的作品，安排画师为她们画肖像画，渐渐形成了对她们的深刻喜爱。

这位身材高挑、面容忧郁的政客尤为喜欢长得漂亮的妓女，这件事很难逃脱他人的评头论足。他在 1852 年将自己最感兴趣的一名妓女描述为"一半是秀美的雕像，美得不可方物"。[53] 他的同僚亨利·拉布谢尔（Henry Labouchere）说："格莱斯顿将自己传教士般的干预行为与对美妙面孔的热忱欣赏结合在了一起。"[54] 忧心忡忡的同僚们试图警告格莱斯顿，要他注意自己的行为可能产生的影响，但他拒绝做出改变。性工作者们称呼他为"老不正经"（Old Glad-eye）①。在 1859 年

---

① Glad eye 有抛媚眼之意，同时 Glad- 也与格莱斯顿的名字开头相同。——译者注

之后的 5 年时间里，他曾试图拯救八九十名妓女，但没有取得什么成功。他承认说："在我认识的人中，只有一个人抛弃了自己的悲惨生活，我可以公平地说，那是源于我的影响。"[55]

大多数传记作者都认为这些邂逅是纯洁的，驱动力源于性刺激，但不是为了完成性行为。1853 年，一个苏格兰人在看到格莱斯顿与一名妓女交谈后，她曾试图勒索他，格莱斯顿向警方报案，并且毫无悔恨之意地在法庭上为自己辩护——这与一名有罪之人的通常做法大相径庭。但当他的日记在 1968 年发表时，他又给人留下了一个更加模糊的印象。他的内心充满羞耻感，有时会在与妓女见面后鞭打自己，甚至在自己的日记里画了一个小小的皮鞭符号（最后一次出现在 1859 年）。他的传记作者罗伊·詹金斯（Roy Jenkins）说，他的"宗教 - 性情感危机"十分"特别，更多的是由于这种危机所产生的内疚感十分强烈，而非其诱惑性的强烈"。[56] 尽管他不太可能与这些女性保持全方位的性关系，但格莱斯顿自己还是内疚地承认了这些努力的"肉欲"本质，即她们对他而言是一种性诱惑，引诱他进入了危险的领域。她们是他最大的"灵魂负担"。他写道，如果这种关系的本质不是肉欲的话，"它是不会在我心中留下如此大的空虚的"。[格莱斯顿在自己的神秘日记里描写了他与犹如塑像般美貌的伊丽莎白·柯林斯（Elizabeth Collins）相处的两个小时，称这两个小时"既奇特又可疑，还不止于此"，紧接着他画了一个皮鞭的符号。[57] 他对名妓玛丽昂·萨默海斯（Marion Summerhayes）的想念"需要受到限制和消除"[58]。]

格莱斯顿晚年时对自己的儿子说，他相信那些有关他的故事"无论真假"，一定传进了维多利亚的耳朵里，导致了她的冷酷态度。[59] 他承认自己与女王的关系一直是"一个谜，我不太能够理解，或许永远也无法理解"。[60]（他后来向自己的儿子、身为牧师的斯蒂芬保证说，他从未有过"有悖婚姻忠贞的行为"。）① 维多利亚的敌意不太可能源于她所听说的有关格莱斯顿与性工作者的故事；她经常说，他是一个好人，却是一个软弱的政治家和一个"疯子"。

她对他的厌恶并非源于道德层面，而是发自肺腑的；她曾连续数年试图推翻威廉·格莱斯顿的政府。这与他究竟迷恋什么无关，仅仅是因为他不知道如何与女王相处。

1886 年，《传染病防治法》终于遭到废除。这部法律产生的效果差得令人觉得荒唐可笑：英军中性病患病率与 1865 年相比完全相同，在该法律实施的 20 年里没有任何变化。女性如今也不再被指责为疾病的唯一携带者，公众的注意力开始转向男性。甚至有人表示，女性遭到了剥削。有些人，例如乔治·萧伯纳，甚至勇敢地表示，是时候对这件事进行认真调查了。1893 年，萧伯纳在自己所写的有关性工作者的戏剧《华伦夫人的职业》（*Mrs. Warren's Profession*）的前言中写道：妓女行业不是由"女性的堕落"或者"男性的放荡"造成的，而是由女性"薪水过低、不受重视、超时工作"的现象造成的。[62] 妓女后来仍然是轻蔑、怜悯和欲望的对象，但针对双重标准的斗争激励了整整一代的女性，对她们而言，维多利亚是一个不明真相、暴躁易怒的女神。争取女性选举权的漫漫征程已经开始了。

403

---

① 这件事发生在 1898 年格莱斯顿去世前不久。正如传记作家 H.C.G. 马修（H.C.G. Matthew）总结的那样，这是一份"明确且明显有所保留的宣言"，而他的儿子赫伯特后来在 1927 年的法庭上为自己父亲的名誉辩护时没有使用这份宣言。彼得·E. 赖特上尉（Captain Peter E. Wright）在 1827 年诽谤说，格莱斯顿在公开场合说的都是"品格高尚、恪守原则的话"，私下里却在"追求和迷恋各种类型的女士"。[61] 赫伯特的律师认为，格莱斯顿那句宣言中所隐含的保留意见有可能向陪审团暗示，他与数十名与他交好的性工作者之间的关系实际上并非完全纯洁无瑕。法庭最终确认了格莱斯顿的道德品质。——作者注

　　对于这趟征程，维多利亚将起到激励的作用，但她本人却并不支持它；她像一个脾气暴躁的缪斯女神，作为世界上最有权势的女性，她的时光都用来控制男人。

　　男人们还在不断向她射击。1882 年 3 月 2 日，当维多利亚从抵达温莎的火车上下来时，又有一个疯子向她开了几枪，当时布朗就陪在女王身边。这是她遭遇的第七次刺杀；一名列车售票员阻止了那名男子——他名叫弗雷德里克·麦克利恩（Frederick McLean）——两名当地的伊顿公学学生也开始用雨伞揍他。全英国都愤怒了。女王像以往一样欣然接受了这次袭击所引起的同情浪潮。维多利亚心满意足地说道："看到我这么受人爱戴，即使是被人开枪击中也值得了。"[63]

　　弗洛伦斯·迪克西（Florence Dixie）是一名突破传统的女性。作为作家、旅行家、女权主义者和战争记者，弗洛伦斯·迪克西夫人曾经在巴塔哥尼亚（Patagonia）狩猎，纠正过查尔斯·达尔文的几个事实性错误，并且在创设英国女性足球运动的过程中发挥过关键作用。[64] 1880 年，她在第一次布尔战争期间作为《晨邮报》驻外记者前往南非，而在此之前的 1877 年，也就是迪斯雷利担任首相期间，英国吞并了德兰士瓦共和国。弗洛伦斯·迪克西夫人持有某些颇具争议性的观点——国王或者女王的长女应当有权继承王位，男孩和女孩应当一同接受教育，女性应当被允许穿裤装，以及婚姻应当是平等的，等等。[65] 后来，她还有如宿命一般地搬到了温莎城堡附近的一栋房屋内（她被迫将自己的宠物美洲虎安置在了一家动物园里，因为它猎杀了城堡周围公园里所有的鹿）。

　　在 1883 年 3 月的一个下午，时年 26 岁的弗洛伦斯·迪克西夫人在外出散步时遇到了两名身穿长袍、头戴面罩的男子，他们将她推倒在地，试图用刀刺杀她。最终，她的圣伯纳犬休伯特（Hubert）把他们吓跑了。起初，这起袭击被归咎于主张爱尔兰共和的芬尼亚会成员，弗洛伦斯·迪克西夫人对爱尔兰地方自治的支持激怒了他们，不过她的一番说辞的准确性遭到了质疑。[66]

这起在距离城堡仅仅 2.5 英里远的地方发生的袭击案令女王感到非常不安，她给弗洛伦斯·迪克西夫人寄去了一封安慰信，试图查清究竟发生了什么。约翰·布朗在寒冷的空气中连续数小时搜索那片区域，代替维多利亚寻找答案。他后来又花了整整一周时间负责抱着膝盖因扭伤而严重肿胀的女王四处走动。与此同时，布朗还在与重感冒做斗争。在接下来的那个周末，布朗患上了丹毒，那是一种痛苦的综合症状，会导致包括耳朵和眼睑的整张脸肿胀。在温莎城堡的 18 年半时间里，他没有休息过一天，而维多利亚对于他无法前来陪伴她感到"十分生气"。

两天后，他就去世了。

维多利亚感到心烦意乱。她给布朗的弟媳杰茜·麦克哈迪·布朗（Jessie McHardy Brown）的信中写道："他拥有最好、最真诚的内心。"她说，她的悲痛之情"无法控制、糟糕透顶，我不知道如何承受它，也无法相信这是真的"。[67] 在布朗去世 10 天前，也就是 1883 年 3 月 17 日，她从楼梯上摔下，并且从此无法在无人搀扶的情况下行走。让她感到难堪的是，从这时起，她就将不得不扶着椅背在房间里走动，或者拄着两根拐杖。她需要被人抱上楼梯，并且坐在一把特制椅子中被人从马车抬到火车上。她的一些臣民曾经提出过不同的治疗方案——包括一位名叫卡什夫人（Mrs.Cash）的女士，她认为女王如果骑三轮车的话也许能够改善腿的病情。总是能一眼看出荒唐可笑之事的庞森比给妻子写信说："想象一下女王骑三轮车的样子。"[68]

此时与1861年阿尔伯特去世时的相似性十分明显。她的内心再次被人击碎，老伤口渗出新的悲哀。女王在3月30日对克兰布鲁克伯爵（Earl of Cranbrook）说，她不仅失去了自己"最真诚、最亲密"的伙伴，还失去了一段前所未有的友谊。她以第三人称这样描写自己："女王感到生命第二次变得极具挑战，对于自己如此需要的一切被剥夺感到悲伤不已。"[69]在布朗去世几天后，她对庞森比说：

> 女王正努力试图让自己忙起来，但她已经完全被击垮了，她的生命再一次遭受了类似1861年的冲击，一切联系都出现动摇和撕裂，每时每刻，这个强劲臂膀和明智顾问的离去都令人不胜唏嘘，他热心肠，喜欢使用原汁原味的欢快话语，而且在任何大大小小的场合都会表现出同情心。

人们经常以为，丁尼生是在阿尔伯特去世后对维多利亚说，她"孤独地站在可怕的高处"的；事实上，他是在约翰·布朗去世后说出这番话的。正是在这时，她终于变成真正的孤家寡人了。当丁尼生就布朗之死给她寄来安慰信时，维多利亚大受感动，甚至邀请他前来探望她。尽管他此时已经双腿打战，双眼处于半失明状态，但他对她说，他还是可以看出她有多么孤独，他发誓将利用自己仅剩的一点时间来尽可能安慰她。[70]这位垂垂老矣的诗人后来对自己的儿子说，他在与女王离别时哭了，因为"她如此充满女性气息，又如此孤独"。[71]维多利亚致信丁尼生，对他的善意表示感谢，并这样提到布朗：

> 他的心中只有我，我的福祉、我的舒适、我的安全、

我的快乐。勇敢、无私、公正廉洁、极为谨慎，敢于说出事实并向我表达他的所思所想以及他心中"公平正确之事"，从来不说拍马屁的话，也不说那些虽然让人听起来高兴，但他觉得不正确的话……我日常生活的舒适已经一去不复返——留下的空虚太过巨大——损失无法弥补！

406

　　宫廷公报中有 25 行字与布朗有关，还提到了女王受到的"巨大震动"——在迪斯雷利去世时，只有 5 行字与他有关。[72]钟声反复响起，风笛手被禁止在城堡附近演奏，维多利亚还下令将她和布朗在苏格兰高地远足途中得到的格子花呢，用作他灵柩的棺罩。她致力于确保布朗能够不仅仅作为一名普通仆人——也不像格莱斯顿在给她的信中笨拙地写的那样作为一名"佣人"——被人铭记。格莱斯顿没有能够意识到女王对这个男人产生的明显而巨大的好感。格莱斯顿曾希望她能够挑选一名"优秀而高效的继任者"来接替布朗的职务。但维多利亚不想要，也无法想象一个继任者的存在；对她来说，人是无法被取代的。阿尔伯特无法被取代，约翰·布朗也是如此。她的内心也许已经伤痕累累，但她不会试图去填补伤痕。

　　相反，维多利亚委托制作了有关布朗的领带夹、半身像、纪念碑和雕像，委托雕刻家将丁尼生的语句刻在他的墓碑上，并且修建了石冢和长椅来纪念他。紧接着，由于最近她的高地日记出版后取得成功，备受鼓舞的她宣布将为约翰·布朗撰写一部回忆录，并且表示会秘密出版。在这件事上，她的顾问们采取了一种罕见的强硬立场。亨利·庞森比紧张地给她写了一封信，请求女王陛下的原谅，"因为他对这种有关陛下内心最神圣情感的记录是否应该对外界公开深表怀疑"。他担心陌生人会误解她的话，引发不合适的关注，这将令"女王感到痛苦"。[73]维多利亚回复道，"我当然无法同意这一点"，并且对他说，她必须纠正布朗仅仅是一个仆人的印象，因为他"远远不止于此"。这就是她希望世界能够了解的事情。[74]

一份回忆录草稿随后被送到了温莎城堡年轻的新任教长兰德尔·戴维森手上，他是温莎城堡圣乔治教堂的精神领袖，很快就赢得了维多利亚的尊敬。在布朗去世后，他们谈了好几个小时，据他说，那次对话"十分感人、严肃、有趣，但也十分艰难"。在发现维多利亚已经写了一本有关布朗的回忆录，并在其中大量引用布朗日记中的内容后，戴维森慌了。维多利亚已经在《更多节选》中用了大量篇幅来写布朗，引起家人的反感。那本书充斥着有关高地平淡生活的多愁善感的故事。[75][1884年出现的讽刺版《节选》与《更多节选》对维多利亚与布朗的关系进行了一番讽刺："我们俩非常重视在每天早上都共进早餐……布朗会（用手推车）推我爬上山坡，然后再推着我冲下来。他这么干了好几次，我非常乐在其中……接着他会扶着我坐上小船，在湖上摇晃大约半个小时。这么做令人觉得非常愉快。"[76]]

教长对维多利亚说，她不应发表有关布朗的回忆录。他罕见地指出，有些"下等阶级""配不上如此的信赖"。[77]当维多利亚坚持要求出版时，他提出辞职。她在接下来的两周里拒绝与他见面，后来还是恢复了关系。这本书从来没有出版。庞森比非常享受能够烧毁布朗日记的机会，这丝毫不足为奇，尽管这些日记——以及维多利亚所写的《布朗的一生》（*Life of Brown*）——的消失非常令人遗憾。伯蒂在继承王位后进一步摧毁了布朗的其他残留痕迹，甚至将布朗在温莎城堡的房间——维多利亚在他死后将房间封锁了起来——改造成了一间台球室。

但维多利亚确保布朗不会被遗忘。她允许自己对他的喜爱之情被公之于众，因为对她而言，一名强势女性与一名仆人之

间的关系不可能是婚姻，甚至不可能是一段严肃的恋情。她永
远也不可能称呼他"主人"；她才是他的女主人。然而，他们
的话语中有一种特别的爱意。作家汤姆·卡伦（Tom Cullen）
声称在女王的日记中找到了一份摘录，那是女王在约翰·布朗
去世后誊抄并交给约翰的哥哥休·布朗（Hugh Brown）的。她
披露说，布朗曾经发誓要照顾她直到他死去为止，她还说："你
不可能拥有一个比布朗还要忠心耿耿的仆人了。"维多利亚继续
说道："后来，我经常对他说，没有人比我更爱他，他也没有比
我更好的朋友了：他回答说，'你也没有比我更好的朋友。没有
人比我更爱你。'"[78]

在 1884 年，也就是布朗去世一年后，维多利亚仍然闷闷
不乐，印度、埃及和爱尔兰的动荡让她焦躁不安，她相信生活
"真的变得越来越悲惨、越来越艰难"。[79]接着，她被告知自己
身患血友病的儿子利奥波德在戛纳摔了一跤，摔伤了膝盖。不
久之后，他就出现剧烈抽搐，并因脑出血而死。他的妻子此时
即将生下他们的第二个孩子。唯一能够平复维多利亚悲痛情绪
的是，她知道利奥波德曾经多么不快乐，他经历了"一连串的
考验和折磨"，"这种坐立不安地期盼自己无法得到的东西的感
觉"让他痛苦不已，随着年龄的增长，这种痛苦也日益加剧。[80]
作为一名认真而不安的知识分子，利奥波德十分渴望过上正常
的生活，但却因为母亲的过度保护而备受压抑，令他沮丧的
是，他的病情始终是她焦虑的原因。他的生活充满痛苦——很
容易出现瘀血，受到王庭中某些人的轻视，甚至曾经遭受约
翰·布朗及其兄弟的无情欺负。他那位时刻对他的病情保持警
觉的母亲认为他"非常丑陋"，笨手笨脚。他去世时距离自己
的 30 岁生日仅剩 10 天。

在 19 世纪，尽管血友病已经成为大规模研究的对象，尤

其是在德国，但人们对它的理解还很少。很少有血友病患者能够活到成年；平均预期寿命仅为 7 岁。死亡有可能源于从马上或者椅子上摔下，或者源于拔牙。也有可能源于最轻微的伤痛：一名理发师因为用剪刀刮伤了鼻子而死，而在 1860 年，还有一名婴儿因为被雪茄烟烟嘴划破嘴唇而死。儿童间的游戏有可能致命；孩子们经常会因为瘀血和划伤而死。[81] 在面对无效的医治手段时，血友病患者的父母就需要时刻保持警惕，生活中充满了内疚与担心。维多利亚写道："没有人了解我一直以来对他的担心。"她确保自己时刻待在儿子身边。[82]

　　1868 年，当 15 岁的利奥波德在又一次大出血后正在恢复身体时，《英国医学杂志》发表了一篇社评，主张利奥波德不应再参加剧烈运动。[83] 据信，他拥有"脆弱的血管"或者某种男性月经；一直到 1891 年，研究人员才发现，血友病患者的血液需要更长时间才能凝固。[84] 维多利亚遵循了顶尖专家的建议，包括食用健康食品、注意卫生、避免剧烈的男孩游戏，以及休息，等等。[85] 因此，利奥波德阅读了大量书籍，赢得了"学者王子"的称号。[1] 他在政治上有着强有力的保守观点；维多利亚将对此感到怀念。

　　随着他年纪的增长，利奥波德迫切地想要宣示自己的独立。在 1878 年，他 25 岁之际，他拒绝与母亲一起前往北方

---

① 利奥波德的病情在 19 世纪 60 年代已经被描述为"血管脆弱"，并且引发了一场有关血友病病因和治疗方法的更广泛的重要探讨。从 19 世纪 70 年代起，英国王室就已经清醒地意识到，他们的血脉正在遭到质疑，而维多利亚却始终坚称自己没有继承任何不良遗传。自发性突变——或者说新病例——还完全是一团迷雾。[Stephen Pemberton, *The Bleeding Disease: Hemophilia and the Unintended Consequences of Medical Progress* (Baltimore: Johns Hopkins University Press, 2011), 35.] 约翰·威克姆·莱格（John Wickham Legg）在 1872 年发表的一篇论文称，唯一有证据佐证的假设是近亲结婚。没有记载显示有人与维多利亚探讨过这件事，而且鉴于基因学一直到 19 世纪末才逐渐为人所知，因此，这种探讨不太可能发生。——作者注

的巴尔莫勒尔，而是前往欧洲旅行。对格莱斯顿而言，看起来似乎他想要"要么活着，要么就壮烈地死去"。[86] 他想要娶妻，并且像正常男人一样生活。对血友病人而言，婚姻是一个禁忌，而且在当时极为罕见——人们对于后代的健康状况以及病人的寿命和赚钱能力表示担忧。[87] 利奥波德的医生坚持认为，不应满足他结婚的要求，因为他有可能把"如此可怕的疾病"给遗传下去。[88]

　　维多利亚知道，要让她身体脆弱的儿子结婚，是一场"巨大的风险和尝试"，但她还是允准了。[89] 1882 年 4 月，他迎娶了令人敬畏、勇气可嘉的德国瓦尔德克（Waldeck）公主海伦娜（Princess Helen）。婚礼前一天，他踩在橙子皮上滑了一跤，出现严重流血。而在婚礼当天，他的母亲一直在密切关注着他，他"在自己人生中最重要的日子里""仍然在一瘸一拐、不住颤抖"。[90] 42 年来第一次，维多利亚在自己黑色长袍的外面套上了一件白色婚礼面纱。而如今，在仅仅不到 2 年时间后，利奥波德就撒手人寰，她再一次只穿黑色服饰。

410

26

"钢铁碰撞"：女王与格莱斯顿先生

> 我的天哪！那是个女人！一个可以打交道的女人！ [1]
>
> ——奥托·冯·俾斯麦

  有时，最古怪的人也会成为最伟大的英雄。身材瘦削、衣着朴素的查尔斯·乔治·戈登将军（General Charles George Gordon）被普遍视为一个傲慢而容易受蒙骗的人。少年时，他就喜欢通过捉弄同学来取乐，而且幻想着成为一名阉人。作为军校学员，他经常欺负后辈，喜欢用梳子或者扫帚殴打他们。等到成为英军中尉之时，他已经变成了一个极端虔诚的基督徒，回避物质享受，坚持只拿低薪，而且渴望死亡。他说，他曾经参加过克里米亚战争，一心求死。与拿破仑三世一样，戈登有着摄人心魄的蓝灰色眼睛，这双眼睛被认为是他能够对

许多人进行神秘控制的秘诀，他尤其善于控制中国和非洲境内彼此敌对的部族势力。当没有身处战场时，戈登会去照顾肯特工厂里的病人和穷人，拯救街头的淘气鬼。他还有一种难以解释、或许有些可疑的癖好，那就是喜欢男孩的陪伴。

  这种怪癖丝毫无碍于戈登的名声。在 19 世纪中期，就在维多利亚还在为东方问题和奥斯曼帝国的崩溃而焦急万分之时，戈登在镇压中国太平天国运动的过程中发挥了关键作用，那是一场残酷的内战，从 1850 年持续到 1864 年，造成至少 2000 万人死亡。此人率领由中国士兵组成的"常胜军"（Ever

Victorious Army）取得了一系列胜利，被称作"中国的戈登"
（Chinese Gordon），他的名字也成为帝国传奇。

　　1882年，尽管格莱斯顿不情不愿，但英国还是占领了当
时名义上是土耳其一个行省的埃及。英国的政策有些混乱，他
们最初是打算帮助埃及王室抵挡一场军事叛乱、防止经济崩
溃，并且保护苏伊士运河以及1869年埃及开放后英国在该国
的投资。不久后，在邻国苏丹出现了一位具有超凡魅力的神秘
主义者，并且宣布发动一场旨在摆脱土耳其－埃及统治的神圣
独立战争。这位神秘主义者自称穆罕默德·马赫迪——与伊斯
兰教的救世主同名。1883年，苏丹政府试图镇压他，但失败
了。当地的埃及军队不足以镇压叛军，而且不久后，局势就已
变得明朗，身处苏丹的埃及人以及所有英国公民都需要撤出。
格莱斯顿内阁对于是否进行干预闪烁其词。但女王却态度坚
决。她想要将马赫迪踩在脚下，但其他人，尤其是像格莱斯顿
这样的自由派，却希望撤出所有军队。

　　戈登将军似乎并非解决这一问题的合适人选。如今51岁
的他名气已经不如往昔，而且他已经准备动身前往刚果，他
觉得——或者说希望——自己会在那里死去。曾经公开对他表
示敬仰的政客们如今在私下里说他有些精神错乱。格莱斯顿
的秘书E.W.汉密尔顿（E. W. Hamilton）称他为一个"精
神有些失常的宿命论者"。英国驻华领事官员罗伯特·哈特爵
士（Sir Robert Hart）认定他"不总是十分正常"。不过戈
登接受了臭名昭著的出版商W.T.斯特德（W.T.Stead）的采
访，谈及他将用自己在中国的方法来处理苏丹危机——以及
苏丹首都喀土穆不能被放弃，而应该得到加固——随后，奉
行鹰派路线的伦敦媒体就发出了"让戈登来处理苏丹问题"
的呼声。

　　最初，格莱斯顿曾试图抵制这种压力，拒绝派戈登去执行

413

一个目的不明的任务。他不想与埃及扯上关系，更希望彻底放弃苏丹，而且不想浪费时间或者资源来占领更多土地。为什么要派一个激进的冒险家去处理一场撤退呢？不过，认为这次任务很快就能完成的他最终还是妥协了，条件是戈登可以就战略问题提出建议，但不能亲自执行。[2] 这是一种徒劳的希望：戈登是一个藐视权威的特立独行者。他认为英国内阁充斥着江湖骗子，相信自己只对来自上天的一个更高权威负责。他对自己的姐姐说，事情在影响着我们，"我们就像钢琴一样"。[3]

就这样，好戏开始了。戈登向喀土穆总督发去了一份特点鲜明的直白电报："不要当懦夫。你们是男人，不是女人，我来了。告诉居民们。"[4] 在马赫迪叛军包围城市并将他困在城内之前，他成功疏散了 2500 名妇孺和伤员。他掘壕固守准备作战。英国政府在 1884 年的整个夏天都在思考是否要派遣军队去拯救他；他得到的命令是离开苏丹，而不是占领苏丹。戈登很清楚自己处于抗命状态，他在 9 月 19 日的日记中写道："我承认没有遵守女王陛下的政府及其官员的命令，但这就是我的本性，没办法。"[5] 他的傲慢无礼却让公众更加青睐于他。曾经对派遣戈登和救援戈登都表示过支持的激进派内阁成员查尔斯·迪尔克早在那年 3 月收到十几份"特别"电报后就警告说："我们很明显正在对付一个受到中非气候影响的野蛮人，这种气候即使对最理智的人来说也像是烈酒一般。"[6]

政府就是否要派遣军队，以及如果派遣军队的话，应该派遣何种类型和规模的军队，走哪条路线，讨论了几个月。怒气冲冲的维多利亚敦促格莱斯顿向戈登提供支持，她认为戈登是一个"非同凡响的人"。[7] 她开始对他的安全感到极为焦虑，并且决定直接与她的军队将领们接触。当她遭到陆军大臣哈廷顿勋爵（Lord Hartington）的批评时，她反驳说："女王始终拥有与军队将领的直接电报联系，而且始终会这么做……女王不会接受他人的命令。她不是一台机器。"她随后直接不顾首相的建议，要求被派往喀土穆的沃尔斯利将军确保士兵们留在苏丹。[8] 她向薇姬抱怨说，自己作为帝国首脑的地位没有丝毫乐趣可言，因为"不管我怎样警告、书写、计算和表态……除非拿把手枪指着他们的胸膛，否则他们什么也不干"。[9] 她在 1884 年 2 月 9 日对首相说，她为戈登的安危而"颤抖"，此时戈登正在从开罗前往喀土穆的路上："如果他遭遇任何事的话，结果将非常可怕。"[10]

对喀土穆的围攻开始于 1884 年 3 月 13 日。英国军队一直到那一年的 11 月才开始进军解救他。

在围攻持续 300 多天后，戈登被马赫迪派杀害了；他们残忍地将他的头颅砍下，插在了营地里的一棵树上。他于 1885 年 1 月 26 日被害。仅仅两天后，英国救援远征队就抵达了喀土穆。10 天后，戈登的死讯传到伦敦。维多利亚怒发冲冠。这对她而言是一次严重的个人羞辱。[11] 她将责任归咎于政府：她在给薇姬的信中写道："他们的头上沾着戈登以及数千人的鲜血。"她自己的良心是洁白无瑕的："我不停地警告、敦促，一切都徒劳无功。［但］格莱斯顿先生……将永远洗刷不掉英雄戈登的鲜血。"[12]

女王决定，是时候采取极不寻常的一步了。她发了一份明文电报——这样任何人都可以读到它，因为它没有加密——收件人是格莱斯顿、外交大臣格兰维尔勋爵，以及陆军大臣哈廷顿勋爵。在首相从北兰开夏——他此前正与德文郡公爵一起待在那里——赶往伦敦的途中，康福斯枢纽火车站站长将电报交到了他手上，而戈登的死讯此时已经传来。格莱斯顿打开电报，阅读了女王的严厉措辞："来自喀土穆的消息非常可怕，想到这一切本应可以避免，许多珍贵的生命如果早做行动就能

415

挽回，就令人太过恐惧。"怒火中烧的格莱斯顿发誓自己再也不会踏上温莎城堡的鹅卵石路一次，他还考虑要辞职。

那天夜晚，一份精心准备、态度坚决的答复被送到了女王手上。格莱斯顿写道，尽管他"无意评价女王陛下的判断"，但据他掌握的信息和回忆，他"无法完全理解女王陛下宣布的结论"。换句话说，她错了。他写道，沃尔斯利勋爵领导下的英军也许能够及时赶到喀土穆救援戈登，但他们却因为沿着河流走了一条迂回道路而被耽搁了，"而这是在戈登将军的明确要求下做出的决定"。[13] 严格地说，他说的没错，但这并不是关键所在。维多利亚早在 10 个月前就敦促采取行动，这根本不是短短几天的事。

格莱斯顿再次患上肠道疾病，手上长起了疹子。[14] 他在 1885 年 2 月 19 日那天去看了一场戏剧，也是在同一天，戈登的死讯传到了伦敦，而他在议会却几乎没有提到戈登——维多利亚知道，如果是迪斯雷利当首相的话，他一定会进行一番深切哀悼。从战略上说格莱斯顿是对的，喀土穆对大英帝国而言意义不大，但他犯下的灾难性错误在于，他错估了失去一位戈登这样地位的将领对他的党派的影响。保守党人很高兴地看到，自己毫不费力地就得到了这个把柄，它显示出自由党明显缺少帝国野心。格莱斯顿的外号也从"GOM"（Grand Old Man，老头子）换成了"MOG"——戈登的凶手（Murderer of Gordon）。

截至此时，格莱斯顿已经很难掩饰他对意志坚定的女王的蔑视了。他在主持内阁会议时，一开始会宣读维多利亚的声明，然后将她的信件塞回口袋里，不屑地说："好了，先生们，该干正事了。"[15] 1885 年 4 月时，他曾说，维多利亚的看法"相当没有价值"。[16] 他未能理解的是，无论是好是坏，维多利亚都有一种神奇的本领，能够表达出许多臣民的想法。她已经形成了比她的许多大臣都更加敏锐的政治直觉。而且有些时候，维多利亚的确进行了成功的干预。例如，在1884年，议会因《第三改革法案》（Third Reform Bill）陷入僵局，该法案旨在将投票权赋予农民。总体而言，维多利亚赞同选举改革，但她却不喜欢这种改革带来的破坏。她对这项法案非常乐观，但部分自由党人发出的解散上议院的呼声却让她惊骇不已。她要求格莱斯顿约束一下"他的一些狂热同僚和追随者"，并且强调，如果没有权力平衡，君主的地位将"难以维持"。

维多利亚曾坚持要求自由党人与保守党人举行会谈，保守党人强硬地表示，除非同时通过一项选区重新分配法案，否则他们不会让改革法案获得通过。这次会谈的结果是，上议院同意通过改革法案，同时在下议院执行一项刚刚谈判达成的选区重新分配法案。格兰维尔勋爵对女王的"巨大影响力"表示称赞，而亨利·庞森比也将"不停敲打双方，要双方保持克制，并坚持要求他们举行会谈"的功劳归于她。[17] 当格莱斯顿对她表示感谢时，她颇为夸张地回答说："能有点用是我现在唯一的追求了。"[18] 如今的她已是花甲之年，专注于自己的工作。成功推动谈判达成这次妥协让维多利亚相信了两件事：未来创立一支位属第三方的中间派政党的可能性，以及她自身影响力的效用。

不过，在格莱斯顿任期内，外交政策是一个维多利亚的影响力暂时熄火的领域。格莱斯顿本能地反对武力外交政策以及为了扩张而扩张的政策，但他的国家仍然奉行帝国主义。他不情愿地被裹挟进了南非、北非以及中亚地区的殖民战争。正如他的传记作者罗伊·詹金斯所写，格莱斯顿"在两个世界都遭遇失败……从一开始，一个凭借反帝国主义的施政纲领竞选上台的政府就发现自己不自在地陷入了太多帝国主义困境中"。[19] 其结果是一种不合逻辑的外交政策——在1881年英国军队从德兰士瓦撤军的同时，他们又在 1882 年占领了埃及；在内阁派遣戈登前去营救位于苏丹的英国公民的同时，他们却在他被包围后拒绝营救他。在温莎城堡内，一尊戈登将军的大理石半身像陈列在走廊里，冷冰冰地提醒着他的死亡。

在 1884 年令人极度痛苦的 7 个月时间里，王室的饭桌上笼罩着一层冰冷的沉默。从 5 月至 11 月，比阿特丽斯和她的母亲拒绝同彼此说话，而是在饭桌上通过交换纸条的方式交谈，同时还用刀叉在瓷器上敲击出清脆的声响。维多利亚经常放在餐桌上用来冷却夏日空气的冰块几乎没有必要存在。气氛相当尴尬，尤其是因为她们一般都十分亲密。维多利亚的这个最年幼的孩子此前展现出的只有顺从。但如今，她与英俊的巴腾堡王子亨利（Prince Henry of Battenberg）坠入了爱河，就在维多利亚的眼皮底下。[①] 当时年 27 岁且顺从而羞涩的比阿特丽斯坦承亨利王子已经占领了她的心房时，维多利亚不出意料地表现得十分自私而夸张："快乐已经永远从我的生命中消失了。"[20]

维多利亚一直都害怕这一时刻的到来。她曾试图阻止人们在比阿特丽斯的面前说出"婚礼"一词。她曾试图防止自己的女儿与男人共处一室，或者与除自家兄长以外的任何人共舞。她推迟了她的坚信礼。她想要保护自己最亲爱的小女儿，不让她接触那个她自己深表怀疑的习俗；毕竟，维多利亚如今声称自己讨厌婚姻。当然，她曾经十分喜爱自己的婚姻，但她

418

---

① 这件事发生在爱丽丝的大女儿维多利亚与亨利的哥哥路易斯的婚礼上。维多利亚有些分心，因为她发现爱丽丝的鳏夫、黑森公爵路易斯娶了自己的情人，一个来自俄国的离异女子。她立刻就做出安排，取消了这桩婚姻，并且派伯蒂将消息告诉了那个倒霉的女人。（这名女子后来生下了公爵的孩子，却将孩子送给他人抚养。）伯蒂说："在我们都意见一致时，我们是一个紧密的家庭。"也是一个有些残忍的家庭。——作者注

认为连续不停的怀孕伤害极大且痛苦不堪，孩子的离世更是令人无法忍受的折磨，而且大多数婚姻都苦不堪言。她自己的家庭就佐证了这一点。薇姬在普鲁士就苦不堪言，饱受对她不满且控制欲极强的公婆的欺负；露易丝嫁了一个怀疑是同性恋的男子，并且有了多个情人；爱丽丝在遥远的土地上离世；只有内向的海伦娜心满意足地与丈夫居住在附近。维多利亚郁闷地说："我活得越久，就越觉得婚姻很难带来真正的幸福。大多数都是为了方便而已——而不是为了真正的幸福——当然，当婚姻真正带来幸福时，它会受到极大的珍视，却很难长久。"21

以现代人的眼光来看，维多利亚对比阿特丽斯的控制似乎有些令人窒息以及自私无比，从许多方面来说，的确如此。但在 19 世纪，家庭里年纪最小的女儿终身侍候父母的情况也十分普遍。为了这个目标，一切都可以被牺牲。许多中产阶级家庭的女儿都对身为大龄未婚女性所要受到的限制恼怒不已；值得一提的是，恭顺的比阿特丽斯却毫无怨言。22 不过，如今她有了一个实现幸福的机会，就是与"利科"（Liko）在一起。比阿特丽斯也会变得很固执，用自己倔强的沉默来对抗母亲倔强的沉默。利科十分引人注目：时髦、温柔、帅气。这种沉默最终被三名男性保护人打破——伯蒂、爱丽丝的鳏夫黑森大公路易斯，以及他的兄长、巴腾堡的路易斯亲王代表比阿特丽斯向女王提出恳求。维多利亚提出了获得她批准必须满足的条件：结婚后必须始终与她一同居住，不能有自己的住所。身心俱疲的比阿特丽斯——以及反正也没有什么财产的利科——很快就同意了。

1885 年 7 月 23 日，一个艳阳高照的炎热日子里，婚礼在奥斯本宫附近的一座教堂内举行。只有一小群人见证了婚礼；尤其是，维多利亚拒绝邀请格莱斯顿参加。比阿特丽斯身披白色蕾丝和橙色花朵，就像母亲当年的模样，她还借来了母亲当年的头纱。激动万分的维多利亚说，她看起来"十分甜美、纯洁与平静"。[23] 前一天夜里，女王与比阿特丽斯一起从热闹的宴会上溜了出去，陪她走到她的房间，并且紧紧地拥抱了她，泪流不止。[24] 从某种意义上说，在当了40多年母亲后，她终于放开了最后这个孩子的手。她两眼通红地离开了女儿身边，躺在床上盯着窗外庄园与花园周围的灯光，祈祷比阿特丽斯能够永远幸福，并且永远也不要离开她。在婚礼结束后，维多利亚感到"十分难受"，不过没过多久，她那位精神饱满、对她百依百顺的女婿就赢得了她的认可（她甚至令人有些震惊地允许他在晚餐后与伙伴一起抽烟）。能够从情绪多变、控制欲极强的母亲手中获得某些自主权让比阿特丽斯松了一口气。

比阿特丽斯很快就怀上了未来四个孩子中的第一个。不久后，人们就会发现，她是可怕的血友病的携带者。她的一个儿子遗传了这种疾病，而且这个孩子也被起名为利奥波德。比阿特丽斯唯一的女儿维多利亚·尤金妮（Victoria Eugenie）后来嫁给了西班牙国王阿方索十三世，把这种疾病带到了西班牙王室中，并因此变得极度不受欢迎。

1885年，在戈登去世四个月后的一天，格莱斯顿的政府倒台了，维多利亚欢呼雀跃得"像一个放了学的小姑娘"。[25] 政府是在一个无关紧要的问题上被击败的——一份旨在提高啤酒关税的提案——不过在戈登将军去世后，英国政府始终在与合法性的问题做斗争。政府还在爱尔兰独立的热点问题上陷入深刻分歧。议会同时也被解散，保守党人索尔兹伯里勋爵成为首相——他将三次出任这一职务。在第一次任职期间，他从1885年6月起领导的少数派政府仅仅持续了7个月时间。

索尔兹伯里身材高挑、头发渐渐稀疏，还留着一脸浓密的络腮胡，他是一名保守党人，曾在1867年因迪斯雷利的改革法案获得通过而宣布辞职。他对变革的怀疑与维多利亚十分契合。他们的关系十分融洽，维多利亚对风度翩翩的索尔兹伯里勋爵变得极为喜爱。他彬彬有礼、聪明睿智、谈吐幽默，而且与女王一样都对地方自治持反对意见。

索尔兹伯里还是第一位比维多利亚更为年轻的首相，也是最后一位身为上议院成员领导英国政府的贵族政客。这个被其传记作家安德鲁·罗伯茨（Andrew Roberts）称作"维多利亚时代之巨人"的男人将在1895年和1900年为保守党赢得绝对多数胜利，并奠定了长期的保守党统治。

维多利亚十分珍惜与索尔兹伯里一起度过的时光，曾经对她的一名主教说道，他享有"她的大臣之中——甚至包括迪斯雷利在内——最崇高的地位"。[26]他的女儿维奥莉特（Violet）一次在法国听到他们的对话后曾说："我从未见过哪两个人关系处得如此融洽，他们优雅的举止以及对彼此的敬意和尊重令人感觉赏心悦目。"[27]

这种尊重是相互的。索尔兹伯里认为，女王有一种神秘的能力，能够体现公众的观点：他感觉，当他了解了维多利亚的看法时，他就"差不多可以肯定地知道她的臣民会拥有何种看法，尤其是臣民中的中产阶级"。[28]索尔兹伯里与女王还对穷人的生活条件持有共同的担忧。他曾在1883年撰写的一篇文章中强调，改善穷人住房条件不仅能给穷人带来健康，还能鼓舞穷人的士气。这种关联性也激起了维多利亚的兴趣。安德鲁·默恩斯牧师（Reverend Andrew Mearns）在1883年10月发表的报告《伦敦弃儿的苦涩呼喊》（*The Bitter Cry of Outcast London*）中对附近贫民窟的描述让维多利亚感到震惊不已。[29]报告中描述了惊人的拥挤状况，还包含关于乱伦的叙述，得到了自封为反对伦敦的肮脏、邪恶与剥削之伟大侠客的

420

421　　出版商 W.T. 斯特德的大力推广。① 此时的维多利亚仍然在因为几个月前布朗的死而哀痛，她给格莱斯顿写信说，有关"我们的伟大城镇中穷人的凄惨住房条件"的故事让她感到难过，她询问是否应该启动一项公共工程项目，以及是否需要就此展开调研。³⁰ 面对格莱斯顿的不情愿，她开始游说其他更具同情心的政客和神职人员。1884 年 2 月，一个皇家委员会得以成立，主要负责处理工人阶级的住房问题；索尔兹伯里与伯蒂都曾在委员会中任职。

　　1885 年，在索尔兹伯里担任首相期间，他在上议院引入了一项法案，要求房东对不卫生的住房条件负责，并且赋予地方政府委员会封停不卫生住所的权力。这些法律虽然只是渐进式的，但十分重要；它们促使公众开始思考，在改善贫民窟的生活条件方面可以做些什么，紧接着出现了更多的调研以及住房信托基金的设立。

　　1886 年 1 月，索尔兹伯里在一项土地法案的投票中被击败，并宣布辞职。议会中的 86 名爱尔兰民族主义者召集了大量议员反对他，希望如今支持地方自治的格莱斯顿能够重新掌权。维多利亚发动了一场步调一致且坚定有力的运动，以确保格莱斯顿不会再次成为首相。首先，她拒绝接受索尔兹伯里勋爵的辞呈。其次，她试图在温和派辉格党人与保守党人之间建立联盟，以便将自由党人挡在门外。她对态度温和的自由党统

　　　　① 作为《蓓尔美尔报》（*Pall Mall Gazette*）编辑，斯特德将在 1885 年引人注目地揭露伦敦的儿童性交易状况——《现代巴比伦的处女贡品》（*The Maiden Tribute of Modern Babylon*）系列文章——并得到女权主义改革家约瑟芬·巴特勒的帮助。对于如此可怕的故事得到出版并供大众审阅，维多利亚感到十分恐惧，而当斯特德因淫秽罪被捕时，她也拒绝进行干预。格莱斯顿令人惊讶地对这些故事没有展现出兴趣，却匆忙在议会推动改革，因为他知道，斯特德可能拥有某些涉事议员的姓名。（格莱斯顿说，她对于"大量可怕故事的搜集方式，以及这些故事在街头的广泛分布所产生的道德后果都十分不满"。）不过，女性可以合法性交的年龄从 13 岁提高到了 16 岁，惩罚措施也得到了加强。斯特德后来登上了泰坦尼克号，并随着那艘船沉没在了冰冷的北大西洋中，但他却实现了流芳百世。——作者注

一派成员乔治·戈申（George Goschen）说，政府改组将是一场"灾难"，并且"我为国家感到担心"。[31] 她敦促他与保守党中间派建立联盟，并且不要支持格莱斯顿，因为他"一有机会就会毁灭这个国家"。她对索尔兹伯里说，如果格莱斯顿上台的话，她将拒绝接见任何"让她有一丝不满的人"。她在一则备忘录的最后自怨自艾地写道："失去像索尔兹伯里勋爵这样的一个人，对这个国家——全世界——以及我自己而言简直糟透了！"[32]

维多利亚穷尽了一切方法以防止格莱斯顿再次出任首相。她甚至曾要求丁尼生勋爵——他刚刚陪伴好友格莱斯顿完成了一趟前往斯堪的纳维亚的游轮之旅——尝试劝说格莱斯顿不要参加即将举行的大选。[33] 丁尼生抗议说，他对格莱斯顿的影响力微乎其微。[34]

维多利亚的干预非同寻常：她丝毫没有掩饰自己对格莱斯顿的厌恶，试图将他赶下台，并且让他上不了台，她积极寻求帮助其他人建立执政联盟并组建政府，并且期望在内阁成员的挑选上拥有举足轻重的话语权。这其中连一丝行事中立的样子都没有。维多利亚的大臣和秘书曾反复警告她说，如果公众了解到这些阴谋诡计的话，她会遭受批评，甚至丑闻缠身。温和的自由党人戈申直接拒绝拜见她，担心这么做有可能"影响"局势（对此，她狠狠地斥责了他）。[35] 他建议维多利亚召见格莱斯顿，强调说自由党人仍然在格莱斯顿的掌控之下。

由于担心媒体有可能发现维多利亚不愿召见格莱斯顿的情况，庞森比采取行动，询问她是否可以立即召见格莱斯顿，以"结束这种令人紧张又激动的形势"。[36] 被动攻击是维多利亚的最后手段。当庞森比匆忙在深夜找到格莱斯顿时，后者正准备换上睡袍。庞森比问他是否愿意组建政府，并且对他说："女王陛下从他反复表示的想要退出公共生活的意愿中了解到他不愿接受组阁任命，因此传来这一信息，即她给予他选择接受与否的自由。"[37] 这可不是一个温馨的拥抱。

这位老头子如今已经习惯了女王的反对，接受了组阁任命并再次出任首相。庞森比简要介绍了女王对内阁人选的意见：她不会接受查尔斯·迪尔克，此人曾卷入一起令人震惊的离婚丑闻，并且是一名口无遮拦的共和主义者。格莱斯顿嘟囔了几句，但同意了。女王还反对他的好友格兰维尔勋爵加入内阁，对此格莱斯顿也勉强同意了。后来，他还同意不任命休·奇尔德斯担任陆军大臣，尽管他认为这是一项"重大损失"。[38]（此人被任命为内政大臣。）维多利亚提醒他说，她的反对意见并不是为了她自己，而是为了"国家利益着想"。[39] 她最期望弄清楚的是格莱斯顿在地方自治的问题上究竟是何意图：他是会仅仅如他所说调研一下爱尔兰人要求自制的呼声，还是这只是一个老练的谋略，目的是为执行地方自治铺平道路？[40] 这是那个时代英国政治的核心问题：反抗不息的爱尔兰人是否应当获准进行地方自治。格莱斯顿坚定地认为这一问题至少应当得到认真思考，但这一态度却让他付出了巨大代价。这将是他最伟大、最富远见，但也是最具自我毁灭性的一项使命。[41]

到 19 世纪 80 年代，爱尔兰问题已经成为英国议会的主导议题。爱尔兰正在遭受长期农业减产、频繁饥荒以及无休止暴力的折磨。对倡导爱尔兰共和的芬尼亚组织的支持正在不断增加。甚至早在 19 世纪 40 年代，也就是土豆饥荒发生前，格莱斯顿就曾将爱尔兰视为一场"即将降临的暴风雨"。在随后的几十年里，他见证了乌云的汇聚。当他在 1868 年获悉即将成为首相时，他停下了在庄园里砍树的工作，宣称"我的使命是安抚爱尔兰"。

他的确做出了尝试。首先，他在 1869 年解散了爱尔兰教会，并同时免除了天主教农民向教会支付什一税的义务。[42] 紧接着，他试图处理地主土地所有制文化（地主几乎从不出现在自己的土地上），并为爱尔兰佃户提供保护。他在1870年通过了一些法律，确保遭到驱逐的佃户能够为他们在租用土地期间对土地做出的改善得到补偿。1881年，他提出《爱尔兰第二土地法案》（Second Irish Land Act），该法案带来了真正的安全保障，允许佃户申请公平的租金、固定的租期，或者出售租赁权的自由。（大部分爱尔兰农民没有他们土地的所有权，主要从地主那里租赁土地，而大部分地主居住在英格兰。在1870年时，只有3%的农业地产是由所有者真正居住的。[43]）

不过，最艰巨的任务还是地方自治。大部分上议院成员、格莱斯顿的许多自由党同僚以及女王本人都对这一想法十分厌恶。岌岌可危的爱尔兰经济、饥荒和长期减产造成的余波，以及持续的共和派暴力活动和农业动荡，对英国来说是一个麻烦的来源地。大英帝国正试图赞颂自由，时而还会在世界层面认可原住民的权益，但在家门口遭遇的伪善指控却太过明显。格莱斯顿相信，这种愤怒循环是英国患上的一种已经发生了转移的癌症。

女王不相信爱尔兰配得上或者说需要进行自治。她认为格莱斯顿"总是给爱尔兰人找借口"，[44] 并且经常提醒他，自己反对他的"可怕"法案。[45] 事实上，爱尔兰的暴力活动不知怎的就成了他的责任。维多利亚说，他一直煽动就这一问题进行辩论，因此引发了骚乱，将爱尔兰变成了一个"彻底的恐怖国家"。女王主张实施宵禁，并试图加强自己对议会的掌控。[46] 她不分党派地鼓励所有反对地方自治的人团结起来保护大英帝国，并击败地方自治法案。[47] 她一再驳斥疲惫不堪的格莱斯顿，要求他就自己的明确意图撰写一份备忘录。[48] 格莱斯顿在信中表示，他仅仅希望"调研"自治政府的问题，但这封信却无法令她感到满意，尽管促使他下定这一决心的部分原因是他认识到了爱尔兰人的意志。[49] 维多利亚对他说，他不能把她的沉默当作对这一问题的认可，她在他的做法之中"看到的只有对帝国的威胁"，"在帝国的统一面临解体以及严重动荡的危险时"，她无法给他支持。[50] 格莱斯顿直言不讳地提醒她应当履行自己的法律责任，他写道，他"极为谦逊地意识到"她愿意"对那些有幸成为陛下顾问的人给予恒久不变的宪法支持"。[51] 他很清楚，女王的支持变化无常，但从法律上讲，她有义务给予支持。但是，正如戈登将军一样，维多利亚认为自己是在对一个更加崇高的力量负责。

当格莱斯顿在 1886 年 4 月就地方自治问题在下议院发表讲话时，他的演讲极为振奋人心。议员们面前的这项法案将在都柏林建立独立的议会和政府，该议会和政府将负责除外交、国防和贸易之外的所有爱尔兰事务。（该法案还将所有爱尔兰议员从威斯敏斯特除名，许多自由党议员都对此表示反对，因为此举将使他们丧失自己经常倚赖的许多选票。）格莱斯顿用一种有力而轻快的声音说道："依照我的理解，这是我们历史上的黄金契机之一，眼下这种契机也许会时不时地出现和消失，但通常而言不会重来。"[52]

然而，这一契机还是被错过了。6 月 8 日那天，该法案以341 票反对、311 票赞成的结果遭到否决。自由党人分歧严重，有 93 人投票反对该法案。自由党统一派退出了自由党，并且与保守党结盟，共同反对地方自治一直到 1914 年。格莱斯顿的远见比他的政治技巧更为伟大，他无法争取到足够多同僚的支持。

对维多利亚而言，这是一项胜利。1886 年 6 月 20 日，她收到了一封来自格莱斯顿的电报，电报上说他的政府将递交辞呈。她在日记中写道："我不由自主地感到庆幸。"[53] 格莱斯顿尽心尽力采取的这些措施对维多利亚而言没有任何意义，她觉得他已经变得"有些狂热地""相信他正在为爱尔兰牺牲自己"。[54] 她一如既往拥有识别政治风向的敏锐嗅觉——并且善于在适当的时候推波助澜。她曾积极地鼓励重要政客反对该法案，并且不断敦促温和派自由党人与温和派保守党人找到共同立场。

在 1886 年投票结束后的那个夏天和秋天，有数十人在贝尔法斯特发生的教派骚乱中丧生，数百人被捕。即使是在辞职后，格莱斯顿也没有放弃。1887 年，他在日记中写道："一声祈祷就能代表一切祈祷：爱尔兰、爱尔兰、爱尔兰。"[55] 他在 1892 年选举中再次为地方自治进行抗争，并且设法在 1893 年推动通过了一项缩水版的法案，但该法案很快就被上议院彻底否决。格莱斯顿对爱尔兰自治的执着令人印象深刻：原则鲜明，却不具备政治可能性。上议院不可能支持他。他非但没有给英伦列岛带来团结，反而让他所在的政党发生分裂，自己也成为自由党在未来 20 多年的大部分时间里无法上台执政的罪魁祸首。但如果英国在 1886 年通过格莱斯顿的法案的话，他们原本可以避免长达 35 年的动荡和流血。① 格莱斯顿说的没错——这是一个千载难逢的机会，但他们却错过了。

在 19 世纪 70 年代和 80 年代的那些年里，维多利亚正处在政治上的巅峰。她证明了自己比身边的大多数男人都更加擅长政治手腕。她的许多同代人都无法理解一个女人是如何施展此种权力的。阿瑟·庞森比写道，他的父亲在 1870 年成为女王的私人秘书，如果他父亲的工作内容仅仅是"对一个对时事知之甚少也毫不关心的执拗的中年女人献殷勤的话"，会无法

426

---

① 英国议会上院和下院一直到 1914 年才通过地方自治法案，随后又因为战争爆发而遭到推迟。一直到 1921 年，在爱尔兰民族主义者发动的游击战争结束后签署协议时，爱尔兰才获得了独立地位。南爱尔兰在第二年分裂出去——并被称作爱尔兰自由邦（Irish Free State）——而北爱尔兰则一直留在英国的统治之下。——作者注

忍受的。不过庞森比很快就对"她的能力做出了很高的评价，并且始终对她的勤勉惊叹不已"。他认为她是一个"清晰、理智、诚实的思想家，在某些事情上，她是一个优秀的商业女性"。[56] 但是从这些男人的描述中，我们很难弄清楚她到底有多么高效。他们的态度似乎经常与塞缪尔·约翰逊（Samuel Johnson）对女性布道的看法相类似：光是有女性这么做，就已经十分令人惊讶了。[57]

如今更加令人震惊的是发现维多利亚曾经是一个如此强势、喜欢进行干预的统治者。她经常拓展自身角色的界限。她竭尽全力地确保她和外交大臣能够共同决定外交政策，无须征求内阁的意见。她经常绕过首相向军队将领发布她自己的命令。她试图阻止格莱斯顿获取并维持权力。埃德蒙·戈斯爵士（Sir Edmund Gosse）在 1901 年写道："女王比通常印象中更加不愿意向内阁的命令屈服。"[58] 然而，维多利亚精心树立了一个顺从、避世且热衷家庭生活的女王形象，以至于她去世后出版的书籍因为暗示她拥有自己的意志而被认为太过极端。她对政治的干预程度——以及她的大胆程度——一直到 20 世纪 20 年代和 30 年代才为人所知，她统治末期的信件到此时才得以发表。甚至连维多利亚统治时期担任过三次首相的索尔兹伯里勋爵都写道："我可以有信心地说，在她漫长的统治时期，没有哪位大臣会在忽视她的建议或者在要求她收回建议后不产生某种自己有可能承担危险责任的感受……她很清楚自己在说些什么。"[59] 正如她的信件编辑伊舍勋爵所指出的那样，女王总是向内阁的统一意见妥协，但"从不会立马向单个大臣的意见屈服"。[60]

那么，女王的宪法角色究竟是什么呢？英国没有成文宪法。所谓宪法是由众多文件集合而成的，包括议会法令、法院判例、权威文献、国际条约和宪政惯例等。1867 年，在女王避世哀悼期间，沃尔特·白芝浩在他的经典著作《英国宪法》

中指出，任何地方都找不到对于君主宪法角色的明确表述。然而，他强调，由于缺少对女王角色的理解，她的威望得到了增强："如果专门为了女王而成立一个委员会，那么王室的魅力就会荡然无存。它的神秘性正是它的生命所在。我们不能让神秘的事物暴露在阳光下。我们不能让女王亲自参与政治角逐，否则她将不再受到所有政治参与者的尊敬；她将成为众多政治参与者中的一员。"[61]

白芝浩认为，君主拥有三项权利："意见得到征询的权利；鼓励的权利；以及警告的权利。"[62] 他写道，尽管君主是民主的"脸面"，但他或者她的角色却主要是仪式性和象征性的。但一直到伯蒂继承王位之后，这种仪式性、象征性的君主才成为常态。[63] 维多利亚所实施的许多权利已经超出了白芝浩所说的内容：例如申斥大臣、取消支持、影响内阁任命、颠覆首相以及指挥军官等权利。

白芝浩写道，王室的首要职能是"通过及时举办光鲜亮丽的活动"来缓和政治。[64] 他们的第二职能是激发未受教育者或者思维简单者的忠诚感："即成为那些仍未受到充分教育之人的可见的团结象征，他们对此有强烈需求。"[65] 第三职能是迎接外国政要。第四职能是提供一个道德楷模（他同时表示，维多利亚的许多先祖都未能满足这一要求）。最后一项职能是在过渡时期保障稳定，为政府更迭提供某种"伪装"。

君主的权力展示在政府的倒台和建立时达到最大化。白芝浩写道，当政党陷入分裂，无法选出领导人时，君主有可能"从陷入分裂之政党的高级成员中挑选出最优秀的领导者"，当然前提是君主应保持公正无私。[66] 但谁来判断君主的洞察力正确与否呢？[67] 白芝浩认为，由于世袭王朝先天虚弱，很少有君主能够真正完成这样的任务："或许在大多数情况下，宪政君主的最大智慧是用思虑周全的无为而治来展现自己。"[68] 然而，很明显，权力就在那里，而维多利亚一有机会就会夺取它，即使在党派没有分裂时依然如此。原则上说，只有在下议院中能够号令多数政客的人数超过 1 人时才会出现分裂。这种情况在维多利亚时代只发生过一次，那就是 1894 年。然而，她还在 1852 年挑选了阿伯丁勋爵，并在 1894 年挑选了罗斯贝里勋爵担任领导人——这些人都是合法的王室选择。在 1886 年因爱尔兰地方自治发生分裂期间，维多利亚曾试图推动阿盖尔公爵成立一个新的温和派政党，以"拯救国家和宪法"。她还曾鼓励那些反对地方自治的自由党人成立一个独立的自由党统一派组织。[69]

429   很明显，维多利亚还认为自己有权力将首相解职，并解散内阁，尽管这一权力从未被行使过。当希腊国王以"导致国家破产"的理由在 1892 年将整个内阁解职时，维多利亚认为他完全有权力这么做："但行使这一权力是否明智要取决于具体情况。"[70] 她会反对特定的人被任命为内阁大臣，但一旦内阁任命已经完成，她不认为自己可以再将他们解职。她的抗议通常至少在表面上是缘于道德因素——例如在亨利·拉布谢尔的案例中，他在结婚前就与自己的演员妻子同居了——以及个人原因（拉布谢尔还曾批评过君主制度）。正如在迪尔克事件中的做法一样，格莱斯顿提出了抗议，但接受了女王的否决权，将这两个人全部排除在外。

尽管身为行政部门首脑，但国王与女王却应该接受大臣们提供的建议。不过，只能在递送给她的政策文件上盖章的想法对维多利亚而言是一种侮辱：她可不仅仅是一台"机器"。毕竟，斯托克马曾对她说，君主是"永恒的首相"，[71] 而首相仅仅是"临时的内阁首脑"。迪斯雷利也曾鼓励她提高自己的存在感，称她为"女独裁者"和"女仲裁人"。亨利·庞森比则向另一个方向采取行动，花费了许多年焦急地试图确保维多利亚仰赖大臣的建议，而不仅仅是依赖她自己的想法。[72] 不过，尽管她曾采取行动击败过内阁的提案，但从未否决过任何一项提案。例如，当格莱斯顿推动一项旨在解散爱尔兰教会的法案时，维多利亚既表示出对该法案的反对意见，又对该法案的通过提供了帮助。

到维多利亚统治末期，英国距离成为民主国家已经越来越近——有三分之二的男性如今拥有投票权（尽管女性仍然无法投票），君主的权力也大大削弱。作为女王，维多利亚所从事的工作职能接受了不断的重新定义。她殚精竭虑地工作，以维持自己的权力，但这些工作主要是在私下进行的。她还是一个聪明而强势的政治权谋家，但她却狡猾地在自己的臣民面前将自己表现为一个喜欢在苏格兰慢跑的平凡母亲。这证明她拥有敏锐的政治直觉；她知道，当她表现得像是国民一员时，能够得到整个国家的喜爱，但在面对大臣们时，她却固执地牢牢把控着自己的宪法权力。她曾经见证俾斯麦一步步侵蚀薇姬的公公、德国皇帝的影响力，而她不打算让同样的事情发生在她身上。她曾试图忽视格莱斯顿是所在政党的领袖，并且拥有民众支持的事实，但在她的阴谋诡计最终徒劳无功后，她被迫承认了这一点。她一直所坚持的东西——如果她不能得偿所愿的话，她甚至威胁过要退位——实际上是她自己的影响力。

到 19 世纪 80 年代，格莱斯顿已经开始认为女王"有些无理取闹"了。[73] 她对他施加的压力超过了以往任何一任首相——而他也用几乎同等的力量进行反抗，称她提出的获悉有关内阁争吵情况的要求"令人无法忍受"和"无法接受"。他希望她能够退位，好让伯蒂继位，并且承认自己对君主制的信心已经出现了动摇。渐渐地，格莱斯顿对于她对自己的看法越来越不关心。到 1886 年，她对他的厌恶已经变得如此显而易见、顽固不化，以至于几个月后当他的政府因爱尔兰问题出现分裂并倒台时，她甚至感到十分高兴。

他在 1881 年叙述了一次拜会女王的经历："受到了十分礼貌的接待，进行了漫长的拜会，但我总是被拦在一道铁圈之外；即使我有力量，也没有任何意愿想要突破进去。"[74]他在写给查尔斯·迪尔克的信中说："我相信，有一百个迹象可以证明，她十分期待我退休的那一天，就算不能令她欢呼雀跃，也至少会让她感到如释重负。"[75]他说的没错，然而他们两人却针锋相对地一同活到了令人难以置信的高龄。维多利亚始终低估了格莱斯顿的长寿。每一次她看到他，都觉得他看起来处于重病和身体衰退的状态。她也年纪渐长，走路需要拄着拐杖，每天还要接受按摩才能缓和坐骨神经痛以及风湿病。

格莱斯顿的秘书爱德华·汉密尔顿认为，维多利亚很可能十分嫉妒格莱斯顿，尤其是嫉妒他对英国臣民的非凡掌控。她经常警告他不要像在中洛锡安时那样进行竞选运动。她要求他注意自己的言辞，并且把他当作一个需要监督的青少年一样来对待，尽管他实际上比她还年长 10 岁。在他即将发表重要讲话前，她会给他寄去便条：在 1881 年时，她对他说要"非常谨慎"，[76]而在 1883 年，她要求他"警惕自己的言辞"。[77]汉密尔顿在 1883 年 9 月写道：

> 如他［格莱斯顿］所说，她在见到他这个老人受到的过分尊重时感到愤愤不平，这个老人经常提醒公众他的存在，而且经常加班加点地为公众工作，而女王陛下却由于自身生活方式的原因很少出现在公众面前……她无法忍受报纸专栏文章中"格莱斯顿先生的近期活动"用大号字体展示，而宫廷公报却在下方用小号字体展示……她发现自己身边的这个首相所拥有的地位在英国独一无二，与此前

她所经历的首相大为不同，甚至连在她之前的任何君主都没有经历过这样的首相。[78]

在所有曾经与维多利亚共事的政治家中，格莱斯顿是最具远见的一位。他与伤痕累累却爱说俏皮话的墨尔本勋爵截然不同，后者更喜欢无为而治而非采取行动。格莱斯顿与他那个时代最重要的问题进行了一番斗争，誓言即使孤身一人也要勇往直前。他没有耐心进行民意调查或者使用焦点小组的研究方法——更喜欢采取劝说和领导的方式。他引入了第一项全国性教育法律，即1870年教育法案，凭借1872年选举法冲击了爱尔兰地主阶级的政治力量，解散了爱尔兰的英国国教教会，试图通过《腐败行为法》来消灭购买选票的做法，开始为招聘公务员举行考试，并且结束了男性公民需要付钱才能获得军中正式职务的做法。

或许，维多利亚跨越宪法界限的做法之所以没有引发更多争议，是因为她的这些做法很少成功；如果她成功将格莱斯顿赶下台，或者设法劝说某位中间派议员接受组阁任命的话，人们会大受震动，而她也会受到谴责。在她臣民的印象中，她一直是在苏格兰散步，而不是将一名民选上台的首相赶下宝座。维多利亚与格莱斯顿之间的冲突是一种意志与个性的重大冲突。① 庞森比后来厌烦了在维多利亚与格莱斯顿之间来回传递言辞礼貌的愤怒信函，以至于在1884年一次漫长的争执期间，他要求首相直接写信给女王。庞森比对妻子玛丽说，他可不想把"手指放在相互碰撞的两艘铁甲舰之间"。[79]

432

———————————

① 讽刺的是，维多利亚与格莱斯顿之间意见取得一致的一件事就是，给予女性投票权或者说任何政治权力都是没有意义的。老头子断言，这有可能导致女性破坏她们权力的源泉："即其自身本性的敏感、纯洁、精致和高贵。"[80] 维多利亚对此表示同意，尽管与此同时，她还是向首相寄去了一轮又一轮的信件和电报，要求他屈服。——作者注

27
头戴软帽的君主

> 将这个庞大帝国团结在一起的象征是一顶王冠,而不是软帽。[1]
>
> ——罗斯贝里勋爵

他们想让她带上一顶王冠。毕竟,过去的君主都是这么做的。在金禧庆典上,女王当然应该戴上一顶闪亮的王冠,以彰显她长达 50 年的统治,那将是她崇高地位、指挥角色、巨大财富以及非凡成就的象征。但维多利亚却不屑理睬其首相与家人的请求。在 1887 年她的金禧庆典上,她头戴软帽,身穿朴素的黑色长裙。她拒绝穿戴传统的紫色天鹅绒长袍和仪式王冠,也不愿带上半个世纪前她在登基大典上小心携带的权杖与宝球。在场的有各国国王与王后、公主与王子、欧洲各国的伟大男性与女性,他们全都珠光宝气、光彩照人;但维多利亚却

一身黑衣地坐在马车里,紧跟着他们徐徐入场。这既是她的特质也是她的本能,而且完全是前无古人:她是一个头戴软帽而不是王冠的女王。[2] 她身居世界上最强大的帝国之巅,却呈现出最为温顺的名誉元首的形象。

1887 年 6 月 21 日,一个阳光明媚的日子,威斯敏斯特教堂即将举办一场感恩礼拜,维多利亚坐在马车里,用阳伞遮住了自己的面庞。50 年前,她曾经是一个兴奋而秀丽的少女:"英格兰玫瑰"。如今,她是一名白发苍苍的寡妇,生育了 9 个孩

子，失去了丈夫、2个孩子、5个孙辈，以及她最忠实的朋友与伙伴。她不再像年轻时那样骑在马背上在公园中疾驰，而是经常坐在小马椅上被人推来推去，看起来行动十分不便，而且时常露出疲态。她四顾望去，震耳欲聋的呼喊声、欢呼声，以及面带微笑、眯起双眼抬头仰望的面庞所构成的海洋让她感到难以承受。她的侍女剑桥公爵夫人形容说，"蜂拥在街道上的数百万人"看起来"就像是蚁丘一般"。³

一群工人跟着维多利亚的马车一同奔跑，时而欢呼，时而大喊："你做到了，老婆婆！你做得好！你做得好！"⁴她向他们点头致意，开心地笑了起来，红红的眼眶噙满泪水。她的面前站着一排排的王室成员：她的三个儿子、五个女婿以及九个孙子或外孙。印度骑兵的佩剑在阳光下熠熠生辉。乘坐淡黄色马匹拉着的马车的主要是来自欧洲各国的王室成员。在威斯敏斯特教堂的行进队列中，有43人是维多利亚的家人，包括她孩子和孙辈的配偶。进入教堂后，她坐在了覆盖在加冕王座上的红色貂皮长袍上——但是显然"绝对没有穿在身上"。⁵她向坐在下方的下议院议员们望去。她扫视着他们的面庞，没有看到格莱斯顿的身影，尽管他就在那里。

参加仪式的女性大多数都穿着浅色服装，或白色或灰色，这些朴素的丧服正是维多利亚所规定的。

争奇斗艳的反而是男人：他们穿着红色制服、绣花西服以及长至拖地的紫色天鹅绒主教长袍等。最光鲜亮丽的参与者是那些来自遥远殖民地的家伙，"东方的总督们"炫耀着自己鹅卵石般大小的钻石和绿宝石，有的挂在胸前，有的则绣在了头巾上。

女王还是做出了一点妥协：她20年来第一次在软帽的边缘绣上了白色蕾丝，并且镶嵌上了钻石。仅仅几天后，伦敦的时髦女士们就戴上了类似的镶钻软帽。一名记者在7月——也

435

就是金禧庆典结束后的一个月——白金汉宫举行的一场王室花园宴会上略带不满地记录了这一趋势："教堂里的女王陛下和公主们之所以头戴镶边软帽，是为了代替头冠。但是女士们在花园宴会上也头戴镶嵌珠宝的软帽就不像话了。"[6]

在好几天时间里，英国各地举办了各类市集、野餐、赛艇会、体育锦标赛，以及为孩子、穷人和老人举办的晚宴等。对孩子们来说，这些活动仿佛具有魔力一般。12 岁的温斯顿·丘吉尔在学校里给母亲写信说："除了 50 周年庆祝活动，我的脑海里什么都没有。"为期两天的庆祝活动以一场在海德公园中举办的派对告终，参加派对的是 3 万名学童。他们狼吞虎咽地吃下了肉馅饼、圆面包、橙子以及牛奶、柠檬汁和姜汁啤酒等。在娱乐方面，现场有 6 支军乐队，20 场《潘趣与朱迪》演出，100 个摸彩桶，8 个牵线木偶小剧场，9 支进行犬类、马驹和猴子表演的小剧团，1000 根带有"50 周年庆祝手柄"的跳绳，1 万个小气球，以及 4.2 万个其他玩具等。[7]巨人与侏儒一同进行巡回演出。

从苏格兰北部到英格兰最南端，"大多数山丘上都燃起烽火，火堆一直燃烧到破晓时分"。光是在英格兰和威尔士的 52 个郡，就点燃了 1000 多处烽火，[8]而在远居北方的奥克尼群岛（Orkney Islands），当地人甚至很难看清烽火的样子，因为那里的天空一直到午夜时分还会被夏日的太阳所照亮。[9]不列颠群岛的处处山峰都点亮了帝国的荣耀。

这场庆祝活动可谓史无前例：1785 年时，为庆祝乔治三世国王登基 25 周年，也曾试图举行过庆祝活动，但很少有人前来参加。

如今，伦敦就像是一座快乐之城，煤气灯、煤油灯、灰光灯、电灯、大烛台和彩灯交相辉映。如此多的灯光将整座城市照得透亮，甚至在有些地方，灯光将城市照得比白天还要亮一些。邦德街上的布雷登巴赫先生（Mr. Breidenbach）用喷嘴将紫罗兰香味的香水喷到 50 英尺的空中，然后用电灯将其点亮。

　　在这整个过程中，阿尔伯特都是一个由维多利亚坚持不懈的哀悼变幻出来的幽灵形象。当 6 月 20 日破晓时，维多利亚一如既往地敏锐察觉到自己的孤独。她在日记中写道："这一天到来了，而我依然孤身一人。"距离她的丈夫去世，已经过去了 25 年。有整整一代人在成长过程中对他一无所知，但她仍然固执地身披黑衣站在那里，试图向他表示敬意，她很确定，人们的欢呼声表明他们知道她在失去了他之后承受了多大的痛苦。在金禧庆典结束后，维多利亚写了一封信，感谢她的臣民在她往返威斯敏斯特教堂的路上对她表示出的热情："可以看出，这漫长的 50 年，我的辛勤劳动和殚精竭虑受到了我的人民的认可，其中的 22 年，我是在无比的幸福中度过的，拥有我亲爱的丈夫的陪伴和支持，还有同等长度的年份充满了悲伤与苦难，没有了他庇佑的臂膀和睿智的帮助。"[10]

　　当她的 300 万臣民向"女性金禧公募基金"（Women's Jubilee Offering Fund）捐款，并募集 7.5 万英镑资金时，维多利亚决定委托建造阿尔伯特的又一尊雕像（不过她用这笔钱中的大部分成立了女王金禧护理学院[11]）。多亏了维多利亚，阿尔伯特仍然留在人们的心中（不过她还是改变了他的一些严格规定：她允许那些被认为是离婚案中无辜一方的女性参加金禧庆典；她甚至考虑将这一特权赋予那些来自其他国家的这类女性，但索尔兹伯里勋爵建议她放弃这个念头，"因为此举有可能会招来那些轻浮的美国女子"[12]）。这是一个展现仁慈的好时候——在帝国各地，囚犯纷纷获释出狱，不过那些曾残忍对待动物的囚犯却是例外，他们的罪孽无法得到维多利亚的原谅。

一如既往，维多利亚在众多亲属面前表现出自己的孤寂。她渴望自己的子孙能够公开表现对她的爱。在阅读孩子们为金禧庆典准备的演讲稿时，维多利亚给庞森比写信说："女王对这些答复表示满意，但始终希望其中加入'我亲爱的母亲'这几个词。不仅仅是在这个场合，而且是要永远如此……女王希望自己的孩子在回忆起她时永远不要遗漏这几个词。"

女王还有 7 名儿女尚在人世，分散在全球各地。如今他们团聚在伦敦，以庆祝母亲的长久统治。42 岁的阿菲与家人一起驻扎在马耳他，担任皇家海军地中海舰队的总司令。37 岁的阿瑟是驻孟买英军的总司令，与妻子幸福地生活在印度——而且很快将迎来三个孩子。46 岁的薇姬生活在普鲁士，内心痛苦且不受欢迎，受到心怀疑虑的媒体、反对英国的俾斯麦首相以及她自己的孩子，尤其是大儿子威廉的迫害。

其他的几个孩子还留在英格兰：刚刚年满 30 岁的比阿特丽斯如今正怀着第二个孩子，并且快乐地与自己的新婚丈夫利科生活在一起。当几个月后她在巴尔莫勒尔生下名叫埃娜（Ena）的女婴时，利科将埃娜称呼为"金禧小外孙女"。露易丝还没有到不惑之年，正处在一段与罗恩侯爵（Marquess of Lorne）的不幸婚姻之中。海伦娜已有 41 岁，深深地沉浸在自己的慈善事业之中；在金禧年里，她成为新近成立的英国护士协会（British Nurses' Association）的主席。

伯蒂近年来日益受到维多利亚的喜爱，他如今已有 45 岁，身材肥胖，有 5 个孩子，但似乎与 20 年前相比距离继承王位并没有更进一步。W.T. 斯特德在《蓓尔美尔报》上拿他开玩笑说："'身着红装的肥胖小秃头'威尔士亲王在他那位一身白衣、光鲜亮丽的德国姐夫身边看起来如此不起眼，他还会成为我们的统治者吗？"[13]

　　有时，维多利亚给人感觉就像是英国版图上永恒不变的风　438
景似的。

　　在金禧庆典结束一周后，薇姬的丈夫弗里茨因咽喉增生接
受了一次手术。增生被宣布是良性的，因而薇姬又燃起了丈夫
有可能痊愈的希望。他喉部的小肿块最早是在 5 月被发现的，
大夫曾经采取过几次笨拙而痛苦的尝试，试图用烧红的电线将
其去掉，但每次被割掉后，它又会再次出现。有 6 名德国医生
做出了喉癌的诊断，并且建议进行一项危险的手术，手术结果
会导致弗里茨失去说话能力，甚至有可能丧命。英国专家莫雷
尔·麦肯齐医生（Dr. Morell Mackenzie）在薇姬的请求下匆
忙赶到德国为他进行诊断。麦肯齐医生从他的喉部移除了一个
据他说是良性的肿块。德国医生们坚持认为出了错；麦肯齐从
他的喉部取出了又一个肿块，并且表示这也不是肿瘤。薇姬迫
切地想要相信麦肯齐医生，但她对一名英国大夫的信赖激怒了
当地人以及她的大儿子威廉，后者开始密谋将父亲从皇位继承
顺序中驱逐出去。
　　威廉是一个自大、有时有些残忍且没什么才华的人，对自
己的母亲有一种特别的仇恨。薇姬在生育威廉时忍受的痛苦的
臀位分娩意味着威廉必须被拽出她的子宫，导致他的左臂由于
神经损伤出现了部分瘫痪（如今这种症状被人称作厄尔布氏麻
痹）。这使他的左臂比右臂短了 15 厘米，多年来，他一直通
过将左臂放在佩剑或者其他支撑物上来掩饰这一事实。当时的
医疗条件不足以治疗这种被认为十分羞耻的残疾。为了让他的
左臂康复而采取的治疗方法简直耸人听闻。其中一种治疗方法
最早在他仅仅几个月大时就进行了，名为"动物浴"。会有一
只野兔被杀死并开膛破肚，每周两次；威廉的残疾臂膀要伸进
仍然温暖的尸体中，希望野兔的生命能量能够神奇地转移到他

的身上。威廉还曾接受过电击，并被绑在一个金属装置上，以强迫他保持抬头。他将自己的耻辱以及多年来所接受的痛苦而失败的治疗归咎于自己的母亲：他永远也无法原谅她。[14]

作为一个支持国家统治的军国主义保守派，威廉相信自己是家庭中真正的爱国者。薇姬对母亲说，他"幻想自己拥有举足轻重的地位"。他认为自己比奉行进步主义的父亲弗里茨更具普鲁士精神，并且是俾斯麦以及与"专制主义和警察国家"有关的一切事物的崇拜者。维多利亚对他这个28岁外孙的傲慢自大感到十分恼怒，以至于她甚至不愿邀请他参加自己的金禧庆典。薇姬不得不替他求情，特别谈到英国与德国之间出现的任何分歧迹象，都会加剧她作为一个身处保守主义德国的自由主义英国女性所面临的难题。威廉曾希望将自己患病的父亲留在普鲁士，自行前往伦敦。身处英国的维多利亚对于他的这番诡计愤怒不已。甚至连俾斯麦都认识到威廉还太不成熟，无法担当统治国家的重任。俾斯麦认为，威廉冲动鲁莽，"喜欢受人奉承，有可能在出乎意料或者无意的情况下将德国拖入战争"。[15]不过，最终人们发现，威廉的问题根本在于他的性格，而非成熟与否，多年之后发生的事情恰恰表明，威廉对战争的渴望远远超出了他指挥战争的能力。

1887年11月，弗里茨终于被确诊得了癌症；麦肯齐医生最终对此表示认可。威廉很快就开始了赤裸裸的夺权行动，成功说服普鲁士皇帝——也就是他的祖父，弗里茨的父亲——授权由他来代表弗里茨签署文件。1888年2月，弗里茨接受了气管切开术。到3月23日，威廉已经成了副皇帝，在德国外交部工作，并且成为议会中众多委员会的负责人。他自己准备演讲稿，并且在桌上详细地写下了自己的继位计划。弗里茨知道自己已经被当成一个死人了；后来，威廉的妹妹夏洛特与弟弟亨利转变立场开始支持兄长，更加加重了对弗里茨的伤害。[16] 薇姬对维多利亚抱怨说："人们普遍认为我们是即将消失的阴影，很快就会被现实所取代，而现实就是威廉！"对薇姬来说，自己丈夫在准备继承皇位时竟然病入膏肓，简直太过不公：皇帝如今已是 90 岁高龄，肯定命不久矣。她很确定自己的丈夫将会是一个伟大而仁慈的普鲁士领导人，也会是议会民主制的有力支持者。

440

1888 年 3 月，身体日渐虚弱的弗里茨终于在父亲死后加冕为德国皇帝腓特烈。维多利亚很高兴女儿终于成为皇后："这让人觉得似乎是一个不可能的梦。"[17] 如今已经有半个世纪统治经验的维多利亚指导他们既要保持坚定，也要取得尊重，尽管弗里茨仍然病得很重。

弗里茨是一个无声的皇帝。他在纸上写下指令，并且只能通过插管来呼吸，而与此同时，他的大儿子却在不耐烦地等他死去。薇姬的神经十分脆弱，她的神经痛有时让她连床都下不了。她每天几乎都坐在丈夫身边织东西，他则将一袋冰块压在喉咙上，有时她会徘徊在他房门外，聆听他的呼吸，或者在他咳嗽发作时陪着他乘车出行。薇姬既孤独又被人误解；她的英国血统让她变得极为不受欢迎。她的私人信件经常被泄露给媒体，并且全文刊出。她的三个孩子全都抨击她，指责她造成了他们父亲的疾病，或者导致他只能接受糟糕的治疗。甚至连薇姬微笑时，都有人说这只不过是她麻木不仁的证据。

统治精英交头接耳地传播有关薇姬的流言蜚语。俾斯麦的儿子赫伯特认为弗里茨即将到来的死亡是"好运气"；他很高兴能够摆脱一个娶了一名带有"彻底英国观念"的女人的男人，因为这种情况有可能带来灾难性的外交政策。[18] 贵族和俾斯麦首相都担心弗里茨有可能试图将薇姬任命为摄政王。甚至连薇姬代替弗里茨签署文件的想法都遭到了俾斯麦和她自己的儿子亨利的反对，亨利说："霍亨索伦家族的普鲁士和德意志帝国不能由女人来领导。"[19] 悲伤的皇后如今四面楚歌。

是时候由她的母亲进行干预了。维多利亚决定将在 1888 年 4 月结束在意大利度假的返程途中去普鲁士一趟，看望一下弗里茨并且展示支持。当她来到普鲁士时，她将会与老政治家俾斯麦直接面对面。当时还有另外一次微妙的外交行动至关重要。薇姬的女儿——也就是维多利亚的外孙女——维多利亚公主想要嫁给巴腾堡的亚历山大亲王——绰号"桑德罗"，亚历山大王子此前已经于 1886 年辞去了保加利亚国王的头衔，结束了连续七年的统治。弗里茨已经给予女儿他的批准。俾斯麦的儿子也对这位美貌的公主垂涎不已，因此俾斯麦强烈反对这桩婚事，理由是这有可能激怒俄国，尤其是新近继位的沙皇亚历山大二世，后者是桑德罗的表亲。桑德罗既高大又帅气，很受维多利亚女王的喜爱，不过她还是劝薇姬等到得到完全批准再说。（她还获悉，桑德罗爱上了一个尤为漂亮的歌剧演唱家。）

当维多利亚走进弗里茨的房间时，后者给她递了一束花；这是她最后一次见到他。随后，她在夏洛腾堡宫她自己的房间里接见了俾斯麦。（索尔兹伯里勋爵敦促她带上一个大臣，但她拒绝了。）在他们独处的 45 分钟时间里究竟发生了什么，无人知晓，但俾斯麦在走出房间时拿出手绢擦了擦额头。不久后，他说："我的天哪！那是个女人！一个可以打交道的女人！"[20] 作为一个将女性权威视作诅咒的男人，俾斯麦后来修正了自己的言论，以显得更为讨好："老奶奶在夏洛腾堡宫表现得非常理性。"[21] 可怜的薇姬一边哭泣一边与母亲道别。但维多利亚的这次访问是成功的，她让德国人记起了这位皇后的母亲所拥有的巨大权力。心怀嫉妒的威廉嗤之以鼻地说："老太太是时候去死了。"[22]

弗里茨在皇位上只待了 99 天：他死于 1888 年 6 月 15 日。此时的他已经是"形容枯槁"。[23] 在去世前一天，他曾经给妻子写了一张便条："我会发生什么？"[24] 薇姬在他的床边坐了好几个小时，拿着一块浸满白葡萄酒的海绵让他来吮吸。在他呼出最后一口气，闭上眼睛后，薇姬将他的佩剑放在他手上，然后亲吻了他的手和脚。威廉立刻就采取了行动。他的部队——数十名身穿红色制服的轻骑兵——很快就包围了整栋房子。他们仔细搜查了一番弗里茨的书房，寻找自由派阴谋的证据，而威廉则封锁了电报房。

新皇帝来到母亲的房间，彻底查抄了一番，并且指控她藏匿了一些他认为会被送往英国的秘密文件。薇姬站在一边看着他，哭泣不止。（她已经预料到了这种情况：薇姬已经在金禧庆典期间偷偷将弗里茨的私人文件带到英国去了，藏在白金汉宫的一个铁质保险箱里。后来，弗里茨意识到自己命不久矣，于是安排一名医生将他的战争日记偷偷带给英国驻柏林大使，他迫切希望保留一份对自己在普法战争和奥普战争以及德国统一过程中所发挥作用的准确记录。[25]）后来，当薇姬试图走到阳台上，好剪下几朵玫瑰放在弗里茨的遗体上时，一名守卫粗暴地抓住了她的臂膀，将她赶了回来。

不知所措的薇姬独自一人坐在房间里给母亲写信，因为母亲比任何人都更能理解她："我已经是一个寡妇，不再是他的妻子。我该如何支撑下去？你做到了，我也会做到。"[26] 维多利亚深表同情："我不曾体验过看到另一个人填补我天使般丈夫之空缺的痛苦，我始终觉得自己永远也无法忍受这一点！"弗里茨的空缺被他的儿子所填补，后者不仅对薇姬拥有统治权，而且还十分鄙视她。甚至连威廉的朋友赫伯特·俾斯麦都

442

将他描述为"冷若冰霜。他从一开始就相信人民存在的目的就是受利用的……利用完之后，就可以弃之不顾了"。²⁷威廉迅速埋葬了自己的父亲，并且有意无意地忘记了查阅父亲对自己葬礼所做的指示。

这位奉行民族主义的新皇帝对英国极为敌视，这标志着英德关系出现了重要转变。他在拜访他所喜爱的外祖母时会穿上英军制服，还十分热衷于在怀特岛周围进行快艇竞速。但他同时也感受到了一种深层次的竞争关系，专注于建设普鲁士海军，寻求与英国海军展开竞争。他最终走上了与母亲的家族开战的道路，导致后者在第一次世界大战将王室的姓氏从"萨克森－科堡－哥达"改成了"温莎"，因为当时英国正在与德国交战。威廉极为冷落伯蒂，在继承皇位后不久就曾拒绝在维也纳与他见面，理由是伯蒂在弗里茨的葬礼上出言不逊。维多利亚深感震惊，认为他既令人讨厌又自命不凡，而他的妻子则"令人作呕"。她仅有一次不情愿地允许他前往奥斯本宫来拜访她，那是在1889年，当时他表现出的讨好和对于能够身穿英国海军上将制服的兴奋之情让她放松了警惕。威廉夸张地说："这是与圣文森特（St.Vincent）①和纳尔逊（Nelson）②一样的制服；足以让人眼花缭乱。"²⁸

如果弗里茨的喉癌没有让他过早撒手人寰会怎样？德国有可能迎来一位奉行自由派理念、富有同情心的皇帝，这位皇帝想要改善工人阶级的生活，而且尤为厌恶反犹运动。薇姬曾写道："作为一名现代文明人，作为一名基督徒和一名绅士，他

---

① 第一代圣文森特伯爵约翰·杰维斯（John Jervis, 1st Earl of St Vincent, 1735年1月9日~1823年3月14日），英国皇家海军元帅和英国国会议员。——译者注

② 第一代纳尔逊子爵霍雷肖·纳尔逊（Vice Admiral Horatio Nelson, 1st Viscount Nelson, 1758年9月29日~1805年10月21日），英国皇家海军中将，18世纪末及19世纪初英国著名海军将领及军事家。——译者注

认为这一运动令人憎恶。"他曾竭尽所能地抵制这一运动。[29]
他的儿子威廉却恰恰相反，不断地煽动并领导反犹运动。威廉
在 1927 年流亡荷兰期间曾写道："媒体、犹太人和蚊子……是
人类必须以某种方式摆脱掉的麻烦事。我相信最好的办法应该
是毒气？"作为父亲，弗里茨一定会与儿子煽动起来的这项运
动进行斗争。[30]

　　维多利亚说，如果民主只能让威廉·格莱斯顿这样的人重
新竞选上台的话，那么民主没有意义。格莱斯顿在 1892 年再
次出任首相，这是十年来的第三次。维多利亚写道："我们举
世闻名的宪法有一个缺陷，那就是像索尔兹伯里勋爵领导的这
样备受尊敬的政府不得不下台，原因并不是什么举足轻重的问
题，也没有什么特殊的原因，仅仅是因为选票不够多而已。"[31]
维多利亚在宫廷公报中挑衅式地"遗憾地"宣布了索尔兹伯里
的辞职。对她来说，不得不召见一个"82 岁半的又老又野蛮 ⸻444
的不可理喻之人"的确是无法承受之重。[32] 比女王年长 10 岁
的格莱斯顿年岁渐长，但仍然让女王感到恼怒。她将他描述为
"垂垂老矣……脸庞萎缩、面色惨白，眼睛里带着一丝诡异的
神色，嘴角还带着虚弱的表情，声音也变了"。[33] 她指出，他
身形佝偻，走路必须拄着拐杖。但她自己又何尝不是。
　　年纪越老，格莱斯顿就得坐得离维多利亚越近，因为他
的耳聋越来越严重。他们都讨厌见到彼此，很难找到什么共同
语言；女王说，会面已经变成了"一场闹剧"。让她感到厌恶
的是，格莱斯顿在 1893 年再次试图推动爱尔兰人的"渐进自
治"，导致下议院出现了斗殴事件。上议院以 419 比 41 的投
票结果明确否决了这一提案。格莱斯顿在有生之年里将始终无
法看到爱尔兰实现自治。

1894 年 2 月 28 日，在再次出任首相.18 个月后，年老体弱的格莱斯顿缓缓走上了温莎城堡的台阶。对于女王对他提出辞呈的反应，他已经做好了准备。最近，由于在支持海军建设方面缺少其他人的支持，他在政治上已经处于岌岌可危的地位，与此同时，德国正在不断增强其海上实力。但格莱斯顿说，他之所以辞职，是因为身体的衰退；他已经再也无法看得清或者听得清了。这位老大爷和他那位毫无同情心的女王共同度过了尴尬的半个小时，试图进行一些东拉西扯的闲聊，但最终不得不去讨论大雾与雨天，以及维多利亚即将到来的意大利之旅。维多利亚很明显感到如释重负。格莱斯顿写道："我从未见过她气色这么好。她的兴奋之情正处于顶点。她的举止也始终很亲切。"相比之下，他的一些阁僚在听到这一消息后泣不成声。格莱斯顿将他们称作"又哭又闹的内阁"。他的政治生涯横跨了 60 年；他担任首相的时间总计达到 12 年，还担任了 33 年的枢密院成员（为君主提供建议的政治家）。

445   女王对格莱斯顿辞职信做出的反应既简短又粗鲁。她承认，在"经过多年的辛勤工作和承担重任"之后，他"希望在这个岁数卸下如此艰巨的重担情有可原，她相信［他］能够享受和平与安宁，与他非凡而忠诚的妻子一起健康又幸福地生活，愿他的视力能够有所恢复"。她突然又说："女王很愿意向格莱斯顿先生授予爵位，但她也知道他不会接受的。"[34] 格莱斯顿感觉这就像一记耳光一样。在经过这么多年之后，一点温情都没有吗？她至少可以表示一点点赞赏，甚至仅仅是一点点认可吧？难道他的离去没有令她感到一丝伤感吗？他将他们的道别比作 1831 年底他在西西里岛度假的末尾。当时他一直骑在一头骡子上。格莱斯顿回忆说，尽管他"在那头骡子的背上坐了好多个小时"，它从来没有对他做过坏事，还给他提供了"非常有价值的服务"，但"我实在无法对这头畜生产生一丝一毫的情感。我既无法爱上，也无法喜欢上它"。[35]

在下议院发表完他最后一篇振奋人心的演讲后，格莱斯顿于翌日与妻子凯瑟琳一起前往温莎城堡，与女王共进晚餐，并在那里过夜。第二天清晨，凯瑟琳前去觐见维多利亚，并且在会面期间一直哭个不停。她想要弥补他们之间的关系，想要让她尤为脆弱的丈夫确信他与女王之间的怨恨不会恶化，也不会广为人知。她两次请求维多利亚理解，她的丈夫是全心全意为她效力的，"无论他犯过什么错误"。维多利亚写道，后来，凯瑟琳"祈求我允许她向他告知我对此深信不疑，我允准了；因为我相信情况的确如此，尽管有些时候他的行为让人觉得难以相信这一点"。凯瑟琳很聪明；她分享了许多有关阿尔伯特的记忆，以及他们之间相识有多么久。维多利亚写道："在她离开时，我亲吻了她。"[36]

在历经几十年的冲突之后，女王在他辞职时对他表现出的粗鲁仍然让格莱斯顿感到困扰。他无法理解为什么她会像在"给店主结账"一样"简单地"就把他赶走了。[37]1894 年 3 月 10 日，他在日记中写道，在他与女王的关系中有"某种谜团，我一直无法理解，或许永远也理解不了"。[38]他希望家人将他晚年与女王之间的糟糕关系"隐匿于世"。至少现在，他再也没有义务去和她交谈了。

维多利亚都没有想要劳烦去问一下格莱斯顿，他的继任者应该是谁。她选择了罗斯贝里勋爵，一个温和的自由党人，既腼腆又焦虑，还支持帝国主义路线。最令她满意的是，他曾经向维多利亚保证说，自己不会主张地方自治。在经历了最初因他希望通过旨在解散威尔士和苏格兰英国国教教会的法案而产生的纠纷后，他们之间的关系日渐融洽。女王的清晰明了和勇敢果决让这位新首相惊讶不已。46 岁的他比女王年轻许多，扭转了此前许多年的态势。他所领导的政府基本无所作为，内阁内部分歧严重，一系列社会改革方案也很快就被上议院否决。这届政府只延续到来年的 6 月。看到他下台，维多利亚很难过。她一反常态地甚至更喜欢罗斯贝里，而不是保守党领袖索尔兹伯里勋爵，要知道，在政治上，她通常与后者更为意见一致。而在 1895 年的大选中，保守党人取得了巨大胜利。维多利亚所青睐的政党再次执掌大权。

在女王的世界里，核心是她的儿女和孙辈，她也一直在操心着他们的生活。她喜欢那些在她腿边爬来爬去、笑起来带有酒窝的年幼的孙辈们；阿瑟·庞森比写道，她对小孩子的爱如今显得"包罗万象"。她已经被人称作"欧洲的祖母"：她的子孙云集于欧洲大陆各国的宫廷，还会在德国、俄国、西班牙、希腊、罗马尼亚、葡萄牙和挪威等国的王室中继续繁衍下去。[39] 爱丽丝的女儿、美丽的黑森公主阿利克斯同意嫁给俄国皇太子尼古拉。1894 年，在婚礼的三周前，她被猝不及防地拉进了公众的视野中，因为她丈夫的父亲，也就是俄国沙皇，去世了。她与如今成为新沙皇的丈夫以及他们的孩子后来在俄国大革命中悉数遇难。[40]

对维多利亚来说，埋葬一个孙辈，尤其是一个继承人，总是显得命运不公。但在 1892 年 1 月 14 日，伯蒂失去了他的大儿子，被称作艾迪（Eddy）的阿尔伯特·维克托王子因肺炎不治身亡。艾迪只有 27 岁，原本即将在数周后迎娶自己的表妹、泰克（Teck）的玛丽公主（他原本想娶另一位表妹，黑森的阿利克斯，但后者拒绝了他）。艾迪的弟弟乔治在玛丽悲痛之际与她关系日渐亲近，并在 6 月娶了她。（他后来在 1910 年成为乔治五世国王。）阿利克斯和伯蒂因为他们这个英俊而和善的儿子不幸离世而悲痛不已；阿利克斯在余生中一直保留着一个用来纪念他的神龛。这已经是她埋葬的第二个孩子了，因为他们最年幼的孩子在出生仅仅 24 小时后就宣告夭折。在长达一个世纪的时间里，艾迪之死一直是各种毫无根据的流言蜚语的热衷话题。在他生前，他曾被传言是一家同性恋妓院的常客，是一名私生子的父亲，甚至还有人诽谤他是开膛手杰克（Jack the Ripper）。（有 100 多个人被认为与 1888 年伦敦穷人区白教堂地区发生的一系列残忍的妓女谋杀案有关，但凶手始终未被发现。所谓艾迪就是凶手的指控最终被推翻。）

在 1887 年金禧庆典期间，随着维多利亚的马车缓缓驶出宫殿大门，一名高大瘦削的印度男子聚精会神地在窗边注视着。阿卜杜勒·卡里姆在她登基 50 周年时受邀前来服侍这位如今已有 68 岁的女王；他很快就将有力地运用自己的魅力赢得她的好感。时年仅有 24 岁的卡里姆对维多利亚而言代表了帝国的精华所在；他时常对她谈起"王冠上的明珠"印度的悠久传统，描绘他的祖国所拥有的稀奇文化与历史。他还教她说自己的语言，并且为她烹饪美味的咖喱。

她认定这是一个纪念金禧年的绝佳方式：在住处雇佣一些印度仆人。毕竟，她已经当了十几年印度女皇了，而且她还需要人的协助，来对付一群即将赶来参加金禧庆典的印度王公。卡里姆是一名来自阿格拉（Agra）的监狱职员，对于收到邀请，他感到兴奋不已，花了好几个月时间来学习宫廷礼仪。他在金禧庆典开始前三天抵达温莎城堡，随行的还有敦实而讨人喜欢的穆罕默德·巴克什（Mohammed Buksh），两人身上整齐地穿着五颜六色的丝质束腰外衣。这两个神情紧张的家伙见到维多利亚后亲吻了她的双脚。在她的描述中，卡里姆比巴克什"白得多"，"身材高大，脸上带着严肃的表情"，她还补充说，他的父亲是"阿格拉当地的一名医生"。[41]

这些举止优雅、备受尊敬的男子完美匹配了维多利亚对身旁助手的期待：谨慎、忠诚、讨喜。他们进步神速。他们抵达仅仅几天后，维多利亚就写道："这几个印度人如今总是等在一旁，做这做那，干得很出色也很安静。"[42] 卡里姆与她进行了漫长的对话，谈论他颇具异国情调的家乡。他的魅力让她陶醉，因而他的职责也渐渐增加。他对她说，他来到这里从来都不打算仅仅成为一个小小的仆人。他野心勃勃，想要获得更多东西。维多利亚在他的百般劝说下准备提拔他，她在 8 月的一篇日记中写道："让他大老远过来仅仅在桌边侍候是一个错误，这件事他以前从未做过，他以前在自己的国家是一个职员，或者说是一个孟希①，处于一个与其他人不同的阶级。"[43] 从那个月起，卡里姆开始教她印度斯坦语。她写道，这"让我感觉很感兴趣，很好玩"。[44] 到 12 月时，她已经开始尝试在接见到访的印度王公时说上几句了。（亨利·庞森比在给自己妻子的信中顽皮地写道："她给了我一本印度词汇表来学习。"）当卡里姆回到印度休假时，她会想念他。她写道，他在许多方面都"非常顺手，用处很大"。[45]

骄傲的卡里姆在宫廷等级上连跳数级，于 1888 年被任命为女王的官方孟希，或者说官方书记员。所有有关他服侍女王用餐的照片都被销毁。这时距离布朗去世仅仅过去了 5 年，卡里姆的快速升迁激怒了整个王室。他缺少布朗的政治品行和长期的服役历史，而且更善于在操纵女王的同时为自己和家人谋取好处。维多利亚给了他位于阿格拉的一大块土地，以及温莎城堡一间装饰一新的平房，还有位于奥斯本和巴尔莫勒尔的小别墅。卡里姆还为自己身处印度的父亲和兄弟谋得了升迁机会以及参加重要宴会的邀请函。他被授予三等印度帝国勋章殊

449

---

① 孟希一词出自波斯语，是那些熟练掌握语言之人所拥有的尊称，后被用于英属印度，意指当时印度政府所雇佣的管理人员。——译者注

荣，一般而言，获得这一殊荣的人从事的都是对国家而言拥有至关重要贡献的工作。因自己的成功而日渐膨胀的卡里姆提出了越来越离谱的请求。[46] 例如，他要求得到"大量"麻醉药品，包括吗啡和鸦片酊等，好寄给他的父亲。据维多利亚的医生詹姆斯·里德爵士估计，这一数量的药品足以杀死 1.5 万名成年人。[47] 里德专门派去了一名信使以解释他为什么拒绝孟希的要求。

或许是由于卡里姆远离故土的原因，维多利亚对他的关怀细致入微。她竟然如此迅速地与他产生了如此信赖的关系，这一事实凸显出一个母亲的孤独感，要知道，她的孩子都已长大成人、各自成家，而她最亲近的男性伴侣们——阿尔伯特、布朗以及迪斯雷利——都已经不在人世了。里德不情愿地承担起了照顾这位印度仆人的任务，而维多利亚则向他寄去了许多冗长的信件，内容涉及他们的衣着、活动和健康等。她担心寒冷的气候可能是卡里姆罹患疥疮和疖子的原因。当卡里姆病恹恹地躺在房间里时，维多利亚经常在白天前来探望他，坐在床边轻抚他的手。疑心越来越重的里德——他是这段关系最为细致也最具偏见的记录人——记载了维多利亚在他房间里度过的许多个小时，"学习印度斯坦语课程、签署文件、检查他的脖子、平整他的枕头，等等。"[48]

女王迅速而单方面地将此前不为人知的穆斯林职员推到了君主制等级体系中的上层。阿卜杜勒·卡里姆的例子凸显出她的忠诚、她对种族主义的厌恶、她的友善，以及她容易受到吸引的特质和对亲密关系的盲目需求。作为从低等阶级擢升为女王第二位亲密伴侣的人，卡里姆很快就被视为约翰·布朗的继承者。但维多利亚比卡里姆年长了 44 岁，对他也更加具有母性关怀。她还十分信任他，即使在他的话应该遭到质疑时，她也深信不疑。不久之后，她的神志就将再次遭到质疑。

450

28
"可怜的孟希"

女王似乎有些精神错乱。[1]

——詹姆斯·里德爵士

情况已经到了惊动警方的地步……但这也没用，因为女王说，这是"种族歧视"，我们都嫉妒那个可怜的孟希。[2]

——弗里茨·庞森比

维多利亚胳膊故意一甩，就把桌上所有的装饰品、照片、墨水瓶和纸张等物件一并扫到了地毯上。她挺直身子，大声地呼了口气。她想要的仅仅是带她的孟希一起去法国南部——毕竟，他之前曾陪她一起去过意大利——而如今，她的王室成员却发动了一场叛乱。他们对她说，要么孟希走人，要么他们就走人。他们拒绝与他一同进餐。那是在 1897 年，距离卡里姆在维多利亚的金禧庆典前夕来到王庭已经过去了 10 年；在这

10 年里，维多利亚与这位印度助手关系越来越近，但紧张态势也在酝酿。里德医生甚至与威尔士亲王结成了同盟，他曾对伯蒂谈及"女王对孟希的态度以及与他的关系所带来的危机"。[3]维多利亚特有的固执的忠诚感是她从儿时就拥有的特质。如今已进入古稀之年的她不可能听人摆布。她似乎没有意识到，王室成员并没有欺负她，卡里姆才是那个欺负她的人。她始终焦

虑的是他开心与否，以及他不能离开她身边。索尔兹伯里勋爵将这种依赖归因于维多利亚对某种兴奋感的渴求，因为这种感觉在老年女王的生活中太罕见了。[4]她最终取得了胜利，卡里姆在春季假期陪她一起去了法国。

到19世纪90年代初，卡里姆已经成为宫廷中一个挥之不去的存在。1893年，他回到印度休假6个月，随后把妻子也带到了英格兰。另外两个被卡里姆称作"姨妈"的"妻子"也跟随前来，同行的还有其他亲属。（里德医生写道，每次他去照顾生病的"阿卜杜勒·卡里姆夫人"，听到的口音都不太一样。）卡里姆在性事方面的混乱导致他反复染上性病，而里德医生似乎很喜欢将这些汇报给女王。他至少有两次严肃地对女王陛下说，卡里姆得了淋病，他还记下了维多利亚的惊讶之情。如果是阿尔伯特的话，可能已经吓得发抖了，但维多利亚却容忍了下来。

孟希在宫廷里不太受欢迎。维多利亚觉得他既脆弱又骄傲；她身边的人却觉得他既做作又虚伪。庞森比认为他是一个胖傻子。伯蒂也很讨厌他，但不敢跟母亲对着干，于是只好跟里德医生协商。里德医生一点也不信任孟希，觉得他是在利用女王的善意。1894年，在陪同女王前往欧洲度假途中，里德医生坐在他在意大利的房间里，罗列了一长串卡里姆身上让他感到最讨厌的事情，卡里姆也在随行队伍之中。这一长串的事情中包括卡里姆对于他的列车车厢位置的抱怨，他与王室男性成员一同骑马的渴望（这一渴望受到了女王的支持），他罗马之行的巨额开销，他霸占了女王侍女盥洗室的事实，以及他对于意大利报纸"毫不在意他"的抱怨，而在女王的督促下，这一抱怨被传达给了意大利报纸的编辑们，好让他们增加对他的报道量。[5]

453

卡里姆一直在为了自己被认可为一名王室成员，并被接纳为上流人士一员而斗争，但这让维多利亚的随从感到极端厌恶。约翰·布朗曾经对地位问题毫不在意，更倾向于是一个平等主义者，而不是一个自吹自擂者，但卡里姆却渴望在等级体系中向上攀升。1889 年，他发现自己在桑德灵厄姆的一场节日演出中被安排与仆人坐在一起时，于是站起身，径直走了出去。女王——她习惯于在他不开心时对他进行安抚——向他保证说，这种事不会再发生了。当维多利亚的儿子阿瑟看到卡里姆正在布雷马运动会上与上流人士相谈甚欢时，他对庞森比抱怨了起来。1894 年，卡里姆怒气冲冲地离开了维多利亚两名孙辈在科堡的婚礼现场，原因是他注意到自己被安排站在几名男仆的身边。卡里姆立刻给女王写了一封措辞严厉的信，让维多利亚伤心地泪流不止。她向他的要求屈服，从那时起，这个来自阿格拉的年轻书记员就开始乘坐王室马车在阿尔伯特亲王的家乡游览，一名侍从则高坐在车厢上。他还被邀请参加所有的国家音乐会，但正如里德医生所写的那样，"每个人都躲着他"。⁶ 鉴于维多利亚对陪伴的渴求，王室成员开始真正担心起善于操纵的卡里姆对女王的控制，以及她有可能做出的妥协。

尽管宫廷内部关系紧张，备受她喜爱的新对象也遭到诸多质疑，但这些年对于年逾古稀的维多利亚而言却包含了一定程度的满足感。她在结束旅行回国时总是在兴致勃勃地聊天。侍女们说的每一个奇闻逸事都会让她大笑，她也因此越来越频繁地与她们单独进餐（她反而减少了与整个王室成员，以及政客和贵宾一同进餐的频率）。与阿尔伯特去世后悲痛哀悼的那几年不同的是，身边的美景总是能让她心情愉悦："优美的光线照射在紫色的山丘和金色的桦树上，中间点缀着仍然绿意盎然的树木。"⁷ 她会对为了让她开心而表演的活人画（tableau vivant）兴奋不已，王室成员会穿上历史或戏剧人物的服装，静悄悄地摆好姿势，等到大幕拉开，展示出一个细致入微的静态场景。这一场面是在高度保密的情况下准备的，经过了许多个小时的排练和为了拍照而摆造型。维多利亚深表喜爱，因此他们排演了数十个活人画，模仿了伊丽莎白女王与雷利（Queen Elizabeth and Raleigh）、示巴女王（Queen of Sheba）、《卡门》（*Carmen*）以及《冬天的故事》（*The Winter's Tale*）等著名形象。[8] 卡里姆与穆罕默德喜欢十分积极地参与这些精心安排的表演，装扮一番与维多利亚的子孙和伙伴一起摆造型。

孟希的人格伪装出现的第一道裂痕是在 1894 年，当时，他夸大自身地位的事实被揭露了出来。卡里姆曾经声称自己的父亲是驻印度英军的军医处处长，但里德医生却发现，他父亲仅仅是一个未获行医资格的医院助手，因此决心揭发他。1894 年，在经过漫长的调查后，包括里德医生在内的四名男性王室成员撰写了一份报告，称卡里姆出身低贱、欺诈成性。作为回应，维多利亚对于在她看来的所谓阶级势利眼发起抨击："证明可怜的好孟希出身十分低贱的行为真的非常可恶，在英国这样的国家也非常不合适……她知道有两名大主教分别是屠夫和杂货店老板的儿子。"[9] 她写道，她"为可怜孟希的敏感情绪而感到难过"。里德医生被命令停止调查，而且有关孟希的父亲仅仅是一名药剂师的进一步证据也被驳回并不予理会。

维多利亚有很好的理由去怀疑，人们之所以用恐惧和猜疑来看待卡里姆是源于种族歧视。（例如，里德医生在报告中反复提及的一项抱怨是针对孟希的妻子和岳母的："比英国地位最低下的劳工更加不堪和肮脏；地毯上到处都是她们吐的痰。在起居室里宴请客人，等等。"[10]）女王认为，消除歧视至关重要，她自己就不存在任何歧视。她禁止其他人使用"黑人"一

词；甚至连索尔兹伯里勋爵都因为这个词而陷入过麻烦。牧师

们曾经向她保证说，穆斯林尽管不是基督徒，但也有可能拥有基督的灵魂，于是她也这样教导自己身边的人。[11] 尽管维多利亚对女性权益态度十分保守，她却在其他方面表现得十分进步。但卡里姆自己却表现出了她所憎恨的许多偏见，而在她看来，卡里姆才是这些偏见的受害者。在 1894 年访问意大利的行程中，他表现出比自己的同胞高人一等的态度，拒绝"允许其他印度人与他待在同一节火车车厢里"。[12]

对孟希的抨击只是让女王更加拉近了与他的距离。机敏的亨利·庞森比绝望地看着他获得了女王越来越多的恩宠，写道："黑色劲旅〔卡里姆〕的地位提升是一件着实让人烦恼的事。我害怕对此提出反对反而会加强她进一步提升他地位的愿望。越反对越要干。"[13] 卡里姆得到了约翰·布朗的旧房间，他的肖像画被画成了金色的背景。1889 年 10 月，维多利亚甚至带着他一起去了巴尔莫勒尔的偏远别墅，尽管她曾经在布朗去世后发誓再也不在那里度过一个夜晚。

1889 年 6 月，维多利亚的一个珠宝胸针消失不见了，于是她指责自己的更衣女仆没有把它扣在围巾上。女仆坚称已经扣过了，但无论怎么找都找不到。几周后，另一个受雇于金禧庆典时期的印度仆人穆罕默德揭发说，胸针实际上是被卡里姆的内弟胡尔麦·阿里（Hourmet Ali）偷走并卖给了温莎当地的一名珠宝商。当女王见到她的其中一名更衣女仆塔克夫人向她展示的证据时，她变得怒不可遏。但她并不是对阿里感到生气——而是对塔克夫人和珠宝商生气，大喊道："这就是你们英国人所说的正义！"卡里姆对她说，阿里只是遵循印度的习惯，将丢失物品捡起并装入口袋，但什么也没说，于是，维多利亚要求所有相关人员对此事保持沉默，并坚称她相信阿里的诚实。里德医生叹着气写道："于是，这起偷窃尽管得到确凿

证明，仍然被忽略了，甚至变成了一件毫无疑问对卡里姆有利的事，女王似乎有些精神错乱。"[14]

女王尽可能久地忽略所有不利于孟希的证据。亨利·庞森比在1897年4月写道： 456

> 最近我们在孟希的问题上碰到了很大的麻烦，尽管我们竭尽全力，但也始终无法让女王认识到她让这个男人查阅每一份与印度有关的机密文件是一件多么危险的事。女王坚持要将孟希推到前台，如果不是因为我们抗议的话，不知道她何时才会停手。幸运的是，他碰巧是一个愚蠢至极且没受过教育的人，他的理想生活似乎是什么也不做，想吃多少吃多少。

卡里姆在社交上的大部分动作都是无伤大雅的。让王室男性成员感到更加担心的是，孟希渐渐通过诱骗手段取得了处理——以及越来越多地影响——女王与印度有关的信件的权利。卡里姆一心一意地想要说服女王解决印度国内穆斯林少数族裔面临的困境，包括他们在当地议会的代表权问题。维多利亚无意识地开始将印度提出的任何在她看来只需礼貌拒绝的请求，交由卡里姆来处理，允许他来答复。[15]

庞森比继续写道，真正的问题是，尽管卡里姆本人是个傻瓜，但他却有个聪明的朋友拉菲丁·艾哈迈德（Rafiuddin Ahmed），后者加入了伦敦的穆斯林爱国者联盟（Muslim Patriotic League）。卡里姆此前曾敦促维多利亚为艾哈迈德的律师生涯提供一臂之力，她也尽责地做到了。女王甚至曾一度建议将他派到英国驻君士坦丁堡使馆任职，以确保有一名穆斯林外交官存在。这一请求遭到了首相索尔兹伯里勋爵的拒绝，首相对她说，如果不是因为其他人心存偏见的话，他是愿意接受这个机会的。很多人怀疑艾哈迈德曾经将国家机密泄露给英国在阿富汗的敌人——阿富汗当时处于英国的控制之下——并且从孟希那里得到了关键情报，此时的孟希已经负责阅读"总督的信件，以及任何来自印度的重要信件"。[16] 当孟希不顾王室的反对在 1898 年夏天陪同维多利亚一起游览欧洲时，他愚蠢地邀请艾哈迈德也一同前往。艾哈迈德很快就被阿瑟·比格赶走了，比格是在 1895 年亨利·庞森比爵士去世后取代他成为女王的私人秘书的。也就是在这时，在王室住进法国尼斯的蕾佳娜皇宫酒店，观赏波光粼粼的地中海之时，紧张局势终于爆发了。

维多利亚的医生坚定了自己的意志，准备好与女王进行一场漫长而不快的对抗。他感觉自己别无选择；并不仅是因为这个印度男人既讨人厌又控制欲极强，而且他还是对英国安全的潜在威胁。里德大胆地对一脸严肃的维多利亚说，现在最重要的是君主的声誉。伦敦警察局长已经向里德医生告知，孟希卷入了穆斯林爱国者联盟的活动之中。在合理不满和势利谣言的共同驱使下，里德医生确保让女王了解到，他已经因"她的精神清醒与否接受了质询"。[17] 维多利亚泣不成声。她知道人们都说了她什么，也向里德医生承认"自己同意他反复提出的升职要求十分愚蠢，但还是在试图护佑他"。在接下来的几天里，维多利亚在忏悔与愤怒之间来回摇摆。

终于到了与"卑鄙无耻的"卡里姆对峙的时候了。在王室其他成员还在下方的海滩上散步时，里德医生来到他面前，对他说，自己知道他是一个来自下等阶级的"冒牌货"，他没有接受过教育，没有担任秘书的经验，还"是个两面派，一面展示给女王，另一面在离开女王房间后出现"。他还指责卡里姆骗女王的钱。卡里姆曾声称，印度的任何开销都不需要收据，因此在英国，也不应要求他提供收据；[18] 随着他的开销日渐增加，人们的疑心也越来越重。等到这群人几周后离开法国时，卡里姆被制服了。精疲力竭的维多利亚要求她的绅士们不要再谈论这个"痛苦的话题了"。[19] 她仍然继续为她"可怜的M"辩护，并反复表示，印度人之所以不喜欢他，是因为他们是印度教徒，而他是穆斯林。维多利亚在接下来的两年里仍然在进行着反抗，试图为孟希以及他的朋友艾哈迈德洗清罪名。

458

　　维多利亚之所以对她的印度仆人如此依恋，部分是源于她自己对悉心照料的需求。此时的她已经进入古稀之年，怀孕、生产和体重增加带来的并发症导致她走起路来就疼痛难忍，也不可能站太长时间。正如她在从分娩中恢复时阿尔伯特曾做的那样，她希望能够被小心而温柔地从床上抱到椅子上，再从椅子上被抱到马车上。她写道，印度人"十分聪明"，每次抱她时，都"不会把她弄疼"。[20] 她的王室成员其实已经见到了这个安静而专注的男子给年纪衰老的女王带来的帮助，却拒绝承认这一点。

　　1895年，悲痛再次降临王室。比阿特丽斯的丈夫、深受喜爱的利科请求被派往非洲的阿散蒂（Ashanti）地区任职，英国将在后来获得对这片富含黄金的土地的控制权，这片土地后来被称作加纳。利科与比阿特丽斯的关系已经冷淡了下来，他与她漂亮的姐姐露易丝关系越来越近。颇具艺术气息且聪明伶俐的露易丝是一名才华横溢的雕刻家，但她的丈夫却几乎肯定是一名同性恋；她有过许多婚外情，并且与自己的导师、雕刻家约瑟夫·埃德加·贝姆保持了一段长达数十年的关系。利科与比阿特丽斯怀疑露易丝正在与女王的新秘书阿瑟·比格搞外遇，露易丝则指责他们是在诽谤。随着王室之中的纠纷变得激化，洛恩勋爵不得不前来为她辩护。利科在维多利亚的勉强同意下逃了出去，参加战争去了。

几周后，利科感染了疟疾，并且于 1896 年 1 月 20 日死于一艘前往加纳的运输船上，此时的他甚至还没有亲眼见到一场战斗。维多利亚悲痛不已。她最喜欢的孩子如今也变得伤心欲绝，这两个身着黑衣的女人都饱尝了生活的不幸。伤心的露易丝对她说，自己曾是"利科的红颜知己，而比阿特丽斯对他而言什么都不是，就像是简单耸耸肩一样丝毫不被在意"。这番话让比阿特丽斯更加痛苦。传记作家露辛达·霍克斯利（Lucinda Hawksley）得出的结论是，"利科认为露易丝是一个比比阿特丽斯更有共鸣的红颜知己（也的确真的只是红颜知己）的可能性非常高"。[21] 比阿特丽斯常被人称作"害羞的公主"，余生都将像生命之初那样生活：全身心奉献给自己的母亲，以及对母亲言论的保护——和清理。她一生的工作将变成重新撰写和编辑她母亲的日记，这将是历史上最大规模的审查行为。

里德医生没有放弃让卡里姆失去信誉的任务，而在 1897 年，他终于取得了一些成功。那一年的早些时候，也就是 2 月时，里德医生曾经与女王谈及"孟希的性病复发"。当被告知卡里姆在 12 月再次染上淋病时，女王"吃了一惊"。[22] 不过，最终让女王有所踌躇的是卡里姆自私自利且不合时宜的宣传要求。1897 年 10 月 16 日《每日画报》上刊登了一张照片，上面展示的是圆润的女王身披白色围巾、头戴黑色羽饰宽帽，正在签署文件，而身材魁梧的卡里姆站在她身边用一种自鸣得意、目中无人的神情看着相机。图片的说明是"女王在高地的生活，陛下正在聆听孟希、印度帝国三等勋章获得者哈菲兹·阿卜杜勒·卡里姆讲解的印度斯坦语课程"。摄影师对里德医生说，这张照片——可以说是对王室规定的一次令人难堪的违反——是在卡里姆的坚持要求下刊登的。在里德医生告知了女王这一切后，她给他写了一封 14 页的长信，责备自己允许卡里姆这么做：

> 我非常烦恼……我不知道该怎么做……我一直很难过，我的绅士们想要监视和干预我的一个身边人，对于他，我没有任何理由或者证据感到怀疑，对于发生的事情，我感到非常难过。

她请求里德医生了结这件事，避免出现丑闻："我内心的平静正在遭受极大困扰。我害怕自己在这件事上犯下了巨大的错误……我实在读不下去，请求你将它烧掉，还有我今天早上的信件也一起烧掉。"[23] 但卡里姆依然岿然不动。

当伯蒂后来在 1901 年成为国王时，他想要清除一切有关母亲与一位印度书记员之间友谊的痕迹，于是下令将孟希的所有文件都丢进火堆中烧掉。维多利亚曾下令在她的葬礼行进队伍中给卡里姆安排一个位置，但在葬礼结束后不久，伯蒂就下令孟希及其妻子立刻离开英国回到印度。他还派侦探前往印度监视卡里姆，以防止他将机密文件私自带出英国。孟希回到了阿格拉，在这片女王为他购置的土地上变得越来越胖，并且在 1909 年去世，终年仅有 46 岁。卡里姆从未说过王室的坏话。他的名字也将永远与宠爱他、轻信他的女王联系在一起。

1896 年的一个上午，格莱斯顿一醒来就产生了一种内疚的感觉。他梦见自己与维多利亚共进早餐。他们似乎有了一次性接触，其中包含了一些有关"如何进入以及从哪里进入"的困扰。[24] 这个梦让他惊愕不已——他与女王之间的关系如此亲密当然是无法想象的。不过，在第二年，将会出现一次勉强的和解时刻。1897 年，多亏了维多利亚的女儿露易丝，格莱斯顿与妻子凯瑟琳在戛纳的一座酒店里见到了维多利亚。都已经近乎失明、老态龙钟、腿脚不便的维多利亚和格莱斯顿第一次握了握手。女王说，他们都"很老了"。这两个曾经固执无比的人交谈了几分钟，格莱斯顿后来表示，"女王在谈话方面的奇特能力和习惯已经消失了"。他已经 87 岁了，正在饱受面部神经痛、颊癌和黏膜炎的折磨，这促使他退出了一切政治活动。他在 1896 年 9 月 24 日发表了最后一篇演讲——主题是土耳其人在保加利亚最新犯下的暴行。在准备 1897 年钻禧庆典时，维多利亚没有要求格莱斯顿参与其中。

461
1898 年 5 月 19 日清晨，在辞职 4 年后，格莱斯顿终于去世了。他的死因被记录为"老年性昏厥"；他的心脏停止了跳动。甚至连他的死亡的庄重性也没有阻止女王的无礼。她不愿给凯瑟琳·格莱斯顿写信，因为她就是不喜欢格莱斯顿："如果我一点也不遗憾的话，怎么能说自己遗憾呢？"她在一封写给薇姬的信中对自己持久的无礼进行了一番解释："我不能说我认为他是'一个伟大的英国人'。他是一个聪明的家伙，才华横溢，但他从未试图维持大不列颠的荣耀和威望。他放弃了德兰士瓦，放弃了戈登，摧毁了爱尔兰教会，试图将英格兰同爱尔兰分裂，挑起阶级对立。他所造成的破坏无法轻易抹除……但他的确是一个很好也很虔诚的人。"很奇怪的是，格莱斯顿的死没有被记载在宫廷公报里。维多利亚后来对首相索尔兹伯里勋爵说，这"完全是一次疏忽"。

在 5 月 28 日格莱斯顿的葬礼举行前，有 25 万人前来威斯敏斯特教堂瞻仰格莱斯顿的遗体。一直与格莱斯顿保持着友谊的伯蒂在葬礼上担任抬棺人，他唯一还活着的儿子、未来的乔治五世国王也担任了同样的角色。当维多利亚听说伯蒂打算为自己的前敌人抬棺时，她给他发去了一封电报询问原因：这是谁的主意，是否有先例？威尔士亲王直言不讳地答复说，他不清楚有没有先例，也没有人给他提建议。在后来发给凯瑟琳·格莱斯顿的电报中，维多利亚对如今被视作维多利亚时代支柱的格莱斯顿致以最高褒奖，称他不只是"我统治时期最杰出的政治家之一"。女王不会委托在英国的大小城镇为这位老大爷树立雕像。在维多利亚的身边，首相、孩子、朋友和亲属一个接一个地死去，她却始终屹立不倒：一些臣民已经开始觉得她是永生不死的了。

29
钻石帝国

我相信，从来也没有人见过我所受到的这种喝彩……
欢呼声震耳欲聋，每一副面庞似乎都洋溢着快乐。

——维多利亚女王，1897 年 6 月 22 日

这个房子里没有人抑郁；我们对失败的可能性不感兴趣；它们根本不存在。[1]

——维多利亚女王，1900 年

奥斯卡·王尔德说，对于时间横跨 60 年的统治，应该泰然自若地进行庆祝。[2] 为庆祝维多利亚继位 60 周年，这位剧作家决定为法国滨海贝内瓦尔村的儿童举办一场盛大的晚会，当时他正在那里游历。在此之前，他曾因有伤风化罪在英国监狱中服刑。他身穿一件颜色鲜亮的蓝绿色衬衫，赠送"草莓与奶油、杏子、巧克力、蛋糕和红石榴糖浆……一个巨大的冰冻蛋糕上面用粉色的糖写着'维多利亚女王继位 60 周年'字样，周围装裱着绿色花纹以及一圈红色玫瑰"。他将乐器作为礼物
送给孩子们，并且试图将他们组成一支乐队，演奏英国国歌。在王尔德的指挥下，号声与手风琴声此起彼伏。[3]

在维多利亚钻禧庆典的这一年，即 1897 年，英国进口的香槟数量超过了历史上的任何一年。[4] 这是一场展现帝国实力的庆祝活动，但同时也展现了维多利亚时代的核心矛盾：巨大

变革和扩张，搭配了一个似乎永远不变的君主。维多利亚被赞颂为帝国的支点，几乎可以说是整个地球的轴心。这位一身素服的 78 岁妇人如今已经达到了接近神话的地位。巴布亚新几内亚的偏远部落崇拜她，她表情肃穆的雕像装点着全球各地的城市，人们甚至声称在美国的群山之中看到了她的轮廓。在 W.T. 斯特德的杂志《评论回顾》中，她的照片被摆在了亚伯拉罕·林肯的边上：该杂志声称"人类在演化过程中所取得的高水准成功"可以在"美国伟人亚伯拉罕·林肯和英国伟大女性维多利亚女王的诞生中"得到完美展现。[5]

当她的轮椅在钻禧庆典那一天被推到白金汉宫的阳台上时，嘈杂的声音中出现了一声呼喊："加油，老婆婆！"[6] 78 岁的维多利亚腿脚不便，无法走下马车；于是，在圣保罗教堂的门外举行了一场露天的仪式，好让她不必下车。维多利亚相信，60 年来的辛勤工作已经让自己有权利要求不离开马车，也不为庆祝活动花自己的钱，她还提出不必举办华而不实的国家庆典。她不希望在 10 年内第二次招待各国王室成员，既耗资巨大，也会带来不便，于是她下令不允许邀请在位的国王或者女王。这也包括自己的大外孙德国皇帝威廉二世，后者对此感到异常愤怒。这场钻禧庆典的焦点不再是到访的君主和贵族，而变成了帝国本身——一个如今占据全球四分之一面积的大帝国。

许多臣民相信，他们的女王如今拥有了某种控制天空的神秘力量：在钻禧庆典那天，当她的马车在街道上徐徐前进时，阳光显得无比灿烂。当一个写着"维多利亚"字样的巨型气球在树林中腾空而起时，一个小姑娘停下脚步仔细凝望："看哪！维多利亚女王正在去天堂！"[7] 维多利亚坐在黑色花边阳伞下，情绪激动、啜泣不止。伯蒂的妻子阿利克斯温柔地拍了拍她的手。作家艾德蒙·戈斯解释说，人群中之所以爆发狮吼，是因为"女王与她的人民之间产生了一种潜在的吸引力，穿越了官方口译员的头顶。就好像女王是在与臣民面对面说话一样，她的存在让他们着迷"。[8] 马车前熙熙攘攘的人群中迸发的声浪始终让她情不自禁。维多利亚与臣民之间的联系前所未有地强大。在那些年里，人们的平均寿命只有 46 岁，只有不到二十分之一的英国人年龄超过 65 岁。人群中的几乎每一个人都只经历过维多利亚这一个君主。

女王的同龄人也在慢慢变老。丁尼生早在钻禧庆典的 5 年前就已去世，享年 83 岁。查尔斯·狄更斯于 1870 年死于中风，享年 58 岁。查尔斯·达尔文在 1882 年遭遇心脏衰竭去世，享年 73 岁。乔治·艾略特——或者说玛丽·安·埃文斯——在 1880 年去世，享年 61 岁，去世的 8 年前，她发表了《米德尔马契》（*Middlemarch*）一书。汤姆·萨姆将军去世时只有 45 岁。但令人敬畏的弗洛伦斯·南丁格尔如今已有 77 岁，已经卧床三十年之久，很可能是因为她在克里米亚期间感染的慢性布鲁氏菌病，但她仍然倚靠在床上的枕头上，从事着卫生、饥荒和医院规划等方面的非凡工作。南丁格尔让人在她位于伦敦的家中阳台上挂了几盏彩灯，以庆祝钻禧庆典：红色的棉布上闪烁着 VR 两个字母形状的灯光。[9]

维多利亚如今已垂垂老矣，眼神也越来越不好。不过，她仍然保持着一定程度的优雅。许多见过她的人都会滔滔不绝地谈论她夸张的时间感、优雅的举止、微笑以及银铃般的声音。当作家阿瑟·本森在她去世的两年前见到她时，她的声音让他为之一震："声音既慢又甜——体现出了某种非凡的简洁性——比我想象中声调高得多，也没有一点嘶哑、傲慢或者……颤抖的声音。听起来就像是一个非常年轻而平和的女性。"[10] 现存的照片中，女王面带笑容的照片很少，这很不幸：只有那些面容严肃的照片被保存了下来。部分原因是，在很多年里，拍照片时需要进行长时间曝光。正如薇姬曾在给母亲的信中所写的那样："我亲爱的妈妈的面庞有一种魅力……任何照片都无法复原出来。"[11] 不过，维多利亚还是公布了一张"非常喜欢"的她在钻禧庆典上笑容满面的照片，你可以看到笑容让她的脸都变了形。她这么做遭到了女儿海伦娜和比阿特丽斯的反对，她们认为女王笑得这么明显不太妥当。[12]

马克·吐温坐在河岸街临时搭建的木质看台上观看了钻禧庆典的行进队列。来自澳大利亚、印度、非洲、加拿大、新西兰和西印度群岛的军队在伦敦绕行一周，从白金汉宫一直绕到圣保罗教堂。当时正居住在欧洲的吐温接受委托，为《旧金山观察家报》（San Francisco Examiner）撰写有关钻禧庆典的报道，他在现场感到眼花缭乱。他写道："英国历史有 2000 年之久，然而，从许多方面来说，这个世界在女王出生之后所取得的进步比这两千年的剩余部分加起来还要多……她所见到的新发明比历史上任何一位君主都要多。"自从维多利亚 1837 年继位以来，英国和世界其他地方人们的生活已经因火车、轮船、电报、电话、播种机、电灯、打字机、照相机等新发明的诞生而发生了翻天覆地的变化。

维多利亚的统治比此前的任何一位英国君主都要久，她也是历史上最庞大帝国的首脑。吐温写道，他们所欢呼的是"英国这个名字所具有的威力"，为的是"六十年来在道德、物质和政治上所取得的进步和积累"。从 1558 年到 1603 年，伊丽莎白女王统治着一片拥有 10 万平方英里和不到 500 万人口的土地，但是到了 19 世纪末，维多利亚却统治着全世界可居住面积的四分之一，这些土地上生活着 4 亿人口。在她一生中，地球上的人口总数增加了 5 倍。维多利亚见证了选举权的扩大、廉价报纸的诞生以及知识产权、麻醉药物和现代卫生设

466

施的发展。法典中取消了 200 项此前要被判处死刑的罪名。[13]
公民赢得了组建工会的权利，并且见证了每日工作时间从 12
小时减少到 8 小时。平等也得到了极大推动。在担任女王的这
些年里，维多利亚见证了"女性从许多沉重而不公平的法律
的压迫中解脱；许多女子大学也得以建立"，吐温如是写道，
"在许多地方，女性获得的权利让她们几乎实现了与男性的政
治平等，而如今的一百多个女性工作岗位此前是完全不存在
的——其中包括医疗、法律和专业护理等"。

在维多利亚出生时，女性被迫扮演着"屋中天使"的角
色：她们被视为道德的守护者，这也基本上将她们限制在家
中。到 19 世纪末，已经有整整一代人试图打破旧有习俗。如
今有许多女性都独自居住，或者与其他女性室友一同居住，这
一转变被称作"女儿的反抗"。已婚女性也渐渐在收入、
子女和身体等方面赢得了部分权益。在 1891 年的一个关
键案例"女王诉杰克逊"（Regina v. Jackson）一案中，一
名丈夫——杰克逊先生——绑架了自己的妻子，并且将她扣留
在自己的房子里，还用门卫来看守。他将她告上法庭，要求
"恢复婚姻权利"，但未获胜诉。法官坚持认为，他没有这样的
权利。这被赞颂为一个重大决定，结束了丈夫控制妻子身体的
权利。[仅仅 2 年前，"女王诉克拉伦斯"（Regina v. Clarence）
一案中的法官还曾坚称，男性有权利强奸妻子，即使他感染
了淋病也依然如此。英格兰和威尔士一直到 1991 年才有了
"婚内强奸"的概念。]"女王诉杰克逊"案建立在 1870 年和
1882 年通过的两项《已婚女性财产法》（Married Women's
Property Acts）的基础之上，这两项法案宣称，妻子有权控制
自己的收入和资产（以及妻子是有别于丈夫的独立法律实体），
1886 年的《未成年人抚养法》也对此案有所贡献，该法案引
入了一个概念，即授予抚养权时，必须考虑到儿童的福祉。

467

渐渐地，女性在公共生活中也有了立足点。1894 年新通过的《地方政府法》（Local Government Act）意味着所有拥有房产的女性都可以在地方选举中投票、成为济贫管理人（负责管理当地失业者、老人和弱势人群的福祉），并且参与学校董事会等。1897 年，在英国准备钻禧庆典，以及军队在非洲集结之时，全国妇女选举权联盟（National Union of Women's Suffrage Societies）成立了，这一组织在令人敬畏的米莉森特·加雷特·福西特（Millicent Garrett Fawcett）的领导下联合了许多规模较小的团体。一项旨在赋予女性投票权的法案首次通过了下议院的二读。每一英寸的胜利都十分艰难，需要付出艰苦斗争，但等到钻禧庆典时，女性所取得的小小进步却被赞颂为大英帝国的胜利。

无论对于英国还是外国的男女老幼而言，整个钻禧庆典都算得上一场帝国的加冕礼；各大报纸炫耀着英国的成就，而一切成就的化身就是一位身穿黑色素服的矮小、敦实又严肃的人物。英国人赢得了对俄国的战争，以及在印度、阿富汗、埃塞俄比亚、阿散蒂、缅甸、加拿大、新西兰和埃及发生的战争。进步的象征被反复传诵：粮食关税被取消，济贫法得到修订，食物变得更便宜，住房条件更好，工资也更高了。议员再也不穿着老式的丝袜和裤子（那样子就像是"参加一场游园会似的"），也没有人在下议院发表讲话时再吸鼻烟了。[14]（美国国会的议员一直到 20 世纪 30 年代中期才抛弃他们公用的鼻烟盒。）

不过，帝国的代价也十分高昂。在 1839 年至 1842 年和 1856 年至 1860 年的两次鸦片战争，以及 1850 年至 1864 年期间戈登将军协助镇压的太平天国运动中，有成百上千万的中国人死亡。在维多利亚的治下，加拿大、阿根廷、乌拉圭、巴

468 拉圭、澳大利亚、新西兰和太平洋诸岛的原住民大量死亡。原住民作为奇观和战利品在她面前被驱赶着慢跑。维多利亚对他们的奇异特点惊叹不已，但与大部分人一样，并没有考虑过英国对他们土地的占领对这些人意味着什么。英国的许多人都认为，殖民仅仅意味着进步，而不是镇压。印度发生了可怕的饥荒，阿富汗发生了血腥的战争，非洲则见证了对财富的掠夺，当地人的权益遭到了残酷践踏。帝国的战利品在维多利亚的脖子和手腕上闪闪发光，同时也挂在她的墙上，还给她的宫廷厨房带来香气。不过，最残酷的战争尚未到来，这场野蛮的战争将标志着维多利亚所拥护的帝国扩张开始衰退。

印度仆人们如今负责将身体虚弱的女王兼女皇从一个房间抱到另一个房间。到处都是阿谀奉承、缺少质疑的生活意味着她的每一个愿望都能得到纵容，但她却仍然渴望自己无法掌握的东西：爱与陪伴。在她费力地度过生命中最后几十年之时，大多数的日子都被用来怀念已经过去的日子了。然而，她还是渴望长寿；每一个新年，她都会祈祷能够再活一年，她的身体技能能够完整无缺，尤其是自己所剩无几的视力，好让她能够继续领导她的国家。

在欧洲，下一代领导人正在崛起，民族主义的暗流再次汹涌澎湃，冲击着各国的边界。那些阅读了有关伟大女王钻禧庆典内容的男孩会产生对他们自己伟大国家的幻想。阿道夫·希特勒那年 8 岁，正在不太认真地考虑成为一名牧师。贝尼托·墨索里尼 13 岁，正在反抗负责教育他的僧侣，欺负其他同学，以及通过用砖头反复殴打自己唯一的朋友来取乐。[15] 约瑟夫·斯大林 18 岁，正在接受成为俄国东正教牧师的训练——而且与威廉一样，他的左臂也有畸形，他会试图在肖像画中加以掩饰。这些自大狂妄的未来领导人在英国和美国的对手也在接受政治和战争的训练。在维多利亚举行钻禧庆典时，富兰克林·D.罗斯福 15 岁，是一家圣公会寄宿学校的好学生，正准备前往哈佛大学求学。温斯顿·丘吉尔 22 岁，正在参加战争和报道战争之间来回摇摆。28 岁的内维尔·张伯伦是一名成功的船舶制造商。在美国，进步改革家泰迪·罗斯福已经38 岁，刚刚被任命为海军部副部长；在几年后的 1901 年，这位牛仔出身的士兵将成为美国副总统。不过，有一个人是他们都认识的，而且她的影响力、土地和财富受到了他们的一致嫉妒，那就是英国女王。

很难想象维多利亚会对 19 世纪末期对非洲的大掠夺所产生的丑陋和残酷的结果一无所知。在那些年里，比利时、意大利、葡萄牙、西班牙、德国、英国和法国全都贪婪地占领了非洲的大片土地，以追求矿产财富。欧洲人最早在 1488 年抵达了非洲最南端，当时葡萄牙探险家巴尔托洛梅乌·迪亚士（Bartolomeu Dias）驾船驶过了好望角。但一直到 1652 年，荷兰人、德国人和法国胡格诺教徒开拓者才在南非建立了永久性定居点——他们也是布尔人，或者说南非白人的祖先。从1795 年起，英国人开始陆续抵达。与英国的第一次大决裂发生在 19 世纪 30 年代初，当时英国废除了奴隶制，而布尔人则认为奴隶制对他们的经济而言至关重要，也是维持种族优越感的重要工具。许多布尔人在 19 世纪 30 年代和 40 年代的 "大迁徙"（the Great Trek）中向北迁徙，以逃脱英国的统治，在经历了一系列与原住民祖鲁人的血腥战斗后，他们最终在德兰士瓦［也被称作南非共和国］和奥兰治自由邦定居下来。我们现在所知道的南非当时由四个实体构成：奥兰治自由邦和德兰士瓦，两者都是布尔人建立的共和国；以及两个英国殖民地，分别是开普殖民地和纳塔尔。

宝石与黄金会将脆弱的和平撕得粉碎。当北开普地区的小镇金伯利在 1869 年发现钻石时，英国人丢弃了对布尔人控制非洲富饶地区的模糊认可。英国开始推动建立一个南非联邦政府，而他们将在其中发挥主导作用，因为在这一地区定居的英国公民占多数。移民纷纷来到这块大陆的最南端淘金，新的城市也在荒芜的平原上如雨后春笋般出现。

当 1873 年德兰士瓦境内发现了大规模金矿时，托马斯·弗朗索瓦·比格尔斯（Thomas François Burgers）总统还曾鼓励外国人——外侨（Uitlanders）——来他这个几近破产的国家定居，甚至在当地议会中给他们分配了两个席位。但在 1877 年，英国人在迪斯雷利的支持下吞并了德兰士瓦（尽管英国曾在 1852 年承认过该国的独立地位）。英国人此前刚刚吞并了全球范围内的大量土地，包括斐济、马来亚和西非黄金海岸等，他们说，之所以不得不这么做，是因为原有的政府执政不力。不过，德兰士瓦是布尔人的最后避难所。三年后的 1880 年，他们揭竿而起，取得了一些成功。战败的英国人同意在保留宗主权的情况下维持该共和国的独立，这意味着英国可以拥有部分控制权，但德兰士瓦将在内政上保持独立自主。维多利亚将这一决定视为一次耻辱的妥协，并且指责格莱斯顿不小心丢掉了这块有利可图的土地。[16]

从 1870 年到 1914 年，欧洲国家对非洲的控制权从 10% 增加到了 90%。在这几十年的掠夺和殖民过程中，数百万非洲人命丧黄泉；最臭名昭著和暴力的凶手之一是维多利亚的表亲。比利时国王利奥波德二世是她舅舅利奥波德的长子，制造了 19 世纪最严重的一部分人权侵害事件。他于阿尔伯特去世四年后的 1865 年继位，并且将刚果作为自己的私有财产加以控制。他开发了当地的象牙和橡胶贸易，迫使当地人为他工作。如果无法在最后期限之前完成工作，他们将被殴打致残或者被杀害。据比利时政府估计，在刚果的 2000 万人口中，有一半人死在他的统治之下，后来，他们迫使利奥波德二世将这片土地的控制权交给了比利时政府。

利奥波德二世长相丑陋，令人毛骨悚然，鼻子特别大。1885 年，他在一次法庭庭审中被提及，据说他每月支付 800 英镑，让人从英国定期送处女到比利时供他消遣；他尤其喜欢 10~15 岁的女孩（伯蒂据说也是与利奥波德二世国王有关系的那家英国妓院的常客）。他的表姐维多利亚女王还是继续欢迎他——或许是出于对他父亲的尊敬。维多利亚的宫廷侍女之一玛丽·马利特（Marie Mallet）觉得他令人恶心。1897 年，她回忆了一次利奥波德二世造访巴尔莫勒尔的情形："他只能用两根手指来握手，因为他的指甲太长了，不敢让它们有所损伤。他还是个油腔滑调的老怪物，我觉得他非常邪恶。我们都觉得，他认为拜访一趟女王就能让他获得一件崭新的伪装，否则他为什么要从 500 英里外赶来，只是吃一顿午餐呢。"在拜访维多利亚时，他对比利时议会向实现普选方向采取的措施抱怨不已，对此，维多利亚也认为"不应予以赞同"。他还对她谈到了刚果的事，不过她没有说清楚具体谈了什么。[17]

利奥波德二世在刚果大发横财。他对当地人课税之重，以至于许多人被饿死；当地的食人族雇佣兵将没有交税的人屠杀殆尽。这些令人震惊的人权侵害事件在 1904 年被英国领事罗杰·凯斯门特爵士（Sir Roger Casement）曝光，后来还受到了马克·吐温的讽刺。①

在维多利亚的金禧庆典期间，她的女婿弗里茨的喉部患上了癌症。如今，在她的钻禧庆典结束后，维多利亚将发现，弗

---

① 利奥波德二世的行为从未发生过改变。67 岁时，他让一名仅有十几岁的妓女怀了孕，于是将她安置在一间别墅里，给了她一个头衔。他在自己 1909 年去世的几天前与她结了婚。比利时人在他的葬礼上发出了嘘声。——作者注

里茨的遗孀、她亲爱的女儿薇姬胸部或许也有癌症正在扩散。薇姬罹患一系列怪异的疼痛已经数十年：包括神经痛、关节炎、疝痛、背痛、皮疹、发烧以及眼部肿胀等（至今仍然有人猜测，她和母亲均患有无确定症状的卟啉病，乔治三世国王正是死于这种病。当时的人们对这种病了解很有限，其症状从偏头痛到神经错乱等各有不同。对于这种疾病的认识如此模糊，以至于它已经成了针对任何人的万能诊断结果，尤其是那些拥有王室或者汉诺威家族血统的人，因为他们经常受到多种疾病的折磨。）但在 1898 年，薇姬收到了一份糟糕得多的诊断书：乳腺癌。她最后只比母亲晚去世 5 个月。

472

维多利亚仍然在世的 7 个子女全都出席了庆祝她登基 60 周年的庆典，同时出席的还有爱丽丝的鳏夫与利奥波德的遗孀（黑森的路易斯王子以及瓦尔德克与皮尔蒙特的海伦娜公主）。自从金禧庆典以来，有许多人相继离去。年届 55 岁、头发日渐花白的伯蒂仍然在为长子艾迪的去世而悲痛，又在 1891 年遭遇另一桩丑闻，他被传唤出庭，原因是他的一个朋友在玩牌时作弊了。[18] 如今 52 岁且身体欠佳的阿菲在科堡过着无聊的生活，试图用借酒浇愁的方式来忘记金钱和婚姻上的烦恼。海伦娜是一个既没得到维多利亚多少青睐，也不如其他人让她操心的女儿，如今已有 41 岁，拥有 4 个孩子（她失去过两个孩子；其中一个胎死腹中，另一个出生几天后就死去），并且深深沉浸在慈善事业中。她的丈夫、石勒苏益格－荷尔施泰因－松德堡－奥古斯腾堡的克里斯蒂安王子不幸地失去了一只眼睛，他的小舅子阿瑟在外出打猎时不小心开枪打伤了他。阿瑟则有一段幸福的婚姻和三个孩子。比阿特丽斯如今 40 岁，寡居，有 4 个孩子。家中的美人露易丝如今已经习惯于与丈夫洛恩勋爵保持朋友式的感情，她于钻禧庆典的当晚在德文郡府（Devonshire House）举办了一场化装舞会，客人们受邀穿上了 1820 年的古老服饰（维多利亚就出生在 1819 年）。伯蒂打扮成了耶路撒冷圣约翰勋章大师（Grand Prior of the Order of Saint John of Jerusalem）的模样，而阿利克斯则打扮成了漂亮又有诗意的法国王后瓦卢瓦的玛格丽特（Marguerite de Valois）。[19]

1899 年 2 月，即钻禧庆典结束后不到 2 年，阿尔弗雷德的独子、与父亲同名的小阿尔弗雷德去世了，死因被宣布为肺结核。（小阿尔弗雷德因为想要迎娶一名平民而与母亲发生了激烈争执，一怒之下在父母的结婚纪念日庆祝活动上开枪自杀，仅仅 2 周后便撒手人寰。）让维多利亚感到有些恼怒的是，他的葬礼被定在了 2 月 10 日，也就是她自己最神圣的结婚纪念日那一天。（她始终没有放弃对纪念日的执着，不管是好事还是坏事。）老阿尔弗雷德——当时的萨克森－科堡公爵"阿菲"在第二年因喉癌去世，仅差几天没有度过自己的 56 岁生日；他是维多利亚第三个于她在世时去世的子女。在听到这一消息后，她哭了出来："我的第三个成年子女，还有 3 个亲爱的女婿。81 岁好难！"[20] 她知道，失去爱子的痛苦让他变得虚弱。那一年感觉就好像充满了"各种各样的悲伤与凄惨似的"。

在维多利亚坐在小马车上绕着公园来回转悠之时，对英俊而聪明的小阿菲的回忆生动而痛苦地浮现在她眼前。他与阿尔伯特如此相像，也让阿尔伯特非常满意，但在成年后搬到父亲的家乡去之后，他却变得痛苦而又无爱。时间的皱褶让维多利亚仿佛回到了那段黄金岁月，阿菲与兄弟姊妹坐在父亲背上，像骑马一样骑在他身上，掉下来时又咯咯地笑，奥斯本宫与巴尔莫勒尔承载了那么多快乐的日子。如今一切皆成虚妄。[21] 阿菲的葬礼于 1900 年举行，在他葬礼的第二天，布尔人造成了又一列火车脱轨，并抓住了一些英国囚犯。仅仅几周后，维多利亚的一名孙辈将在非洲战死。

473

1899 年 10 月 11 日，第二次英国 – 布尔战争爆发了。很少有事情能够像军事冲突一样集中维多利亚的思绪。她亲自向许多士兵道别，并且在日记中用一种可以明显感知的焦虑情绪记载了战斗的细节。她如今已有 80 岁高龄，却仍然对她的军队保持了浓厚的兴趣，不断呼吁投入更多的资源和人力。尽管她不认为自己是一个天生的帝国主义者——例如，在写到中国时说，她"不明白为什么没有人能在任何地方得到任何东西，而我们却可以"——她最终接受了在非洲发动战争的理由。[22]

474

她相信英国应该保护其臣民与领土。她的警告是，穷人不能承担超出比例的战争税赋，以及派去战场的战马应当被良好地对待。

战争的理由非常直白。公众被告知，他们需要保护德兰士瓦境内遭到压迫的外侨，其中大多数是英国公民，并使他们免受暴君保罗·克留格尔总统及其南非白人政府的迫害。但有好几个国家也在寻求控制 1886 年在德兰士瓦韦特瓦特斯兰德（Witwatersrand）发现的大规模黄金矿藏。夏洛克·福尔摩斯的缔造者阿瑟·柯南·道尔爵士（Sir Arthur Conan Doyle）曾作为一名志愿医生前往南非，他说，这场战争仅仅是对"世界上最大的宝箱之一"的争夺。

1899 年 3 月，四面楚歌的外侨向维多利亚递交了一份有2.1 万人签名的请愿书，直言不讳地请求得到保护，并警告她说，布尔人正在准备发动战争。他们抱怨说当地没有自由媒体，英国公民遭到总统的随意驱逐，还被课以重税；他们权利很少，连相互见面都不被允许。亨利·庞森比的继任者阿瑟·比格解释说，警察"几乎完全由布尔人组成，行为方式极为专横和不公，还造成了一名英国公民被害"。[23] 阿瑟·鲍尔弗（Arthur Balfour）向维多利亚建议说："如果不使用武力武胁，无论是眼下还是未来，肯定不会有人去做任何事。"[24]

1899 年 10 月 10 日，南非的两个共和国发出了一份 48 小时最后通牒，坚持要求英国人从纳塔尔和开普撤出军队。在英国人拒绝让步后，布尔人入侵了英国殖民地，并包围了马弗京（Mafeking）、金伯利和莱迪史密斯（Ladysmith）等重镇。

在 1899 年的整个秋天，维多利亚都在认真阅读前方传来的报告，报告中的细节让她感到烦恼不已。最初的失败是压倒性的。她记录下所有讨论的来龙去脉，仔细分析她从前线指挥官那里频繁收到的电报，看望伤员，仔细观察士兵妻子的面孔寻找担忧的痕迹，并且亲自归还了一名 14 岁男孩的军号，这名男孩在战场上被击中身亡。如同她在所有受她支持的军事冲突中一样，她积极地奔走呼喊，要求派遣更多军队。1899 年 11 月至 1900 年 2 月间发生的莱迪史密斯之围让她操心了好几个月。不过她对自己所获消息的记载表明，维多利亚收到的战争消息许多都是粉饰和谎言，毫无疑问部分原因是想要提振她的情绪，以及吸引她关注她的指挥官们坚忍克己的精神。她经常被告知，士兵们虽然战死沙场，但已经竭尽全力；她还被告知，他们不在乎战争的苦难，很高兴能够去那里参战。

即使已经 80 岁高龄，但维多利亚仍然要求行使自己作为君主的全部权力。当内阁决定用罗伯茨勋爵（Lord Roberts）来更换总司令沃尔斯利勋爵（Lord Wolsley）时，她明确表示自己"很生气"，因为关于这件事，没有事先告诉她，也没有征求她的意见。[25] 罗伯茨后来经常给女王寄来感情横溢的信件，不过她还是经常就战争进展斥责他。她经常就战争的执行表明自己的看法。她也会进行编织：包括围巾、羊毛围巾和帽子等，这些会直接寄给她"亲爱而勇敢的士兵们"。[26] 当这些大受欢迎的物什被军官们一抢而空时，她又在元旦那天给士兵们寄去了 10 万罐巧克力，罐子上还装饰着她的肖像画。其中一个装在帆布背包中的巧克力罐挡住了一颗子弹，拯救了一名

475

士兵的性命。维多利亚曾试图搜集每一名战死沙场的将士的照片，好让她能够将它们放在一本相册中；她给阵亡将士的母亲和遗孀写去了一封封信件。她还探望伤员：尽管她不得不从马车上被抱到椅子上，但她还是决心去医院看望伤员并检阅部队，因为她知道她的出现对这些士兵意味着什么。

士气是女王的首要担忧。当 1899 年 12 月临时外交大臣阿瑟·鲍尔弗前往温莎城堡拜见她，并带来战事失利的糟糕消息时，她坦率地说："请理解，这个房子里没有人抑郁；我们对失败的可能性不感兴趣；它们根本不存在。"[27] 士气问题也解释了为什么贯穿战争始终，维多利亚都坚持拒绝有人不断提出的对布尔战争的指挥进行调查的提议。她正确地预见到，这样的调查会降低士气，但推迟调查又会产生更加糟糕的副作用，那就是隐瞒英国在南非战场上出现的错误和弊端，并且任由其继续下去。她写道：

> 女王必须强烈敦促鲍尔弗先生，有必要抵制这些对我们的将领和战争指挥方式的不爱国也不公平的批评。如果政府既坚决又勇敢，国家会支持他们的……你们必须展示出一道坚定的战线，不要让人以为我们有所犹豫。战争结束之后，可以再进行调查，但不是现在。毫无疑问，陆军部犯了很大的错，但需要改变的是整个体制，而这一点现在还办不到。[28]

维多利亚担心，如果出现任何问题，都会被汇报给布尔人和其他人，从而对英国的声誉造成破坏，而此时他们需要的是团结和坚强的信念。她对参战的爱尔兰突击队员满怀感激之情，以至于她取消了前往欧洲大陆的假期，前往爱尔兰进行访问，这是她 39 年来首次访问爱尔兰。她还十分敏锐地意识到英军内部的民族关系。印度士兵作为"后备军"主要在其他部队的身后工作，这一事实让她感到既困惑又愤怒。1900年2月，她向索尔兹伯里请求说："为什么你不要求所有军队全部出击？这是可以办到的……布尔人不仅入侵了祖鲁兰，还招募原住民与我们对抗。当然这可以成为我们使用印度人的理由。"[29]

　　她每天都在仔细阅读电报。基奇纳勋爵发来了令人沮丧的电报，谈到英军在南非遭遇的抵抗，并强调，英军在作战初期遭遇的失败极大地增加了布尔人的征兵数量。在他们焦急地等待数月，希望看到遭遇围城之苦的莱迪史密斯最终胜利的过程中，维多利亚还在敦促索尔兹伯里派去更多士兵，并且强调说，尽管她再三催促，但政府从19世纪70年代以来一直没有增加军队的数量。她对报告中"可怕的"伤亡数字感到震惊，并且坚持要求如果不增兵，就不要采取进一步行动。她问道："是否有可能警告那些年轻军官们，除非绝对必要，否则不要暴露自己？"[30]她当时不知道的是，这场战争中有许多死亡都源于"友军误伤"；如果知道的话，她会被击垮的。维多利亚在1900年的最后一篇有关战争的日记写于12月31日，文字之中透露出郁闷的情绪："来自南非的消息不太好。我们的一个驻军点遭到敌人突袭，一门大炮被抢走。不过，我们重新占领了该据点。"[31]

　　对于这场战争，英国国内的不安情绪日益滋长。欧洲和爱尔兰对于所谓英国的不必要干预也越来越愤怒。1900年，一名15岁的意大利抗议者试图在布鲁塞尔的一列火车上刺杀伯蒂与阿利克斯。（他们毫发未伤。）后来，最受维多利亚喜爱的一个孙辈、热爱板球运动的克里斯蒂安·维克托王子，也就是海伦娜的长子，在这场战争中因伤寒而死。他当时33岁，已经作为军官在非洲参加了好几场战役。已经因战败的消息而悲痛万分的维多利亚，此时更是被击垮了。按照他的遗愿，克里

477

斯蒂安被安葬在比勒陀利亚，就在他的战友们身边。而在苏格兰，他的外祖母女王陛下既没有食欲，也无法入眠，变得越来越无精打采。当里德医生 1900 年 10 月 29 日前来看她时，她几乎一直在哭，而且"情绪十分沮丧"。[32] 她的日志里凌乱地记载着亲属与朋友的死亡以及这场可怕战争的悲剧；一切已经变得无法忍受。

她变得越来越虚弱。多年以来，维多利亚都被告知要少吃，她的腰围已经证明了她拥有旺盛的食欲，以及偶尔她连走路锻炼都办不到。不过，到 1900 年 11 月 10 日时，她已经变得"十分瘦削"，也失去了对食物的兴趣。如今受到维多利亚严重依赖的里德医生曾试图用由鸦片制成的杜佛氏散来帮助她睡眠。里德医生给伯蒂写信，告诉他他的母亲身体正在日渐衰弱，他不建议女王外出旅行。不过，维多利亚身边的大多数人都不了解她病情的严重性，伯蒂也不例外。这个即将继承王位的男人提醒医生说："女王有着非凡的活力和勇气。"[33] 但到 12 月时，女王在奥斯本宫就只能整日待在屋里，而且也只能小口地喝肉汤和牛奶了。

在维多利亚病恹恹地躺在床上之时，改革家埃米莉·霍布豪斯（Emily Hobhouse）正在仔细打包一箱箱的食物和药品，以便运给被关押在南非集中营中的妇女和儿童。在 1900 年，为了打击布尔人的游击战策略，英国开始系统性地烧毁奥兰治自由邦和德兰士瓦的布尔人住宅，这后来被称作"焦土政策"。集中营的数量也开始不断增加，白人与黑人还被关押在不同的集中营里。被基奇纳称作"那个可恶的女人"的霍布豪斯是一名倡导福利的活动人士，她决心给那些被关押的人送去医疗物资。46 岁的霍布豪斯有一双炯炯有神的眼睛，十分引人注目，她在 1901 年 1 月乘船前往南非。帐篷营地中的死亡和悲惨景象让她震惊，她将这些营地形容成"活生生的坟墓"。营地里缺医少药、食品短缺，卫生状况也很差，到处都是伤寒和黑尿热患者。到 1902 年时，已经有 2.8 万名白人和 1.4 万名非洲黑人在这些可怕的集中营中死去，几乎是在战斗中阵亡的英国士兵数量的两倍。

女王对于这些集中营中英国人犯下的暴行毫不知情；其细节一直到她死后才出现在世人面前，引起极大争议。她如果知道的话一定会羞愧难当的。³⁴（即使是她下达的有关马匹的命令也被证明毫无作用；有数十万匹马被宰杀。）她不同意"歇斯底里"的女性"在没有必要理由的情况下"乘船前往南非，并且觉得她们对当地的官兵而言是个麻烦事。³⁵（为了让女王高兴，罗伯特勋爵禁止所有女性进入奥兰治自由邦境内，除非她们有儿子或者丈夫在里面受了伤。³⁶）历史学家詹妮·德吕克（Jenny de Rueck）表示，残暴的南非集中营"可以说为折磨平民树立了一个榜样，后来德属西南非洲的赫雷罗人、欧洲的犹太人、斯大林治下的俄国人、波尔布特治下的柬埔寨人以及前些年卢旺达和南斯拉夫的平民都遭受了这样的折磨"。格莱斯顿死于战争爆发前一年；他如果发现了这种侵害行为，一定也会愤怒不已。

柯南·道尔这类人会赞颂战争的荣耀，以及与"来自萨瑟兰鹿林的男仆、来自澳大利亚偏远地区的林居人、来自安大略的粗汉、来自印度和锡兰的花哨运动员，以及来自新西兰的马夫"并肩作战的荣耀。他自鸣得意地说，"在南非的平原上，帝国的鲜血兄弟情得以铸就"。³⁷但战争的丑陋一面也得到了报道，记者的报道每天都会撕去一块政府宣传的伪装。出版商 W.T. 斯特德情绪激动地指控英国士兵强奸女性。一支声名显赫的队伍参与了在南非的战斗和报道：圣雄甘地——他同情布尔人，但同时支持大英帝国——组建了印度救护兵团。巴登－鲍威尔勋

479

爵（Lord Baden-Powell）在为期 217 天的马弗京围城期间负责指挥卫戍部队。英国诗人鲁德亚德·吉卜林、未来的英国首相温斯顿·丘吉尔以及澳大利亚作家班卓·帕特森（Banjo Paterson）都在这场战争中当过战地记者。（帕特森形容丘吉尔是"能力与吹牛"的最有趣结合，并且尖锐地指出："只有拥有严重自卑感的人才有可能坐直身子认真听他说话。"）这是 1853 年克里米亚战争以来英国人与欧洲人——或者说欧洲人的后裔——打的第一场战争。

这也是最后一场帝国主义和殖民主义大战，而此时的大英帝国已经因为要镇压拒绝其统治的土地而陷入兵力告急的状况。英军士兵的残暴行为给南非人留下了好几代人的伤疤。最重要的是，战争与荣耀之间的纽带，以及帝国与阅兵式之间的纽带被切断了。或许对政客来说更令人烦恼的是，英国所提出的大英帝国代表了最优秀民主的主张被揭露为一派虚伪之词——布尔战争已经证明，为了经济利益，当地人的权益可以遭到践踏，集中营里的妇女和儿童也会因为疏忽和残暴对待而丧生。

到 1900 年底，这场战争的道德性已经遭到严重质疑。正如《道德世界》（*Ethical World*）杂志编辑斯坦顿·科伊特（Stanton Coit）所写："在英国所有阶层的这一代人中，从来没有像现在这样如此深刻地自我反省和自我怀疑。"[38] 在战争结束前，维多利亚的世界就已经开始萎缩和颤抖，这位身体结实的吉祥物也变得越来越瘦削而虚弱。随着 19 世纪过去，20 世纪到来，帝国的光辉变得灰暗，伟大的女王亦是如此。

维多利亚已经病了有些日子了。她变得越来越心不在焉、情绪低落。白内障让她的视力变得模糊。她很难睡着，但同时又变得异常平静，即使是碰到那些曾经会惹她生气的事情，她也会镇定自若。1900年12月初时，她的脑海中"充满了病态的疼痛幻觉"。里德医生决定用麻醉剂来解决她的问题。12月7日，他形容说，她"紧张兮兮、怨言繁多，而且十分孩子气"。她前往奥斯本过圣诞节，并且喝了蛋奶酒，但基本上没有吃过正餐，早早地就去休息了。在圣诞节那天，已经在维多利亚的宫廷内服侍了半个世纪的丘吉尔夫人在奥斯本宫的床上去世了。露易丝公主认为，根据她对她的了解，"一定是看到女王如此不像自己原来的样子而产生的震惊"让丘吉尔夫人死去的。

1901年元旦，也就是澳大利亚正式宣布建立联邦那天，维多利亚在日记中写道："又一年开始了，我感觉非常虚弱，不舒服，这一天过得很糟。"里德医生征求了他人的意见，这些意见证实，"大脑功能退化"已经持续了很多周。1月16日，在服务了二十年后，里德首次见到了躺在床上的维多利亚。她昏昏欲睡、骨瘦如柴，蜷缩着朝右侧躺着。他"十分惊讶于她看起来如此之瘦小"。非同寻常的是，没有什么能让她感到生气。第二天，她就被搬到了较小一些的床上，床的周围围了一圈屏风，好阻挡别人的视线。当公主们前来看望她，神情肃穆地从她床前走过时，她连一个也认不出来了。第二天夜里，阿利克斯与伯蒂整夜都坐在她床边，对她温柔细语。在为自己的死亡做准备时，维多利亚曾担心伯蒂可能会试图推翻自己的命令，因此，在1月18日那天，她对里德说，不想见到伯蒂。[39]但在弥留之际，她显得十分温柔，要长子"亲吻她的脸颊"。[40]她的医生看着她变得越来越像个孩子，担忧不已。

过去的20年对维多利亚来说是一场身体上的折磨。皇家档案馆仍然不希望公布她死亡的细节——有一份医学报告曾透露，她患上了子宫下垂和腹疝。或许披露女王的病情有些不合时宜，对某些人来说，这些信息太过私密了。但这些病情的确可以解释维多利亚的一些长期疼痛和行动上的困难。从 1883 年起，她就很难在没有支撑的情况下走路了，在此之前，她摔了一跤，还经历了约翰·布朗之死。[41] 其他的一些疼痛被她隐瞒并独自承受了下来。这种脆弱让维多利亚尤为感激那些能够在身体上为她提供支撑的人——例如约翰·布朗和后来她的印度仆人们。她还对于自己死后谁有可能触碰她的遗体极为敏感——她下令只有里德医生和侍女可以触碰她。[42]

她的医生悄悄地控制了局面。由于知道"公主们不会同意"，因此里德秘密地给德皇威廉二世发了一封电报，后者曾要求他及时告知女王的身体状况。电报是这样写的："出现了令人不安的症状，造成极大焦虑。这很私密。里德。"[43] 公主们——尤其是海伦娜——也不希望伯蒂前来，于是给他发去了错误的好消息。[44] 在里德医生的坚持下，海伦娜终于动了恻隐之心，于 1 月 19 日召唤伯蒂前来。那天下午，官方发出了第一则公开消息："女王正在遭受严重身体衰竭的折磨，并伴有令人焦虑的症状。"阿瑟开始启程从柏林赶往英格兰，同行的还有德皇威廉二世。比阿特丽斯和海伦娜有些惊慌，发誓要竭尽所能阻止他们备受争议的侄子踏上英国的土地，并且赶紧给阿瑟发了一封电报。里德医生对待威廉的善意很有意思，最好的解释是，他本能地看到了这个有些无情和傲慢的人身上的一丝柔情。好斗又好战的威廉不仅虐待自己的母亲，还曾随心所欲地欺骗自己令人敬畏的外祖母，甚至在最近，他还公开表示对布尔人的支持，把维多利亚气得不轻。但他同时也对维多利亚有着深深的敬意和爱意，爱她要胜过爱自己的母亲。[45]

1 月 21 日晚 6 点，维多利亚醒了过来，并且询问里德自己是否好些了。随后她紧紧盯着他，担心他有可能会劳累过度，需要帮助。她紧接着表示，"今天南非有了一些好消息"。

她病恹恹、身体虚弱地躺在床上，要求里德站到她身边来，并且直直地盯着他的双眼。她口气坚决地对他说，她还没有为死亡做好准备。"我还想活久一些，还有一些事情要解决。我已经安排好了大部分事情，但仍然还剩下一些，我想要再活久一些。"她的生存渴望很强烈，与40年前她丈夫的被动接受大相径庭。里德后来报告说："她用这种可怜的方式向我提出请求，赋予我极大的信任，就好像她觉得我可以让她活下去似的。"46

在奥斯本宫的楼下，伯蒂、海伦娜与比阿特丽斯仍然希望能够延缓威廉的到访。伯蒂决定前去伦敦，告诉威廉现在不能来看望女王，而且连他自己都没有见到女王，这确实是真的。楼上，里德和女仆们将维多利亚抱到了一个小一些的床上。她在1875年下达的命令是，"除了约翰·布朗以外任何人都不能"在她临死前与侍女一起照顾她。由于布朗已经不在，这一重任落到了里德的肩上。

在她曾经与阿尔伯特一同住过的绿色小房间里，维多利亚已经视力差到看不清身边站的都是谁了。可怜的薇姬如今已有60岁，被监禁在她普鲁士的公寓内，癌症正在她全身的器官蔓延。她可怜地给母亲写信说，有时，楼下街上的人们都能听到她痛苦的哭声。她吃不下也睡不着；疼痛就像是"好多块刀片在我背上刮一样"。47不过，维多利亚的三个女儿在那里站了一整夜——她们是海伦娜、露易丝和比阿特丽斯——同时还有伯蒂、阿利克斯、威廉、里德医生以及护士和女仆。里德医生很同情威廉，因此允许他单独见维多利亚五分钟。一名主教和一名当地教区牧师站在她的床尾，不断地背诵圣经诗句并祈祷。维多利亚还在牢牢地坚持着对生命的执着。里德给妻子写信说："我情不自禁地钦佩她在可以放弃之时始终坚持抗争的精神。"48祈祷持续了四个小时，直到他们的声音变得嘶哑。等到维多利亚已经明显濒临死亡之时，他们被要求停止了祈

483

祷。她面无表情地躺在床上，顽强地呼吸着。

　　1901 年 1 月 22 日下午 4 点，奥斯本宫发布了一条直白的消息："女王正在渐渐死去。"[49] 里德医生站在她身边，威廉站在对面，就像两个悲伤的哨兵一样，其他人则在房间里来来去去。下午 5 点，两人在床的两侧跪了下来，每人将一只胳膊伸到她背后，将她扶起来，保持一个半坐起的姿势。伯蒂在床尾静静地坐着。露易丝跪在里德医生旁边。维多利亚安静地呼出了最后一口气，死在了医生和外孙的怀里。仅仅 14 年后就将与英国开战的威廉悄悄地握紧了里德的手，满怀谢意与感激。但最终是伯蒂合上了母亲的双眼。[50]

30

维多利亚时代落幕："街道上呈现出奇特的景象"

> 英国女王去世了！这句话听起来就像"太阳再也不会升起"一样沉重。[1]
>
> ——玛丽·科雷利（Marie Corelli）

> 一想到英国没有了女王，感觉就像是房子没有了屋顶一样。[2]
>
> ——阿瑟·本森

1901 年 2 月 1 日，伦敦笼罩着一种压抑而可怕的沉默。街道和街角上挤满了人，窗前、房顶上也都站着人，想要一瞥那一具经过抛光的橡木灵柩。载有维多利亚女王灵柩的炮架咔嗒咔嗒地从街上驶过，打破了悲伤的沉默。小说家莫里斯·巴林说："伦敦就像一座死城……我走在街上，感觉就好像自己在玩牌时出老千了一样。"[3] 随着载有维多利亚灵柩的蒸汽火车沿着铁轨从朴次茅斯一路向北来到伦敦，成千上万的人在潮湿的地上低下头静静地跪着。巴特西公园里的列车轨道旁也站满了人，人们静静地举起帽子，叹息声连连。[4] 除这个统治了不列颠 63 年 7 个月零 8 天的 81 岁妇人之外，他们大多数人都没有经历过其他的君主。

笼罩着白布的灵柩被放在了一台炮架上，先是从维多利亚车站驶向帕丁顿，随后前往温莎。人行道上挤满了身着黑色素服的人，他们红着眼睛站在 2 月的寒风中。卖花姑娘们身穿绉布织成的破衣烂衫在人们的胳膊间挤来挤去。[5]女性权益倡导者约瑟芬·巴特勒感觉就好像失去了一位"挚友"："每个人都在哭泣，人们的窗帘都拉了下来。这是一种真实的、感同身受的悲痛情绪。"[6]亨利·詹姆斯（Henry James）透过窗户看着白金汉宫的大门，对"难以置信、数不胜数"的人群惊叹不已："最开始我们都感觉像是失去了母亲。"[7]日记作家蒙克斯韦尔夫人（Lady Monkswell）在附近的一家店铺里观看现场的情况，在看到灵柩时泣不成声、颤抖不已。她说："街道上呈现出奇特的景象，挤满了体面、得体的中年人，每个人都在悼念……我静静地向她道了别。人们都脱帽肃立。"

在英国人看来，维多利亚之死令人感到一阵奇怪的不安——就好像一栋大楼的基础动摇了，他们都走在倾斜的新地面上一样。悲伤情绪之中还夹杂着惊慌。有些人在寒风中安静地站着，渴望看一眼经过的灵柩，嘴里还在默念："上帝请帮助我们。"阿瑟·本森对于这种罕见的人人感同身受的悲痛情绪感到困惑：人们在大庭广众之下公开哭泣不止，就连曾经想要结束君主制的共和派也受到了感染。弗洛伦斯·南丁格尔让她家里的每一个人都进行了完整的悼念仪式，这么做是想要做一些事情，"以表现有人在乎"。[8]一名前往海德公园观看葬礼行进队伍的女性写道："密密麻麻的人群，从未见过这样的场景，一片安静。"[9]相比之下，此前一任君主威廉四世的去世就很少被人提及：没有人在他的葬礼上哭泣。

奥斯本宫外，最初出现了一阵骚动，媒体记者一边沿着道路奔跑一边大喊："女王已死！"但随后，英国很快就被一阵肃静所笼罩。[10]亨利·詹姆斯形容说，紧接着出现的情绪"既奇怪又难以名状"：人们说话都用低声细语，就好像在害怕什么东西似的。他对这种反应感到惊讶，因为女王之死不是什么突然发生或者不同寻常的事: 就像是"老旧的手表停止走动了一样"，一个曾经"全身心投入到普罗大众福祉事业中"的老寡妇死去了。然而，在接下来的几天里，这位出生在美国的作家意外地产生了沮丧的感觉。他与许多人一样，哀悼"这位可靠而有如母亲一般的老年中产阶级女王，她将整个国家都温暖地抱在她又大又丑的苏格兰鸽子花呢围巾褶皱里"。维多利亚已经成了一种礼仪与稳定的象征，一面对抗令人不安的动荡局势的盾牌。如今，她的神化过程已经完成。《泰晤士报》写道，他们不仅失去了一个母亲，还失去了一个近乎受到他们崇拜的"女恩人"。《纽约邮报》形容说，她的权力是一种"神话般的荣耀"。

维多利亚曾想要一个"充满敬意，但形式朴素的"葬礼。[11]在观看过利奥波德王子和比阿特丽斯的丈夫利科的军事葬礼后，她决定也要给自己办一个类似的葬礼。不需要任何排场，只要身着制服的军官和穿着苏格兰短裙的高地风笛手，还有贝多芬，就可以。她坚持要求自己的灵柩"始终由士兵或者我的仆人来扶着，不要让殡仪员来扶棺"。[12]她还要求用东西蒙住炮架，防止它发出往常那么大的噪音。在齐鸣的大炮、飘扬的羽毛以及一支护送船队之中，躺着女王的遗体。她要求将自己最私密的秘密小心翼翼地放在身边，用一层层的薄纱和花朵藏起来，外面是一层木炭内衬，以及经过抛光的木质灵柩。只有4个人知道里面是什么: 包括她的医生和3名侍女。这一秘密将与她一起埋葬一个世纪。

1897年12月9日，也就是她去世的3年前，维多利亚为自己的葬礼秘密颁布了十分私密的指示，她说，这些指示必须始终由与她同行的最高级别人士随身携带，而且在她死后才能打开。[13]这些指示被收录进了里德医生的档案之中，由其家人

487　保管在特伦顿（Trenton）。在这些指示中，她专门列了一长串她希望放在灵柩中的物品清单：子女的回忆录、孙辈的照片等。在她手上，她希望戴上5枚来自阿尔伯特的戒指以及来自菲奥多拉、她母亲维克图瓦、露易丝以及比阿特丽斯的戒指。她还想戴上一枚"朴素的金色婚戒"，这枚戒指原属于约翰·布朗的母亲，而她对布朗的描述堪称感情洋溢。她说，布朗曾经短暂地戴过这枚戒指，但维多利亚在他死后"一直"戴着它，希望在下葬时也能戴在手上。至于戴在哪只手指，维多利亚没有写明。

女王还要求将装有阿尔伯特以及她所有子女和孙辈照片的相框放在她的灵柩内。她还详细地解释说，想要一张她"忠实的朋友"约翰·布朗的侧面彩色照片，与他的几缕头发一起放在一个皮质盒子里，外加他的其他相片（她经常小心翼翼地带在口袋里）一起放在她手上。她还要求把一个阿尔伯特的手模放在灵柩中，"始终放在她身边"。此外，她还想要在身边放一块阿尔伯特的手帕以及他的一件披风，一件爱丽丝织成的羊毛围巾，以及一块"我忠实的朋友布朗的"手帕，"这个朋友对我的忠诚超过了其他任何人"。

王室不久后就将开始摧毁一切有关这位肩膀宽阔的苏格兰人的记录，这时他们没有看到这份指示。里德医生受命将布朗的头发放在她手中，然后用薄纱将她的手包了起来，再将花朵小心翼翼地放在薄纱上。[14] 即使在死后，布朗也与他的女王以及阿尔伯特和她的孩子在一起：他母亲的婚戒戴在她的手指上，他的照片和头发在她手中，他的手帕则覆盖在她身上。

温柔而细致的里德医生小心翼翼地与侍女们一起摆放女王灵柩中的物品。[15] 她的遗体被测量和整理了一番，然后套上了一件丝质长裙，胸前还带有嘉德勋章的花纹。她的头发被剪掉，脸部周围的面纱底部还绣上了白色花朵。里德医生的妻子

苏珊说，她看起来漂亮极了，"就像是一尊大理石雕像"。[16] 在
1 月 22 日那天，伯蒂、德皇、里德医生以及其他一些人将她
的遗体抬进了灵枢里，随后包上木炭衬里，再将棺盖拧紧。紧
接着，前往温莎的漫长路程就开始了。

女王去世的消息让全世界震动。成千上万的电报飞往奥斯
本宫。在伦敦，演员们在演戏演到一半时走下舞台。交通陷入
停滞。在纽约，股票交易所关闭了整整一天。[17] 在新几内亚，
部落民缅怀那位曾经笼罩在他们心头的神圣母亲。在南非、澳
大利亚、加拿大和印度，以及大英帝国的偏远角落里，人们纷
纷停下脚步，开始祈祷。维多利亚已经变成了某种原始的母
性神灵，穿越了文化与宗教的界限。伦敦的穆斯林"为世界
上真正信徒数量最多之国家的君主"祈祷。[18] 印度总督柯曾勋
爵（Lord Curzon）说，印度人认为她几乎是一个圣人。[19] 孟
加拉贵族、巴哈杜尔王公贾庭德拉·莫汉·泰戈尔说，她就像
是"全人类伟大的母亲，像我们〔印度教〕神话中的力量女神
一样受人崇拜"。[20] 在波斯，她是"拯救我们免遭毁灭的善良
天使"。[21]

维多利亚以一种自己没有预料到的方式改变了女性的一
切。她唤醒了某种难以名状的东西，某种渴望，或者说激发了
某种勇气；她是世人眼中的女性典型，既热爱自己的家庭，又
拥有充分的权利和独立的收入。H.G. 韦尔斯认为，当王冠戴
在她头上时，一种"解放的感觉"就产生了。他的母亲一直在
以一种"强烈的忠诚度"关注维多利亚的生活——每一句话、
每一次快乐或者每一次伤痛：

　　女王也是一个身材娇小的女人，事实上可以说是我母

489

亲的互补人格，在她想象中能够安抚她因自己的性别、娇小身材、身为人母以及生活中的无尽难题而承受的局限和磨难。亲爱的女王可以指挥自己的丈夫就像指挥一个臣民一样，并且可以让伟大的格莱斯顿先生心怀敬畏。如果身处那个位置的话会是怎样的感受？可能会说这件事，可能又会做那件事。对于我母亲心中的幻想，我毫不怀疑。她晚年时喜欢头戴黑色软帽、身穿黑色丝质长裙，变得与那位至高无上的寡妇相当神似。[22]

卓越的活动人士约瑟芬·巴特勒说，好的女王能够让男人也变得柔软："她能够融化他们的粗鲁，以及对女性的轻蔑。"[23]甚至连被女王嗤之以鼻的妇女参政论者也赞颂她的榜样和影响力。后来于 1913 年的德比郡在国王的马蹄下受伤致死、成为妇女参政运动首个牺牲者的埃米莉·戴维森（Emily Davison）给《泰晤士报》写了一封信，强调说，维多利亚证明了世界上根本不应该有"女性的工作"这种说法：维多利亚阅读了每一份文件，做出了自己的决定，而且无论从哪个方面来说都不是一个"微不足道的花瓶"。虽然从来没有阅读过女王的日记，也没有研究过她的信件，但戴维森说的没错。

她对女性的影响还遍及全球。一家日本杂志的女性编辑赞颂她"甚至在这些遥远的地方都唤醒了战胜自己、成为女皇的野心"。[24]当美国民权运动领袖苏珊·B.安东尼（Susan B. Anthony）1899 年在温莎的一场招待会上见到维多利亚女王时，她说自己"在看到她愉快的面孔时……感到一阵激动"。阿梅莉亚·布卢默（Amelia Bloomer）声称："如果维多利亚可以坐上英格兰的王座，那么美国女性也可以坐上华盛顿的总统宝座。"[25]维多利亚的有利地位让聪颖的女性嫉妒万分。美国作家莎拉·简·利平科特（Sara Jane Lippincott）——她也以"格蕾丝·格林伍德"（Grace Greenwood）的名字为人所知——在 1883 年写道："我在想，不知道女王陛下有没有意识到自己是拥有了神佑的特权才能与'这个时代的一流男性'自由交谈；或者公开承认自己对政治的兴趣……而不必担心被人看作是'爱管闲事的有主见的女人'。"[26] 但维多利亚一直在忙于让自己显得渺小，好让阿尔伯特产生伟大的感觉，因此她从未意识到自己必须争取的东西有多么少。

490

由于以上这些因素，维多利亚的工作让女性参政运动获得了稳定而又少有人提及的动力。在她去世时，《雷诺新闻报》（*Reynold's News*）写道，她的一生"让我们体会到我们正在心甘情愿地浪费这个国家的妇女资源……王国里有成千上万个潜在的维多利亚。我们再也不能主张……女性不适合承担公共职责了"。[27] 她是女性力量与智慧的象征。但或许她的突出地位正是让她在一个持续不平等的时代显得更容易令人接受的原因。她是拥有统治地位的女人；对大多数人来说，她不是一个更多人会去效仿的符号。她的权力是通过继承而来；她不必为此斗争，或者从男性手中夺取权力。权力就像一个神圣的重担一样，被轻轻地放在了她的肩上。

不过，毫无疑问的是，维多利亚所捍卫的女性主要是白人和西方人。当她听说一名女性在英格兰的火车上被人猥亵，或者某个像弗洛伦斯·迪克西夫人这样的人在温莎附近遭到袭击时，她会怒不可遏。但在她统治期间，印度、阿富汗和非洲有数不胜数的女性遭到了强奸、杀害，或者在大英帝国扩张版图的一系列"小型战争"中失去了丈夫。数百万人忍饥挨饿。①

---

① 瘫痪在床的弗洛伦斯·南丁格尔正在忙于印度事务，有近 2900 万印度人在英国统治下因一轮又一轮的饥荒而被饿死。南丁格尔花了很多年时间试图迫使英国政府消除当地的贫困，并呼吁改善灌溉设施，改革土地所有制。（Bostridge, *Florence Nightingale*, 473.）让她深感失望的是，即使在 1877 年发生饥荒，导致光是孟买和马德拉斯就有 400 万人死亡后，她所支持的计划依然没有得到采纳。——作者注

帝国的不平衡让她烦恼——她最大的动力在于维持不列颠的伟大，但她在听说为了实现这种伟大而付出的代价后又忧心忡忡。这个世纪最严重的暴行出现在南非的英国集中营中，而那时的维多利亚正奄奄一息地躺在床上。

491   1901 年 2 月 4 日，维多利亚女王的遗体在浮若阁摩尔宫的墓园下葬，就葬在阿尔伯特身边。在她的家人关上大理石墓穴的大门时，室外的雨夹雪变成了大雪，产生了宁静、肃穆的氛围，也造就了维多利亚一直梦想的白色婚礼。她的灵柩盖着白布，拉着灵柩的马匹是白色的，坟墓的大理石也是白色的。各处的布帘也得是金色与白色相间的，她还下令任何地方都不能看到黑色。[28] 维多利亚固执地认为，死亡不应与黑暗，而应与光明联系在一起。丁尼生给了她这个想法，他曾对她说，死亡本身已经足够可怕了，为什么还要"给它披上一层令它显得更糟的色彩呢"？[29]

     她不打算成为一个披红戴绿或者玫瑰色傍身的女王：她早就已经褪掉了身上的羽毛，不再炫耀自己的美貌，转而寻求身边美人相伴。她朴素而不加修饰的举止惹得一个小牧童问道："她为什么不穿上容易让人认出来的衣服？"[30] 维多利亚是一个喜欢黑白两色的女王，始终随心所欲地维持着有力统治。死后，这位寡妇再次成为新娘。她要求下葬时身穿白色丝绸和羊绒制品，肩上披着披肩，脸上还戴着面纱。维多利亚的寿命几乎是丈夫的两倍，独自统治国家的时间也是他们共同统治的两倍之久。

     在谈到自己最大的渴望时，维多利亚一辈子重复最多的一个词就是"简单"。她想要一种简单的生活。她不喜欢穿紧身胸衣，主要是觉得不舒服。（她曾经在 1867 年对"新款超紧睡衣"翻过白眼。）女王在与世隔绝的苏格兰小别墅度过了最快乐的时光，那里位于苏格兰高地"狂野又令人难以忘怀的美丽乡间"，远离高楼与城堡，远离人们的视线与繁杂的事务。[31] 正如 G.K. 切斯特顿（Chesterton）在她去世后不久所写的那样，她"目中无人的谦逊态度"是帝国的核心所在："没有人能够否认，她代表了最谦卑、最矮小也是最坚不可摧的人类福音，当所有的麻烦和麻烦贩子都无话可说之后，我们的工作能够一直干到日落，我们的生命可以一直活到死亡。"[32] 这话没错。不过，尽管她的谦逊是目中无人的，但她的目中无人却一点也不谦逊。

492

维多利亚不想死。或许她性格中最大的矛盾在于，她以为自己渴望死亡；实际上，她却对生命依依不舍。每当遇到危险，她都会本能地后退；当她的马车在苏格兰翻车，或者当日渐增长的年纪给她带来巨大影响时，她大声呼喊想要获得更多时间。就在去世的 3 年前，她还在日记中写道："行动不便让我感觉到年龄带来的影响。78 岁是一个好岁数，但我祈祷能再活几年，为了我的国家和亲人们。"[33]

她从未停止过工作。在生命的最后几个月里，维多利亚还抱怨说，尽管她喜欢在午饭后睡个午觉，以解决夜间的失眠问题，但这么做"很浪费时间"。在她去世的三天前，尽管关节处已经充满了积水，说话也很困难，但她仍然与里德医生讨论了南非局势，并且对战争表达了忧虑之情。这个一辈子大多数时间都在祈祷能够在天堂与她的阿尔伯特相会的女人，如今却仍然在祈求她的医生帮助她在世上再活更多时间。还有更多的事情要解决，更多的灾难要预防，更多的战争要打，更多的士兵要保护。

更多的事情始终存在。维多利亚认为，她最重要的工作——也就是阿尔伯特吩咐的不断完善自己——还没有完成。

她在写给伯蒂和比阿特丽斯的葬礼指示中写道："我死得很平静，很清楚我的许多过失。"[34]围绕在她床边的这些人很清楚她的过失所在：反复无常、脾气暴躁、对子女专横跋扈、相信自己永远正确等。当然，他们也了解她的善良、忠诚、幽默、敬业、信仰、不做作、没有偏见，以及她的坚韧不拔。正如劳伦斯·豪斯曼（Laurence Housman）所写的那样："维多利亚女王身上最具戏剧性的一件事是她的长寿：在这个以她名字命名的快速变革的时代，她却始终稳如泰山。"[35]这也是为什么，在她的一生中，她从一名少女变成了帝国的图腾。

493

维多利亚的强劲心跳一直持续到她的最后一口呼吸，里德医生认为这件事"很重要，值得记载"。[36]这也是理解这个影响了现代世界的女人的最佳线索，也是用以消除她生性被动、依赖男人、厌恶权力等迷思的关键线索。她也许的确会经常抱怨，但她却一直坚持了下来。她悲伤了好几十年，但正如一代又一代的政治家所见证的那样，她同样也在毫不退缩地抗争。她顽强不屈、坚定不移的存在影响了一整个世纪，在其他女性没有任何权力时，她紧握权力不放。如果今天从伦敦上空飞过，还能看到她威严的大理石雕像矗立在街头，令人不禁赞叹一个隐居守寡的9个孩子的母亲是如何取得无可比拟的伟大成就的。答案很简单：维多利亚坚持了下来。

致　谢

　　这本书的写作横跨了多个大洲和许多年，我心中的感激之情堪比这些年飞过的里程数。首先，我非常感谢伊丽莎白二世女王，她慷慨地允许我不受限制地研究英国皇家档案馆中的文献，并引用受到版权保护的材料。资深档案管理员帕米拉·克拉克（Pamela Clark）小姐的帮助尤其大，她分享了她关于这些档案的大量知识。我还要提到，在 2015 年 9 月 9 日这一天，就在我对这本书进行最后修订的时候，女王陛下终于超过了自己的高祖母维多利亚的纪录，成为英国历史上在位时间最长的君主。

　　在研究维多利亚的一生时，我曾经造访过数十家图书馆——以及附近的咖啡店——它们包括：纽约公共图书馆（New York Public Library）、纽约社会图书馆（New York Society Library）、宾夕法尼亚大学图书馆（Penn University Library）、新南威尔士州立图书馆（State Library of New South Wales）、米切尔图书馆（Mitchell Library）、澳大利亚国立图书馆（National Library of Australia）、苏格兰国立图书馆（National Library of Scotland）、大英图书馆（British Library）、伦敦图书馆（London Library）以及曼利图书馆（Manly Library）。我必须尤为感谢纽约社会图书馆的帕特里克·弗莱彻（Patrick Fletcher）；牛津大学巴利奥尔学院（Balliol College, Oxford）文件与手稿档案馆朗斯代尔馆长安娜·桑德（Anna Sander）；牛津大学博德利图书馆（Bodleian Library, Oxford）助理客户经理本·阿诺德博士（Dr. Ben Arnold）；以及奥斯本宫馆长迈克尔·亨特（Michael Hunt）。

正如她为许多女性所做的那样，澳大利亚前总督昆廷·布赖斯（Quentin Bryce）在任期间为我提供了非凡的帮助。如果没有布赖斯女士的秘书斯蒂芬·布雷迪（Stephen Brady）的支持，我不可能获得在皇家档案馆进行研究的许可。对此，我始终心怀感激。苏格兰兰顿塔的迈克拉夫人（Lady Michaela）和亚历山大·里德勋爵（Lord Alexander Reid）慷慨地允许我不受拘束地阅读詹姆斯·里德医生的日记和工作日志，以及他们的家族剪贴簿，这些内容十分引人入胜。

我的研究助理凯瑟琳·波普（Catherine Pope）对维多利亚漫长的一生进行了卓越的研究，她的勤劳、智慧以及敏锐的眼光至关重要。其他有价值的帮助来自乔·塞托（Jo Seto）、利比·艾芬妮（Libby Effeney）、萨姆·雷吉斯特（Sam Register）、露西·基皮斯特（Lucy Kippist）以及玛德琳·劳斯（Madeline Laws）。那些阅读了我的手稿，并提出重要意见的人包括约翰·巴灵顿·保罗（John Barrington Paul）、埃弗里·罗姆（Avery Rome）以及麦考里大学（Macquarie University）的肖恩·布劳利教授（Professor Sean Brawley）。埃文·卡姆菲尔德（Evan Camfield）提出了许多卓有帮助的修改意见和建议。乐卓博大学的伊冯娜·沃德将她在德国和温莎获得的文件慷慨地借给了我。

我还要感谢那些杰出的朋友们，他们都在许多方面给我提供了帮助：特别是玛莎·希尔（Martha Sear）、吉尔·戴维森（Jill Davison）、安娜贝尔·克拉布（Annabel Crabb）、达明·德鲁（Damien Drew）、卡西·福斯特（Cathie Forster）、乔西·格雷奇（Josie Grech）、詹姆斯·胡克（James Hooke）、克里·安布勒（Kerri Ambler）、乔·奇切斯特（Jo Chichester）、莎拉·麦克唐纳（Sarah Macdonald）、阿里·本顿（Ali Benton）、伊恩·卢赫斯（Ian Leuchars）、约翰·哈伍德（John Harwood）、布里奥妮·斯科特（Briony Scott）、利·萨尔斯（Leigh Sales）、米娅·弗里德曼（Mia Freedman）、莉莎·惠特比（Lisa Whitby）、朱迪丝·惠兰（Judith Whelan）、艾玛·阿尔贝里西（Emma Alberici）、理查德·斯克鲁比（Richard Scruby）、摩根·梅里什（Morgan Mellish）、埃莉·韦恩赖特（Ellie Wainwright）与伯纳德·祖埃尔（Bernard Zuel）。当然，还有我在纽约市的团队成员：凯蒂·麦克伦南（Katie Maclennan）、克里·金博尔（Kerri Kimball）、玛丽·摩根（Mary Morgan）、劳拉·温鲍姆（Laura Weinbaum）以及邦妮·西格勒（Bonnie Siegler）。

我在澳大利亚广播公司（ABC）的同事对于我的写作冲动深表理解并给予了巨大支持，尤其是托尼·希尔（Tony Hill）、史蒂夫·坎南（Steve Cannane）、加文·莫里斯（Gaven Morris）以及马克·斯科特（Mark Scott）。许多人都曾以数不胜数的方式帮助过我：帕特·欧文（Pat Irving）、安娜贝尔·安德鲁斯（Annabel Andrews）、伊恩·麦克吉尔（Ian Macgill）、罗伯特·纽林兹（Robert Newlinds）、诺曼·斯旺（Norman Swan）、沃特·夏皮罗（Walter Shapiro）、梅丽尔·戈登（Meryl Gordon）、达伦·桑德斯（Darren Saunders）、纳马·卡林（Naama Carlin）。我的高中老师凯尔·瓦基尼（Care Vacchini）曾经教育我，历史不仅仅是日期和一本正经的肖像画，还囊括了战壕与传单、宣传与文学以及灯火管制和丝袜等。人类的双手在带来残忍破坏的同时，也能创造精致的美好。我希望所有孩子都能有一个像她这样的老师。

　　有些人我必须致以特别的谢意：感谢忠实的蒂姆·迪克（Tim Dick）阅读我的草稿，他和亲切的凯丝·基南（Cath Keenan）一直带着我同亲爱的饮茶小团体一起纵情欢笑；感谢瓦妮萨·惠特克（Vanessa Whittaker）对我展示出的友情，以及她无限的幽默洞见；感谢詹姆斯·伍德福德（James Woodford）的理解、善意以及去芜存菁的神秘能力；感谢凯特琳·麦吉（Caitlin McGee），她是我所认识的最善良、最温柔的人；感谢彼得·菲茨西蒙斯（Peter Fitzsimons），我的荣誉兄弟，也是我在人生的龟兔赛跑中始终追赶的对象，只可惜他从来不会打盹休息，而是不断激励我前进；感谢莫琳·多德（Maureen Dowd）与我保持的非同寻常的友谊，以及带领我在纽约进行的一千次冒险；感谢乔纳森·斯旺（Jonathan Swan）给予我的矢志不渝的爱和鼓励；感谢乔·福克斯（Jo Fox）在诺丁山的家中无微不至地招待了我好几个月，并且在我写作之余带我参加了音乐节和远足等活动；感谢我交情最久、感情最深的朋友杰姬·琼斯（Jacqui Jones），她无论在什么情况下都冷静而坚定地站在我身边，过去几十年里，她与我进行了成千上万次谈话，内容涵盖一切，包括维多利亚。

　　有 5 个人对这本书的构思和撰写起到了至关重要的作用。我在《新闻周刊》的杰出前编辑乔恩·米查姆（Jon Meacham）几乎是我决定撰写维多利亚生平的唯一原因。他敏锐的眼光和鼓励在我的写作初期起到了至关重要的作用。埃文·托马斯（Evan Thomas）是最早引诱我来到纽约工作的人，他对我的影响甚至超出了他自己的认知。我无可比拟的经纪人宾基·厄本（Binky Urban）从我提到维多利亚这个名字的那一刻起就一直给予我毫不动摇的支持。兰登书屋（Random House）的安娜·皮托尼亚克（Anna Pitoniak）和凯特·梅迪纳（Kate Medina）担任我的编辑，我感到极为荣幸。安娜凭借其稳重而冷静的眼光为我提供了许多有价值的建议。凯特始终保持敏锐、体贴和热情，而且出自本能地立马就理解了这本书的写作意图。

从某种程度上说，我之所以写作这本书，是为了告诉我所认识的那些姑娘们——尤其是安娜（Anna）、弗朗西丝（Frances）、索菲（Sophie）、玛丽（Mary）、格蕾丝（Grace）、阿丽尔（Ariel）、罗丝（Rose）、茜比拉（Sybilla）以及我的女儿波比（Poppy）——一个 18 岁的女人是如何管理一个帝国的。你们都可以改变并统治这个世界。

最后，我亲爱的父母朱迪（Judy）与布鲁斯（Bruce）始终教导我要热爱我所从事的行业。他们的支持毫无保留，而且无法估量。我幽默的兄弟迈克（Mike）和史蒂夫（Steve）也一直坚定地支持着我；还有我的嫂子和弟媳，克琳（Kerryn）和安玛莉（Annemaree）；以及我备受喜爱的侄子侄女们：劳拉（Laura）、凯特（Cate）、卢克（Luke）、伊莱贾（Elijah）和奥斯卡（Oscar）。我的孩子波比和萨姆（Sam）是我的两颗北极星。你们教会了我什么是爱，也让我生命中充满欢笑。这本书是献给你们的。

注　释

缩　写

QVJ：维多利亚女王的日志
RA：皇家档案馆

引　言

1.　Arthur Ponsonby, Henry Ponsonby, 70.
2.　Wyndham, Correspondence of Sarah Spencer, July 1844, 348.

序　言

1.　Dyson and Tennyson, *Dear and Honoured Lady*, 76.
2.　Rev. Archer Clive，引自 Clive, *Mrs. Archer Clive*, 87. 完整引文如下："我跟着人群，发现自己面前是一幅阿尔伯特亲王的肖像画，画得很好。如果他的确如画上一样的话，那他一定和蔼而温厚，但也一定软弱而无能，肯定应付不了他即将迎娶的如此一名刁妇。"
3.　A Lady of the Court, *Victoria's Golden Reign*, 2.
4.　Beatrice to Bertie［George Ⅵ］, May 10, 1943, Braubridge ark, Sussex, RA, AEC/GG/012/FF2/13.
5.　Morshead to Lascelles, May 14, 1943, RA, AEC/GG/012/FF2/14.
6.　本森在日记中写道，伊舍曾对她说，比阿特丽斯"从事的是从女王的日记中摘抄她认为符合公共利益的部分的工作"——而本森认为，这意味着"最无聊的部分"。Benson Diary, July 25, 1903, 35:81–83; Ward, *Censoring Queen Victoria*, 32.
7.　Ward, *Censoring Queen Victoria*, 188.

8. Ibid., 309.

9. Ibid., 327. 他们对墨尔本勋爵有一种特别的偏好, 本森和伊舍都非常"崇拜"墨尔本。在第一卷中, 包含了 35 封维多利亚女王写给墨尔本勋爵的信件节选, 以及 139 封墨尔本勋爵回信的节选。在 1837 年, 有 6 封墨尔本的信件被发表, 而同时只有 4 封维多利亚的信件对外发表。在 1838 年, 只有 3 封女王的信件被发表, 而墨尔本被发表的信件数量达到 20 封之多。Ibid., 191.

10. 贾尔斯·圣奥宾写道:"如果她是一名小说家的话, 她的全部作品总计能达到 700 卷, 而且发表频率是每个月一卷!"(*Queen Victoria*, 340.) 但这仅仅是保守估计, 没有包括与其他女性的书信往来。

11. 1858 年 10 月 21 日, 维多利亚给薇姬写信说:"我对温莎没有感情, 我的确很喜欢它, 也觉得它是一个宏伟、壮丽的地方, 但没有任何东西能让我爱上它, 一个也没有, 我对任何事都提不起兴趣, 就好像它不属于我一样; 这当然也削弱了我对生命的享受。"她在 6 天后再次写道:"你怎么能用'亲爱的'来称呼温莎城堡呢, 我实在无法理解。它就像是监狱一样, 又大又让人抑郁——对我来说, 非常沉闷, 尤其跟巴尔莫勒尔相比, 简直就是一个白天, 一个黑夜——尽管它其实很不错!"Fulford, *Dearest Child*, 140–41.

1 "袖珍大力神"的诞生

1. Stockmar, *Memoirs of Baron Stockmar*, 1:77.

2. 维多利亚出生时在场的官员包括曾在 4 年前的滑铁卢击败拿破仑的惠灵顿公爵、坎特伯雷大主教, 以及一个在维多利亚十几岁时受到她鄙视的男人: 当时担任她父亲的爱尔兰侍从、后来成为她母亲亲信的约翰·康罗伊上尉。

3. 有些人曾认为, 由于爱德华公爵没有血友病, 而维多利亚有血友病基因, 因此他不是她的父亲。但没有证据能够佐证这一点, 而且有近三分之一的血友病病例是基因自然突变的结果。还应提到的是, 维多利亚与她父亲所属的汉诺威家族的成员十分相像。参见 Stephen Pemberton, *The Bleeding Disease: Hemophilia and the Unintended Consequences of Medical Progress* (Baltimore: Johns Hopkins University Press, 2011), 45。

4. Worsley, *Courtiers*, 190.

5. Duke of Kent to Dowager Duchess of Coburg, May 24, 1819, trans. cited by Woodham-Smith, *Queen Victoria*, 30.

6. Martin, *The Prince Consort*, 1:2.

7. 在 1802 年的直布罗陀, 爱德华差点在圣诞夜前夕命丧他自己手下士兵之手。他被派去这座位于西班牙最南端的英国偏远海军岗哨, 负责恢复当地秩序; 纪律散漫而且经常酩酊大醉的士兵们很快就讨厌起了他的严格和清醒。在他的手下士兵发动哗变后——这次哗变未能成功，很大程度上是因为参与的士兵都醉得不轻——肯特公爵处死了 3 人，并将另外 8 人流放澳大利亚。（有几个人在抵达澳大利亚东南段的菲利普港后逃走了。其中一人在树林里消失无踪，并且与当地土著人一同生活了好几十年。）公爵后来应召回到英格兰，并开始为洗脱自己施暴的罪名而进行漫长的斗争。在不久后的 1804 年，一场黄热病席卷直布罗陀，杀死了大部分当地人。兵变让公爵免遭此难，也让他的女儿有机会在 15 年后出生。

8. 他们最年幼的两个孩子在接受了天花预防接种后先后死去，年仅 4 岁和不到 2 岁，他们最年幼的女儿阿梅莉亚在 27 岁时死于因麻疹而出现的皮肤感染。

9. 埃尔德利·霍兰德爵士在《产科学与妇科学杂志》(*Journal of Obstetrics & Gynaecology*) 1951 年 12 月一期上撰文猜测："夏洛特死于产后出血这一事实不太可能遭到质疑。"他嘲笑说，所谓她是因为在怀孕时没有勤于锻炼，或者在漫长的分娩过程中过于饥饿而死的说法非常可笑。如果说理查德·克罗夫特爵士犯了什么错的话，那应该是由于"错误的产科学体系"而没有使用产钳。引自 Longford, *Victoria R.I.*, 151。

10. Peters and Wilkinson, "King George Ⅲ and Porphyria," 3–19. See also holeousia.wordpress.com/2013/03/07/ re-evaluating-the porphyria diagnosis of king george iiis madness/. 乔治三世国王在 1788 年突发严重的脑膜炎，在此期间，他一刻不停地说话，并短暂失去了理性思考的能力。他脸上的血管也出现凸起，以至于他的妻子将其描述为"黑色凝胶"(Hibbert, *George Ⅲ: A Personal History*, 261)。但在第二年，国王出人意料地痊愈了，并且身体状况保持了很多年。最终，在他的小女儿阿梅莉亚 1810 年死于麻疹后，他病情复发。

11. Fulford, *Royal Dukes*, 38. 8.

12. 她十分厌恶他放纵无度的生活，并且将他的住所描述为一座妓院。他也对她态度十分恶劣，在数十年里一直试图羞辱和摧毁她。他声称自己的妻子在结婚时不是处女，证据是她曾评论说，他的阴茎很大——这是一种十分自私的说法，但标志着他开始纠结于妻子的性行为。他试图在法庭上证明妻子的不忠行为，以便能够离婚，却失败了。庭审程序太过羞辱和肮脏，以至于公众都站在卡罗琳这一边。这位摄政王甚至敦促议会通过一项法案，"以剥夺卡罗琳·阿梅莉亚·伊丽莎白王后陛下的头衔、特权、权益、优待以及王后在王国内的豁免权，并且结束国王陛下与上述卡罗琳·阿梅莉亚·伊丽莎白的婚姻"。日记作家克里维写道，这项法案应该被称作"宣布王后是妓女的法案"(Charlot, *Victoria the Young Queen*, 27.) 在法庭上面对他愤怒至极的妻子时，这位摄政王甚至贿略民众来做出不利于妻子的证明，这也严重损害了君主的形象。

13. QVJ, January 3, 1840. 8.

14. 乔治三世国王的第六子、和蔼可亲的萨塞克斯公爵奥古斯塔斯·弗雷德里克对加冕为王没什么兴趣，而第七子剑桥公爵阿道弗斯是一个喋喋不休的男子，喜欢头戴一顶厚厚的金色假发，他在王位继承顺序上太过靠后，无法构成真正的威胁，尽管他是夏洛特死后第一个结婚的。

15. 在这六位女儿中，没有一位生育了子女，也只有一位女儿结了婚。最年长的女儿夏洛特十分内向，在 1797 年嫁给了符腾堡王子。她只有过一个女儿，却是一个死胎。女儿的死让她心碎：她将从英格兰带来的婴儿服装一直珍藏到去世为止。她的 5 个妹妹奥古斯塔、伊丽莎白、玛丽、索菲亚以及阿梅莉亚都被迫与母亲一起待在温莎城堡里，理由是她们有义务在父亲乔治三世国王发疯之后安抚她的情绪。她们整日里编织、弹奏音乐或者绘画，但因为无聊变得越来越疯狂。有两个人与仆人发生了风流韵事。她们甚至被禁止参加她们的大哥、威尔士亲王在成为摄政王时为自己举办的宴会，巨大的宴会桌中央特意设计了一条小溪，水中还有小鱼在游弋，岸边是绿色的苔藓和五颜六色的花朵。其中一个妹妹、伊丽莎白公主抱怨说："我们还像过去 20 年一样过着单调乏味的生活。" Fulford, *Royal Dukes*, 38; Williams, *Becoming Queen*, 47.

16. 第三个儿子是一名水手，也是未来的国王威廉四世，他与一名演员生育了 10 名私生子，后来又在 1811 年凭借一纸书信将其抛弃。他向高贵而善良的阿梅莉·阿德莱德公主求婚并取得成功，但她经历了一系列造成巨大创伤的怀孕和分娩。她的第一个孩子是早产儿，并在出生几小时后夭折，她的第二个孩子流产，第三个孩子在出生 4 个月后死去。1822 年，她生下了一对双胞胎，却是死胎。

17. Stockmar, *Memoirs of Baron Stockmar*, 1:77.

18. 他还希望她能够怀孕；一想到王位的下一顺位继承人——坎伯兰公爵欧内斯特——将得到王位，就让他无法忍受。欧内斯特脸上有一块疤痕，持有极端的托利党思想；一直有未经证实的流言蜚语称，他曾经性侵过一名修女、杀害过自己的男仆，还曾让自己的妹妹怀孕。他还娶了一名光彩照人但两次丧夫的德意志公主，后者被人怀疑杀害了至少一个丈夫。弗雷德丽卡确实怀孕了，但孩子却是个死胎。

2 父亲之死

1. 肯特公爵夫人说，尽管"每个人都非常吃惊"，但她"如果看到我亲爱的小宝贝趴在别人的胸前喝奶的话，会感到绝望的"。她的丈夫对妻子胸部的肿胀和收缩尤为感兴趣，称其为"母性营养"以及"一份最有趣的工作"。Stuart, *The*

Mother of Victoria, 76.

2. Longford, *Queen Victoria*, 24.

3. 有些死亡还源于药物过量。英国注册总署的报告称，大多数因鸦片中毒而死亡的案例出现在年轻孩子身上，尤其是婴儿。在 1863 年至 1867 年，有 235 名一岁以下婴儿死亡，还有 56 名一岁至四岁幼儿死亡；5 岁以上的儿童和成人的死亡人数为 340 人。Berridge, *Opium and the People*, 100. 需要提到的是，如今，鸦片——或者说鸦片酊——被用于治疗母亲是毒瘾患者的婴儿身上出现的戒断症状。

4. "Protected Cradles," 108.

5. Berridge,*Opium and the People*, 97.

6. Woodham-Smith, *Queen Victoria*, 33.

7. Plowden, *The Young Victoria*, 35.

8. Memoirs of Baron Stockmar, 1:78.

9. 6 月时，公爵对一位朋友说，他的兄长摄政王没有对欧洲各国王室宣布维多利亚出生的消息，尽管维多利亚在王位继承顺序上排名很靠前："他的计划很明显是想压制我。"在维多利亚出生三天后，坎伯兰公爵夫人生下了一个儿子，名为乔治，就排在维多利亚的后面。他长大后虽然双眼失明，但还是成为汉诺威国王。

10. Chesney, *The Anti-Society*, 14.

11. 汉诺威选帝侯夫人索菲亚是乔治一世的母亲，也是维多利亚的曾曾曾曾祖母。维多利亚的祖父母和外祖父母都是德意志人。

12. St. Aubyn, *Queen Victoria*, 11.

13. Woodham-Smith, *Queen Victoria*, 46; Longford, *Victoria R.I.*, 20.

14. Van der Kiste, *George Ⅲ's Children*, 121.

15. 不伦瑞克的卡罗琳公主从小娇生惯养、待人粗鲁、生性叛逆。她十分厌恶摄政王的生活方式，并且表示她的丈夫及其奉承者们总是醉醺醺的；她经常能发现他们穿着靴子躺在沙发上不省人事，鼾声震天。民众的看法也与她一致。摄政王之所以与她结婚，是因为他的情妇敦促他找一个无法取代她，又能让他得以偿还部分债务的人。议会经常会在王室子嗣正式结婚后提高他们的年收入数额，这也造成了许多伤心的故事。

16. Berridge, *Opium and the People*, 31.

17. 1868 年的《药房法》将药物的售卖权局限于药剂师，而药剂师一直到 19 世纪 40 年代以后才真正出现。

18. Berridge, *Opium and the People*, 59.

19. 达夫写道，当公爵人在伍尔布鲁克时，一名算命师来到西德茅斯并对他说："今年会有两名王室成员死去。"(Duff, *Edward of Kent*, 281.) 其他人则声称这件事发生在豪恩斯洛希思的一次阅兵式上。例如：Stuart, *The Mother of Victoria*, 87。

20. Duff, *Edward of Kent*, 279. 对所有事情的记述可以在这本书中找到：Hibbert, *Queen Victoria: A Personal History*, 14。

21. Fulford, *Royal Dukes*, 203.

22. Woodham-Smith, *Queen Victoria*, 43.

23. Ibid., 44.

24. Longford, *Queen Victoria*, 25.

25. 坎伯兰公爵说："我一生中从未受到过这么大的打击。"他指的是自己兄长的死。(Duke of Cumberland to the Prince Regent, February 4, 1820, Aspinall and Webster, *Letters of George* Ⅳ, vol. 2, letter 790.) 王室也因这个曾被克罗克称作"强者中的最强者"的人突然死去而感到惊讶不已：他的一生中从未生过病，如今却在几乎半个国家的人即使患上感冒也会安然无恙之时被感冒夺去生命。这的确是非常不走运，让我想起了伊索寓言中橡树与芦苇的故事。Charlot, *Victoria the Young Queen*, 34.

26. Creston, *Youthful Queen Victoria*, 85.

27. 1820 年 2 月 4 日，奥古斯塔公主在温莎城堡致信哈考特夫人，谈及克拉伦斯公爵因爱德华的死而变得多么消沉，并且补充说："即使是我自己，也难过到一想起那个善良、杰出女性——肯特公爵夫人以及她所遭受的所有苦难就无法忍受；真的让人悲痛万分。她是言语能够描述的最为虔诚、善良和逆来顺受的人。"威廉让阿德莱德公主每天都去看她——并且说她能够给她带来巨大安慰——她们可以谈到一块去——"这让她们成为彼此真正的朋友和慰藉"。很不幸的是，公爵夫人无法回馈或者说维持这些友谊。很有可能因为她十分嫉妒：在 1820 年阿德莱德生下女儿伊丽莎白时，约翰·康罗伊写道："我们都变得不知所措。小夫人的鼻子都要气歪了。"(Charlot, *Victoria the Young Queen*, 40) 伊丽莎白于三个月后不幸夭折。

28. 甚至连维多利亚女王在母亲死后读到母亲在笔记本中所写的对父亲的爱时也感到很惊讶。她写道："她和我亲爱的父亲深爱着彼此。如此的爱情与依恋，我都不知道还能到这种程度。"Benson and Esher, *Letters of Queen Victoria*, 3:560.

29. Hibbert, *Queen Victoria: A Personal History*, 17.

3 孤独、淘气的公主

1. Scott, *Journal*, 2:184, May 19, 1828.

2. Hibbert, *Queen Victoria: A Personal History*, 18.

3. 莱岑最初是费奥多拉的家庭女教师，在 1827 年被乔治四世封为女男爵。

4. 琳恩·瓦隆发现，这些书中有四本仍然被保存在皇家档案馆之中，书中记录了她日记里完全没有记载的发火记录。在第一本标记为 1831 年 10 月 31 日至 1832 年 3 月 22 日的书中，有数十个地方提到了"非常淘气、暴躁"，"在妈妈面前很淘气"，"非常过分的淘气"。她还"对莱岑态度恶劣、粗鲁无礼"，以及"淘气又粗俗"。Vallone, *Becoming Victoria*, 24.

5. Ibid., 22.

6. Ibid.

7. Ibid., 43.

8. Longford, *Oxford Book of Royal Anecdotes*, 358.

9. 维多利亚自己说，她曾经"就像是庄园中的一尊偶像"，而且"每一个人都宠溺我，我看不起几乎任何人"。Benson and Esher, *Letters of Queen Victoria*, 1:19.

10. Hibbert, *Queen Victoria: A Personal History*, 19.

11. Fulford, *Dearest Child*, 111–12.

12. Charlot, *Victoria the Young Queen*, 52.

13. 这么做也许的确让人讨厌，但比其他女孩脖子上套的铁圈要好多了。《费尔柴尔德家族》(*The Fairchild Family*) 一书的作者舍伍德夫人描写道，她曾经被迫套上一个铁圈，铁圈与一块黑板连在一起，黑板被捆在她的肩膀背后："一直从六年级持续到十三年级。一大早我就要套上去，一直到晚上，很少摘下来：我经常所有课程都是站着听的……在母亲在场时，我从未坐下过……早在我 12 岁之前，就被迫每天早上翻译 50 行维吉尔的诗歌，脖子上套着铁圈站在那里，铁圈一直压迫着我的喉咙。"Creston, *Youthful Queen Victoria*, 148.

14. 戴维斯牧师对维多利亚的发现有着不同的描述：这一描述将他自己放在了一个更加核心的位置。他说，他曾在前一天告诉她，"公主，明天我希望你能给我列出一张英格兰国王和女王的表格"。她在早上给他列了一张表格，他进行了仔细检查。他说："干得很好，但还不够充分。你写了'国王伯伯'是现任国王，也写了'威廉伯伯'是王位的继承人，那谁是他的下一个呢？"维多利亚犹豫了一下，说道："我不喜欢把自己写上去。"戴维斯说，他随后将此事告诉了公爵夫人，后者则给伦敦主教写信说，维多利亚如今已经了解自身的地位了。Tappan, *Days of Queen Victoria*, 33.

15. Martin, *The Prince Consort*, 1:13.

16. Duchess of Kent to the Bishops of London and Lincoln, March 13, 1830, Ibid., 1:34.

17. Vallone, *Becoming Victoria*, 45.

18. Gill, *Nightingales*, 90.

19. 艾略特是一名杰出的学生，也是学校里最优秀的钢琴家。Hughes, *George Eliot*, 24–25.

20. Hibbert, *Queen Victoria: A Personal History*, 21.

21. Vallone, *Becoming Victoria*, 208.

22. Baroness Lehzen to the Duchess of Kent, June 13, 1837, RA M7/48, 翻译并引自 Hudson, *A Royal Conflict*, 72。

23. Ibid., 19. 维多利亚也不是安妮女王的崇拜者。她在 14 岁时对利奥波德舅舅给她寄来一篇有关安妮女王的文摘的做法提出了批评，写道："你给我寄来的东西显示出一个女王不应该成为的样子，我必须恳求你，应该给我寄来一些显示女王应有样子的东西。"利奥波德写道，她的信"非常聪明，观点尖锐"，并且在 1834 年 12 月 2 日的下一封信中回复说，会承担起这个任务。

24. Ibid.

25. Charlot, *Victoria the Young Queen*, 52.

26. Bamford and Wellington, *The Journal of Mrs. Arburthnot*, 2:186, 引自 Hibbert, *Queen Victoria: A Personal History*, 29。

27. *Works of Hannah More*, 2:376–67.

28. Ibid., 2:568.

29. Princess Victoria to King Leopold, April 26, 1836, Benson and Esher, *Letters of Queen Victoria*, 1:60.

30. July 13, 1833. 三年后的 1836 年，她的另两个表亲费迪南德和奥古斯塔斯也前来拜访，部分是为了庆祝费迪南德与葡萄牙女王的联姻。

31. 伊莉莎在 20 岁时因肺结核而死。

32. 三年后，她的另外几个侄子，即费奥多拉的哥哥莱宁根的卡尔亲王的孩子，前来英格兰小住，她再次变得热情洋溢——这与她对一天的课程进行的简明扼要的描述形成了鲜明对比。他们仅仅是表露出一些情感，就让她感到激动不已："爱德华有趣得不得了。他管我叫'Lisettche'，以及许多稀奇古怪的名字。他对我没什么尊敬，我估计一点敬意也没有。"

33. 引自 Vallone, *Becoming Victoria*, 187。

34. Bauer, *Caroline Bauer and the Coburgs*, 296.

35. Vallone, *Becoming Victoria*, 14.

36. King Leopold to Princess Victoria, May 22, 1832, 引自 Ibid., 102。

37. King Leopold to Princess Victoria, May 21, 1833, Benson and Esher, *Letters of Queen Victoria*, 1:46.

38. Princess Victoria to the King Leopold December 28, 1834, Ibid., 1:52.

39. Thackeray, "George the Fourth," 108.

40. Williams, *Becoming Queen*, 173.

41. Creston, *Youthful Queen Victoria*, 117.

42. Benson and Esher, *Letters of Queen Victoria*, 1:TK.

43. Fulford, *Royal Dukes*, 100.

44. 约翰·康罗伊还赢得了维多利亚的姑妈索菲亚的信任，但在他掌管索菲亚公主财政事务期间，很多年的档案都消失无踪。维多利亚后来相信，他将数千英镑的资金挪为己用（除此以外，索菲亚还在 1826 年花 4000 英镑给他在肯辛顿买了一栋别墅）。

45. QVJ, November 5, 1835.

46. Gardiner, *The Victorians*, 4.

4 难以置信的疯狂

1. Cecil, *Young Melbourne*, 385.

2. QVJ, February 26, 1838.

3. QVJ, October 31, 1835.

4. King Leopold to Queen Victoria, March 9, 1854, RA Y79/35.

5. Longford, *Victoria R.I.*, 55.

6. 据说，坎伯兰已经散布了一些谎言，声称公主"脚上有疾"，而且不可能正常成长（维多利亚将这一流言蜚语归咎于康罗伊的女儿维克图瓦）。当格雷维尔的回忆录在 1875 年发表时，维多利亚说，所谓康罗伊试图保护她免受坎伯兰侵害的说法是谎言。

7. Hudson, *A Royal Conflict*, 208.

8. Mitchell, *Lord Melbourne*, 182.

9. 不过是有条件的——种植园主从政府债券中获得了 2000 万英镑——约占国家预算的 40%——奴隶也被迫在一段学徒期内无偿劳作。一直到 5 年后的 1838 年 8 月 1 日，他们才正式获得自由。

10. Creston, *Youthful Queen Victoria*, 147.

11. Zeigler, *King William* Ⅳ, 278.

12. 国王愤怒至极。格雷维尔在 1833 年 7 月 4 日记载："国王（自然而然地）十分厌恶肯特公爵夫人带着女儿在王国内取得的进展，以及她在怀特岛做的其他一些小动作，还有不断出现的对公主殿下的敬礼等。"他们试图劝说公爵夫人停止这些做法，因为"敬礼是一件事关卫兵守则的事，无论是对陆军还是对海军而言"。她拒绝了，后来枢密院下达了一道命令，要求只有当国王或者女王在船上时，才需要向王室旗帜敬礼。Reeve, *Greville Memoirs*, 3:4.

13. Thomas Creevey, November 2 1833, Gore, *Creevey*, 345.

14. 关于她的坚信礼，维多利亚写了一篇严肃的长篇日记，她在日记里说，对自己的原罪感到遗憾，希望作为一名焦虑女性的女儿，她能用顺从与风险来改善自己。她写道，她前去参加坚信礼时"内心有着坚定的决心要成为一名真正的基督徒，以尝试安抚我亲爱妈妈的悲伤、煎熬和焦虑，成为她顺从而深情的女儿。还要听亲爱的莱岑的话，她为我做了很多"。(QVJ, July 30, 1835.) 她的母亲用一如既往的焦虑语气给她写道："天意让你与众不同：对你提出比同年龄的其他年轻淑女更多的要求。在进行这些比较时，我自然而然地产生了更多对你的焦虑情绪，我亲爱的维多利亚。"(Vallone, *Becoming Victoria*, 147.) 公爵夫人警告女儿说，生命中的重要地位不会给她带来快乐，只有"善良、正直和教养"可以。

15. Princess Victoria to Princess Feodora, October 30, 1834, Vallone, *Becoming Victoria*, 221.

16. Longford, *Victoria R.I.*, 30.

17. Brumberg, *Body Project*, xviii. 琳恩·瓦隆还认为，月经是在 15 岁左右出现的。在一段对维多利亚早年经历的叙述中，瓦隆发现每个月的第三周，维多利亚都会闷闷不乐，并且变得有些悲伤。一篇后来在官方编纂的日志和信件集中被忽略的日记写道，在她环游英格兰之时，她时常抱怨树篱缺失、沟渠过多以及半醉之人太过密集的现象。Vallone, *Becoming Victoria*, 157. See also Ashdown, *Queen Victoria's Mother*.

18. 引自 Showalter and Showalter, "Victorian Women and Menstruation," 85。

19. Williams, *Becoming Queen*, 188.

20. Longford, *Victoria R.I.*, 55; Woodham-Smith, *Queen Victoria*, 136.

21. Browning to Mr. and Mrs. William Wentworth Story, June 21, 1861, 引自 Weintraub, *Victoria*, 88。

22. 《牛津国家人物传记大辞典》(*Dictionary of National Biography*) 中对埃尔芬斯通的记载是这么写的："1837 年，埃尔芬斯通被墨尔本勋爵任命为马德拉斯总督，从而离开皇家卫队。据说，当时这一任命的目的是驱散所谓年轻的维多利亚女王与他陷入爱河的流言蜚语。"有关教堂的片段被提及于 Longford, *Victoria R.I.*, 62："2 月初，克拉克医生允许她穿着露易丝姨妈从巴黎寄来的灰色玫瑰镶边织锦外套造访圣詹姆士宫。她看起来如此迷人，以至于年轻的埃尔芬斯通勋爵在教堂里画了一幅她的素描画；在公爵夫人的坚持下，他被驱逐到了马德拉斯。"

23. 这些传言最近被一位名为罗兰·佩里（Roland Perry）的澳大利亚作家重新提起。在一本名为《女王、她的情人以及历史上最臭名昭著的间谍》（*Queen, Her Lover and the Most Notorious Spy in History*）(Sydney: Allen & Unwin, 2014) 的书中，他声称，维多利亚在 15 岁时与 27 岁的埃尔芬斯通勋爵发生了私情。佩里没有提供任何档案来支撑这一说法，但在与本书作者的通信中，佩里说，他是"通过克格勃了解到这个故事的"，克格勃获得了维多利亚与大女儿之间未经删改的信件内容。他说，要想了解这件事，你"需要站到莫斯科和圣彼得堡的关键人员的面前"。没有任何可以让历史学家使用的实际证据。

24. 威廉四世国王曾试图阻止他们，但未能成功。这位国王非常渴望能够把维多利亚嫁给信奉新教的奥兰治亲王的儿子，而不是一个信奉天主教的科堡人，但维多利亚对他们始终冷若冰霜。

25. Vallone, *Becoming Victoria*, 179.

26. Princess Victoria to King Leopold, May 26, 1836, Hibbert, *Queen Victoria in Her Letters*, 18.

27. Princess Victoria to King Leopold, June 7, 1836, Ibid.

28. QVJ, January 21, 1839.

29. Hudson, *A Royal Conflict*, 20.

30. Conroy Family Collection, Balliol College Archives and Manuscripts, Conroy 2C, John Conroy 3rd Baronet, 3D 9. See Hudson, *A Royal Conflict*, 33.

31. Hudson, *A Royal Conflict*, 33, 34. 康罗伊认为妻子伊丽莎白·菲舍尔是公爵私生女的想法在康罗伊孙子的一篇日志及其子爱德华的死前忏悔中有所披露："约翰爵士非常骄傲，认为让公爵夫人了解他妻子同维多利亚公主的关系不甚妥当。约翰爵士经常表示，这是一种对荣誉的羞辱，而且由于康罗伊夫人非常敬爱菲舍尔将军，她也不应被告知自己不是他的亲生女儿——因此，这件事情应当永远保持沉默，尽管证据很充足。"Conroy Family Collection, Conroy 6F papers, Deathbed confession of Edward Conroy. 但证据丝毫不令人信服。

32. Ward, "Editing Queen Victoria," 202. 1904 年 3 月，本森从康罗伊的女儿那里获得了一本备忘录以及与维多利亚的通信。维多利亚在备忘录中划掉了所有内容。本森在日记中写道："J.C. 爵士是一个真正邪恶、寡廉鲜耻、诡计多端的人。他对肯特公爵夫人建立了如此的优势地位，以至于人们都认为他是她的情人……女王对他产生了极端的恐惧。对他的恐惧（尽管这仍然很神秘）似乎出现在她还是个小女孩时，当时坎伯兰公爵用他标志性的残忍性格在她面前说，康罗伊是她妈妈的情人。"

33. Woodham. Smith, *Queen Victoria*, 33.

34. Hudson, *A Royal Conflict*, 51.

35. 肯辛顿制度的支持者包括利奥波德、弗洛拉·黑斯廷斯小姐、索菲亚公主、卡尔·莱宁根亲王以及萨塞克斯公爵。康罗伊那些有权有势的朋友很清楚他没有理财能力；成千上万的英镑在他的看管下消失无踪，而且挪用的证据十分充分（在她母亲和索菲亚姑妈的财务记录被公布后，维多利亚认定他是一个骗子）。

5 "家庭中的可怕事件"

1. Williams, *Becoming Queen*, 281.

2. Hollingshead, *Underground London*, 71.

3. Reeve, *The Greville Memoirs*, 3:367.

4. Ibid., 367.

5. 临行前，斯托克马对卡尔说，不要"把背叛、谎言和做假视为成功的武器"。斯托克马诚恳又谨慎地说，尽管他经常与康罗伊意见一致，但后者极为情绪多变和不知分寸，即使他们设法让他当上了私人秘书，"他也会用不了多久就凭借自己的愚蠢自讨苦吃"。Woodham-Smith, *Queen Victoria*, 130.

6. Albert, *Queen Victoria's Sister*, 86.

7. Hudson, *A Royal Conflict*, 102.

8. Williams, *Becoming Queen*, 281.

9. 在维多利亚18岁生日那天，肯特公爵夫人发表了一番有关牺牲的公开讲话，说："我放弃了我的家乡，我的家族和我的职责，全心全意地投身于一项即将成为未来生活全部目标的工作中。" Minutes of the Proceedings of the Court of Common Council, no. 13, June 2, 1837. Records Office, Corporation of London, 引自 Hudson, *A Royal Conflict*, 127。

10. QVJ, May 19, 1837.

11. 一开始，她问母亲能否让切斯特教堂主持牧师担任她的皇家内库管理人。她母亲说不行。维多利亚又问，能否单独接见墨尔本勋爵——答案还是不行。她母亲甚至没有跟她说，墨尔本——当时他不太清楚维多利亚所受苦难之深——提出了一份妥协协议，即他们接受国王的条件，但公爵夫人会得到维多利亚津贴的三分之二。

12. Williams, *Becoming Queen*, 252. 6月6日那天，维多利亚给莱岑写了一份备忘录，概括了最近发生的事件。她写道："我在5月19日那天（当时国王提出每年额外给她10万英镑）一如既往地反对允许约翰·康罗伊干预我的事务。无论他做什么，都是受到我母亲的命令，正如我之前以她的名义提出请求一样，我不对她的任何行为负责，因为约翰·康罗伊爵士是她的私人秘书，既不是我的仆人，也不是我的顾问，从来不曾是。"

13. *Morning Post*, May 25, 1837.

14. Paterson, *Voices from Dickens' London*, 45.

15. 利物浦备忘录被保存在皇家档案馆里。See Longford, *Victoria R.I.*, 59.

16. Behlmer, "*The Gypsy Problem*," 231.

17. 在 19 世纪 30 年代，随着人口以及无家可归人数的激增，英国曾进行过一场有关贫穷的公开辩论。1830 年，首相墨尔本勋爵通过了穷人法，将此前杂乱无章的穷人救济制度整合成一套正式的济贫院制度。这项法律旨在抵消在经济萧条期照顾亟须帮助者的成本——土地所有者会根据所在地区需要帮助的人数而被征税——还以减少穷人数量为目标，但它却让济贫院里的条件变得极为恶劣，以至于没人能在里面待很长时间。这些济贫院就像监狱一样，想要做的是治愈贫穷，而不是纠正犯罪行为。查尔斯·狄更斯就住在一家济贫院附近，他自己的父亲也曾经因为欠债而被关押过。1839 年，他在《雾都孤儿》中写道，济贫院的管理委员会"制定了规则，要求所有穷人都应拥有选择（为此这些委员会成员不会强迫任何人，至少他们不会），要么在济贫院中被慢慢饿死，要么完成一个快捷的手续离开济贫院……他们……热心地让已婚的穷人离婚……于是，男人不再像以前一样被迫养活自己的家人，因为他的家人都被夺走，他被迫变成了一个光棍"！参见 Richardson, *Dickens and the Workhouse*。

    历史学家菲利普·齐格勒将穷人法描述为一种"本意良好的法律，但造成的人类不幸很可能超过了 19 世纪的其他任何单项措施。"(Ziegler, *Melbourne*, 163.) 一系列丑闻，包括非人对待和几乎饿死人的条件，导致该法律在 10 年后遭到修改。

18. QVJ, January 19, 1837.

19. QVJ, June 19, 1837.

20. 斯托克马写道："妈妈与女儿之间的斗争仍在继续。她［公爵夫人］在康罗伊的教促下将事情推至极端，用不近人情与严厉逼迫她的女儿执行她的意志。"如果真相得到揭晓的话，"公主必须表现出真实的自己，即一个遭到压迫的人，我敢肯定每一个人都会飞奔而来为她提供帮助"。 Woodham-Smith, *Queen Victoria*, 137.

21. Williams, *Becoming Queen*, 281.

22. Princess Feodora to the Duchess of Northumberland, March 25, 1835. RA, VIC Addl. Mss U/72/15; Vallone, *Becoming Victoria*, 160.

23. Hudson, *A Royal Conflict*, 219.

24. Princess Victoria to King Leopold, June 1837, Benson and Esher, *Letters of Queen Victoria*, 1:95.

6　成为女王:"我还很年轻"

1. Williams, *Becoming Queen*, 288.

2. Arthur Ponsonby, *Queen Victoria*, 13.

3. Tuer and Fagan, *First Year*, 6–7.

4. Greville, *The Great World*, 113.

5. Williams, *Becoming Queen*, 265.

6. Greville, *The Great World*, 113; Arnstein, *Queen Victoria*, 32.

7. Hibbert, *Queen Victoria: A Personal History*, 53.

8. Williams, *Becoming Queen*, 292.

9. Ibid., 296; Sallie Stevenson to her sisters, July 12, 1837; Boykin, *Victoria, Albert and Mrs. Stevenson*, 74.

10. Woodham-Smith, *Queen Victoria*, 140.

11. 克里维不是唯一曾对女王的牙齿发表过不友善言论的人。萨利·史蒂文森在称赞她的声音、"非常漂亮的"胸脯、双脚和大大的蓝眼睛的同时,也表示女王的嘴是"她最糟糕的容貌特征"。"总的来说有一点开;她的牙齿又小又短,一笑起来就露出牙龈,看起来很丑。"Boykin, *Victoria, Albert and Mrs. Stevenson*, 107–8. 费奥多拉告诉维多利亚在坐下来被人画肖像画时,要闭上嘴,但肯特公爵夫人却说:"不,我亲爱的;自然而然的就行。"Weintraub, *Victoria*, 111.

12. Gore, *Creevey*, 379 (September 25, 1837).

13. Martineau, *The Collected Letters*, 3.

14. 维多利亚经常提到墨尔本的眼泪,似乎他很容易流眼泪。他在许多场合哭过,包括她的加冕礼,她第一次出现在议会,在讨论她的未来时,为增加肯特公爵夫人的年俸而举行议会投票时,在谈到英格兰的"荣耀"以及惠灵顿公爵的荣誉时,等等。

15. "红色丝带"是一种俗称,指的是最尊贵的巴斯勋章骑士。St. Aubyn, *Queen Victoria*, 68.

16. Hibbert, *Queen Victoria: A Personal History*, 90.

17. 这家人连续好几代人都对约翰·康罗伊受到的所谓错误对待怀恨在心,后来甚至公开表达出这种仇恨之情。在一本贴满了有关弗洛拉·黑斯廷斯小姐的事情以及对女王的广泛批评的家族笔记本的封面上,写着一段来自拜伦勋爵的话。这段话本身就能够说明问题:

……如果我们紧盯时光

没有任何人类力量

能够不被宽恕地承受

他耐心地搜索和长期的监视

因他对错误无比渴望。

Conroy Family Collection, Balliol College Archives, Conroy Papers, 2C Residue C.

18. Strickland, *Queen Victoria*, 220–21.

19. Ashton, *Gossip in the First Decade*, 4.

20. Weintraub, *Victoria*, 111.

21. Williams, *Becoming Queen*, 291.

22. King Leopold to Queen Victoria, June 27, 1837, Benson and Esher, *The Letters of Queen Victoria*, 1:104.

23. 格雷维尔在 1837 年 8 月 30 日的日记中写道，女王"极少或从不"当场给出答复，这应当归咎于墨尔本。但墨尔本认为这是她根深蒂固的习惯，他对格雷维尔说："她在面对他时也是这种习惯，在他与她谈及某个话题，并征求她的意见时，她会对他说，她要考虑一番，并在第二天告诉他她的想法。"Strachey and Fulford, *The Greville Memoirs*, 3:394; Greville, *The Great World*, 133.

24. Williams, *Becoming Queen*, 291.

25. 托马斯·克里维在 1837 年 7 月 29 日写道："有一天，在晚宴时，乔治亚娜·格雷夫人坐在莱岑夫人身边，莱岑夫人一直是维多利亚的家庭女教师，据她说，从来没有过像维多利亚如此完美的一个人。她说，如今维多利亚从早到晚工作；甚至在女仆为她梳头之时，她也是被公文盒包围，在阅读正式文件的。"需要指出的是，他在这几句话之前还写道，尽管维多利亚被"偶像化"了，但萨瑟兰公爵夫人并没有被女王迷得神魂颠倒，因为女王有一次晚宴迟到了半小时，对她显得有所怠慢。Maxwell, *The Creevey Papers*, 665.

26. Greville, July 30, 1837, Strachey and Fulford, *The Greville Memoirs*, 3:390. 他接着说："随着她信心日渐增加，以及她的性格逐渐开始形成，不可能不怀疑她会表明自己的强烈意志。在所有与王庭和王宫有关的琐事中，如果她对这些事一直很熟悉的话，她会扮演王后或者情妇的角色。"

27. Weintraub, *Victoria*, 110.

28. Arthur Ponsonby, *Queen Victoria*, 10.

29. Longford, *Queen Victoria*, 76.

30. QVJ, August 22, 1837.

31. Ward, "*Editing Queen Victoria*," 269–71.

32. Healey, *The Queen's House*, 136.

33. Woodham-Smith, *Queen Victoria*, 144.

34. Greville, *The Great World*, 133.

35. Boykin, *Victoria, Albert and Mrs. Stevenson*, 76.

36. Williams, *Becoming Queen*, 292; Vallone, *Becoming Victoria*, 199.

37. QVJ, September 28, 1837.

38. Williams, *Becoming Queen*, 297.

39. Baron Stockmar to King Leopold, June 24, 1837, RA Add. A 11/26.

40. Longford, *Queen Victoria*, 72.

41. QVJ, January 15, 1838.

42. QVJ, January 16, 1838.

43. 据伊冯娜·沃德所说，当本森在 1904 年将手稿的第一部分送到约翰·莫里那里打印时，莫里承认自己忍不住连夜阅读了这部分选集。莫里写道："许多信件都极为重要。女王写给母亲的一些信件让我印象十分深刻。无论是在加冕前还是在加冕后，她的地位对肯特公爵夫人而言都十分敏感，这些信件显示出了坚定的性格和一种正义感。"(Murray to Benson, March 22, 1904, John Murray Archives.) 但是，沃德写道，"两个月后，本森要求伊舍归还这些部分，因为他刚刚收到伊舍的指示，'特定内容'必须被删除"。(Benson to Murray, May 17, 1904, Ibid.) 此后再也没有提到过维多利亚与肯特公爵夫人在 1837 年之后的任何信件往来，也没有信件被发表出来。Ward, "Editing Queen Victoria," 244.

44. Pearce, *The Diaries of Charles Greville*, 162 (July 28).

45. Ashdown, *Queen Victoria's Mother*, 112.

46. Hudson, *A Royal Conflict*, 170.

47. Woodham-Smith, *Queen Victoria*, 149.

48. November 13, 1837, Wise, *Diary of William Tayler*, 57.

7 加冕仪式："一个源自《天方夜谭》的梦"

1. QVJ, June 28, 1838.

2. Longford, *Victoria R.I.*, 83; St. Aubyn, *Queen Victoria*, 63.

3. *The Champion and Weekly Herald*, July 1, 1838.

4. QVJ, June 27, 1838; Williams, *Becoming Queen*, 274.

5. 在加冕礼那天，在日出时、维多利亚女王离开白金汉宫时、抵达威斯敏斯特教堂时，分别响起了二十一响礼炮，而在王冠被放在她头上时，响起了四十一响礼炮，在她离开教堂以及回到白金汉宫时，又分别响起了二十一响礼炮。

6. QVJ, June 28, 1838.

7. Dickens, "The Queen's Coronation," *Examiner*, July 1, 1838, 403.

8. Strachey and Fulford, *The Greville Memoirs*, June 27, 1838, 4:69.

9. Frost, *The Old Showmen*, 327–28.

10. Benson and Esher, *Letters of Queen Victoria*, June 1838.

11. Strickland, *Queen Victoria*, 320.

12. Ibid., 320–21.

13. Hensel, *The Mendelssohn Family*, 2:41. "一名裸着肩膀、披头散发的醉酒女人试图跳起舞来，当警察尝试制止她时，她喊出了'加冕礼'一词；但一名幽默的邻居成功地用笑话以及扇耳光的方式将她弄走了。据我观察，这里醉酒的女人比男人更多：她们能够喝下的威士忌数量之多令人难以置信。"

14. ［Dickens］, "The Queen's Coro-nation," *Examiner*, July 1, 1838, 403. Attributed to Dickens by the Pilgrim editors, *Letters of Charles Dickens*, 1:408.

15. Hensel, *The Mendelssohn Family*, 2:42.

16. Martineau, *Harriet Martineau's Autobiography*, 421.

17. Ibid., 421.

18. QVJ, June 28, 1838.

19. Disraeli to Sarah Disraeli, June 28, 1838, Weibe et al., *Letters of Benjamin Disraeli 1860–1864*, 7:466.

20. *The Illustrated London News*, Illustrated London News & Sketch Limited, 1887, 90:704.

21. Greville, *Journal of the Reign of Queen Victoria*, 1:?, June 28 1838.

22. QVJ, June 28, 1838.

23. Martineau, *Harriet Martineau's Autobiography*, 125.

24. 这顶王冠上镶嵌了一颗巨大的心形尖晶石，这颗尖晶石曾经由黑太子爱德华佩戴，后来又被镶嵌在亨利五世在 1415 年的阿金库尔战役中佩戴的头盔上。这顶王冠上还有一颗蓝宝石，这颗蓝宝石是在 1163 年忏悔者爱德华的墓被人撬开时在他遗体佩戴的戒指上发现的（这被人认为是王室所拥有的最古老的珠宝）。王冠上还有另外 16 颗蓝宝石、11 颗绿宝石、4 颗红宝石、1363 颗明亮式钻石、1273 颗玫瑰型钻石、147 颗桌型钻石、4 颗水滴形珍珠，以及 273 颗圆形珍珠。王冠重达近 1 公斤。

25. Rusk, *Reign of Queen Victoria*, 105.

26. *The Times*, June 29, 1838, 8.

27. Rappaport, *Queen Victoria*, 36.

28. *Morning Chronicle*, 引自 Ashton, *Gossip in the First Decade*, 59。

29. Frost, *The Old Showmen*, 328.

30. Sanger, *Seventy Years a Showman*, 74.

31. Charles Dickens, "The Queen's Coronation," *Examiner*, July 1, 1838, 403.

32. Pearce, *The Diaries of Charles Greville*, June 29, 1838, 174.

33. QVJ, June 28, 1838.

34. QVJ, July 4, 1838.

35. Weintraub, *Victoria*, 114.

36. *The Champion and Weekly Herald*, July 1, 1838.

8 学习统治之术

1. QVJ, 1838; Cecil, *Young Melbourne*, 469.

2. QVJ, September 4, 1838.

3. *The Diaries of Charles Greville*, 4:93. 当年 9 月，利芬亲王夫人致信格雷勋爵："墨尔本勋爵陪伴女王太勤快了——一刻不停地跟她在一起——我都忍不住想象她肯定要嫁给他了。然而，这都是符合规定的，我认为，墨尔本勋爵应该绝对掌控局势，这既是应该的，也符合他自己的利益。他将凭借极受王室推崇的地位站在新一届议会前；但这是否足以让他留在台上？"Le Strange, *Correspondence of Princess Lieven*, 3:244.

4. Countess Grey to Creevey, October 10, 1837, Maxwell, *The Creevey Papers*, 327, lordbyron.cath.lib.vt.edu/monograph .php?doc=ThCreev.1903 &select=vol2.toc.

5. 墨尔本认为，每年通过一项法案就足够了：1835 年是英格兰市政法案，1837 年是爱尔兰什一税法，以及爱尔兰穷人法。参见 Mitchell, *Lord Melbourne*, 162。

6. Clarke, *Shelley and Byron*, 51.

7. 卡罗琳拒绝接受拜伦的抛弃，她经常会套上一件巨大无比的外套打扮成男仆突然造访他的宅邸。她会偷偷潜入他的房间，试图将他和其他情人捉奸在床，或者仅仅是在一本他打开在桌上的书上潦草地写上"记住我"几个字。那本书是贝克福德所著的《瓦提克》（*Vathek*）。作为回应，他写道：

记住你！记住你！
直到忘川河水浇灭生命之息

> 忏悔与耻辱将与你相随
>
> 如噩梦般萦绕在你心里
>
> 记住你！莫怀疑
>
> 你的丈夫也会记住你
>
> 我俩谁都不会忘了你
>
> 你对他是虚妄，对我是魔鬼。

此时的拜伦十分厌恶她，认为她身上没有任何可贵的品质。他夸张地说，她是"我人生道路上遇到的一条蝰蛇"。最后一幕戏剧性瞬间出现在 1813 年 7 月希思科特夫人举办的一场舞会上。由于嫉妒拜伦与另一位女性聊天，卡罗琳当众吵闹：在她亮出一把匕首后，发生了一起冲突，她在被人拖走前用碎玻璃割伤了自己。

8. Ziegler, *Melbourne*, 16.

9. Mitchell, *Lord Melbourne*, 5.

10. Cecil, *The Young Melbourne*, 9.

11. Mitchell, *Lord Melbourne*, 74.

12. 在墨尔本死后，这笔款项被他的庄园接管。Mitchell, *Lord Melbourne*, 217. 布兰登夫人的丈夫声称，墨尔本引诱了他的妻子，但他提供的证据没什么说服力，这一案件也被驳回；结果，墨尔本向布兰登勋爵提供了一大笔钱。随后，他对布兰登夫人的态度渐渐冷淡下来，后者既失去了丈夫，又失去了荣誉，还失去了她有权有势的情人，不得不致信墨尔本勋爵，恳求并抗议了一番，但墨尔本勋爵措辞严厉地对她说，他不会娶她的。在被指控犯有不道德和通奸行为后，男人还能一如既往地在社会中生存下去；女性却会深陷泥沼，经常会遭到驱逐，并被禁止再见到她们的孩子。

13. QVJ, July 19, 1839.

14. 墨尔本对维多利亚说："我觉得他对我的鞭策还不够多。如果他鞭策我再多一些的话就更好了。"Esher, *Girlhood of Queen Victoria*, 2:30.

15. QVJ, October 15, 1838.

16. 在有了自己的孩子后，丘吉尔致信墨尔本勋爵，跟他开玩笑地说孩子都对她做了什么，如何逗得她哈哈大笑，并且询问他是否认为她 10 个月大的孩子太年幼了没法鞭打。她写道："一个有关孩子的提议，我没有忘了你在鞭打方面的实用课程，一直在坚持做这件事，很成功，至少在卡罗琳身上是这样，因为威廉还太小，你觉得对不对？他才 10 个月大。我记得，好像就在昨天似的，先是鞭打，随后被丢到了布罗克特别墅里一张供你使用的巨大沙发的一角，然后你离开了房间，我记得你有一天回来时说，'很自信嘛，还足够聪明吗？'听了这句话，我忍不住笑了出来，而不是哭泣不止。我想知道，女王也会鞭打王室里的王子们吗？" From the Panshanger MSS, 引自 Mitchell, *Lord Melbourne*, 214。

17. Pearce, *The Diaries of Lord Greville*, 131.

18. Ziegler, *Melbourne*, 203：墨尔本对维多利亚说，"政府要做的仅仅是防止和惩罚犯罪，并且保护合约"。齐格勒写道："所谓每届政府在上台时需要颁布一系列其承诺推行的令人印象深刻的新法律的概念是在 19 世纪逐渐形成的。18 世纪的政府理念是，政府只需要关心国防、外交和国家治理等问题。新的法律只有在解决特定危机时才有必要。持有这种观点的墨尔本实际上代表了当时大部分政治领袖的看法，无论他们是辉格党人还是托利党人。拉塞尔和皮尔是属于未来的人；而辉格党的墨尔本、霍兰德、兰斯多恩和巴麦尊以及托利党的惠灵顿、阿伯丁和林德赫斯特反映的是过去的传统智慧。"

19. Cecil, *The Young Melbourne*, 216.

20. Ziegler, *Melbourne*, 72.

21. QVJ, July 18, 1837. 与之类似，在 8 月 8 日："讨论了许多让我非常感兴趣的事情；我是说，事情匆匆而过，成为过去。墨尔本勋爵如此友善、善解人意，完全能理解我的感受。" 7 月 17 日，她曾写道，他是她的朋友："我很清楚。"

22. Longford, *Victoria R.I.*, 66.

23. QVJ, February 6, 1839.

24. Cecil, *The Young Melbourne*, 413.

25. 引自 Ibid., 394。

26. QVJ, December 23, 1837.

27. Lord Melbourne to John Russell, October 24, 1837, from Mitchell, *Lord Melbourne*, 282n.

28. QVJ, May 25, 1838.

29. 墨尔本的许多私下观点都很保守，他与托利党人的联系也很密切。换句话说，维多利亚虽然产生了对辉格党的强烈归属感，却没有意识到真正的辉格党人是什么样的。当时的正统辉格党人支持的是自由、低税率、圈地、民主和反专制等。参见 Cecil, *The Young Melbourne*, 7。

30. QVJ, January 27, 1840; Cecil, *The Young Melbourne*, 336.

31. Longford, *Victoria R.I.*, 70.

32. Mitchell, *Lord Melbourne*, 240.

33. QVJ, December 15, 1838.

34. February 19, 1840, Greville, *The Great World*, 180.

35. Woodham-Smith, *Queen Victoria*, 163.

36. Longford, *Queen Victoria*, 88.

37. Woodham-Smith, *Queen Victoria*, 162.

38. Cecil, *The Young Melbourne*, 424.

39. Rhodes James, *Albert, Prince Consort*, 64.

40. Martin, *The Prince Consort*, 2:443.

9　宫廷丑闻

1. September 16, 1838, Parry, *Correspondence of Lord Aberdeen*, 1:113.

2. May 10, 1839, Pearce, *The Diaries of Charles Greville*, 181.

3. QVJ, June 21, 1839.

4. QVJ, April 25, 1838.

5. QVJ, February 2, 1839.

6. QVJ, January 18, 1839.

7. QVJ, February 2, 1839.

8. Pearsall, *The Worm in the Bud*, 5.

9. 在 1839 年出版的《王室医生剖析》（*The Court Doctor Dissected*）一书中，医学博士约翰·菲舍尔·默里强烈谴责了詹姆斯·克拉克在医学洞察力方面的缺乏，他列举了十几种其他有可能导致类似怀孕症状的疾病，例如腹部肿瘤、肝病、消化系统疾病、脾脏疾病、腹部动脉的肠系膜动脉瘤疾病、水肿病或者脐疝等。

10. 3 月 13 日，弗洛拉小姐对母亲说，詹姆斯·克拉克已经被她的否认激怒了，而且变得"暴力又粗俗，甚至曾试图恫吓我"。*The Times*, September 16, 1839, 3.

11. Ibid.

12. Ibid.

13. Martin, *Enter Rumour*, 41.

14. 维多利亚致信她的母亲："C. 克拉克爵士说，尽管她是一名处女，但还是有可能的，谁也不敢肯定这种事不可能发生。她的子宫变得很大，就像是里面有一个孩子一样。"Longford, *Victoria R.I.*, 99.

15. Martin, *Enter Rumour*, 48–49: 索菲亚小姐给家人写信说，他的贵族病人中至少一个因为他的所作所为而将他解雇了，而且"许多医学界人士都拒绝在讨论会上见到他，亨利·哈尔福德爵士就是其中之一，他们说，他玷污了这个职业"。在 QVJ, April 8, 1839 中，维多利亚记载说，克拉克在整件事中受到了巨大伤害，失去了许多病人，"而且整个国家的报纸都在抨击他"。

16. Woodham-Smith, *Queen Victoria*, 167.

17. QVJ, March 18, 1839.

18. QVJ, January 14, 1839.

19. Published in *The Times*, September 16, 1839, 3.

20. 墨尔本没有回复这封信，而且表现得相当严厉。他批评了她信中的"语气和内容"，但是同时表示，女王应该竭尽所能"安抚"弗洛拉小姐及其家人的"心情"。

21. Published in *The Times*, September 16, 1839, 3. 当年6月，黑斯廷斯侯爵致信墨尔本勋爵，要求这位首相为他在写给他母亲的信中所用的语气道歉。

22. *The Times*, August 12, 1839, 5.

23. QVJ, April 16, 1839.

24. QVJ, May 7, 1839.

25. Ibid.

26. Hibbert, *Queen Victoria: A Personal History*, 93.

27. Benson and Esher, *The Letters of Queen Victoria*, 1:200.

28. Ibid., 1:208.

29. Martin, *Enter Rumour*, 62. 哈丽雅特·克莱夫夫人是女王的侍女中唯一的托利党人。

30. QVJ, May 9, 1839.

31. Woodham-Smith, *Queen Victoria*, 174.

32. Peel Papers, vol. 123, letter dated May 10, 1839, British Library Archives, Add. 40, 303, Extract: 40303.

33. QVJ, May 30, 1839.

34. Ziegler, *Melbourne*, 299.

35. October 30, 1897, Sir Arthur Bigge, in Longford, *Victoria R.I.*, 114.

36. QVJ, June 9, 1839.

37. QVJ, April 5, 1839.

38. 弗洛拉小姐从未指控过维多利亚怀有恶意，但她在写给母亲的信中说，女王"偶尔能够产生善意，但她的自我在过去一年半里得到了如此聚精会神的培养，以至于她不会想到要考虑其他人的感受——而且在当前形势下，无论是因为幼稚，还是因为缺少那种人们渴望看到的女性的荣誉感，我都不认为她能理解我会被最终证实有误的流言蜚语所伤害"。 Martin, *Enter Rumour*, 50.

39. QVJ, June 27, 1839. 在这次会议的一份记录中，弗洛拉小姐的姐姐索菲亚小姐给母亲写信说："我开始认为〔维多利亚〕是一个蠢货和傻瓜——我认为她如今之所以关心起这件事来，是害怕伦敦城内仍然十分强烈的兴趣和义愤，担心如果缺少尊重和关心会产生什么后果。"Martin, *Enter Rumour*, 67.

40. QVJ, July 6, 1839：墨尔本勋爵一直到最后都十分刻薄。当他在 6 月 29 日被告知，一动不动的弗洛拉小姐正处在"最符合基督徒的思想状态"时，他反驳道："说起来容易。我敢说，她肯定还想做坏事。"维多利亚补充说："如果她康复的话，我担心她的确会这么做；但我对 M 勋爵说，我觉得人在最后必须忏悔。"维多利亚相信自己已经忏悔了，但这并没有阻止她将弗洛拉小姐的病看成一件麻烦事。(QVJ, July 1, 1839.) 正如她在晚餐时对 M 勋爵所说的那样，家里有一个将死之人实在令人感到尴尬，因为她没法外出，也没法邀请别人前来参加晚宴。(QVJ, July 3, 1839.)

41. QVJ, July 5, 1839.

42. Martin, *Enter Rumour*, 69.

43. *The Champion and Weekly Herald*, July 14, 1839.

44. 《弗洛拉·黑斯廷斯小姐尸检报告》被完整发表在 1839 年 7 月 9 日的《晨邮报》上。*Morning Post*, July 9, 1839, 5. 报告有五名医生的签名。内容如下：

> 整个人十分憔悴。
>
> 胸部：心脏和肺部处于完全健康的状态；但覆盖右肺的胸膜出现大范围黏附的迹象，黏附在肋骨上——显然是源于长时间站立。
>
> 腹部：腹膜（或者说分布在腹腔并且覆盖在内脏外侧的薄膜）出现普遍的黏着现象，因此没有任何一个器官的表面不与邻近器官黏附在一起。肝脏十分肿大，向下一直下垂到骨盆处，向上也有肿胀，严重挤占了右侧胸腔的空间。胆囊里含有少部分胆汁。肝脏颜色很浅，但其结构与健康状态并无太大差别。胃部和肠道因气体而膨胀；它们的外层，尤其是肌肉部分，非常细长。脾脏和胰腺没有病变。部分肠系膜淋巴结出现肿大。还有少部分不明黄色物质，位于黏着物中。
>
> 子宫及其附属器官显示出健康处女的正常表现。
>
> 从黏着物的特点来看，可以明显看出，这些黏着物只能归因于久远以前的炎症。这些黏着物的影响一定是干扰了胃部和肠道内容物的通过，并且以很多方式干扰了这些器官的正常功能。

45. QVJ, April 20, 1839.

46. Hibbert, *Queen Victoria in Her Letters*, 5.

47. To M. V. Brett, March 13, 1904, Brett, *Journals and Letters*, 1:49.

48. Martin, *Enter Rumour*, 73.

49. Longford, *Victoria R.I.*, 124.

50. 参见《旁观者》周刊封面。引自 *Morning Post*, July 22, 1839, 3。《利明顿矿泉信使报》（*Leamington Spa Courier*）写道，J. 克拉克爵士还在继续行医的事实让一则传言变得有些可信，即这起诽谤事件的始作俑者实际上是女王陛下而非这名医生。Martin, *Enter Rumour*, 57.

51. 《时代报》（*The Era*）说，精神苦闷和遭到忽视杀死了她——而且这是谋杀，"谋杀"一词还用大写字母书写。1839 年 7 月 22 日《晨邮报》上的一篇来信也称其为谋杀。*Morning Post*, July 22, 1839, 3.《晨邮报》针对女王及其王庭发起了一场漫长而猛烈的运动。《观察家报》报道称，弗洛拉小姐"在花样的年纪被王室走卒的诽谤和侮辱给摧毁了，这些人足够放荡和无耻，指望用这种死神的手段获得陛下的青睐，现在看起来他们又足够幸运，用这种残酷而致命的手段达成了目标"！（引自 *Caledonian Mercury*, July 18, 1839。）《观察家报》接着说："下面用直白的语言来讲述这种邪恶的指控，那就是女王的青睐是通过将弗洛拉·黑斯廷斯小姐置于死地来获得的，而且这种手段真的让人获得了陛下的青睐。"这是一个令人震惊的指控。

52. Martin, *Enter Rumour*, 54–55.

53. Ibid., 67–68.

54. *The Times*, July 20, 1839, 6.

55. *The Corsair*, August 31, 1839, 5.

56. Martineau, *Harriet Martineau's Autobiography*, 418.

10　恋爱中的悍妇

1. 引自 Hudson, *A Royal Conflict*, 183。

2. Shaw, November 21, 1908, *Collected Letters*, 2:817, cited in Weintraub, "Exasperated Admiration," 128.

3. Aronson, *Heart of a Queen*, 53.

4. 维多利亚后来会十分后悔这次拖延，她写道，她现在"一想到她曾经希望再让王子等待三四年，冒着毁掉他所有对生命的期待的风险，一直到她想要嫁人为止，她就无时无刻不在憎恨自己！……女王唯一能够给自己找的借口是，从肯辛顿的那种隐居生活突然间过渡到 18 岁后作为摄政女王所拥有的独立地位，让所有关于婚姻的想法都从她的脑海中消失了，这一点现在让她极为悔恨"。引自 Woodham-Smith, *Queen Victoria*, 243。

5. Jagow, *Letters of the Prince Consort*, 14.

6. Benson and Esher, *Letters of Queen Victoria*, 1:177–78.

7. 《新罕布什尔文学与政治学杂志》（*New Hampshire Journal of Literature and*

Politics）1837 年 8 月 5 日的一期记录了马萨诸塞州的《塞勒姆纪事报》（*Salem Register*）上的一篇报道，内容是：

> 目前正在流传一则恶意传言，即所谓我们丧偶的总统正认真考虑向大英帝国年轻漂亮的女王求婚。我们最初认为，英国宪法和法律为这种想法制造了无法逾越的障碍——但下面这段来自《波士顿每日广告报》（*Boston Daily Advertiser*）的文字显示，这位年轻的女王可以自由嫁给任何她选择的人，但天主教徒除外。尽管马丁"几乎每一件事都是轮到他的，而且都干不长"，但我们相信他从来都不是一名公开的天主教徒——因此，我们认为他没有理由不求婚，或者说，他没有理由没机会与欧洲的那些软弱王公们竞争一番。

8.   QVJ, April 18, 1839.

9.   QVJ, June 24, 1839.

10. QVJ, October 14, 1839.

11. QVJ, April 18, 1839.

12. Jagow, *Letters of the Prince Consort*, 32.

13. Stewart, *Albert: A Life*, 26.

14. Martin, *The Prince Consort*, 1:7.

15. 维多利亚与阿尔伯特都很爱狗。维多利亚最喜欢的品种是傻傻又粘人的西班牙猎犬；阿尔伯特最喜欢的是冷酷又时髦的灵缇犬。他在 1839 年 12 月 31 日的一封信中对维多利亚说，他最喜欢的狗埃奥斯（Eos）"如果房间里有一块葡萄干蛋糕的话，会非常友好，跳杆子时会心情不好，非常喜欢打猎，每次打猎完都昏昏欲睡，非常骄傲，瞧不起其他狗"。（Jagow, *Letters of the Prince Consort*, 47.）阿尔伯特把埃奥斯也带到了英格兰来，他还在英格兰为维多利亚挑选了一只黄褐色的灵缇犬。

16. QVJ, October 14, 1839.

17. 引自 Grey, *The Early Years*, 188。 她还给斯托克马、萨塞克斯公爵和阿德莱德王后写了信。

18. Stuart, *The Mother of Victoria*, 246.

19. QVJ, November 17, 1839.

20. Hibbert, *Queen Victoria: A Personal History*, 110.

21. Longford, *Victoria R.I.*, 135.

22. QVJ, November 13, 1939.

23. Jagow, *Letters of the Prince Consort*, 23.

24. November 11, 1839, Ibid., 25.

25. Ibid., 24.

26. Rhodes James, *Albert, Prince Consort*, 58.

27. 仅比维多利亚小三个月的阿尔伯特来自科堡，一个只有 50 万人口的小国，该国王室家族一直到 19 世纪初才在欧洲建立王朝。雅戈将埃内斯特公爵一世的弟弟利奥波德描述为科堡的"精神领袖"。

28. Vallone, *Becoming Victoria*, 31.

29. QVJ, October 26, 1839.

30. QVJ, November 15, 1839.

31. QVJ, November 1, 1839.

32. Bolitho, *A Biographer's Notebook*, 114.

33. Ibid., 19.

34. Stewart, *Albert: A Life*, 8.

35. Rhodes James, *Albert, Prince Consort*, 20–21.

36. 在 1824 年 9 月 21 日的一封信中，她写道："离开我的孩子们是最糟糕的一件事。他们患有百日咳，而且会说：'妈妈之所以哭，是因为她在我们生病的时候不得不离开。'" Sotnick, *The Coburg Conspiracy*, 147.

37. 这是德国文献学家马克斯·米勒（Max Müller）讲述的一个故事，引自 Weintraub, *Victoria*, 28。

38. Sotnick, *The Coburg Conspiracy*, 150.

39. 对阿尔伯特可能是私生子的问题，分析参见 Rhodes James, *Albert, Prince Consort*; Bolitho, *A Biographer's Notebook*, 102–22。注：索特尼克（Sotnick）在《科堡阴谋》（*The Coburg Conspiracy*）一书中概括了反驳意见。简而言之，索特尼克认为他是私生子；罗兹·詹姆斯和博莱索认为他不是。最重要的观点认为，有关冯·梅仁男爵（Baron von Meyern）的流言蜚语一直到她与冯·汉施泰因上尉传出绯闻后才出现，她后来正是嫁给了冯·汉施泰因上尉。戴维·达夫（David Duff）也指出，阿尔伯特是在利奥波德 1818 年底访问科堡时孕育的。Duff, *Albert and Victoria*, 28–32, 66. 不过，其证据仍然不够充分。

40. Ibid., 148.

41. Bolitho, *A Biographer's Notebook*, 103.

42. 引自 Jagow, *Letters of the Prince Consort*, 4, attributed to Grey, *The Early Years*, 8。

43. Benson and Esher, *The Letters of Queen Victoria*, 1:248.

44. November 26, 1839, Greville, *The Great World*, 175–76.

45. 引自 the *Caledonian Mercury*, November 28, 1839。

46. See Kuper, *Incest and Influence*, 23.

47. Ibid., 18.

48. Ibid.

49. Ibid., 23.

50. Darwin, *Fertilisation of Orchids*, 361.

51. Kuper, *Incest and Influence*, 94，达尔文对近亲繁殖的结果十分着迷。在 1868 年至 1877 年间，他发表了三篇有关动物与植物异体受精的专题论文。在第一篇论文《驯化后动植物的变异》（*The Variation of Animals and Plants Under Domestication*）中，他提出："自然规律的存在几乎可以说已经得到证实，即关系不甚紧密的动物或植物进行的交配是极为有利或者说甚至是必要的，许多世代长期进行近亲繁殖极为有害。"达尔文认为，对人类而言或许也是如此，尽管他最初不愿陈述这一问题，"因为它被油然而生的偏见所包围"。无论如何，他都不得不去思考这对他自己家庭产生的影响。他的科学计划和个人担忧——他自己的婚姻、疾病，以及他孩子糟糕的健康状况——很难被割裂开。

52. Nightingale, *Cassandra: An Essay*, 47.

53. 对 19 世纪的亲缘关系进行的优秀分析参见 Anderson, "Cousin Marriage in Victorian England," and Kuper, *Incest and Influence*。

54. Evans, "The Victorians: Empire and Race."

55. Ramsden, *Don't Mention the War*, 32.

56. Jagow, *Letters of the Prince Consort*, 59.

57. Cecil, *The Young Melbourne*, 478.

58. QVJ, February 2, 1840, from Longford, *Victoria R.I.*, 137. 注：有关他的归化的法案是在没有特意提及的情况下通过的——但她后来得以通过王室特权宣布拥有优先权。

59. Prince Albert to Queen Victoria, Gotha, December 28, 1839. Jagow, *Letters of the Prince Consort*, 45.

60. 11 月 15 日，仍然在因为渡海而头晕不止的他在加莱给女王写信，再次称她为"亲爱的、深爱的维多利亚"。他写道，从他离开温莎的那一刻起，就没有停止思念她，"你的面容填满了我的整个灵魂。甚至在梦中，我也从未想象过能够在人世间找到如此的爱情。当我与你亲密无间，握住你的手时，这一时刻永留我的心间！"（Jagow, *Letters of the Prince Consort*, 26.）两天后，他写道："吻你一千遍。"（Ibid., 27.）

61. From Wiesbaden on November 21, 1839："我只能想象你在 14 号那天孤独地待在你小小的起居室里；我们坐在那张小沙发上时多么快活啊。我非常想如魔法一般去到你那里，排遣你的孤独。这些天我一直被新的地方、新的情况、记忆、人、事情所分心，但它们全都无法抑制我内心因为分离而产生的痛苦。"
Jagow, *Letters of the Prince Consort*, 28.

62. Rhodes James, *Albert, Prince Consort*, 85.

63. Jagow, *Letters of the Prince Consort*, 31–32.

64. December 15, 1839, Ibid., 40.

65. Jagow, *Letters of the Prince Consort*, 42.

66. Ibid., 48.

67. January 6, 1840, Ibid., 50.

68. January 13, 1840, Ibid., 51.

69. QVJ, January 14, 1840.

70. QVJ, January 1, 1840.

11 新妇叹良宵

1. January 31, 1840, Buckingham Palace, Benson and Esher, *The Letters of Queen Victoria*, 268–69.

2. 在婚礼前的几周里，维多利亚至少有两次与墨尔本提起这一话题。第一次记载于 1840 年 1 月 19 日的女王日记中：他们"谈及阿尔伯特不喜欢贵妇们"，M 勋爵说："如果能够保持的话的确很好，但这种情况并不总是能够保持下去。"维多利亚"责骂了他"。第二次是在 1 月 23 日："我对 M 勋爵说，我跟斯托克马说了 M 勋爵在这里以及在温莎对我说的话，也就是有关 A 不容易保持的崇高原则的问题，斯托克马回应说，一般而言这种说法没错，但他认为 A 不是这样的人。"

3. 来自诗歌《加冕与成婚》，发表于王室婚礼的 5 天后。

4. QVJ, February 7, 1840.

5. QVJ, February 8, 1840.

6. January 31, 1840, Buckingham Palace, Benson and Esher, *The Letters of Queen Victoria*, 1:268–69.

7. Warner, *Queen Victoria's Sketchbook*, 92.

8. QVJ, December 5, 1839.

9. QVJ, January 7, 1840.

10. Ibid.

11. Benson and Esher, *The Letters of Queen Victoria*, 1:273.

12. Strickland, *Queen Victoria*, 209.

13. *The Times*, February 10, 1840, 5.

14. *The Observer*, February 10, 1840, 3.

15. *The Satirist*, February 9, 1840, 引自 Plunkett, *Queen Victoria: First Media Monarch*, 135。

16. Thomas Carlyle to Margaret A. Carlyle, February 11, 1840. doi: 10.1215/lt-18400211- TC MAC 01; *CL* 12: 40-42, carlyleletters. dukejournals.org/cgi/content/full/12/1/lt-18400211- TC MAC 01.

17. Williams, *Becoming Queen*, 339.

18. Forster, *Life of Charles Dickens*, 1:145.

19. House and Storey, *Letters of Charles Dickens*, 2:25-27.

20. February 14, 1840, to Parthenope Nightingale, McDonald, *Nightingale on Society and Politics*, 5:411.

21. McDonald, *Florence Nightingale's European Travels*, 623.

22. QVJ, February 10, 1840.

23. Longford, *Queen Victoria*, 143.

24. QVJ, February 10, 1840.

25. Ibid.

26. Ibid.

27. Ibid.

28. 女性的性欲被认为是尤为危险的：当时的观点认为，女性很容易被性冲动的力量所控制，因为她们更接近自然，因此也比男性更加不稳定、不理智。一名医生在 1887 年说："当她们受到感动并且变得兴奋时，尽管本意不是要犯罪，但她们还是会失去对自己身体的控制。" Groneman, "Nymphomania," 353.

29. Ibid., 340.

30. 即使是自认为思想开放的女性也难以接受女医生的概念。男性在将自己塑造为道德和科学权威方面成效卓著，以至于任何寻求将自己置于该角色之中的女性都被认为是男性化或者是中性人。弗洛伦斯·南丁格尔是作为护士被人称赞的，因此也被接受为一名养育者；但曾在美国南北战争期间治疗过许多病人的玛丽·沃克医生（Dr. Mary Walker）却被人嘲笑为怪胎。有一个例外是伊丽莎白·布莱克威尔（Elizabeth Blackwell），她在美国取得了行医资格，因此得以在英国作为一名医生行医。

31. "我见过的处女膜从未破损的案例远远称不上罕见。""关于性交的无知和错误观念。"(1865) in Acton, *Functions and Disorders*, 89.

32. Tosh, *A Man's Place*, 44.

33. Mason, *The Making of Victorian Sexuality*, 203. 梅森写道，19 世纪的许多女性都害怕性欢愉，因为她们认为性高潮会导致怀孕。许多全科大夫都读过科普兰的著作，科普兰曾写道：“社会中各阶层的女性都普遍认识到，性交过程中的冷淡或者说对性高潮的抑制可以防止受孕，而且尽管她们在这方面会受到欺骗，但她们的这种推断大体上是正确的。”Copland, *A Dictionary of Practical Medicine*, 374.

34. Tait, *Diseases of Women*, 36, 41, 引自 Jalland and Hooper, *Women from Birth to Death*, 222。

35. 历史学家爱德华·肖特（Edward Shorter）写道：“大量证据显示，对过去的已婚女性而言，性是一种纵贯一生需要顺从而令人反感的累赘，而不是快乐的源泉。”*A History of Women's Bodies*, 13.

36. August 22, 1840, Bolitho, *The Prince Consort*, 24.

37. Stockmar, *Memoirs of Baron Stockmar*, 2:7.

38. 阿尔伯特在 1838 年给儿时好友勒文施泰因—韦特海姆—弗罗伊登贝格的威廉王子写信说，“我相信，我们［在大学里］一起度过的时光——一部分是从事有用的工作，一部分是进行愉快的交际——将永远是我一生中最快乐的时光。尽管我们之间有过无拘无束的亲密［Ungenirheit］也搞过许多恶作剧，但我们之间永远保持着最大程度的和谐。我们的冬季音乐会——我们的小剧场——我们去费努斯贝格（Venusberg）的远足——游泳学校——击剑场——多么令人愉快啊！我都不敢去回忆这些事情”。Grey, *The Early Years*, 154.

39. 来自克拉伦登夫人 1841 年 7 月 21 日的日志节选：“今天晚宴时，我坐在阿尔伯特亲王身边，但跟他相处不来。他温柔有礼貌，但不怎么说话。我相信他跟男人是说话的，但似乎从不和女人说话，除了王室成员外。他似乎与比利时王后相处甚欢，后者就坐在他的另一侧。”Maxwell, *Life and Letters of Clarendon*, 1:221.

40. Rhodes James, *Albert, Prince Consort*, 57.

41. Strachey, *Queen Victoria*, 136.

42. 有些人曾指出，阿尔伯特有可能在 19 世纪 30 年代在波恩大学求学时就建立了依恋式的关系，尽管这仅仅是传言，没有证据。当时大学里普遍的同性恋关系得到了详细的记载，尤其是在英格兰。罗纳德·皮尔索尔强调说，对许多高年级的人而言，“同性恋经历是一种惯例而不是特例”。（Pearsall, *The Worm in the Bud*, 452.）到 1895 年，编辑威廉·斯特德也对此表示认可，他在奥斯卡·王尔德的案件结束后在他的《评论回顾》杂志里写道：“如果每一个犯下奥斯卡·王尔德之罪的人都要被投进监狱的话，那么从伊顿、哈罗、拉格比和温彻斯特到潘顿维尔和霍洛韦等监狱的移民数量将令人震惊。在那之前，男孩子在公立学校里将可以自由选择性倾向和习惯，而他们将在未来因为这些习惯和倾向被判处苦役。”（Ibid., 456.）

43. 参见吉莉恩·吉尔（Gillian Gill）在《我们俩》（We Two）一书中的分析。在 20 世纪 30 年代负责勘校维多利亚信件的爱德华·本森将阿尔伯特对弗洛舒茨先生的感情描述为"一种混乱而反常的幻想"。(Queen Victoria, 190.) 在 40 年后的 1972 年，戴维·达夫表示，阿尔伯特对他的家庭教师产生了"奇怪而反常的感情"，必须被"坚决抑制"。但是，对于这种说法，仍然没有什么证据。莫妮卡·夏洛特在 1991 年写道，阿尔伯特"毫无疑问迷住了"弗洛舒茨，如果达夫所言非虚的话，那么这件事"很难说得上有什么反常之处，鉴于他母亲的离开以及弗洛舒茨监督两名男孩的学习长达 15 年之久的事实"。然而，夏洛特没有暗示这其中存在同性恋关系。(Charlot, Victoria the Young Queen, 154.)

44. "同性恋"一词首次出现在英语中是在查尔斯·吉尔伯特·查多克（Charles Gilbert Chaddock）1895 年翻译的理查德·冯·克拉夫特—埃宾（Richard von Krafft-Ebing）的著作《性精神病态》（Psychopathia Sexualis）中，这是一本研究性行为的著作。"发明同性恋"的国家这一称号被授予德国，部分是因为那里的政客感觉有必要在 19 世纪 00 年代中期用"反鸡奸法"来压制同性之间的感情。Beachy, "The German Invention of Homosexuality."

45. QVJ, October 22, 1839.

46. QVJ, November 4, 1839.

47. Grey, The Early Years, 42.

12 仅为夫君，而非主君

1. 引自 Homans and Munich, Remaking Queen Victoria, 3。

2. Prince Albert to Prince William zu Löwensten-Wertheim-Freudenberg, May 1840, 引自 Jagow, Letters of the Prince Consort, 69。

3. QVJ, June 10, 1840.

4. Albert wrote to his grandmother from Buckingham Palace, June 11, 1840, Jagow, Letters of the Prince Consort, 70.

5. QVJ, June 10, 1840.

6. King Leopold to Queen Victoria, Laeken, June 13, 1840, Benson and Esher, The Letters of Queen Victoria, 1:286.

7. 这封写于 1840 年 4 月 3 日的信是寄到他的工作场所，一个名叫"栏中猪"的酒吧的，信上这样写道："年轻的英格兰——先生——您被邀请今晚参加一场特殊的会议，这场会议的举行是源于几封来自汉诺威的重要来信。您必须参加；如果您的老板不给您外出许可的话，您必须违抗他的命令前来。A.W. 史密斯，秘书。"Murphy, Shooting Victoria, 40.

8. Jerrold, *Married Life of Victoria*, 84.

9. Murphy, *Shooting Victoria*, 38–40.

10. *The Times*, June 12, 1840, 6.

11. King Leopold to Queen Victoria, June 13, 1840, Benson and Esher, *The Letters of Queen Victoria*, 1:286.

12. *The Times*, June 12, 1840, 6.

13. 在墨尔本时，奥克斯福德作为一名成功的画家、英国国教执行专员、调查记者、作家、继父以及一名年轻寡妇的丈夫过上了受人尊敬的生活［改名为约翰·弗里曼（John Freeman）］。当他所写的有关墨尔本市的著作发表时，他曾希望维多利亚也许能够读一读："我希望某位著名女士能够知道，半个世纪前的那个愚蠢男孩如今已经是一个备受尊敬的社会成员。"他在维多利亚去世的前一年去世，他的故事从未在英国被公开发表过。Murphy, *Shooting Victoria*, 510.

14. Turner, "Erotomania and Queen Victoria," 226.

15. Miller, *Elizabeth Barrett to Miss Mitford*, 121.

16. Dekkers, *Dearest Pet: On Bestiality*, 84.

17. Loudon, *Death in Childbirth*. 第14页上的一张图表显示，这一数字在1851年至1890年一直保持稳定，然后略有上升，并在1900年降至千分之四。

18. Branca, *Silent Sisterhood*, 86–88. 从1847年至1876年，平均每千名产妇中有5人在分娩室死去，其中有三分之一到一半是因产褥热而死。医生会开具鸦片、香槟、白兰地和苏打水等药方。Flanders, *The Victorian House*, 20.

19. Charlot, *Victoria the Young Queen*, 192.

20. Queen Victoria to Vicky, March 24, 1858, Ful-ford, *Dearest Child*, 77.

21. Wyndham, *Correspondence of Sarah Spencer*, 306.

22. September 23, 1842, Ibid., 330.

23. Martin, *The Prince Consort*, 1:99–100.

24. Woodham-Smith, *Queen Victoria*, 211.

25. Wyndham, *Correspondence of Sarah Spencer*, 299.

26. Flanders, *The Victorian House*, 17.

27. July 1841, Wyndham, *Correspondence of Sarah Spencer*, 311.

28. Memorandum from Mr. Anson on comments made by Lord Melbourne, Windsor Castle, January 15, 1841, Benson and Esher, *The Letters of Queen Victoria*, 1:322. 尽管维多利亚熟练掌握法语和德语，并且能够书写和听懂意大利语，但"她的其他教育都要归功于她天生的机灵和才思敏捷，这或许不是一个未来要戴上英格兰王冠的人应该接受的教育"。

29. QVJ, February 28, 1840.

30. Unpublished letter from Yvonne Ward collection, Prince Ernest to King Leopold, February 1, 1840, Co-burg Archives, 567/WE22: 66.

31. Charlot, *Victoria the Young Queen*, 171–72; Benson and Esher, *The Letters of Queen Victoria*, 1:199; Martin, *The Prince Consort*, 1:256–57.

32. Grey, *The Early Years*, 256.

33. Cited in Martin, *The Prince Con-sort*, 1:74.

34. Ruskin, *Sesame and Lilies*, 84, on the "Angel in the House."

35. Darwin, *Evolutionary Writings*, 303.

36. Ellis, *The Wives of England*, 24–25.

37. November 23, 1841. 斯托克马给墨尔本勋爵写信说："我［向皮尔］表达了我看到女王如此快乐之后的喜悦之情，并且表示希望她越来越多地在家庭关系中寻找并找到真正的快乐。" Charlot, *Victoria the Young Queen*, 208.

38. May 28, 1840, "Minutes of Conversations with Lord Melbourne and Baron Stockmar," Benson and Esher, *The Letters of Queen Victoria*, 1:282–83.

39. As recorded by Anson, Ibid., 1:283.

40. Charlot, *Victoria the Young Queen*, 190.

41. October 1838, Wyndham, *Correspondence of Sarah Spencer*, 282–83.

42. Jagow, *Letters of the Prince Consort*, 69. 还要指出的是，女性被允许参加这些会议，但不能发言，也不能成为正式成员。Tyrell, "Women's Mission."

43. Woodham-Smith, *Queen Victoria*, 211.

44. February 1842, Fox, *Memories of Old Friends*, 289.

45. Woodham-Smith, *Queen Victoria*, 242.

46. Prince Ernest to King Leopold, February 17, 1840, Coburg Archives, 567/WE22: 76. From Ward, "The Womanly Garb," 281.

47. Albert to Ernest, July 17, 1840, 引自 Bolitho, *Albert, Prince Consort*, 51。

48. Rhodes James, *Albert, Prince Consort*, 118.

49. Queen Victoria to King Leopold, October 16, 1840, Benson and Esher,*The Letters of Queen Victoria*, 1:242–43.

50. Bolitho, *The Prince Consort*, 31.

51. Longford, *Queen Victoria*, 153.

52. Ibid.

53. Ward, "Editing Queen Victoria."

54. QVJ, December 11, 1840.

55. QVJ, December 20, 1840.

56. QVJ, March 11, 1841.

57. QVJ, December 25, 1840.

58. QVJ, February 24, 1841.

59. October 6, 1841, Wyndham, *Correspondence of Sarah Spencer*, 319–20.

60. From a memo written by the queen, recorded by Grey, *The Early Years*, 288–89.

61. January 5, 1841, Benson and Esher, *The Letters of Queen Victoria*, 1:321.

62. Ibid., 83.

63. August 22, 1840. Bolitho, *The Prince Consort*, 25.

64. To King Leopold, December 15, 1840, Benson and Esher, *The Letters of Queen Victoria*, 1:318.

65. Ibid.

66. January 5, 1841, Ibid., 321.

67. Aristotle, *History of Animals*, in *The Works of Aristotle*, Smith and Ross, vol. 4, book 7, 583a-b, 引自 Jalland and Hooper, *Women from Birth to Death*, 266。

68. Richard Carlile, *Every Woman's Book*, 25-5, 31-32, 38, 42-43, 引自 Jalland and Hooper, *Women from Birth to Death*, 267。

69. April 21, 1858, Fulford, *Dearest Child*, 94.

70. Woodham-Smith, *Queen Victoria*, 218.

71. November 24, 1840, Bolitho, *The Prince Consort*, 34; Charlot, *Victoria the Young Queen*, 197.

72. 维多利亚信件的编辑本森给他的同事伊舍写信说，在伯蒂出生后的那一年，"一个极端困难的问题出现了。在提到1855年政府成立的文件中，有许多签名为'维多利亚，R.'的备忘录。这些备忘录中有时用第一人称单数'我'，有时又用第一人称复数'我们'。但当出现单数时，'我'所指代的始终是阿尔伯特亲王。这会造成巨大的困惑"。Esher Papers, 11/5, Benson to Esher, March 4, 1907, 引自 Ward, "Editing Queen Victoria," 217。

73. Benson and Esher, *The Letters of Queen Victoria*, 1:371.

74. QVJ, February 10, 1841.

13 宫廷闯入者

1. Bolitho, *Albert the Good*, 86.

2. *The Times*, March 17, 1841.《布莱克本标准报》(*The Blackburn Standard*) 1840年12月9日援引他的话说："我想知道他们在王宫里是如何生活的，渴望了解这些人的习惯，我觉得对他们的描述在书里会很好看。"

3. *The Times*, December 4, 1840.

4. *Jackson's Oxford Journal*, December 5, 1840.

5. 那年 7 月，看门人还在肖像画廊里发现了一名熟睡的男子，距离女王的卧室近在咫尺；她几分钟前刚刚从那里走过。那人名叫汤姆·弗劳尔（Tom Flower），曾在一个月前试图闯入加冕礼现场，这次来是再一次请求女王嫁给他。他被送到了托西尔菲尔兹监狱（Tothill Fields Prison）。

6. *All the Year Round*, July 5, 1884, 234.

7. Bondeson, *Queen Victoria's Stalker*, 44. 希利援引狄更斯的话说，他"强烈怀疑所谓他思维敏锐的普遍观点"。*The Queen's House*, 150.

8. Bondeson, *Queen Victoria's Stalker*, 25n; *Examiner*, March 28, 1841. 邦德松补充说："后来有人曾怀疑帮助少年琼斯移居海外的是否真的是费尼莫尔·库珀，抑或是另一个同名同姓的美国人。"

9. Healey, *The Queen's House*, 144.

10. Woodham-Smith, *Queen Victoria*, 208.

11. To Baron von Stockmar, Windsor Castle, January 6, 1846, 引自 Jagow, *Letters of the Prince Consort*, 99。

12. Healey, *The Queen's House*, 152n.

13. Wright, *History of Buckingham Palace*, 176.

14. Ibid., 174.

15. 这位年轻女王缺少清教徒主义的一个例子是她对艺术家乔治·海特的喜爱 [当他画出巨幅画作《卡罗琳王后受审》（*The Trial of Queen Caroline*），画中出现了 189 个人物]。她对墨尔本勋爵说，她知道海特之所以没有人选皇家美术学会，是因为"他跟妻子吵了一架，然后分居了"。她后来还是在 1842 年向他授予爵位。Warner, *Queen Victoria's Sketchbook*, 98.

16. Pearce, *The Diaries of Charles Greville*, September 6, 1841, 203.

17. Ibid.

18. Memorandum dated May 5, 1841, Benson and Esher, *The Letters of Queen Victoria*, 1:339.

19. A document described as "Secret. Memorandum of confidential communications with G. E. Anson, Private Sec. to Prince Albert, May 1841." Peel Papers, vols. 121–23, British Library papers: Add. 40, 303. Extract: 40301–3.

20. Memorandum made by Peel, May 28, 1841, Ibid.

21. "Memorandum of Mr. Anson's last secret interview with Sir R. Peel" (no. 4), May 23, 1841, Benson and Esher, *The Letters of Queen Victoria*, 1:358.

22. Memorandum by Mr. Anson, August 30, 1841, Ibid., 1:383.

23. QVJ, May 10, 1841.

24. Ibid.

25. Weintraub, *Uncrowned King*, 120.

26. Woodham-Smith, *Queen Victoria*, 222.

27. QVJ, May 9, 1841.

28. Woodham-Smith, *Queen Victoria*, 223.

29. For example, May 5, May 6, May 7, 1841.

30. 她"亲爱、善良的朋友"墨尔本后来一直坚持给她写信，大部分是讨论个人事务，但偶尔也会不合时宜地给她提供政治事务上的建议——甚至就她是否应该支付新设立的收入税提出过建议。［在这些信件的第一卷（Viscount Melbourne to Queen Victoria, March 21, 1842）中，墨尔本说，维多利亚支付收入税的决定是正确的，但是同时他表示，她没有必要这么做。］这让阿尔伯特大为光火，阿尔伯特还让斯托克马写了一封抗议信。（身为改革家的皮尔希望对 150 英镑以上的所有收入征收 7% 的税，这在和平时期是一项十分激进的建议。）尽管斯托克马一再坚决要求他不这么做，但墨尔本还是不断给维多利亚写信。维多利亚后来将与另一位深受她喜爱的首相索尔兹伯里勋爵重复这一模式，那是 19 世纪 80 年代他下台之后的事情了。

31. Briggs, *The Age of Improvement*, 326.

32. February 21, 1835, Greville, *The Great World*, 99.

33. Briggs, *The Age of Improvement*, 326.

34. September 17, 1841, Pearce, *The Diaries of Charles Greville*, 204.

35. Benson and Esher, *The Letters of Queen Victoria*, 1:375–76.

36. August 24, 1841, September 2, 1841,1:395–96.

37. Memorandum by Mr. Anson, Au-gust 30, 1841, 引自 Ibid., 383。

38. Ibid., 385.

39. QVJ, October 1, 1842. 在阅读自己的旧日志时，维多利亚在空白处潦草地写道："再次读起，我忍不住要谈一谈当时自己的所谓幸福有多么虚伪，现在与亲爱的丈夫在一起又是一件多么真实的幸事和幸福，没有任何的政治和世俗挫折能够改变；它无法持续长久，正如当时那样，尽管 M 勋爵既善良又优秀，对我也很和善，但只有社交才能让我获得欢乐，我只靠着这种肤浅的欢乐源泉，却把它当成是幸福！谢天谢地！对我和其他人来说，情况已经变了，我知道真正的幸福是什么样了。"

40. QVJ, December 17, 1842.

41. Benson and Esher, *The Letters of Queen Victoria*, 1:460.

42. Cecil, *The Young Melbourne*, 524.

43. Benson and Esher, *The Letters of Queen Victoria*, 1:392.

44. Cecil, *The Young Melbourne*, 532.

45. Lord Melbourne to Queen Victoria, April 20, 1842, Benson and Esher, *The Letters of Queen Victoria*, 1:494.

46. 在 1848 年 11 月 24 日墨尔本去世那天的日志里，维多利亚没有提到他；维多利亚一直到第二天才在报纸上读到这个消息。她把他当作一个"真正喜欢"她的人来哀悼，"尽管不是一个合格的大臣，却是一个高贵、仁慈和慷慨的人"。(Queen Victoria to King Leopold, November 27, 1848, Benson and Esher, *The Letters of Queen Victoria*, 2:204.) 不过，正如她给利奥波德的信中所写的那样，尽管她对他的记忆很好，但"好消息！我从未希望回到那段时光"。November 21, 1848, Ibid., 203.

47. Woodham-Smith, *Queen Victoria*, 216.

48. Ibid., 219.

49. Ibid.

50. Boykin, *Victoria, Albert, and Mrs. Stevenson*, 251.

51. Woodham-Smith, *Queen Victoria*, 215.

52. Gill, *We Two*, 181.

53. Fulford, *The Prince Consort*, 74.

54. Ibid., 179. 贝内特（*King Without a Crown*, 74）指出，一封写给埃内斯特的信被错误地解读为阿尔伯特对维多利亚的爱，而非对莱岑的厌恶，因为那段话之前的一句话被博莱索删了。*The Prince Consort*, 34. 全文是这样的："那个老太婆对你产生了深刻的仇恨，认为你是一切坏事的罪魁祸首。她昨天就是这么对安森说的。昨天在餐桌上，她看起来非常迷人，低颈露肩的，胸前别了一束玫瑰，看起来就像是快掉下来似的。"

55. Healey, *The Queen's House*, 121.

56. October 5, 1842, Greville, *The Great World*, 205.

57. Bloomfield, *Court and Diplomatic Life*, 24.

58. QVJ, October 27, 1841.

59. 1840 年时，她曾对墨尔本抱怨说，东方问题很无聊。(Longford, *Victoria R.I.*, 149.)

60. 值得称赞的是，阿尔伯特推迟了通知部分人维多利亚正在分娩，这意味着包括坎特伯雷大主教在内的几位政要迟到了，错过了孩子的出生；当然，阿尔伯特此举是为了让妻子在经受钻心痛苦时不再承受内阁成员无所事事地聆听的折磨。Pearce, *The Diaries of Charles Greville*, November 11, 1841, 205.

61. Jerrold, *Married Life of Victoria*, 178.

62. Fulford, *Dearest Child*, 147.

63. See diary on September 4, 1841, October 20, 1841, November 2, 1841, October 21, 1842.

64. 每 1000 名一岁以下的婴儿中有 154 名死亡。Jalland, *Death in the Victorian Family*, 120.

65. Hibbert, *Queen Victoria: A Personal History*, 152.

66. Woodham-Smith, *Queen Victoria*, 296.

67. January 16, 1842, 引自 Longford, *Victoria R.I.*, 160。

68. Longford, *Queen Victoria*, 161.

69. Source TK.

70. Source TK.

71. 1844 年 7 月:"我们都在观察女王生病的迹象;但今天早上,在她上楼去教堂的路上,她的性格特点中最非凡的钢筋铁骨使她撑到了最后一刻,十分与众不同。"Wyndham, *Correspondence of Sarah Spencer*, 348.

72. QVJ, July 25, 1842.

73. Wyndham, *Correspondence of Sarah Spencer*, 331.

74. QVJ, September 30, 1842.

75. 薇姬于 1858 年 1 月 25 日在伦敦大婚;这是那年 8 月的一次探望。维多利亚在 1858 年 8 月 12 日的日志中写道:"我们路过车站时,莱岑就站在那里,挥舞着手绢。"

76. 朗福德指出(*Victoria R.I.*, 169),几十年前,夏洛特王后曾在温莎城堡装饰了一棵紫杉树,但这个想法要归功于阿尔伯特。这成了一种十分受欢迎的习俗。

77. Memorandum by Mr. Anson, Windsor Castle, December 26, 1841, 引自 Benson and Esher, *The Letters of Queen Victoria*, 1:463。

14 实际上的国王:"就像一只冲向猎物的秃鹫"

1. Strachey and Fulford, *The Greville Memoirs*, 5:257.

2. QVJ, January 24, 1846.

3. For a portrait of Sir Robert Peel see *Illustrated London News*, August 27, 1842, 243.

4. QVJ, January 27, 1846. 少女时代就对皮尔的演讲十分感兴趣的维多利亚在第二天读到了这篇演讲,并称其"非常优美,但太长了"。QVJ, January 28, 1846.

5. House of Commons Debates (*HC Deb*) February 27, 1846, vol. 84, cc249–349. 需要指出的是，在那之前，阿尔伯特的存在仅仅让皮尔的对手感到不满。媒体丝毫不感兴趣，有关本廷克（Bentinck）演讲的报道没有提到他对阿尔伯特的苛责。

6. Martin, *The Prince Consort*, 1:322.

7. February 16, 1846, Ibid.

8. QVJ, March 16, 1842.

9. Charlot (*Victoria the Young Queen*, 263) quotes Norman St. John-Stevas, *Walter Bagehot*.

10. Parker, *Sir Robert Peel*, 3:223.

11. QVJ, September 28, 1846, 引自 Longford, *Victoria R.I.*, 190。

12. Hoppen, *The Mid-Victorian Generation*, 570.

13. 引自 Woodham-Smith, *Queen Victoria*, 411。

14. QVJ, November 5, 1847.

15. Ibid.

16. 在此之后，维多利亚又访问了爱尔兰三次：分别在 1853 年、1861 年和 1900 年。

17. 所有都源自 *Examiner*, May 14, 1842。

18. Heesom, "The Coal Mines Act of 1842," 75.

19. 1833 年第一项有效的《工厂法》禁止纺织厂雇佣 9 岁以下儿童——但丝绸和蕾丝工厂除外——并且对 13 岁以下儿童的工作时间进行限制，每天不得超过 9 小时，或者每周不得超过 48 小时。13 岁以下的儿童还被要求每天上学 2 小时。

20. Lavalette, *A Thing of the Past?*, 78. 需要指出的是，拉瓦莱特指出，在工业化之前，许多儿童的工作条件甚至更为恶劣，尤其是那些在小型工业和手工作坊里工作的儿童，例如织布工和编织工等。

21. *Odd Fellow*, May 14, 1842.

22. *Northern Star and Leeds General Advertiser*, June 4, 1842.

23. QVJ, August 2, 1845.

24. 1844 年，皮尔提出了《工厂法》，将纺织厂中童工的工作时长削减到 6 小时。阿什利勋爵想要对其进行修改，好让所有年轻人以及女性的工作时长削减到 10 小时。这一修正案得到通过，但皮尔对此表示反对，因而撤回了该法案。[需要指出的是，沙夫茨伯里勋爵（Lord Shaftesbury）在 1851 年才成为伯爵，在此之前他一直被称作阿什利勋爵。]

25. 与这位备受争议的公爵的斗争在一定程度上是源于对维多利亚珠宝的争夺——它们曾经属于夏洛特，理应由公爵继承，但维多利亚不愿放弃它们。

26. QVJ, June 9, 1842.

27. Prince Albert to Baron Stockmar, Windsor Castle, February 4, 1844, 引自 Jagow, *Letters of the Prince Consort*, 88。

28. QVJ, February 4, 1844.

29. Wyndham, *Correspondence of Sarah Spencer*, 338–39.

30. February 4, 1844, Bolitho, *The Prince Consort*, 69.

31. Prince Albert to Baron Stockmar, Windsor Castle, February 9, 1844, 引自 Jagow, *Letters of the Prince Consort*, 89。

32. QVJ, April 12, 1844. 第二年，当她生平第一次前往德意志时，维多利亚造访了丈夫儿时在罗泽瑙的家，并且深受感动："如果我不是自己的话——这会是我的理想家园，但我会始终把它当作我的第二故乡。"August 20, 1845.

33. QVJ, August 3, 1843.

34. QVJ, April 27, 1843.

35. QVJ, August 6, 1844.

36. Stockmar, *Memoirs of Baron Stockmar*,100.

37. Charlot, *Victoria the Young Queen*, 227.

38. Queen Victoria to King Leopold, December 12, 1843, Hibbert, *Queen Victoria in Her Letters*, 72.

39. QVJ, February 17, 1843.

40. December 16, 1845, 2:323.

41. QVJ, April 15, 1845.

42. Ibid.

43. Queen Victoria, July 1, 1846, 引自 Benson and Esher, *The Letters of Queen Victoria*, 1:100。

44. Peel to Victoria, July 24, 1846, 引自 Parker, *Sir Robert Peel*, 3:452。

45. Greville, *The Greville Memoirs*, 2:325.

46. QVJ, June 10, 1846.

15 完美无瑕、令人敬畏的繁荣

1. Jerrold, *Married Life of Victoria*, 94.

2. Warner, *Queen Victoria's Sketchbook*, 176.

3. "General Tom Thumb Junior, at Home," *Era*, March 3, 1844.

4. QVJ, March 23, 1844.

5. 他们在伦敦待了四个月。Richardson, *The Annals of London*, 267; Barnum, *The Life of P. T. Barnum*, 260; "Court and Aristocracy," *Examiner*, April

6，1844．在第二次造访期间（星期一晚上），大拇指使尽浑身解数把整个王室逗得哈哈大笑：

> 他对拿破仑皇帝的刻画引起哄堂大笑，后来他又表演了希腊雕塑，还跳了一段角笛舞，唱了几首他最喜欢的歌。女王陛下开心地给大拇指汤姆将军送了一个精美的纪念品，即一个镶嵌了黄金和宝石的珍珠蚌，外加一个漂亮的金色文具盒，文具盒上还写着"大拇指汤姆"名字的首字母，盒子上的绿宝石上还刻着他的盾徽。

> 在他第三次访问期间，大拇指唱了《扬基歌》，并且对女王的品位恭维了一番，尤其是赞赏了黄色会客厅的装饰风格。Barnum, *The Life of P. T. Barnum*, 261.

《喀里多尼亚信使报》（*Caledonian Mercury*）1844 年 4 月 25 日报道了大拇指汤姆第三次造访白金汉宫的过程：

> 女王要求他穿上为王太后表演时穿着的那件宫廷礼服。同时身处黄色会客厅的还有阿尔伯特、比利时国王和王后以及莱宁根的卡尔。"他受到女王陛下以及所有老朋友的接待。"身着戏服模仿了拿破仑，然后唱了两首歌，跳了角笛舞，从 5:30 待到 7:00。欢笑声不断。

> 阿尔伯特问道，能否向他鞠上一躬，他获准并照做了，随后"与侏儒握了握手，后者向王室成员鞠躬敬礼，随后对会客厅所呈现出的女王陛下的品位恭维了一番，这使得现场人群在他退场时爆发出一阵发自内心的欢笑"。

维多利亚觉得他"非常令人愉快，生动活泼，幽默有趣，跳舞唱歌都很好"。让她感到好笑的是，大拇指汤姆的身高甚至都不到薇姬的肩膀，而薇姬当时才刚刚 3 岁半。QVJ, April 1, 1844, and April 19, 1844.

6. "The Sights of London," *Morning Post*, April 8, 1844.

7. Bogdan, *Freak Show*, 150–51："维多利亚女王见了这个神奇小子三次，还给他送了礼物，他在表演时总会招摇地展示一番。为了宣传自己的相貌，他会坐在一辆由小矮马拉动的装饰华丽的迷你马车里出行。这辆蓝、红、白相间的马车是巴纳姆的礼物，由女王的马车制造工匠亲手打造。"

8. Sanger, *Seventy Years a Showman*, 94.

9. 在《怪奇秀》（*Freak Show*）（207）一书中，波格丹描写了"在世的身高最高的夫妇"，夫妇二人的身高加起来据说达到了 15 英尺 11 英寸（约合 4.85 米）。在 1871 年 6 月 17 日他们结婚之前，维多利亚将这对夫妇传召到白金汉宫，给新娘送上了礼物。

10. 桑格很激动；他是在维多利亚加冕礼那天在海德公园第一次穿上演出服的。（碰巧他还是狮女的丈夫。）Sanger, *Seventy Years a Showman*, 70.

11. Rhodes James, *Albert, Prince Consort*, 131.

12. 她想要一个"属于自己的地方，安静又清幽"。Ibid., 140.

13. Ibid., 144.

14. QVJ, June 9, 1849.

15. QVJ, May 12, 1845.

16. QVJ, April 21, 1848.

17. QVJ, August 29, 1842.

18. 阿尔伯特于 1842 年 9 月 18 日在温莎城堡给萨克森 - 哥达 - 阿尔腾堡的卡罗琳公爵夫人写信说："苏格兰给我们两人都留下了非常好的印象。这个地方风景优美，充满了冷峻和宏大的特点；对任何运动而言都非常合适，空气十分清新，比我们这里的空气要好得多。当地人更加自然，诚实与同情心是这些远离城镇的山区居民身上别具一格的特点。"Jagow, *Letters of the Prince Consort*, 81.

19. QVJ, September 10, 1848.

20. 引自 Bolitho, *Albert, Prince Consort*, 104。

21. 格雷维尔写道："她整日在别墅内外跑来跑去，经常自己一个人。"September 15, 1849, Strachey and Fulford, *The Greville Memoirs*, 6:186; Greville, *The Great World*, 269.

22. QVJ, October 3, 1850.

23. September 15, 1849, Greville, *The Great World*, 269.

24. Osborne House, October 5, 1849, Wyndham, *Correspondence of Sarah Spencer*, 392–93.

25. QVJ, December 31, 1847.

26. 在维多利亚刚结婚的前 5 年里，她有近 4 年时间都处在怀孕或者行动不便的状态（即 60 个月里的 44 个月）。

27. Fulford, *Dearest Child*, 115. 只有在写给薇姬的信中，维多利亚才会这么抱怨。上述文献中的一个例子（同样参见第 77–78 页、94 页）：

> 我认为我们在这种时候很像是一头牛或者一只狗；当我们的可怜本性变得如此兽性和冷淡时——但对你而言，我亲爱的，如果够理智、够理性，不会喜形于色，也不会成天与护士和奶妈待在一起的话——顺便说一句，这么做毁了许多优雅而聪明的年轻姑娘，尽管没有让他们作为母亲的本分增加分毫——那么孩子会是一个很好的资源。毕竟，亲爱的女儿，要记住不能丢掉一名年轻姑娘对待他人的谦逊（不过也不能过于拘谨）；虽然你结婚了，但你不要变成一个主妇，什么事都要听别人的，没有自己的主见——我在一定程度上还是这样的（现在的确有这样的感觉），经常会对其他已婚女性的自信感到惊讶。我害怕在国外，他们对这些事情会不太敏感。

28. Ibid., 159.

29. Van der Kiste, *Queen Victoria's Children*, 58. 维多利亚写信给爱丽丝说，照顾孩子是一件"粗野"和粗俗的事："一个地位高贵、举止优雅、精神紧张的淑女永远也照顾不好孩子……奶妈的感情越简单、越像动物，对孩子就越好。" Ward, "Editing Queen Victoria," 70.

30. 她给薇姬写信说："一个淑女如果做了那件事的话，就配不上她的丈夫，或者她自身的地位了，更别提一个公主。" Pakula, *Uncommon Woman*, 114.

31. Davidoff and Hall, *Family Fortunes*, 27.

32. 对中产阶级做法的概述，参见琳达·尼德（Lynda Nead）所著《性别迷思》（*Myths of Sexuality*）第 27 页：

> 人们对女性应当如何扮演母亲角色的看法在历史上是不断变化的。在十九世纪，这种态度的关键变化之一在于如何喂奶的问题。在 18 世纪，雇佣奶妈曾经是上层家庭的通行做法；然而，到了 19 世纪初，尤其是在 19 世纪 40 年代的霍乱爆发和政治危机期间，这一习惯遭到了越来越多的抨击。被聘为奶妈的劳动阶层女性的道德和身体健康遭到质疑，医生也描述了道德／身体污染从奶妈（即劳动阶层）通过喂奶传染到孩子（即中产阶级）身上的可能性。中产阶级女性被强烈敦促自己给孩子喂奶；母乳喂养被重新定义为合格中产阶级母亲的自然和健康的做法，抚育子女也成为中产阶级与下层阶级的腐蚀污染相隔离的地方。

33. 维多利亚写信给爱丽丝说，照顾孩子是一件"粗野"和粗俗的事（Ward, "Editing Queen Victoria," 70. 这些信件被援引于 Pakula, *Uncommon Woman*, 215）。

34. Flanders, *The Victorian House*, 14.

35. Ibid., 14.

36. Fulford, *Dearest Child*, 77–78. 对于另一场讨论，参见 Chapter 4, "Queen Victoria and the Shadow Side," in Helsinger et al., *The Woman Question*, 1:63–77。

37. 下面这段鲁德亚德·吉卜林所写的诗句援引 Flanders, *The Victorian House*, 15："我们不问社会问题——我们不挖隐秘的耻辱——在小小陌生人驾到时，我们从不讨论产科学。" Rudyard Kipling, "The Three Decker," in *Rudyard Kipling's Verse*, 380.

38. 引自 Bolitho, *Albert, Prince Consort*, 109。

39. February 9, 1844, Wyndham, *Correspondence of Sarah Spencer*, 339–40.

40. QVJ, March 7, 1843："去了保育院，阿尔伯特开心地跟孩子们玩耍，把他们放在篮子里拖来拖去，先是一个接一个，然后是一起，这让他们非常开心。克莱尔蒙特的一切都令人感到愉快，保育院离我们的房间非常近，而在白金汉宫，距离几乎有一英里远，因此我们没办法随心所欲地进出。"

41. Rhodes James, *Albert, Prince Consort*, 231.

42. Fulford, *Dearest Child*, 205, 引自 Sanders, *Victorian Fatherhood*, 30。

43. QVJ, January 20, 1848.

44. February 3, 1842, Wyndham, *Correspondence of Sarah Spencer*, 326. 阿尔伯特检查了孩子们住处的安保情况："错综复杂的走廊、门锁和守卫室，以及各种严密的预防措施，显示出最为隐秘的危险——我担心这并不是空穴来风——会让人心惊胆战！最重要的钥匙永远放在阿尔伯特自己身边保管，每念及此都会让他眉头紧锁。最恐怖的恐吓信（或许是疯子写的）直接指向了孩子们，我们经常收到这类信件。我不想让除了自家人以外的人知道这些。人们最好不要讨论这件事，因此，这件事只有我和我们这里的人知道。"

45. 例如，正如澳大利亚学者伊冯娜·沃德展示的那样，维多利亚与葡萄牙女王玛丽亚二世之间的通信就显示出她多么关注自己的孩子。两名女性工作起来都很勤奋，经历了危机、战争、刺杀和对外冲突。她们之间的信件被从维多利亚信件选集中忽略了，在这些信件中，她们讨论了对奶妈的使用、霍乱、伤寒、天花疫苗、断奶以及希望她们的丈夫不会因为她们的工作而被边缘化，而是被认可为她们的主人的愿望。

    维多利亚在 1842 年 6 月 2 日给玛丽亚写信说："我向你保证，我跟你的观点完全一致，丈夫永远排在第一位；我正在竭尽所能地做到这一点——而且对于他必须地位比我低，我总是感到很难过；我是女王，而他仅仅是亲王，这让我感到痛苦；但在我心中，以及在我的家中，他都是第一位的，是家中的主人和首脑。" Victoria to Maria, June 2, 1842, Lisbon Archives, Torre do Tombo, Caixa 7322/CR150-1, 引自 Ward, "Editing Queen Victoria," 251.

46. QVJ, July 6, 1849: "这个夜晚十分令人愉悦，在外出返回后，跟孩子们待在室外，采草莓，一直到 8 点。我们独自吃晚餐，走在阳台上，看着月亮和大海。景色一片寂静，没有一丝树叶的声音，如此美妙。我们在这里多么幸福啊！我自己一个人时永远也体会不到跟亲爱的阿尔伯特在一起，追随他四处旅行的幸福和祥和。"

47. QVJ, December 26, 1840: "宝宝被带了下来，我把她展示给所有侍女看。她醒了，非常甜蜜，我必须说，我为她感到骄傲。"

48. Wyndham, *Correspondence of Sarah Spencer*, 391. 安森还指出，女王"对政治兴趣越来越少……而且……花了大量的时间来照顾年幼的长公主"。Ward, "Editing Queen Victoria," 88–89.

49. Martin, *The Prince Consort*, 2:182.

51. QVJ, February 10, 1852.

52. Jerrold, *Married Life of Victoria*, 230.

53. Ibid., 234.

54. January 22, 1848. 格雷维尔补充说，"我们的君主世代遗传且经久不衰的对继承人的反感似乎在女王身上很早就出现了，女王不太喜欢这个孩子"。Strachey and Fulford, *The Greville Memoirs*, 6:9; Greville, *The Great World*, 238.

55. Rhodes James, *Albert, Prince Consort*, 238.

56. Reverend D. Newell, 引自 Homans and Munich, *Remaking Queen Victoria*, 42。

57. Queen Victoria to King Leopold, October 29, 1844, Benson and Esher, *The Letters of Queen Victoria*, 2:32.

58. 当维多利亚收到读者对她出版于 1884 年并献给约翰·布朗的书所发表的热情洋溢的评论时，她说，她肯定自己"清楚地知道我的人民喜欢和欣赏什么，那就是'家庭生活'以及简单质朴"。Fulford, *Beloved Mama*, 160.

59. Jagow, *Letters of the Prince Consort*, 141.

16　奇迹年：革命之年

1. QVJ, April 3, 1848.

2. Mr. Featherstonhaugh, British Consul at Havre, to Viscount Palmerston, March 3, 1848, Benson and Esher, *The Letters of Queen Victoria*, 2:188.

3. 亚历西斯·德·托克维尔写道，巴黎当时既凶险又吓人："那里有 10 万全副武装的工人组成了团体，他们没有工作，忍饥挨饿，但脑子里却充满了空虚的理论和荒唐的希望。"Tocqueville, *Recollections*, 98.

4. Ward, "1848: Queen Victoria," 180.

5. Mr. Featherstonhaugh, British Consul at Havre to Viscount Palmerston, March 3, 1848, Benson and Esher, *The Letters of Queen Victoria*, 2:187.

6. Queen Louise to Queen Victoria, October 7, 1844, Ibid., 22–23.

7. 维多利亚在 1848 年 3 月 6 日致信斯托克马男爵称，她一直希望改善与法国王室的关系，这预示着她已经原谅了他们在西班牙王室婚姻问题上的背叛："你知道我对这家人的喜爱；你知道我渴望改善与他们的关系……我没有想到我们会以这种方式再见，以极为友好的方式再见到彼此。过去一年半时间里一直在与我们争吵的蒙庞西耶公爵夫人（Duchess de Montpensier）竟然来这里逃难，穿的还是我送给她的衣服，她还感谢我的善意，这真是任何小说家都想象不出的命运转折，人们永远都可以以此为戒。"Martin, *The Prince Consort*, 2:24.

8.　Queen Victoria to King Leopold, March 7, 1848, Benson and Esher, *The Letters of Queen Victoria*, 2:163.

9.　QVJ, February 29, 1848. 在写到退位的那一天时，最让维多利亚感到触动的是那位母亲在孩子被从手上抢走时的焦虑情绪："可怜的埃莱娜，她的孩子们被人从她身边抢走了。还有什么更可怕！巴黎被推进了一条窄巷，再次出现在她面前时，可怜的小罗贝尔失踪了整整三天！不过有一名绅士一直在照顾他，并且设法让埃莱娜了解了这个情况，埃莱娜一直以来表现得非常勇敢。"

10.　QVJ, February 27, 1848.

11.　QVJ, May 16, 1848.

12.　在日志中，她称他们为一群"嗜血的无赖暴民"，"可怕尖叫的暴民"（QVJ, February 28, 1848），"愤怒的武装暴民"，"恐怖的愤怒暴民"（QVJ, February 29, 1848），以及"可恶的乌合之众"（QVJ, March 5, 1848），并且表示，"人民正在采取一种令人作呕的方式"。（QVJ, March 1, 1848).

13.　大部分删减是因为这些内容太过政治化了，或者揭示了在爱德华时代的人看来维多利亚太过强硬的一面。Ward, "Editing Queen Victoria," 309.

14.　还要提到另一段被删除的内容：维多利亚说，她希望当法国的"疯狂局面结束时"，欧洲能够实现和平。"法国的"几个字被从这封写于 1849 年 2 月 6 日的信件的最终版本中删除。Ibid., 241.

15.　March 11, 1848, cited in Ward, *Censoring Queen Victoria*, 163.

16.　Bolitho, *Albert, Prince Consort*, 100. 维多利亚还在 3 月 11 日致信利奥波德称："我们这里的小小叛乱无足轻重，这里给人的感觉很不错。"Martin, *The Prince Consort*, 2:8.

17.　QVJ, March 6, 1848.

18.　QVJ, March 7, 1848.

19.　Martin, *The Prince Consort*, 2:158.

20.　他给自己心情沮丧的哥哥埃内斯特写信说："人民的这种爆发总是十分可怕的"，他建议"选举法应该是自由和延展的"。维多利亚的姐姐 1849 年 4 月 7 日在斯图加特给她写信说："我觉得你很难想象德意志现在处在什么状态。到处都缺乏对所谓法律的尊重，简直太可怕了……你不知道埃内斯特有时候有多么沮丧；看到这一幕，让我也很难过。我认为女性能够比男性更好地承受命运的打击……"Martin, *The Prince Consort*, 2:25.

21.　Bolitho, *Albert, Prince Consort*, 101.

22.　QVJ, April 3, 1848.

23.　Queen Victoria to King Leopold, April 4, 1848, Benson and Esher, *The Letters of Queen Victoria*, 2:166–67.

24. Phipps to the Prince, April 9, 1848, Woodham-Smith, *Queen Victoria*, 288.

25. Goodway, *London Chartism, 1838–1848*, 131.

26. 该法案是在 1848 年通过的，但没有得到执行，并且在 1850 年被撤销。Bloom, *Victoria's Madmen*, 110.

27. See Schama, *A History of Britain*.

28. Belchem, "The Waterloo of Peace," 255.

29. QVJ, April 6, 1848.

30. QVJ, April 10, 1848.

31. Benson and Esher, *The Letters of Queen Victoria*, 2:224.

32. 引自 Martin, *The Prince Consort*, 2:75。

33. QVJ, April 6, 1848. 她写道："阿尔伯特公务缠身，不得不起得特别早。对于他给我提供的诸多帮助，我无法给予足够的感谢……与阿尔伯特一起坐着马车出去转了一圈，然后坐在小马椅里在花园里转了一圈，阿尔伯特和四个孩子一起玩耍。他对他们真好，开心地与他们嬉笑打闹，娴熟而坚定地管理他们。"

34. QVJ, June 10, 1848.

35. QVJ, June 13, 1848.

36. QVJ, June 17, 1848.

37. Chambers, *Palmerston: The People's Darling*, 178–79.

38. Woodham-Smith, *Queen Victoria*, 304–5："温莎城堡的住宿格局发生过变化，巴麦尊勋爵进入的房间通常是由一名侍女居住的，该侍女并不反感他的注意，他也经常造访她。"此外，根据 Feuchtwanger, *Albert and Victoria*, 89 记载，阿尔伯特对拉塞尔勋爵说，不能允许巴麦尊将意见强加给女王，这要么是虚构的，要么就是异常粗鲁和粗俗的。

39. Martin, *The Prince Consort*, 2:300–301.

40. September 4, 1848, Bolitho, *Albert, Prince Consort*, 103.

41. QVJ, July 24, 1848. 维多利亚写道："我们如果与这个不受承认的政府站在一起，成为第一个与他们合作的国家，帮助反叛的臣民丢掉他们的忠诚，与此同时，我们还在处理爱尔兰的叛乱，那么简直是给英格兰的名字带来耻辱。我态度强硬地向巴麦尊勋爵表达了自己在这个问题上的意见。"

42. Ward, "Editing Queen Victoria," 224. 维多利亚和阿尔伯特对巴麦尊在 1846 年至 1851 年作为外交大臣所做的许多事情都提出了质疑。伊舍在付印前删除了许多维多利亚、阿尔伯特和利奥波德批评巴麦尊的内容，"很可能是受了爱德华国王的指示"。他们删除了所有提到"皮尔格施泰因"这个名字的地方。

43. 维多利亚对巴麦尊的鄙视如此强烈，以至于她将欧洲的革命也归咎于他。在一段逻辑混乱的表述中，她还认为他应当为西班牙王室婚姻造成英法两国出现争端的后果负责："毫无疑问，为了巴麦尊勋爵的野心和任性的政策，欧洲最重要的利益都被牺牲了。想起来就让人感到厌恶。" QVJ, May 7, 1848.

44. Queen Victoria to Viscount Palmerston, February 17, 1850, Benson and Esher, *The Letters of Queen Victoria*, 2:234.

45. Martin, *The Prince Consort*, 2:277.

46. 当第二年拉塞尔在议会里把它读出来时，议员们都震惊了，备感羞辱的巴麦尊宣布将再也不与拉塞尔共事（1851 年 3 月 4 日，女王致信拉塞尔勋爵，提醒他说他"必须时刻向她告知当前的情况，以及议会内外政党的情绪"）。

47. Greville, *The Great World*, 289.

48. QVJ, August 6, 1848.

49. Woodham-Smith, *Queen Victoria*, 295.

50. QVJ, July 21, 1848.

51. "更加肮脏"一词在她其中一封信件的公开发表版本中被删除了，这封信描述的是她在 1849 年访问都柏林时看到的爱尔兰人的景象："我从未见过的愉快的人群，但是让人不敢相信地吵闹和兴奋，一直在说话、跳跃，没有欢呼，反而是在尖叫……你在这里看到的更加肮脏、更为衣衫褴褛和可怜的人比我在其他任何地方看到的都多。" Queen Victoria to King Leopold, August 6, 1849, Ward, "Editing Queen Victoria," 309.

52. Murphy, *Abject Loyalty*, 66："然而，随着这一年的时间渐渐流逝，维多利亚与阿尔伯特的注意力逐渐放在了爱尔兰内部对地主不断上涨的怒火上。1846 年，爱尔兰发生了 68 起谋杀案。1847 年，这一数字为 98 起……维多利亚与阿尔伯特无法理解大众的饥饿，却能够对地主的遭遇表示同情，因为他们经常与这些地主保持着私交。"

53. Bolitho, *Albert, Prince Consort*, xi.

54. Martin, *The Prince Consort*, 2:228.

55. May 13, 1849, 引自 Bolitho, *Albert, Prince Consort*, 113.

56. Ibid., xii.

57. Taylor, "The 1848 Revolutions," 146. 这类言论经常被编辑删除或者修改——尤其是伊舍，他对法国很热衷。

58. Ibid., 155.

59. 在 1848 年 9 月 5 日议会闭幕式上，维多利亚发表演讲称："我的人民很容易享受到秩序与平和所带来的的好处，因此不会允许掠夺与混乱的倡导者所推行的邪恶计划有任何机会成功。" Martin, *The Prince Consort*, 2:106.

60. Queen Victoria to King of the Belgians, July 9, 1850, Benson and Esher, *The Letters of Queen Victoria*, 2:256.

61. 正如维多利亚所写："从上到下，人们都展现并感受到了一种前所未有的伤感，这种情绪此前从未对他这个位置上的人展现过。所有的中产和下等阶级都意识到他们失去了一个父亲以及一个朋友。"QVJ, July 3, 1848.

62. QVJ, October 9, 1849.

63. QVJ, March 21, 1849.

17 阿尔伯特的杰作：1851 年万国工业博览会

1. "The Opening," *Preston Guardian*, May 3, 1851.

2. "Royal Inauguration of the Great Exhibition of 1851," *Morning Post*, May 2, 1851, 5.

3. QVJ, May 1, 1851.

4. Martin, *The Prince Consort*, 2:250.

5. Benson and Esher, *The Letters of Queen Victoria*, 2:318. 维多利亚致信利奥波德："我真希望你能目睹 1851 年 5 月 1 日这一天，这是我们历史上最伟大的日子，是我见过的最美丽、最壮观、最感人的景象，也是我亲爱的阿尔伯特取得的巨大胜利。它真的令人目瞪口呆，有如童话一般……阿尔伯特的名字随着这一伟大概念而变得不朽，他向他的国家和我的国家展示了自己的价值。这一胜利是伟大的。"

6. Fulford, *The Prince Con-sort*, 222.

7. Leapman, *The World for a Shilling*, 152.

8. Ibid.

9. QVJ, May 19, 1851.

10. 对展品的更详细的描述，参见 Leapman, *The World for a Shilling*, 133。

11. Cowen, *Relish*, 221.

12. Shorter, *Charlotte Brontë and Her Circle*, 425–26.

13. 举办工业品展览的传统起源于 16 世纪的法兰克福展览。巴黎的展览开始于 1798 年，后来断断续续地举行。

14. 科尔还曾为制定标准规矩而大声疾呼，曾管理南肯辛顿博物馆长达 20 年之久，还负责建立皇家音乐学院和皇家阿尔伯特音乐厅。Rhodes James, *Albert, Prince Consort*, 195.

15. 科尔与阿尔伯特共同策划了一些规模较小的皇家艺术学会展览，吸引了越来越多的人群参观。1849 年的一次展览吸引了 1 万名观众；大约有相同数量的观众每天去万国博览会参观。

16. 当时，人们认为人类正开始获取更高层次的启蒙；正如丁尼生在《悼念集》(*In*

Memoriam）中所写，人类必须"向上运动，从'兽'中超脱 / 而让那猿性与虎性死灭"。

17. Martin, *The Prince Consort*, 2:246.

18. Ibid., 2:248.

19. Fulford, *The Prince Consort*, 221.

20. Rhodes James, *Albert, Prince Consort*, 199.

21. Ibid., 197. 同时，正如塞西尔·伍德姆—史密斯（Cecil Woodham-Smith）指出的那样，希卜瑟罗普上校（Colonel Sibthorp）也坚决反对公共图书馆法案，因为他不喜欢读书。*Queen Victoria*, 310.

22. Martin, *The Prince Consort*, 2:358.

23. Rhodes James, *Albert, Prince Consort*, 100. 也见 Woodham-Smith, *Queen Victoria*, 313n17。

24. Martin, *The Prince Consort*, 2:244.

25. Cowen, *Relish*, 221.

26. QVJ, June 7, 1851.

27. Ackroyd, *Dickens*, 632.

28. To Lavinia Watson, July 11, 1851, Hartley, *Selected Letters of Dickens*, 234.

29. Thomas Carlyle to John A. Carlyle, January 12, 1851, The Carlyle Letters Online, doi: 10.1215/lt-18510112-TC-JAC-01; *CL* 26: 12–14. carlyleletters.dukejournals .org.

30. Thomas Carlyle to Joseph Neuberg, July 25, 1851, The Carlyle Letters Online, doi: 10.1215/lt-18510725-TC-JN-01; *CL* 26: 110–13. carlyleletters.dukejournals.org.

31. Thomas Carlyle to Jean Carlyle Aitken, June 10, 1851, The Carlyle Letters Online, doi: 10.1215/lt-18510610 -TC-JCA-01; *CL* 26: 85–86. carlyleletters.dukejournals.org.

32. Thomas Carlyle to Jean Carlyle Aitken, August 4, 1851, The Carlyle Letters Online, doi: 10.1215/lt -18510804–TC-JCA-01; *CL* 26: 118–19. 在与妻子简团聚后，他的态度有所软化，但仍然对这种炫耀与麻烦抱怨不已。January 29, 1851, doi: 10.1215/lt-18510129-TC -TSS-01; *CL* 26: 29–31. carlyleletters.dukejournals.org.

33. Woodward, *The Age of Reform*, 106.

34. QVJ, June 20, 1851.

35. *Bristol Mercury*, May 3, 1851.

36. McDonald, *Florence Nightingale: An Introduction*, 129.

37. Nightingale, Florence, *Cassandra*, 25–27. 她接下去说道：“我们在精神上斋戒，在道德上鞭策自己，在思想上惩罚自己，为的是压制永恒的白日梦，后者十分危险！我们决心‘从本月、今天起，我将摆脱它’；每天两次祈祷，并且每次沉湎其中时都要记下来，我们将奋力与之抗争。不成功便成仁。”

38. Ibid., 40.

39. Nightingale, *Cassandra*.

40. 对弗洛伦斯·南丁格尔而言，万国博览会的召开就像是“世界新时代的开启”。她对于在她看来蕴含在万国博览会之中的两个伟大概念而称赞阿尔伯特（她写道，大多数男人“只能做到半个”）：“工作的伟大，而非等级、财富或者血统的伟大；另一个是人类的团结。这是第一次工人阶级与女王走在同一个队列里，而女王的丈夫看起来像是一个工人一般……第二个概念，人类的团结：我们再也不需要因为我们与其他人不一样而感谢上帝了。”McDonald, *Nightingale on Society and Politics*, 5:187.

41. Benson and Esher, *The Letters of Queen Victoria*, 2:438.

42. QVJ, June 27, 1850.

43. 1899 年《纽约时报》上的一篇短文报道称：“退役上尉罗伯特·佩特在 1850 年用来袭击女王，并且给女王陛下造成至今留存的伤疤的手杖，本周将被拍卖出售，但手杖所有者收到了一封来自怀特岛奥斯本的官方信函，导致他撤回了出售手杖的计划。佩特因袭击女王陛下而被判处流放 7 年，死于 1895 年。”“The Cane That Wounded Royalty,” *The New York Times*, January 15, 1899.

44. QVJ, April 22, 1853.

45. Rhodes James, *Albert, Prince Consort*, 110.

46. Martin, *The Prince Consort*, 2:251.

47. Albert to Queen Victoria, Osborne, May 9, 1853, RA VIC/MAIN/Z/140 9 to 18.

48. Rappaport, *Magnificent Obsession*, 14.

49. QVJ, April 22, 1853.

50. Woodham-Smith, *Queen Victoria*, 329.

18　克里米亚：“这场差强人意的战争”

1. Queen Victoria to King Leopold, October 13, 1854, Benson and Esher, *The Letters of Queen Victoria*, 3:63.

2. “The Battle of the Alma,” *The Times*, October 18, 1854, 8.

3. QVJ, February 13, 1854.

4. Chesney, *Crimean War Reader*, 29.

5. QVJ, February 28, 1854.

6. QVJ, February 9, 1854.

7. Faroqhi et al., *Economic and Social History*, 2:778.

8. 她在 10 月 10 日写道："我们非常担心地发现，我们采取了十分危险的政策，阿伯丁勋爵自己都不喜欢这一政策，而采取这一政策前本应先征询一下我的意见。" Benson and Esher, *The Letters of Queen Victoria*, 3:552.

9. Stockmar, *Memoirs of Baron Stockmar*, 2:475.

10. 她向克拉伦登勋爵指出，即使是君主也没有那样的权力。

11. Queen Victoria to the Earl of Clarendon, October 11, 1853："此外，在女王看来，我们与法国共同承担了欧洲大战的风险，却没有以任何条件来约束土耳其挑起这场战争。" Benson and Esher, *The Letters of Queen Victoria*, 2:456.

12. QVJ, December 20, 1853.

13. QVJ, February 25, 1854.

14. QVJ, March 24, 1854.

15. Bostridge, *Florence Nightingale*, 203.

16. Chesney, *Crimean War Reader*, 47.

17. "Campaigning in the Crimea," *The Times*, October 21, 1854, 9.

18. "The Battle of the Alma," *The Times*, October 18, 1854, 8.

19. "Turkey: From Our Own Correspondent," *The Times*, October 13, 1854, 8.

20. Ibid.

21. 一直到 1855 年年中，卫生委员会从英格兰乘船来到斯库塔里，对当地医院进行了大规模改造，带来巨大变化之后，死亡率才有所下降。共有约 65 万人在战争中死去。大部分是俄国人——47.5 万人——法国死亡人数为 9.5 万人（其中 7.5 万人死于疾病）。英国的死亡人数中约有一半源于霍乱、腹泻和痢疾等疾病，还有 5000 多人死于斑疹伤寒、疟疾、伤寒、冻伤和坏血病等。Ponting, *The Crimean War*, 334.

22. "The Crimea: From Our Own Correspondent," *The Times*, October 12, 1854, 7.

23. Grey, *The Noise of Drums and Trumpets*, 104.《泰晤士报》的记者是爱尔兰人威廉·霍华德·拉塞尔，他是现代报纸行业的首位战地记者，他真挚而让人揪心的记录改变了公众对这场战争的看法。

24. 后来所谓弗洛伦斯·南丁格尔传奇的矛盾之处在于，她作为一名手持灯笼的温柔护士而声名鹊起，但她真正的天赋却是训练有素的分析能力和组织能力。

25. 在决定打算带三到四名护士一同前往后，在那个周六，南丁格尔向一名当时刚好出城的好友、陆军大臣西德尼·赫伯特（Sidney Herbert）寻求建议。巧合的是，西德尼·赫伯特周日那天恰好给她写了一封信，询问她是否愿意带领一队护士，在政府的资助下前往斯库塔里的医院。See Bostridge, *Florence Nightingale*, 205–6. This made it official.

26. November 14, 1854, Benson and Esher, *The Letters of Queen Victoria*, 3:66.

27. 拉帕波特写道，由于霍乱，有近 1 万名英军和法军士兵或死或无法战斗。*Queen Victoria*, 106.

28. "《泰晤士报》记者威廉·霍华德·拉塞尔报道说，看到有尸体从港口底部飘上来，在水上漂得到处都是，'全都直挺挺地浮在水面上，在阳光下丑陋不堪'。" Bostridge, *Florence Nightingale*, 203.

29. 拉塞尔后来出名了——甚至连维多利亚都在日记里提到了他。在 1855 年 2 月 16 日的日记中，她写道："法国人也承受了巨大的痛苦，不过他们没有《泰晤士报》记者来四处宣扬，而我们有，这是我们永恒的耻辱。"

30. QVJ, May 28, 1855.

31. Queen Victoria to Lord Panmure, March 5, 1855, Benson and Esher, *The Letters of Queen Victoria*, 3:143–44.

32. 约翰·麦克尼尔爵士说，甚至连所谓的缺乏准备也被极大夸大了——这与弗洛伦斯·南丁格尔后来提供的证据相左——他违心地向女王保证说，她的"伤病士兵得到的照顾超过了其他任何军队"。QVJ, July 24, 1855.

33. Ibid.

34. Rappaport, *No Place for Ladies*, 86.

35. QVJ, November 12, 1854.

36. QVJ, October 28, 1854, and November 9, 1854.

37. Wyndham, *Correspondence of Sarah Spencer*, 414.

38. 女王写给陆军大臣纽卡斯尔公爵的信（评论的是一封他此前写给驻克里米亚英军总司令拉格伦勋爵的信）Benson and Esher, *The Letters of Queen Victoria*, 3:86.

39. Stockmar, *Memoirs of Baron Stockmar*, 2:481.

40. Ibid., 485.

41. 女王在 1856 年写道："阿尔伯特与我一致认为，在我们经历的历任首相中，巴麦尊勋爵是给我们带来麻烦最少的，也是最愿意讲道理并接受建议的一个。最大的危险在于外交事务，不过如今负责外交事务的是一个有能力、有理智且公正无私的人［克拉伦登勋爵］，他［巴麦尊勋爵］只负责全局，一切都变了。" QVJ, August 21, 1856.

42. QVJ, January 9, 1854; QVJ, January 4, 1854; QVJ, January 10, 1854; Benson and Esher, *The Letters of Queen Victoria*, 3:8.

43. QVJ, January 23, 1854.

44. QVJ, January 5, 1854.

45. 阿伯丁勋爵与哈丁在上议院中领导了这件事。维多利亚在 2 月 1 日的日记中写道："约翰勋爵强硬地表达了我们的立场，我们认为这对未来非常重要。在看完报纸上的新闻报道后，我们发现阿伯丁勋爵在结束演讲时令人欣喜地为我亲爱的进行了辩护，而德比勋爵也在这一问题上发表了十分强硬的措辞……我把所有讲话都念给阿尔伯特听了，感觉既开心又骄傲。"不过，阿尔伯特的立场始终没有说明。

46. QVJ, February 20, 1854.

47. Martin, *The Prince Consort*, 110.

48. Brett, *Journals and Letters*, 2:97, Esher to Maurice Brett, August 9, 1905; Ward, "Editing Queen Victoria," 288.

49. Weintraub, *Victoria*, 167

50. Strachey, *Queen Victoria*, 161.

51. Albert to Ernest, unpublished, from Yvonne Ward's files.

52. QVJ, May 13, 1854.

53. QVJ, February 10, 1854.

54. QVJ, April 28, 1854: "C. 伍德爵士给了我一份有关约翰·拉塞尔夫人行为的记录，她竟然如此管教并毒害可怜的约翰勋爵，将她自己以及家人的看法强加给他！"

55. QVJ, November 20, 1853.

56. Queen Victoria to Vicky, December 18, 1860, 引自 Fulford, *Dearest Child*, 293。

57. QVJ, June 20, 1855.

58. QVJ, October 24, 1854.

59. QVJ, Albert's birthday, August 26, 1854.

60. QVJ, July 30, 1854.

61. Martin, *The Prince Consort*, 2:256–57.

62. Ibid., 260.

63. QVJ, June 25, 1857.

64. October 8, 1857, Pearce, *The Diaries of Charles Greville*, 329.

65. 她还在 QVJ, December 8, 1854 中写道："我羡慕她能够做这么多好事，能够照看那些高贵而勇敢的英雄，后者的行为值得敬仰。尽管许多人都受了重伤，但他们从未有过怨言！"

66. 她还心情愉悦地写道，一封由她写给弗洛伦斯·南丁格尔的信被放在了每一个病房里。Queen Victoria to King Leopold, Buckingham Palace, May 22, 1855, Benson and Esher, *The Letters of Queen Victoria*, 3:161.

67. Queen Victoria to Florence Nightingale, [January] 1856, Ibid., 170.

68. McDonald, *Nightingale on Society and Politics*, 5:412. 维多利亚在 1861 年向弗洛伦斯提出安排给她一间肯辛顿宫中的公寓居住，但弗洛伦斯没有接受。

69. QVJ, September 21, 1856.

70. 阿尔伯特在日记中简单地写道："她在我们面前提出了现有军队医院体制中的所有缺陷，以及需要进行的改革。我们对她感到很满意；她极为谦虚。"Martin, *The Prince Consort*, 3:410.

71. QVJ, September 21, 1856.

72. 《大西洋月刊》在 1861 年 12 月报道称，这位英国护士的"辛勤工作、缄默性格以及非凡的管理能力"提高了对治疗伤兵的期待。他们写道，"主要是通过她……每一个国家都在一定程度上成功研究了军营和医院卫生救护这一极为重要的课题。如今，美国女性需要担负起职责，我们相信，她们能够完善这一指导"。Grant, "New Light on the Lady."

73. McDonald, *Nightingale on Society and Politics*, 5:415. 最早的引用信源是牛津大学教师兼神学家本杰明·乔伊特（Benjamin Jowett）1879 年与南丁格尔谈话的笔记："[维多利亚女王]尽管有些笨，却对重要话题充满兴趣——她是我所认识的最依赖他人的人。如果单独待 10 分钟，[她]会派人去把丈夫叫来，继续[开始]谈话——比周围的一切都要优越。他[阿尔伯特亲王]似乎遭到了压制，他充满智慧，在一切话题上都滔滔不绝，然而……如果他能随心所欲的话，那么意大利或者德意志的统一就没有希望了。他认为，世界应当用奖励、展览和善意来管理……他就像一个一心求死之人。他们曾经用一种十分笨拙的方式与孩子玩耍，不知道该跟他们说什么。"

74. QVJ, March 17, 1854.

75. Bloomfield, *Court and Diplomatic Life*, 1:126.

76. Ibid., 125.

77. QVJ, October 3, 1854.

78. Queen Victoria to the King of Belgium, September 22, 1855, Benson and Esher, *The Letters of Queen Victoria*, 3:187.

79. Longford, *Victoria R.I.*, 146.

80. QVJ, May 24, 1853.

81. 半年前的 1855 年 3 月 2 日，沙皇尼古拉一世因肺出血去世，在此之前他感染了流感。

82. QVJ, September 10, 1855.

19 王室父母与"不满之龙"

1. Bagehot, *The English Constitution*, 38.

2. 在 1840 年，进入下水道成为违法行为，举报者还会得到奖励。这意味着当时人们通常只能在夜里提着提灯进去。

3. Mayhew, *Mayhew's London*, 326.

4. 梅休的线人对他说，他们每天能挣 6 先令；相当于今天的每天 50 美元。梅休写道："按照这样的速度，伦敦下水道里每年找到的财物能达到不少于 20000 英镑［如今的 330 万美元］。" Ibid., 333.

5. 普及程度的增加出现在 1810 年，并在 1830 年加速。在 1848 年，伦敦下水道委员会首次确保房屋排水和排污系统与下水道相连接。在 1852 年，城市里的 16200 栋房屋中，有 11200 栋与下水道相连接。

6. 在 19 世纪初，伦敦大部分房屋的地下都累积了蜂巢状的粪池，里面塞满了污物，通常由守夜人徒手清理。亨利·梅休报道称，在穷人居住的房屋里，"许多人就在房间的角落里方便，或者在地板上挖一个洞，走廊、房间和楼梯上到处都是排泄物。这些房屋里的臭味对那些不习惯的人而言简直难以忍受"。引自 Paterson, *Voices from Dickens' London*, 23。

7. Picard, *Victorian London*, 50.

8. 臭味在河水退潮时最为强烈：河岸边堆满了污物，并爬满了浅红色的虫子，这些虫子被男孩子们称作血虫。Ibid., 10.

9. *Civil Engineer and Architect's Journal* 15 (1852), 160.

10. 用一名王室朝臣的话说："王室住所内的臭味比其他任何地方都要更加强烈。" St. Aubyn, *Queen Victoria*, 328.

11. QVJ, November 22, 1849.

12. 布莱克还为诱捕老鼠比赛提供了老鼠，一群老鼠被放在坑里，观众会对小猎犬能够以多快的速度将它们全部杀死下注。这是维多利亚时代中期一项十分流行的消遣活动。

13. QVJ, June 28, 1858. 清洁是阿尔伯特热衷的诸多事务之一，他经常在自己的房子里实验各种粪便施肥计划，这是他研究如何改善劳动阶级生活条件的努力之一。

14. 但是，《泰晤士报》写道："那两周给伦敦公共卫生部门造成的后果相当于孟加拉兵变给印度当局造成的后果。" *The Times*, July 21, 1858, 9.

15. Testimony from a civil engineer, *The Times*, July 14, 1858, 5.

16. 在 1858 年 6 月 23 日的一个案子里，皇家财政法庭的一名法官说，由于恶臭太过强烈，他要快速结案。一名陪审员同意说，恶臭让他感到恶心，法官回应说："我认为自己有责任关注河水的状况以及它对我身边一切的影响。我们不可能向自己隐瞒这样一个事实，那就是我们正身处恶臭的环境中审理一件极为重要的事。" The Times, June 24, 1858, 11。《泰晤士报》连续几个月呼吁政府清理河道。该报建议读者喝一杯加冰雪利酒，然后硬着头皮在低潮时分走到泰晤士河边："然后你就能看到，在短短的半小时里以及两三英里的河道上，有上百个下水道口正在排放粪便，上百个烟囱正在排放烟雾，以及稀奇古怪、无法描述、令人作呕的蒸汽；上百英亩反常而泥泞的化学肥料，上百对浆轮正在搅拌泥土。水——虽然还是流动的——却一片漆黑。一丝不挂的淘气鬼们从黑黢黢的拱桥或者运煤驳船上跳下，在泥水里玩耍，就像是尼罗河里的小怪物似的……我们相信这是世界上最肮脏、最污秽的一条河流。" The Times, June 17, 1858, 8.

17. 引自 Picard, *Victorian London*, 51–52。这一段对泰晤士河影响的叙述十分值得一读。

18. 在伦敦工程委员会土木工程师约瑟夫·巴扎尔杰特（Joseph Bazalgette）获准执行他的计划，沿着泰晤士河南岸和北岸建设两条超级拦截下水道，将污水输往城外的处理厂，从而避免污水流入泰晤士河之前，对于资金、责任和解决方案曾出现过长期的拖延和许多争议。（Paterson, *Voices from Dickens' London*, 31.）1858 年，议会批给了他 300 万英镑资金。随着泰晤士河沿岸开始建设路堤，他的计划也在渐渐展开；在街道下方，165 英里长的主要下水道与 1100 英里长的局部下水道相连接，从而将污水从市中心运走。这个下水道管网一直到 19 世纪 70 年代中期才开始发挥全部功能。

19. 达夫在《阿尔伯特与维多利亚》（*Albert and Victoria*）一书的第 225 页称这是"私人信息"。他写道："据传说，他［詹姆斯·克拉克爵士］对他的同行透露了女王对他提出的她不应再生孩子的建议给出了回应。回应是：'噢，詹姆斯爵士，我在床榻之上还能有更多欢愉吗？'"

20. Letter dated March 3, 1857. Bolitho, *The Prince Consort*, 170. 在比阿特丽斯出生的一个月前，阿尔伯特给巴麦尊写信说，维多利亚的健康情况不好，需要前往温莎城堡："女王感觉身体状况不足以支撑其经历内阁危机带来的焦虑。" Benson and Esher, *The Letters of Queen Victoria*, 3:290.

21. QVJ, April 29, 1857. 她写道："后来在沙龙里举行了一场小型宴会，以及一场非常漂亮的小型舞会……对自己感到惊讶——自己竟然如此强壮，能够整晚跳舞，特别是之前经历了如此疲劳的接见，而且距离生下我第九个孩子仅仅过去了两个月！我真的心怀感激。"

22. QVJ, April 29, 1857.

23. QVJ, December 18, 1857.

24. Prince Albert to Baron Stockmar, April 2, 1858, Martin, *The Prince Consort*, 4:177.

25. QVJ, April 14, 1858. 后来在 1859 年 1 月 23 日，她试图画她最小的孩子："画了小比阿特丽斯，她是最可爱的小家伙，圆滚滚的，如此生动活泼。"

26. 1856 年，印度当时有 23.3 万名印度士兵和 4.5 万名英国士兵。(Charlot, *Victoria the Young Queen*, 370) 让印度士兵感到愤怒的还有薪水被克扣，以及对孟加拉军队驻扎海外的要求，后者会让高种姓者的地位变得岌岌可危。

27. Queen Victoria to the Viscount Canning, December 2, 1858, Benson and Esher, *The Letters of Queen Victoria*, 3:389.

28. 中国的战争是在 1858 年 6 月 26 日结束的。《天津条约》使中国进一步对英国的贸易和外交敞开了大门。

29. 维多利亚被吓坏了，她在 1857 年 9 月 18 日的日志中写道："在与简·C 共进早餐后，在报纸上读到了坎普尔大屠杀的可怕细节。88 名军官、70 名贵妇和儿童、120 名妇孺，以及 400 名居民被杀！院子里有两英寸厚的血，可怜的贵妇们留下了一缕一缕的头发和一件件的衣服，这些都被找到了！"后来，在女性遭受的折磨被公之于众后，她进一步为这些女性的尊严而难过。QVJ, December 14, 1857.

30. Queen Victoria to Lady Canning, September 8 1857, cited in Surtees, *Charlotte Canning*, 238. 需要指出的是：维多利亚后来在 1857 年 10 月 22 日（p.243）的信中问道："我想知道的是，是否有任何目击证人的可靠证词——能够证明诸如人们不得不吃自己孩子的肉等以及其他我无法付诸笔端的无法形容的可怕暴行？"

31. St. Aubyn, *Queen Victoria*, 306.

32. 坎宁勋爵致信维多利亚："前方最大的挑战之一——坎宁勋爵很难过不得不对陛下这么说——将是英国大部分公众对每一个种姓的每一个印度人的深仇大恨。海外已经出现了激烈而无差别的报复心理……似乎只有到不到十分之一的人认为将四万或五万叛变士兵以及其他叛乱者处以绞刑和枪决是不可行或者不正确的。"Viscount Canning to Queen Victoria, Calcutta, September 25, 1857, Benson and Esher, *The Letters of Queen Victoria*, 3:318–19.

33. St. Aubyn, *Queen Victoria*, 307. 女王还在这时——1857 年 11 月 1 日——的日志中写道，她向巴麦尊勋爵"态度强硬地谈及"了"这里的许多人以及部分媒体表现出的十分糟糕的复仇情绪，向和平居民展示我们善意渴望的绝对必要性；还有死刑不应无差别地施加于所有叛变者，因为犯下谋杀和暴行的人或者与我们对抗的人，与那些仅仅是将毛瑟枪和背包丢下的人之间一定存在很大差别，而后者我担心也已经被绞死了"。

34. 它是在 1600 年 12 月 31 日建立的。

35. 她的声明如下："有赖于基督教的真理，以及心怀感激地承认我们宗教的慰藉，我们否认有权利或者有意愿将我们的信仰强加给任何臣民。王室希望且愿意看到，没有人在任何情况下因他的观点而被迫害，或者因其宗教信仰或习俗而感到忧虑。" Martin, *The Prince Consort*, 4:335–36.

36. QVJ, April 16, 1859.

37. Queen Victoria to the Earl of Clarendon, October 25, 1857, Benson and Esher, *The Letters of Queen Victoria*, 3:321.

38. QVJ, January 25, 1858.

39. QVJ, February 2, 1858.

40. Martin, *The Prince Consort*, 4:132.

41. Vicky to Prince Albert, Charlot, *Victoria the Young Queen*, 386.

42. Martin, *The Prince Consort*, 4:146.

43. Queen Victoria to King Leopold, January 12, 1858, Benson and Esher, *The Letters of Queen Victoria*, 3:333.

44. 在 1814 年拿破仑战争结束后签订的《维也纳条约》重新划定欧洲版图后，奥地利得到了伦巴第—威尼斯王国。

45. 当法国人发现曾经阴谋刺杀该国皇帝的意大利阴谋者在英格兰寻求避难后，他们也愤怒不已。这些意大利阴谋者就是在英国制订革命计划并且制造手榴弹的。

46. 这相当于是法国与奥地利之间就意大利各城邦邦联达成的一份协议，该协议完全忽视了意大利人的自治愿望，并且将尼斯和萨瓦并入了法国。

47. August 28, 1905, Brett, *Journals and Letters*, 2:103–6. 参见 Ward, "Editing Queen Victoria," 221。

48. 伊舍后来在写给儿子的私人信件中说："他与威尔士亲王之间也有一些问题萌发的迹象，当时王子还很小，或许他的早逝并不是很大的不幸。或许他的使命已经完成了，工作也已经完成了，那就是他给女王带来的训练。他的生命足够长，足以种下种子，却无法看见稻穗成熟。或许这样也不差。" Maurice from Esher, August 18, 1905, Brett, *Journals and Letters*. 引自 Ward, "Editing Queen Victoria," 229。

49. Queen Victoria to Vicky, May 26, 1858, Fulford, *Dearest Child*, 108.

50. Queen Victoria to Vicky, June 15, 1858, Ibid., 115.

51. QVJ, January 27, 1859.

52. QVJ, January 29, 1859.

53. Prince Albert to Vicky, March 16, 1859, Martin, *The Prince Consort*, 4:333.

54. QVJ, May 21, 1859.

55. QVJ, September 25, 1860.

56. 她写道，她现在理解了母亲过去对孩子们"溢于言表的温柔"。VJ, August 16, 1861.

57. Wyndham, *Correspondence of Sarah Spencer*, 419.

58. QVJ, August 30, 1849.

59. QVJ, October 9, 1861.

60. Prince Albert to Baron Stockmar, October 11, 1859, Martin, *The Prince Consort*, 4:411.

61. QVJ, October 13, 1857.

62. Martin, *The Prince Consort*, 4:424.

63. QVJ, June 1, 1859.

64. 维多利亚致信薇姬："女儿结婚后无论多么年轻都会立刻变得与母亲相同。"Queen Victoria to Vicky, April 21, 1959, Fulford, *Dearest Child*, 184.

65. Prince Albert to Baron Stockmar, February 15, 1858, Martin, *The Prince Consort*, 4:153.

66. 阿尔伯特写道："我来解释一下这种很难理解的心理现象。个人的身份被扰乱；一种双重性由于这种原因而涌现，那就是曾经的我，带着年轻人曾经拥有的印象、记忆、经验和感受，对某个特定的地点及其个人联系形成了依恋，在所谓的新我看来就像是迷失灵魂的外衣，但新我却无法与它相割裂，因为它的身份实际上是连续的。因此产生的痛苦挣扎，我想说，就像是灵魂的痉挛。"Prince Albert to Vicky, March 10, 1858, Martin, *The Prince Consort*, 4:178.

67. Queen Victoria to King Leopold, February 9, 1858, Benson and Esher, *The Letters of Queen Victoria*, 3:334.

68. Queen Victoria to Vicky, February 6, 1858, Fulford, *Dearest Child*, 32–33. 维多利亚还经常批评女儿没有经常写信，或者没有提供足够的细节，包括有关冷水海绵浴以及房间室温的细节等，尽管阿尔伯特曾经斥责她逼问太甚了。当薇姬在电报里没能提供有关她健康状况的足够信息时，维多利亚会在信中假装跺脚地说："你没有说你的感冒好点了没，仅仅是说：'我还不太好'以及——'我很好'。你究竟发烧了没？……我已经习惯了了解你每个小时的情况，如今不知道你的真实情况真让我感到坐立不安。"Queen Victoria to Vicky, February 20, 1858, Fulford, *Dearest Child*, 54.

69. 维多利亚还建议在信件开头写上标题，并且要求薇姬的侍女提供一份女儿服装的清单，一份她所收到的公开和私下礼物的完整记录，以及一幅有关薇姬如何摆放家具的素描画。

70. Queen Victoria to Vicky, December 11, 1858, Fulford, *Dearest Child*, 151.

71. June 30, 1858, Ibid., 120.

72. Queen Victoria to Vicky, April 14 1858, Ibid., 90.

73. 她警告她说，"如果你对于育儿工作太过热情，会浪费时间。如果一个贵妇这么做的话，那么她将配不上她的丈夫或者她的地位，更别提一个王妃了。我知道，亲爱的，你会对此有些反感；但我只是希望提醒你、警告你，虽然你对小孩子有着极大的热情（他们在最初的 6 个月就像是小植物一样），但是你有了孩子之后的喜悦很容易让你失去自制力"。(Queen Victoria to Vicky, November 17, 1858, Ibid.,144.) 维多利亚在 3 月 16 日的一封信中对薇姬说，她只喜欢 3 到 4 个月大的婴儿，"那时的他们真的非常可爱"。(Ibid., 167.) 她在 1859 年 5 月 2 日再次写道，她不喜欢的只有新生儿，只有当他们变成"小人"之后她才会关心他们；"丑陋的婴儿是非常恶心的东西——即使是最漂亮的婴儿在赤身裸体时也显得很可怕；简而言之，只要他们仍然有着大身子和小四肢，以及那种可怕的青蛙式动作，就很可怕。但从 4 个月开始，他们就变得越来越漂亮。不过我要再说一遍——你的孩子无论多大都会让我感到喜悦"。(Ibid., 191.)

74. Queen Victoria to Vicky, May 14, 1859, Ibid., 193.

75. 维多利亚在薇姬小时候对她管教十分严格，如今她认为正是她的这种教育方法才造就了一个拥有坚强性格的女人。她经常提醒女儿，她在小时候给她带来的艰巨考验："我认为你是我见过的最不听话、脾气最糟糕的女孩子！……你给我们所有人带来的麻烦——的确非常大。相比而言，其他的孩子没有给我们带来什么麻烦。你和伯蒂（以不同的方式）的确造成了很大的困难……我非常好奇你是不是还会使出过去的那些老把戏？单腿站立、放声大笑——狼吞虎咽、走路蹒跚等。" Queen Victoria to Vicky, July 28, 1858, Ibid., 124–25.

76. Vicky to Queen Victoria, February 15, 1858, Ibid., 46.

77. Queen Victoria to Vicky, June 9, 1858, Ibid., 69.

78. Queen Victoria to Vicky, June 9, 1858, Ibid., 112.

79. Queen Victoria to Vicky, November 27, 1858, Ibid., 147.

80. 七个月后，维多利亚埋怨说，他的口鼻还在不断长大，一只"科堡鼻"就像他的妈妈一样，下巴几乎看不见。Queen Victoria to Vicky, June 29, 1859, Ibid., 198.

81. Queen Victoria to Vicky, September 2, 1859, Ibid., 208. 维多利亚在 1860 年 4 月 7 日的另一封信中说："他一点也不好看；他的鼻子和嘴太大了，还喜欢把头发黏到头上，衣服穿得也很吓人——他真的是一点也不好看。在他的小脑袋和大脸庞的衬托下，他的发型真的太难看了。"

82. Queen Victoria to Vicky, November 24, 1858, Ibid., 146.

83. Queen Victoria to Vicky, April 9, 1859, Ibid., 175.

84. Queen Victoria to Vicky, December 4, 1858, Ibid., 149.

85. 当一位母亲如此公开地表达对儿子的不喜欢时，总会有人有所反弹。薇姬敦促母亲原谅伯蒂，并且保持耐心，强调说他是能够变得善良而美好的，而且他渴望取悦母亲。（"他的内心是能够产生喜爱和温暖的，我敢肯定假以时日这种情绪一定会渐渐表现出来。他热爱自己的家，而且在这里感觉很幸福，这些感情必须得到呵护和培养，因为如果这些感情丧失的话，是不会轻易再次出现的。" Vicky to Queen Victoria, April 4. 1861, Ibid., 318.）她写道，如果关系疏远的话，会很糟糕。但维多利亚不愿改变态度。她坚持认为，责任在伯蒂身上，他要变得"更温柔、更体贴"，而且对父母感兴趣的事情更加感兴趣才行。(Queen Victoria to Vicky, April 10, 1861, Ibid., 320.) 在读到这句话后，薇姬的心沉了下去。

86. Bagehot, *The English Constitution*, 38.

87. 这次人口普查同时将女性视为男性的附属品和独立劳动者。"'女性在部分在家工作的行业里能够提供重要服务；例如农民、小商铺店主、旅馆老板、制鞋匠、屠夫的妻子们'，还有那些列入这些类别的人。" Hall, *White, Male and Middle Class*, 176. 这次人口普查还第一次列入了"英国家庭中的妻子、母亲和主妇"这一职业。

88. See Schama, *A History of Britain*, 144.

89. Queen Victoria to Vicky, April 20, 1859, Fulford, *Dearest Child*, 182.

90. Queen Victoria to Vicky, May 16, 1860, Ibid., 254.

91. Queen Victoria to Vicky, August 10, 1859, Ibid., 205.

92. Woodham-Smith, *Queen Victoria*, 331.

93. October 1, 1856, 引自 Rhodes James, *Albert, Prince Consort*, 244。

94. September 17, 1855, Strachey and Fulford, *The Greville Memoirs*, 7:157; Pearce, *The Diaries of Charles Greville*, 317.

95. QVJ, April 7, 1859.

96. Benson and Esher, *The Letters of Queen Victoria*, 3:541; QVJ, July 21, 1859.

97. Queen Victoria to Vicky, May 2, 1859, Fulford, *Dearest Child*, 190.

98. Queen Victoria to Vicky, July 21, 1858, Ibid., 124.

99. Queen Victoria to Vicky, September 27 (then October 1), 1858, Ibid., 134.

100. QVJ, January 13, 1858.

101. QVJ, September 20, TK.

102. Queen Victoria to Vicky, undated, c. April 18, 1859, Fulford, *Dearest Child*, 180.

103. QVJ, December 31, 1860.

104. Queen Victoria to King Leopold, May 25, 1859, Benson and Esher, *The Letters of Queen Victoria*, 3:334.

105. 维多利亚还曾与丹毒做过多年斗争，那是一种严重的皮肤感染。

106. QVJ, March 16, 1859.

107. Queen Victoria to King Leopold, March 16, 1861, Benson and Esher, *The Letters of Queen Victoria*, 3:555.

108. QVJ, April 7, 1861.

109. Queen Victoria to King Leopold, Windsor Castle, March 26, 1861, Benson and Esher, *The Letters of Queen Victoria*, 3:556.

110. Bolitho, *The Prince Consort*, 213.

111. 引自 Longford, *Victoria R.I.*, 292。她提供的日期是 1861 年 10 月 22 日。

112. Richardson, *Victoria and Albert*, 214.

113. QVJ, May 24, 1861.

114. QVJ, December 7, 1857.

115. Prince Albert to Baron Stockmar, May 28, 1859, Martin, *The Prince Consort*, 4:449–50.

116. Fulford, *Dearest Child*, 174.

117. Queen Victoria to Vicky, February 16, 1861, Ibid., 308.

118. Queen Victoria to Vicky, February 21, 1861, Ibid., 310. 至少有一名关系亲近的观察家认为女王太过希望他人的关注和爱，反而照顾不好她的丈夫。作为一名医生兼顾问的斯托克马变得十分紧张，将阿尔伯特的一次胃病归咎于温度的突然变化——以及"你每天都要经历的身体和思想上的担忧"。他一针见血地写道："你那里缺少对睡眠、照顾和护理的体贴关怀，而这些对于病人和处在康复期的人来说十分必要。"Baron Stockmar to Prince Albert, November 8, 1859, Martin, *The Prince Consort*, 4:414.

119. From Woodham-Smith, *Queen Victoria*, 402，她提供的注释是 *Memoirs of Ernest* II，4:55。

120. *Memoirs of Ernest* II，4:55.

121. Bolitho, *The Prince Consort*, 217.

122. Prince Albert to Ernest, November 14, 1856, Ibid., 166.

123. Queen Victoria to King Leopold, September 15, 1859, Martin, *The Prince Consort*, 4:409.

124. QVJ, June 22, 1860.

20 "再也无人唤我维多利亚"

1. Strafford, *Diary of Henry Greville*, 3:417.

2. 对这个十年的精彩讨论，参见 Mason, *The Making of Victorian Sexuality*, 119–25。

3. Grey, *Passages in the Life*, 3:304.

4. QVJ, August 28, 1868.

5. Ridley, *Bertie*, 54.

6. From King, *Twilight of Splendor*, 135.

7. Costello, *A Most Delightful Station*, 98.

8. Queen Victoria to Vicky, April 27, 1859, Fulford, *Dearest Child*, 187.

9. *New York Herald*, September 19, 1860; Charlot, *Victoria the Young Queen*, 404.

10. Queen Victoria to Vicky, Windsor Castle, November 10, 1860, Fulford, *Dearest Child*, 279.

11. Woodham-Smith, *Queen Victoria*, 416.

12. Queen Victoria to Vicky, October 1, 1861, Fulford, *Dearest Child*, 353.

13. Bolitho, *The Prince Consort*, 215.

14. Queen Victoria to Vicky, October 1, 1861, Fulford, *Dearest Child*, 354.

15. 阿尔伯特在他们结婚 21 周年纪念日那天致信斯托克马男爵："许多风暴肆虐而过，它却仍然翠绿如新、根系强健，感谢上帝，凭借这些，我可以确认，还将给世界带来很多好处。" Martin, *The Prince Consort*, 5:292.

16. QVJ, July 9, 1863.

17. QVJ, October 9, 1862.

18. *Memoirs of Ernest* II, 18–19.

19. Prince Albert to Vicky, September 1, 1858, Martin, *The Prince Consort*, 4:253. 需要提到的是：他对薇姬说，他在 1860 年 12 月突患的疾病是霍乱。维多利亚一如既往地没有获悉这一消息。

20. Ibid., 5:344. 他接着说："我敢肯定，如果我病情严重的话，应该会立刻放弃，我不会为生命而斗争。我对生命没有执着。"

21. Queen Victoria to Vicky, November 27, 1861, Fulford, *Dearest Child*, 359–60.

22. Martin, *The Prince Consort*, 5:353.（这是比维多利亚在日记里对那天的描述更加详细的版本。）

23. Queen Victoria to Vicky, November 30, 1861, Fulford, *Dearest Child*, 370.

24. Martin, *The Prince Consort*, 5:349.

25. Queen Victoria to Earl Russell, December 1, 1861, Benson and Esher, *The Letters of Queen Victoria*, 3:598.

26. QVJ, December 2, 1861.

27. Fulford, *The Prince Consort*, 269.

28. Martin, *The Prince Consort*, 5:356. "冷漠"一词被从维多利亚的日志中删除。

29. 对阿尔伯特的死亡、葬礼和后来对他的哀悼活动的精彩描述，参见海伦·拉帕波特所著《无比迷恋》（*Magnificent Obsession*）。这段引语摘自第 61 页。

30. QVJ, December 7, 1861.

31. 比阿特丽斯从母亲的日志中删除了一些对阿尔伯特之死更为私密的描述。我们可以通过比较西奥多·马丁（Theodore Martin）所著的官方版《王夫的一生》（*Life of the Prince Consort*）——这本书主要取材于维多利亚的原始日记——以及修改后的维多利亚日记来看到这一点。例如，比阿特丽斯删除了有关阿尔伯特的感觉，像是水从脖子上浇下来、他不断喘气、喝茶被呛、听到爱丽丝弹奏赞美诗时哭出声的描述，以及有关他暴躁易怒，轻抚维多利亚脸庞，呼唤她亲爱的，维多利亚亲吻他的描述。她还删除了维多利亚对阿尔伯特说他是因为工作过于劳累而病倒的话："你工作太累了，必须跟大臣们说说！"（维多利亚说，这都是他的错，他出于自愿承担了许多项目，她说："不仅仅是这一件事；这是你自己的问题。"Longford, *Victoria R.I.*, 296.）比阿特丽斯还删除了阿尔伯特对维多利亚说，当他躺在蓝色房间时，他听到了鸟叫声，回忆起了儿时在罗泽瑙的那些鸟叫声：一个令人担忧的迹象。（Martin, *The Prince Consort*, 5:357.）例如，12 月 7 日，维多利亚的原始日记是这样的："但我似乎生活在一个可怕的梦里。今天晚些时候，我的天使躺在床上，我坐在他身边，看着他。眼泪簌簌地落下，我想起了我们即将面对的焦虑的日子，尽管不是令人惊慌的日子，还想起了我们计划的彻底失败。"比阿特丽斯将这些句子改成了："但我似乎生活在一个可怕的梦里。——阿尔伯特躺在卧室床上，我坐在他身边，看着他，艰难地压制着泪水。"

维多利亚 12 月 8 日的日记是这样的："他看到我非常高兴——轻抚我的脸庞，面带微笑，称呼我为'亲爱的小妻子'（*liebe Frauchen*）……珍贵的爱人！他今晚的温柔——当他握住我的双手、轻抚我的脸庞、触摸我之时——让我如此感激。"（Martin, *The Prince Consort*, 5:359.）比阿特丽斯将它改成"前去看望亲爱的阿尔伯特，他看到我非常高兴，轻抚我的脸庞，面带微笑"。在 12 月 9 日的日记里，比阿特丽斯删除了"他如此和善，称呼我'善良的小妻子'，并且喜欢我握住他的手"。（Ibid., 359.）

32. Longford, *Victoria R.I.*, 298.

33. Queen Victoria to Vicky, October 7, 1861, Fulford, *Dearest Child*, 356.

34. 在阿尔伯特意识到自己即将面临死亡时，爱丽丝是他对之吐露实情的那个人，而不是维多利亚。当爱丽丝说，她告诉薇姬他"病得很重"时，他纠正她说："你应该告诉她我快死了，是的，我快不行了。"Rappaport, *Magnificent Obsessesion*, 69; Strafford, *Henry Greville*, 3:420.

35. Longford, *Victoria R.I.*, 299.

36. 维多利亚一直到 1872 年 2 月才振作起来记述了阿尔伯特的死，当时她根据此前留下的笔记撰写了一份记述。

37. Martin, *The Prince Consort*, 5:363.

38. Maxwell, *Life and Letters of Clarendon*, 2:255. Sir G. C. Lewis to Lord Clarendon, December 19, 1861: "格雷维尔告诉我，亲王没有认出威尔士亲王，所以他肯定是在失去意识的情况下度过最后一天的。"

39. Rappaport, *Magnificent Obsession*, 81. 还可参见杰拉尔迪娜·萨默塞特夫人（Lady Geraldine Somerset）的记述，她的日记被保存在皇家档案馆中。

40. 这个故事由温彻斯特夫人讲述，December 25, 1861, Ibid., 81。

41. Ibid., 83.

42. Ibid., 249–60. 与此前的许多人一样，拉帕波特指出，女王的产后忧郁症和对母亲的深切哀悼"有可能让情况变得更糟糕"。这种观点毫无疑问有其真实性；支持一个焦虑、忧郁和需要关怀的妻子所带来的精神压力十分巨大。不过，有许多人都含蓄地，有时也直接地指责维多利亚与精神抑郁、母亲身份和悲伤情绪进行斗争的过程造成了丈夫的死，持这种观点的人数量如此之多，令人惊讶。

43. *Daily Telegraph*, December 16, 1861. Rappaport, *Magnificent Obsession*, 94.

44. Maxwell, *Life and Letters of Clarendon*, 2:250.

45. Lord Clarendon to Sir George Lewis, December 14, 1861, Ibid., 251.

46. Villiers, *A Vanished Victorian*, 309.

47. QVJ, January 21, 1862.

48. Rappaport, *Magnificent Obsession*, 116, cites Wolffe, *Great Deaths*, 195. 其他国家也源源不断地寄来信件，甚至连亚伯拉罕·林肯总统也寄来了一封信，对她"真挚而强烈的丧亲之痛"表示同情，落款是"你的好朋友"。Rappaport, *Magnificent Obsession*, 135.

49. Rappaport, *Magnificent Obsession*, 91.

50. *The Times*, December 24, 1861, 6; Jerrold, *The Widowhood of Queen Victoria*, 11.

51. 奥古斯塔·布鲁斯夫人是伯蒂的家庭教师、尊敬的将军罗伯特·布鲁斯

（General the Hon. Robert Bruce）的妹妹。奥古斯塔夫人后来嫁给了温彻斯特教长阿瑟·斯坦利牧师。

52. Baillie and Bolitho, *Letters of Lady Augusta Stanley*, 251.

21 "王宫有如庞贝一般"

1. Queen Victoria to Vicky, 29 April 1863, Fulford, *Dearest Mama*, 205–6.

2. 引自 Dyson and Tennyson, *Dear and Honoured Lady*, 69。维多利亚对未来重逢的信念在 19 世纪 60 和 70 年代十分普遍。Wolffe, *Great Death*, 205.

3. Queen Victoria's Album Consolativum 1862–1886, British Library Archives, Add. 62089–62090, 30.

4. QVJ, April 14, 1862.

5. May 9, 1863, Dyson and Tennyson, *Dear and Honoured Lady*, 78.

6. Ibid., 76. 完整引文如下："女王的脸很漂亮，一点也不像她的肖像画，而是又小又像个孩子，充满了智慧和难以形容的甜美，还带着一丝悲伤。她思维的广度、自由和深度让 A 感到心情愉悦。我感觉任何虚伪在她面前都会无所遁形。我感觉我们讨论了天上与地下的一切。我从未遇到过任何一个能够与之如此轻松聊天，并且在见面几分钟后就不再有任何羞涩的夫人。她对谈话中的许多事情都发出了由衷的欢笑，但痛苦与悲伤的阴影有时还是会从这张满带笑意的脸上掠过……我感觉女王是一个值得为之生、为之死的女人。"

7. QVJ, May 8, 1863.

8. 王夫对于丁尼生重新演绎的亚瑟王骑士的传说《国王叙事诗》（*Idylls of the King*）十分着迷。在收到提议由他担任这一职务的信件的前一天夜里，丁尼生梦到阿尔伯特亲吻了他的脸颊。6 年后，阿尔伯特在丁尼生位于怀特岛的房子里摔倒了——这让他的妻子埃米莉恐慌不已，因为那所房子里凌乱不堪；他们正准备出售一批家具和画作。阿尔伯特与这位诗人愉快地交谈了一段时间，与此同时，他的一名侍从在屋外采集樱草，准备在晚些时候用来为王室夫妇泡茶。

9. QVJ, February 1, 1862.

10. QVJ, January 27, 1862.

11. QVJ, May 24, 1863.

12. Lord Clarendon to Sir George Lewis, December 14, 1861, Maxwell, *Life and Letters of Clarendon*, 2:251.

13. 查尔斯·菲普致信巴麦尊："女王尽管仍处在悲伤的痛苦中，但她完全镇定自若，展现出了非凡的自控能力。啊！她还没有意识到她的损失，当她充分意识到时——我感到颤抖——但仅仅是为了她深刻的悲痛。究竟会发生什么——她在哪里才能找到这种支持和帮助，就像她之前在人生中最重大、最基本的问题上所依靠的那些帮助？"引自 Rhodes James, *Albert, Prince Consort*, 273。

14. McDonald, *Nightingale on Society and Politics*, 5:418.

15. 克拉伦登勋爵致曼彻斯特公爵夫人，1861 年 12 月 17 日："她似乎想起来他多么不赞同并且反对她的这种过度悲伤，正如她在母亲去世时所展现出的那样。如果她能以这种精神状态支撑自己，就是我们能够希望的一切了；当然，相信她的精神不会崩溃还为时尚早。"Maxwell, *Life and Letters of Clarendon*, 2:253.

16. Bolitho, *Albert, Prince Consort*, 229.

17. From Lady Clarendon's journal, February 3, 1862, Ibid., 258. 克拉伦登夫人还声称，维多利亚曾说，"她知道她会担心得发疯的"，以及 "在巴尔莫勒尔时，她有三次都觉得自己正在发疯"。Bolitho, *The Reign of Queen Victoria*, 187.

18. See Rappaport, *Magnificent Obsession*, 37. 维多利亚认真地哀悼了她的许多亲人，包括1850 年的姑姑露易丝、1851 年的汉诺威国王、1852 年的惠灵顿公爵、1855 年的沙皇尼古拉、1856 年她同母异父的哥哥莱宁根的卡尔亲王、1857 年她的表亲内穆尔公爵夫人、1860 年 4 月她的姐夫霍恩洛厄—朗根堡亲王，以及1861 年 1 月阿尔伯特的继母、萨克森—科堡的玛丽王后以及普鲁士老国王腓特烈·威廉四世。

19. 她在 1859 年 7 月 6 日致信薇姬："你必须向我保证，如果我死了，你的孩子以及你身边的人会为我哀悼；这真的必须办到，因为我在这个问题上拥有强烈的情绪。"Fulford, *Dearest Child*, 199–200. 她在 1863 年致信《泰晤士报》，谈及一则有关她有可能不再穿着寡妇丧服的传言："这种想法实在荒谬至极。"Rappaport, *Queen Victoria*, 407.

20. April 11, 1862. McClintock, *The Queen Thanks Sir Howard*, 50.

21. Ibid., 49.

22. 维多利亚对布鲁斯将军说，伯蒂应该 "以妥当的精神面貌面对他可怜家庭无法治愈的悲伤"。Rappaport, *Magnificent Obsession*, 154; Sir George Aston, *The Duke of Connaught and Strathearn*, 47–48.

23. Bloomfield, *Court and Diplomatic Life*, 2:150.

24. QVJ, January 19, 1863.

25. Bolitho, *The Prince Consort*, 161.

26. Longford, *Victoria R.I.*, 308.

27. Bolitho, *The Prince Consort*, 219–20.

28. Maxwell, *Life and Letters of Clarendon*, 261.

29. Villiers, *A Vanished Victorian*, 317.

30. Ibid., 318.

31. Maxwell, *Life and Letters of Clarendon*, 261–62.

32. Rappaport, *Magnificent Obsession*, 76.

33. Wiebe et al., *Letters of Benjamin Disraeli*, 165.

34. 豪登勋爵致克拉伦登勋爵，1864 年 6 月 4 日："法国报纸谈起了维多利亚女王退位一事。我开始觉得，这种说法或许有点道理。我总是觉得，随着她刚开始守寡就出现了思维变化，她在儿子成年那天就选择退位应该对她自己的利益、幸福和声誉都会有好处。届时她将留下一个良好的名声和巨大的遗憾。"Maxwell, *Life and Letters of Clarendon*, 2:292–93.

35. Florence Nightingale, December 22, 1861："导致阿尔伯特患病的原因之一，以及他在神志昏迷之际一直在嘟囔的事情，正是威尔士亲王的缺点。"McDonald, *Nightingale on Society and Politics*, 5:419.

36. 需要提到的是，薇姬在谈到自己的孩子们时也同样十分坦率，她一次在写到自己的儿子亨利时——当时他在 10 岁生日那天获得了一件制服作为礼物——说："他可怜而丑陋的脸庞看起来比以往还要难看，而且他看起来变得比去年更加泯然众人了。"Vicky to Queen Victoria, August 7, 1872, Fulford, *Darling Child*, 57.

37. See Ibid., 231.

38. Villiers, *A Vanished Victorian*, 313.

39. 尊敬的埃米莉·伊登在 1863 年致信克拉伦登伯爵："我理解露易丝公主所谓威尔士亲王的'强制赋闲'是什么意思了，这有可能带来不好的结果。如果是王夫的话，可能会给他布置一些工作——让他担任苏格兰摄政或者审计署职员或者家庭农场的长官等——一些受人尊重的职务，好让他免受伤害。"Maxwell, *Life and Letters of Clarendon*, 2:284.

40. Rappaport, *Magnificent Obsession*, 131.

41. Letter to King Leopold, June 16, 1863, Buckle, *The Letters of Queen Victoria Between 1862 and 1878*, 1:91.

42. QVJ, November 1, 1862.

43. QVJ, April 28, 1863.

44. 利奥波德曾鼓励这种想法，在给她的信中告诉她，认为"逝去的人继续对他们所留计划的执行情况感兴趣，以及看到他们精心计划的东西被摧毁或者忽视会给他们带来困扰和痛苦"是有道理的。King Leopold to Queen Victoria, January 16, 1862, Buckle, *The Letters of Queen Victoria Between 1862 and 1878*, 1:11.

45. McDonald, *Nightingale on Society and Politics*, 5:419–20.

46. Queen Victoria to King Leopold, Balmoral, May 18, 1863, Buckle, *The Letters of Queen Victoria Between 1862 and 1878*, 1:85.

47. QVJ, September 8, 1862.

48. 利特尔顿夫人说，在阿尔伯特去世几天后，维多利亚"没有朋友可以倾诉"。Wyndham, *Correspondence of Sarah Spencer*, 422.

49. QVJ, August 7, 1883.

50. "一想到可怜的孩子们没有了他们急切需要的父亲，就让我心碎——他们的教育和地位如此艰难，我感觉完全无助。"QVJ, May 11, 1862.

51. QVJ, March 10, 1863.

52. Ridley, *Bertie*, 95–97.

53. To Lady Mallet, December 30, 1861, Rappaport, *Magnificent Obsession*, 120; S. Jackman and H. Haasse, *A Stranger in the Hague*, 227.

54. To Viscount Palmerston, August 11, 1863, Buckle, *The Letters of Queen Victoria Between 1862 and 1878*, 1:102.

55. Fulford, *Dearest Mama*, 205–6.

56. Hansard, House of Lords Debates, May 26, 1864, vol. 175, ccc 616–17. 他将其描述为一种"最大程度的困境，已经实质上影响到了本国对外国的影响力"。

57. QVJ, May 27, 1864.

58. QVJ, March 6, 1864; QVJ, June 1, 1864.

59. 维多利亚在 1864 年 5 月 28 日致信普鲁士国王，敦促他减少要求，同意丹麦有可能接受的妥协。Buckle, *The Letters of Queen Victoria Between 1862 and 1878*, 1:203.

60. 这件事在 1864 年 3 月 30 日的《特鲁曼埃克塞特空中邮报》(*Trewman's Exeter Flying Post*) 或者《普利茅斯和科尼什广告报》(*Plymouth and Cornish Advertiser*) 上有所报道。有些人认为这篇报道是杜撰的，但即便如此，正如蒂斯代尔（Tisdall）所说，它也能显示出"伦敦的风向"。Tisdall, *Queen Victoria's John Brown*, 87.

61. QVJ, October 7, 1863.

62. QVJ, November 6, 1864.

63. QVJ, October 10, 1863.

64. 参见她写给利奥波德国王的信，1864 年 2 月 25 日，Buckle, *The Letters of Queen Victoria Between 1862 and 1878*, 168。

65. 例如，她在 1863 年 10 月 23 日的日志中写道："这一天风景的美丽无法形容，尽管我再也无法在任何事情中找到真正的快乐，但如此美丽的上帝杰作，如此的平静安宁，还是让我感觉很好。"

66. QVJ, December 14, 1864.

22　复苏温莎寡妇

1. Queen Victoria to Lady Waterpark, September 21, 1864, British Library Manuscripts, Add. 60750, Extract 60750, Lady Waterpark, vol. 1.

2. Shaw, *Collected Letters, 1898–1910*, 817.

3. 在这场灾难发生后不久，议会就通过了一项法律，确保任何矿井都不能只有一个电梯通道；需要有双通道进出。

4. January 23, 1862, Lady Cavendish's Diary, ladylucycavendish. blogspot. com/2006/11/23jan1862–200-hartley colliers-found.html.

5. QVJ, December 18, 1862.

6. Walter Walsh, *The Religious Life of Queen Victoria*, 116.

7. e.g., QVJ, April 29, 1865.

8. 在此之前，她已经接受检查，显示她健康状况良好，能够行走与骑马，并且已经准备好在社交场合表现出女王的样子。Queen Victoria to Fanny Howard, September 14, 1863, British Library Manuscripts, Add. 60750, Extract 60750, Lady Waterpark, vol. 1.

9. Rappaport, *Magnificent Obsession*, 151.

10. Queen Victoria to Mrs. Lincoln, April 29, 1865, Buckle, *The Letters of Queen Victoria Between 1862 and 1878*, 1:266.

11. Jalland, *Death in the Victorian Family*, 230. 据估计，19 世纪 60 年代的婚姻中约有 19% 以夫妻一方死去而结束，并且约有 47% 的婚姻会在 25 年内结束。

12. Ibid., 231.

13. 引自 Houston, *Royalties*, 148. Also Jay, "Mrs. Brown," 194。

14. Sir James Clark, Dr. Jenner, and Dr. Watson.

15. Queen Victoria to Earl Russell, December 8, 1864, Buckle, *The Letters of Queen Victoria Between 1862 and 1878*, 1:244–45. 她向利奥波德坦承，她的精神状况在 1865 年 8 月恶化，只有完全的安静才会让她感觉好些。(Queen Victoria to King Leopold, August 31, 1865, Ibid., 1:274.) 需要提到的是：有些人曾说，女王在阿尔伯特去世前就展现出了焦虑的迹象。露西·卡文迪许夫人在 1864 年 2 月 5 日写道："我们不能责怪女王今年又一次没有做这件事：即使是亲王在他身边时，她的紧张也曾经近乎让她抵抗。"ladylucycavendish. blogspot.com/2009/01/05feb1864-parliament opens without. html.

16. Queen Victoria to Earl Russell, May 25, 1866, Buckle, *The Letters of Queen Victoria Between 1862 and 1878*, 1:329.

17. Letter to King Leopold, June 16, 1863, Ibid., 91.

18. 即使是在一些规模较小的场合，例如阿利克斯与伯蒂的第一个孩子阿尔伯特·维克托的洗礼仪式，维多利亚依然写道："感觉每一只眼睛都盯着我，太糟糕了。" QVJ, March 10, 1864.

19. QVJ, October 26, 1864.

20. Letter to King Leopold, February 24, 1865, Buckle, *The Letters of Queen Victoria Between 1862 and 1878*, 1:255.

21. Sir Charles Phipps to Earl Russell, Osborne, December 20, 1865, Ibid., 1:289. 维多利亚之所以需要去，部分原因是为她的孩子争取资金支持——海伦娜即将嫁给一个家境不好的王子，石勒苏益格—荷尔施泰因的克里斯蒂安王子，而阿尔弗雷德也快 18 岁了。

22. Queen Victoria to Earl Russell, February 7, 1866, Ibid., 1:299.

23. QVJ, March 11, 1866.

24. 1867 年改革法案在英格兰和威尔士 105.7 万名选民规模的基础上增加了 93.8 万名新选民。Woodward, *The Age of Reform*, 187.

25. QVJ, July 24, 1867.

26. Queen Victoria to Lord Stanley, December 11, 1867, Buckle, *The Letters of Queen Victoria Between 1862 and 1878*, 1:472. 还可参见日期为 1867 年 12 月 16 日的信件, Ibid., 476。

27. 例如，在 1869 年，当被要求招待埃及总督时，维多利亚强调说，她工作太多，没有丈夫，身体不适，没办法像以前那样频繁地招待他人。Letter to Gladstone, May 31, 1869, Ibid., 601.

28. Queen Victoria to the Earl of Derby, July 4, 1867, Ibid., 443.

29. Disraeli to Queen Victoria, February 26, 1868, Ibid., 1:505. June 10, 1846.

30. Monypenny and Buckle, *Life of Benjamin Disraeli*, 4:600.

31. Bradford, *Disraeli*, 278.

32. Maxwell, *Life and Letters of Clarendon*, 2:346.

33. 在这几个月里，他通过了重要的反腐败法律，并且将公开处刑定为非法。

34. 格莱斯顿夫人在 1867 年对丈夫说："宠着点女王，至少有一次相信自己能做到，你这个亲爱的老家伙。"Magnus, *Gladstone: A Biography*, 160.

35. Longford, *Victoria R.I.*, 362.

36. Morley, *The Life of Gladstone*, 2:252.

37. Buckle, *The Letters of Queen Victoria Between 1862 and 1878*, 1:572.

38. Ibid., 1:603.

39. Williams, *The Contentious Crown*, 39.

40. Shannon, *Gladstone: Heroic Minister*, 92.

41. QVJ, December 20, 1867.

42. QVJ, June 26, 1868.

43. *The Sydney Morning Herald*, March 13, 1868, 5. (Victoria did not find out until April 25.)

44. Steinberg, *Bismarck: A Life*, 181.

45. 这场战争也被称作意大利的第三次独立战争。维多利亚曾请求普鲁士国王避免这场战争，但没有成功。

46. 俾斯麦不希望法国和俄国干预，因此推动威廉一世国王与奥地利迅速媾和。《布拉格和约》于 1866 年 8 月 23 日签署，导致了北德意志邦联的诞生。

47. Queen Victoria to Lord Stanley, August 7, 1866. Buckle, The Letters of Queen Victoria Between 1862 and 1878, 1:364.

48. QVJ, April 4, 1866.

49. Sandwell, "Dreaming of the Princess," 47.

50. Hawksley, *The Mystery of Princess Louise*.

51. QVJ, February 4, 1868.

52. QVJ, February 10, 1868.

53. QVJ, June 7, 1860.

54. QVJ, December 10, 1865.

55. Maercker and Lalor, "Diagnostic and Clinical Considerations."

56. 考虑一下"持久性复杂丧亲障碍"的标准：长期渴望、强烈的悲痛与情感创伤，并且执着于死者与死亡的情境。这些进一步症状必须历经超过一年：对失去亲人的事实不愿相信或者情感麻木，难以积极回忆死者，对自己与死者或者死亡的关系产生苦涩、愤怒以及难以适应的评估（例如，内疚感），以及过分逃避对失去亲人事实的提醒。其他症状包括渴望死亡以便与死者团聚，自从亲人去世后难以相信他人，感觉没有死者了以后生活失去意义或者变得空虚，相信没有死者自己就无法正常工作，对自己在生活中的角色感到困惑，自身认同感降低（例如，感觉自己的一部分随着死者一起死去了），在失去亲人后难以或者不愿在未来追逐原有的兴趣。身体上的困扰包括疼痛与疲劳等。*Diagnostic and Statistical Manual of Mental Disorders*, 5th ed., Appendix, Conditions for Further Study, Persistent Complex Bereavement Disorder, 7–8.

57. Jalland, *Death in the Victorian Family*, 321.

58. Shear et al., "Complicated Grief," 105. See also Prigerson et al.,

"Prolonged Grief Disorder," e1000121.

59. 正如帕特丽夏·贾兰发现的那样："长期与偏执性的悲痛情绪在 19 世纪的家庭中十分罕见，或许比如今更加罕见……维多利亚女王作为永恒的温莎寡妇的形象如此深入人心，以至于她有时会被视作一种典型，而不是相反。"Jalland, *Death in the Victorian Family*, 318.

60. 在阿尔伯特去世近两年后，维多利亚对埃尔芬斯通少校说，别人的同情让她感到安慰，她在自己的孩子那里找到了一些同情。"埃尔芬斯通少校希望精神抑郁有所减轻，但她感觉这永远也不可能；相反，随着时间流逝，其他人的抑郁减轻，她感觉到深切的忧郁——以及越来越严重的无助和孤独感。这种斗争每天都变得越来越糟，失去感每个小时都变得更加强烈，她摇摇欲坠的身体状况和破碎的精神状况越来越难以承受各种考验、工作和悲伤，以及——最重要的——孤独。"McClintock, *The Queen Thanks Sir Howard*, 51.

61. Bell, *Randall Davidson*, 1:83.

62. Queen Victoria to Lady Waterpark, Osborne, February 10, 1867, British Library Manuscripts, Add. 60750, Extract 60750, Lady Waterpark, 1:271.

23 女王的种马

1. Wilfrid Scawen Blunt's diary, 引自 Lambert, *Unquiet Souls*, 41。

2. Queen Victoria to Vicky, April 5 1865, Fulford, *Your Dear Letter*, 21.

3. "我亲爱的小马驹走起路来很优雅，就像猫一样，布朗抱着我骑上去，沿着石板路一直走的方式也很值得称赞。"(QVJ, August 24, 1860.) 她称他是 "如此思虑周全、充满干劲，是一个值得尊敬的向导和仆人"，(QVJ, August 28, 1860.) 还有 "布朗用他强有力的臂膀一路上很好地帮助了我"。(QVJ, September 20, 1859.) 第二天，在爬山时，"石楠花长到了膝盖那么高，路上坑坑洼洼，滑得很，石头有两三英尺高，需要爬过去。我尽了最大努力，但没有布朗的帮助也爬不上去……下山是一件好玩且有趣的事，孩子们什么也没做，不断地滑行、翻滚，每走一步都欢声笑语。路既陡又滑，布朗用尽全身力气支撑着我"。之后 "下山变得轻松多了，但有些地方路很不好走，我不得不依靠布朗强劲的胳膊来支撑我"。(QVJ, October 28, 1874.)

4. QVJ, October 3, 1850.

5. QVJ, June 24, 1871.

6. QVJ, September 12, 1870.

7. QVJ, September 23, 1872. See also QVJ, December 31, 1872.

8. Kuhn, *Henry and Mary Ponsonby*, 97.

9.　1866 年，当拉塞尔勋爵即将辞职时，维多利亚正在苏格兰。弗雷德里克·卡文
　　迪许夫人在日记中写道："女王一直待在巴尔莫勒尔，难辞其咎。"因为她在那
　　里什么事也决定不了。(June 22, 1866.) 三天后，她说，维多利亚留在苏格兰
　　这一"糟糕的错误""引起了普遍的不满，以及下流的传言。"(June 25, 1866.)
　　Cavendish, *The Diary of Lady Frederick Cavendish*, 10.

10.　Arthur Ponsonby, *Henry Ponsonby*, 71.

11.　Ibid., 126.

12.　Cullen, *The Empress Brown*, 10. 他使用的引文是 Tisdall, *Queen Victoria's
　　John Brown*。这本书于 1938 年在美国出版，书名为 *Queen Victoria's Mr.
　　Brown*。需要提到的是，维多利亚在 1861 年致信利奥波德称，布朗"把我照顾
　　得很好，结合了马夫、侍从、助理与女仆的工作，我可以说，他在斗篷和披肩
　　方面用处很大"。Cullen, *The Empress Brown*, 49.

13.　Cullen, *The Empress Brown*, 12.

14.　Queen Victoria to Vicky, September 26, 1859, Fulford, *Dearest Child*, 211.

15.　Cullen, *The Empress Brown*, 170, citing Bolitho, *The Reign of Queen
　　Victoria*.

16.　Arthur Ponsonby, *Henry Ponsonby*, 126. "在传递信息时，他从来不使用任何
　　客套话。当朴次茅斯市长前来请求女王参加一场志愿者检阅式时，女王的私人
　　秘书向她转达了这一请求，并且希望得到私下答复，以便以礼貌的方式传达给
　　那位市长。在他们一同坐在侍从室等待时，布朗探了个脑袋进来说，'女王说
　　了，当然不行'。于是事情就这么结束了，那位市长垂头丧气地走了。"

17.　有一次，布朗打了利奥波德并对他大喊大叫，残忍地惩罚了他，孤立他，并且
　　把他的狗牵走了。Ridley, *Bertie*, 135; Downer, *Queen's Knight*, 178–84.

18.　Cullen, *The Empress Brown*, 123.

19.　Queen Victoria to Vicky, November 13, 1861, Fulford, *Dearest Child*, 365–66.

20.　Cullen, *Empress Brown*, 12, 26.

21.　Ibid., 12.

22.　Ibid., 91.

23.　Williams, *The Contentious Crown*, 34.

24.　July 6, 1867, Vincent, *Disraeli, Derby and the Conservative Party*, 313.

25.　Longford, *Victoria R.I.*, 326.

26.　最早提到婚姻以及可能的儿子一事是在 1866 年的《洛桑公报》(*Lausanne
　　Gazette*) 以及 1867 年的《廷斯利报》(*Tinsley*) 和《战斧报》(*Tomahawk*) 上。

27.　Lambert, *Unquiet Souls*, 41. 兰伯特还在 42 页提到，布伦特还曾写到一个名
　　叫罗顿勋爵 (Lord Rowton) 的人，他曾以蒙塔古·科里 (Montagu Corry)

的身份担任迪斯雷利的私人秘书多年，并且经常造访王室居所："他谈了很多女王的事情，让我惊讶的是，他认为她对约翰·布朗的喜爱中有重要的性成分。关于这种关系，他提到了女王委托贝姆为布朗制作的雕像，这恰恰是 XX［布伦特通常以此来指代凯瑟琳·沃特斯（Catherine Walters）］对我说的，贝姆亲自指认与她有关的东西。因此，我猜测这肯定是真的。"（Wilfrid Scawen Blunt diaries, January 28, 1902, cited in Ibid., 42.）兰伯特补充了一个脚注："就其本质而言，这种猜测很难找到证据来证明。我能获得的唯一的其他证据来自一名大学教授，他在温莎城堡档案馆工作时无意间找到了一堆维多利亚女王与男仆之间的通信。从这些信件中，他推断两人的关系绝对不是柏拉图式的。"

28. 刘易斯·哈考特（Lewis Harcourt）写道："庞森比夫人几天前对 H.S.［内政大臣］说，麦克劳德小姐（Miss Mcleod）宣称，她的哥哥诺曼·麦克劳德（Norman Mcleod）在临死前向她坦承，他主持了女王与约翰·布朗的婚礼，并且补充说，他一直对此深表忏悔。麦克劳德小姐没有理由编造这种故事，因此我愿意相信它，尽管它听起来不太可能且十分可耻。"Lord Harcourt diaries, February 17, 1885, Bodleian Special Collections, MS Harcourt dep. 365.

29. Sir James Reid's personal diary, Reid Family Archives, Lanton Tower, Lanton.

30. 里德夫人认为"它"是维多利亚在跌倒时出现的瘀青。Correspondence with Michaela Reid, April 3, 2016.

31. Longford, *Queen Victoria*, 62.

32. Sir James Reid, notebooks, vol. 25 (1904–5), Reid Family Archives, Lanton Tower, Lanton. 诺利勋爵（Lord Knolly）在 1905 年 5 月 9 日给詹姆斯爵士写了一封信，用的是一张带有白金汉宫浮雕图案抬头的白色信纸，这封信被贴在了一本剪贴簿中。信上是这么写的：

> 我亲爱的里德。
> 我把你昨天的信交给了国王。
> 他对于你在获得这些信件的过程中展现出的技巧、判断力和外交手段十分赞赏，他很高兴能在下周四 6 时 30 分见到你和这些信件。

詹姆斯爵士还用蓝色墨水写了一张便笺，贴在这封信旁边：

> 5 月 11 日——6:30 前往白金汉宫拜会国王并交给他一个金属盒子，里面装了 300 多封先女王与普罗菲特医生（Dr Profeit）的信件（关于 J.B.），这是我在经历了半年的谈判后从乔治·普罗菲特（George Profeit）手里

拿到的——许多信件都非常败坏名声——国王对我表示感谢——还见了诺利勋爵。

33. 需要提到的是，亨利·庞森比认为布朗仅仅是一个仆人。
34. Cullen, *The Empress Brown*, 123.
35. 在1866年普法战争结束，战利品被夺走后，法国的不满在整个欧洲回荡。
36. July 16, 1870, Buckle, *The Letters of Queen Victoria*, 1:37.
37. Fulford, *Your Dear Letter*, 322.
38. 维多利亚与薇姬一致认为，德国人不仅仅在身体上更加优越，在"道德上"也是如此。QVJ, February 16, 1871.
39. Howard, *The Franco-Prussian War*, 223.
40. 维多利亚抗议说，法国人"没有感恩之心"，一次也没有为这位"不幸的皇帝"大声疾呼过。QVJ, September 5, 1870.
41. QVJ, September 23, 1870.
42. Buckle, *The Letters of Queen Victoria Between 1862 and 1878*, 2:1926, 7.
43. Buckle, *The Letters of Queen Victoria*, 1:9.
44. QVJ, June 11, 1870.
45. Arthur Ponsonby, *Henry Ponsonby*, 124.
46. Vincent, *Disraeli, Derby and the Conservative Party*, 198.
47. Ridley, *Bertie*, 129.
48. Hibbert, 210.
49. Letter to Vicki, December 1, 1872, Fulford, *Darling Child*, 70.
50. Fulford, *Darling Child*, 44.
51. 她对薇姬说，"对父母的感激以及对年龄和权威的尊重如今已经变了味！"Ibid., 47.
52. Ibid., 25.
53. April 16, 1873, Ibid., 86.
54. May 8, 1872, Ibid., 40.
55. See Ibid., 39.
56. QVJ, October 16, 1870.
57. September 14, 1873, Fulford, *Darling Child*, 108. 在露易丝订婚时，维多利亚脑子里还在想着维持家庭血统纯正的想法，她写道："当王室的规模如此庞大，我们的孩子又有了（唉！）这么多孩子时，让他们之中的一部分与本国的一些伟大家族联姻——是对君主力量的巨大加强，也是王室与国家之间的强大纽带……除此以外，输入一些新鲜血液也是绝对必要的——否则这个家庭将在身体上不断退化。"Fulford, *Your Dear Letter*, 306.

58. July 3, 1873, Fulford, *Darling Child*, 99.

59. QVJ, March 4, 1869.

60. Fawcett, *Life of Queen Victoria*, 225.

61. Arthur Ponsonby, *Henry Ponsonby*, 71.

62. Ibid., 21.

63. March 15, 1869, Vincent, *Disraeli, Derby and the Conservative Party*, 340.

64. 在他被认为奄奄一息之时,《雷诺新闻报》提前发表了一份讣告,并且抨击伯
蒂的一生是"连续不停地无聊取乐"。*Reynolds Newspaper*, December 10,
1871, 4–5. Cited in Williams, *The Contentious Crown*, 74.

65. *The Times*, December 9, 1871, 9.

66. *Graphic*, December 9, 1871.

67. Queen Victoria to Vicky, December 20, 1871, Fulford, *Darling Child*, 20.

68. QVJ, February 27, 1872.

69. *The Times*, February 28, 1872, 5.

70. Arthur Ponsonby, *Henry Ponsonby*, 72.

71. Queen Victoria to Vicky, March 4, 1872, Fulford, *Darling Child*, 33.

72. Cullen, *The Empress Brown*, 158.

73. Queen Victoria to Vicky, March 13, 1872, Fulford, *Darling Child*, 34.

74. "听说女王要出门,又看到约翰·布朗拿着一个篮子,女王的一个未婚侍女问
道,他拿的是不是茶叶。他回答说:'不是,她不太喜欢茶。我们带了饼干和烈
酒。'"Arthur Ponsonby, *Henry Ponsonby*, 126.

75. Queen Victoria to Vicky, November 3, 1874, Fulford, *Darling Child*, 160.

76. Ibid., 209.

77. 她在米克湖畔的别墅躲了起来,例如,1877 年 11 月 21 日的日记中写道:"没有
了一切干扰的消息,它成为世界上唯一可以让我彻底休息的地方。"Ibid., 269.

78. QVJ, December 19, 1876.

79. September 3, 1873, Fulford, *Darling Child*, 106–7.

80. QVJ, May 24, 1871.

81. Cullen, *The Empress Brown*, 216. 在布朗死后,维多利亚从 1866 年的一篇日
记或者日志中摘抄了一份节选出来,这份节选后来在休·布朗的遗物中找到。
"我亲爱的约翰·布朗经常说:'你没有比布朗更忠诚的仆人了'——噢! 我也是
这样的感受! 我经常会对他说,没有人比我更爱他,他也没有比我更好的朋友,
他回答说'你对我来说也是这样。没有人比我更爱你'。"

82. Arthur Ponsonby, *Henry Ponsonby*, 128.

83. Cullen, *The Empress Brown*, 131.

84. Longford, *Victoria R.I.*, 354.

85. Cited in Ibid., 456.

24　仙女王觉醒

1.　Carroll, *Through the Looking-Glass*, 16.

2.　Monypenny and Buckle, *Life of Benjamin Disraeli*, 6:503.

3.　QVJ, June 28, 1875.

4.　QVJ, June 28, 1875, then July 2, 1875.

5.　Brown, "Henry James and Ivan Turgenev," 112.

6.　Whitehead, "The Bulgarian Horrors," 232. 还可参见 Tedford, "The Attitudes of Henry James and Ivan Turgenev"。需要提到的是，小说家亨利·詹姆斯在 1876 年 10 月将它从法语版的《国家》一书中翻译了过来，尽管他并不"赞同俄国人对战争的渴望"。Goldsworthy, *Inventing Ruritania*, 29.

7.　例如，参见 *Daily News*, July 13, 1876。

8.　Ibid., July 1, 1876.

9.　Hansard, House of Commons, August 11, 1876, vol. 2341, col. 203.

10. *Daily News*, June 23, 1876.

11. Matthew, *Gladstone: 1809–1898*, 266.

12. QVJ, March 13, 1873.

13. QVJ, September 8, 1876.

14. Matthew, *Gladstone: 1809–1898*, 325.

15. Patton, *Science, Politics and Business*, 127.

16. *Spectator*, July 23, 1876, 10.

17. Varty, *Collected Poems of Oscar Wilde*, xvii.

18. September 26, 1876, Leonard, *The Great Rivalry*, 169.

19. Taylor, *The Struggle for Mastery*, 234.

20. Monypenny and Buckle, *Life of Benjamin Disraeli*, 5:169–70, 172.

21. February 14, 1874, Fulford, *Darling Child*, 129.

22. February 17, 1872, Fulford, *Dearest Child*, 29.

23. 玛丽·庞森比很喜欢格莱斯顿的政治手段，但更喜欢迪斯雷利的陪伴。

24. Longford, *Victoria R.I.*, 402.

25. Rhodes James, *Rosebery*, 112.

26. 引自 Leonard, *The Great Rivalry*, 203。还可参见 Cornwallis-West, *Lady*

Randolph Churchill, 97。

27. Rhodes James, *Rosebery*, 64.

28. Longford, *Victoria R.I.*, 400.

29. QVJ, March 13, 1873.

30. St. Aubyn, *Queen Victoria*, 427.

31. Blake, *Disraeli*, 50.

32. 迪斯雷利对马修·阿诺德说:"每个人都喜欢被人奉承,但在忠诚方面,你应该用泥铲子将它垒起来。"St. Aubyn, *Queen Victoria*, 427.

33. October 1874 to Lady Bradford, Buckle, *The Life of Benjamin Disraeli*, 5:348.

34. Kuhn, "Sexual Ambiguity," 16.

35. Kuhn, *The Politics of Pleasure*, 11.

36. Fulford, *Darling Child*, 253.

37. Longford, *Victoria R.I.*, 411.

38. February 20, 1878, Fulford, *Darling Child*, 283.

39. 在混乱的中心是王室的新成员玛丽,令人尴尬的是,她是一个俄国人。这位俄国沙皇的女儿在 1874 年 1 月 23 日嫁给了坏小子阿菲。维多利亚很快就变得十分喜欢玛丽,称赞她平和的脾气和幽默的性格,尽管连她自己都没明白,为什么会有人真心喜爱她冷淡且有时还十分粗鲁的儿子。维多利亚喜欢那些能让她开怀大笑的人。她在那些年里对自己的儿媳十分同情,在女王与首相抱怨她的祖国时,这位儿媳在英国处境艰难。但玛丽坚忍不拔且令人钦佩,因此她的出身没有人在意。

40. Chapter 8 of Strachey, *Queen Victoria*.

41. February 15, 1878, Fulford, *Darling Child*, 282.

42. 迪斯雷利似乎是在第一次出任首相后开始使用"仙女王"这个词的。Monypenny and Buckle, *Life of Benjamin Disraeli*, 6:150.

43. Ibid., 6:311.

44. Longford, *Victoria R.I.*, 415.

45. St. Aubyn, *Queen Victoria*, 430. 那几个年份分别是 1876、1877 和 1880 年。

46. 参见 Matthew, *Gladstone: 1809–1898*, 267。

47. November 26, 1875, Buckle, *The Letters of Queen Victoria Between 1862 and 1878*, 2:428.

48. Leonard, *The Great Rivalry*, 151.

49. Ibid.

50. Hibbert, *Disraeli*, 296.

51. 这项颇具进步意义的法案在很大程度上是由理查德·克罗斯推动并启发的，他在 1874 年至 1880 年担任具有改革精神的内政大臣。迪斯雷利很高兴将这些改革的功劳揽在自己身上。

52. QVJ, April 2, 1876.

53. QVJ, December 14, 1878.

54. 阿瑟被薇姬描述为 "广受尊敬和喜爱"，并且是一个像他父亲一样的 "模范王子"，他在 1878 年与普鲁士公主露易丝订婚，后者是弗里茨·卡尔（Fritz Carl）的小女儿。维多利亚在听说这份婚约后有些闷闷不乐——事情发生的速度比她希望的要快，她不喜欢普鲁士王室，而且她以为露易丝会更漂亮一些：她的口鼻据说很丑，牙齿也不好。March 12, 1878, Fulford, *Darling Child*, 284.（在回顾维多利亚与薇姬之间对潜在联姻对象的讨论时，两名女性使用的措辞之直白、近乎是商业的态度令人惊讶——就好像他们像良种马一样被人检查齿龈——他们的身体特点被详细剖析。）但在参加婚礼时，维多利亚戴上了长长的白色面纱和 "光之山" 钻石，并且在阿尔伯特去世后首次穿上了宫廷裙裾。

55. QVJ, December 14, 1878.

56. January 3, 1877, Fulford, *Darling Child*, 236.

57. Ibid., 26.

58. QVJ, May 24, 1879.

59. 格莱斯顿对妻子说，维多利亚体重为11石8盎司，"就她的身高来说是挺重的"。St. Aubyn, *Queen Victoria*, 335. See also Bassett, *Gladstone to His Wife*.

60. August 4, 1875, Fulford, *Darling Child*, 187.

61. Ibid., 144.

25　足以杀死任何人

1. Hardie, *Political Influence*, 73.

2. Aronson, *Victoria and Disraeli*, 183.

3. Memorandum by Queen Victoria, April 18, 1880. RA VIC/MAIN/C/34/65.

4. Arthur Ponsonby, *Henry Ponsonby*, 184.

5. Aldous, *The Lion and the Unicorn*, 307.

6. 一旦女王委任了格莱斯顿，他亲吻了她的手，他就被认可为自由党的议会领袖以及首相。

7. Jenkins, *Gladstone*, 438.

8. QVJ, April 23, 1880.

9. QVJ, April 27, 1880.

10. Letter to Henry Ponsonby, April 8, 1880, 引自 St. Aubyn, *Queen Victoria*, 445。

11. Aldous, *The Lion and the Unicorn*, 310.

12. Monypenny and Buckle, *Life of Benjamin Disraeli*, 539.

13. These are trade union statistics, cited in Blake, *Disraeli*, 697.

14. 引自 Ibid., 721。

15. Aldous, *The Lion and the Unicorn*, 296.

16. 参见 Taylor, *The Struggle for Mastery*, 268。

17. 这对维多利亚来说尤其难以接受，因为德兰士瓦布尔人已经在 1881 年的马朱巴山战役中消灭了一支英国军队。(Longford, *Victoria R.I.*, 440.) 她不想看到非洲土著人受到布尔人的控制："一个极为无情而残暴的邻居，事实上就像《汤姆叔叔的小屋》(*Uncle Tom's Cabin*) 中的南方奴隶主一样是压迫者。"(QVJ, July 30, 1881.)

18. 她在 1879 年致信迪斯雷利："如果我们要维持作为一流大国的地位的话，我们必须凭借我们的印度帝国和其他殖民地，持续不断地为某个地方的进攻和战争做好准备。"July 28, 1879, Queen Victoria to Lord Beaconsfield, Buckle, *The Letters of Queen Victoria Between 1879 and 1885*, 3:37–38.

19. QVJ, December 2, 1879.

20. Aldous, *The Lion and the Unicorn*, 299.

21. Aronson, *Victoria and Disraeli*, 184.

22. Blake, *Disraeli*, 474.

23. 迪斯雷利曾在一年前拒绝过维多利亚授予的男爵爵位，却设法为科里争取到了男爵爵位，后者对他而言就像儿子一般。格莱斯顿将这件事比作卡利古拉把自己的爱马任命为执政官。从那以后就有人暗示科里是迪斯雷利的情人，就像他的妻子一样。Kuhn, "Sexual Ambiguity," 16.

24. Aldous, *The Lion and the Unicorn*, 319.

25. Shannon, *Gladstone: Heroic Minister*, 275.

26. Blake, *Disraeli*, 752.

27. QVJ, January 5, 1881.

28. 哈迪（Hardie）写道，这是迪斯雷利的一次"重大过失"："早在安妮女王统治时期，斯威夫特就观察到，众所周知，'在这些场合发表的演讲融合了核心心腹的建议，因此，它们代表了女王陛下的大臣们的观点，以及他自己的观点。'"Hardie, *Political Influence*, 76–77.

29. Ibid., 76, 192–93.

30. Queen Victoria to Lord Granville, June 5, 1880, Buckle, *The Letters of*

Queen Victoria Between 1879 and 1885, 3:108.

31. 薇姬的儿子瓦尔德玛（Waldemar）在 1879 年死于白喉，当时年仅 11 岁。俾斯麦在葬礼那天晚上又考虑不周地举办了一场社交聚会，进一步加剧了薇姬的伤痕。维多利亚悲伤地致信她的女儿："我的心为你流血和伤痛。"她写道："我想知道，你是如何经历像这样可怕的考验和冲击，而生命没有立刻停止的。"

32. Rappaport, *Queen Victoria*, 428.

33. Queen Victoria to Vicky, June 26, 1872, Fulford, *Dearest Child*, 51. 她对薇姬说，女人应该得到"合理的教育"——并且"在合适的时机工作"，但不能"失去性别特征，并且担任医生（除了一个类别外）、律师、选民等。一旦做这些，你就立刻失去了男性保护的价值"。

34. Ibid., 67.

35. Longford, *Victoria R.I.*, 395.

36. 当她发现女儿露易丝与医生伊丽莎白·加雷特——她是英国第一位获得行医资格的女性——安排了一场秘密会见并讨论她的研究后，维多利亚愤怒不已。然而，露易丝却说："发现她如此热衷于自己的工作让我很高兴⋯⋯她能够证明，女性如果全心全意的话可以学到多少东西。"Hawksley, *The Mystery of Princess Louise*, 114.

37. Queen Victoria to Vicky, February 24, 1872, Fulford, *Dearest Child*, 30.

38. Levine, "Venereal Disease." 在见证克里米亚的破坏后，弗洛伦斯·南丁格尔在 1862 年组织了一个卫生委员会来调查性病问题。

39. Walkowitz, *City of Dreadful Delight*, 49.

40. 朱迪丝·沃科维茨（Judith Walkowitz）称，梅毒在维多利亚时代和爱德华时代"极为普遍"，"在中上层阶级和穷人劳工群体中几乎普遍存在"。Walkowitz, *Prostitution and Victorian Society*, 50. 玛丽·卡彭特估计，患病人数约占总人口的 10%。*Health, Medicine, and Society*, 72.

41. Ibid., 73.

42. Pearsall, *The Worm in the Bud*, 278.

43. 对维多利亚时代最伟大的社会改革家之一约瑟芬·巴特勒而言，这种双重标准极为明显，她意识到："人们口中女性得到的原罪比男性要严重得多。"［正如 J·米勒（J. Miller）在 1859 年所指出的，"女性只要跌倒一次，整个社会就会在知晓过失的时刻站到她的对立面。男性习惯性地跌倒许多次，也会去忏悔；社会对他的支持只会发生一点点改变，甚至一点也没有"。J. Miller, *Prostitution Considered in Relation to Its Cause and Cure*（Edinburgh: Sutherland and Knox, 1859），26.］巴特勒遍访英格兰和欧洲的妓院，呼吁进行改革，并且与性工作者交朋友，经常把她们带到自己家里照顾。

44. Wilson, *Eminent Victorians*, 108.

45. Pearsall, *The Worm in the Bud*, 250. "维多利亚时代初期稍微可靠一点的专家之一阿克顿医生（Dr. Acton）表示，成年未婚女性中有十三分之一到十四分之一是不道德的，不过这种说法与其他数据相矛盾。"Ibid., 276. 警方报告中的数字要低得多。

46. 在1846年上半年，伦敦共有56人因梅毒而死。其中有30人是不到一岁的婴儿。Walkowitz, *Prostitution and Victorian Society*, 49.

47. Frith, "Syphilis—Its Early History."

48. Davidson and Hall, *Sex, Sin and Suffering*, 121.

49. Wilson, *Eminent Victorians*, 188.

50. 他说，尽管许多人最终都过上了值得尊敬的生活，但靠出卖自己身体挣钱的女人"比赏金女杀手好不到哪去，犯下的是不受惩罚的罪行"。海明写道，性工作者"毒害了国家的血液"。Bracebridge Hemyng, "Prostitution in London," in Mayhew, *London Labour*, 4:235.

51. 马格努斯（Magnus）在 *Gladstone: A Biography*, 425–26 中写道，格莱斯顿曾在1897年对儿子们说，如果她真的认为有关他与性工作者之间关系的故事属实的话，那么她人真的很好，但他又接着说："我不会信口雌黄，我相信我离开的情形不仅史无前例，而且有着严肃的原因，但这些原因不足以解释这种情形。无论真假，这些说法都一定进入了她的耳朵，在她看来需要（而不仅仅是可以）采取那些已经采取的措施。"马格努斯强调说，尽管女王应该听过部分"虚假的故事"，但"很少有负责任的人能够给出可信的证据，即使是格莱斯顿的死对头也不例外"。当斯坦莫尔勋爵（Lord Stanmore）对格莱斯顿说，女王有可能对他的企图表示怀疑时，他回答说："如果女王对我这么想的话，那么她如此对待我就是正确的。"St. Aubyn, *Queen Victoria*, 446.

52. April 19, 1875, Longford, *Victoria R.I.*, 528.

53. Marlow, *The Oak and the Ivy*, 68.

54. Isba, *Gladstone and Women*, 115.

55. Ibid., 119.

56. Jenkins, *Gladstone*, 100.

57. Ibid.

58. Ibid.

59. Matthew, *Gladstone: 1809–1898*, 425–26.

60. Gladstone Memorandum, March 10 and 11, 1894, Guedalla, *The Queen and Mr. Gladstone*, 1:76.

61. Matthew, *Gladstone: 1809–1898*, 630.

62. Shaw, *Mrs. Warren's Profession*, 181.

63. March 6, 1882, Longford, 446.

64. 需要提到的是：她的哥哥之一、第九代昆斯伯里侯爵（Marquess of Queensberry）称奥斯卡·王尔德是一个"鸡奸者（somdomite）"［众所周知，他拼不对"鸡奸者（sodomite）"这个词］，认为他和自己的儿子阿尔弗雷德·道格拉斯勋爵（Lord Alfred Douglas）有某种关系。王尔德以诽谤罪起诉他，随后发生的法庭审讯——真相就是最好的辩护——导致他破产和名声尽毁。他因为与男性保持关系而被判犯有"有伤风化罪"。出狱后，王尔德去了法国，死于巴黎的阿尔萨斯酒店。

65. Dixie, *Gloriana*, 129–30.

66. *Pall Mall Gazette*, March 19, 1883. 还可参见 *Aberdeen Weekly Journal*, March 19, 1883。

67. Cullen, *The Empress Brown*, 201.

68. Ibid., 204.

69. Queen Victoria to Viscount (later Earl of) Cranbrook, Windsor, March 30, 1883. Grosvenor, "Dear John." 维多利亚对这件事写得很详细："或许，在历史上从未有君主与仆人之间存在过如此强烈和真挚的依恋、如此温暖和充满爱的友谊，［上文中"君主与仆人之间"这个词据信是后来加上去的］，而这存在于她和亲爱而忠诚的布朗之间。性格的强大以及身躯的力量——最无畏的正直、善良、正义感、诚实、独立和无私，加上温暖温柔的内心，以及始终保留的来自生命早期的平凡的淳朴，让他成为我所认识的最非凡的男人之一——而且女王感觉，在被剥夺了自己如此需要的一切后，她的第二次生命正变得极具考验和悲伤。"

70. QVJ, August 7, 1883.

71. Lord Hallam Tennyson to Victoria, Isle of Wight, October 22, 1892. RA, VIC/MAIN/R/44/ 14. 女王给丁尼生勋爵的儿子写了一封信，询问他父亲的死，丁尼生的儿子在回信中说："我冒昧补充一句，在访谈结束时，他对我说：'在我与女王分别时，我的眼中噙满热泪，因为她如此温柔，又如此孤独（lonely）。'"［这里也有可能是"可爱"（lovely）；这个单词很难看清，但原文中的"n"与丁尼生勋爵字迹中的其他"n"很接近。］

72. Cullen, *The Empress Brown*, 204.

73. Henry Ponsonby to Queen Victoria, February 28, 1884. RA, VIC/ADDA12/902.

74. Queen Victoria to Henry Ponsonby, February 23, 1884, RA, Add. A/12/899. See also Kuhn, *Henry and Mary Ponsonby*, 220–21.

75. 这些书还有其政治目的，有效地让那些指责她在政治上干预太多或者持有偏见的人闭了嘴：她只不过是一个在苏格兰的山丘之中闲逛的王室妇女而已。

76. "Kenward Philip," *John Brown's Legs or Leaves from a Journal in the Lowlands*, dedicated to "the Memory of those extraordinary Legs, poor bruised and scratched darlings." From Longford, *Victoria R.I.*, 460.

77. Bell, *Randall Davidson*, 94.

78. Cullen, *The Empress Brown*, 216.

79. Queen Victoria to Vicky, January 2, 1884, Fulford, *Beloved Mama*, 155.

80. Queen Victoria to Vicky, March 26, 1884, Ibid., 162.

81. Kerr, "The Fortunes of Haemophiliacs," 359–60.

82. Bennett, *Queen Victoria's Children*, 124.

83. Footnote 66 in Kerr, "The Fortunes of Haemophiliacs," cites "Editorial Prince Leopold," *British Medical Journal* 1 (1868): 148.

84. Potts and Potts, *Queen Victoria's Gene*, 51.

85. Walker, "On Haemophilia," 605–7.

86. Rushton, "Leopold: The 'Bleeder Prince,' " 487.

87. Kerr, "The Fortunes of Haemophiliacs," 367.

88. Legg, *A Treatise on Haemophilia*.

89. Rushton, "Leopold: The 'Bleeder Prince,' " 486.

90. Potts and Potts, *Queen Victoria's Gene*, 48.

26 "钢铁碰撞"：女王与格莱斯顿先生

1. Vovk, *Imperial Requiem*, 61.

2. Jenkins, *Gladstone*, 511.

3. Longford, *Victoria R.I.*, 467.

4. Zetland, *Lord Cromer*, 110.

5. Gordon, *The Journals*, 59.

6. 到 9 月时，他已经称他"相当疯狂"了。Jenkins, *Gladstone*, 212.

7. Queen Victoria to Vicky, Windsor Castle, February 20, 1884, Fulford, *Beloved Mama*, 159.

8. 她还指示他烧掉她"非常私密"的信件。她还给他的妻子沃尔斯利夫人下达了类似的命令。"威胁如果他没有得到强劲支持就辞职。我给你的暗示永远不能公之于众，沃尔斯利勋爵也永远不能对外透露。但我真的觉得他们必须被吓一吓。"May 28, 1885, Buckle, *The Letters of Queen Victoria Between 1879*

and 1885, 3:619.

9. Queen Victoria to Vicky, February 27, 1884, Fulford, *Beloved Mama*, 160.

10. Cited in Hibbert, *Queen Victoria: A Personal History*, 371.

11. 维多利亚在听说戈登被抓后，于 1885 年 2 月 7 日致信薇姬，称格莱斯顿是一个"老罪人"，并哭喊："我们一如既往的太晚了，而我作为国家元首要去承受耻辱。" Fulford, *Beloved Mama*, 182.

12. Queen Victoria to Vicky, Osborne, February 11, 1885, Ibid., 182.

13. Jenkins, *Gladstone*, 514.

14. Matthew, *Gladstone: 1809–1898*, 400.

15. Seaman, *Victorian England*, 447.

16. Jenkins, *Gladstone*, 501.

17. Kuhn, *Henry and Mary Ponsonby*, 205.

18. Longford, *Victoria R.I.*, 372.

19. 在南部和北部非洲以及中亚地区。Jenkins, *Gladstone*, 501.

20. June 20, 1884, Fulford, *Beloved Mama*, 168.

21. Queen Victoria to Vicky, January 15, 1879, Fulford, *Beloved Mama*, 34.

22. Dyhouse, *Feminism and the Family*, 27.

23. QVJ, July 23, 1885. 她说，她在这次婚礼上受到的感动比另外八个孩子的婚礼都要多，"但是充满自信"。

24. Ibid.

25. Lady Geraldine Somerset, 引自 Hibbert, *Queen Victoria: A Personal History*, 373。

26. Roberts, *Salisbury*, 795.

27. Ibid., 793.

28. Longford, *Victoria R.I.*, 567.

29. Ibid., 461.

30. October 30, 1883, Buckle, *The Letters of Queen Victoria Between 1879 and 1885*, 3:451–52.

31. Queen Victoria to Mr. Goschen, January 27, 1886, RA VIC/MAIN/C/37/158.

32. Memorandum by Queen Victoria, January 28, 1886, RA VIC/MAIN/C/37/163.

33. Queen Victoria to Lord Tennyson, Osborne, July 12, 1885, Hope and Tennyson, *Dear and Honoured Lady*, 120.

34. Lord Tennyson to Queen Victoria, Freshwater, Isle of Wight, July 20, 1885,

Ibid., 121.

35. Queen Victoria to Mr. Goschen, Osborne, January 31, 1886, RA 3/204.

36. Memorandum by General Sir Henry Ponsonby to Queen Victoria, Osborne, January 29, 1886, RA VIC/MAIN/C/37/176.

37. Memorandum by Henry Ponsonby, St. James Palace, London, January 30, 1886, RA VIC/MAIN/C/37/199.

38. Sir Henry Ponsonby to Queen Victoria, St. James, February 3, 1886, RA VIC/MAIN/C/37/228.

39. Telegram from Queen Victoria to Henry Ponsonby, March 2, 1886, RA VIC/MAIN/C/37/239b.

40. Memorandum from Lord Goschen to Queen Victoria, January 29, 1886, RA VIC/MAIN/C/37/192.

41. 早在 1845 年，他就致信妻子："爱尔兰，爱尔兰！那朵西方的阴云，即将来临的暴雨。" Jenkins, *Gladstone*, 276.

42. 至关重要的是，他还在爱尔兰引入了秘密投票。

43. Samuel Clark, *Social Origins of the Irish Land War* (Princeton, N.J.: Princeton University Press, 1979), 120.

44. Longford, *Victoria R.I.*, 446.

45. QVJ, July 9, 1880.

46. 她写道，暴力行为如此严重，尤其是针对地主的暴力行为，以至于甚至可能 "有必要实施宵禁"。(QVJ, December 11, 1880.) 她还鼓励爱尔兰首席大臣 (Chief Secretary to Ireland) 福斯特 (Forster) 在没有得到充足资源以遏制 "非法行为和恐怖主义" 的情况下以辞职相威胁。(QVJ, December 16, 1880.) 四个月后，格莱斯顿引入了《高压统治法》(Coercion Act)，该法律暂时中止了人身保护权，于是那些涉嫌犯罪活动的人可以未经审判就遭到逮捕。在扩大警察权力的同时，格莱斯顿还引入法律，帮助贫穷农民摆脱了逾期债款的烦恼。

47. Kuhn, *Henry and Mary Ponsonby*, 208–9.

48. Queen Victoria to William Gladstone, Osborne, February 4, 1886, RA VIC/MAIN/C/37/240.

49. QVJ, February 3, 1886.

50. QVJ, May 6, 1886.

51. Letter from Gladstone, May 8, 1886, excerpted in QVJ, May 8, 1886.

52. Matthew, *Gladstone: 1809–1898*, 508.

53. QVJ, July 20, 1886.

54. QVJ, February 1, 1886.

55. Matthew, *Gladstone: 1809–1898*, 558.

56. Arthur Ponsonby, *Henry Ponsonby*, 80–81.

57. 塞缪尔·约翰逊听一个朋友说，在一场贵格会教徒的聚会上听到了一名女性在讲道。他说："先生，一个女性来讲道就像是一条狗用后腿走路一样。这样做是做不好的；不过光是能做到，就会让你感到惊讶了。"July 31, 1768, Boswell, *The Life of Samuel Johnson*, 405.

58. Gosse, "The Character of Queen Victoria," 333. 他接下去写道："她自认为在职业上是整个国家机器运转的中心。这种意识，这种或许甚至有些荒诞不经的对自身不可或缺性的信念，极大地帮助她每天保持了极高强度的工作状态。而且渐渐地，她让公众的想象力为她着迷。"Ibid., 337.

59. Creston, *The Youthful Queen Victoria*, 5.

60. Brett, *Journals and Letters*, 1:74："女王在会议期间有好几次向大臣们表示异议，而且我必须承认，每一次我都觉得她的干预是有道理的。她总是在内阁的权威面前屈服，但她并不总是对单个大臣的意见妥协。格莱斯顿对待她十分无理，断言说，如果看到她像她的伯伯们那样把政府关门的话，他一点也不会感到吃惊。"

61. Bagehot, *The English Constitution*, 48.

62. Ibid., 60.

63. 还可以说，白芝浩的构想是在乔治五世国王统治期间巩固下来的。参见 Heffer, *Power and Place*, 463。

64. Bagehot, *The English Constitution*, 37.

65. Ibid., 41.

66. Ibid., 54.

67. Ibid., 65.

68. Ibid., 57.

69. Hardie, *Political Influence*, 91–92.

70. Longford, *Victoria R.I.*, 516.

71. Martin, *The Prince Consort*, 2:445.

72. Aronson, *Victoria and Disraeli*, 192.

73. Ibid., 565.

74. Jenkins, *Gladstone*, 468–69.

75. Jenkins, *Dilke: A Victorian Tragedy*, TK.

76. Buckle, *The Letters of Queen Victoria Between the Years 1879 and 1885*, 3:241.

77. Ibid., 395.

78. Bahlmann, *The Diary of Hamilton*, 486–87.

79. Kuhn, *Henry and Mary Ponsonby*, 202.

80. Gladstone to Samuel Smith, April 11, 1892, 引自 Bell and Offen, *Women, the Family, and Freedom*, 2:224。

27 头戴软帽的君主

1. Arthur Ponsonby, *Henry Ponsonby*, 79.

2. Ibid.

3. Williams, *Becoming Queen*, 343.

4. Housman, *The Unexpected Years*, 220.

5. *Illustrated London News*, June 25, 1887.

6. Ibid., July 9, 1887, 38.

7. Pearce et al., "Queen Victoria's Golden Jubilee," 597.

8. Rusk, *Reign of Queen Victoria*, 304.

9. *Illustrated London News*, July 2, 1887.

10. Ibid.

11. 参见 qni.org.uk/about_qni/our_history。

12. December 11, 1887, 引自 Longford, *Victoria R.I.*, 497。

13. 引自 Ridley, *Bertie*, 248。

14. 萨塞克斯大学荣誉历史教授约翰·勒尔也认为威廉在少年时代曾对母亲有过性幻想，表现在他的性梦中，当她没有对他的渴望或者不恰当的言辞给出回应时，这种性梦就让他对母亲产生仇恨。参见 independent.co.uk/news/uk/home-news/kaiser-wilhelm-iis-unnatural-love-for-his-mother-led-to-a-hatred-of-britain-8943556.html。

15. Corti, *The English Empress*, 259.

16. Pakula, *An Uncommon Woman*, 471.

17. Fulford, *Beloved and Darling Child*, 64.

18. Corti, *The English Empress*, 266.

19. Pakula, *An Uncommon Woman*, 470.

20. Vovk, *Imperial Requiem*, 61.

21. 维多利亚在 1888 年 4 月 25 日的日记中写道："我请求俾斯麦亲王支持可怜的薇姬，他向我保证说他会的，还说她的命运很艰难。"

22. Pakula, *An Uncommon Woman*, 483.

23. Corti, *The English Empress*, 280.

24. Ibid., 301.

25. Pakula, *An Uncommon Woman*, 439.

26. Hibbert, *Queen Victoria: A Personal History*, 388.

27. Pakula, *An Uncommon Woman*, 441.

28. Emperor William II to Sir Edward Malet, June 14, 1889, Buckle, *The Letters of Queen Victoria Between 1879 and 1885*, 3:504.

29. Statement of the Empress Frederick, 1888, in Corti, *The English Empress*, 293.

30. Pakula, *An Uncommon Woman*, 457.

31. Kronberg Letters, July 6, 1892. Cited in Longford, *Victoria R.I.*, 518.

32. Jackson, *Harcourt and Son*, 213.

33. QVJ, August 15, 1892.

34. Windsor Castle, March 3, 1894, Buckle, *The Letters of Queen Victoria Between 1886 and 1901*, 2:372-73.

35. Magnus, *Gladstone: A Biography*, 425-26.

36. QVJ, March 3, 1894.

37. March 10, 1894. Matthew, *Gladstone: 1809-1898*, 610.

38. Ibid.

39. 当约克公爵与夫人生下了一名婴儿，即后来的爱德华八世（随后成为温莎公爵）时，维多利亚第一次产生了这样的想法："有三个直系继承人，君主还活着。"其他的欧洲王室联姻包括：普鲁士的索菲公主（薇姬的女儿）嫁给了希腊国王康斯坦丁一世；毛德公主（伯蒂的女儿）嫁给了丹麦的卡尔王子；玛丽公主（阿尔弗雷德的女儿）嫁给了罗马尼亚的费迪南德；康诺特的玛格丽特公主（阿瑟的女儿）嫁给了瑞典的古斯塔夫·阿道夫王子；以及维多利亚·尤金妮公主（比阿特丽斯的女儿）嫁给了西班牙国王阿方索十三世。

40. 她和丈夫尼古拉二世在 1917 年遭到囚禁，后来在监狱的地下室里被处决。阿利克斯对拉斯普京的诡异依赖激怒了饥饿的俄国农民，拉斯普京是一个负责照顾她患有血友病的儿子的隐士。她背对枪口，临死前在胸前画了一个十字。希腊东正教会在 2000 年将她封为圣徒。

41. QVJ, June 23, 1887.

42. QVJ, June 28, 1887.

43. QVJ, August 11, 1888.

44. QVJ, August 30, 1887.

45. QVJ, November 2, 1888.

46. 当维多利亚设立印度之星勋章和大英帝国勋章时，她坚持要求勋章上不能带有任何基督教的符号，好让她的印度教和穆斯林臣民也能接受这些勋章。

47. Reid, *Ask Sir James*, 137.

48. Ibid., 133.

28 "可怜的孟希"

1. Reid, *Ask Sir James*, 132.

2. 弗里茨·庞森比——亨利的儿子，当时是王室里的下级侍从——关于卡里姆·阿卜杜勒，April 27, 1897, Longford, 539.

3. Reid, *Ask Sir James*, 143.

4. Ibid., 154.

5. Ibid., 139.

6. Ibid., 140.

7. QVJ, October 23, 1891.

8. January 6, 1888, Balliol College, Marie Mallet Archives Lady in Waiting, Mallet V 1–11. Envelope marked "Mallet V i. First Waiting as Maid of Honor, 1887, Letters to her Mother."

9. Arthur Ponsonby, *Henry Ponsonby*, 131.

10. Reid, *Ask Sir James*, 139.

11. Longford, *Victoria R.I.*, 509.

12. Reid, *Ask Sir James*, 139.

13. Ibid., 138.

14. Ibid., 132.

15. Longford, *Victoria R.I.*, 508.

16. Letter from Fritz Ponsonby about Karim Abdul, April 27, 1897.

17. Reid, *Ask Sir James*, 144.

18. Ibid., 146.

19. Ibid.

20. King, *Twilight of Splendor*, 201.

21. Hawksley, *The Mystery of Princess Louise*, 269.

22. Reid, *Ask Sir James*, 153.

23. Ibid., 152.

24. 马修 (*Gladstone: 1809–1898*, 610) 在 1896 年强调说，这个梦"也许有性的成分，因为他记载了有过'有关如何以及在哪里进入的小小不安'。他曾在 1839 年用过'待进入'（reserved for access）一词来描述自己在婚姻方面的童贞

（参见 14 June 39）"。在 1896 年年底，他还发表了一份私下声明——《宣言》（*Declaration*）——谈及"我相信曾经一度流传的流言蜚语"，而当时他没有办法出面为自己辩护。他在上帝面前宣称"我在生命中任何时候都没有犯下对婚姻不忠的行为"。这份发表于 1896 年 12 月 7 日的宣言全文如下：

> 关于我相信曾经一度流传的流言蜚语，尽管我不知道曾经流传到何种程度；而且鉴于当时我无法出面为自己辩护；我希望在此记录我在上帝以及他的审判席面前的严正声明和保证，那就是我在生命中任何时候都没有犯下对婚姻不忠的行为。我坚决否认这一点，我还与我亲爱的儿子斯蒂芬分享了这一观点，他既是我现在年纪最大的儿子，也是我的牧师。他将有权决定如何保存或者使用这一声明，除非必要——尽管这种可能性不大——否则应当私下保存；而且无论如何，应当让他的弟弟们知晓。

29　钻石帝国

1. Cecil, *Life of Robert, Marquis of Salisbury*, 3:191.

2. 1896 年 11 月 23 日，维多利亚在日志中写道："今天是我的统治时间超过以往任何一位英格兰君主的日子。"

3. Moyle, *Constance*, 302.

4. Morris, *Heaven's Command*, 534.

5. Homans and Munich, *Remaking Queen Victoria*, 49.

6. Longford, *Victoria R.I.*, 548.

7. Arnstein, "Queen Victoria's Diamond Jubilee," 594.

8. Gosse, "The Character of Queen Victoria," 310. 需要提到的是，不是所有人都被迷住了。托马斯·哈迪（Thomas Hardy）为了避开人群逃到了瑞士。(Tomalin, *Thomas Hardy*, 269.) 甚至有报道称出现了丑陋的下流言辞。在卡姆登，一个爱说笑的人在教区会议上表示，"仁慈的女王陛下多年来对国家十分有用，为了缅怀她，我们应该要一样能够继续在这里对我们有用的东西。而在卡姆登，我们现在最想要的是一个公用尿壶"。随后爆发出了哄堂大笑，直到教区牧师要求提出下一个建议才停下来。(Housman, *The Unexpected Years*, 219.)

9. McDonald, *Nightingale on Society and Politics*, 5:427.

10. 这段内容来自 1899 年 5 月 24 日一篇未出版的日记，引自 Arnstein, "Queen Victoria's Diamond Jubilee," 20。他将这段引文的来源归于乐卓博大学的伊冯娜·M. 沃德。阿恩斯坦认为，大多数人都没有感觉到德国口音——不过其他人有不同意见。

11. Fulford, *Your Dear Letter*, 315.

12. Ward, "*Editing Queen Victoria*," 266-7. 埃德蒙·戈斯爵士在 1901 年这样描写维多利亚女王："在她的个人特质中，微笑是最为值得注意的。它在她的权力中发挥了很大的作用，体现了她将自己引人注目的本能转化为实际行动的能力。没有任何人的微笑与它有一丝相像，而在她公开出来的肖像中，也没有任何肖像在她去世后捕捉到了这种微笑的影子。尤其是在照相机的邪恶诅咒下，这种微笑完全消失了，那些从未看过它的人完全想象不到它能以何种令人惊异的方式点亮和提振年老女王的面部线条。" Gosse, "The Character of Queen Victoria," 315.

13. Arnstein, "Queen Victoria's Diamond Jubilee," 199.

14. *Illustrated London News*, June 21, 1897.

15. Neville, *Mussolini*, 19.

16. Lee, *Queen Victoria*, 523. 维多利亚还接见了钻石大亨塞西尔·罗兹（Cecil Rhodes），却显然一点也没有理解后者的生意内容究竟是什么。在他讲述钻石矿井和钻石的处理过程时，她仔细聆听，几乎入了迷，他也对她如此了解南非感到十分吃惊。

17. QVJ, March 18, 1891.

18. 当伯蒂 1891 年在一栋乡间别墅里与朋友玩纸牌赌博时，其中一个人威廉·卡明爵士（Sir William Cumming）被发现出老千。在后来的法庭审讯中，伯蒂作为证人被传唤出庭。作为威尔士亲王，竟然卷入这种败坏名声的事情中，被认为是可耻的，但维多利亚仍然对他十分支持。

19. 清晨穿越格林公园回家途中，年轻的马尔堡公爵夫人、美国人孔苏埃洛（Consuelo）失望地发现"人类的渣滓"正躺在草坪上。"那些人太过沮丧、意志消沉，找不到工作，也没有人施舍，只能浑身湿透、精神恍惚地躺在地上。" From Ridley, *Bertie*, 326.

20. QVJ, July 31, 1900.

21. QVJ, August 2, 1900.

22. March 27, 1898, Buckle, *The Letters of Queen Victoria Between 1886 and 1901*, 3:TK.

23. Sir Arthur Bigge to Queen Victoria, Buckle, *The Letters of Queen Victoria Between 1886 and 1901*, 3:362.

24. 鲍尔弗在索尔兹伯里勋爵患病期间负责掌管外交部。他的官方头衔是首席财政大臣。

25. Pakenham, *The Boer War*, 245.

26. Jerrold, *The Widowhood of Queen Victoria*, 439.

27. Cecil, *Life of Robert, Marquis of Salisbury*, 3:191.

28. Queen Victoria to Mr. Balfour, February 4, 1900; Parkhouse, *Memorializing the Anglo-Boer War*, 555.

29. Queen Victoria to the Marquis of Salisbury, February 11, 1900, Buckle, *The Letters of Queen Victoria Between 1886 and 1901*, 3:485.

30. Queen Victoria to the Marquis of Lansdowne, January 30, 1900; Parkhouse, *Memorializing the Anglo-Boer War*, 555.

31. QVJ, December 31, 1900.

32. Reid, *Ask Sir James*, 197.

33. Ibid., 198.

34. 维多利亚曾经对英国人对待俘虏的文明方式引以为豪。然而，当她听说有成百上千的囚犯遭到虐待时，她写道："对待囚犯的方式十分可耻而不人道。"她在1900年6月13日指示兰斯多恩勋爵向罗伯茨勋爵提出抗议，并指出英国人以前是如何优待战俘的。Buckle, *The Letters of Queen Victoria Between 1886 and 1901*, 3:562.

35. Mr. Chamberlain to Sir Alfred Milner, April 3, 1900, Ibid., 3:520.

36. Lord Roberts to Queen Victoria, April 15, 1900, ibid, 3:528.

37. Doyle, *The Great Boer War*, 259–60. See gutenberg.org/files/3069/3069-h/3069-h.htm.

38. Van Wyk Smith, "The Boers and the Anglo-Boer War," 429–46.

39. Reid, *Ask Sir James*, 203. 里德医生十分担心，以至于在维多利亚最终病情危重之际，他一度决定不告诉她伯蒂就在那里。未被公布的还有维多利亚给里德的另外一些指示，她在指示中说，只希望里德——还有她提出的其他几名医生，再加上比阿特丽斯或者"我的其他年轻女儿之一或者康诺特公爵"——来照顾她。她说，"不管是我的大儿子，还是我的任何大臣，都不能下达任何违反这些指示的命令"。Sir James Reid, notebooks, vol. 20 (1897–98), Reid Family Archives, Lanton Tower, Lanton.

40. Sir James Reid: "Pencil notes of what occurred during the last days of Queen Victoria's life and at her death." January 21, 1901, Reid Family Archives, Lanton Tower, Lanton.

41. Weintraub, *Victoria*, 632.

42. 她在给伯蒂和比阿特丽斯的指示中写了她对自己葬礼的希望：

> 我希望我的遗体除了自己的女性侍女外任何人都不能触碰，除她们之外任何人都不行——要在那些在我生命中一直并密切陪伴我的人（或者私人侍

从）的协助下。

　　我希望我的遗体得到我忠实侍从的看守，他们只能帮助将我放进灵柩内。我希望这些私人侍从中包括我的印度侍从，只要他们不因为宗教信仰而被阻止履行这些职责。他们的温柔以及对我的照顾令人称赞不已，而我现在行动不便，需要这么多帮助。

October 25, 1897. RA, VIC/MAIN/F/23/1–9a.

43.　Reid, *Ask Sir James*, 203.

44.　Ibid., 204.

45.　Ibid., 196.

46.　Ibid., 206.

47.　Packard, *Victoria's Daughters*, 309.

48.　Reid, *Ask Sir James*, 211.

49.　January 22, 1901, 4 p.m. 签署人：詹姆斯·里德，医师；道格拉斯·鲍威尔，医师；诺曼·巴洛，医师。RA VIC/MAIN/F/23/25.

50.　当时明显掌控着一切的里德是告诉伯蒂应该这么做的人。据他说，所有王室成员都在床边与他握了手，随后，伯蒂感谢他为女王所做的一切。需要提到的是，里德在帮助护士处理她的遗体时，发现了她患有腹疝和子宫下垂。Reid, *Ask Sir James*, 212.

30　维多利亚时代落幕：“街道上呈现出奇特的景象”

1.　Corelli, *The Passing of a Great Queen*, 3.

2.　January 19, 1901. Benson Diary, Magdalene College Library, Cambridge, vol. 5, 1900–1901, 130.

3.　Baring, *The Puppet Show of Memory*, 215–16.

4.　Housman, *The Unexpected Years*, 221.

5.　比阿特丽斯·韦伯（Beatrice Webb）发表的评论，援引 Wolffe, *Great Deaths*, 242。

6.　“我敢肯定我们的内心今天都心系一件事，想念着我们亲爱的女王母亲，人民的母亲，尽职尽责、一片虔诚、勇气可嘉的女王。我感觉就好像失去了一个亲爱的朋友。每个人都在哭泣，每个人的百叶窗都拉了下来。这是真正的、令人感同身受的悲伤。我敢肯定，欧洲大陆上的人无法理解我们所感受到的悲痛，但这种蔓延在她整个帝国的爱与悲伤的电流多么美好啊。”Jordan, *Josephine Butler*, 285。

7. Edel, *Henry James: Selected Letters*, 328-29.

8. Bostridge, *Florence Nightingale*, 518.

9. Nicholson, *A Victorian Household*, 184.

10. Corelli, *The Passing of a Great Queen*, 46-48.

11. January 26, 1897, Instructions for Burial, RA, VIC/MAIN/F/23/1-9a, 12-16, 18-37.

12. January 26, 1897, Memorandum by Queen Victoria. RA, VIC/MAIN/F/23/1-9a, 12-16, 18-37.

13. Sir James Reid, notebooks, vol. 2 (1881-83), Reid Family Archives, Lanton Tower, Lanton.

14. 这些指示被一直保存在她女仆的口袋里，如今保存在詹姆斯·里德爵士的档案中，这位医生一直陪伴维多利亚到她去世。皇家档案馆曾试图获得这份文件，好让它与维多利亚的其他档案一起被私密地保管起来，但没能获得成功。

15. 里德仔细地记载了她死亡的细节。里德夫人说，维多利亚对他说的最后几个字是："我会做你喜欢的任何事。"Susan Reid to Mary, i.e., Mrs. John F. Reid, January 26, 1901, Reid Family Archives, Lanton Tower, Lanton.

16. Susan Reid to Mrs. Reid, January 25, 1901, Reid Family Archives, Lanton Tower, Lanton.

17. RA, VIC/MAIN/F/23/32：一则来自1901年2月2日《泰晤士报》的剪报："今天，纽约的金融和商业交易所关门歇业，以表示尊敬和同情……纽约的繁忙生活出现了停顿。"

18. Wolffe, *Great Deaths*, 229.

19. Ibid.

20. Ibid., 230.

21. Ibid., 231.

22. Wells, *Experiment in Autobiography*, 27.

23. Jordan, *Josephine But-ler*, 285.

24. 引自 Longford, *Victoria R.I.*, 504。

25. 引自 Rappaport, *Queen Victoria*, 426。

26. Greenwood, *Queen Victoria*, 390-91.

27. *Reynolds Newspaper*, January 27, 1901. Cited in Rappaport, *Queen Victoria*, 430; Williams, *The Contentious Crown*, 145.

28. October 25, 1897. RA, VIC/MAIN/ F/23/1-9a.

29. QVJ, March 6, 1873.

30. Craig, "The Crowned Republic?," 173.

31. QVJ, September 26, 1848.
32. G. K. Chesterton, "Queen Victoria," 234.
33. May 24, 1897, Duff, *Queen Victoria's Highland Journals*, 223.
34. October 25, 1897, RA, VIC/MAIN/F/23/1-9a.
35. Housman, *The Unexpected Years*, 370.
36. 里德医生指出，在女王奄奄一息之时，"心脏的活动仍然稳定，一直维持到了最后一刻"，尽管她身体很虚弱，而且"大脑疲惫"。他说，尽管有过古怪的走神，但她的神志并没有昏迷，证据是她一直到去世的几分钟前仍然认得几位家人。Sir James Reid, Medical Report, January 23, 1901, Reid Family Archives, Lanton Tower, Lanton.

文　献

在撰写这本书的过程中，我参考了许多材料，包括手稿集、档案等，并造访了英格兰、美国、德国和澳大利亚的许多图书馆。在位于英格兰伯克郡温莎城堡的皇家档案馆里，我阅读了维多利亚与她的丈夫、子女、首相、秘书、大臣、朋友以及王室成员之间的通信。我多次穿行于怀特岛奥斯本宫以及温莎城堡、白金汉宫和苏格兰的巴尔莫勒尔城堡里她曾经居住的房间。奥斯本宫自从维多利亚去世后几乎没有发生过变化，仍然摆满了纪念品，以及婴儿四肢的雕塑、儿童的毛发，还有一对富有的年轻夫妇委托画家创作的画作。

维多利亚留下了数百万字的文字。对研究者而言值得欣喜的是，她的日记如今已经能够在网络上访问到了。一个世纪前，编辑她的信件的艰巨工作是由阿瑟·克里斯托弗·本森以及伊舍子爵完成的，乔治·厄尔·巴克尔（George Earle Buckle）后来接过了他们的工作。她写给长女的信被保存在德国法兰克福附近的弗里德里希斯霍夫（Friedrichshof），由黑森家族的家族基金会负责保管。罗杰·富尔福德（Roger Fulford）在 1964 年至 1981 年一直在编辑这些信件；阿加莎·拉姆（Agatha Ramm）在 1991 年出版了最后一卷。

其他材料源自以下收藏：

Aberdeen Papers, British Library Manuscripts Collection, St. Pancras, London

Althorp Papers, Correspondence with Sir Henry Ponsonby, Private Secretary to Queen Victoria, many on behalf of the Queen, British Library

Ayrton papers, British Library

Arthur Benson Diary, Magdalene College Library, Cambridge England.

British Library Newspaper Collections, Colindale Avenue, London, England

Diaries of Lady Katherine Clarendon, Clarendon Papers, MSS Eng. E. 2122-5, Bodleian Library Special Collection

Conroy Family Collection Papers, Balliol College, Oxford

Lord Cross papers, British Library

Benjamin Disraeli correspondence with Queen Victoria, Western Manuscripts, MSS Disraeli, NRA 842 Disraeli, Bodleian Library Special Collection

Empress Frederick Letters, Kurhessische Hausstiftung, Schloss Fasanerie, Eichenzell, Germany

Ernest II, Duke of Saxe-Coburg, Staatsarchiv Coburg, Germany

Gladstone Papers, including correspondence with Queen Victoria and her private secretaries 1845–94, British Library

Sir William Harcourt, Correspondence with Queen Victoria 1880–81, MS Harcourt dep. 365; and 1882–83, MS Harcourt dep. 2 Bodleian Library Special Collection

Archives of Princess Dorothea von Lieven, British Library Manuscript Collections

Princess Dorothea von Lieven letters to Marie Mallet Repository, Balliol College, Oxford

Marie Mallet Archives, Lady in Waiting, Balliol College, Oxford

Morier Family Papers, K1/4/4, 1866–72, Queen Victoria's letters to General Peel, Balliol College, Oxford

Nightingale Papers Vol XII, Add. MSS 45750, British Library

Peel Papers, British Library

Queen Victoria Collection, Kensington Palace, London, England

Queen Victoria's "Album Consolativum," British Library

James Reid Papers, Reid Family Archives, Lanton Tower, Lanton, Scotland

Yvonne Ward, PhD dissertation, "Editing Queen Victoria: How Men of Letters Constructed the Young Queen," Borchardt Library at La Trobe University in Bundoora, Australia

Lady Waterpark's diary as Lady in Waiting to Queen Victoria, 1865–1891, British Library

Women's Suffrage file, Add. 74952, Jubilee appeal: 1897, British Library

期刊文章

Anderson, Nancy Fix. "Cousin Marriage in Victorian England." *Journal of Family History* 11, no. 2 (September 1986): 285–301.

Arnstein, Walter L. "Queen Victoria's Diamond Jubilee." *The American Scholar* 66, no. 4 (Autumn 1997): 591–97.

Baker, Kenneth. "George IV: A Sketch." *History Today* 55 (2005). historytoday.com/kenneth-baker/george-iv-sketch.

Beachy, Robert. "The German Invention of Homosexuality." *The Journal of Modern History* 82, no. 4, Science and the Making of Modern Culture (December 2010): 801–38.

Behlmer, George K. "The Gypsy Problem in Victorian England." *Victorian Studies* 28, no. 2 (1985): 231–53.

Berridge, Virginia. "Queen Victoria's Cannabis Use: Or, How History Does and Does Not Get Used in Drug Policy Making." *Addiction Research and Theory* 11 (2003): 213–15.

Brown, Catherine. "Henry James and Ivan Turgenev: Cosmopolitanism and Croquet." *Literary Imagination* 15, no. 1 (2013): 109–23. doi:10.1093/litimag/imt014.

Brumberg, Joan Jacobs. "Chlorotic Girls, 1870–1920: A Historical Perspective on Female Adolescence." *Child Development* 53 (1982): 1468–77. doi:10.2307/1130073.

Craig, David M. "The Crowned Republic? Monarchy and Anti-Monarchy in Britain, 1760–1901." *The Historical Journal* 46, no. 1 (March 2003): 167–85. doi:10.1017/S0018246X02002893.

DeLuca, Geraldine. "Lives and Half-Lives: Biographies of Women for Young Adults." *Children's Literature in Education* 17, no. 4 (1986): 241–52.

Demos, John, and Virginia Demos. "Adolescence in Historical Perspective." *Journal of Marriage and Family* 31 (1969): 632–38. doi:10.2307/349302.

Evans, Richard J. "The Victorians: Empire and Race." Lecture delivered at Gresham College, April 11, 2011. gresham.ac.uk/lectures-and-events/the-victorians-empire-and-race.

Frith, John. "Syphilis—Its Early History and Treatment Until Penicillin and the Debate on Its Origins." *Journal of Military and Medical Health* 20, no. 4 (December 2012): 49–58. search.informit.com.au/documentSummary;dn=395151977487523;res=IELHEA.

Gosse, Edmund. "The Character of Queen Victoria." *Quarterly Review* 193 (January–April 1901): 301–37.

Grant, Susan-Mary. "New Light on the Lady with the Lamp." *History Today* 52, no. 9 (September 2002): 11–17.

Groneman, Carol. "Nymphomania: The Historical Construction of Female Sexuality." *Signs* 19, no. 2 (1994): 337–67.

Grosvenor, Bendor. "Dear John." *History Today* 55, no. 1 (January 2005).

Heesom, Alan. "The Coal Mines Act of 1842, Social Reform, and Social Control." *The Historical Journal* 24, no. 1 (March 1981): 69–88. doi: http://dx.doi.org/10.1017/S0018246X00008037.

Jay, Elisabeth. "'Mrs. Brown' by Windsor's Other Widow." *Women's Writing* 6, no. 2 (1999): 191–200. doi: 10.1080/09699089900200066.

Kerr, C. B. "The Fortunes of Haemophiliacs in the Nineteenth Century." *Medical History* 7, no. 4 (October 1963): 359–70. doi: 10.1017/S0025727300028829.

King, Kathryn R., and William W. Morgan. "Hardy and the Boer War: The Public Poet in Spite of Himself." *Victorian Poetry* 17, nos. 1 and 2 (Spring–Summer 1979): 66–83.

Kuhn, William. "Sexual Ambiguity in the Life of Disraeli." *Gay and Lesbian Review Worldwide* 13, no. 4 (2006): 16–18.

Larsson, S. Anders. "Life Expectancy of Swedish Haemophiliacs." *Journal of Haematology* 59 (1985): 593–602. doi: 10.1111/j.1365-2141.1985.tb07353.x.

Levine, Philippa. "Venereal Disease, Prostitution, and the Politics of Empire: The Case of British India." *Journal of the History of Sexuality* 4, no. 4 (1994): 579–602.

Linton, E. Lynn. "The Judicial Shock to Marriage." *The Nineteenth Century* 29 (May 1891): 691–700.

Maercker, Andreas, and John Lalor. "Diagnostic and Clinical Considerations in Prolonged Grief Disorder." *Dialogues in Clinical Neuroscience* 14, no. 2 (June 2012): 167–76.

Morton, Tom. "Jewel in the Crown." *Frieze* no. 66 (April 2002).

"Notes of the Month." *Civil Engineer and Architect's Journal* 15 (1852): 159–60.

Pearce, Brian Louis, et al. "Queen Victoria's Golden Jubilee 1887." *Journal of the Royal Society of Arts* 135 (July 1987): 573–97.

Peters, Timothy J., and D. Wilkinson. "King George III and Porphyria: A Clinical Re-Examination of the Historical Evidence." *History of Psychiatry* 21, no. 1 (2010): 3–19.

Plunkett, John. "Of Hype and Type: The Media Making of Queen Victoria 1837–1845." *Critical Survey* 13, no. 2 (Summer 2001): 7–25.

Prigerson, Holly G., et al. "Prolonged Grief Disorder: Psychometric Validation of Criteria Proposed for DSM-V and ICD-11." *PLoS Medicine* 6, no. 8 (August 2009): e1000121. doi: 10.1371/journal.pmed.1000121.

"Protected Cradles." *Household Words*, 2:31 (October 26, 1850): 108–12.

Raven, Thomas F. "The Hæmorrhagic Diathesis." *The British Medical Journal* 1 (November 8, 1884): 686. archive.org/details/britishmedicaljo11884brit.

Reid, Michaela. "Sir James Reid, Bt: Royal Apothecary." *Journal of the Royal Society of Medicine* 94, no. 4 (April 2001), 194–95.

Rushton, Alan R. "Leopold: The 'Bleeder Prince' and Public Knowledge About Hemophilia in Victorian Britain." *Journal of the History of Medicine and Allied Sciences* 67, no. 3 (July 2012): 457–90. doi:10.1093/jhmas/jrr029.

Shaw, George Bernard. "The Ugliest Statue in London." *Arts Gazette* (May 31, 1919).

Shear, M. Katherine, et al. "Complicated Grief and Related Bereavement Issues for DSM-5." *Depression and Anxiety* 28, no. 2 (February 2011): 103–17. doi: 10.1002/da.20780.

Showalter, Elaine, and English Showalter. "Victorian Women and Menstruation." *Victorian Studies* 14, no. 1 (September 1970): 83–89.

St. John, Ian. "Queen Victoria as a Politician." *The Historian* 80 (December 1, 2003).

Tait, Robert Lawson. "Note on the Influence of Removal of the Uterus and Its Appendages on the Sexual Appetite." *The British Gynæcological Journal* 4 (1888): 310–17.

Taylor, Miles. "The 1848 Revolutions and the British Empire." *Past and Present* 166, no. 1 (2000): 146–180. doi:10.1093/past/166.1.146.

Tedford, Barbara Wilkie. "The Attitudes of Henry James and Ivan Turgenev Toward the Russo-Turkish War." *Henry James Review* 1, no. 3 (Spring 1980): 257–61. doi: 10.1353/hjr.2010.0139.

Turner, Trevor. "Erotomania and Queen Victoria: Or Love Among the Assassins?" *BJPsych Bulletin* 14 (1990): 224–27. doi: 10.1192/pb.14.4.224.

Tyrell, Alex. "Women's Mission and Pressure Group Politics in Britain 1825–60." *Bulletin of the John Rylands University Library of Manchester* 63, no. 1 (Autumn 1980): 194–230.

Van Wyk Smith, Malvern. "The Boers and the Anglo-Boer War (1899–1902) in the Twentieth-Century Moral Imaginary." *Victorian Literature and Culture* 31, no. 2 (September 2003): 429–46. doi: 10.17/S1060150303000226.

Walker, John West. "On Haemophilia." *The British Medical Journal* 1 (1872): 605–60.

Ward, Yvonne M. "The Womanly Garb of Queen Victoria's Early Motherhood, 1840–42." *Women's History Review* 8, no. 2 (1999): 277–94. doi:10.1080/09612029900200211.

Weintraub, Stanley. "Exasperated Admiration: Bernard Shaw on Queen Victoria." *Victorian Poetry* 25, nos. 3–4 (Autumn–Winter 1987): 115–32.

图书资料

Ackroyd, Peter. *Dickens*. London: Sinclair-Stevenson, 1990.

Acton, William. *The Functions and Disorders of the Reproductive Organs in Childhood, Youth, Adult Age, and Advanced Life: Considered in Their Physiological, Social, and Moral Relations.* London: Churchill, 1857.

Albert, Harold A. *Queen Victoria's Sister: The Life and Letters of Princess Feodora.* London: Robert Hale, 1967.

Albert, Prince Consort. *The Principal Speeches and Addresses of His Royal Highness the Prince Consort.* London: John Murray, 1862.

Aldous, Richard. *The Lion and the Unicorn: Gladstone vs Disraeli.* London: Pimlico, 2007.

Altick, Richard D. *Victorian People and Ideas.* New York: W. W. Norton, 1973.

Anderson, William James. *The Life of F.M., H.R.H. Edward, Duke of Kent: Illustrated by His Correspondence with the De Salaberry Family, Never Before Published, Extending from 1791 to 1814.* Ottawa, Ont.: Hunter, Rose, 1870.

Arnstein, Walter L. *Queen Victoria.* New York: Macmillan, 2003.

Aronson, Theo. *Heart of a Queen: Queen Victoria's Romantic Attachments.* London: Thistle, 2014.

—————. *Victoria and Disraeli: The Making of a Romantic Partnership.* New York: Macmillan, 1977.

Ashdown, Dulcie. *Queen Victoria's Mother.* London: Hale, 1974.

Ashton, John. *Gossip in the First Decade of Victoria's Reign.* London: Hurst and Blackett, 1903.

Aspinall, A[rthur]., ed., *The Letters of King George IV, 1812–1830.* 3 vols. Cambridge: Cambridge University Press, 1938.

Aston, George, Sir. *His Royal Highness, the Duke of Connaught and Strathearn: A Life and Intimate Study.* London: G. G. Harrap, 1929.

Bagehot, Walter. *The English Constitution.* London: Kegan Paul, Trench, 1888.

Bahlman, Dudley W. R., ed. *The Diary of Sir Edward Walter Hamilton 1880–1885.* 2 vols. Oxford: Clarendon Press, 1972.

Baillie, Albert Victor, and Hector Bolitho, eds. *Letters of Lady Augusta Stanley, a Young Lady at Court, 1849–1863.* London: G. Howe, 1927.

Bamford, Francis, and the Duke of Wellington, eds. *The Journal of Mrs Arbuthnot.* 2 vols. London: Macmillan, 1950.

Baring, Maurice. *The Puppet Show of Memory.* Boston: Little, Brown, 1922.

Barnum, P. T. *The Life of P. T. Barnum: Written by Himself.* London: Sampson Low, 1855.

Bartley, Paula. *Prostitution: Prevention and Reform in England, 1860–1914.* London: Routledge, 2000.

Bassett, A. Tilney, ed. *Gladstone to His Wife.* London: Methuen, 1936.

Basu, Shrabani. *Victoria and Abdul: The True Story of the Queen's Closest Confi-*

dant. Stroud, U.K.: History Press, 2011.

Bauer, Karoline. *Caroline Bauer and the Coburgs.* Edited and translated by Charles Nisbet. London: Vizetelly, 1887.

Belchem, John. "The Waterloo of Peace and Order: The United Kingdom and the Revolutions of 1848." In *Europe in 1848: Revolution and Reform,* edited by Dieter Dowe et al., translated by David Higgins, 242–57. New York: Berghahn Books, 2001.

Bell, G.K.A. *Randall Davidson, Archbishop of Canterbury.* London: Oxford University Press, 1935.

Bell, Susan Groag, and Karen M. Offen, eds. *Women, the Family, and Freedom: The Debate in Documents.* Vol. 2, 1880–1950. Stanford, Calif.: Stanford University Press, 1983.

Bennett, Daphne. *King Without a Crown: Albert, Prince Consort of England, 1819–61.* London: Pimlico, 1983.

———. *Queen Victoria's Children.* London: Victor Gollancz, 1980.

Benson, Arthur Christopher, and Viscount Esher, eds. *The Letters of Queen Victoria: A Selection from Her Majesty's Correspondence Between the Years 1837 and 1861.* 3 vols. London: John Murray, 1907.

Benson, Edward F. *Queen Victoria.* London: Longmans, Green, 1935.

Benson, Elaine. *Unmentionables: A Brief History of Underwear.* New York: Simon and Schuster, 1996.

Berridge, Virginia. *Opium and the People: Opiate Use and Drug Control Policy in Nineteenth and Early Twentieth Century England.* Rev. ed. London: Free Association Books, 1999.

Best, Geoffrey. *Mid-Victorian Britain 1851–75.* London: Fontana, 1985.

Blake, Robert. "Constitutional Monarch: The Prerogative Powers." In *The Law, Politics, and the Constitution: Essays in Honour of Geoffrey Marshall,* edited by David Butler, Robert Summers, and Vernon Bogdanor. Oxford: Oxford University Press, 1999.

———. *Disraeli.* London: Methuen, 1966.

Bloom, Clive. *Victoria's Madmen: Revolution and Alienation.* Basingstoke, U.K.: Macmillan, 2013.

Bloomfield, Georgiana. *Reminiscences of Court and Diplomatic Life.* London: Kegan Paul, Trench, 1883.

Blyth, John. *Caro: The Fatal Passion, the Life of Lady Caroline Lamb.* London: Rupert Hart-Davis, 1972.

Bogdan, Robert. *Freak Show: Presenting Human Oddities for Amusement and Profit.* Chicago: University of Chicago Press, 1990.

Bolitho, Hector. *Albert the Good and the Victorian Reign.* New York: D. Appleton, 1932.

———. *Albert: Prince Consort.* Rev. ed. London: David Bruce and Watson, 1970.

———. *A Biographer's Notebook.* London: Longmans, Green, 1950.

———, ed. *Further Letters of Queen Victoria, from the Archives of the House of Brandenburg-Prussia.* Translated by Mrs. J. Pudney and Lord Sudley. London: Thornton Butterworth, 1938.

———, ed. *The Prince Consort and His Brother: Two Hundred New Letters.* London: Cobden-Sanderson, 1933; New York: Appleton-Century, 1934.

Bolitho, Hector. *The Reign of Queen Victoria.* London: Collins, 1949.

Bondeson, Jan. *Queen Victoria's Stalker: The Strange Story of the Boy Jones.* Stroud, U.K.: Amberley, 2010.

Bostridge, Mark. *Florence Nightingale: The Making of an Icon.* New York: Farrar, Straus and Giroux, 2008.

Boswell, James. *The Life of Samuel Johnson.* London: G. Cowie, 1824.

Boykin, Edward, ed. *Victoria, Albert, and Mrs. Stevenson.* London: Rinehart, 1957.

Bradford, Sarah. *Disraeli.* London: Phoenix, 1982.

Branca, Patricia. *Silent Sisterhood: Middle-Class Women in the Victorian Home.* London: Routledge, 1975.

Brett, Maurice V., ed. *Journals and Letters of Reginald Viscount Esher.* 4 vols. London: Ivor Nicholson and Watson, 1934–1938.

Briggs, Asa. *The Age of Improvement, 1763–1867.* London: Longman, 1993.

———. *Victorian People: A Reassessment of Persons and Themes 1851–1867.* New York: Harper and Row, 1963.

Brumberg, Joan Jacobs. *The Body Project: An Intimate History of American Girls.* New York: Random House, 1997.

Bryson, Bill. *At Home: A Short History of Private Life.* London: Black Swan, 2011.

Buckle, George Earle, ed. *The Letters of Queen Victoria: A Selection from Her Majesty's Correspondence and Journal Between the Years 1862 and 1878.* 2nd ser. 2 vols. London: John Murray, 1926–28 [1862–78].

———, ed. *The Letters of Queen Victoria: A Selection from Her Majesty's Correspondence and Journal Between the Years 1862 and 1885.* 2nd ser. London: John Murray, 1928 [1879–85].

———, ed. *The Letters of Queen Victoria: A Selection from Her Majesty's Correspondence and Journal Between the Years 1886 and 1901.* 3rd ser. 3 vols. London: John Murray, 1930–32.

Caine, Barbara. *Victorian Feminists.* Oxford: Oxford University Press, 1992.

Carlyle, Thomas. *The Collected Letters of Thomas and Jane Welsh Carlyle*. Edited by Brent E. Kinser. Durham, N.C.: Duke University Press, 1970–2016. http://carlyleletters.dukeupress.edu.

Carpenter, Mary Wilson. *Health, Medicine, and Society in Victorian England*. Victorian Life and Times. Santa Barbara, Calif.: Praeger, 2009.

Carroll, Lewis. *Through the Looking-Glass*.

Cavendish, Lady Lucy Caroline Lyttelton. *The Diary of Lady Frederick Cavendish*. Edited by John Bailey. Vol. 2. New York: Frederick A. Stokes, 1927.

Cecil, David. *The Young Melbourne and Lord M*. London: Phoenix Press, 2001.

Cecil, Lady Gwendolen. *Life of Robert, Marquis of Salisbury*. 4 vols. London: Hodder and Stoughton, 1921.

Chambers, James. *Palmerston: The People's Darling*. London: John Murray, 2005.

Charlot, Monica. *Victoria the Young Queen*. Oxford: Basil Blackwell, 1991.

Chesney, Kellow. *The Anti-Society: An Account of the Victorian Underworld*. Boston: Gambit, 1970.

——. *Crimean War Reader*. London: Frederick Muller, 1960.

Chesterton, G. K. "Queen Victoria." In *Varied Types*, 225–34. New York: Dodd, Mead, 1903. Reprint, Rockville, Md.: Wildside Press: 2005. [chapter in a book]

——. *What's Wrong with the World*. New York: Dodd, Mead, 1910.

Clarke, Isabel C. *Shelley and Byron: A Tragic Friendship*. London: Hutchinson, [1934].

Clarke, J. F. *Autobiographical Recollections of the Medical Profession*. London: J. and A. Churchill, 1876.

Clive, Mary, ed. *Caroline Clive: From the Diary and Family Papers of Mrs. Archer Clive, 1801–1873*. London: Bodley Head, 1949.

Colley, Linda. *Britons: Forging the Nation 1707–1837*. London: Vintage, 1996.

Connell, Brian. *Regina vs. Palmerston: The Private Correspondence Between Queen Victoria and Her Foreign and Prime Minister, 1837–1865*. New York: Doubleday, 1961.

Copland, James. *A Dictionary of Practical Medicine*. New York: Harper and Brothers, 1845.

Corelli, Marie. *The Passing of a Great Queen: A Tribute to the Noble Life of Victoria Regina*. New York: Dodd, Mead, 1901.

Cornwallis-West, Mrs. George. *The Reminiscences of Lady Randolph Churchill*. London: Edward Arnold, 1908.

Corti, Egon Caesar. *The English Empress: A Study in the Relations Between Queen Victoria and Her Eldest Daughter, Empress Frederick of Germany*. Translated by E. M. Hodgson. London: Cassell, 1957.

Costello, Con. *A Most Delightful Station: The British Army on the Curragh of Kildare, Ireland, 1855–1922*. Cork, Ire.: Collins Press, 1996.

Cowen, Ruth. *Relish: The Extraordinary Life of Alexis Soyer, Victorian Celebrity Chef*. London: Weidenfeld and Nicolson, 2006.

Creston, Dormer. *The Youthful Queen Victoria: A Discursive Narrative*. London: Macmillan, 1952.

Cullen, Tom A. *The Empress Brown: The Story of a Royal Friendship*. London: Bodley Head, 1969.

Darby, Elisabeth, and Nicola Smith. *The Cult of the Prince Consort*. New Haven, Conn.: Yale University Press, 1983.

Darwin, Charles R. *Evolutionary Writings*. Edited by James A. Secord. Oxford: Oxford University Press, 2010.

———. *Fertilisation of Orchids*. London: John Murray, 1862.

Davenport-Hines, Richard. *Sex, Death, and Punishment: Attitudes to Sex and Sexuality in Britain Since the Renaissance*. London: Collins, 1990.

Davidoff, Leonore, and Catherine Hall. *Family Fortunes: Men and Women of the English Middle Class, 1780–1850*. Rev. ed. London: Routledge, 2002.

Davidson, Roger, and Lesley A. Hall, eds. *Sex, Sin and Suffering: Venereal Disease and European Society Since 1870*. London: Routledge, 2001.

Dekkers, Midas. *Dearest Pet: On Bestiality*. London: Verso, 2000.

Dennison, Matthew. *The Last Princess: The Devoted Life of Queen Victoria's Youngest Daughter*. London: Phoenix, 2007.

Diamond, Michael. *Victorian Sensation*. London: Anthem Press, 2003.

Disraeli, Benjamin. *Benjamin Disraeli Letters: 1860–1864*. Edited by M. G. Wiebe et al. Toronto: University of Toronto Press, 2009.

Dixie, Lady Florence. *Gloriana; Or, The Revolution of 1900*. London: Henry and Company, 1890.

Douglass, Paul. *Lady Caroline Lamb: A Biography*. New York: Macmillan, 2004.

Downer, Martyn. *The Queen's Knight: The Extraordinary Life of Queen Victoria's Most Trusted Confidant*. London: Corgi, 2008.

Doyle, Arthur Conan. *The Great Boer War*. London: Smith, Elder, 1900. gutenberg.org/files/3069/3069-h/3069-h.htm.

Duff, David. *Albert and Victoria*. London: Frederick Muller, 1972.

———. *Edward of Kent: The Life Story of Queen Victoria's Father*. London: Frederick Muller, 1973.

———. *The Shy Princess: The Life of Her Royal Highness Princess Beatrice, the Youngest Daughter and Constant Companion of Queen Victoria*. London: Evans Brothers, 1958.

Duff, David, and Victoria, Queen of Great Britain. *Queen Victoria's Highland*

Journals. Rev. ed. Exeter, U.K.: Webb and Bower, 1980.

Duff, Ethel M. *The Life Story of H.R.H. the Duke of Cambridge.* London: Stanley Paul, 1938.

Dyhouse, Carol. *Feminism and the Family in England, 1880–1939.* New York: Basil Blackwell, 1989.

Dyson, Hope, and Charles Tennyson, eds. *Dear and Honoured Lady: The Correspondence Between Queen Victoria and Alfred Tennyson.* London: Macmillan, 1969.

Ellis, Sarah Stickney. *The Wives of England: Their Relative Duties, Domestic Influence, and Social Obligations.* New York: D. Appleton, 1843.

Erickson, Carolly. *Her Little Majesty: The Life of Queen Victoria.* New York: Simon and Schuster, 1997.

Ernest II. *Memoirs of Ernest II, Duke of Saxe-Coburg-Gotha.* 4 vols. London: Remington, 1888.

Erskine, Mrs. Steuart, ed. *Twenty Years at Court: From the Correspondence of the Hon. Eleanor Stanley, Maid of Honour to Her Late Majesty Queen Victoria, 1842–1862.* London: Nisbet, 1916.

Esher, Reginald Baliol Brett, Viscount, ed. *The Girlhood of Queen Victoria: A Selection from Her Majesty's Diaries Between the Years 1832 and 1840.* 2 vols. London: John Murray, 1912.

Faroqhi, Suraiya et al. *An Economic and Social History of the Ottoman Empire: 1300–1914,* vol. 2, *1600–1914.* Cambridge: Cambridge University Press, 1997.

Farwell, Byron. *Queen Victoria's Little Wars.* New York: Harper, 1972.

Fawcett, Millicent Garrett. *Life of Her Majesty Queen Victoria.* Boston: Roberts Brothers, [1895].

Feuchtwanger, E. J. *Albert and Victoria: The Rise and Fall of the House of Saxe-Coburg-Gotha.* London: Hambledon Continuum, 2006.

Fildes, Valerie. *Wet Nursing: A History from Antiquity to the Present.* Oxford: Basil Blackwell, 1988.

Fisher, Trevor. *Prostitution and the Victorians.* New York: St. Martin's, 1997.

Flanders, Judith. *The Victorian House: Domestic Life from Childbirth to Deathbed.* London: Harper, 2004.

Forster, John. *The Life of Charles Dickens.* 2 vols. (London: Chapman and Hall, 1904.

Fox, Caroline. *Memories of Old Friends: Being Extracts from the Journals and Letters.* Edited by Horace N. Pym. London: Smith, Elder, 1882.

Frost, Thomas. *The Old Showmen, and the Old London Fairs.* London: Tinsley Brothers, 1874.

Fulford, Roger. *George the Fourth.* Rev. and enl. ed. London: Gerald Duckworth, 1949.

———. *The Prince Consort.* London: Macmillan, 1949.

———. *Royal Dukes: The Father and Uncles of Queen Victoria.* New and rev. ed. London: Fontana, 1973.

———, ed. *Dearest Child: Letters Between Queen Victoria and the Princess Royal 1858–61.* London: Evans Brothers, 1964.

———, ed. *Dearest Mama: Letters Between Queen Victoria and the Crown Princess of Prussia 1861–1864.* London: Evans Brothers, 1968.

———, ed. *Your Dear Letter: Private Correspondence of Queen Victoria and the Crown Princess of Prussia 1865–1871.* New York: Scribner, 1971.

———, ed. *Darling Child: Private Correspondence of Queen Victoria and the Crown Princess of Prussia, 1871–1878.* London: Evans Brothers, 1976.

———, ed. *Beloved Mama: Private Correspondence of Queen Victoria and the German Crown Princess, 1878–85.* London: Evans Brothers, 1981.

Gardiner, John. *The Victorians: An Age in Retrospect.* London: Hambledon and London, 2002.

Gardiner, Juliet. *Queen Victoria.* London: Collins and Brown, 1997.

Gill, Gillian. *Nightingales: Florence and Her Family.* London: Sceptre, 2004.

———. *We Two: Victoria and Albert: Rulers, Partners, Rivals.* New York: Ballantine, 2010.

Gillen, Mollie. *The Prince and His Lady: The Love Story of the Duke of Kent and Madame de St. Laurent.* London: Sidgwick and Jackson, 1970.

Goldsworthy, Vesna. *Inventing Ruritania: The Imperialism of the Imagination.* New Haven, Conn.: Yale University Press, 1998.

Goodway, David. *London Chartism, 1838–1848.* Cambridge: Cambridge University Press, 2002.

Gordon, Charles George. *The Journals of Major-Gen. C. G. Gordon, C. B., at Khartoum.* London: K. Paul, Trench, 1885.

Gore, John, ed. *Creevey.* Rev. ed. London: John Murray, 1948.

———, ed. *Creevey's Life and Times: A Further Selection from the Correspondence of Thomas Creevey, Born 1768—Died 1838.* London: John Murray, 1934.

Gorham, Deborah. *The Victorian Girl and the Feminine Ideal.* Canberra: Croom Helm, 1982.

Greenwood, Grace [Sara Jane Lippincott]. *Queen Victoria: Her Girlhood and Womanhood.* New York: John R. Anderson and Henry S. Allen, 1883.

Greville, Charles. *The Great World: Portraits and Scenes from Greville's Memoirs, 1814–1860.* Edited by Louis Kronenberger. Garden City, N.Y.: Doubleday, 1963.

———. *The Greville Memoirs.* Rev. ed. Edited by Roger Fulford. London: Batsford, 1963.

―――. *The Greville Memoirs.* (second part): *A Journal of the Reign of Queen Victoria from 1837 to 1852.* Edited by Henry Reeve. 3 vols. London: Longmans, Green, 1885.

―――. *The Greville Memoirs: A Journal of the Reigns of King George IV and King William IV.* Edited by Henry Reeve. 2 vols. New York: D. Appleton, 1896. Reprint, London: Forgotten Books, 2013.

―――. *The Greville Memoirs: A Journal of the Reigns of King George IV and King William IV and Queen Victoria.* Edited by Henry Reeve. 8 vols. London: Longmans, Green, 1888.

Grey, Charles. *The Early Years of His Royal Highness the Prince Consort.* New York: Harper and Brothers, 1867. Reprint, London: Forgotten Books, 2013.

Grey, Elizabeth. *Caroline: Passages in the Life of a Fast Young Lady.* 3 vols. London: Hurst and Blackett, 1862.

―――. *The Noise of Drums and Trumpets: W. H. Russell Reports from the Crimea.* London: Longman, 1971.

Guedalla, Philip, ed. *The Queen and Mr. Gladstone.* 2 vols. London: Hodder and Stoughton, 1933.

Hall, Catherine. *White, Male and Middle-Class: Explorations in Feminism and History.* Cambridge, U.K.: Polity Press, 1992.

Halliday, Stephen. *The Great Stink of London: Sir Joseph Bazalgette and the Cleansing of the Victorian Capital.* Stroud, U.K.: Sutton, 1999.

Handford, Thomas. *Queen Victoria: Her Glorious Life and Illustrious Reign.* Atlanta: Franklin, 1901.

Hardie, Frank. *The Political Influence of Queen Victoria.* 2nd ed. London: Routledge, 1963.

Hardyment, Christina. *Dream Babies: Child Care from Locke to Spock.* London: Jonathan Cape, 1983.

Harrison, J.F.C. *Early Victorian Britain, 1832–51.* London: Fontana, 1988.

Hartley, Jenny, ed. *The Selected Letters of Charles Dickens.* Oxford: Oxford University Press, 2012.

Hastings, Flora, *Poems by the Lady Flora Hastings.* Edinburgh: William Blackwood and Sons, 1842.

Hawksley, Lucinda. *The Mystery of Princess Louise: Queen Victoria's Rebellious Daughter.* London: Chatto and Windus, 2013.

Healey, Edna. *The Queen's House: A Social History of Buckingham Palace.* London: Michael Joseph in association with the Royal Collection, 1997.

Heffer, Simon. *Power and Place: The Political Consequences of King Edward VII.* London: Weidenfeld and Nicolson, 1998.

Helsinger, Elizabeth K., Robin Lauterbach Sheets, and William Veeder, eds.

The Woman Question: Defining Voices, 1837–1883. Vol. 1, The Woman Question: Society and Literature in Britain and America, 1837–1883. New York: Garland, 1983.

Hensel, Sebastian. The Mendelssohn Family (1729–1847) from Letters and Journals. 2nd rev. ed. Translated by Carl Klingemann and an American collaborator. 2 vols. London: Sampson Low, 1882.

Hewitt, Margaret. Wives and Mothers in Victorian Industry. Westport, Conn.: Greenwood Press, 1975.

Hibbert, Christopher. Disraeli: A Personal History. London: Harper Perennial, 2005.

———. George III: A Personal History. London: Viking, 1998.

———. George IV: Regent and King, 1811–1830. London: Allen Lane, 1973.

———. Queen Victoria: A Personal History. London: HarperCollins, 2000.

———. Queen Victoria in Her Letters and Journals: A Selection. Stroud, U.K.: Sutton, 1986.

Hilton, Boyd. A Mad, Bad, and Dangerous People? England, 1783–1846. Oxford: Oxford University Press, 2006.

Hobhouse, Hermione. Prince Albert: His Life and Work. London: Hamish Hamilton, 1983.

Hochschild, Adam. King Leopold's Ghost: A Story of Greed, Terror, and Heroism in Colonial Africa. London: Pan, 2002.

Holcombe, Lee. Victorian Ladies at Work: Middle-Class Working Women in England and Wales, 1850–1914. Newton Abbot, U.K.: David and Charles, 1973.

Hollingshead, John. Underground London. London: Groombridge and Sons, 1862.

Holmes, Richard. Queen Victoria. New York: Boussod, Valadon, 1897.

Homans, Margaret. Royal Representations: Queen Victoria and British Culture, 1837–1876. Chicago: University of Chicago Press, 1998.

Homans, Margaret, and Adrienne Munich, eds. Remaking Queen Victoria. Cambridge: Cambridge University Press, 1997.

Hoppen, K. Theodore. The Mid-Victorian Generation, 1846–1886. The New Oxford History of England. Oxford: Clarendon Press; New York: Oxford University Press, 1998.

Horn, Pamela. The Victorian Town Child. Stroud, U.K.: Sutton, 1997.

Hough, Richard, ed. Advice to a Grand-daughter: Letters from Queen Victoria to Princess Victoria of Hesse. London: Heinemann, 1975.

Houghton, Walter E. The Victorian Frame of Mind, 1830–1870. New Haven, Conn.: Yale University Press, 1985.

House, Madeline, and Graham Storey, eds., The Letters of Charles Dickens, Pilgrim Edition. 12 vols. Oxford: Clarendon Press; New York: Oxford University Press, 1965–2002.

Housman, Laurence. *The Unexpected Years.* London: Jonathan Cape, 1937.

Houston, Gail Turley. *Royalties: The Queen and Victorian Writers.* Charlottesville: University Press of Virginia, 1999.

Howard, Michael. *The Franco-Prussian War: The German Invasion of France, 1870–1871.* London: Routledge, 2001.

Howell, Philip. *Geographies of Regulation: Policing Prostitution in Nineteenth-Century Britain and the Empire.* Cambridge: Cambridge University Press, 2009.

Hudson, Katherine. *A Royal Conflict: Sir John Conroy and the Young Victoria.* London: Hodder and Stoughton, 1994.

Hughes, Kathryn. *George Eliot: The Last Victorian.* London: Fourth Estate, 1998.

Hunt, Leigh. *The Old Court Suburb: Or, Memorials of Kensington, Regal, Critical and Anecdotical.* London: Hurst and Blackett, 1855.

Isba, Anne. *Gladstone and Women.* London: Hambledon Continuum, 2006.

Jackman, Sophie, and Hella S. Haasse, eds. *A Stranger in the Hague: The Letters of Queen Sophie of the Netherlands to Lady Malet, 1842–1877.* Durham, N.C.: Duke University Press, 1989.

Jackson, Patrick. *Harcourt and Son: A Political Biography of Sir William Harcourt, 1827–1904.* Madison, N.J.: Fairleigh Dickinson University Press, 2004.

Jagow, Kurt, ed. *Letters of the Prince Consort, 1831–1861.* Translated by E.T.S. Dugdale. London: John Murray, 1938.

Jalland, Patricia. *Death in the Victorian Family.* Oxford: Oxford University Press, 1996.

Jalland, Patricia, and John Hooper, eds. *Women from Birth to Death: The Female Life Cycle in Britain 1830–1914.* Brighton, U.K.: Harvester, 1986.

James, Henry. *Henry James: Selected Letters.* Edited by Leon Edel. Cambridge, Mass.: Belknap Press of Harvard University Press, 1987.

Jenkins, Elizabeth. *Lady Caroline Lamb.* London: Sphere Books Limited, 1972.

Jenkins, Roy. *Gladstone.* London: Pan, 2002.

———. *Sir Charles Dilke: A Victorian Tragedy.* Rev. ed. London: Collins, 1965.

Jerrold, Clare. *The Married Life of Queen Victoria.* London: G. Bell and Sons, 1913.

———. *The Widowhood of Queen Victoria.* London: Eveleigh Nash, 1916.

Jordan, Jane. *Josephine Butler.* London: John Murray, 2001.

Juste, Théodore, ed. *Memoirs of Leopold I, King of the Belgians.* Translated by Robert Black. 2 vols. London: Sampson Low, Son, and Marston, 1868.

King, Greg. *The Last Empress: The Life and Times of Alexandra Feodorovna, Tsarina of Russia.* New York: Carol, 1994.

————. *Twilight of Splendor: The Court of Queen Victoria During Her Diamond Jubilee Year.* Hoboken, N.J.: John Wiley and Sons, 2007.

Kipling, Rudyard. *Rudyard Kipling's Verse: Inclusive Edition, 1885–1919.* Garden City, N.Y.: Doubleday, Page, 1919. archive.org/stream/rudyard kiplings00compgoog#page/n390/mode/2up.

Kuhn, William M. *Democratic Royalism: The Transformation of the British Monarchy, 1861–1914.* Studies in Modern History. New York: St Martin's, 1996.

————. *Henry and Mary Ponsonby: Life at the Court of Queen Victoria.* London: Duckworth, 2002.

————. *The Politics of Pleasure: A Portrait of Benjamin Disraeli.* London: Free Press, 2006.

Kuper, Adam. *Incest and Influence: The Private Life of Bourgeois England.* Cambridge, Mass.: Harvard University Press, 2009.

Lady of the Court, A. *Victoria's Golden Reign: A Record of Sixty Years as Maid, Mother, and Ruler.* London: Richard Edward King, 1899.

Lamb, Lady Caroline. *Glenarvon.* London: J. M. Dent, 1995.

Lambert, Angela. *Unquiet Souls: The Indian Summer of the British Aristocracy, 1880–1918.* London: Macmillan, 1984.

Lamont-Brown, Raymond. *John Brown: Queen Victoria's Highland Servant.* Stroud, U.K.: Sutton, 2000.

Langland, Elizabeth. *Nobody's Angels: Middle-Class Women and Domestic Ideology in Victorian Culture.* Ithaca, N.Y.: Cornell University Press, 1995.

Lavalette, Michael, ed. *A Thing of the Past?: Child Labour in Britain in the Nineteenth and Twentieth Centuries.* Liverpool: Liverpool University Press, 1999.

Leapman, Michael. *The World for a Shilling: How the Great Exhibition of 1851 Shaped a Nation.* London: Review, 2002.

Lee, Sidney. *Queen Victoria: A Biography.* New York: Macmillan, 1903.

Lee, Stephen. *Aspects of British Political History, 1815–1914.* London: Routledge, 1994.

Legg, J. Wickham. *A Treatise on Haemophilia, Sometimes Called the Hereditary Haemorrhagic Diathesis.* London: H. K. Lewis, 1872.

Leonard, Richard L. *The Great Rivalry: Disraeli and Gladstone.* London: I. B. Tauris, 2013.

Levine, Philippa. *Prostitution, Race, and Politics: Policing Venereal Disease in the British Empire.* New York: Routledge, 2003.

Lieven, Dorothea, Princess. *Correspondence of Princess Lieven and Earl Grey.* Edited and translated by Guy Le Strange. 3 vols. London: R. Bentley, 1890.

Loeb, Lori Anne. *Consuming Angels: Advertising and Victorian Women*. New York: Oxford University Press, 1994.

Longford, Elizabeth, ed. *Louisa, Lady in Waiting: The Personal Diaries and Albums of Louisa, Lady in Waiting to Queen Victoria and Queen Alexandra*. London: Jonathan Cape, 1979.

———. *The Oxford Book of Royal Anecdotes*. Oxford: Oxford University Press, 1989.

———. *Queen Victoria: Born to Succeed*. Stroud, U.K.: History Press, 2009.

———. *Victoria R.I.* London: Pan Books, 1966.

Loudon, Irvine. *Death in Childbirth: An International Study of Maternal Care and Maternal Mortality, 1800–1950*. Oxford: Oxford University Press, 1992.

Lutyens, Mary, ed. *Lady Lytton's Court Diary 1895–1899*. London: Rupert Hart-Davis, 1961.

Lyttelton, Sarah Spencer. *Correspondence of Sarah Spencer, Lady Lyttelton, 1787–1870*. Edited by the Hon. Mrs. Hugh Wyndham. London: John Murray, 1912.

Magnus, Philip. *Gladstone: A Biography*. London: John Murray, 1954.

———. *King Edward the Seventh*. London: John Murray, 1964.

Mallet, Victor, ed. *Life with Queen Victoria: Marie Mallet's Letters from Court 1887–1901*. London: John Murray, 1868.

Marcus, Steven. *The Other Victorians: A Study of Sexuality and Pornography in Mid-Nineteenth-Century England*. London: Weidenfeld and Nicolson, 1966.

Marlow, Joyce. *The Oak and the Ivy: An Intimate Biography of William and Catherine Gladstone*. New York: Doubleday, 1977.

Marples, Morris. *Wicked Uncles in Love*. London: Michael Joseph, 1972.

Martin, Robert Bernard. *Enter Rumour: Four Early Victorian Scandals*. London: Faber and Faber, 1962.

Martin, Theodore. *The Life of His Royal Highness the Prince Consort*. 5 vols. London: Smith, Elder, 1875–80.

Martineau, Harriet. *The Collected Letters of Harriet Martineau*. Edited by Deborah Anna Logan. 5 vols. London: Pickering and Chatto, 2007.

———. *Harriet Martineau's Autobiography*. Edited by Maria Weston Chapman. Boston: James R. Osgood, 1877.

———. *A History of the Thirty Years' Peace, A.D. 1816–1846*. 4 vols. London: George Bell and Sons, 1877.

Mason, Michael. *The Making of Victorian Sexuality*. Oxford: Oxford University Press, 1995.

Matson, John. *Dear Osborne: Queen Victoria's Family Life in the Isle of Wight*. London: Hamish Hamilton, 1978.

Matthew, H.C.G. *Gladstone: 1809–1898*. Oxford: Oxford University Press,

1997.

Matthew, H.C.G., and K. D. Reynolds. "Victoria (1819–1901)." In *Oxford Dictionary of National Biography*. Oxford University Press, 2004; online ed., May 2012. doi:10.1093/ref:odnb/36652.

Maxwell, Herbert. *The Creevey Papers: A Selection from the Correspondence and Diaries*. 2 vols. London: John Murray, 1905.

————. *Life and Letters of George William Frederick, Fourth Earl of Clarendon, K.G., G.C.B.* 2 vols. London: Edward Arnold, 1913.

Mayhew, Henry. *London Labour and the London Poor*. Selected by Victor Neuburg. London: Penguin, 1985.

————. *Mayhew's London, Being Selections from "London Labour and the London Poor" by Henry Matthew*. Edited by Peter Quennell. London: Pilot Press, [1949].

McClintock, Mary Howard. *The Queen Thanks Sir Howard: The Life of Major-General Sir Howard Elphinstone, V.C., K.C.B., C.M.G., by His Daughter, Mary Howard McClintock*. London: John Murray, 1945.

McDonald, Lynn, ed. *Florence Nightingale: An Introduction to Her Life and Family*. Vol. 1 of *The Collected Works of Florence Nightingale*. Waterloo, Ont.: Wilfrid Laurier University Press, 2001. Baltimore: Project MUSE, 2012, 2013.

————, ed. *Florence Nightingale on Society and Politics, Philosophy, Science, Education and Literature*. Vol. 5 of *The Collected Works of Florence Nightingale*. Waterloo, Ont.: Wilfrid Laurier University Press, 2003.

————, ed. *Florence Nightingale's European Travels*. Vol. 7 of *The Collected Works of Florence Nightingale*. Waterloo, Ont.: Wilfred Laurier University Press, 2004.

McHugh, Paul. *Prostitution and Victorian Social Reform*. London: Croom Helm, 1980.

Miller, Betty. *Elizabeth Barrett to Miss Mitford: The Unpublished Letters of Elizabeth Barrett Browning to Mary Russell Mitford*. London: John Murray, 1954.

Miller, J. *Prostitution Considered in Relation to Its Cause and Cure*. Edinburgh: Sutherland and Knox, 1859.

Mitchell, Leslie George. *Lord Melbourne, 1779–1848*. Oxford: Oxford University Press, 1997.

Mitchell, Sally. *Daily Life in Victorian England*. Westport, Conn.: Greenwood Press, 1996.

Monypenny, William F., and George Earle Buckle. *The Life of Benjamin Disraeli, Earl of Beaconsfield*. 6 vols. London: J. Murray, 1910–20.

More, Hannah, *The Works of Hannah More*. 2 vols. New York: Harper and

Brothers, 1840.

Morley, John. *The Life of William Ewart Gladstone.* 3 vols. New York: Macmillan, 1904.

Morris, Jan. *Farewell the Trumpets: An Imperial Retreat.* New York: Penguin, 1978.

———. *Heaven's Command: An Imperial Progress.* London: Faber and Faber, 2003.

———. *Pax Britannica: The Climax of an Empire.* New York: Penguin, 1968.

Morris, R. J., and Richard Rodger, eds. *The Victorian City: A Reader in British Urban History, 1820–1914.* London: Longman, 1993.

Moyle, Franny. *Constance: The Tragic and Scandalous Life of Mrs. Oscar Wilde.* London: John Murray, 2012.

Murphy, James H. *Abject Loyalty: Nationalism and Monarchy in Ireland During the Reign of Queen Victoria.* Washington, D.C.: Catholic University of America Press, 2001.

Murphy, Paul Thomas. *Shooting Victoria: Madness, Mayhem, and the Rebirth of the British Monarchy.* London: Head of Zeus, 2013.

Murray, John Fisher. *The Court Doctor Dissected.* London: William Edward Painter, 1839.

Nead, Lynda. *Myths of Sexuality: Representations of Women in Victorian Britain.* Oxford: Basil Blackwell, 1988.

Neale, Erskine. *Life of H.R.H. Edward, Duke of Kent: Father of Queen Victoria.* London: Richard Bentley, 1850.

Nelson, Michael. *Queen Victoria and the Discovery of the Riviera.* London: I. B. Tauris, 2001.

Neville, Peter. *Mussolini.* 2nd ed. London: Routledge, 2014.

Nicholson, Shirley. *A Victorian Household.* London: Barrie and Jenkins, 1988.

Nightingale, Florence. *Cassandra: An Essay.* Introduction by Myra Stark. Old Westbury, N.Y.: Feminist Press, 1979.

Normington, Susan. *Lady Caroline Lamb: This Infernal Woman.* London: House of Stratus, 2002.

Packard, Jerrold M. *Victoria's Daughters.* New York: St. Martin's, 1998.

Pakenham, Thomas. *The Boer War.* London: Weidenfeld and Nicolson, 1979.

Pakula, Hannah. *An Uncommon Woman: The Empress Frederick, Daughter of Queen Victoria, Wife of the Crown Prince of Prussia, Mother of Kaiser Wilhelm.* London: Phoenix, 2006.

Parker, Charles Stuart, ed. *Sir Robert Peel: From His Private Papers.* 3 vols. London: John Murray, 1899.

Parkhouse, Valerie B. *Memorializing the Anglo-Boer War of 1899–1902.* Kibworth Beauchamp, U.K.: Troubador, 2015.

Parry, E. J., ed. *The Correspondence of Lord Aberdeen and Princess Lieven.* 2 vols. London: Royal Historical Society, 1938.

Paterson, Michael. *Voices from Dickens' London.* Cincinnati: David and Charles, 2006.

Patton, Mark. *Science, Politics and Business in the Work of Sir John Lubbock: A Man of Universal Mind.* Farnham, U.K.: Ashgate, 2007.

Paxman, Jeremy. *The Victorians: Britain Through the Paintings of the Age.* London: BBC Books, 2009.

Pearce, Edward, and Deanna Pearce, eds. *The Diaries of Charles Greville.* London: Pimlico, 2011.

Pearsall, Ronald. *The Worm in the Bud: The World of Victorian Sexuality.* Stroud, U.K.: Sutton, 2003.

Perkin, Harold. *The Origins of Modern English Society.* 2nd ed. London: Routledge, 2002.

Picard, Liza. *Victorian London: The Life of a City 1840–1870.* London: Weidenfeld and Nicolson, 2005.

Pilbeam, Pamela. *Madame Tussaud and the History of Waxworks.* London: Hambledon and London, 2003.

Plowden, Alison. *The Young Victoria.* Stroud, U.K.: History Press, 1981.

Plunkett, John. *Queen Victoria: First Media Monarch.* Oxford: Oxford University Press, 2003.

Ponsonby, Arthur. *Henry Ponsonby, Queen Victoria's Private Secretary, His Life from His Letters.* London: Macmillan, 1943.

———. *Queen Victoria.* Great Lives. London: Duckworth, 1933.

Ponsonby, D. A. *The Lost Duchess: The Story of the Prince Consort's Mother.* London: Chapman and Hall, 1958.

Ponsonby, Frederick, ed. *Letters of the Empress Frederick.* London: Macmillan, 1928.

———. *Sidelights on Queen Victoria.* New York: Sears Publishing, 1930.

Ponting, Clive. *The Crimean War.* London: Chatto and Windus, 2004.

Pope-Hennessy, Una. *Charles Dickens 1812–1870.* London: The Reprint Society, 1947.

Porter, Roy. *London: A Social History.* London: Penguin, 2000.

Potts, D. M., and W.T.W. Potts. *Queen Victoria's Gene.* Stroud, U.K.: Sutton, 1995.

Pudney, John. *The Smallest Room: A Discreet Survey Through the Ages.* London: Michael Joseph, 1954.

Quennell, Peter, ed. *The Private Letters of Princess Lieven to Prince Metternich, 1820–1826.* New York: E. P. Dutton, 1938.

Ramm, Agatha, ed. *Beloved and Darling Child: Last Letters Between Queen Victoria and Her Eldest Daughter, 1886–1901.* Stroud, U.K.: Sutton, 1998.

Ramsden, John. *Don't Mention the War: The British and the Germans Since 1890.* London: Abacus, 2007.

Rappaport, Helen. *Magnificent Obsession: Victoria, Albert and the Death That Changed the Monarchy.* London: Windmill Books, 2012.

———. *No Place for Ladies: The Untold Story of Women in the Crimean War.* London: Arum, 2007.

———. *Queen Victoria: A Biographical Companion.* Santa Barbara, Calif.: ABC-CLIO, 2003.

Reid, Michaela. *Ask Sir James: The Life of Sir James Reid, Personal Physician to Queen Victoria and Physician-in-Ordinary to Three Monarchs.* London: Hodder and Stoughton, 1987.

Reynolds, Helen. *A Fashionable History of Underwear.* Oxford: Heinemann Library, 2003.

Rhodes James, Robert. *Albert, Prince Consort: A Biography.* London: Hamish Hamilton, 1983.

———. *Rosebery.* London: Phoenix, 1995.

Richardson, Joanna. *Victoria and Albert: A Study of a Marriage.* London: J. M. Dent and Sons, 1977.

Richardson, John. *The Annals of London: A Year-by-Year Record of a Thousand Years of History.* London: Cassell, 2001.

Richardson, Ruth. *Dickens and the Workhouse: Oliver Twist and the London Poor.* Oxford: Oxford University Press, 2012.

Ridley, Jane. *Bertie: A Life of Edward VII.* London: Chatto and Windus, 2012.

Roberts, Andrew. *Salisbury: Victorian Titan.* London: Phoenix, 2006.

Robinson, Lionel G. *Letters of Dorothea, Princess Lieven, During Her Residence in London, 1812–1834.* London: Longmans, Green, 1902.

Rowbotham, Judith. *Good Girls Make Good Wives: Guidance for Girls in Victorian Fiction.* Oxford: Blackwell, 1989.

Rowse, A. L. *Windsor Castle in the History of the Nation.* London: Weidenfeld and Nicolson, 1974.

Rusk, John. *The Beautiful Life and Illustrious Reign of Queen Victoria.* Boston: James H. Earle, 1901.

Ruskin, John. *Sesame and Lilies: Two Lectures Delivered at Manchester in 1864.* London: Smith, Elder, 1865.

Sanders, Valerie. *The Tragi-Comedy of Victorian Fatherhood.* Cambridge: Cambridge University Press, 2009.

Sandwell, Ruth. W. "Dreaming of the Princess: Love, Subversion, and the Rit-

uals of Empire in British Columbia, 1882." In *Majesty in Canada: Essays on the Role of Royalty,* edited by Colin Coates, 44–67. Toronto: Dundurn Group, 2006.

Sanger, George. *Seventy Years a Showman.* London: MacGibbon and Kee, 1966.

Schama, Simon. *A History of Britain: The Fate of Empire, 1776–2000.* London: Hyperion, 2002.

Schlicke, Paul. *Dickens and Popular Entertainment.* London: Unwin Hyman, 1988.

Scott, Sir Walter. *Journal.* 2 vols. Edinburgh: David Douglas, 1828.

Seaman, L.C.B. *Victorian England: Aspects of English and Imperial History, 1837–1901.* London: Routledge, 2002.

Shannon, Richard. *Gladstone: Heroic Minister, 1865–1898.* Vol. 2 of *Gladstone.* London: Allen Lane, 1999.

Shaw, George Bernard. *Collected Letters.* Edited by Dan H. Laurence. Vol. 2, *1898–1910.* London: Reinhardt, 1972. capitadiscovery.co.uk/sussex-ac/items/85550.

———. *Mrs. Warren's Profession.* Rockville, Md.: Wildside Press, 2009.

Shoemaker, Robert. *Gender in English Society, 1650–1850: The Emergence of Separate Spheres?* London: Longman, 1998.

Shorter, Clement K. *Charlotte Brontë and Her Circle.* New York: Dodd, Mead, 1896.

Shorter, Edward. *A History of Women's Bodies.* New York: Basic Books, 1982.

Showalter, Elaine. *The Female Malady: Women, Madness, and English Culture, 1830–1980.* London: Virago, 1987.

Siegel, Dina. *The Mazzel Ritual Culture, Customs and Crime in the Diamond Trade*. New York: Springer, 2009.

Smith, Victoria Ruth. "Constructing Victoria: The Representation of Queen Victoria in England, India, and Canada, 1897–1914." Ph.D. diss., Rutgers University, 1998. DAI 1998 59(1): 286-A. DA9823210. Fulltext: ProQuest Dissertations and Theses.

Sotnick, Richard. *The Coburg Conspiracy: Royal Plots and Manoeuvres.* London: Ephesus, 2008.

Spongberg, Mary. *Feminizing Venereal Disease: The Body of the Prostitute in Nineteenth-Century Medical Discourse.* London: Macmillan, 1997.

St. Aubyn, Giles. *Queen Victoria: A Portrait.* London: Sceptre, 1991.

Steinberg, Jonathan. *Bismark: A Life.* New York: Oxford University Press, 2011.

Stewart, Jules. *Albert: A Life.* London: I. B. Tauris, 2012.

Stockmar, Christian Friedrich von. *Memoirs of Baron Stockmar.* [Compiled from His Papers] by His Son Baron E. Stockmar. Edited by F. Max Müller.

Translated by G[eorgiana] A[delaide] M[üller]. 2 vols. London: Longmans, Green, 1873.

Stoughton, John. *Windsor: A History and Description of the Castle and the Town.* London: Ward and Co., 1862.

Strachey, Lytton. *Queen Victoria.* New York: Harcourt, Brace, 1921.

Strachey, Lytton, and Roger Fulford, eds. *The Greville Memoirs, 1814–1860.* 8 vols. London: Macmillan, 1938.

Strafford, Alice Byng, ed. *Leaves from the Diary of Henry Greville.* 4 vols. London: Smith, Elder, 1883–1904.

Strickland, Agnes. *Queen Victoria from Her Birth to Her Bridal.* 2 vols. London: Henry Colburn, 1840.

Stuart, Dorothy Margaret. *Dearest Bess: The Life and Times of Lady Elizabeth Foster.* London: Methuen, 1955.

———. *The Mother of Victoria: A Period Piece.* London: Macmillan, 1941.

Sudley, Lord, ed. and trans. *The Lieven-Palmerston Correspondence, 1828–1856.* London: John Murray, 1943.

Surtees, Virginia. *Charlotte Canning: Lady-in-Waiting to Queen Victoria and Wife of the First Viceroy of India 1817–1861.* London: John Murray, 1975.

Sweet, Matthew. *Inventing the Victorians.* London: Faber and Faber, 2001.

Tait, Lawson. *Diseases of Women.* 2nd ed. New York: W. Wood, 1879.

Tappan, Eva March. *In the Days of Queen Victoria.* Boston: Lee and Shepard, 1903.

Taylor, A.J.P. *The Struggle for Mastery in Europe 1848–1918.* Oxford: Clarendon Press, 1954.

Thackeray, William Makepeace. "George the Fourth." In *The Four Georges.* Vol. 27 of *The Works of William Makepeace Thackeray.* New York: Harper and Brothers, 1898.

Thompson, Dorothy. *Queen Victoria: The Woman, the Monarchy, and the People.* New York: Pantheon, 1990.

Thompson, E.P. *The Making of the English Working Class.* New York: Vintage, 1966.

Thompson, F.M.L. *The Rise of Respectable Society: A Social History of Victorian Britain, 1830–1900.* London: Fontana, 1988.

Tisdall, E.E.P. *Queen Victoria's John Brown: The Life Story of the Most Remarkable Royal Servant in British History.* London: Stanley Paul, 1938.

Tisdall, E.E.P. *Queen Victoria's Private Life, 1837–1901.* London: Jarrolds, 1961.

Tocqueville, Alexis de. *Recollections: The French Revolution of 1848.* Edited by J. P. Mayer and A. P. Kerr. Translated by George Lawrence. New York: Doubleday, 1970.

Tomalin, Claire. *Charles Dickens: A Life.* London: Viking, 2011.

————. *Thomas Hardy: The Time-Torn Man.* London: Viking, 2006.

Tosh, John. *A Man's Place: Masculinity and the Middle-Class Home in Victorian England.* New Haven, Conn.: Yale University Press, 1999.

Tuer, Andrew White, and Charles E. Fagan. *The First Year of a Silken Reign.* London: Field and Tuer, 1887.

Uglow, Jennifer S. *Elizabeth Gaskell: A Habit of Stories.* London: Faber and Faber, 1994.

Ulrich, Melanie Renee. "Victoria's Feminist Legacy: How Nineteenth-Century Women Imagined the Queen." Ph.D. diss., University of Texas, Austin, 2005. hdl.handle.net/2152/1745. DAI 2006 66(8): 2942-A. DA3184538. Fulltext: ProQuest Dissertations and Theses.

Vallone, Lynne. *Becoming Victoria.* New Haven, Conn.: Yale University Press, 2001.

————. *Disciplines of Virtue: Girls' Culture in the Eighteenth and Nineteenth Centuries.* New Haven, Conn.: Yale University Press, 1995.

Vanden Bossche, Chris R. "Moving Out: Adolescence." In *A Companion to Victorian Literature and Culture.* Edited by Herbert F. Tucker. Oxford: Blackwell, 1999.

Van der Kiste, John. *Queen Victoria's Children.* Stroud, U.K.: History Press, 2013.

————. *Sons, Servants & Statesmen: The Men in Queen Victoria's Life.* Stroud, U.K.: Sutton, 2006.

Villiers, George. *A Vanished Victorian, Being the Life of George Villiers, Fourth Earl of Clarendon, 1800–1870.* London: Eyre and Spottiswoode, 1938.

Vincent, John, ed. *Disraeli, Derby and the Conservative Party: Journals and Memoirs of Edward Henry, Lord Stanley [Derby], 1849–1969.* Brighton, U.K.: Harvester Press, 1978.

Vovk, Justin C. *Imperial Requiem: Four Royal Women and the Fall of the Age of Empires.* Bloomington, Ind.: iUniverse Star, 2014.

Wake, Jehanne. *Princess Louise: Queen Victoria's Unconventional Daughter.* London: Collins, 1988.

Walkowitz, Judith R. *City of Dreadful Delight: Narratives of Sexual Danger in Late-Victorian London.* Chicago: University of Chicago Press, 1992.

Walkowitz, Judith. *Prostitution and Victorian Society: Women, Class, and the State.* Cambridge: Cambridge University Press, 1980.

Walsh, Walter. *The Religious Life and Influence of Queen Victoria.* London: Swann Sonnenschein, 1902.

Ward, Yvonne M. *Censoring Queen Victoria: How Two Gentlemen Edited a Queen and Created an Icon.* London: Oneworld, 2014.

————. "Editing Queen Victoria: How Men of Letters Constructed the

Young Queen." Ph.D. diss., La Trobe University, 2004. arrow.latrobe.edu
.au:8080/vital/access/manager/Repository/latrobe:35628?exact=creator%3A
%22Ward%2C+Yvonne.%22.

———. "1848: Queen Victoria and the Cabinet D'Horreurs." In *1848: The Year the World Turned?* Edited by Kay Boardman and Christine Kinealy, 173–88. Newcastle upon Tyne, U.K.: Cambridge Scholars Publishing, 2007.

Warner, Marina. *Queen Victoria's Sketchbook.* London: Macmillan, 1979.

Weinreb, Ben, and Christopher Hibbert, eds. *The London Encyclopaedia.* Rev. ed. London: PaperMac, 1993.

Weintraub, Stanley. *Disraeli: A Biography.* New York: Dutton, 1993.

———. *Uncrowned King: The Life of Prince Albert.* New York: Free Press, 1997.

———. *Victoria.* London: John Murray, 1996.

Wells, H. G. *Experiment in Autobiography: Discoveries and Conclusions of a Very Ordinary Brain (Since 1866).* London: V. Gollancz, 1934.

White, Jerry. *London in the Nineteenth Century: "A Human Awful Wonder of God."* London: Jonathan Cape, 2007.

Whitehead, Cameron, "The Bulgarian Horrors: Culture and the International History of the Great Eastern Crisis, 1876–1878." PhD diss., University of British Columbia, 2014. doi:10.14288/1.0167317.

Wilde, Oscar. *Collected Poems of Oscar Wilde.* Edited by Anne Varty Ware. Hertfordshire, U.K.: Wordsworth Editions, 2000.

Williams, Kate. *Becoming Queen.* London: Arrow, 2009.

Williams, Richard. *The Contentious Crown: Public Discussion of the British Monarchy in the Reign of Queen Victoria.* Aldershot, U.K.: Ashgate, 1997.

Wilson, A. N. *Eminent Victorians.* London: BBC Books, 1989.

———. *The Victorians.* New York: W. W. Norton, 2002.

Wise, Dorothy, ed. *Diary of William Tayler, Footman, 1837.* London: The St. Marylebone Society, 1987.

Wise, Sarah. *The Blackest Streets: The Life and Death of a Victorian Slum.* London: Bodley Head, 2008.

Wohl, Anthony. *Endangered Lives: Public Health in Victorian Britain.* London: J. M. Dent, 1983.

———, ed. *The Victorian Family: Structure and Stresses.* London: Croom Helm, 1978.

Wolffe, John. *Great Deaths: Grieving, Religion, and Nationhood in Victorian and Edwardian Britain.* Oxford: Oxford University Press, 2000. prism.talis.com/sussex-ac/items/671687.

Woodham-Smith, Cecil. *The Great Hunger: Ireland 1845–1849.* London: Hamish Hamilton, 1962.

————. *Queen Victoria: Her Life and Times.* London: Cardinal, 1975.

Woods, Robert. *The Demography of Victorian England and Wales.* Cambridge: Cambridge University Press, 2000.

Woodward, Ernest. *The Age of Reform, 1815–1870.* 2nd ed. Oxford: Clarendon Press, 1988.

Worsley, Lucy. *Courtiers: The Secret History of the Georgian Court.* London: Faber and Faber, 2010.

Wright, Marcus Joseph. *Sketch of Edward Augustus, Duke of Kent.* Richmond, Va.: William E. Jones, printer, 1889. hdl.loc.gov/loc.gdc/scd0001.00206909626.

Wright, Patricia. *The Strange History of Buckingham Palace: Patterns of People.* Stroud, U.K.: Wrens Park, 1999.

Zeepvat, Charlotte. *Prince Leopold: The Untold Story of Queen Victoria's Youngest Son.* Stroud, U.K.: Sutton, 1999.

Zetland, Lawrence John Lumley Dundas, Marquis of. *Lord Cromer: Being the Authorized Life of Evelyn Baring, First Earl of Cromer.* London: Hodder and Stoughton, 1932.

Ziegler, Philip. *King William IV.* London: Collins, 1971.

————. *Melbourne: A Biography of William Lamb, 2nd Viscount Melbourne.* London: Collins, 1976.

索 引

（此部分页码为原书页码，即本书页边码）

Golden Jubilee, 434, 436

Whately, Archbishop, 90

Whig Party, 38–40, 62, 85, 87, 89. *See
    also* Melbourne, William Lamb,
    Lord
  back in power (1845), 210–11
  ousting of (1841), 179–80, 182
  Palmerston and, 235, 236–38
  in power (1848), 241
  Victoria and, 92, 101, 110, 133, 182

Wilde, Oscar, xlv, 374, 378, 462–63

Wilhelm II, Kaiser (grandson),
    288–89, 384, 437, 438–39, 468
  grab for power, 438–42
  as head of state, 442–43
  nationalism of, 442–43
  Victoria's burial and, 488
  Victoria's death and, 481–82,
    483
  Victoria's Diamond Jubilee and,
    463
  Victoria's dislike of, 439
  Victoria skips his confirmation,
    366
  wasted arm of (Erb's palsy), 384,
    438, 468

William III, King, 128–29, 131

William IV, King (Duke of Clarence,
    uncle), 10, 18, 25, 39, 46–48,
    242
  ascendancy, 34–35
  coronation, 41
  dying and death, 54, 59, 485
  grants Victoria independence and
    Privy Purse, 50
  rift with Victoria's family, 41–42,
    45, 47–48, 49
  unpopularity of, 39
  Victoria and, 41–42, 45, 47, 48,
    54, 59

William of Lowenstein, Prince, 152,
    160

William the Conqueror, xlvii

Windsor Castle, xlvi–xlvii, 143, 209,
    214

Albert and changes at, 208

Albert arrives in England (1839),
    119

Albert's changes at, 179

Boxing Day 1841, 194–95

bust of Gordon, 417

death of George III at, 21

family vault at, 21

frogs at Frogmore and, 371–72

modern toilets installed in, 177–78

Royal Archives, xliii, 229, 481

Royal Burial Ground, Frogmore
    mausoleum and Albert's tomb,
    325, 334, 491

Royal Lodge, 33

St. George's Chapel, 383, 407

Victoria at, 70, 115, 338

Victoria at, ice skating, 261–62

Victoria at, with John Brown, 359

Victoria's dislike of, 315

Victoria's honeymoon at, 145

visit of child Victoria with King
    George IV, 33

Winterhalter, Franz Xaver, 216

Wives of England, The (Ellis), 152,
    161

Wolseley, Lord Garnet, 417, 475

women, 13n, 15, 466–67
  activists, 69, 88 (*see also specific
    women*)
  Albert's views on, 271–72, 294–95
  as "angels of the house," 466
  birth control and, 171
  breastfeeding and, 219–20
  chloroform during childbirth and,
    255, 289
  in coal mines, 202
  Contagious Diseases Acts and,
    398–99, 403
  conventions changed by
    Victoria, 67
  demeanor taught to girls, 29
  divorce and, 436–37
  as doctors, 396–98
  double standard and, 398–400

图书在版编目（CIP）数据

维多利亚女王：帝国女统治者的秘密传记 /（澳）
茱莉娅·贝尔德 (Julia Baird) 著；陈鑫译 . -- 北京：
社会科学文献出版社 , 2024. 12. -- ISBN 978-7-5228
-4252-3

Ⅰ . K835.617=43

中国国家版本馆 CIP 数据核字第 20243UC423 号

审图号：GS（2024）3662 号

维多利亚女王：帝国女统治者的秘密传记

著　　者 /　〔澳〕茱莉娅·贝尔德（Julia Baird）

译　　者 /　陈　鑫

出 版 人 /　冀祥德

组稿编辑 /　段其刚

责任编辑 /　周方茹

责任印制 /　王京美

出　　版 /　社会科学文献出版社·教育分社（010）59367151
　　　　　　地址：北京市北三环中路甲29号院华龙大厦　邮编：100029
　　　　　　网址：www.ssap.com.cn

发　　行 /　社会科学文献出版社（010）59367028

印　　装 /　北京盛通印刷股份有限公司

规　　格 /　开　本：889mm×1194mm　1/32
　　　　　　印　张：23.375　插　页：0.75　字　数：568 千字

版　　次 /　2024年12月第1版　2024年12月第1次印刷

书　　号 /　ISBN 978-7-5228-4252-3

著作权合同
登 记 号 /　图字01-2024-5020号

定　　价 /　139.00元

读者服务电话：4008918866